스파이, 거짓말, 그리고 알고리즘

미국 정보기구의 역사와 미래

에이미 제가트 지음 | 유인수 옮김

한울
아카데미

내가 사랑하는 아이들 알렉산더, 잭, 케이트에게

그리고 언제나 크레이그에게

옮긴이 서문

우리는 매일 아침 집을 나서기 전 한 가지 중요한 결정을 내립니다. '오늘은 어떤 옷을 입을까?' 이 결정을 내리기 위해 오늘의 날씨를 확인합니다. '오늘의 날씨'라는 정보가 있어야 얼마나 따뜻하거나 시원한 옷을 입어야 할지 결정할 수 있습니다. 그런데 우리가 단순히 날씨에 따라서만 복장을 결정하는 것은 아닙니다. 오늘 갈 곳이 어딘지, 할 일이 무엇인지에 따라 다른 복장을 할 것이고, 자신의 컨디션도 고려할 것입니다. 오늘 만날 사람들에게 어떠한 인상을 남기고 싶은지, 아니면 내 기분을 드러낼지 숨길지에 따라서도 복장이 달라질 것입니다. 나의 장점은 부각하고 단점은 가려주는 복장을 선호하겠지만, 싫은 사람을 만나는 날엔 반대되는 복장을 하기도 합니다. 이처럼 무슨 옷을 입을지 결정하는 과정에서 날씨라는 정보를 수집하고, 머릿속에서 날씨뿐 아니라 여러 가지 정황을 분석하는 것은 물론, 상대에게 어떤 영향을 주고 싶은지에 따라, 혹은 내 자신을 얼마나 보여줄지에 따라 다른 결정을 내립니다.

이처럼 좋은 결정을 내리기 위해 이루어지는 다양한 활동을 정보활동이라고 합니다. 정보는 더 나은 결정을 내리는 데 도움을 주기 위한 지식이며, 정보활동은 이러한 지식을 만들고 지키며 이용하는 과정입니다. 이러한 정보활동이 국가 차원에서 이루어지는 것을 국가정보활동이라고 합니다. 국가정보활동은 국가가 더 나은 결정을 내리는 데 도움이 되는 지식을 수집하고, 더 나은 지식으로 가공하기 위해 분석하며, 이렇게 생산되는 지식과 그 과정을 보호하는 활동입니다. 아울러 상대 국가나 세력을 원하는 방향으로 은밀하게 움직이기 위한 공작이라는 활동도 포함하고 있습니다.

어느 국가든 경쟁 국가보다 더 나은 결정을 내려야만 생존하고 번영할 수 있고, 따라서 정보와 정보활동은 국가에 필수적입니다. 그러나 이렇게 중요한 활동이 겉으로는 잘 드러나지 않습니다. 가장 큰 이유는 정보가 정책을 뒷받침하기 때문입니다. 좋은 정책은 좋은 정보를 기반으로 만들어지지만, 겉으로는 정책만 보일 뿐 정보라는 뿌리는 잘 드러나지 않습니다. 게다가 좋은 정보일수록 꼭꼭 숨기고 독점하는 것이 더 큰 이익이 되기 때문에 국가는 정보와 정보활동을 비밀로 유지하려 합니다.

문제는 여기서 발생합니다. 국가정보활동은 국가에 필수적이지만, 이 분야에 몸담은 사람이 아니면 무슨 일이 일어나고 있는지 파악할 수가 없습니다. 너무 많은 것이 숨겨져 있고, 특히 현재 진행 중이거나 최근에 일어난 일은 무언가 크게 잘못되지 않는 한 겉으로 드러나지 않습니다. 게다가 정보 업무 종사자들은 비밀유지의무 때문에 자기가 알고 있는 것을 외부에 알릴 수도 없습니다. 그렇다 보니 일반 국민들은 물론 전문 학자들도 국가정보활동에 대해 파악하고 이해하기가 어렵습니다.

이러한 현실에서 『스파이, 거짓말, 그리고 알고리즘』은 참으로 반가운 책입니다. 먼저, 이 책은 너무나 재밌습니다. 책 중간중간 저자가 직접 경험한 다양한 사건들이, 때로는 우습게 때로는 감동적으로 묘사되어 있습니다. 또한 비밀스러운 스파이들이 활약하는 고전적인 정보활동은 물론, 민간인들이 활동하고 인터넷과 같은 일상의 공간이 전쟁터가 되는 최근의 안보 환경까지 다루고 있습니다. 무엇보다도 이 책은 저자 에이미 제가트가 1993년부터 무려 30년이나 연구한 결과물로서 재미뿐 아니라 깊이도 담고 있습니다. 수많은 주석에서 드러나듯이 학술적 관점에서도 대단히 가치 있는 훌륭한 작품입니다.

이 책은 미국의 정보활동을 중심으로 서술되어 있습니다. 그러나 미국은 세계 최강대국이자 자유민주주의를 대표하는 국가라는 점에서 미국의 정보기관은 전 세계 정보기관의 표준이라 해도 무방합니다. 미국 정보기관들이 어떻게 발전하고 어떤 어려움을 겪고 있는지 살펴봄으로써 우리나라의 정보기관들이 나아가야 할 방향도 모색할 수 있을 것입니다.

이 책을 통해 더 많은 사람들이 정보라는 국가의 핵심 기능을 이해하고, 더 나은 성보체계를 모색하고, 나아가 대한민국이 더 나은 결정을 내릴 수 있게 되기를 기원합니다.

유인수

차례

표 차례

그림 차례

글상자 차례

약어 설명

AI   artificial intelligence
인공지능

BJP   Bharatiya Janata Party (Indian political party)
인도 인민당

CIA   Central Intelligence Agency
중앙정보부

COVID-19   Coronavirus disease of 2019
코로나19

DCI   director of central intelligence
중앙정보장

DIA   Defense Intelligence Agency
국방정보국

DNI   director of national intelligence
국가정보장

DOD   Department of Defense
국방부

FBI   Federal Bureau of Investigation
연방수사국

Five Eyes   Intelligence partnership between the United States, United Kingdom, Canada, Australia, and New Zealand
파이브아이즈(미국, 영국, 캐나다, 호주, 뉴질랜드 간의 정보 동맹)

FOIA   Freedom of Information Act
정보자유법

GDP   gross domestic product
국내 총생산

GEOINT   geospatial intelligence
지리공간정보

GPS   global positioning system
전 지구 위치 확인 시스템

HPSCI   House Permanent Select Committee on Intelligence
하원 정보상임특별위원회

HUMINT   human intelligence
인간정보

IAEA   International Atomic Energy Agency
국제원자력기구

IARPA Intelligence Advanced Research Projects Activity
정보고등연구계획국

IC Intelligence Community, a collection of eighteen U.S. federal agencies
정보공동체, 18개 미국 연방 기관의 집합체

INR State Department Bureau of Intelligence and Research
국무부 정보조사국

INTs intelligence missions and disciplines
정보 임무 및 분야

IRA Russia's Internet Research Agency
러시아의 인터넷연구소

ISIS The Islamic State of Iraq and Syria
이라크 시리아 이슬람국가

JCS Joint Chiefs of Staff
합동참모회의

JSOC Joint Special Operations Command
합동특수작전사령부

KGB The Komitet Gosudarstvennoy Bezopasnosti, or the Committee for State Security (the Soviet Union's spy agency)
국가보안위원회(소련 스파이 기관)

KSM Khalid Sheikh Mohammed
칼리드 셰이크 모하메드(파키스탄 출신 극단주의 테러범)

MI5 Military Intelligence Section 5 (U.K. agency)
군사정보 5과(영국 국내정보 기관)

MI6 Military Intelligence Section 6 or the Secret Intelligence Service (SIS) (U.K. agency)
군사정보 6과 또는 비밀정보국(SIS)(영국 해외정보 기관)

MICE money, ideology, coercion/compromise, and ego
돈, 이념, 협박/타협, 자존심

MID Military Intelligence Division (later known as the Army's G-2)
군사정보부(나중에 육군 G-2로 알려짐)

NASA National Aeronautics and Space Administration
국가항공우주국

NATO North Atlantic Treaty Organization
북대서양조약기구

NCAA National Collegiate Athletic Association
전미대학경기협회

NCRI National Council for the Resistance of Iran
이란 저항국민평의회

NCTC National Counterterrorism Center
국가대테러센터

NGA	National Geospatial-Intelligence Agency 국가지형정보국
NIE	National Intelligence Estimate 국가정보판단서
NRO	National Reconnaissance Office 국가정찰국
NSA	National Security Agency 국가안보국
ODNI	Office of the Director of National Intelligence 국가정보장실
OPEC	Organization of the Petroleum Exporting Countries 석유수출국기구
OPM	Office of Personnel Management 인사관리처
OSINT	open-source intelligence 공개출처정보
OSS	Office of Strategic Services 전략정보국
RT	Russia Today 러시아투데이
SAPs	special access programs 특별 접근 프로그램
SAR	Synthetic Aperture Radar (enables satellite imaging in cloudy conditions) 합성개구레이다(구름이 끼었을 때도 위성 영상 획득이 가능)
SATs	Structured Analytic Techniques 구조화 분석기법
SCIFs	Sensitive Compartmented Information Facilities, or "Skiffs" 특수정보시설("스키프"라고 읽음)
SEALs	Sea, Air, and Land (Naval Special Warfare combat forces) 해상, 공중, 지상(해군 특수전 부대)
SIGINT	signals intelligence 신호정보
SSCI	Senate Select Committee on Intelligence 상원 정보특별위원회
UN	United Nations 국제연합
WMD	weapons of mass destruction 대량살상무기

제 1 장

디지털 시대 정보*의 장애물

망토와 단검** 그리고 트위터

2014년 6월, 나는 트위터Twitter 피드를 스크롤 하다가 다음 트윗을 발견했다.

처음에는 장난인 줄 알았다. 중앙정보부Central Intelligence Agency, CIA는 비밀주의로 악명 높다. 어찌나 비밀스러운지, CIA의 대민업무 담당관들도 이름을 말해주지 않는다. 그러나 이 트윗은 진짜였다. 비밀과 음모로 가득한 미

---

*   정보intelligence라는 단어는 지식뿐 아니라 정보활동, 정보조직 등의 뜻으로도 쓰인다. 이 책에서는 이해를 돕기 위해 문맥에 맞게 정보 보고서, 정보활동, 정보기구 등으로 번역했다.

**   망토 속에 몰래 단검을 숨긴 모습을 말하며, 비밀 스파이를 의미한다.

국의 정보기관이 마침내 소셜미디어 세상에 합류했다. 인터넷은 난리가 났다. CNN은 "누가 알았겠나? 그들도 유머 감각이 있다"고 보도했다.[1]

CIA의 트위터 진출은 어두워지는 풍경 속에 위안을 주는 순간이었다. 인공지능AI, 인터넷 연결, 양자컴퓨팅, 합성생물학 같은 신기술이 전례 없는 속도로 세계 경제와 정치를 교란하고 있다. 미국이 이처럼 역동적이고 위험한 세계에 직면한 적은 없었다. 미국 정보공동체Intelligence Community, IC를 구성하는 CIA와 다른 17개 기관에 심판의 순간이 왔다.[2]

인공지능은 사회 질서를 불안정하게 하고 세계적인 권력 구도를 바꾸며 상업과 국방 모두를 변화시키고 있다. 컴퓨터 과학자 기이푸 리Kai-Fu Lee는 향후 15년에서 25년 내에 AI가 전 세계적으로 트럭 운송에서부터 서비스 산업에 이르기까지 최대 40%의 일자리를 없앨 수 있다고 추정한다.[3] AI는 또한 물류에서부터 사이버 방위, 인간보다 더 빠르게 감지하고 공격할 수 있는 무인 전투기에 이르기까지 모든 것을 자동화함으로써 전쟁이 일어나는 방식에 혁명을 일으킬 태세다.[4] 전 구글Google CEO 에릭 슈미트Eric Schmidt와 전 국방차관 로버트 워크Robert Work가 썼듯이, "AI가 모든 과학과 공학 분야에서 혁신을 가속화하고 있다".[5]

전기가 발명된 이래 이만큼 잠재적 기대와 위험을 초래한 기술은 없었나. 러시아 대통령 블라디미르 푸틴Vladimir Putin은 AI 개발을 주도하는 자가 "세계의 지배자가 될 것"이라고 선언했다.[6] 12개국 이상이 국가 차원의 AI 정책을 수립했다. 그리고 중국은 미국의 경제적·군사적 우위에 도전하기 위한 전략의 일환으로 2030년까지 AI의 세계적 선도자가 되겠다는 계획을 숨기지 않았다.[7] 미국의 전문가들과 정책결정자들은 경종을 울리고 있다. 초당적으로 구성된 인공지능에 관한 국가안보위원회National Security Commission on Artificial Intelligence는 2019년 보고서에서 "우리는 전략적 경쟁 상황에 있다. AI가 핵심이 될 것이다. 우리 국가안보와 경제의 미래가 위태롭다"고 지적했다.[8]

세상을 바꾸는 기술이 AI만 있는 것은 아니다. 인터넷 연결은 아랍의 봄과 홍콩의 우산 시위 같은 저항 운동, 중국의 위구르족 박해와 같은 탄압, 다른 국가의 사회 깊숙이 영향을 주는 러시아의 정보전쟁 작전을 부채질하면서 정치를 과열시킨다. 이른바 사물인터넷Internet of Things*은 수십억 개의 장난감, 자동차, 가전제품 등으로 확산되고 있으며, 이와 함께 사이버 취약점으로 작용하고 있다.[9] 페이스북Facebook 알고리즘은 우리가 읽는 뉴스를 결정하고 우리의 생각에 영향을 주면서 대규모 인구의 정신을 조작하는 것이 가능해졌다.

앞으로 더 큰 격변이 있을 것이다. 2019년 구글은 "양자 우위"를 달성했다고 발표했는데, 이는 슈퍼컴퓨터가 푸는 데 1만 년이 걸리는 수학 문제를 단 3분 20초 만에 해결할 만큼 강력한 컴퓨팅 혁신이다. 전문가들은 이것을 엄청난 새로운 가능성을 열게 될 기술 시대의 시작이라며 라이트 형제의 첫 번째 비행에 비유했다. 좋은 일만 기대되는 것은 아니다. 양자컴퓨팅은 오늘날 세계의 거의 모든 데이터를 보호하는 암호화 기술을 궁극적으로 모두 해제할 수 있다.[10]

합성생물학 기술로 과학자들은 생명체를 설계하고 자연에는 존재하지 않는 생명체를 만들 수 있는데, 식량, 의약품, 데이터 저장소 등의 생산을 혁신적으로 개선할 뿐만 아니라 새로운 전쟁 무기도 만들어 낼 잠재력이 있다.[11] 살아 있는 세포를 컴퓨터처럼 프로그램하여 궁극적으로는 무엇이든 만들어 내도록 설계할 수도 있다. 잠재적 사용처로는 플라스틱 제조, 색상을 변경하여 화학무기를 탐지하는 식물 창조, 심지어는 DNA로 목표 인물을 설정하는 생물무기도 설계할 수 있다.[12] 이 분야에서도 중국의 군 지도자들은 생명공학을 국방의 새로운 "전략적 핵심 분야"로 부르며 혁신을 최우선 과제로 삼았다.[13]

---

* 인터넷에 연결된 일상적인 장치

코로나19 대유행으로 이러한 추세는 더욱 가속화되었다. 전체 경제와 사회의 온라인화가 촉진되었고, 코로나 증상을 추적하는 스마트 액세서리[14] 및 감염자가 드나든 시설과 마스크 착용 여부를 판별하는 데이터 분석[15] 같은 생체 감시 기술을 더욱 많이 사용하게 되었다.

우리는 과거에도 기술의 발전을 목격했다. 그러나 이렇게 많은 신기술이 융합하며 이렇게 많은 것을 이렇게 빨리 바꾸는 것은 본 적이 없다. 이제 미국 정보기관들은 세 가지 심오한 도전에 직면하고 있다.

첫째, 기술 혁신으로 새로운 불확실성이 발생하고 새로운 적대세력이 힘을 얻음으로써 위협의 지형이 변화히고 있다. 냉전 기간 중 미국에는 소련이라는 하나의 주요한 적이 있었다. 냉전은 위험한 시기였지만 단순했다. 미국의 최고 정보 우선순위는 분명했다. 모든 외교정책 결정은 "소련이 어떻게 생각할까?"라는 관점에서 평가되었다.

이제 광범위한 적대 행위자들이 기술을 활용하여 광범위한 위협을 가하고 있다. 중국은 미국의 지적재산을 훔치려고 대규모 사이버 공격을 감행하고 있으며[16] 전투가 시작되기 전에 미군의 위성통신을 차단하고자 우주무기를 구축하고 있다.[17] 러시아는 페이스북, 트위터, 기타 다른 소셜미디어 플랫폼을 사용하여 정보전쟁을 하고 있다.[18] 36개국이 자율선투드론을 보유하고 있고 최소한 9개국은 그것을 이미 사용했다.[19] 테러 단체들은 추종자 모집에 온라인 비디오게임을,[20] 테러 공격 계획에 구글어스Google Earth를 사용하고 있다.[21] 개발도상국의 독재자들은 최첨단 억압 수단을 활용하고 있다.[22] 취약국가weak state*와 비국가 행위자들은 마우스 클릭 한 번으로 엄청난 분열과 파괴와 기만을 가할 수 있다.

역사적으로 안보에는 국력과 지리적 위치가 중요했다. 강대국이 약소국을 위협했지 그 반대가 아니었다. 바다는 국가들을 서로에게서 보호했고, 국

---

* 실패할 가능성이 높은 국가, 'fragile state'로도 표기

가 간의 거리가 중요했다. 이제는 그렇지 않다. 이 시대에, 미국은 강력한 국가인 동시에 네트워크의 속도로 움직이는 어지러울 만큼 많은 종류의 위험에 취약하다. 이는 불과 몇십 년 전 소련이 5개년 계획에 따라 느릿느릿 움직이던 속도와는 전혀 다른 것이다.

디지털 시대의 두 번째 도전은 데이터와 관련되어 있다. 정보라는 것은 현상 해석sense-making, 즉 현실을 이해하게 해주는 활동이다. CIA와 같은 기관들은 정책결정자들이 현재를 이해하고 미래를 예측하는 데 도움을 주기 위해 첩보*를 모으고 분석한다. 정보가 항상 옳은 것은 아니다. 그러나 정보는 추측, 의견, 직감과 같은 다른 대안들 보다 낫다.

옛날에는 일부 강대국들의 스파이 기관들이 첩보의 수집과 분식을 지배했다. 수십억 달러짜리 인공위성을 만들고, 복잡한 암호를 만들거나 해독하며, 대규모로 첩보를 수집하기 위한 자원과 노하우를 가진 조직은 이들뿐이었다.[23] 2001년 NSANational Security Agency(국가안보국)는 하루에 200만 건의 해외 이메일, 전화, 기타 신호를 도청했다.[24] 여기에 필적할 만한 국가나 조직은 거의 없었다.

이제 데이터는 민주화되고 있으며 미국 스파이 기관들은 따라잡기 위해 고군분투하고 있다. 전 세계의 절반 이상은 온라인 상태이고[25] 매일 50억 번의 구글 검색을 한다.[26] 휴대전화 사용사는 실시간으로 상태를 기록하고 게시하는데, 이는 모든 사람이 알든 모르든 정보 수집관이 된다는 뜻이다.[27] 인터넷에 연결된 사람은 누구나 구글어스 위성 영상에 접속하고, 안면인식 소프트웨어로 사람들을 식별하고, 트위터에서 사건을 추적할 수 있다.

2021년 1월 6일 친親 트럼프 성향의 폭도들이 의회의 2020년 대선 인준

---

* 정보학에서는 자료data를 필요에 따라 수집한 것을 첩보information, 첩보를 목적에 맞도록 가공한 것을 정보intelligence라고 표현한다. 즉, 첩보는 '수집된 자료'이며, 정보는 '목적에 부합하는 첩보'다. 일반적으로 '첩보'라는 용어를 잘 쓰지 않고 'information'과 'intelligence'를 모두 '정보'로 번역하므로 둘을 구분할 필요가 있을 때만 '첩보'라는 용어를 사용하였다.

을 막으려고 미국 의사당에 폭력적으로 난입하여 5명이 사망하였다. 온라인 추적자들은 사법기관들이 가해자를 찾을 수 있도록 소셜미디어에 게시된 사진과 영상을 뒤지기 시작했다. 어느 익명의 대학생은 폭동의 얼굴Faces of the Riot이라 불리는 웹사이트를 만들기까지 했다. 이 학생은 널리 보급된 안면 인식 소프트웨어를 이용하여 폭도들과 다른 사람들이 소셜미디어 파를러Parler에 공유한 수백 개의 영상과 수천 장의 사진을 스캔했고, 의사당 포위 공격에 연루되었을 가능성이 있는 사람들의 이미지를 추출했다.[28]

오늘날 온라인 데이터의 엄청난 규모는 너무 충격적이어서 이해하기 어려울 지경이다. 2019년 인터넷 사용자들은 '매일' 5억 건의 트윗을 올리고, 2940억 통의 이메일을 보내고, 3억 5000만 장의 사진을 페이스북에 올렸다.[29] 어떤 사람들은 지구상의 정보량이 2년마다 2배로 증가한다고 추정한다.[30]

이렇게 공개적으로 접근 가능한 정보는 '공개출처정보open-source intelligence'라고 불리며 점점 더 가치가 커지고 있다. 미 해군 특수부대 네이비실Navy SEAL이 오사마 빈 라덴Osama bin Laden의 파키스탄 은신처를 야간에 비밀리에 급습했을 때 파키스탄 군부는 아무것도 알아채지 못했다. 그러나 그 지역의 정보기술 상담가 소하이브 아타르Sohaib Athar는 눈치를 챘다. 그는 트위터에 이상한 소리가 나고 있다며 "새벽 1시 아보타바드 상공에 헬리콥터(희귀한 사건)"라고 올렸다. 아타르는 급기야 작전 상황을 트위터에 라이브로 올리면서 폭발로 창문이 흔들리는 것까지 알렸다.[31]

마찬가지로, 2014년 러시아가 우크라이나를 침공했다는 최고의 증거는 스파이나 비밀 도청이 아니라 셀카에서 나왔다. 러시아 군인들이 찍어 소셜미디어에 게시한 사진에는 타임스탬프*가 담겨 있었고 배경에는 우크라이

---

* 특정한 시각을 기록한 문자열이다. 디지털 사진 파일에는 눈에 보이는 이미지뿐 아니라 촬영 시간과 위치, 카메라 기종 등 다양한 정보가 메타데이터(데이터를 설명하는 부가 데이터) 형태로 저장되어 있다.

나 고속도로 표지판이 있었다. 소셜미디어는 얼마나 중요해졌는지, 심지어 미국의 지하 핵 지휘 통제실 계기판에도 기밀 정보와 함께 트위터 피드를 띄운다.[32]

이것이 전부가 아니다. 전 세계 기업들은 매년 수백 개의 소형 인공위성을 발사하여[33] 원하는 누구에게나 저비용의 공중 감시체계를 제공하고 있다.[34] 어떤 인공위성 센서는 대단히 선명한 해상도를 자랑하는데, 심지어 우주에서 맨홀 뚜껑을 찾을 수도 있다.[35] 밤이나 흐린 날에, 아니면 울창한 초목과 위장막을 뚫고 영상을 포착하는 센서도 있다.[36] 게다가 작고 값싼 인공위성을 군집으로 운용하면 동일한 위치를 더 자주 촬영하고 시간에 따른 변화를 감지하는 새로운 장점을 누릴 수 있다. 이미 일부 스탠퍼드 연구원들은 상업 영상과 기계학습 도구들을 가지고 지난 5년간 촬영된 수백 장의 영상에서 북한과 중국 국경을 넘는 트럭의 숫자를 산출하여 북한과 중국의 무역 관계를 분석하고 있다.[37] 상업 영상의 가치가 증가하면서 미국의 스파이 위성을 제작하고 운용하는 기관인 NRONational Reconnaissance Office(국가정찰국)마저 자체 인공위성을 제작하는 대신 상업 영상을 구매하는 데 매년 3억 달러를 지출하고 있다.[38]

간단히 말해서, 데이터의 양과 접근성은 현상 해석 업무를 혁신하고 있다. 정보의 운동장은 평평해지고 있지만, 좋은 쪽으로는 아니다. 정보수집장치가 어디에나 있고 정부의 스파이 기관들은 데이터에 빠져 허우적대고 있다. 이것은 급진적인 신세계이고 정보기관들은 적응하기 위해 애쓰고 있다. 비밀은 한때 큰 이점을 주었지만, 오늘날에는 공개출처 정보가 점점 더 많은 이점을 주고 있다. 과거의 정보활동은 강대국들만이 비밀에 접근할 역량을 가지고 참여하는, 통찰력을 얻기 위한 경쟁이었다. 이제는 모든 사람들이 통찰력을 얻기 위해 경쟁하고 있고 인터넷은 이를 위한 도구를 제공하고 있다. 비밀은 여전히 중요하지만, 결국엔 이 모든 데이터를 더 좋고 더 빠르게 활용할 수 있는 자가 승리할 것이다.

비밀주의와 회피성 부인의 기원

"우리는 확인도 부인도 할 수 없습니다"라는 CIA의 반응은 일종의 유행어다. 영화나 트위터에서 유머 소재로 자주 사용되고 있는데, 회피성 부인은 실제로도 사용된다.[39] 어느 CIA 변호사가 1975년 이것을 생각해 냈는데,[40] CIA의 최고 비밀로 분류된 작전 중 하나가 언론에 유출되었던 때였다.[41] 그 작전의 암호명은 'AZORIAN(아조리안)*'이었고,[42] 억만장자 하워드 휴즈Howard Hughes, 민간용 심해 채굴선으로 위장한 CIA 선박,[43] 그리고 태평양에서 소련 선박들이 지나다니는 와중에 침몰한 소련 잠수함을 거기에 탑재된 핵미사일[44] 및 비밀문건[45]과 함께 인양하겠다는 담대한 시도가 얽혀 있었다.[46] 당시 냉전은 긴장된 상태였고 발각될 위험은 컸으며 기사들은 CIA 관계자들에게 질문을 퍼붓고 있었다.[47] 워터게이트 사건으로 시끄러운 시기였으므로, CIA는 무엇을 하고 있었는지 거짓말하다가 들키고 싶지는 않았지만 소련에 무언가 밝히는 것도 원치 않았다.[48] 그때부터 "우리는 확인도 부인도 할 수 없습니다"는 말이 쓰이고 있다.

신기술이 초래하는 세 번째 도전은 스파이 활동의 핵심을 강타하게 된다. 바로 비밀 유지의 문제다. 지금까지 미국의 스파이 기관들은 외부인들과 많은 교류를 할 필요가 없었고 교류를 원하지도 않았다. 정보기관의 임무는 적들이 우리에 대해 아는 것보다 우리가 적들에 대해 더 많은 것을 알 수 있도록 비밀을 수집하는 것이었고, 또한 우리가 비밀을 수집하는 방법을 비밀로 유지하는 것이기도 했다.

CIA 본부에 들어가면 그것을 느낄 수 있다. 100개가 넘는 별들로 뒤덮인 반짝이는 하얀 대리석의 추모의 벽Memorial Wall이 있는데, 각각의 별은 임무수행 중 사망한 정보관을 나타낸다.[49] 그들의 이름이 그 앞에 놓인 명예의 책Book of Honor에 기록되어 있는데, 40명은 빈 줄로 되어 있다.[50] 이들이 수행한 임무는 사후에도 비밀로 남아 있다.

---

*   아조레스 제도의 사람 또는 물건

비밀성secrecy과 개방성openness 사이의 균형 잡기는 오랫동안 이어져온 숙제다. 비밀성은 정보의 출처와 수집 방법을 보호하고 정보 우위를 확보하는 데 필수적이다. 개방성은 민주주의적 책임성을 보장하기 위해 필수적이다. 과도한 비밀성은 정보의 오용으로 이어진다. 과도한 투명성은 정보의 효과를 앗아간다.

그러나 디지털 시대에 신기술이 오랜 지정학적 경계를 거의 없애버리면서 비밀성이 더 큰 위험을 초래하고 있다. 정보기관들은 국가안보를 위해 외부 세계와 점점 더 많은 관계를 맺어야 한다.

과거에는 적대세력이 해외에서 위협을 가했고 우리는 적들이 오는 것을 볼 수 있었다. 게다가 적대세력이 군대를 동원하려면 시간이 걸렸다. 이제 적들은 사이버 공간에서 전력망과 금융 시스템 같은 민간 소유의 중요 기간 시설을 공격할 수 있다. 이러한 공격은 언제 어디서든, 국경을 넘거나 총을 쏘지 않고도 가능하다. 20세기에는 경제와 안보가 별개의 영역이었다. 소련의 계획경제가 세계 무역 질서에 합류한 적이 없기 때문이다. 21세기에는 경제와 안보가 밀접하게 얽혀 있다. 세계적인 공급망이 형성되어 있고, AI와 같이 민간과 군사 양쪽에서 판도를 바꿀 수 있는 이중용도 기술이 극적으로 발전하고 있기 때문이다. 지금까지 정보기관은 외국 정부와 테러 단체를 이해하는 데 집중했다. 오늘날 정보기관은 미국의 기술 대기업과 스타트업도 이해해야 하고, 악의적 행위자가 우리의 발명품을 우리를 해치는 데 사용할 가능성까지도 고려해야 한다.

이 새로운 세계에서 정보 우위를 확보하려면 정보기관은 온라인 위협에 맞서고 상업적으로 발전된 기술을 활용하기 위해 민간 기업과 협력하는 새로운 방법을 찾아야 한다. 정보기관은 공개출처 데이터라는 세상을 받아들여 새로운 통찰력을 얻어야 하고, 국가를 지키기 위해 정부 밖의 더 광범위한 고객들에게 봉사해야 한다.

요즘에는 NSA 외에도 아마존Amazon, 애플Apple, 페이스북, 구글, 마이크

로소프트Microsoft와 같은 다양한 빅데이터 거대기업들이 있다. 비록 일부 기업은 자신들의 기술을 결코 무기에 적용하지 않을 것이라고 선언했지만, 현실에서 이들의 기술은 이미 무기로 사용되고 있다. 해커들은 G메일 피싱 수법과 마이크로소프트 제품의 취약성을 컴퓨터 네트워크 공격에 이용하고, 테러리스트들은 테러 공격을 생중계하고, 악의적 행위자들은 트위터와 페이스북 같은 소셜미디어 플랫폼으로 민주주의를 내부에서 공격하는 허위정보의 고속도로를 건설하고 있다.[51] 미국 정보기관들은 시민의 자유나 기업의 상업적 성공을 위태롭게 하지 않으면서도 기업이 보유한 위협 정보에 접근할 수 있는 더 나은 방법을 찾아야 한다.

정보기관들은 이제 혁신을 위해서도 민간 부문이 더 필요하다. 예를 들어 방대한 양의 데이터를 분석하는 작업은 점점 더 AI 도구에 의존할 것이다. (인터넷과 같은) 기술의 발전은 정부에서 시작하여 민간 부문으로 전파되곤 했다.[52] 이제 그 과정은 역전되었고, 구글과 엔비디아Nvidia 같은 대기업과 징코바이오웍스Ginko Bioworks와 데이터마이너Dataminr 같은 스타트업에서 신기술이 등장하고 있다. 정보기관들은 이제 내부에서 기술을 개발하는 대신 외부에서 기술을 발견하고 신속하게 채택해야 한다. 여기에는 기술뿐만 아니라 관련 인력도 필요하지만, 민간에서는 정부(또는 대학)가 제시하기 어려운 각종 혜택과 최첨단 컴퓨팅 시설을 제공하면서 노동 시장을 과열시키고 있다. 기업은 엄청나게 많은 최고 수준의 AI 교수들을 채용하고 있고(2018년에만 41명의 AI 교수들이 학계를 떠났다), 전문가들은 다음 세대 학생들을 가르칠 교수들이 모자라게 될 것을 우려하고 있다.[53]

민간 부문에 참여하고 협력하는 것이 쉽지는 않다. 미국 스파이 기관은 여러 가지 어두운 활동으로 오랫동안 불신을 받고 있다. 정보기관들이 미국인들을 염탐하고 반정부 단체들에 침투하고 외국 지도자들을 암살했다는 내용이 1970년대에 폭로되면서 강력한 비난이 일고 의회 감독에서 개혁이 촉발되었다. 더 최근에는 CIA의 드론 공습과 2013년 전직 정보기관 계약직원

에드워드 스노든Edward Snowden이 폭로한 NSA 비밀 감시 프로그램 등이 논란이 되었다.

스노든의 폭로가 언론에 보도되고 1년이 지난 2014년 여름, 나는 의회 직원들을 대상으로 사이버 설명회를 개최했는데 일정 중에 실리콘밸리의 주요 테크 기업 방문도 포함되어 있었다. 우리가 기업 회의실에 줄을 서자 긴장감이 역력했다. 어느 기업 임원은 자신이 미국 정부를 중국의 인민해방군과 똑같이 보고 있다고 말했다. 미국 정부 역시 자신의 시스템에 몰래 침투하지 못하게 막아야 할 적이라는 얘기였다. 입이 딱 벌어졌다. 어느 정보위원회 직원은 급히 밖으로 나가 자기 상관에게 전화를 걸고 아주 많은 법률 수정 작업이 필요하다는 소식을 전했다. NSA의 감시 프로그램은 법적 허가를 받은 것이었지만, 테크 기업 임원들이 보기에는 고객 데이터를 몰래 수집함으로써 자기 기업을 보안이 취약하거나 정부와 공모 중이거나 또는 둘 다로 보이게 하는, 자사의 신뢰도를 떨어뜨리는 프로그램이었다.

정보기관들은 여전히 신뢰를 재건하기 위해 열심히 일하고 있다. CIA의 "확인도 부인도 할 수 없습니다"라는 첫 번째 트윗이 입소문이 난 이후 존 브레넌John Brennan 부장은 소셜미디어를 통해 "대중과 더 직접적으로 소통하고 CIA의 임무, 역사, 기타 발전에 대한 정보를 제공"하겠다는 보도자료를 발표했다.[54] 비밀 기관이 대중과 소통하고 정보를 제공하겠다니, 시대가 확실히 변하고 있다. 이것은 중요한 시작이다.

위에서 언급했듯이, 러시아 군인들이 우크라이나에서 찍은 셀카에서부터 북한에 출입하는 중국 트럭의 위성 영상에 이르기까지 신기술은 일반인도 이용할 수 있는 정보 또는 공개된 출처에서 얻는 정보라는 완전히 새로운 세계를 열고 있으며, 이는 비밀이 가장 중요하고 비밀에서 통찰력을 얻는다는 기존 관념을 깨뜨리고 있다. 공개출처정보는 언제나 중요하지만, 미국 정보기관에서 가장 중요한 것은 비밀이었다. 모든 것이 비밀은 아니었지만, 비밀은 모든 것을 뜻했다. 전 CIA 분석관 아리스 파파스Aris Pappas가 지적했듯이,

냉전 중에는 "와, 그들이 이 첩보를 얻는 데 1조 달러를 썼다니, 이 첩보는 분명 1조 달러의 가치를 가졌을 거야"라는 태도에 빠지기 쉬웠다.[55]

신기술 때문에 누가 결정권자인지도 불분명해지고 있다. 이제까지는 정부가 국가안보 정책을 담당했다. 배지를 차고 보안 인가를 받고 정보공동체가 어떻게 작동하는지 이해하는 연방 공무원들이 중요한 결정을 내렸다.

더 이상은 아니다. 점점 더 많은 결정권자들이 워싱턴과는 괴리된 세상에서 살고 있으며, 백악관 상황실에서만이 아니라 거실과 회의실에서 정책을 결정하고 있다. 이들은 투표권자이며, 다른 나라가 사회를 분열시키고 선거를 조작하기 위해 실행하는 영향력 공작의 목표물이다. 이들은 테크 기업의 임원이고 직원이며, 새로운 제품을 개발하고 새로운 시장을 개척함으로써 보상을 얻는다. 기술이 범죄에 사용되거나 부정적인 위험을 가져오지 못하도록 막는다고 보상을 얻는 것이 아니다. 기업 임원들은 미국의 국가안보 정책이나 국제정치에 관여하고 싶지 않을 수도 있겠지만, 그들이 내리는 결정은 불가피하게 국가안보 정책과 국제정치 모두에 영향을 준다.

디지털 시대에는 사업이 그저 사업으로 끝나지 않는다. 테크 기업의 정책은 공공의 정책과 '같다'. 소셜미디어 기업의 결정에 따라 어떤 대통령 메시지가 세상에 공유될지 아니면 차단될지 결정된다. 소프트웨어 개발자들의 결정에 따라 그들이 전 세계에 공급하는 제품의 사이버 공격 취약성이 결정된다. 휴대전화와 메신저앱 기업의 임원들이 선택하는 암호화 방식에 따라 반체제 인사들이 어떻게 활동할 수 있을지, 사법기관이 테러리스트를 어떻게 단속할 수 있을지가 결정된다.

실리콘밸리와 워싱턴 양쪽의 지도자들은 이 새로운 세계를 함께 헤쳐 나가야 한다. 이것을 해내려면 위협의 양상이 신기술의 개발과 이용에 어떤 영향을 주는지, 반대로 신기술이 위협의 양상에 어떤 영향을 주는지 보여주는 정보가 필요하다.

더 광범위한 결정권자에게 서비스를 제공하려면 오래된 정보 보고서의 비밀을 해제하고 평소처럼 업무를 수행하는 것으로는 부족하다. 이것이 2016년의 핵심 교훈 중 하나였다. 2016년 대선 기간에 정보 당국자들은 러시아가 개입하고 있다는 다수의 정황을 감지했고, 너무 놀란 나머지 대중에게 경고하기로 했다. 10월 7일에는 국가정보장director of national intelligence, DNI과 국토안보장관secretary of homeland security이 공동으로 보도자료를 발표하는 전례 없는 조치를 취했다. 하지만 거의 아무도 모르고 지나갔다.

왜? 부분적으로는 그것이 정보기관의 언어로 쓰였기 때문이다. 처음 몇 줄은 다음과 같다.

> 미국 징보공동체는 최근 발생한 미국 국민과 정치단체 등 미국 기관을 상대로 한 이메일 유출을 러시아 정부가 지시한 것으로 확신하고 있습니다. 해킹된 것으로 추정되는 이메일이 디시리크스DCLeaks.com 및 위키리크스WikiLeaks와 같은 사이트에 게시되거나 구시퍼 2.0Guccifer 2.0이라는 온라인 가상인물을 통해 공개된 것은 러시아가 시도하는 방법 및 동기와 일치합니다.[56]

정보기관 내부자들에게 이 메시지는 심각하고도 분명했다. 대중에게는 별로 그렇지 않다.

같은 날 〈액세스할리우드Access Hollywood〉의 악명 높은 녹음테이프가 뉴스를 강타했는데, 공화당 후보 도널드 트럼프Donald Trump가 여성을 성폭행하는 것이 얼마나 쉬웠는지 자랑하는 내용이었다. 어느 것이 더 주목받았는지 맞춰보시라.

2020년 대선에서 정보 당국자들은 공공 서비스 발표 영상을 제작하고 더 빈번하게 보도자료를 발표하고 더 많은 언론 인터뷰를 허용하는 등 더욱 적극적이고 창의적인 조치를 취했다.[57] 심지어 10월에 발표된 영상에는 국가 방첩 최고책임자 윌리엄 에바니나William Evanina와, 국방부 산하 사이버 전투원들과 NSA 슈퍼 수집관들을 지휘하는 폴 나카소네Paul Nakasone 장군이 함

께 출연하기도 했다. 내용은 선거에 대한 위협이 실재하지만 정보기관들이 대응하고 있다는 이야기였다.[58]

이러한 조치들은 중요하지만 불충분했다. 예를 들어 2020년의 발표 영상은 선거 전날까지 유튜브YouTube 조회수가 겨우 2만 2400회에 불과했다.[59] 러시아가 운영하는 선전활동 기관 RT 아메리카RT America(과거 명칭은 러시아 투데이Russia Today)는 100만 명이 넘는 유튜브 구독자를 확보하고 있었다.[60] 한편으로는 DNI 존 랫클리프John Ratcliffe가 트럼프 대통령의 선거운동을 지원하고자 비밀을 선별적으로 이용하고 러시아의 허위정보로 의심되는 내용을 공개하는 등 정보기구 자체도 정치화되어 있었다.

앞으로 이어지는 내용을 통해 독자들이 정보활동은 물론 미국 스파이 기관들이 직면하고 있는 도전에 대해서도 이해를 넓힐 수 있기를 바란다. 정보기관들이 직면한 문제에 쉬운 해법은 없지만, 한 가지는 이미 분명하다. 미국 정보기관들은 적응해야만 하고, 그렇지 못하면 실패할 것이다. 진주만,[61] 9·11,[62] 러시아의 2016년 대선 개입[63]과 같은 현대 미국 역사상 가장 큰 기습 공격 사건들은 스파이 조직들이 새로운 위협에 대응할 수 있을 만큼 빠르게 또는 완전히 변화하지 못해서 발생했다. 지금 이 시기에도 역시 새로운 기술을 적대세력보다 더 잘 그리고 더 빨리 활용하기 위해 극적인 변화가 필요하다.

이 책은 거의 30년에 걸친 다양한 활동, 즉 미국 정보기관에 대한 조사와 미국 정부에 대한 조언, 전현직 정보관 및 정책결정자들과의 인터뷰 수백 회, 내가 UCLA에서 담당했던 학부과정, 보다 최근에는 고등학생들과 대학생들이 정보활동에 대해 무엇을 왜 배우고 싶은지 알아보고자 개최했던 포커스 그룹 모임 등에서 얻은 결과물이다.

내가 정보라는 비밀의 세계에 사는 거주자가 아니라 방문객이라는 점을 짚고 넘어가야겠다. 국가안전보장회의National Security Council, NSC 사무처에 근무하며 정보 당국자들과 정책결정자들에게 자문을 했던 적은 있지만 정보기관 내부에서 일한 적은 없다. 나는 스파이 기관들이 시간이 지남에 따라 어떻게 진화했는지, 왜 새로운 위협에 적응하는 데 어려움을 겪는지, 그리고 어떻게 개선할 수 있는지를 외부에서 조사해 온 전문 학자다. 나는 정보관이라고 불리는 희귀하고 비밀스러운 집단의 이질적인 문화를 관찰하기 위해 워싱턴 D.C.의 먼 곳까지 여행하는 인류학자처럼 느낄 때도 종종 있다.

외부자로 있으면 단점도 있고 장점도 있다. 한편으로, 나는 중요한 정보 사건에 대해 비밀 기록이 실제로 어떻게 기술하고 있는지 조사할 수 없다. 사후에 드러난 일만 연구할 수 있다. 다른 한편으로, 외부자의 관점에서 건강한 회의주의와 독립성을 발휘할 수 있다. 내부자보다 자유롭게 불편한 질문을 던지고 호의적이지 않은 결론을 내릴 수 있다.

2장은 정보 교육의 위기와 그 비용을 살펴보는 것으로 시작한다. 정책결정자들을 포함한 대부분의 미국인은 미국의 정보기관들이 실제로 어떻게 작동하는지 거의 알지 못한다. 이와 반대로 각종 창작물은 엄청난 역할을 하고 있다. 몇 년 전 나의 학생들을 대상으로 한 여론조사를 통해 놀라운 발견을 했는데, 스파이를 소재로 한 오락물이 정보활동에 대한 관점에 중대한 영향을 주는 것 같다는 점이다. 이러한 발견에 이어 나의 전국적인 여론조사 프로젝트를 살펴보고, "스파이테인먼트spytainment"의 극적인 증가 추세를 추적하며, 할리우드가 어떻게 음모론을 부채질하여 대법관부터 일선 군인에 이르는 정책결정자들에게 영향을 미치고 있는지 살펴본다.

3장은 18세기의 보이지 않는 잉크에서 21세기의 스파이 위성에 이르기까지 미국의 스파이 활동을 다룬다. 이것이 긴 시간처럼 보일 수도 있지만 다른 국가들과 비교하면 미국의 정보 역사는 상당히 짧다. 조지 워싱턴George Washington의 스파이들은 중국의 손자가 『손자병법』에 전쟁에서의 정보 활용법을 쓴 후 2000년이 지나서야 나타났다. 오늘날의 거대한 정보기구는 대부분 제2차 세계대전 이후에 등장했고 국제사회에서 미국의 역할 변화상이 반영되어 있다.

4장에서는 정보의 기본을 다룬다. 10년에 걸친 오사마 빈 라덴 추적 활동, 그리고 정보관들이 개인적으로 성찰한 자신의 일상과 윤리적 딜레마, 최고의 순간과 최악의 순간을 통해 정보란 무엇이고 무엇이 아닌지, 어떻게 작동하는지 살펴본다.

5장에서는 정보분석에 대해, 그리고 그것이 그렇게 어려운 이유에 대해 살펴본다. 중국이 기습적으로 한국전쟁에 참전한 사건부터 이라크의 대량살상무기에 대한 잘못된 보고서까지 분석 실패에는 공통된 원인이 있다. 그중 중요한 것으로 내가 판단의 7대 죄악seven deadly biases이라 부르는, 아무리 똑똑한 사람이라도 헤매게 하는 인지적 함정이 있다. 아울러 다가오는 인공지능의 세계를 탐험하며 기계가 인간보나 나은 분석 유형과 인간이 기계보다 나은 분석 유형을 논의한다.

6장은 정보공동체에서 가장 민감한 지점 중 하나, 반역자들을 다룬다. 신뢰받던 내부자가 변절하는 동기는 무엇인가? 디지털 시대에 정보관들은 어떻게 스파이를 모집하고, 어떻게 업무 수행에 필요한 신뢰를 유지하면서도 이중스파이를 식별할 수 있을까?

7장에서는 전 CIA 부장 레온 파네타Leon Panetta가 "고통스러운 선택이 계속되는 어려운 활동"이라고 표현한 바 있는 비밀공작을 탐구한다.[64] 7장은 예멘의 어떤 사막에서 시작하는데, 그곳은 바로 안와르 알-아울라키Anwar al-Awlaki라는 이름의 미국 시민이자 악명 높은 테러리스트가 재판이나 판사나 배심원 없이 은밀한 드론 공습으로 사망한 곳이다. 그리고 비밀공작이 정확히 무엇인지, 그것이 자주 실패하는데도 모든 대통령이 그것을 사용하는 이유가 무엇인지 탐구한다. 그리고 가상의 비밀공작 딜레마를 검토함으로써 이러한 고통스러운 선택을 들여다본다.

8장에서는 의회의 감독이라는 논쟁적인 세계, 즉 그것이 어떻게 발전하였고 왜 중요하며 왜 잘 작동하지 않는지, 그리고 앞으로 어떻게 될 것인지 살펴본다. 또한 정보 감독과 관련하여 정보 역사상 가장 뜨겁게 논란이 되었던

CIA의 구금 및 심문 프로그램과 NSA의 영장 없는 도청 프로그램에 대한 논쟁을 파헤친다.

9장은 디지털 시대의 핵무기 추적으로 방향을 돌린다. 인터넷, 상업 위성, 자동화된 분석에 힘입어 초강대국 정부만 핵무기 정보를 다루는 시대는 지났다. 정부가 아니라 개인과 조직이 불법적인 핵무기 활동을 추적하는 새롭게 등장한 핵무기 추적 방식을 살펴본다. 이 새로운 생태계는 오늘날 나타나는, 기회와 위험을 포함한 정보의 극적인 변화 모습을 부각한다.

10장은 사이버 위협이 무엇이고 어떻게 진화했으며, 정보활동에는 어떤 의미를 갖고 어떤 중요한 문제를 제기하는지 살펴보며 마무리한다. 사이버 공간은 여러 가지 면에서 궁극적인 비밀과 음모의 전쟁터이며, 악의적 행위자들은 절도, 염탐, 정보전쟁과 그 이상을 목적으로 기만과 속임수와 첨단 기술을 사용하고 있다. 사이버 위협은 기계와 정신을 해킹하고 있는데, 이것은 시작에 불과하다. 인공지능이 만드는 딥페이크 비디오, 오디오, 사진은 너무 현실적이어서 가짜를 판별하기가 불가능할 수도 있다. 지금까지 어떠한 위협도 그렇게 빠르게 변화한 것이 없고 정보기구에 그렇게 많은 것을 요구한 것도 없다.

미국 정보공동체의 관점에서 디지털 시대는 복잡성과 도전적 과제로 가득 차 있다. 반역자를 잡고 공작을 수행하는 것에서부터 핵무기 위협을 이해하고 사이버 공간에서 작전을 수행하는 것에 이르기까지, 성공을 이루려면 완전히 새로운 세계에서 우위를 확보하는 방법에 대해 근본적으로 사고를 바꿔야 한다. 이는 기본으로 돌아가고 정보를 다시 탈정치화하는 것부터 시작한다. 그러나 그것으로는 부족하다. 성공하려면 임무를 전환하여 공개출처정보를 수용하고, 비밀 활동과 공개 소통을 아우르는 새로운 역량을 개발하고, 업무방식을 바꾸는 직원들에게 보상하는 것도 필요하다.

앞으로 알게 되겠지만, 기술의 시대에 적응한다는 것은 어마어마한 패러다임 교체를 의미한다. 그러나 그것은 필수적이다.

제 2 장

재난에 빠진 교육

허구의 스파이가 여론은 물론 정보 정책까지 왜곡하는 방식

소설과 현실의 차이가 뭐냐고? 소설은 이치에 맞아야 하지.

—톰 클랜시 Tom Clancy [1]

스파이 영화와 드라마의 팬들이 CIA 본부를 방문한다면 실망할 것이다. 방문객 센터는 제이슨 본Jason Bourne이나 캐리 매티슨Carrie Mathison*의 멋진 첨단 사무실과는 전혀 달라 보인다. 미국에서 가장 잘 알려진 정보기관에 들어가는 입구는 초라한 우체국 같은 느낌이다. 안에는 방탄유리가 달린 창구, 음료 자판기, 뒷벽에 걸려 있는 구식 검은색 유선전화기가 있다. 방문객들은 보안조치를 받은 후 밖으로 나와서 구불구불한 길을 걷거나 한가로운 셔틀버스를 타고 옛 본부 건물로 갈 수 있다. 거기에 가면 만나는 로비 경비원들은 망막 스캐너나 멋진 지문인식 장비를 가지고 있지 않다. 몇 개의 회전문이 있고, 휴대폰을 수거하고 종이 보관증을 나눠주는 친절한 경비원이 있을 뿐이다.[2]

CIA 부장도 사용하는 일련의 간부 사무실 역시 묘하게 평범해 보인다.[3] 여기가 전형적인 정부기관의 건물이 아니라는 유일한 단서는 소각용 봉투뿐이다.[4] 비밀문서를 그냥 버릴 수는 없기 때문에[5] 쉽게 소각할 수 있도록 쓰레

---

* CIA의 활동을 다룬 TV 드라마 〈홈랜드Homeland〉의 주인공

기통 대신 슈퍼마켓의 명절용 쇼핑봉투와 묘하게 비슷해 보이는 줄무늬 소각 봉투가 곳곳에 비치되어 있다.[6]

NCTCNational Counterterrorism Center(국가대테러센터)는 완전히 다르다. NCTC는 9·11 이후 미국 정부 전체의 테러 위협 보고를 융합하고자 만들어졌는데,[7] 벽면에 부착된 거대한 모니터, 기둥 없이 확 트인 공간, 전 세계의 악당을 추적하는 컴퓨터들이 들어찬 초현대적인 작전본부를 가지고 있다.[8] 할리우드에서 바로 나온 느낌이다. 왜냐하면 정말로 그랬으니까. 정부 당국자들은 실제로 월트디즈니 이매지니어링Walt Disney Imagineering의 엔지니어를 고용하여 NCTC의 사무실부터 매끈한 상황판과 구내식당 의자까지 디자인하도록 했다.[9]

정보 분야에서는 예술이 현실을 모방하고 현실이 예술을 모방한다. 이 변화의 영향은 보이는 것보다 훨씬 더 심각하다. 지난 20년 동안 스파이를 주제로 한 오락물, 즉 '스파이테인먼트spytainment'가 급증했다. 반면 스파이에 대한 사실은 여전히 드물고, 대학 교수들은 거의 모든 것에 대해 강의를 하고 있지만 정보에 대한 강의는 없다. 그래서 이런 결과가 발생한다. 성인들은 스파이를 주제로 한 오락물을 통해 정보에 대해 배우고 있으며,[10] 좀 억지스러워 보일 수도 있겠지만 허구의 스파이가 현실의 여론과 실제 정보 정책을 형성하고 있다.

이 장은 미국인들이 현실의 정보 세계에 대해 얼마나 아는 게 없는지 탐구하는 것으로 시작한다. 다음으로 스파이테인먼트의 부상을 다루고, 정보기관과 할리우드의 복잡한 관계를 추적한다. 그 다음 비밀 분류 정책, 정보공동체의 비밀주의 문화, 대학 교수들의 연구 인센티브가 어떻게 작용하여 스파이 관련 사실을 찾기 어렵게 되는지 자세히 살펴본다.

마지막으로, 이러한 현상의 결과를 돌아본다. 앞으로 보겠지만, 9·11 이후 수많은 "딥스테이트Deep State"** 음모론이 들불처럼 퍼졌고 그중 상당수는 정보기관들이 영화에서처럼 우리나라를 상대로 비밀 전쟁을 벌이고 있다고 비난한다. 또한 스파이테인먼트는 일반 미국인들뿐만 아니라 정책을 결정하는 고위층에게도 영향을 미치고 있다. 웨스트포인트West Point 사관생도부터 정보위원회 상원의원과 대법관에 이르기까지 정책결정자들은 현실의 정책을 결정하기 위해 할리우드 스파이와 줄거리를 심사숙고하고 있다.[11]

정보에 대한 정보

대부분의 미국인들은 정보라는 비밀의 세계에 대해 잘 알지 못한다. 접해본 적이 없기 때문이다. 많은 사람들이 민간인과 군인 사이에 거리감이 늘어난다고 비판하지만, 군인을 접하는 사람이 정보관을 접하는 사람보다 훨씬 더 많다.[12] 전형적인 미국 동네라면 열 집 중 두 집에 제대 군인이 산다.[13] 그러나 워싱턴 D.C. 지역이 아니면 자기 옆집에 정보관이 사는 경우는 거의 없고, 만약 있더라도 모르고 있다.[14] 정보는 의회에서도 큰 비중을 차지하지 않는다. 2020년 535명의 하원의원과 상원의원 중 18명만이 정보기관에서 일한 경험이 있다. 실제로 의원 중에는 선식 정보관보다 의사가 더 많다.[15]

2009년에 나는 미국인이 정보에 대해 무엇을 알고 있고 정보 관련 쟁점에 대해 어떤 태도를 보이는지에 대한 설문조사 자료를 찾기 시작했다. 관련 자료가 별로 없었고, 그래서 스스로 작은 표본의 대략적인 자료라도 모아보기로 하고 내 수업을 수강하는 UCLA 학부생들을 대상으로 미국 정보기관의 이론과 실제에 대한 설문을 했다.

설문을 했던 때가 미국 정보기관에 대한 관심이 시들했던 시기는 아니었

---

*   숨겨진 기득권 세력이 국가 중대사를 배후에서 조종하고 있다는 정치적 음모론. 그림자 정부 Shadow Government라고도 한다. 딥스테이트 음모론에 따르면 초법적, 초국가적 비밀 단체가 각국 정부의 실권을 장악하고 있으며, 코로나19와 같은 대형 사건사고는 이 단체가 사전에 치밀하게 계획한 공작의 결과다.

다. 잘못된 정보로 시작된 이라크 전쟁은 6년 차에 접어들고 있었다.[16] NSA 의 "영장 없는 도청" 프로그램, 즉 법원의 영장을 받지 않고 수백만 미국인 들의 통화 메타데이터를 수집하고 테러 조직과의 연계가 의심되는 사람들의 통신 내용을 도청하는 활동에 대한 논란도 여전했다.[17] 한편 상원 정보위원 회는 CIA가 전 세계의 블랙사이트*에서 테러 용의자들을 구금 및 심문한 것에 대해 중대한 조사를 추진하고 있었다.[18]

이런 논란으로 시끄러운 시기였으므로 교실 밖은 시위대가 진을 치고 교 실 안은 텅 비어 있을 것으로 예상했다. 그러나 강의 첫날 교실에 들어서다 가 학생들이 앉을 자리가 모자라 서 있는 것을 보고는 깜짝 놀랐다. 알고 보 니 학생들은 배움에 굶주려 있었다. 교실에는 저학년과 고학년, 온건파와 강 경파, 인권운동가와 제대 군인 등이 골고루 섞여 있었다. 나는 그들에게 왜 이 수업을 듣는지 물었다. "내 친구가 왜 이라크에서 죽어야 했는지 알고 싶 어요." 어느 학생이 말했다. "내가 왜 거기 있었는지도요." 방은 조용해졌다. 이 학생은 다음 10주 동안 매 수업마다 맨 앞줄 오른편에 앉아 있었다.

수업에서 한 설문조사 결과는 눈부실 만큼 놀라웠다. 나는 학생들이, 심지 어 뉴스를 열심히 찾아보는 학생들조차도 정보기관이 무엇이고 어떻게 작동 하는지 거의 아무것도 모른다는 것을 알게 되었다. 더군다나, 학생들이 정보 활동에 대해 갖는 태도는 스파이를 소재로 한 TV쇼와 연결되어 있는 것 같 아서 당혹스러웠다. 일부 학생들은 고문을 자주 그리고 호의적으로 묘사한 〈24〉라는 유명 TV 시리즈를 항상 챙겨본다고 대답했는데, 이들은 워터보 딩, 즉 익사하는 느낌을 주어 많은 사람이 고문으로 여기는 위협 기법과 같 은 가혹한 심문 방법에 찬성할 가능성이 통계적으로 다른 학생들보다 높았 다.[19]

물론 이 설문조사로 〈24〉를 보면 이러한 태도가 생긴다고 '증명'할 수는

---

* 미국의 비밀 군사시설

없었다. 표본 크기는 100명 정도에 불과했으므로 모든 사람을 대표한다고 보기는 어려웠다. 어쩌면 워터보딩에 더 우호적인 사람들이 그 TV쇼에 끌렸고, 잭 바우어Jack Bauer가 매 사건마다 "필요하면 뭐든지" 하는 것을 즐겼던 것인지도 모른다. 그래서 나는 2012년과 2013년에 저명한 여론조사 업체 유고브YouGov를 통해 두 가지 국가적 설문조사를 실시했다. 각 설문마다 국민을 대표하는 표본에서 대략 1000명의 응답자로부터 데이터를 모았다.

유고브 설문조사 결과는 내가 UCLA 학생들에게 했던 과학성이 부족한 설문조사 결과와 유사했고, 두 가지 흥미로운 결론을 내릴 수 있었다.[20] 첫 번째는 미국인들이 대체로 정보에 대한 지식이 부족하다는 점이다. 나는 미국인들이 정보에 대해 얼마나 이해하고 있는지 측정하기 위해 일반적인 정보 보고서 중 얼마만큼이 비밀인지, 그리고 미국의 최고위 정보 관료는 누구인지와 같은 몇 가지 기본적인 질문을 했다. 또한 NSA가 에드워드 스노든의 폭로로 1952년 창설 이래 최악의 위기를 맞고 있던 시기에 NSA의 임무에 대한 몇 가지 질문도 포함시켰다. 정답을 좀 더 쉽게 맞출 수 있도록 객관식 질문을 했으므로 응답자들은 여러 문항 중에 맞는 답을 고르기만 하면 되었다. 예를 들면 이런 식이다.

일반적인 정보 보고서의 첩보 중 몇 %가 비밀로부터 오는가?
☐ 75% 초과
☐ 75%
☐ 50%
☐ 25%
☐ 25% 미만
☐ 잘 모르겠음

정답은 25% 미만이다. 일반적인 정보 보고서에서 정보의 약 20%만이 비밀 분류된 첩보 또는 비밀에서 나온다.[21] 나머지는 공개출처, 아니면 외국 정부 보고서나 신문 기사와 같은 공개자료를 모아서 종합한 것이다. (다음 장에서는 다양한 종류의 정보에 대해, 그리고 정보기관이 정보를 가치 있게 해주는 모든 공개출처 자료로 무엇을 하는지에 대해 자세히 알아본다.)

요점은, 만약 여러분이 오답을 골랐다면 혼자가 아니라는 것이다. 미국인 10명 중 9명, 정확히 말하면 93%는 일반적인 보고서의 얼마만큼이 비밀인지 몰랐거나 아니면 답을 표시하다가 실수했다. 미국인의 4분의 1은 정보 보고서의 75% 또는 그 이상이 비밀로 되어 있다고 생각했다. 거의 절반의 응답자는 보고서의 50%가 비밀이라고 생각했다.[22]

아마도 가장 흥미로운 것은, 당시 언론이 NSA에 대한 뉴스로 가득 찼을 때였는데도 미국인들은 NSA가 무엇을 하는지 이해하지 못했다는 점이다. 2013년 5월, NSA의 전 계약직원 에드워드 스노든은 NSA의 가장 중요하고 민감한 수집 프로그램을 상세히 기록한 대량의 기밀 문건을 불법 유출하여 공개했다.[23] 폭로된 문건 중에는 무엇보다도 NSA가 미국의 우방국 지도자들을 염탐하고,[24] 미국인 수백만 명의 통화기록("메타데이터")을 수집하고,[25] 구글과 야후Yahoo 같은 테크 기업의 데이터에 몰래 접근하고 있었다는[26] 내용이 있었다. 스노든은 홍콩, 그다음 모스크바로 도피하면서 국제적인 물의를 일으켰으며, ≪워싱턴포스트Washinton Post≫, ≪가디언Guardian≫, ≪뉴욕타임스New York Times≫, ≪슈피겔Der Spiegel≫은 그가 폭로한 자료에 기반한 기사들을 보도하기 시작했다.[27] 스노든은 숨어서 도망치고 있었지만 그의 얼굴은 어디에나 있었다. 첫 폭로 이후 6개월 동안 스노든이 등장한 기사는 ≪뉴욕타임스≫에 395건, 처음 그 사건을 폭로한 ≪가디언≫에 716건이나 되었다.[28] 이후 스노든은 NBC 뉴스의 브라이언 윌리엄스Brian Williams, HBO 〈라스트 위크 투나잇Last Week Tonight〉의 존 올리버John Oliver, 코미디센트럴 Comedy Central 〈데일리 쇼Daily Show〉의 트레버 노아Trevor Noah와 TV 인터뷰를 했다.

법무부는 스노든을 1917년 제정된 스파이방지법Espionage Act 위반 혐의로 기소했고[29] 국무부는 그의 여권을 말소했다.[30] 스노든의 폭로는 어마어마한 논란을 일으켰다. 대통령이 임명한 초당적 검토 위원회는 그가 공개한 NSA 프로그램에 "불법이나 기타 권한 남용의 증거가 없다"는 결론을 내렸지만,[31] 의회는 전화 메타데이터 프로그램을 더 좁게 제한하라는 강한 정치적 압력을 받았고, 결국 그렇게 했다.[32]

많은 사생활권 옹호자들이 에드워드 스노든을 내부고발자 영웅으로 보았던 반면,[33] 많은 국가안보 당국자들은 그를 반역자로 보았다.[34] 내가 전 NSA 국장 마이클 헤이든Michael Hayden에게 스노든을 만나면 무슨 말을 하겠냐고 묻자 즉시 이런 대답이 나왔다. "당신은 묵비권을 행사할 권리가 있다."[35]

하지만 언론이 스노든으로 광란에 빠진 와중에 진행된 2013년 10월 조사에 따르면, 대부분의 미국인은 NSA가 무슨 일을 하는지도 몰랐다. 당시의 혼란은 널리 퍼진 대중의 오해와 무지를 배경으로 전개되고 있었다.

약 4만 명의 직원이 근무하는 NSA는 미국에서 가장 중요한 조직 중 하나다.[36] 이 기관은 이메일, 전화 통화, 암호화된 데이터 전송 등 외국의 신호와 관련된 정보를 가로채고 분석한다.[37] NSA는 또한 웹사이트에 나와 있듯이 "미국의 암호 생성사와 암호 해독사의 고향"이다.[38] 이러한 암호를 생성하고 해독하는 임무는 미국의 핵무기 암호와 같은 정보를 보호하고 외국의 통신에 침투하는 데 필수적이다.

나는 설문조사에서 NSA가 ① 암호 해독, ② 외국의 통신에 침투, ③ 정보 분석, ④ 스파이 위성 제작, ⑤ 테러리스트 억류자 심문, ⑥ 외국인 테러리스트 생포 또는 살해 작전 등 여섯 가지 활동을 수행했다고 생각하는지 물었다. 앞의 3개는 사실이었고, 뒤의 3개는 거짓이었다. 조사 결과 대부분의 미국인은 그 차이를 모른다는 것이 밝혀졌다. 표 2.1에서 알 수 있듯이 응답자의 절반만이 NSA가 암호를 만들고 해독하는 일을 한다는 것을 알고 있었다. 대다수는 NSA 임무에 대해 무지하거나 오해하고 있었다.

표 2.1 유고브 2013 국가 여론조사: NSA는 어떤 활동을 하는가?

NSA의 활동	그렇다	아니다	모르겠다	사실/거짓	전체 오답
다른 국가의 비밀 암호 해독	51%	9%	40%	사실	49%
외국의 전화와 이메일 통신 도청	71%	4%	24%	사실	28%
첩보를 분석	73%	4%	23%	사실	27%
스파이 위성 제작	32%	22%	46%	거짓	78%
억류자 심문	35%	23%	42%	거짓	77%
테러리스트 생포 또는 살해 작전	32%	29%	39%	거짓	71%

미국인들이 NSA에 대해 무지하다는 것은 통계적 오류가 아니었다. 나는 정보공동체의 중요한 사건들조차 대중들이 인지하지 못한다는 것을 발견했다. 2009년 9월 3일 발표된 어느 조사에서는 CIA가 워터보딩을 비롯한 여러 논쟁적인 심문 기술 사용에 대해 기념비적인 보고서를 발표했지만 이것을 그 주에 가장 많이 챙겨본 뉴스라고 응답한 미국인은 겨우 3%에 불과한 것으로 나타났다.[39] 역사상 가장 위대한 정보 성공 사례인 오사마 빈 라덴 사살은 페이스북이 선정한 2011년 가장 많이 공유된 40개 톱뉴스의 목록에 오르지도 못했다.[40]

2012년과 2013년 유고브 설문조사는 허구의 스파이가 실제로 어떤 영향을 미치는지에 대해서도 내가 학생들에게 했던 과학성이 부족한 설문조사와 비슷한 결과를 보여주었다. 나는 미국인들이 스파이를 주제로 한 TV쇼와 영화를 더 자주 시청할수록 암살, 테러 용의자에 대한 가혹한 심문, NSA의 미국 시민 감시와 같은 공격적인 대테러 전술을 지지할 가능성이 더 크다는 결론을 내렸다. 다음은 2012년 유고브 설문조사에서 통계적으로 유의미한 결과 중 몇 가지이다.

- **암살** : 알려진 테러리스트를 암살하겠다고 응답한 비율은 스파이 TV쇼를 자주 보는 사람 중 84%, 드물게 보는 사람 중 70%였다.

- **용의자 인도** : 고문을 사용하는 것으로 알려진 제3국으로 테러 용의자를 이송하는 것('rendition'이라는 관행)이 정당하다고 응답한 비율은 스파이 TV쇼를 자주 보는 사람 중 60%, 드물게 보는 사람 중 45%였다. 이것을 지지한다고 응답한 비율은 스파이 영화 관람객 중 53%, 영화를 보지 않는 사람 중 41%였다.
- **워터보딩** : 테러 용의자에게 (대상자를 판자에 묶어놓고 코와 입을 감싸는 헝겊에 물을 늘이부어 익사하는 느낌을 주는) 워터보딩을 하는 것이 정당하다고 응답한 비율은 스파이 TV쇼를 자주 보는 사람 중 38%, 드물게 보는 사람 중 28%였다.

2013년 설문조사에서는 스파이테인먼트 시청 습관이 NSA에 대한 의견과도 크게 연관되어 있다는 것이 드러났다. 스파이를 주제로 한 TV쇼와 영화를 많이 볼수록 NSA를 더 좋아했고, NSA의 전화와 인터넷 수집 프로그램에 더 많이 찬성했으며, NSA가 감시 활동에 대해 진실을 말한다고 믿었다.[41] 많은 경우 스파이테인먼트 시청자들과 다른 사람들 사이에는 의견 차이가 상당했다. 통계적으로 유의미한 결과는 다음과 같다.

- **NSA 선호도** : NSA에 호의적인 견해를 보인 비율은 전년도에 스파이 영화를 자주 본 사람 중에는 58%였으나 드물게 본 사람 중에는 34%뿐이었다.
- **NSA 감시 프로그램 찬성도** : NSA의 인터넷 데이터 및 전화 기록 수집 프로그램에 찬성한다고 대답한 비율은 스파이 TV쇼를 자주 또는 가끔 시청한 사람 중에는 44%였지만, 거의 또는 전혀 시청하지 않은 사람 중에는 29%뿐이었다.
- **NSA 신뢰도** : NSA가 메타데이터 수집 프로그램에서 통화 내용을 듣지 않는다고 대답한 것이 사실이라고 응답한 비율은 자주 또는 가끔 스파이

TV쇼를 시청하는 사람 중에는 23%였는데, 그렇지 않은 사람 중에는 15%에 불과한 것과 대비된다.

사람들이 NSA의 활동에 대해, 그것이 효과가 있든 없든, 도덕적으로 옳든 그르든, 뭐라고 생각하든 간에 허구의 이야기가 NSA에 대한 대중의 태도에 상당한 영향을 미칠 수 있다는 사실은 불안감을 일으킨다.

물론 학계에서는 "상관관계가 인과관계와 같은 것은 아니다"라고 경고하고는 한다. 오락물은 사람들이 이미 가지고 있는 신념을 강화하거나 반영하는 것뿐인지도 모른다.[42] 두 가지가 같은 추세를 보인다고 해서 한쪽이 다른 쪽을 일으킨다는 의미는 아니다. 미신을 믿는 스포츠 팬들은 행운의 티셔츠를 입지만, 시청자들의 옷차림이 어느 팀이 이길지를 결정한다고 생각하는 사람은 없다.

그러나 스파이테인먼트와 사람들의 믿음 사이에 인과관계가 있다고 볼만한 충분한 이유가 있다. 우리는 오락물이 대중문화와 많은 다른 사안에 대한 태도에 영향을 끼친다는 것을 알고 있다. 1980년대에 TV쇼 〈LA 로L.A. Law〉가 인기를 끌자 로스쿨 지원이 급증했다.[43] 검사들은 "〈CSI〉 효과"에 대해 한탄했는데, 유명 TV쇼 때문에 배심원들이 법정에서 화려한 법의학적 증거를 기대하고 그게 없으면 정부 측 주장이 약하다고 생각하게 되었기 때문이다.[44] 그리고 1986년 블록버스터 〈탑건Top Gun〉은 해군에 해군사관학교 지원 급증이라는 횡재를 가져왔다. 〈탑건〉으로 해군이 유명해지자 신병 모집관들은 극장 앞에 상담 테이블을 설치하기도 했다. 어느 칼럼니스트가 썼듯이 "미국은 '속도가 필요해'라고 외치며 마하 2로 비행하는 매버릭Maverick, 아이스맨Iceman, 기타 영화 속 슈퍼파일럿들과 사랑에 빠졌다".[45] 만약 예술이 법조계와 범죄 수사와 군 관련 분야에서 현실에 영향을 줄 수 있다면, 정보 분야에서도 같은 일이 일어날 수 있다고 상상하는 것은 그다지 비약이 아니다.

증거는 그렇다는 것을 암시한다. 스파이테인먼트는 지난 20년 동안 풍선처럼 불어나 미국인들이 자신들에게 봉사하는 정보기관들을 이해하는 지배적이고 많은 경우 유일한 방법이 되고 있다.

스파이테인먼트의 부상

요즘에는 어디에나 스파이를 주제로 한 오락물이 있다. 로버트 러들럼 Robert Ludlum의 소설이나, 톰 클랜시를 내세운 비디오게임이나, 〈제임스 본드James Bond〉나 〈제이슨 본〉 같은 영화 시리즈나, 〈홈랜드〉와 〈24〉 같은 유명 TV쇼까지 다양하다.

사실 스파이물은 오랫동안 큰 사업이었다. 제임스 본드는 이언 플레밍Ian Fleming의 1953년 소설 『카지노 로열Casino Royale』에 처음 등장해서 지금까지 7명의 배우들이 그 역할을 맡을 정도로 오랫동안 우리 곁에 있었다. 톰 클랜시가 만든 CIA의 영웅 잭 라이언Jack Ryan은 1984년 발표된 베스트셀러 『붉은 10월The Hunt for Red October』에 처음 등장했고, 제이슨 본이 CIA에서의 수상한 과거를 처음으로 잊어버렸던 때는 1980년으로 거슬러 가는데, 바로 로버트 러들럼이 『본 아이덴티티The Bourne Identity』라는 소설을 발표한 해이다. 사실 미국 최초의 베스트셀러 소설은 독립전쟁에서 활약한 이중스파이를 소재로 했던, 1821년 『스파이The Spy』라는 적절한 제목으로 발표된 작품이다.[46]

오늘날 달라진 점은 스파이를 주제로 한 오락물의 양이나 다양성이 넘쳐나서 우리를 허구의 바다에 빠뜨렸다는 점이다. 미국 독자들은 100년 전에 처음으로 스파이테인먼트의 매력을 발견했다. 이제는 거기서 빠져나갈 방법이 없다.

클랜시와 러들럼을 합쳐 세계적으로 대략 400만 권의 소설을 판매했다.[47]

클랜시의 소설은 미국 문화에서 너무 대중적이 되어 CNN 앵커 주디 우드러 프Judy Woodruff는 2001년 9월 11일 테러 공격을 "톰 클랜시 소설에 등장할 법한" 사건이라고 묘사했고, CNN은 클랜시를 인터뷰하여 9·11이 그의 소설과 얼마나 비슷한지 물었다.[48] 10년 후 CNN 진행자 엘리엇 스피처Eliot Spitzer는 오사마 빈 라덴 사살 작전을 묘사할 때 똑같이 클랜시를 언급했다.[49]

어디를 돌아봐도 허구의 스파이가 있다. 어린이에게는 앤서니 호로위츠 Anthony Horowitz가 창조한 14살의 영국 요원 알렉스 라이더Alex Rider가 있는데, 12권의 베스트셀러와 5권의 만화책에다 액션피겨 시리즈도 있다.[50] 톰 클랜시의 스파이 소재 비니오세임 시리즈는 미국 비니오세임 산업 규모가 1996년 20억 달러에서 2018년 434억 달러로 솟구치는 데 큰 역할을 했다.[51]

오늘날 스파이물은 TV와 영화관에서도 더 큰 비중을 차지하고 있다. 1995-1996년 TV 시즌에서 닐슨Nielsen이 조사한 시청률 100위까지 TV 프로그램 중에 정보와 어느 정도라도 관련된 TV쇼는 〈엑스파일The X Files〉과 〈재그JAG〉 두 개에 불과했다. 2005-2006년 시즌에서는 무려 6배나 증가한 12개를 기록했다.[52] 전통적인 TV 시청에서 인터넷 스트리밍 서비스로 전환하는 가구가 늘어나고 있는데, 스파이 쇼도 그러한 추세를 따라가면서 잭 라이언이 2019년 아마존 프라임Amazon Prime에 데뷔하였다. 오늘날 할리우드 제작사들은 1980년대의 2배에 달하는 스파이 블록버스터 영화를 선보이고 있다.[53]

실제 스파이들은 허구의 스파이들과 항상 복잡한 관계에 놓여 있다. 한편으로, 정보기관들은 할리우드가 정보기관을 더 우호적으로 묘사하도록 환심을 사려고 노력한다. 다른 한편으로, 정보기관들은 스파이테인먼트에 종종 나타나는 부정적이고 비현실적인 묘사를 종종 매도한다.

엔터테인먼트 산업에서 기관의 평판을 개선하는 데 FBI 국장 에드거 후버 J. Edgar Hoover만큼 부지런하게 노력했던 사람은 없다. 후버는 1924년부터 1972년 사망할 때까지 FBI를 지배하면서 FBI를 긍정적으로 묘사하는 제작자와 기자에게만 협조하는 1인 홍보 기관이었다.[54] 1930년대까지 FBI를 소재로 영화, 라디오 쇼, 만화책, 버블검 카드까지 등장했다.[55] 대공황 초기 미국인들은 영웅과 현실도피와 권선징악을 열망했다. 1935년에는 할리우드 최대 터프가이 제임스 캐그니James Cagney가 등장하는 워너브러더스Warner Brothers의 〈G-멘G-Men〉과 같이 FBI가 영화에 정기적으로 등장했다.[56] 이러한 영화는 FBI 요원들을 손에 총을 쥐고 범죄를 해결하고자 거리를 활보하며 언제나 해결에 성공하는 용감무쌍한 영웅으로 미화하였다.[57] 비록 후버가 공식적으로 〈G-멘〉을 지지하지 않는다고 말했지만, 영화가 개봉된 이후 FBI에는 수많은 팬레터가 쏟아졌다.[58]

오늘날 FBI, CIA, 국방부는 모두 "속을 보여줌"으로써 자기 기관을 우호적으로 묘사하려 한다. 이를 위해 할리우드 작가, 감독, 제작자와 함께 일하는 공보업무 담당관을 두거나 연예 업계와 제휴를 맺고 있다.[59] FBI는 2008년 미국 작가 조합을 대상으로 "FBI 101"로 불리는 특별 홍보 세미나를 주최했다.[60] CIA는 방송작가들이 참고할 수 있도록 자체적으로 줄거리 목록을 개발 및 홍보한다.[61] 육군, 해군, 공군, 해병대는 로스앤젤레스에 병력을 배치하여 연예 협력 사무소를 운영하고 있다.[62]

랭글리*에는 영화 포스터가 공보업무 회의실을 장식하고 있다.[63] 2004년 CIA는 〈앨리어스Alias〉의 주인공 제니퍼 가너Jennifer Garner를 채용 홍보 영상에 등장시켰다.[64] 수년간 CIA 홈페이지의 어린이 코너에는 "초급 정보관 에이바 슈폰Junior Officer Ava Shoephone"이라는, 선홍색 립스틱을 바르고 트렌치코트를 입고 하이힐에 내장된 비밀 전화로 이야기하는 스파이 만화 캐릭터가 있었다.[65] CIA는 자기 기관의 벤처 투자업체 이름도 제임스 본드 영화의 특수장비 담당관 Q의 이름을 따서 인큐텔In-Q-Tel이라고 지었는데, 이와 관련하여 전 CIA 법률자문관 제프리 스미스Jeffrey Smith는 전국공영라디

---

* CIA 본부 소재지

오National Public Radio에서 "우리는 대중에게 어필할 수 있는, 직설적으로 말하자면 섹시한 이름이 꼭 필요했다"고 말했다.[66]

한편 CIA는 자기 기관이 할리우드식으로 음험하게 묘사되는 것은 싫어한다. 2006년에 로버트 드니로Robert DeNiro는 CIA의 초창기를 그린 〈굿셰퍼드 The Good Shepherd〉라는 영화에 출연했다. CIA 당국자들은 〈아버지의 깃발 Flags of Our Fathers〉이 미국의 이름 없는 영웅들을 매력적으로 묘사하여 해병대를 미화했던 것처럼 이 영화가 CIA를 멋지게 그려주기를 바라고 있었다. 그러나 이 영화는 (CIA의 어둡고 불안했던 방첩 책임자 제임스 지저스 앵글턴James Jesus Angleton을 아주 약간 기반으로 하여) 에드워드 윌슨Edward Wilson이라는 스파이 캐처*가 CIA에서 일하면서 인간성을 상실하는 과정을 어둡고 불안하게 그려냈다. 이 영화에서 유일하게 영웅적인 인물은 소련 KGB 정보관이 있다. CIA 정보관들은 결국 이 영화에 대해 토론하고 그 내용을 발표하기까지 했다. 말할 것도 없이, 그들은 이 영화의 팬이 아니었다.[67]

어쩌면 할리우드가 〈제로 다크 서티Zero Dark Thirty〉처럼 역사를 영화로 만드는 것이 가장 위험할 수 있다. 〈제로 다크 서티〉는 CIA가 10년간 오사마 빈 라덴을 추적하는 과정을 담은 영화로 아카데미상 후보였다.[68]

이 영화는 CIA로부터 많은 지원을 받았고 CIA를 대단히 아첨하는 톤으로 묘사한다.[69] 비밀 해제된 문건에 따르면 CIA 정보관들은 영화 제작자들과 주기적으로 만나 대본의 초안을 검토하고 빈 라덴 추적과 관련된 수많은 핵심 인사들과의 접촉을 주선해 주었다.[70]

그러나 영화가 공개되자 무엇이 진실이고 무엇이 허구인지 너무 많은 논란이 일었고, CIA 차장 마이클 모렐Michael Morell은 CIA 직원들에게 무엇이 사실인지 확인해 주는 메모를 써야 했다. 모렐은 "이 영화는 역사적으로 정확하다고 홍보하고 있지만, 상당한 예술적 허용을 담고 있습니다"라고 썼

---

* 스파이를 잡는 방첩관

다. "여러분은 〈제로 다크 서티〉가 사실을 현실적으로 묘사한 것이 아니라 극화된 것이라는 점을 인지하기 바랍니다."[71]

모렐은 여기서 그치지 않았다. 그의 메모는 빈 라덴의 파키스탄 아보타바드의 저택을 추적하는 데 가혹한 심문이 핵심적이었다는 이 영화의 중요 내용을 직접적으로 반박한다. "이 영화는 우리의 과거 구금 및 심문 프로그램의 일부로 사용된 향상된 심문 기법enhanced interrogation techniques*이 빈 라덴을 찾는 데 핵심적이었다는 강력한 인상을 주고 있습니다. **이러한 인상은 거짓입니다.**"(강조는 내가 했음) "진실은 CIA 분석관들이 다양한 경로의 정보를 활용하여 빈 라덴이 아보타바드에 숨어 있다는 결론을 내렸다는 것입니다. 일부는 구금자들로부터 향상된 기법을 통해 얻었지만, 다수의 다른 출처도 있었습니다."[72]

이것은 큰 사건이었다. 가혹한 심문 기법의 효과와 도덕성 모두 격렬한 논쟁 대상이었고, 옹호자들은 이러한 기법으로 빈 라덴을 찾는 데 도움이 된 유용한 첩보를 얻었다고 주장하지만 비판자들은 가혹한 심문에서 얻은 거짓되고 호도하는 첩보로 인해 문제 해결이 지연되고 깊은 도덕적 우려를 일으켰다고 강조한다.[73] 진실은 미묘하지만, 영화는 분명했다. 그 결과 확실한 오해가 빚어졌다. 그러나 각본을 쓴 마크 볼Mark Boal과 감독을 맡은 캐스린 비글로Kathryn Bigelow는 〈제로 다크 서티〉를 "언론 보도 같은 영화"이자 "다큐드라마"라고 부르며 사실을 충실하게 담은 보고서와 같다고 홍보했다.[74] 이 영화는 오프닝에서 "실제 사건 경험자의 진술을 토대로 하고 있습니다"라고 선언한다. 이것은 강력한 말이다. 비글로는 이 말을 계속해서 사용하는데, 언론에서 영화를 옹호하면서 "경험자의 진술을 토대로 합니다"라는 주문을 반복한다.[75] 그녀는 〈콜버트 리포트The Colbert Report〉라는 코미디쇼에서도 같은 말을 했다.[76] 참으로 비현실적인 순간이었다. 언론인 행세를 하는 영화감

---

* CIA는 9·11 이후 테러 용의자에게 가한 고문을 '향상된 심문 기법'으로 표현한다.

독이 뉴스 진행자 행세를 하는 코미디언에게 다큐멘터리 행세를 하는 허구적 영화가 "역사의 초고"*라고 말하고 있었다.

많은 비판을 받게 되자 비글로는 결국 〈제로 다크 서티〉가 사람들이 사건을 논의할 수 있도록 내보인 것에 불과하다고 주장했다. 그녀는 ≪로스앤젤레스타임스Los Angeles Times≫에 "우리처럼 예술에 종사하는 사람들은 무언가를 표현하는 것이 그것을 지지하는 것은 아니라는 점을 알고 있다"라고 기고했다.[77] 우리처럼 학계에 종사하는 사람들은 다른 것을 알고 있는데, 무언가를 표현하는 것이 너무 자주 사실을 왜곡한다는 점이다.

스파이 팩트를 찾아서

어디에나 스파이 픽션이 있지만, 스파이 팩트는 여전히 희귀하다. 정보공동체는 이 문제를 인지하고 최근 몇 년간 더 많은 정보를 공개하기 위해 중요한 조치를 하고 있다.[78] 그러나 새로운 기술, 철 지난 비밀 분류 정책, 정보공동체에 계속되는 비밀주의 문화 때문에 미국 정보기관에 대한 공식적인 자료는 여전히 찾기 어렵고, 제도적으로는 비밀이지만 실제로는 누구나 알고 있는 기괴한 정보의 세상이 만들어진다. 그 결과는 무엇이 진실이고 무엇이 아닌지 풀어내기 어려운 혼란스러운 미로와도 같다.

비밀의 과잉 분류, 해제, 재분류

현재의 비밀 분류 체계는 냉전 중에 만들어졌는데, 당시에는 정부 공무원들이 종이로 기록을 유지했고 컴퓨터 없이 수기로 자료를 관리했다. 심지어

---

* '뉴스는 역사의 초고(첫 기록)'라는 말에서 나온 말로, 뉴스와 같이 사실적인 영화라는 의미

오늘날에도 정보는 무단으로 공개될 경우 미국의 국가안보에 미칠 수 있는 영향을 기준으로 3개의 비밀 분류 등급이 매겨진다.*

- **3급 비밀**confidential 정보는 미국 국가안보에 '위해'를 초래할 것이 합리적으로 예상된다.
- **2급 비밀**secret 정보는 미국 국가안보에 '심각한 위해'를 초래할 것이 합리적으로 예상된다.
- **1급 비밀**top secret 정보는 미국 국가안보에 '이례적으로 심각한 위해'를 초래할 것이 합리적으로 예상된다.[79]

정보와 출처와 방법을 보호하는 것은 미국 국가안보에 매우 중요하며, 민주주의 국가라고 해서 완전히 투명할 수는 없다. 해리 트루먼Harry Truman 부통령은 프랭클린 루스벨트Franklin Roosevelt 대통령이 사망하여 대통령이 되고 나서야 맨해튼 프로젝트Manhattan Project라는 핵무기 개발 계획을 알게 되었는데, 거기에는 그럴 만한 이유가 있는 것이다.

이와 동시에, 공무원들은 너무 많은 자료가 불필요하게 비밀로 분류되어 기관 간 정보 공유를 방해하고 정부와 외부 전문가 간의 협업을 저해하며 민주적 책임성을 약화시킨다는 불만을 자주 제기해 왔다. 어떻게 보면 이 문제가 심각한 이유는 누구의 잘못도 아니기 때문이다. 관료 조직에서는 비밀을 공개하면 곤경에 처할 수 있지만 비밀을 그대로 두면 거의 문제가 생기지 않기 때문에 자연스럽게 정보를 비밀로 만들어 쌓아두기만 한다. 결정하기 어

---

* 우리나라는 「보안업무규정」(대통령령)에 따라 다음과 같이 비밀을 구분한다.
- I급 비밀: 누설될 경우 대한민국과 외교관계가 단절되고 전쟁을 일으키며, 국가의 방위계획·정보활동 및 국가방위에 반드시 필요한 과학과 기술의 개발을 위태롭게 하는 등의 우려가 있는 비밀
- II급 비밀: 누설될 경우 국가안전보장에 막대한 지장을 끼칠 우려가 있는 비밀
- III급 비밀: 누설될 경우 국가안전보장에 해를 끼칠 우려가 있는 비밀

려우면 비밀로 두는 것이 낫다.

과도한 비밀 분류에 대한 불만은 비밀 분류 체계 그 자체만큼이나 오래되었다. 1956년 찰스 쿨리지Charles Coolidge 국방차관보가 주관한 쿨리지 위원회Coolidge Committee는 "비밀의 과잉 분류가 심각한 수준에 이르렀다"고 경고했다.[80] 1997년 대니얼 패트릭 모이니핸Daniel Patrick Moynihan 상원의원이 위원장을 맡은 정부의 비밀주의에 관한 블루리본 위원회*는 무엇이 비밀로 분류되어야 하는지 결정하기 위한 일관된 지침이나 법적 기준이 없다는 사실을 발견했다. 이 위원회는 "원자력법Atomic Energy Act의 적용을 받는 핵에너지 관련 사안을 제외하면, 연방 정부의 비밀은 도장을 든 사람이 비밀로 분류하기로 결정한 모든 것"이라고 결론지었다.[81] 모이니핸의 표현대로, "일꾼들의 규칙은 도장을 찍고, 찍고, 또 찍는 것이다".[82]

2005년 도널드 럼즈펠드Donald Rumsfeld 국방장관은 ≪월스트리트 저널Wall Street Journal≫에 기고한 글에서 "연방 정부 전체에 걸쳐 일반 원칙처럼 너무 많은 자료를 비밀로 분류한다고 오랫동안 생각해 왔다"고 말했다.[83] 그와 함께 일했던 방첩 및 보안 담당 국방차관 캐럴 하브Carol Haave도 의회 청문회에서 비밀 분류 결정의 절반이 불필요한 과잉 분류임을 인정했다.[84] 그리고 2020년 합동참모회의Joint Chiefs of Staff 부의장이던 4성 공군 장군 존 하이텐John Hyten은 "국방부에서는 흔히 비밀이 너무 과잉 분류되어 있어 어이가 없어요. 정말 믿을 수 없을 정도로 어이없습니다"라고 말했다.[85]

가장 큰 문제는 오늘날 공무원들이 디지털 기록의 세상에서 아날로그 비밀 분류 정책과 도구로 업무를 처리하고 있다는 점이다. 그 숫자를 보면 충격적이다.

• 비밀 분류의 세계가 너무 커져서 오늘날 거의 '400만' 명에 달하는 사람

---

* 특정 문제를 조사 또는 연구하도록 구성된 전문가 집단

들이 비밀취급인가를 가지고 있다.[86] 이는 로스앤젤레스 인구와 맞먹는 숫자다.[87]

- 1996년에는 총 600만 건의 비밀 분류 결정이 있었다.[88] 2016년에는 5,500만 건으로 증가했는데, 그래픽 이미지, 이메일, 인스턴트 메시지, 채팅과 같은 새로운 자료 덕분이다.[89]

- 평균적으로, 오늘날 미국 정부는 1990년대에 비해 3분의 1 정도의 분량만 비밀 해제하고 있다.[90]

미국 국립문서보관소National Archives의 정보보안감독실Information Security Oversight Office은 2017년 연례 보고서에서 미국의 낡은 비밀 분류 체계가 과부하를 겪고 있으며 현대화가 절실하다고 경고했다. 보고서는 "여전히 자원 집약적이고 종이에 기반하는 현재의 비밀 해제 절차로는 적시에 검토가 필요한 대량의 종이 기록도 충분히 처리하지 못하고 있으며, 이미 쏟아지고 있는 전자 기록의 홍수는 말할 것도 없다"고 지적했다. 보고서는 직설적으로, 현재의 체계는 지속 불가능하고, 올바른 정책 수립을 방해하며, 정부에 대한 신뢰를 약화시킨다고 비판했다.[91]

비밀 분류에 부조리가 만연하다. 2000년대 초반까지만 해도 "공세직 사이버 작전offensive cyber operations"이라는 문구는 비밀로 분류되었다. 그 말이 어떤 의미인지, 어떤 대상을 목표로 고려하는지, 어떤 기술이 사용될 수 있는지가 아니었다. 단지 그 문구 자체가 비밀이었다.[92]

2011년 9월 오바마Barack Obama 대통령이 예멘에서 안와르 알-아울라키라는 미국인 테러리스트를 사살했다고 발표하는 연설에서는 '드론'이나 'CIA'라는 단어를 사용할 수 없었다.[93] 그 정보가 비밀로 분류되어 있었기 때문인데,[94] CIA의 드론 프로그램은 이미 언론에 널리 보도된 상황이었다.[95]

2010년 초 육군 일병 첼시 매닝Chelsea Manning은 레이디 가가Lady Gaga의 「텔레폰Telephone」이라는 노래에 맞춰 립싱크하면서 이라크와 아프가니스탄 전쟁에 관한 수십만 개의 비밀 문건을 가짜 레이디 가가 CD에 불법으로 다운로드하여 위키리크스에 넘겼다.[96] 이 자료에는 외국과의 민감한 외교 전문, 미군과 함께 일하던 이라크와 아프가니스탄 민간인의 이름(그들의 생명이 위태로워졌다),[97] 바그다드에서 미군 헬기의 오인 사격으로 언론인 2명을 포함하여 민간인들이 사망한 영상[98] 등이 포함되어 있었다.

위키리크스 파일이 뉴스에 온통 도배되어 있었지만 비밀취급인가를 받은 미국 정부 인사들은 클릭하지 말라는 지시를 받았다.[99] 외교관, 군인, 기타 다른 공무원들도 자기 집 컴퓨터에서나 개인 시간에 그 문건을 읽지 말아야 했다. 한때 공군은 공군 근무자의 자녀가 집에서 위키리크스의 매닝 파일에 접근하는 것을 금지하고, 비밀 열람용이 아닌 사무실 컴퓨터에서는 해당 문건에 대한 뉴스 기사를 게재한 ≪뉴욕타임스≫와 25개 다른 사이트의 접속을 차단하기도 했다.[100]

왜 이런 소란이 벌어졌을까? 위키리크스 문건은 엄밀히 보자면 여전히 비밀이므로 비밀취급인가를 받은 사람이 정당한 이유 없이 문건을 열람하는 것은 보안규정 위반이 될 수 있기 때문이다.[101] 그 문건은 공개되었지만 비밀이었다. 이러한 비밀 분류 규정으로 인해 미국 정부의 많은 공무원들보다 비밀취급인가를 받지 않은 대학생이 위키리크스에 유출된 실제 미국의 정책 및 통신에 관한 정보에 더 많이 접근할 수 있었다.

그리고 비밀 재분류라는 것이 있다. 2006년 국립문서보관소는 정부기관이 1995년 이후 2만 5000건 이상의 문건을 다시 비밀로 분류했다는 사실을 발견했다. 제대로 읽은 것이 맞다. 비밀로 분류했다가 비밀에서 해제했다가 다시 비밀로 분류하는 일이 수년 후에, 때로는 수십 년 후에 반복되었다. 국립문서보관소는 정부기관들이 비밀로 유지해야 할 정보를 공개하고 공개로 유지해야 할 정보를 비밀로 재분류하고 있다는 결론을 내렸다.[102]

이러한 비밀 분류 문제는 흥미롭지만 치명적으로 심각한 사안이다. 비밀을 과소 분류하면 국가가 적에게 취약해지기 때문에 위험하다. 하지만 과잉

비밀 해제-재-분류: 두 문건 이야기

1971년 국방부는 "닉슨 평화전략Nixon Strategy for Peace"이라는 제목의 문건을 발표했다. 여기에는 미니트맨Minuteman 미사일(1000기), 타이탄Titan II 미사일(54기), 잠수함 발사 탄도 미사일(656기) 등 구체적인 핵무기 숫자가 나열되어 있다. 1960년대와 1970년대에 4명의 국방장관이 이 숫자를 공개적으로 언급했다.[103]

냉전이 끝나고 10년도 더 지난 2006년, 국방부와 에너지부 공무원들은 이 숫자를 비밀 분류해야 한다고 결정했다. 그들은 거의 50년 동안 공개되어 잘 알려져 있던 미사일 숫자를 검열하여 검게 지운 동일한 문건을 다시 발행했다.

"우리는 항상 과잉 분류에 대해 알고 있었습니다." 비영리 단체인 국가안보문서보관소National Security Archive의 토머스 블랜턴Thomas Blanton 이사는 말했다. "하지만 이전에 공개되었던 데이터를 비밀로 재분류하는 것은 도를 넘어서는 불합리한 일이고, 이제 우리는 항의의 뜻으로 비밀의 해제-재-분류라는 완전히 새로운 비밀 체계를 수립합니다!"[104] 국가안보문서보관소가 항의한 후 그 문건의 검열삭제 부분은 복구되었다.

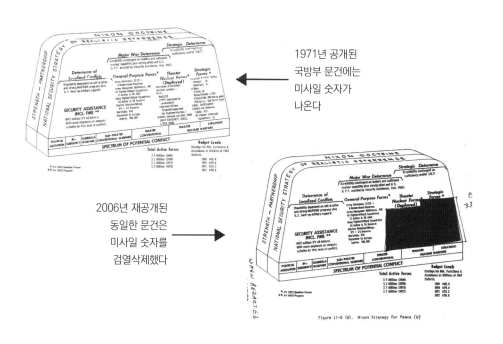

1971년 공개된 국방부 문건에는 미사일 숫자가 나온다

2006년 재공개된 동일한 문건은 미사일 숫자를 검열삭제했다

Figure II-6 (U). Nixon Strategy for Peace (U)

분류도 위험할 수 있다. 4성 공군 장군 하이텐은 비밀의 과잉 분류가 억지력을 약화시킨다고 공개적으로 우려했다. 적들이 미국의 역량을 모른다면 레드라인을 넘었을 때 어떤 처벌을 받게 될지 예측할 수 없기 때문이다. 하이텐은 "당신이 가진 모든 것이 보이지 않으면 억지력을 발휘할 수 없다"고 말한다.[105]

과잉 분류는 또한 정보를 곳곳에 고립시켜 분석관이 제때 점들을 연결할 수 없게 만들고, 관료 조직이 온갖 잘못된 이유를 대며 조사를 피할 수 있게 해주고, 실제 상황에 대한 정부의 신뢰를 약화시킬 위험이 있다. 과잉 분류의 세계에서 어떻게 의심이 생겨나고 시민들이 의문을 품게 되는지는 그리 어렵지 않게 알 수 있다. 연방 정부가 이미 모두가 알고 있는 사실을 숨기려고 그렇게 애쓰고 있다면 아마 더 많은 것을 숨기고 있을 가능성이 크다고 생각하게 된다. 스파이 기관이 애초에 비밀로 분류하지 말아야 할 정보를 비밀에 부치고 있다면 어떻게 신뢰를 얻을 수 있겠는가? 문건을 비밀 해제하는 데 그토록 오랜 시간이 걸리면, 기억이 희미해지고 핵심 관계자가 사라진 뒤에 우리는 어떻게 전체 이야기를 안다고 자신할 수 있겠는가? 결론은 스파이 팩트가 희소할수록 냉소와 의심이 커질 가능성이 크다는 것이다.

비밀주의 문화

정보를 이해하는 데 있어 두 번째 장벽은 정보공동체에 내재된 비밀주의 문화다. 미국 정보기관은 외부 세계로부터 분리되는 데 있어 월드클래스다. 그럴 수밖에 없다. 정보기관 직원들은 일반인과 분리된 보안 시설에서 일한다. 그들이 쓰는 글은 비밀로 분류된다. 그들은 가족, 친구, 이웃에게 자신이 하는 일에 대해 자유롭게 말할 수 없다. 정보기관에서 일하는 사람과 이야기를 나눠보면 이들이 평범하지 않다는 것을 금세 알 수 있다. 정보기관은 자신들의 성공은 아마도 비밀로 남겠지만 실패는 뉴스의 헤드라인을 장식하게 될 것을 알고 있는 직원들로 가득 차 있다. 정보기관 직원들은 "사명"을 자주 거론한다. 항상 진지한 어조로. 더 이상의 설명은 없다. 그들은 그것이 무엇을 의미하는지 알고 있다.

이처럼 폐쇄적인 세계에서는 문화가 강력한 영향력을 발휘한다. 그리고 정보기관의 문화에서 국가를 위한 비밀 활동보다 더 핵심적인 것은 없다. 정보관이 업무를 수행하려면 많은 비밀이 필요하지만, 그렇지 않은 업무도 많다. 정보관들은 종종 NSA가 "No Such Agency*"라는 뜻이라고 말했는데, 연방 정부가 수년간 NSA의 존재를 단호하게 부인했기 때문이다.[106] 스노든 폭로 사건 이후 내가 소속된 학술 단체가 NSA의 초대로 방문했는데, NSA 공보 담당관은 자신의 주업무가 전화벨이 울리는 것을 보면서도 전화를 받지 않는 것이라는 농담을 던졌다.[107] 한 번은 CIA 공보 담당관이 자신의 이름을 알려주거나 명함을 건네는 것조차 거부한 적이 있다. 위험한 곳에 잠입하는 위장 작전을 하려던 것도 아니었다. 미국 대학 캠퍼스를 공개적으로 방문하는 활동이었을 뿐이다. 그의 주변에는 CIA의 여러 분석관들이 학생들을 위해 설계한 시뮬레이션을 실행하느라 함께 있었다. 그런데도 그 공보 담당관은 공개상소에 있는 것을 불편해했다. 참으로 의미심장했다.

비밀주의 성향이 왜 중요할까? 정보 낭국사는 비밀이 아닌 정보라도 대중이 그것을 알아도 되는지 결정하는 재량권을 갖고 있기 때문이다. 나는 CIA와 FBI가 9·11 공격 이전에 증가하는 테러 위협에 적응하지 못한 이유를 조사한 책을 쓰면서 이러한 게이트키핑 권한을 직접 경험했다. 나는 2004년 FBI 국장실에 연락하여 공개용으로 편집된 FBI의 1998년도 전략 계획 자료를 요청했다.[108] 나는 여러 인터뷰를 통해 그 전략 계획이 9·11 테러 발생 3년 전에 이미 테러에 대해 경고하고 FBI의 근본적인 개혁을 촉구했지만 그러한 개혁은 실행되지 않았다는 이야기를 들었다.[109] 그게 사실이라면 전략

---

* 그런 기관 없음.

계획은 고위 관료들이 새로운 테러 위협을 인식하고 그에 적응하려고 노력했지만 성공하지 못했음을 보여주는 강력한 증거가 될 수 있었다. 나는 전략 계획을 직접 봐야 했다. 그래서 전화를 걸었다.

국장실에서는 나를 공보실로 보냈고, 공보실에서는 비밀 해제 요청에 필요한 법적 절차(아래에 더 자세히 다룬다)인 정보자유법Freedom of Information Act 요청서를 제출해야 할 거라고 했다.[110] 나는 "하지만 제가 원하는 문서는 비밀이 아닌데요"라고 말했다. "지금 FBI 웹사이트에는 더 최근의 전략 계획이 게시되어 있어요. 저는 그저 과거의 전략 계획이 필요합니다." 나는 내가 요청한 다른 공개자료와 함께 그 자료를 받게 될 거라는 답변을 얻었다. 아니나 다를까, 몇 주 후 커다란 봉투가 우편으로 도착했다. 흥분한 마음으로 봉투를 뜯어보았다. 하지만 내가 요청한 문서 대신에 공개 웹사이트의 몇몇 페이지를 무작위로 복사한 자료가 담겨 있었다.

몇 달이 걸리고 더 많은 노력이 필요했지만, 결국 나는 FBI의 도움 없이 1998년 전략 계획의 공개 버전 사본을 입수할 수 있었다.[111] 그 계획은 FBI의 대테러 역량을 혁신하기 위한 대대적인 노력이 실패로 돌아갔다는 사실을 드러내는 놀라운 자료였다.[112] 아이러니하게도, FBI가 나중에 새로운 요원들에게 자신들의 역사를 교육하기 위해 사용한 자료는 내가 쓴 책 『스파잉 블라인드Spying Blind』였다.

임무 중 행방불명: 정보 교육

정보를 연구하거나 가르치는 교수는 거의 없다. 주된 이유 중 하나는 데이터 부족이다. FBI 전략 계획을 얻으러 다니던 모험에서 알아챘겠지만, 증거는 학술 연구의 생명선인데 데이터 기반 증거는 일반적으로 다른 주제에서 훨씬 쉽게 찾을 수 있다. 예를 들어, 의회 연구자는 위원회 배정, 기명 투표, 청문회, 입법, 선거 등에 관한 방대한 양의 과거 데이터를 보유하고 있다. 법

연구자는 손가락만 까딱하면 미국 법원 판례와 판사의 의견이 담긴 전집을 구할 수 있다.[113] 하지만 정보 연구자는 정부가 비밀 해제를 결정하는 것이 무엇이든 거기에 의존하거나, 아니면 뭐든 손에 들어오는 공개자료를 이용해야 한다. 전화번호부나 연간 예산과 같은 기본적인 정보조차도 외부인에게는 공개되지 않는다. 전체 정보 예산의 공식적인 액수도 비밀이었기 때문에 그 규모를 추정하려고 뉴스 기사를 샅샅이 뒤지는 가내수공업이 오랫동안 존재했다.[114]

정보자유법에 따라 누구나 비밀 문건의 공개를 요청할 수 있으며, 연방 기관은 법에 따라 근무일 기준 20일 이내에 모든 요청에 응답해야 한다.[115] 하지만 "응답"이 "문건을 넘겨준다"는 의미는 아니다. 요청에 대한 상태를 알려준다는 것뿐이다.[116] 때로는 정보가 빠르게 제공되기도 하지만, 대체로 그렇지 않다. 2019년에 CIA에 제기한 단순한 요청은 평균 225일, 복잡한 요청은 평균 530일이 걸렸으며, 가장 오래된 요청 10건은 9년 이상 계류 중이었다.[117] NSA는 더 오래 걸렸다.[118] 이러한 불확실성은 교수들이 정보 연구를 기피하는 강력한 동기로 작용한다. 정년이 점점 다가오는 상황에서 연구 자료가 곧 나올 것이라고 믿으며 자신의 미래를 걸고 연구하겠다는 학자는 거의 없다.[119]

출판 기록을 보면 대부분 이런 위험을 감수하지 않는다는 것을 알 수 있다. 2001년부터 2016년까지 정치학 분야에서 가장 높은 평가를 받는 3대 학술지(≪미국 정치학 리뷰American Political Science Review≫, ≪미국 정치학 저널 American Journal of Political Science≫, ≪정치학 저널Journal of Politics≫)에 총 2780편의 논문이 발표되었다.[120] 이 가운데 0.02%에 불과한 5편의 논문만이 정보와 조금이라도 관련된 주제를 다루었다.[121] 9·11 이후 정보 관련 이슈가 헤드라인과 정책결정자들의 관심을 지배하고 있지만 정치학자들은 이를 계속 무시하고 있다.

교수들은 자신이 알고 있는 것을 가르치기 때문에 다음 세대를 교육하기 위한 정보학 강좌도 부족하다. 2006년에 상위 25개 대학[122] 중 단 4개 대학만이 미국의 정보활동을 주제로 한 학부 과정을 제공했다.[123] 10년 뒤에는 상위 25개 대학 중 8개 대학이 정보 관련 학부 과정을 개설했다.[124] 이는 진전된 것이긴 하지만 여전히 많다고 할 수 없다. 같은 10년 동안 상위 25개 대학 중 대다수가 로큰롤의 역사에 대한 강좌를 제공했으며, 미국 최고 대학의 학부생들은 U2라는 스파이 비행기보다 같은 이름의 록밴드에 대해 배울 기회가 더 많다.[125]

요컨대, 대부분의 미국인은 정보에 대해 배우고 싶어도 배울 수 없다. 그들이 정보에 대해 배울 방법은 스파이테인먼트 밖에 없다.

선무당이 위험한 이유

스파이테인먼트가 확산되면서 두 가지 정책적 문제가 발생했다. 첫 번째는 대중에게 정보기관을 실제보다 훨씬 더 강력하고 유능하며 책임감 없는 기관으로 보는 사고방식이 형성됐다는 점이다. 가장 극단적인 형태로, 정보기관이 전지전능하다고 믿는 경향은 딥스테이트가 어딘가에서 악랄하게 운영되고 있다는 음모론을 부추겼다. 두 번째 문제는 정책을 결정하는 고위직들이 실제 정보 정책을 수립하는 데 허구의 스파이와 비현실적인 시나리오를 적용한다는 점이다. 미국 서부에서 동부까지, 정보에 대해 조금만 아는 것은 위험한 것으로 드러났다.

딥스테이트Deep State와 위크스테이트Weak State의 대결: 음모론의 부상

스파이테인먼트는 캐리 매티슨이 부패한 CIA와 백악관 관료들에 맞선 홀로 싸우는 TV쇼 〈홈랜드〉에서부터 제이슨 본이 뉴욕 길거리에서 CIA 암살자를 피해 탈출하는 액션 가득한 영화까지 다양한 음모론으로 가득 차 있다. 음모론은 훌륭한 오락거리다.

문제는 미국인들이 실생활에서도 점점 더 많이 음모론을 믿고 있다는 것이다. 몇 년 전에 대표적인 9·11 음모론자 두 명은 자신들의 유명한 온라인 "다큐멘터리"〈루스 체인지Loose Change〉가 9·11이 내부 소행이라는 생각에서 출발한 허구였다고 인정했다.[126] 데이비드 레이 그리핀David Ray Griffin을 비롯하여 스스로를 9/11 진실운동9/11 Truth Movement이라고 부르는 9·11 음모론자들에게 정보기관은 부패했고 너무 강력하여 막을 수 없는 존재다.[127] 이들에 따르면, 정보 당국자들은 알카에다al Qaeda가 9월 11일에 뉴욕과 워싱턴을 공격할 계획을 세웠으며 사담 후세인Saddam Hussein이 실제로 대량살상무기를 갖고 있지 않았다는 사실을 알고 있었지만, 권력의 비밀 통로에 있는 악당들은 비극이 일어나도록 내버려 두었다고 한다. 이러한 음모론의 표면을 들춰보면 정보기관은 너무 최첨단이고, 너무 강력하고, 너무 비밀스럽고, 너무 멀리까지 영향을 미치므로 실수를 저지르지 않는다. 나쁜 사건은 그냥 일어나는 것이 아니라 의도적으로 치밀하게 계획된 것이다. 정부의 비밀주의 성향은 또 다른 증거로 사용되는데, 음모론자들은 정부 관계자들이 진실을 말하고 있다면 비밀 문건을 볼 수 있도록 허용했을 것이라고 주장한다.

9·11에 대한 음모론을 하찮게 여기지 말아야 한다. 2006년 스크립스Scripps 설문조사에 따르면 미국인의 36%는 미국 정부 당국자가 9·11 공격을 수행했거나 고의로 허용했을 가능성이 "높다" 또는 "다소 높다"고 생각했다. 주간지 ≪타임Time≫은 "36%는 엄청나게 많은 사람이. … 이것이 주류 정치의 현실이다"라고 보도했다.[128] 10년 후 유고브 - ≪이코노미스트Economist≫ 공동 여론조사에 따르면 미국인의 25%는 여전히 "미국 정부가 9·11 테러 계획을 도왔다"는 것이 "그럴듯하다" 또는 "확실하다"고 믿었다. 그것이 사실이라는 증거는 없고, 사실이 아니라는 증거는 압도적이지만 여전히 그렇다.[129]

보다 최근에는 네트워크 기술로 인해 거짓된 이야기를 빛의 속도로, 게다가 전례 없는 규모로 확산하는 데 최적화된 온라인 생태계가 만들어졌다.[130] 인터넷은 누구나 버튼만 누르면 음모론을 만들고, 소셜미디어에 게시하고, 해시태그를 달아 확산시키고, 봇bot*을 이용해 증폭시키고, 주류 미디어에 채택되도록 할 수 있는 허위정보의 슈퍼 고속도로가 되었다. 이 새로운 무대에서는 급진적인 블로거부터 크렘린의 사이버 요원에 이르기까지 모든 사람이 음모론을 퍼뜨리고 있다.

트럼프 행정부는 미국 정보기관이 대통령의 지위를 약화시키기 위해 비밀리에 활동하는 딥스테이트의 일부라고 비난하면서 최첨단 음모론을 부추겼다.[131] 트럼프 대통령은 "딥스테이트"라는 표현을 반복해서 사용했고,[132] FBI가 자신의 선거운동을 "염탐"했다고 증거도 없이 비난했으며,[133] 미국 정보기관의 판단보다는 러시아 블라디미르 푸틴 대통령이 2016년 대선 개입을 부인한 것에 더 큰 신뢰를 보낸다고 말했다.[134] 또한 트럼프 대통령은 정보기관이 "미친듯이 날뛴다"고 비난하고, "그들을 제지"하겠다고 말하며 정보 경험이 없는 충성파를 DNI로 임명했다.[135]

트럼프 대통령 재임 동안 트위터와 기자 회견장에는 음모론 선동 구호와 딥스테이트에 대한 주장이 가득했다. 트럼프 대통령은 2020년 5월 10일 하루 동안 거의 100개에 달하는 음모론 관련 트윗을 올렸다.[136] 그중 몇 개는 "오바마게이트"에 대한 것이었는데, 트럼프에 따르면 "워터게이트가 사소해 보이는 시대!"[137]이며 "미국 역사상 최대의 정치 범죄, 아직까지는!"[138]이었다. 트럼프는 다음 날 전국에 방영된 기자회견에서 자신에 대한 모호하고 사악한 음모를 묘사하며 이러한 주장을 반복했다. 정확히 어떤 범죄가 있었는지 묻는 《워싱턴포스트》 기자 필립 러커Philip Rucker의 질문에 트럼프는 "오바마게이트입니다. 그것은 오랫동안 계속되어 왔어요. … 그리고 제가

---

* 특정 작업을 반복해서 수행하는 프로그램

알기로는 이제 시작에 불과합니다. 끔찍한 일이 일어났는데 다시는 우리나라에서 이런 일이 일어나지 않도록 해야 합니다"라고 대답했다.[139] 전 CIA 역사가 니콜라스 두모비치Nicholas Dujmovic는 "다른 어떤 요인보다도 대통령 자신의 발언이 딥스테이트라는 음모론의 불길을 부채질한다"고 썼다.[140]

불길이 계속 번져나갔다. 2017년 ≪워싱턴포스트≫ - ABC 뉴스 공동 여론조사에 따르면 전체 미국인의 거의 절반(48%)이 "정부 정책을 비밀리에 조종하려는 군대, 정보기관, 정부 소속 관료들"로 구성된 딥스테이트가 존재한다고 믿었고, 딥스테이트가 근거 없는 음모론이라고 생각하는 사람은 35%에 불과했다.[141] 2019년 ≪이코노미스트≫ - 유고브 여론조사에서는 미국인의 51%가 딥스테이트에 대해 들어본 적이 있다고 대답했다. 딥스테이트에 대해 들어본 적 있는 공화당원 중 83%는 딥스테이트가 트럼프 대통령을 전복하기 위해 움직이고 있다고 믿었다. 딥스테이트에 대해 들어본 적 있다고 답한 민주당원 중 10%도 딥스테이트가 트럼프를 제거하려 한다고 생각했다.[142]

2020년 내선에서 트럼프의 음모론 때문에 미국 역사상 처음으로 민주적 권력 이양이 위협을 빚었다. 트럼프는 선거 결과에 승복하지 않고 아무런 증거도 없이 선거가 "조작"되었으며 자신이 정당하게 승리했다고 주장했다.[143] 대부분의 공화당원은 그의 주장을 믿었다. 실제로는 민주당 후보 조지프 바이든Joseph Biden이 선거인단과 일반 투표 양쪽에서 큰 차이로 승리했고, 전국의 판사들은 트럼프의 법률팀이 가짜 유권자가 있었다고 주장하며 제기한 60건 이상의 근거 없는 소송을 증거 부족으로 기각했다.[144] 의회가 선거인단 결과를 인준하기 위해 모인 2021년 1월 6일, 트럼프는 수천 명의 팔로워에게 선거가 도둑질당했다고 주장하는 연설을 퍼뜨렸다. 얼마 지나지 않아 친트럼프 성향의 폭도들이 국회의사당을 공격했고, 하원과 상원의 의원들은 안전한 장소로 대피해야 했다. 며칠 후 하원은 초당적인 표결을 통해 트럼프를 "내란 선동" 혐의로 탄핵했고, 트럼프는 두 번이나 탄핵당한 유일한 대통령이 되었다.

2020년 대선은 음모론이 얼마나 강력한 힘을 가지고 있는지, 그리고 음모론이 얼마나 심각한 위험을 초래하는지 보여주었다. 정보기관과 관련된 음모론의 주제는 항상 똑같다. 정보기관이 영화에서처럼 너무나 강력하고 비밀스럽고 제멋대로라는 것이다. 아무리 많은 증거가 있더라도 이러한 음모론에는 근거가 없으며 관료들은 그저 자신의 업무를 수행하기 위해 노력할 뿐이라는 것을 증명하지 못할 것이다.

상원 정보위원회 부위원장 마르코 루비오Marco Rubio(공화당-플로리다)는 근거 없는 믿음과 오해에 대해 크게 우려하였고, 2021년 정보기구가 평가한 세계적 위협에 대한 공개 청문회에서 정보라는 것이 실제로 무엇인지 간략하게 설명했다. "정보에 관한 TV쇼도 많고 영화도 많습니다"라며 루비오는 주의를 당부했다. "우리 정보기관들의 업무가 대중문화, 미디어, 인터넷의 가장 어두운 구석에서 온갖 방식으로 묘사되고 있습니다."[145]

정보기관과 정보 당국자들이 법적 권한을 남용하거나, 의회에 정보를 숨기거나, 불쾌한 활동에 관여하는 일이 절대 없다는 뜻이 아니다. 그런 일들이 있긴 있었다. 나는 7장과 8장에서 정보 역사에서 벌어진 더 충격적인 사건에 대해 설명한다. 한편으로는 사법적 검토 없이 미국 시민을 표적으로 삼은 CIA의 드론 공격[146] 사례처럼 합법적인 것으로 간주되는 프로그램조차도 윤리와 정책에 대한 심란한 문제를 일으킨다는 점에도 주목할 필요가 있다. 그러나 음모론과 딥스테이트 사고방식이 유혹적이라는 점에서, 만약 폭넓은 대중과 심지어 대통령까지 정보기관을 의심한다면 정보기관이 앞으로 얼마나 임무를 잘 수행할 수 있을지 심각한 의문이 제기된다. 시민들이 정보기관은 선의로든 악의로든 누구든 추적하고, 어디든 갈 수 있으며, 무엇이든 할 수 있다고 믿는다면, 정보기관의 실제 약점은 개선될 가능성이 작고 실제 과잉 행동은 견제받지 않을 가능성이 크다.

가짜 스파이로 만드는 진짜 정책

허구의 스파이는 전선에서 싸우는 군인부터 국가 최고 법원의 판사에 이르기까지 정책결정자들에게도 영향을 미치고 있다.

2002년 가을, 관타나모 베이의 법무참모 다이앤 비버Diane Beaver 중령은 테러리스트 수감자들에게 사용될 만한 심문 기법과 관련하여 일련의 브레인스토밍을 진행했다. 그 후 그녀는 폭스 TV에서 인기리에 방영된 드라마 〈24〉의 주인공 잭 바우어가 "사람들에게 많은 영향을 주었다"는 것을 인정할 수밖에 없었다.[147] 키퍼 서덜랜드Kiefer Sutherland가 연기한 연방 대테러 요원 바우어는 임박한 테러 공격으로부터 미국을 구할 첩보를 얻기 위해 "필요하면 뭐든지"라는 주문을 외치며 반복적으로 고문을 사용했다. 비버는 결국 군견, 성적 굴욕, 워터보딩, 기타 논란의 여지가 있는 심문 기법의 사용을 승인했다.[148] 웨스트포인트 육군사관학교 학장 패트릭 피네건Patrick Finnegan 준장은 〈24〉가 고문의 효과와 도덕성을 미화함으로써 생도 훈련에 해를 끼치는 것을 깊이 우려하였고, 로스앤젤레스에 있는 프로그램 제작팀을 방문하여 고문이 역효과를 내는 에피소드를 제작해 달라고 요청했다. 그야말로 진실이 허구보다 낯설어지는 순간이었는데, 드라마 제작진은 군복을 입고 온 피네건 장군을 배우라고 생각했던 것이다.[149]

다른 군인 교육자들도 군인들이 TV에서 보는 것(〈24〉, 〈로스트Lost〉, 〈더 와이어The Wire〉, 〈앨리어스〉와 같이 심문관이 급박한 위협에 직면하고 고문이 항상 효과를 내는 TV쇼)과 실제 현장에서 행동해야 하는 것을 구분하지 못한다는 비슷한 우려를 보고했다. 이에 따라 군인 교육자, 할리우드 제작자 및 작가, 비영리 단체 휴먼라이츠퍼스트Human Rights First는 이례적인 파트너십을 맺고 하급 군인들에게 TV쇼의 심문과 실제 심문의 차이점을 교육하기 위한 훈련 영상을 제작했다.[150]

군대만 이 문제를 겪고 있는 것이 아니다. 국회의원, 대통령 후보, 심지어 전직 CIA 부장 레온 파네타까지 심각한 정책 문제를 논의하면서 잭 바우어 드라마의 줄거리, 특히 시한폭탄 시나리오를 심사숙고했다. 시한폭탄 시나리오는 잠시 후 많은 사람을 위험에 빠뜨릴 위협에 대해 구금 중인 테러 용의자가 중요한 정보를 갖고 있다고 여겨지는 상황이다. 현실에서는 이러한 시한폭탄 상황이 발생한 적이 없으며, 국가안보 전문가들은 오랫동안 이러한 시나리오가 비현실적이라고 주장해 왔다.[151] 25년간 FBI 특별수사관으로 근무하며 1990년대에 여러 알카에다 조직원을 심문했던 잭 클루넌Jack Cloonan은 수십 년 동안 테러 문제에 직면해 온 이스라엘조차도 시한폭탄 상황에 직면한 적이 없다고 말한다. 클루넌은 "〈24〉와 같은 드라마가" 시한폭탄 시나리오를 대중화하면서 "우리 모두 그것이 진짜라고 믿게 되었습니다. 그건 사실이 아니에요"라고 지적한다. "그건 잊어버려요. 그런 일은 일어나지 않습니다".[152]

그렇지만, 잭 바우어와 시한폭탄은 모두 국가안보 정책에서 실제로 고려되고 있다. 2005년 상원 법사위원회는 앨버토 곤잘러스Alberto Gonzales 법무장관 인준 청문회에서 시한폭탄 시나리오에 대해 심도 있게 논의했다.[153] 2006년 헤리티지 재단Heritage Foundation이 주최한 〈24〉를 주제로 한 토론에서 전 국토안보장관 마이클 처토프Michael Chertoff는 잭 바우어와 〈24〉가 "실제 삶을 반영한다"고 극찬했다.[154] 조지 W. 부시George W. Bush 행정부의 변호사 존 유John Yoo는 워터보딩과 기타 가혹한 심문 기법의 사용을 정당화하는 메모를 작성했던 사람인데, 정부 재직 시기에 대해 저술한 책에서 잭 바우어를 언급하며 시한폭탄 시나리오가 그럴듯하다고 평가했다.[155]

2008년 대선 운동 기간에 잭 바우어는 워싱턴에서 가장 유명한 일요 뉴스쇼 〈밋 더 프레스Meet the Press〉의 단골 주제였다. 그 주의 게스트는 할리우드 제작자나 배우가 아니라 전 대통령 빌 클린턴Bill Clinton이었는데, 그의 아내이자 대통령 후보인 힐러리 클린턴Hillary Clinton이 심문 정책에 대해 공개 발언한 것을 논평해 달라고 요청받았다.[156] 2009년에 상원 정보위원회 소속 몇몇 의원들은 "시한폭탄 상황"에 직면하면 어떤 심문 기법을 사용할 것인지를 두고 CIA 부장 후보자 레온 파네타를 압박했다.[157] 파네타는 이 가상의 상황을 진지하게 받아들였고, 미국인들을 임박한 위험으로부터 보호할 수 있는 정보를 얻는 데 필요한 "모든 추가 권한"을 추구하겠다고 정보위원회에 말했다. 언론은 곧바로 이 정책에 별명을 붙여 오바마 대통령의 가혹한 심문 기법 금지에 대한 "잭 바우어 예외 정책"이라고 불렀다.[158]

작고한 앤터닌 스캘리아Antonin Scalia 대법관은 심문 방법에 대한 법적 의문을 해소하려면 TV 속 요원 잭 바우어를 참고하라고 두 차례나 공개적으로 제안하기도 했다. 2007년 고문 및 테러 법제에 관한 국제 컨퍼런스에서 한 캐나다 판사는 "다행히 모든 국가의 안보기관이 '잭 바우어라면 어떻게 했을까?'라는 주문에 동의하는 것은 아닙니다"라고 무심결에 언급했다. 스캘리아는 바우어가 로스앤젤레스를 겨냥한 핵무기 공격을 막기 위해 테러리스트 용의자를 고문하는 시즌 2의 세부 줄거리를 언급하면서 서둘러 가짜 정보 요원을 변호하기 시작했다. "잭 바우어는 로스앤젤레스를 구했어요. 수십만 명의 생명을 구했다고요." 스캘리아 대법관은 위기 상황에서 사법 공무원은 재량권을 가져야 한다고 주장하면서 그 캐나다 판사를 다그쳤다. "당신은 잭 바우어에게 유죄를 신고할 건가요? ⋯ 저는 아닐 거라고 봅니다."[159]

이듬해 BBC 뉴스 인터뷰에서 스캘리아는 로스앤젤레스 시한폭탄 시나리오가 잔인하고 비정상적인 형벌을 금지하는 수정헌법 제8조의 예외에 해당한다고 주장하며 〈24〉를 다시 언급했다. "누군가 로스앤젤레스를 날려버릴 폭탄을 숨겼다면, 그걸 알아내기 위해 얼굴을 후려치는 것이 헌법에서 금지되어 있다고 정말 그렇게 쉽게 판단할 수 있습니까?" 스캘리아가 물었다. "누군가의 얼굴을 후려치는 형벌은 수정헌법 8조를 위반하는 것이라는 이유 때문에. ⋯ 형벌로 부적절한 행위라고 해서 이 사회에 꼭 필요한 정보를 얻을 때 할 수 없다는 것이 당연합니까?" BBC 기자가 시한폭탄 상황이 완전히 비현실적이라고 지적했지만, 스캘리아는 어쨌든 이를 옹호했다.[160]

스파이 픽션은 의회의 정책 결정에도 영향을 미치고 있다. 톰 클랜시의 『붉은 폭풍Red Storm Rising』은 댄 퀘일Dan Quayle 부통령이 상원의원 시절 대對위성 무기anti-satellite weapons 개발을 지지하도록 영감을 주었다.[161] 퀘일은 클랜시의 소설에 대해 "그저 소설로 볼 수 없다. … 현실처럼 읽힌다"고 말했다.[162] 퀘일은 나중에 클랜시를 백악관 우주위원회의 자문위원으로 추천했다.[163]

2017년 6월 상원 정보위원회 청문회에서 톰 코튼Tom Cotton 상원의원(공화당-애리조나)은 스파이 픽션의 "허구적인 상황"을 2016년 대선 당시 제프 세션스Jeff Sessions 법무장관의 러시아와의 공모 혐의에 비유했다. 코튼 의원은 세션스 장관에게 스파이 오락물을 즐기는지 묻는 것으로 질의를 시작했다. 세션스 장관은 데이비드 이그나티우스David Ignatius의 유명 스파이 스릴러 『더 디렉터The Director』를 "최근에 끝냈다"고 곧바로 답했다.[164]

신뢰에 대한 도전

스파이테인먼트는 재밌게 즐기는 것으로 끝나지 않는다. 허구가 사실을 너무나 빈번하게 대체하면서 음모론이 확산되고 실제 정보 정책 수립에 영향을 미친다는 증거가 늘어나고 있다. 대부분의 미국인은, 국가안보에 영향을 미치는 정책을 결정하는 국회의원, 내각 공무원, 판사도 포함하여, 정보의 비밀 세계에 대해 잘 알지 못한다. 그 비용은 숨겨져 있지만 상당하다.

21세기 국가안보의 선봉대는 군이 아니다. 바로 정보. 즉 첩보를 찾고 획득하고 분석하여 물리적 공간과 우주 공간과 사이버 공간에서 적을 상대로 결정우위를 점할 수 있는 능력이다. 하지만 민주주의 사회의 비밀 기관은 국민들의 신뢰가 없으면 성공할 수 없다. 그리고 신뢰하려면 알아야 한다. CIA와 NSA의 수장이었던 마이클 헤이든이 말했듯 "미국 국민은 우리를 신뢰해야 하고, 우리를 신뢰하려면 우리에 대해 알아야 합니다".[165]

제**3**장

한눈에 보는 미국 정보의 역사

가짜 빵집에서 무장 드론까지

교활한 적을 좌절시키는 데 가장 필요한 것은 좋은 정보이며,

좋은 정보만큼 얻기 힘든 것도 없다.

—조지 워싱턴, 1756년 1월 5일[1]

1781년 여름, 조지 워싱턴 장군은 빵집을 만들어 영국군을 속였다. 이 속임수는 독립전쟁의 결과를 바꾸게 될 거대한 도박이었다.

격렬한 전쟁이 6년 동안 계속되고 있었다. 워싱턴 수하의 가장 뛰어난 장군 중 하나인 베네딕트 아널드Benedict Arnold는 얼마 전 대의를 저버리고 편을 바꿔 독립군의 웨스트포인트 전략 주둔지를 영국군에게 넘기려고 했다.[2] 워싱턴의 대륙군과 프랑스 동맹군이 뉴욕 외곽에 주둔하고 있었지만 지금이 고살되고 사기가 떨어졌다. 워싱턴은 훗날 "당시 우리에게는 상상할 수 있는 가장 파멸적인 결과가 계속되고 있었다"고 적었다.[3]

8월 14일, 워싱턴은 마침내 희소식을 들었다. 프랑스 해군이 카리브해에서 버지니아 반도를 향해 항해하고 있다는 소식이었다.[4] 그가 기다려온 기회였다. 당시 영국군은 두 개의 대규모 부대로 구성되어 있었다. 한 부대는 헨리 클린턴Henry Clinton 장군의 지휘 아래 뉴욕시를 점령했다. 다른 부대는 콘월리스 경Lord Cornwallis이 이끄는 약 7000명의 병력으로, 남쪽으로 진군하여 찰스턴과 사바나를 점령한 후 버지니아주 요크타운에 상륙했다. 워싱턴은 뉴욕을 점령한 영국군보다 먼저 요크타운에 진격할 수 있다면 콘월리스를 격파하고 결정적인 승리를 거둘 수 있었다.

결코 쉽지 않은 일이었다. 워싱턴의 대륙군은 실제로는 남쪽으로 200마일이나 진군하면서 뉴욕에 있는 클린턴 장군에게는 뉴욕 외곽에 계속 주둔하는 것으로 보여야 했다. 워싱턴은 영국군에게 가짜 지령문을 흘렸을 뿐 아니라, 한발 더 나아가 프랑스빵을 굽는 오븐을 설치하는 등 정교한 속임수를 고안해 냈다.[5] 당시 프랑스빵은 주요 식량 공급원이었기 때문에 제빵 오븐은 병력 배치를 알려주는 지표였다.

워싱턴은 뉴저지 채텀에 대형 벽돌 제빵 오븐을 설치하도록 명령했다. 그곳은 요크타운으로 가는 길목에 있으면서도 뉴욕과 적당히 가까워 영구적인 주둔지처럼 보일 수 있는 이상적인 장소였다.[6] 제빵 오븐용 벽돌을 살 수 있는 만큼 모두 구해오라고 파견된 병사들도 있었는데, 왕당파의 눈에 띄어 클린턴에게 보고되기를 바란 것이었다. 워싱턴은 오븐 설치 작업을 보호하기 위한 경비대까지 파견했다. 이렇게 만들어진 빵집은 하루에 3천 개의 빵을 구워내기 시작했다.[7] 대륙군이 떠나고 며칠이 지난 후에도 오븐에서는 여전히 빵을 굽고 있었고 경비대도 오븐을 지키고 있었다.[8]

그게 먹혀들었다. 클린턴은 워싱턴의 군대가 요크타운으로 향하는 동안에도 계속 주변에 주둔하고 있다고 확신했다. 지원군을 얻지 못한 콘월리스는 버지니아에서 항복할 수밖에 없었다. 그것이 독립전쟁의 마지막 주요 전투였다.

———

스파이 활동은 언제나 미국 역사의 일부였다. 이 장에서는 미국 정보활동의 250년 역사를 대략적으로 따라가면서 오늘날 정보가 운영되는 방식에 영향을 미친 주요 패턴, 핵심 사건, 정보조직에 주목해 본다.

2세기 반은 긴 시간처럼 느껴질 수 있겠지만, 미국은 정보 분야에서 상대적으로 신입이다. 조지 워싱턴이 독립전쟁 중에 스파이 활동을 능숙하게 사용한 때는 중국의 손자가 전쟁에서 정보를 사용하는 방법을 설명한 최초의 책 『손자병법』을 저술한 지 2000여 년이 지난 후였다.[9] 이반 대제Ivan the Terrible는 미국 독립혁명(1533~1584) 2세기 전에 러시아에서 반대파를 진압하는 데 정보기관을 활용했다.[10] 프랑스의 정보활동은 리슐리외 추기경Cardinal Richelieu이 재상이 되어(1624~1642) 서신을 가로채고, 열어보고, 해독하고, 복사하는 일을 담당하는 정부조직, 즉 최초의 블랙챔버Black Chamber(cabinet noir)를 만들면서 번성했다. 유망한 대학생 채용, 정보와 통치의 긴밀한 결합, 다른 국가와의 암호 해독 동맹, "권력에 진실을 말하는" 정보기관 수장 등 영국의 현대 정보 체계 특징 중 다수는 엘리자베스 1세Elizabeth I 통치 시절(1558~1603)부터 시작되었다.[11] 제2차 세계대전 당시 영국 블렛츨리 파크Bletchley Park의 암호 해독자들이 히틀러의 암호를 해독했는데, 이는 영국이 350년 만에 세 번째로 암호 해독을 통해 외국의 침략을 막은 것이었다.[12]

이에 비해 미국의 정보 역사는 현저히 짧고, 발전의 중단, 조직의 파편화, 민주적 긴장이라는 세 가지 주요 패턴으로 특징지어진다.

발전의 중단

미국의 정보 역량은 주로 전쟁 중의 필요와 국제사회에서 미국의 역할 변화에 따라 드문드문 발전해 왔다.

20세기 중반까지만 해도 정보는 전쟁 중에만 필요한 것으로 간주되었고, 정책결정자가 국제 문제에서 우위를 점하는 데 도움이 되는 평시 정보 역량이라는 개념은 없었다. 조지 워싱턴의 정교한 정보조직은 독립에 기여했지만 그의 대통령 임기 이상으로 지속되지는 못했다. 미국에는 1880년대 육군과 해군이 소규모 정보 부대를 설립할 때까지 상설 정보조직이 없었다. 이러한 조직조차도 전쟁에 필요하면 확장하고 적대 행위가 끝나면 해체하는 호황과 불황을 반복했다.

제2차 세계대전이 끝나고 나서야 영구적이고 확고한 평시 정보기구가 자리를 잡았다.[13] 1947년 의회는 각 군, 법무부, 국무부 내 여러 정보조직의 활동을 조정하기 위해 중앙정보부를 설립하는 법안을 통과시켰다.[14] 통칭하여 미국 정보공동체(IC)로 알려진 이러한 이질적인 정보조직들은 시간이 지남에 따라 그 수가 증가했다. 2000년까지 IC에는 12개의 연방 기관과 300억 달러로 추정되는 예산이 있었다.[15] 9·11 이후에는 기관 수가 18개로 늘어났고, 그중에는 이 모두를 감독하고 조정하기 위해 신설된 국가정보장실Office of the Director of National Intelligence도 있다.

미국 정보기구의 성장은 미국의 지정학적 역할 변화를 반영한다. 18세기와 19세기에 미국은 광활한 바다를 사이에 두고 유럽과 분리되어 있는 신생 국가였다. 지리가 중요했다. 유럽은 국경을 맞대고 있는 적대적인 국가들이 오랜 불만을 키우며 이권을 놓고 경쟁하는 험난한 지역이었다.[16] 미국은 강대국 정치로부터 거리를 두었는데, 그래야만 했고 그럴 수 있었기 때문이다.

대신 미국 대통령들은 신생 연합국을 유럽의 침략으로부터 보호하고 아메리카 원주민의 땅을 더 많이 점령하면서 서쪽으로 확장하는 등 국가의 생존에 집중했다. 토머스 제퍼슨Thomas Jefferson은 취임 후 첫 번째 연설에서 "모든 국가와 평화, 무역, 정직한 우정을 추구하되, 어느 국가와도 동맹을 맺지 않겠다"고 선언했다.[17] 미국은 1821년 존 퀸시 애덤스John Quincy Adams의 유명한 말처럼 "파괴할 괴물을 찾아" 해외로 모험을 떠나는 일이 없었는데, 국내에서 국가 건설에 너무 바빴기 때문이다.[18] 역사학자 데이비드 케네디 David Kennedy는 "고립은 상대적으로 작고 약한 국가가 선택할 수 있는 가장 확실한 전략적 선택이었으며, 마치 섬과 같은 독특한 지리적 특성을 활용한 것이다"라고 지적한다.[19]

상비군이나 영구적인 정보 역량에 대한 혐오감도 깊었다. 정치 사학자 줄

리언 젤라이저Julian Zelizer는 "19세기 미국인들은 필요할 때 기꺼이 싸웠고 군사력을 통한 국력 신장에 익숙했다"고 적었다. "대부분의 정치인과 시민들은 영구적인 국가안보 상황에 전념하기를 꺼렸다. 그들은 전쟁에서는 싸우지만, 전쟁이 끝나면 무기를 내려놓고 다른 일에 마음을 두었다."[20]

제2차 세계대전 이후 상황이 바뀌었다. 두 차례의 세계대전으로 8000만 명이 사망하고[21] 유럽의 경제와 사회가 황폐해졌다. 1941년 일본의 진주만 공격은 미국을 전쟁으로 끌어들였는데, 이로 인해 미국은 소극적인 강국에서 이론의 여지가 없는 강대국으로 탈바꿈했다. 전쟁 후 초기에는 미국이 주도하는 새로운 국제 질서가 등장했으며, 평화를 지키고 번영을 촉진하며 민주적 가치를 확산하기 위해 고안된 새로운 조직들이 등장했다. 유엔United Nations, 북대서양조약기구NATO 같은 동맹, 세계은행과 국제통화기금IMF, 관세 및 무역에 관한 일반협정GATT(세계무역기구의 전신), 기타 여러 조약 및 협약이 여기에 포함된다.[22]

이와 같은 시기에, 심지어 제2차 세계대전이 끝나기도 전에, 미국 지도자들은 소련이 무력과 대리자와 선전을 이용하여 동유럽과 전쟁으로 폐허가 된 서유럽, 그리고 아시아 전역에 공산주의를 확산시키고 미국의 동맹국과 이해관계를 위협할 것이라고 우려하게 되었다. 1945년 연합국이 얄타에서 만나 유럽의 새로운 질서를 논의하기 시작했을 때 이미 전후 세계의 윤곽, 즉 유럽의 황폐화, 미국의 경제 및 군사적 우위, 공산주의 위협의 증가 등이 예견되어 있었다. 평화 조약이 체결된 지 불과 몇 달 후인 1946년, 윈스턴 처칠Winston Churchill은 철의 장막 연설을 통해 유럽이 2개의 영역, 즉 모스크바의 통제를 받는 전체주의 연합과 자유로운 서구 민주주의 국가들로 빠르게 분열되고 있다고 경고했다.[23] 미국은 공산주의와의 전쟁에서 세계를 선도하기 위해 정보기관을 비롯한 강력한 국가안보 조직과 역량이 필요했다. 1959년 헨리 "스쿱" 잭슨Henry M. "Scoop" Jackson 상원의원(민주당-워싱턴)은 이렇게 표현했다. "조직 그 자체로는 냉전에서 승리할 수 있는 전략을 보장할 수 없습니다. 하지만 좋은 조직은 도움이 될 수 있고, 부실한 조직은 해가 될 수 있습니다."[24]

파편화된 조직

미국 정보 역사에서 두 번째로 반복되는 패턴은 조직의 파편화다. 대통령과 고문, 군 지휘관들은 항상 정보의 수집과 분석을 조율하는 데 어려움을 겪어 왔다. 부분적으로, 조율 문제는 당연한 것이다. 올바른 시점에 올바른 사람들에게 올바른 정보를 제공하는 것은 어려운 일인데, 특히 각각의 본부, 인력, 문화, 비밀 분류 절차, 경쟁적 성향을 가진 서로 다른 거대 관료조직들에 서로 다른 정보 조각들이 산재해 있을 경우에는 더욱 어려울 수밖에 없다.

이러한 조율 문제는 부분적으로 4장에서 설명하는 정보 획득 수단의 다양화에서 비롯되며, 또한 정책결정자들이 다양하고 이들의 정보 수요가 광범위하기 때문이다. 전문화에는 장점이 있다. 1880년대에 육군과 해군은 서로 다른 정보 수요 때문에 각자 독자적인 정보 부대를 만들었다. 오늘날 NRONational Reconnaissance Office(국가정찰국)는 정보위성을 구축 및 유지관리하며, CIA는 스파이를 모집하고, NSA는 전자 통신을 가로채고 암호를 해독한다. 각 기관의 임무는 대단히 상이하므로 맞춤형 기술과 역량이 필요하다.

또한 전문화는 정보의 고객이 가장 원하고 필요로 하는 정보를 얻을 수 있도록 보장한다. 해군에게 좋은 정보는 육군이나 국방장관이나 대통령에게 좋은 정보와는 다르다. 같은 조직 내에서도 정보 수요는 매우 다양하다. 보병 장교는 전방 도로가 여전히 통행 가능한지 알아야 한다. 지휘 장교는 전장에서 적이 어디로, 얼마나 빨리, 왜 이동하고 있는지 알아야 한다. 합참의 장은 전 세계에서 적의 역량과 움직임을 파악하고 오늘 전투에서 결정한 사항이 다른 지역 미군의 준비태세에 영향을 미치는지 파악해야 한다.

각각의 정보기관은 특정한 고객을 위해 맞춤형 정보를 제공한다. 맞춤형 정보 제공은 제대로 한다면 장점도 있지만, 전체 정보 체계를 조율하기가 훨씬 더 어려워진다는 단점이 있다. 파편화의 위험은 점들이 연결되지 않는다는 것인데, 종종 점들이 수집된 후 거대한 정보공동체의 다른 부분으로 분산되기 때문이다. 2017년 국가정보장실의 보고에 따르면 400만 명이 비밀취급인가를 보유하고 있으며 이 중 130만 명이 1급 비밀 인가를 가지고 있다.[25] 1급 비밀 이상의 인가가 필요한 특별 접근 프로그램special access program. SAP도 수백 개에 달했다.[26] 정보기 너무 구획화되어 있어 고위 긴부들조차 모든 프로그램에 대해 알지 못했다. "전 우주에서 모든 SAP를 볼 수 있는 존재는 단 하나, 바로 신이다." 전 국가정보장DNI 제임스 클래퍼James Clapper의 말이다.[27]

민주적 긴장

미국 정보 역사에서 반복되는 세 번째 패턴은 비밀성과 민주주의 사이에 시속뇌는 불안한 신상 관계, 즉 안보를 제공할 만큼 충분히 강력하면서도 개인의 권리를 보호할 만큼 충분히 절제된 정부의 필요성이다.

NSA의 감시, 데이터 프라이버시, 대테러 정책에 대한 요즘의 우려는 그 뿌리가 깊다. 1947년 트루먼 대통령은 CIA를 설립하는 법에 서명하면서 미국판 게슈타포가 탄생할 것을 우려했으며, 새로운 정보기관에 국내정보 수집이나 법 집행 권한은 없어야 한다고 주장했다.

그보다 한 세기 반 이상 앞서, 미국 건국자들도 민주주의와 안보 사이의 긴장을 조정하기 위해 고군분투했다. 헌법의 아버지로도 불리는 제임스 매디슨James Madison은 올바른 균형을 맞추는 방법을 두고 깊이 갈등했으며, "우리가 정부에 투입하는 권력에 안보가 어떻게 영향을 미쳐야 하는지에 대해 ⋯ 오랜 경력 동안 왔다 갔다 했다"고 벤저민 위츠Benjamin Wittes와 리티카 싱Ritika Singh은 기록한다. "매디슨의 망설임에서 ⋯ 우리와 같은 고민을 앞서 했던 매혹적인 선구자를 본다."[28]

한마디로, 역사는 긴 그림자를 드리우고 있다. 오늘날 정보기관들의 조직적 역량, 과제, 논란은 미국 건국 당시의 논쟁, 국제사회에서 진화하는 미국의 역할, 오래된 조율 문제에 뿌리를 두고 있다.

혁명적인 시작

미국 건국은 많은 면에서 정보 덕분에 가능했다.[29] 조지 워싱턴, 벤저민 프랭클린Benjamin Franklin, 그리고 다른 건국의 아버지들은 오늘날 대담하고 새로운 민주주의를 창조한 고결한 인물로 기억되고 있다. 그러나 그들은 또한 교묘한 스파이마스터spymaster*이자 정보 환경의 조종자였는데, 이는 종종 간과되는 건국 역사의 한 측면이다.

조지 워싱턴이 거짓말을 하지 못했다는 얘기는 거짓말이다. 어린 조지가 아버지에게 아버지의 도끼로 나무를 베었다고 고백하는 벚나무 우화는 1806년 워싱턴 전기 작가 메이슨 로크 윔스Mason Locke Weems가 자신의 책 판매를 촉진하려고 만들어 낸 이야기였다. 사실 워싱턴은 이후 150년 동안 어느 미국 대통령도 따라올 수 없을 만큼 속임수에 탁월한 재능을 지닌 열렬한 스파이마스터였다.

독립전쟁 동안 워싱턴은 스스로에게도 비밀 코드 번호(711)를 부여했고 암호와 보이지 않는 잉크를 자주 사용했다.[30] 그의 광범위한 스파이 망에는 폴 리비어Paul Revere, 별로 출중하지 못했던 네이선 헤일Nathan Hale(상자글 참조),

---

* 스파이 조직이나 기관을 이끄는 사람

그리고 당시에 최고로 성공적이었던 스파이 조직으로서 빨랫줄에 거는 빨래로 보내는 비밀 신호를 만든 롱아일랜드의 컬퍼 스파이단Culper spy ring이 포함되어 있었다. 그들이 거둔 성공에는 베네딕트 아널드의 배신을 밝혀낸 것과 1780년 로드아일랜드에서 영국군이 프랑스군을 매복 공격하려던 것을 막은 것이 있는데, 둘 다 자칫 재앙적인 결과를 초래할 수 있는 일이었다.[31]

워싱턴은 자신의 병력을 보호하고, 적을 혼란에 빠뜨리고, 우세를 점하기 위해 온갖 계략을 동원했다. 화약통에 모래를 채워 군수품이 거의 바닥을 드러내는 상황에서도 잘 공급되고 있는 것처럼 보이게 하고, 부대의 전력을 부풀린 가짜 보고서를 작성하여 아군 내 반역자들의 손에 들어가게 하는 일도 있었다. 1777-1778년 밸리 포지의 혹독한 겨울 동안 부대원들이 굶주리고 얼어붙고 숫자가 줄어드는 상황이었지만, 워싱턴은 영국 장군 윌리엄 하우경Sir William Howe이 미국 반군은 너무 강력해서 공격할 수 없다고 믿게 만들기 위해 유령 보병과 기병 연대를 언급하는 문서를 작성하는 속임수를 썼다. 그것은 성공적이었다. 하우가 진실을 알고 자신의 이점을 활용했다면 대륙군은 겨울을 넘기지 못했을지도 모른다.[32]

사실상 오합지졸 애국자 모임인 대륙군이 세계 최강국을 물리칠 수 있었던 것은 워싱턴이 정보를 활용하여 언제 어디서 싸우지 '말아야' 하는지 파악했기 때문이다.[33]

기만술에 매료된 것은 워싱턴뿐만이 아니었다. 벤저민 프랭클린은 파리 지하실에 인쇄기를 설치하고 유럽 전역의 여론을 움직이기 위해 허위기사를 작성하는 등 은밀한 선전 활동을 펼쳤다. 전문 인쇄업자였던 프랭클린은 문서를 더욱 사실적으로 보이게 하려고 유럽산 종이와 활자를 수입하기도 했다.[34]

프랭클린의 기사 중 일부는 명백한 거짓말이었다. 예를 들어, 1777년 그는 미국에서 영국 편으로 싸우고 있는 용병 부대 사령관에게 독일 왕국의 왕자가 보내는 가짜 편지를 썼다. 왕자는 자신이 빌려준 돈을 사기당하고 있다

네이선 헤일: 미국 최초의 실패한 스파이

1776년 8월, 영국군은 조지 워싱턴의 대륙군을 롱아일랜드에서 몰아냈다. 영국군의 전력과 계획에 대한 정보가 절실했던 워싱턴은 토머스 놀튼Thomas Knowlton 대령에게 스파이를 적진에 보내라고 지시했다. 이에 코네티컷 출신의 스물한 살 청년 네이선 헤일 대위가 용감하게 자원했다.

확실한 증거는 부족하지만, 증거에 따르면 이 작전은 처음부터 실패했던 것으로 보인다. 여러 장교들이 모인 회의에서 공공연하게 작전을 발표하고 지원자를 모집하는 등 보안이 취약했다.[35] 헤일은 실명을 사용하고[36] 예일대 졸업장을 지참했는데, 아마도 실직해서 일자리를 찾고 있는 학교 교사라는 자신의 위장 신분을 강화하려는 의도였을 것이다. 다만 실직한 학교 교사는 보통 영국 요새 주변을 돌아다니지 않는다는 문제가 있었다. 허술한 위장 신분에 더해 헤일은 다른 사람을 예외적으로 잘 믿는 성격이었는데, 스파이로는 부적절한 특성이다. 헤일은 떠나기 전에도 예일대 동창인 윌리엄 헐William Hull 대위와 임무에 대해 의논했고, 헐 대위는 헤일이 거짓말을 할 수 없을 정도로 정직하다고 생각하고 그를 설득해서 임무에서 빼내려고 했다.[37]

헐 대위가 옳았다. 롱아일랜드에 상륙하고 며칠 후, 헤일은 낯선 사람을 믿어버리는 결정적이고 아마추어적인 실수를 저질렀는데 그 사람은 영국의 로버트 로저스Robert Rogers 소령으로 밝혀졌다. 로저스는 헤일과 같은 대륙군의 스파이로 행세했고, 헤일과 선술집에서 저녁 식사를 하며 비밀을 털어놓게 한 후 다음 날 아침 곧바로 그를 체포했다.[38] 헤일은 1776년 9월 22일 오늘날 맨해튼의 중간 지역에서 교수형에 처해졌고, 이로써 미국 스파이로서는 처음으로 사형에 처해진 사람이 되었다. 그는 죽기 직전에 "조국을 위해 잃을 목숨이 하나밖에 없다는 것이 후회스러울 뿐이다"라고 말한 것으로 유명하지만, 실제로 그런 말을 했는지에 대해서는 상당한 의문이 있다.[39] 그럼에도 불구하고 헤일은 200년 동안 미국인에게 애국심의 상징으로, 스파이로는 서툴렀지만 고귀하고 용감한 사람으로 추앙받고 있다. CIA의 역사 평가 프로그램이 기술했듯이, "헤일은 그가 한 일 때문이 아니라 그렇게 한 이유 때문에 미국의 영웅인 것이다."[40] 오늘날 CIA 본부 건물 앞에는 네이선 헤일의 동상이 서 있다.

고 불평하면서 사령관에게 영국군이 더 많은 위자료를 지불하도록 다친 병사들을 죽게 내버려 두라고 말한다. 이 편지는 유럽에서 영국의 용병 사용에 대한 논란을 일으켰다.

1782년, 프랭클린은 가짜 지역 뉴스와 가짜 광고까지 담아 그럴듯한 보스턴 지역 신문을 만들어냈다. 주요 기사는 뉴잉글랜드 의용군의 새뮤얼 게리쉬Samuel Gerrish 대위가 쓴 편지에서 인용한 것인데, 영국 왕실이 임명한 캐나다 총독이 미국인의 두피를 벗겨오는 인디언 동맹군에게 돈을 지불하고 있고, 구매한 두피 중 상당수가 여성과 어린이의 것이라고 주장하는 내용이었다. 영국에서 전쟁에 반대하는 휘그당Whig은 이 이야기를 채택하여 활용했다. 프랭클린의 기만술은 대단히 능숙했기 때문에 CIA는 그를 미국 정보의 창시자로 선정했다.

훗날 대법관이 된 존 제이John Jay는 미국 최초의 방첩 활동을 이끌어 토리당Tory* 동조자와 스파이를 뿌리 뽑았다. 그의 수사 활동으로 영국이 미국의 방어를 무너뜨리기 위해 뉴욕 일대에서 반역자를 모집하려던 음모와, 조지 워싱턴의 사설 경호원을 포섭하여 대의를 저버리고 미국의 지도자를 살해하게 하려던 음모가 폭로되기도 했다.[41] 훗날 부통령이 된 애런 버Aaron Burr는 1775-1776년 서울에 몽고메리Montgomery 장군에게 긴급한 지원 요청을 전달하기 위해 자진하여 사제로 변장하고 캐나다에 있던 적진으로 침투했다.[42]

초기의 실패

미국 건국자들은 전쟁 중에 일반적으로 영국보다 뛰어난 정보 및 기만 작전을 수행한 것으로 알려져 있지만, 그들의 정보 체계도 많은 약점과 실패를

---

* 미국 독립에 반대한 왕당파

겪었다. 초창기 미국의 정보 체계는 정보 수집부터 분석과 방첩에 이르기까지 대체로 각자가 모든 것을 다 하는 방식으로 운영되었다. 워싱턴 장군은 종종 자신이 직접 스파이마스터이자 수석 분석관으로 활동하면서 보이지 않는 잉크 생산을 준비하고,[43] 정보원들에게 작전 보안을 유지하는 방법에 대해 조언하고, 이중스파이로 의심되는 사람에게 거짓 정보를 심고, 수집되는 정보의 가치를 평가했다.

워싱턴은 너무 많은 정보 및 군사 작전을 수행해야 했기 때문에 때로는 모든 것을 챙기기가 어려웠다. 1777년 그는 자신의 요원 중 한 명에게 이렇게 편지를 썼다. "내가 당신과 가상의 이름으로 연락해야 한다는 생각이 머릿속을 맴도는데, 만약 그렇다면 나는 그 이름을 잊어버렸으니 다시 상기시켜 주어야 합니다."[44] 1775년 워싱턴은 버뮤다의 화약고를 점령하라는 비밀 준군사 임무를 명령했다. 도착한 대원들은 화약은커녕 적의 함선 몇 척만 발견했다. 다른 미국 대원들이 이미 그 창고를 습격했지만 워싱턴에게 알리지 않았던 것이다.[45] 이러한 종류의 조율 문제는 향후 2세기 반 동안 미국 정보기구를 괴롭히게 된다.

또한 워싱턴은 명백한 정보 실패를 경험했다. 네이선 헤일은 아무것도 얻지 못한 채 교수대에서 임무를 마쳤다. 1777년 브랜디와인 크릭에서 대륙군이 참혹하게 패배하여 워싱턴 군대의 10%가 사망했는데, 상당 부분 지역 의용군이 영국군의 진격을 탐지하지 못한 데서 비롯되었다.[46]

베네딕트 아널드 장군이 배신하고 영국군에 합류했을 때, 워싱턴은 동지의 배신에 충격을 받았지만 그러지 말았어야 했다. 영국이 미군 지휘관을 포섭하려 한다는 것은 이미 잘 알려져 있었기 때문이다. 독립군 장군이 편을 바꿨다는 소문이 돌고 있었다. 워싱턴의 정보 수장 벤저민 톨매지Benjamin Tallmadge는 미군 고위직에 영국 스파이가 있다는 이야기를 들었다. 그리고 워싱턴의 가장 유능한 장군 중 한 명인 아널드는 대단히 불만이 많고, 정치적으로 고립되었고, 심각한 부상을 입었으며, 재정적으로 어려움을 겪는 것으로 알려져 있었다. 또한 그는 얼마 전 필라델피아의 유명한 토리당 동조자의 딸 페기 시펜Peggy Shippen과 결혼했다.[47]

벤저민 프랭클린의 파리 대표단에도 영국의 비밀 요원이 침투했는데, 다름 아닌 대표단장 에드워드 밴크로프트Edward Bancroft였다. 그는 프랑스-미국 외교의 세부 사항이 미국 의회에 도달하기 전에 런던의 자기 담당관에게 전달했다. 밴크로프트의 스파이 활동은 한 세기가 지난 후 영국 기록보관소에서 비밀문서가 공개되면서 밝혀졌다.[48]

그럼에도 불구하고, 모든 것을 감안할 때 독립파의 정보 성공은 스파이 활동 경험이 거의 없던 신생 국가로서는 인상적이었다.

전쟁이 끝난 후에도 조지 워싱턴은 대통령으로서 정보에 상당한 관심을 기울여 여러 가지 중요한 선례를 남겼다. 1790년 헌법 제정 회의가 열린 지 불과 3년 만에 의회는 정보 작전을 수행할 수 있는 행정부의 특권을 인정하고 워싱턴 대통령에게 이를 위한 비밀 예산을 제공했다. (실제로 워싱턴은 의회가 기금을 제공하기도 전에 모리스Morris 총독을 해외에 파견했는데, 모리스는 헌법에 따라 해외에 파견된 최초의 정보관이 되었다.)[49]

비밀 정보 예산은 첫해에 4만 달러를 책정 받았지만 2년 만에 100만 달러로 늘어났다. 연빙 예산의 무려 12%에 달하는 액수였다(그게 어느 정도인가 하면, 2019년 연방 예산의 12%는 약 5280억 달러가 된다. 2019년 정보 분야 지출액은 약 820억 달러였다).[50] 특히 의회는 대통령에게 첫 번째 비밀 기금에서 지출한 총액을 증명하도록 요구했지만, 지출 목적과 수령인 모두 비밀로 하는 것을 허용했다. 이는 "출처와 방법", 즉 정보를 획득하는 구체적인 수단을 보호하기 위한 강력한 비밀주의의 선례가 되었다.[51]

오락가락하는 정보기구

워싱턴 행정부는 미국 초기 정보 역사에서 이례적인 행정부였다. 그의 후임자들은 정보에 상대적으로 적은 관심과 자원을 투자했다.[52] 산발적인 스파이 임무는 계속되었지만, 미국 정부는 워싱턴의 임기 이후 거의 100년 동안 평시 정보 수집 또는 분석 조직을 설립하지 않았다. 18세기 후반부터 20세기 중반까지 미국의 정보 역량은 전반적으로 열악했으며, 전쟁 중 역량 강화를 위한 갑작스러운 조치 후에는 오랜 기간 방치되었다.

심지어 전쟁 중에도 종종 정보활동 노력이 부족했다. 1812년 전쟁 당시 군사정보가 너무 부실해서 영국군이 워싱턴 D.C.에서 불과 16마일 떨어진 곳에 진격해올 때까지 영국의 위협을 깨닫지 못했다. 1814년 8월 24일 밤 영국군이 밀고 들어올 때, 시간에 쫓긴 영부인 돌리 매디슨Dolley Madison은 독립선언서의 초고와 국빈 식당에 걸려 있던 길버트 스튜어트Gilbert Stuart의 조지 워싱턴 초상화만 간신히 구해낼 수 있었다. 영국 장교들이 도착했을 때 매디슨 부부의 식탁에는 저녁 식사와 와인이 그대로 남아 있었고, 그들은 음식을 먹은 후 백악관과 도시의 상당 부분을 불태웠다.[53]

1861년 4월 남북전쟁이 시작되었을 당시 연방군과 남부군 모두 별다른 정보 역량을 갖추고 있지 못했다. 대신 양측 장군들은 스파이를 모집하고, 신문을 뒤지고, 포로와 탈영병과 망명자를 심문하고, 전장의 시체에서 문서를 회수하고, 적진에 정찰병이나 전령을 보내는 등 적의 전력, 계획, 병력 이동에 대한 첩보를 수집하기 위해 분주하게 움직였다.

양측은 새로운 정보수집 방법도 발명했다. (오늘날 인공위성, 스파이 항공기, 드론의 전조라 할 수 있는) 열기구를 사용하여 공중 정찰을 수행하였고, 전투 중에 먼 거리까지 통신하기 위해 언덕 위 관측소에서 깃발 신호 체계를 사용하기 시작했다. 제1차 불런 전투Battle of Bull Run 중에 언덕 꼭대기에 서 있던 어느 남부군 병사가 멀리서 빛나는 무언가를 목격했다. 그는 연합군이 측면

기동을 시도하고 있다고 생각하고 처음으로 "위그왜그wigwag" 깃발신호체계*를 사용하여 지휘관에게 신호를 보냈다.[54] 그 신호는 성공적이었다. 남부군은 결국 불런에서 놀라운 기세를 보여주었고, 이는 전쟁이 많은 사람들의 예상만큼 단기간에 끝나지 않을 것이며, 신호정보가 향후 모든 전쟁에서 계속해서 중요하게 사용될 것임을 시사했다.[55]

전쟁이 끝날 때까지 연합군의 정보활동은 남부군보다 뛰어난 성과를 거두었는데, 연합군이 영웅적으로 활동해서라기보다는 일상적인 관료주의적 이유 때문이있다. 님부에서는 다양한 징보활동이 "전 출처all-source" 징보**로 조율되지 않았다. 로버트 리Robert E. Lee 장군괴 그의 전임지는 정보를 전담하는 참모를 한 명도 두지 않았다. 리 장군과 참모들은 적의 조직도를 종이가 아니라 머릿속에 보관할 정도로 부실한 기록을 유지했다.[56]

북군은 전쟁 초기 2년 동안 유사하게 파편화된 정보 체계를 유지하면서 여러 조직에 수집과 분식 책임을 분산했다. 병력 이동에 대한 보고서를 보내는 열기구 담당자,[57] 전령과 전신과 각자의 재량에 따라 정보활동을 수행하는 여러 전장 지휘관들,[58] 앨런 핑커튼Allan Pinkerton과 라파예트 베이커 Lafayette Baker가 설립한 경쟁하는 "비밀 임무" 탐성 부대,[59] 심지어 링컨 대통령이 직접 지시하고 비용을 지불하는 활동도 있었다.[60] 그러나 무엇보다도 중요한 것은 모든 조각을 맞춰 큰 그림을 제시하는 총괄부서가 없었다는 점이다(이 문제는 거의 한 세기 후에도 미국의 정보활동을 계속해서 괴롭히게 된다). 각 기관은 서로 다른 사람에게 보고서를 보냈고, 이들은 어찌나 협조가 부족했는지 핑커튼의 요원과 베이커의 요원이 서로를 체포하거나 감시하는 일이 최소한 두 차례 발생했다.[61]

그러나 1863년 조지프 후커Joseph Hooker 소장이 포토맥 육군을 지휘하면

---

*   1개의 깃발을 흔들어 메시지를 보내는 방식
**   인간정보, 기술정보, 공개출처정보 등 입수 가능한 모든 분야의 정보를 종합적으로 분석하여 생산된 정보

서 군사첩보국Bureau of Military Information 창설을 명령했다. 이것은 조지 워싱턴이 독립전쟁 중 스파이를 운용한 이래 최초의 전 출처 정보기관이었다. 일부에서는 상호 협력에 격렬하게 저항했고 여러 문제도 남아 있었지만, 군사첩보국은 다양한 출처에서 첩보를 선별하여 보고서를 생산하는 데 성공했다.[62] 율리시스 그랜트Ulysses S. Grant 장군은 군사첩보국이 매우 유용하다고 판단하여 자신의 버지니아주 시티포인트 본부로 옮겼으며, 군사첩보국을 통해 "적의 모든 변화를 추적할 수 있다"고 말했다.[63]

이러한 성공에도 불구하고 군사첩보국은 전쟁이 끝난 후 해체되었다. 해군과 육군은 1880년대에 이르러서야 해군정보국Office of Naval Intelligence, ONI과 군사정보부Military Intelligence Division, MID(나중에 육군 G-2로 알려짐)라는 상설 정보조직을 설립했다.

두 군사정보조직의 시작은 미미했다. 해군정보국은 4명의 장교로, 육군 MID는 1명의 장교로 시작했다.[64] 두 조직 모두 이후 수십 년 동안 확대와 축소를 반복했다. 이들은 스페인-미국 전쟁과 제1차 세계대전에서 활용되었지만 전쟁이 끝나면서 대부분 해산되었다. MID는 1908년 육군전쟁대학Army War College에서 지리 자료를 제공하는 역할로 격하되었다.[65] 1916년에는 인원이 단 세 명에 불과했다. 그러다가 1917년 제1차 세계대전이 발발하자 MID 인원은 1400여 명으로 늘어났고 긴급 편성된 예산은 250만 달러에 달했다. 그러나 1919년 MID의 긴급 예산은 다시 22만 5000달러로 감소했다.[66]

제1차 세계대전과 국내 전복

1914년 7월, 독일과 오스트리아-헝가리가 영국, 프랑스, 러시아와 싸우면서 유럽에서 제1차 세계대전이 시작되었다. 미국은 중립을 유지하려고 노력했다. 그러나 중립을 지킨다는 것은 미국이 양측으로부터 정보활동의 표적이 된다는 것을 의미했다. 독일 정보요원들은 미국의 군수품과 물자가 연합국에 전달되는 것을 막기 위해 정교한 체제 전복 작전을 조직했고, 영국 요원들은 미국을 전쟁에 끌어들이려고 했다. 결과적으로 미국의 정보활동은 국내에서 외국의 스파이 활동에 대응하는 데 집중되었다.

독일은 현지 부두 노동자를 고용하여 연합국에게 물자를 수송하는 선박에 시한폭탄을 설치했고,[67] 폭발물 재료를 사들이는 유령회사를 설립하여 연합국의 군수품 재료 조달을 방해했으며, 전쟁터로 향하는 미국의 군마를 감염시키기 위해 치명적인 세균을 밀수했다.[68] 1916년 7월 29일, 독일 요원들은 뉴욕항 블랙 톰 섬의 군수품 창고에 불을 질렀다. 당시 이곳에는 폭발물, 무기, 연료 등 유럽으로 향하는 200만 톤의 전쟁 물자가 가득 차 있었다.[69] 폭발은 너무 강력해서 엘리스 섬의 본관 건물이 심각하게 파괴되었고 남부 맨해튼과 뉴저지 일대의 창문이 깨졌으며, 파편이 자유의 여신상까지 찢고 리히터 규모 5.5의 지진과 같은 위력을 발휘했다. 멀리 메릴랜드에 있는 사람들도 땅이 흔들리는 것을 느꼈다.[70]

영국 역시 미국을 전쟁에 끌어들이려고 우드로 윌슨Woodrow Wilson 대통령이 보낸 1급 비밀 전문을 가로채 해독하고, 악명 높은 독일의 치머만 전보Zimmermann telegram, 즉 독일과 미국 사이에 선생이 발발하면 녹일이 멕시코를 지원하겠다는 약속이 담긴 전보의 내용을 유출하는 등 미국에서 광범위한 정보 작전을 수행했다.

의회는 간첩 행위와 사보타주에 대응하기 위해 스파이방지법과 선동금지법Sedition Act을 통과시켰는데, 이후 이 두 법은 언론의 자유를 침해한다는 격렬한 비판을 받았다. 윌슨 대통령도 이러한 활동을 지원하기 위해 재무부의 비밀경호국Secret Service*과 법무부의 비교적 신생 조직인 연방수사국FBI 등

---

*   Secret Service는 일반적으로 '비밀경호국'으로 번역되고 이 책에서도 관례를 따랐지만, 대통령 등 요인 경호뿐 아니라 위조화폐 단속 및 금융 관련 사이버 범죄 수사도 맡고 있으므로 '비밀임무국'이 보다 정확한 번역이다.

두 개의 사법기관을 활용하기로 했다.[71]

비밀경호국은 꽤 오래전부터 존재해 왔다. 1865년 당시에 만연했던 화폐 위조를 단속하기 위해 설립되었지만 시간이 지남에 따라 임무가 진화했다. 1901년 윌리엄 맥킨리William McKinley 대통령이 암살당한 후 비밀경호국은 대통령 경호 책임을 맡게 되었다. 제1차 세계대전이 발발하자 윌슨은 비밀경호국에 미국 내 외국 스파이 활동을 조사하도록 지시했다.[72]

반면 FBI는 찰스 보나파르트Charles Bonaparte 법무장관이 미국 내 연방법 위반 가능성을 조사하기 위해 설립한, 불과 몇 년 되지 않은 기관이었다.

처음부터 비밀경호국과 FBI는 라이벌 관계였다. 사실 보나파르트 법무장관은 전국에서 증가하는 범죄의 물결을 수사하기 위해 자신이 아니라 재무장관에게 보고하는 비밀경호국 요원들의 도움을 받아야 하는 것에 대해 점차 불만을 품게 되었고, 필요한 요원들을 자체적으로 고용하기 시작했다.[73]

전쟁 기간에 비밀경호국과 FBI는 독일 스파이, 방해꾼, 배신 혐의가 있는 이민자를 뿌리 뽑기 위해 공격적이고 경쟁적이며 통제되지 않은 작전에 착수했다. 법무부는 미국보호연맹American Protective League이라는 25만 명의 자경단을 조직하기도 했는데, 이 단체는 진짜 스파이를 잡지는 못했지만 수많은 시민의 자유를 침해했다.[74] 1917년 볼셰비키 혁명으로 급진주의에 대한 우려가 커지면서 방첩 활동의 대상이 공산주의자, 무정부주의자, 기타 급진주의자들로 확산되었다.

이 시기에 미국은 역사상 처음으로 전국적인 국내 정보 프로그램을 시작했다. 정부 관리들은 전화를 도청하고 우편물을 개봉했다. 그리고 1919년 FBI는 수천 명을 검거하고 수백 명을 체포하고 수십 명을 추방하기 시작했는데, 이는 후에 미첼 파머A. Mitchell Palmer 법무장관의 이름을 따 "파머 급습"이라 불렸다.[75] 이러한 국내 정보활동과 체포의 상당수는 나중에 근거가 없거나 명백한 불법으로 판명되었다.

윌슨 행정부 일각에서는 비밀경호국과 FBI 사이의 격렬한 관료적 경쟁이 방첩의 효과와 시민권 보호 양쪽에 해를 끼치고 있다고 경고했지만,[76] 대통령은 아무런 조치를 취하지 않았고 나중에서야 "구제방안을 모색하지 않은 것은 방관하는" 느낌이었다고 언급했다.[77] 해외에서는 개방성, 민주주의, 인권을 옹호하던 대통령이 국내에서는 광범위한 감시 활동과 시민권 침해 행위를 감독한 것이다.

이 시기는 제1차 적색공포First Red Scare*로 알려졌으며, 향후 수십 년 동안 FBI가 법적 권한을 넘어섰다는 논란에 휩싸이게 되는 여러 사례 중 첫 번째였다.[78]

1920년대에 방첩 활동이 확산되면서 평시 해외정보는 다시 약화되었다. 육군의 암호해독 부대는 전쟁이 끝난 후 해산되었고, 곧 이를 대체하여 국무부와의 공동 출자를 통해 블랙챔버Black Chamber라는 비군사 조직을 만들었지만 이 조직은 겨우 10년간 운영되었고 별다른 성과도 거두지 못했다. 블랙챔버의 대표적인 업적은 1921년 강대국 간에 해군 군축을 협상하기 위한 워싱턴 해군 회의에 앞서 일본의 여러 암호를 해독한 것이다. 그러나 블랙챔버는 유럽의 암호해독기관에 비해 능숙하지 못했고, 소련의 외교 암호를 결코 해독하지 못했으며, 1921년 이후에는 영국, 독일, 프랑스의 암호를 해독하지 않았다.[79]

게다가 상황은 더욱 악화되었다. 대통령의 부주의, 예산 삭감, 전신회사들의 통신자료 공유 거부, 무선통신 도청을 어렵게 만든 무선통신법Radio Communications Acts, 그리고 문명화된 국가라면 특히 평시에는 외교 통신 도청을 하지 말아야 한다고 믿었던 헨리 스팀슨Henry L. Stimson 국무장관의 반대 때문이었다. 스팀슨은 몇 년 후 유명한 말을 남겼다. "신사들은 서로의 편지를 읽지 않는다."[80]

---

* 20세기 초 미국에 만연했던 공산주의, 무정부주의, 급진주의 등에 대한 국민적 공포감

진주만: 모든 것을 바꾼 공격

1941년 12월 7일, 일출과 함께 수백 대의 일본 전투기가 하와이 진주만에 정박해 있던 미국 태평양 함대를 공격했다. 하루 동안 3000명 이상의 미국인이 죽거나 부상을 입었고, 200대에 가까운 미국 전투기가 파괴되었으며, 태평양 함대는 폐허가 되었다. 프랭클린 루스벨트 대통령은 이 날이 "치욕의 날"로 기억될 것이라며 일본과의 전쟁을 선포했다.[81]

진주만 사건은 미국 정보기구에 몇 가지 중요한 결과를 가져왔다. 첫째, 진주만 공격은 전략사무국Office of Strategic Services, OSS이라는 새로운 전시 정보기관의 창설을 촉발하는 계기가 되었다.[82] 이 기관은 오늘날 CIA 본부 로비에 동상이 세워져 있는 윌리엄 "와일드 빌" 도너번William "Wild Bill" Donovan의 아이디어로 탄생했다. 명예 훈장Congressional Medal of Honor 수상자인 도너번은 1940년 루스벨트와 함께 유럽을 순방하던 중 정보조직을 육군, 해군, 국무부, 법무부, 재무부 등에 각자 알아서 하도록 내버려 둔 기존의 미국 정보 체계로는 통합 분석이나 작전을 수행할 수 없다는 것을 확신하게 되었다. 도너번은 이질적인 정보조직들을 조율할 뿐만 아니라 정보, 수집, 분석, 비밀 해외 작전을 한 지붕 아래 통합할 수 있는 기관을 설립해야 한다고 대통령을 압박해 왔다.

진주만 사건 이후 도너번은 자신의 정보기관을 설립하고 운영할 기회를 얻었다. 전쟁이 끝날 무렵 OSS는 수천 명에 달하는 직원을 두고 게릴라전부터 비밀 활동과 전략적 분석에 이르기까지 모든 일을 수행했다.[83] 이 기관은 대담하고 창의적이었으며, 요원들을 독일로 직접 파견하고(두 명을 제외하고 모두 사망), 미래의 유명 인사를 스파이로 영입했으며(다음 상자글 참조), 심지어 등에 폭탄을 맨 박쥐들을 도쿄 상공에 투하할 수 있을지 시험하기도 했다.[84] 이러한 시도의 상당수는 실패했고 일부는 기이했다. 하지만 OSS의 카우보이 문화는 그곳에서 일하던 앨런 델레스Allen Dulles, 리처드 헬름스Richard

OSS 정보관이었던 유명인

유명 요리사, 프로야구 선수, 대법원 판사의 공통점은 무엇일까? 모두 제2차 세계대전 중 CIA의 전신인 전략사무국에서 비밀리에 근무했다는 점이다. 2008년 국립문서보관소에서 비밀 해제된 75만 페이지의 문서 덕분에 우리는 전시 정보기관에서 일했던 2만 4000여 명의 이름과 일부 활동에 대해 알게 되었다. 그중에는 유명한 프랑스 요리사 줄리아 차일드Julia Child, 시카고 화이트삭스Chicago White Sox의 포수 모 버그Moe Berg, 대법관 아서 골드버그Arthur Goldberg도 있었다. 또한 시어도어 루스벨트Theodore Roosevelt 대통령의 아들과 작가 어니스트 헤밍웨이Ernest Hemingway의 아들도 OSS 정보관이었다.[85]

치일드는 1942년 줄리이 맥윌리엄스Julia McWilliams라는 결혼 진 이름으로 OSS에 입사하여 전쟁 중 스파이 기관에서 근무한 4500명의 여성 중 한 명이 되었다. 차일드는 1급 비밀 인가를 받고 중국과 실론(현재 스리랑카)에 파견되었는데, 아래 사진은 실론에서 찍은 것이다. 차일드는 전 세계 정보원들을 추적하는 일을 했다. 또한 그녀는 상어 퇴치제 제조법을 개발하는 임무를 맡았고, 이것은 상어가 출몰하는 해역에서 해군 장병들을 보호하고 독일 U보트를 겨냥한 폭발물을 코팅하는 데 사용되었다. 상어 퇴치제가 없으면 때때로 싱어가 실수로 폭빌물에 뛰어들어 목표물에 노달하기도 전에 폭발시키는 경우가 있었다. 줄리아는 OSS에서 남편 폴 차일드Paul Child를 만났는데, 그도 정보관이었다.[86]

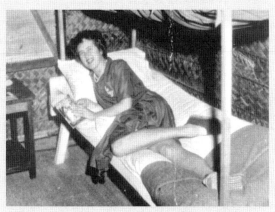

줄리아 차일드, 실론 칸디에서(제공: 중앙정보부)

Helms, 윌리엄 콜비William Colby, 윌리엄 케이시William Casey 등 훗날 CIA 부장이 되는 네 사람에게 큰 영향을 미쳤다. OSS의 정신은 여전히 CIA의 비밀조직에 영향을 주고 있다.[87]

진주만 사건의 또 다른 중요한 결과는 조율되지 않은 정보의 위험성, 그리고 올바른 정보가 올바른 시간에 올바른 장소에 전달될 수 있도록 중앙집권화를 강화할 필요성이 드러났다는 점이다.

진주만 사건 이후 조사를 통해 미국은 정보가 없어서가 아니라 정보가 제대로 통합되지 않았기 때문에 기습을 당한 것으로 밝혀졌다.[88] 일본의 진정한 의도가 여러 차례 신호로 전송되었지만 잡음 속에서 사라져 버렸다. 중요한 신호가 여러 기관에 흩어져 있었고, 다른 장소, 다른 일정, 다른 계획을 가리키는 정보와 허위정보의 홍수 속에 묻혀버렸다.

정보의 "신호 대 잡음" 문제에 많은 관심이 쏠렸지만,[89] 이 문제는 시간이 지남에 따라 기하급수적으로 악화되고 있다. 그러나 신호 대 잡음 문제는 단순히 정보 흐름에 관한 것이 아니라 조직의 파편화에 관한 문제다. 일본의 공격에 대한 의회 조사에서 결론을 내렸듯이, "정보 취급 체계에 심각한 결함이 있었으며 … 정보 취급 책임자의 지속적인 임무 수행과 그에 대한 책임 집중을 통해서만 국가의 안보를 보장할 수 있다".[90] 즉 모든 정보를 통합할 수 있는 교환소가 없다는 결론이었다. 미국에는 중앙 정보기관이 필요했다.

마지막으로, 진주만 사건으로 인해 기습 공격을 막는 것이 정보기관의 가장 중요한 임무이자 존재 이유임이 분명해졌다. 국회의 진주만 관련 질의에서 제기되었듯이, 1941년 12월 7일 이후 "의문스럽고 가장 중요한 질문"은 "왜, 우리 역사상 가장 좋은 정보가 있었고, 전쟁이 임박했다는 거의 확실한 지식이 있었고, 12월 7일 아침 일본이 자행한 바로 그 공격 유형을 대비한 계획이 있었는데, 왜 진주만 사건이 일어날 수 있었는가?"라는 것이었다.[91] 제2차 세계대전이 끝난 후, 또 다른 진주만을 막는 것이 새로 탄생한 중앙정보부의 최우선 과제가 될 예정이었다.

중앙정보부

대부분의 사람들은 CIA라고 하면 은밀한 활동, 스파이 장비, 비밀 급습, 할리우드 영화 등을 떠올린다.[92] 딘 러스크Dean Rusk 국무장관이 "그 으스스한 소년들"이라고 불렀던[93] CIA는 실제로 쿠바의 지도자 피델 카스트로Fidel Castro 암살을 위해 폭발하는 시가를 설계하고, 1980년대에 미국 법령을 위반하여 니카라과 항구를 폭파하고, 소련 내부에 고정간첩*을 심고, 과테말라부터 이란과 베트남에 이르기까지 쿠데타를 지원했다.[94] 9·11 이후에도 테러와의 전쟁에서 비밀 작전을 계속 수행했다. 테러 공격 후 며칠 만에 아프가니스탄에 상륙하여 탈레반을 궁지에 몰아넣고, 파키스탄에서 오사마 빈 라덴을 찾아 사살하고, 테러 용의자를 구금 및 심문하고, 드론으로 표적 공격하는 등의 활동을 펼쳤다.

하지만 오늘날의 CIA는 1947년 국가안보법National Security Act에서 처음 구상되고 만들어진 기관과는 전혀 다른 모습이다. 사실 트루먼 대통령은 이 법에 서명할 당시 CIA에 큰 관심이 없었다. 그는 국가안보법에서 해군과 전쟁부(육군과 육군 항공대를 관할하는 부)를 하나의 국방부로 통합하는 조항에 초점을 맞췄다. 군부 통합은 대통령의 최우선 과제 중 하나였으며 열띤 논쟁과 엄청난 갈등을 불러일으켰다. 1945년 10월 20일, ≪뉴욕타임스≫는 이 다툼을 두 군부와 의회의 군부 지원 세력 간에 벌어지는 "난타전"이라고 묘사했다.

치열한 전투 도중에 정보를 중앙집중화하기 위한 평시 정보기관을 설립하자는 제안이 끼어들었다. 결국 트루먼은 다른 기관들이 전 세계에서 수집

---

* 원서에서는 두더지mole라는 표현을 사용했다. 정보학에서 두더지는 '특정 기관에 장기간 잠복하여 스파이 활동을 하는 사람'을 뜻하지만 일반적으로 쓰이지 않는 용법이므로 '고정간첩'으로 번역했다. 다만 고정간첩은 '일정한 곳에서 장기간 스파이 활동을 하는 사람'을 뜻하므로 원문의 의미와 다소 차이가 있다.

한 정보를 조율, 평가, 배포하는 등 국제뉴스 취합 업무를 하는 소규모 정보 조직을 설립하고자 했다.

CIA에게 자체적인 정보수집을 허용하겠다는 의도는 없었다. 쿠데타를 후원하거나 외국 선거에 영향을 미치거나 기타 비밀 작전을 수행하는 것도 마찬가지다.[95] 1947년 국가안보법은 CIA에 "여러 정부 부처 및 기관의 정보기관을 조율하는" 임무만 부여했고, 정보수집이나 비밀 작전 수행을 명시적으로 승인하는 문구는 전혀 없었다. 트루먼 대통령이 훗날 기록했듯이, "CIA는 '망토와 단검 복장'을 하라고 만든 기관이 아니다".[96]

CIA가 망토와 단검을 갖춘 스파이 기관으로 시작한 것은 아니었지만, 긴급한 안보적 요구와 국가안보법의 허점 덕분에 빠르게 그런 기관이 되었다. 국가안보법에는 CIA가 "공통의 관심사에 대한 부가적 임무"와 "국가안보에 영향을 미치는 정보와 관련된 기타 기능과 의무"를 수행하도록 승인하는 모호한 문구가 있었기 때문이다.[97] 1947년 말 폴란드, 헝가리, 루마니아에서 공산주의자들이 집권했다. 독일은 분단되었다. 전쟁으로 황폐해진 유럽 전역의 수백만 명이 굶주리고 있었다. 전 국무장관 콘돌리자 라이스Condoleezza Rice가 훗날 언급했듯이 "문제는 동유럽이 공산화될 것인가가 아니었다. 문제는 서유럽이 공산화될 것인가였다".[98] 트루먼과 참모들은 이러한 상황을 미국 안보에 대한 심각한 위협으로 보았고 외교와 전쟁 사이에서 새로운 선택지가 필요했다.

1947년 12월 17일, 트루먼의 국가안전보장회의는 CIA에 "소련과 소련의 영향을 받은 활동에 대응하기 위해 고안된 비밀 심리 작전" 수행 권한을 부여했다.[99] 1년도 되지 않아 CIA는 이탈리아 선거에 영향을 미치기 위한 비밀 활동에 참여했고, 국가안전보장회의의 공식 지침을 받아 해외에서 스파이 활동과 대對간첩counterespionage 활동을 수행하는 영구적인 조직을 운영하게 되었다. 1952년까지 CIA의 비밀 요원은 거의 6000명에 달했고 47개국에서 활동했으며 8200만 달러의 예산을 사용했다.[100]

1961년부터 1974년까지 CIA는 900여 건의 주요 공작과 수천 건의 소규모 공작을 수행했다.[101] 그중에는 1961년 실패한 쿠바 피그스만 침공, 쿠바, 콩고, 브라질, 기타 다른 국가에서 좌편향 지도자를 축출하기 위한 쿠데타 및 암살 계획, 그리고 1979년 이란 혁명 이후 영화 촬영지를 찾는 영화 제작자로 위장하여 이란 주재 캐나다 대사관에 숨어 있던 미국 외교관 6명을 탈출시킨 대담한 비밀 작전 등이 있다.[102] 이 작전은 아카데미상을 수상한 벤 애플렉Ben Affleck의 영화 〈아르고Argo〉에서 상당한 창작의 자유를 통해 묘사되었다.[103]

한편 CIA는 나머지 정보공동체와 정보를 조율하는 데 여전히 어려움을 겪고 있었다. 이는 우연이 아니었다. 1947년 CIA가 창설되었을 때 전쟁부, 해군부, 국무부, 법무부 모두 각자의 정보활동에 대한 통제권과 자율성을 유지하려고 CIA의 권한을 줄이기 위한 로비를 했다. 토머스 트로이Thomas Troy가 자신의 고전적인 CIA 역사서에 쓴 것처럼, 영구적이고 강력한 중앙 정보 조직이라는 아이디어는 이러한 "구식" 정보기관들로부터 "격렬한 적대감"을 불러일으켰다.[104]

1947년 제정된 국가안보법은 중앙정보장director of central intelligence에게 CIA 운영과 다른 모든 정보기관의 정보활동을 조율하는 두 가지 임무를 부여했다.* 하지만 이 법으로는 두 가지 중 하나가 불가능했다. 법에 따라 중앙정보장은 대통령에게 독점적으로 접근할 권한을 갖지 못했고, CIA 외에는 어떠한 정보기관의 예산이나 인원도 통제할 수 없었으며, "국가안전보장회의의 지시에 따라" 운영되었기 때문에 CIA가 자신들의 업무에 관여하지 않기를 바라는 내각 장관들에게 보고해야 했다. 이는 상을 받을 만한 조직 설계는 아니었다.[105] 그리고 바로 그 점이 문제였다. CIA가 창설된 지 불과 1년 후인 1948년, ≪뉴욕타임스≫는 CIA를 "국가안보에서 가장 약한 고리

---

* 즉, 중앙정보장DCI은 원래 현재의 국가정보장DNI과 같은 역할을 맡도록 설계되어 있었다. DNI가 신설되면서 CIA의 장은 중앙정보장에서 중앙정보부장Director of CIA이 되었다.

중 하나"라고 불렀다.[106]

그 후 수십 년 동안 미국의 정보체계에 큰 변화를 가져올 세 가지 일이 일어났다.

첫째, CIA는 자체적인 수집과 분석 역량을 개발하여 다른 기관에 그다지 의존할 필요가 없어졌다. CIA의 정보국Directorate of Intelligence은 전 출처 정보분석을 시작했고, 정보 교환소 역할을 하는 대신 정보 생산자 역할을 하기 시작했다. 그리고 공작국Directorate of Operations은 비밀 인간정보를 수집하고 비밀 작전을 수행하기 시작했다.[107]

둘째, 대통령들은 CIA의 약점을 보완하려고 더 많은 기관을 만들기 시작했다. 해리 트루먼은 CIA가 신호정보에 제대로 관심을 기울이시 않는 것에 불만을 품고 1952년 국가안보국NSA을 창설했다. 그는 비밀 행정 명령을 통해 도청과 암호 해독과 같은 모든 통신정보에 대한 확실한 책임을 NSA에 부여했다.[108] 5년 만에 NSA는 거의 9000명의 직원을 두고 세계에서 가장 정교한 컴퓨터 복합단지를 운영했다.[109]

1961년 존 F. 케네디John F. Kennedy 대통령 시절 국방상관 로버트 맥나마라Robert McNamara는 육군, 해군, 공군, 해병대 정보기관 간의 중복성과 지역주의를 줄이기 위해

국방정보국Defense Intelligence Agency, DIA 설립을 명령했다.[110]

'공동체'라는 단어에서 알 수 있듯이, 정보공동체는 구석진 사무실에 한 명의 상관이 있고 누가 무엇을 어떻게 왜 하는지 명확한 권한을 둔 긴밀한 조직 구조였던 적이 없다. 각기 다른 지도자, 문화, 특산물을 가진 반쯤 자율적이고 때로는 전쟁을 벌이는 지역들의 느슨한 연합에 더 가깝다. 정보기관들은 서로 다른 관료적 상관들을 섬기고, 서로 다른 정보 임무와 분야에 특화되어 있으며, 매우 다른 문화 속에서 운영되고, 자원을 놓고 서로 경쟁한다. 하지만 이들은 함께 협력해야만 효과를 발휘할 수 있다. 이러한 구조는 중앙집중과 분산의 균형을 유지하여 각각의 조직에 업무 통합성과 행동 자

율성을 모두 제공하도록 설계되었다. 다만 업무 통합성은 항상 어려운 전투였다.

미국 정보체계의 궤적에 영향을 미친 세 번째 주요 발전은 1970년대에 정보기관의 남용 행위가 발견되면서 의회에 새로운 감독 기구가 만들어졌다는 점이다. 8장에서 자세히 설명하지만, 1974년 ≪뉴욕타임스≫가 정보기관들이 수년간 미국인들을 불법적으로 감시해 왔다고 보도하면서 정보기관은 암울한 순간에 직면했다.[111] 프랭크 처치Frank Church 상원의원(민주당-아이다호)의 주도로 정보기관의 권한 남용에 대해 의회의 대대적인 조사가 이어졌다. 처치 위원회Church Committee의 활동은 결과적으로 정보기관에 한계를 설정하고, 책임을 개선하기 위한 새로운 법률과 조직 및 관행을 도입하고, 하원과 상원에 상설 정보 감독 위원회를 설치하는 계기가 되었다.

냉전 종식과 새로운 위협의 등장

1991년 소련이 붕괴된 후 정보공동체는 자원 감소, 전략적 혼란, 계속되는 격변에 직면했다. 정보 예산은 "평화 배당금"이라는 명복으로 1990년대 들어 20% 이상 삭감되었다. 정보공동체는 전체 분석관의 3분의 1과 인간정보 수집관의 4분의 1을 잃었고, 영상정보와 신호정보는 설계 수명이 다한 인공위성에 의존해야 했다.[112] 마이클 모렐 전 CIA 차장은 "가장 빈약했던 시기였다"고 기술했다.[113]

많은 정책결정자들은 정보기관의 필요성에 의문을 제기했다. 냉전이 종식되었고 미국이 승리했으며 평화가 계속될 것이었다. 미국 외교정책 분야의 거장 윌리엄 하일랜드William Hyland는 1991년 5월 "미국에 대한 외세의 위협이 지금처럼 적었던 적이 없었다"라고 언급했다.[114] 전 NSA 국장 윌리엄 오덤William Odom 중장과 상원에서 가장 영향력 있는 의원 중 한 명인 대니

얼 패트릭 모이니핸 상원의원(민주당-뉴욕)은 CIA 폐지를 권고했다.[115]

한편 초창기부터 그랬던 것처럼 파편화는 심화되었다. 정보기관들은 자체 예산을 개발하고, 자체 우선순위를 정하고, 자체 직원을 채용 및 훈련하고, 각자 분리된 이메일 시스템으로 연락하고, 호환되지 않는 데이터베이스에 정보를 보관했다.

심지어 기관마다 보안 배지가 따로 있었기 때문에 정보관은 소속 기관 외에는 다른 건물에 물리적으로 출입할 수 없었다. 중앙정보장 조지 테넷 George Tenet이 협업을 개선하기 위해 모든 정보기관에 표준적인 파란색 보안 배지를 사용하라는 지침을 내렸을 때, 당국자들은 이 명령을 무시하고 느리게 이행하며 우회했다. 일부 기관은 자체 보안 배지를 유지하면서 출입 시 두 가지 배지를 모두 요구했다.[116] 일부 직원은 소속 기관에 대한 충성심으로 새 파란색 배지 착용을 거부하기도 했다. 어느 NSA 직원은 녹색 NSA 배지의 코팅을 초강력 접착제로 붙인 후 NSA 로비의 보안 요원들이 제지할 때까지 배지를 포기하지 않았다고 한다. "저는 공동체가 아니라 NSA를 위해 일했거든요." 그가 한 말이다.[117]

정보공동체의 통합성 부족으로 인한 비극은 예견되어 있었고, 수많은 전문가와 정보관과 정책결정자가 이를 알고 있었다. 1991년 소련 붕괴와 2001년 9월 11일 테러 공격 사이에 초당파 위원회, 정부 연구소, 싱크탱크 등이 정보공동체와 미국의 대테러 업무를 조사한 12개의 주요 공개 보고서가 발표되었다(표 3.1 참조).

각각의 연구는 서로 다른 사안에 초점을 맞추고, 서로 다른 전문가를 활용하고, 서로 다른 권고 사항을 발표했다. 하지만 핵심 내용은 전반적으로 놀라울 만큼 일치했는데, 모든 연구에서 정보 개혁이 시급히 필요하다는 결론을 내린 것이다. 모든 연구를 합쳐 총 340개의 정보 개혁 권고안이 제시되었다. 이 중 75%는 ① IC 전반의 조율 부족, ② 인력 및 첩보 공유 문제, ③ 정보 우선순위를 설정하는 전략적 방향의 부재라는 세 가지 중요한 문제를 해

표 3.1 공개된 미국 정보 및 대테러 연구, 1991-2001

연구 명칭	정보 개혁 권고안 개수	발행 연도
국가 성과 검토(부통령의 정부 재창조 이니셔티브, 1-2단계)	35	1993, 1995
미국 정보공동체의 역할과 역량에 관한 위원회(아스핀-브라운 위원회)	38	1996
외교 관계 태스크포스 위원회	29	1996
하원 상임 정보특별위원회 직원단 연구(IC21)	74	1996
미국 정보의 미래에 관한 20세기 기금 태스크포스	17	1996
정보 현대화에 관한 국립공공정책연구소 보고서(오돔 보고서)	34	1997
FBI 전략 계획, 1998-2003	54	1998
대량살상무기 확산 방지를 위한 연방 정부 조직 평가 위원회(도이치 위원회)	17	1999
대량살상무기 긴건 테러에 대한 국내 대응역량 평가 자문 패널 (길모어 위원회), 보고서 1, 2	14	1999, 2000
연방 사법 발전에 관한 위인회(웹스터 위인회)	10	2000
테러리즘에 관한 국가 위원회(브레머 위원회)	12	2000
21세기 미국 국가안보 위원회(하트-루드먼 위원회), 3단계 보고서	6	2001
합계	340	

자료: Zegart, *Spying Blind*, pp.29-33.

결하는 데 초점을 맞추었다.[118]

그러나 이러한 개혁 중 9·11 테러 공격 이전에 시행된 것은 거의 없다. 정확히 말하자면, 전체의 79%인 268건의 권고 사항에 대해 어떤 종류의 조치도, 전화 통화나 회의나 메모 등 '아무것도' 이행되지 않았다. 전체의 약 10%인 35건의 권고 사항만 완전히 이행되었는데, 그 내용은 거의 대부분 "문제를 더 연구하라"는 식의 하나마나한 제안이었다.[119]

이 연구들은 또한 소련 붕괴와 9·11 사이의 10년 동안 테러리스트 위협이 심각했고 증가했으며 임박했음을 분명히 보여주었다. 그럼에도 불구하고 대테러 업무는 핵심 전략, 예산, 조정 메커니즘 없이 46개 기관에 분산되어 있었다. 중앙정보장 조지 테넷은 9·11 테러가 발생하기 거의 3년 전에 오사마 빈 라덴과의 전쟁을 선포하는 메모를 작성하여 "자원과 인력을 아끼지 말 것"을 촉구했지만, 몇몇 기관장만 이 메모를 받았고 그들 모두가 이를 무시했다. IC에 몇 명의 정보분석관이 있는지, 그들이 어떤 전문 지식을 가지고 있는지 아무도 몰랐다. FBI는 테러가 최우선 과제라고 말했지만 9·11 당시 FBI 직원의 6%만이 대테러 업무를 담당하고 있었고, 신입 요원들은 대테러 훈련 시간보다 휴가 시간이 더 많았다. 기관 간 협력에 대한 저항이 얼마나 심했는지 1990년대 후반 CIA와 FBI가 협력을 개선하고자 서로의 대테러 센터에 부기관장을 교차 배치하기 시작했을 때 사람들은 "인질 교환 프로그램"이라고 불렀다.[120]

9·11이 다가오면서 CIA와 FBI는 음모를 간파하고 어쩌면 무력화할 만한 기회가 23번 있었다.[121] 그 많은 기회를 모두 놓쳐버렸는데, 그중 3번은 아메리칸항공 77편 항공기를 몰고 펜타곤으로 갔던 납치범 중 한 명인 칼리드 알-미흐다르Khalid al-Mihdhar를 사전에 잡아낼 기회였고 테러가 발생하기 20개월 전부터 포착된 것이었다. CIA는 알-미흐다르가 2000년 1월 말레이시아에서 열린 알카에다의 계획 회의에 참석하는 것을 포착하고 미국에 복수 입국 가능한 비자를 소지한 것을 발견하면서 그를 감시 선상에 올렸다. 그러나 CIA의 누구도 테러 발생 19일 전까지 FBI에 알-미흐다르 관련 사항을 알리지 않았다. 이제 우리는 알-미흐다르가 2000년 1월의 회의 이후 바로 미국으로 건너가 1년 반 동안 실명으로 살면서 FBI 정보원과 접촉했다는 사실을 알고 있다. 이 모든 사실은 9·11 테러 이전에 FBI에 알려지지 않았다.[122] 우선순위에 따라 자원을 배치하고 관료들의 머리를 모을 수 있는 권한을 누구도 갖지 못하는 정보체계에서 IC는 별다른 기회를 얻지 못했다. 전 국가안보보좌관 브렌트 스코크로프트Brent Scowcroft는 공격 발생 후 의회 조사관들에게 말했다. "저는 놀라지 않았습니다. 소름 끼칠 뿐입니다."[123]

곧이어 이라크 WMD 정보 실패가 이어졌다.

2002년 미국이 전쟁을 향해 치닫자 정보공동체는 이라크의 WMD 프로그램에 대한 국가정보판단서National Intelligence Estimate를 발표했다.[124] 결정적

인 순간에 결정적인 평가였다. 그리고 거의 모든 판단이 틀렸다.[125]

초당파적인 WMD 위원회가 실시한 사후 조사에 따르면, 정보기관들은 너무 적은 첩보와 조잡한 첩보를 수집했고, 커브볼Curveball이라는 어이없는 암호명의 이라크인 망명자 등 신뢰할 수 없는 출처에 의존했으며, 새로운 증거에도 불구하고 오래된 가설에 집착했고, 자신들이 내린 판단의 확실성을 지나치게 과장했다는 사실이 밝혀졌다.[126]

WMD 위원회는 비판적인 보고서에서 정보 오류는 "단순한 불운이나 일생에 단 한 번뿐인 '퍼펙트 스톰'*의 결과가 아니었다"고 결론지었다. "오히려 부실한 정부수집, 데이터보다는 가정과 추론에 기반한 분석 과정, 모호한 정보 출처에 대한 부적절한 검증과 심사, 기타 수많은 결함의 산물이었다. … 많은 면에서 정보공동체는 그들의 존재 목적이 되는 일을 그저 하지 않았다."[127]

CIA 부장 테닛이 훗날 회고했듯이, "잘못될 수 있는 모든 것이 잘못되었다. 우리는 중대한 사안에 대한 우리의 분석이 전쟁을 일으키는 데 사용되었다는 사실을 받아들여야 한다".[128]

정보 개혁과 DNI의 탄생

2004년 가을이 되자 개혁에 대한 압박이 거세졌다. 9·11 위원회의 최종 보고서는 전국적인 베스트셀러가 되었는데, 정보 실패에 대한 신랄한 평가가 담겨 있었다. 동시에 상원 정보특별위원회는 이라크의 대량살상무기에 대한 전쟁 전 정보 평가를 혹독하게 비판하는 보고서를 발표했다. 그리고 CIA의 조지 테닛 부장이 사임하였고, 정보공동체는 스스로를 변호할 강력한 대중적 지지자 없이 남겨졌다.

---

* 둘 이상의 태풍이 충돌하여 그 힘이 폭발적으로 커지는 현상. 문제가 되는 요소들이 겹치면서 발생하게 된 최악의 상황에 대한 비유적 표현.

2004년 12월 10일, 의회는 정보개혁 및 테러방지법Intelligence Reform and Terrorism Prevention Act을 통과시켰고,[129] 이는 미국 정보체계에 대한 반세기 만에 가장 중대한 구조 개편이었다. 가장 중요한 변화는 정보공동체의 기관들을 통합하고 대통령의 주요 정보 고문 역할을 하도록 국가정보장DNI을 신설한 것이었다. DNI는 정보 공유를 개선하고, 절차를 표준화하며, 기관 간에 예산을 보다 효과적으로 배분하는 등 강력한 권한을 가지고 정보공동체를 이끌어야 했다. 새로운 DNI는 또한 CIA 부장이 CIA 운영에 집중할 수 있도록 자유를 줄 것이었다.

그러나 정부 개혁은 거의 항상 제로섬 게임이다. 어느 한 관료 조직에 힘을 실어주려면 다른 조직 및 그 조직을 옹호하는 국회의원까지 약화시켜야 한다. 정보 체계에서 강력하고 독립적인 DNI는 다른 모든 정보기관의 재량권, 예산, 자율성을 위협하였다. 당시 한 전직 고위 정보관은 CIA의 이름을 "한때 중앙에 있던 기관"으로 바꿔야 한다는 농담을 했다. 국방부는 6대 정보기관 중 4개 기관을 보유하고 있고 가장 많은 정보 예산을 자기 산하에 두고 있어 잃을 것이 가장 많았다.[130]

CIA의 탄생을 재현하듯 기존 정보기관들과 이들을 옹호하는 국회의원들은 반격에 나섰고 개혁 법안에서 DNI에 힘을 실어주기 위한 가장 중요한 조치인 정보기관 예산 및 인력에 대한 통제권을 박탈하였다. 크리스 셰이스Chris Shays 하원의원(공화당-코네티컷)의 표현에 따르면, 도널드 럼즈펠드 국방장관은 국회의사당에서 열린 비공개 회의에서 "국가정보 수장에 대한 모든 것을 갖다버렸다".[131] 양당의 다른 의원들도 비슷한 평가를 내놓았다. 하원 정보위원회 고위직이자 이 법안의 주요 설계자 중 한 명인 제인 하먼Jane Harman(민주당-캘리포니아)이 나중에 언급하기를 "우리가 국방부와 정보개혁법을 처리할 때 벌어진 큰 싸움을 모두가 알게 되었습니다. 그것을 놓친 사람이 있다면, 어느 행성에 있었던 것인지 모르겠네요".[132]

절충안이 통과되었지만, 그 결과 국가정보장 직위는 완전 패배자로 보여서 누구도 받아들이기 어려웠다. 로버트 게이츠Robert Gates는 그 직위를 거절하고 나중에 국방장관이 될 때까지 텍사스 A&M 대학 총장으로 남아 있었다. 정보기구를 통합하는 것보다 실패한 이라크 전쟁을 되돌리기가 더 쉽다고 판단한 것으로 보인다.[133] DNI 업무를 계속하기도 어렵다는 것 역시 입증되었다. 조직 설립 후 첫 5년 동안 4명의 다른 사람이 DNI를 역임했다.

2010년 제임스 클래퍼가 DNI를 제안받았을 때, 그의 첫 반응은 "단호한 거부"였다. 클래퍼는 나중에 "나는 5년도 안 되는 기간에 3명의 DNI가 적절한 입법 권한 없이 각료급 직위를 맡는다는 책임감으로 고군분투하는 모습을 지켜보았다"고 회고했다. DNI가 감독해야 한 15개 기관이 6명의 내각 상관에게 보고해야 하는 상황에서, 클래퍼는 "DNI의 업무를 실제로 '할' 수 있을지 확신하지 못했다".[134]

실제로 DNI 교체가 너무 잦아서 클래퍼 인준 청문회에서 키트 본드Kit Bond 상원의원(공화당-미주리)은 마이크가 꺼졌을 때 다이앤 파인스타인 Dianne Feinstein 상원의원(민주당-캘리포니아)에게 농담을 던졌다. "'연례' DNI 인준식에 오신 것을 환영합니다."[135]

그 이후로 국가정보장은 역할을 점차 확대하고 있다. 현재 DNI 산하에 약 2000명의 직원이 근무하는데, DNI 직원단은 물론 내테러, 내확산,* 사이버 위협 정보, 방첩 등 여러 정보기관이 참여하는 미션센터,[136] 국가정보 임무를 위한 기술 연구 프로그램인 정보고등연구계획국Intelligence Advanced Research Projects Activity, IARPA, 과거 CIA 산하에 있었으며 이란의 핵무기 프로그램과 같은 주제에 대한 정보공동체 전체의 장기적인 정보 평가서를 생산하는 국가정보위원회National Intelligence Council 등이 있다.[137]

그러나 DNI의 책임과 실제 권한 사이에는 여전히 큰 격차가 존재하며 DNI의 전반적인 실효성은 여전히 확립되지 않았다. 지금도 연간 정보 예산

---

* 핵무기 등 대량살상무기 확산 시도에 대응하는 업무

의 4분의 3을 여전히 국방부 산하 기관이 차지하고 있다.[138]

전 CIA 부장 레온 파네타가 언급했듯이, "국가정보장 직위의 문제는 자신을 위해 정보를 생산해줄 직원이 없으므로 정보를 원하는 것과 그러려면 다른 기관에 의존해야 하는 것 사이에 늘 갈등을 겪는다는 것이다".[139] 1947년 CIA가 직면했던 상황과 동일하다.

오늘날 중앙정보부는 여전히 중심에 있으며, 인간정보human intelligence, HUMINT를 수집하고, 모든 출처로부터 수집된 정보를 분석하며, 공작을 수행하는 등 최고 정보기관의 역할을 한다.[140] 어느 DNI 관계자의 표현으로는 "CIA가 뉴욕 양키스라면 우리는 야구 협회장 사무실이다. 우리는 팬도 없고 우리 유니폼을 사주는 사람도 없다".[141] 의회에서 열린 2019년 연례성보위협 청문회에서 DNI는 CIA, FBI, DIA(국방정보국), NSA(국가안보국), NGANational Geospatial-Intelligence Agency(국가지형정보국) 등 5명의 다른 정보기관장들과 나란히 증인석에 앉았다.[142] 부시, 오바마, 트럼프 행정부에서는 DNI와 CIA 부장이 모두 NSC 회의에 참석했다.[143] 지금도 ODNI(국가정보장실)와 CIA는 영향력과 권한을 놓고 경쟁을 벌이고 있다. "누가 정보의 책임자인가?"라는 질문에 답하기는 여전히 쉽지 않다.

그림 3.1에서 그 이유를 알 수 있다. 정보공동체는 모두 18개 기관으로 구성되며, 방대하고 다양하며 복잡하다. 9개 기관은 국방부 산하에 있으며 정보 예산의 대부분을 소비한다. CIA와 ODNI 등 2개 기관은 독립적인 기관이므로, 내각 장관에게 보고하지 않는다. 나머지는 에너지부, 국토안보부, 법무부, 국무부, 재무부 등 5개 부처에 소속되어 있다.

6개 기관은 국가 정책결정자를 위해 활동하는 "최상위" 정보기관으로 간주된다.[144] CIA는 인간정보 및 전 출처 분석을 담당하는 미국 최고 정보기관으로, 고유한 공작 역량과 권한을 보유하고 있다. NSA는 이메일과 전화 통화 같은 해외 신호정보SIGINT를 감청한다. 또한 암호 생성 및 해독을 담당하며 미국에서 수학자를 가장 많이 고용하는 기관으로 알려져 있다.[145]

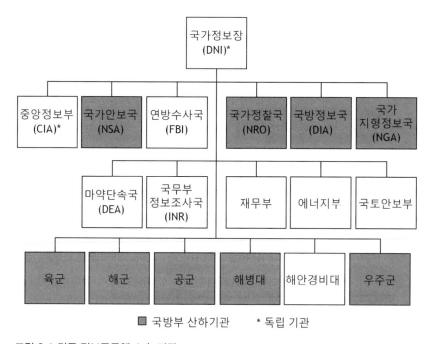

```
                          국가정보장
                           (DNI)*

    ┌──────────┬──────────┬──────────┬──────────┬──────────┬──────────┐
  중앙정보부   국가안보국   연방수사국   국가정찰국   국방정보국   국가
  (CIA)*      (NSA)       (FBI)       (NRO)       (DIA)       지형정보국
                                                              (NGA)

           ┌──────────┬──────────┬──────────┬──────────┐
         마약단속국   국무부      재무부      에너지부     국토안보부
         (DEA)       정보조사국
                     (INR)

    ┌──────────┬──────────┬──────────┬──────────┬──────────┬──────────┐
   육군        해군        공군        해병대      해안경비대   우주군
```

■ 국방부 산하기관   * 독립 기관

그림 3.1 미국 정보공동체 소속 기관
출처: Office of the Director of National Intelligence, "Members of the IC."

국가정찰국NRO은 스파이 위성을 설계, 제작, 운영한다. 법무부 신하의 FBI는 국내정보를 담당한다(법에 따라 CIA는 미국 내 정보를 수집할 수 없다). 국방정보국DIA은 외국의 역량과 의도에 대한 군사정보를 수집한다.

국가지형정보국NGA은 가장 최근에 설립된 정보기관 중 하나이며 가장 이해하기 어려운 기관 중 하나이기도 하다. 원래 사진영상정보에서 유래한 NGA는 공식적으로 "지구상의 물리적 특징 및 지리적으로 연계되는 활동을 설명, 평가 및 시각적으로 묘사하는 영상 및 지리공간정보"를 처리하고 활용한다고 말한다.[146] 이 설명을 우리말로 표현하면, 이 기관이 위성사진 영상에서부터 드론 영상, 그리고 사진이 아니라 가시광선 영역에서 볼 수 없는 빛의 반사를 분광분석으로 구축한 영상에 이르기까지 모든 것을 다룬다는 뜻이다. 이 모든 것이 지형공간정보 또는 GEOINT라고 하는 정보 분야에

속한다.[147]

다른 내각 부서에는 (국내 산하 연구소 보안 및 해외 핵 확산 평가에 주력하는) 에너지부와, 국무장관을 지원하는 국무부 정보조사국Bureau of Intelligence and Research, INR과 같이 높은 전문성을 갖춘 특화된 정보 부서가 있다. 마지막으로, 각 군에는 소속 군의 임무에 특화된 정보 수집 및 분석을 수행하는 자체 정보기관이 있다.

21세기의 정보

오늘날의 위협 환경은 그 어느 때보다도 복잡하다. 팬데믹과 기후 변화 같은 글로벌 위협은 물론, 미국, 러시아, 중국 사이에는 패권 경쟁이 벌어지고 있으며, 소수가 다수를 대상으로 자행하는 테러와 사이버 공격 같은 위협도 있다. 위험한 불확실성의 세계에서 번영하려면 무엇이 다가올지 먼저 파악하고 역사의 흐름을 유리하게 이끌어야 한다. 그러기 위해서는 정보가 필요하다.

국가정보 수석차장 수전 고든Susan Gordon이 언급했듯이, "정보가 최고로 추구하는 것은 … 우위입니다. 무자비한 우위. 불균형적인 우위. 끊임없는 우위. 그게 전부입니다. 조금 더 많이 조금 더 빨리 알아야 합니다. 그렇지 못하면 우리가 가야 할 곳에 도달하지 못할 것입니다".[148]

정보는 18세기에 미국을 만들고, 19세기에 미국을 지키고, 20세기에 미국이 새로운 국제 질서를 주도하는 데 도움이 되었다. 21세기의 정보 임무는 이 모든 것, 그리고 그 이상을 요구한다. 새로운 임무에는 사이버 공간과 우주의 위성을 보호하고, 외국의 간섭으로부터 우리의 민주주의를 보호하고, 경쟁력 있는 경제적 우위를 확보하고, 질병과 기후 혼란을 추적하는 것 등이 있다.

우리는 프랑스 빵 오븐에서 멀리까지 왔다.

오늘날의 정책결정자들이 정부에만 있는 것도 아니다. 미국의 국가안보에 영향을 미치는 가장 중요한 결정 중 일부는 구글, 마이크로소프트, 트위터, 페이스북, 애플의 경영진이 내린다. 이들은 모두 전 세계에 주주가 있고 선거를 통해 책임을 묻는 유권자는 없다. 그 대신 모든 기업이 그렇듯 재정적 이해관계에 따라 움직인다. 테크 기업은 위협의 양을 증가시키고, 개인정보에 대한 결정을 내리고, 선량한 시민과 악의적 행위자 모두에게 더 큰 권력을 주고 있다. 정보기관들도 이들과 생산적으로 협력할 수 있는 방법을 찾아야 한다.

새로운 위협과 기술은 정보기관이 어떻게 미국의 가치를 지키면서 미국의 안보를 수호할 수 있을지에 대한 새로운 딜레마도 제기한다. 균형을 잡는 것은 항상 어려웠다. 한 세기 전에는 적색 공포Red Scare가 있었다. 1940년대에 트루먼은 미국판 게슈타포의 창설을 두려워했다. 1970년대에는 불법적인 국내 스파이 활동과 외국 지도자에 대한 비밀 암살 음모로 인한 파장을 우려했다. 보다 최근에는 사법부의 검토 없이 미국 시민을 살해한 드론 공습과 NSA의 영장 없는 도청 프로그램에 대한 논란이 불거졌다. 그러나 정보기관이 지나치게 강력해진다는 모든 우려에도 불구하고 신수만, 9·11, 이라크 WMD에서의 실패는 정보기관이 너무 약해지면 나쁜 사건이 발생한다는 사실을 상기시켜 준다.

안보에 대한 위험과 자유에 대한 제한 사이에서 적절한 균형을 찾는 것은 항상 어려운 선택과 격렬한 논쟁을 수반한다. 그래야 한다. 권위주의 국가에서는 정보기관이 국가의 권력을 마음대로 휘두른다. 민주주의 국가에서는 정보기관이 '국민의' 뜻에 따라 국가의 권력을 행사한다.

제 **4** 장

정보의 기본

아는 것과 모르는 것

진실을 찾고 진실을 말하라. 그것이 우리의 사명이다.

―*대니얼 코츠Daniel Coats, 국가정보장, 2017-2019*[1]

때가 왔다. 결단의 시간이다. 2011년 4월 28일, 오바마 대통령은 백악관 상황실에 최고위 외교정책 참모들을 모았다.[2] 수개월간 국토안보장관이나 FBI 국장조차도 알지 못할 정도로 비밀리에 다양한 회의를 진행한 후,[3] 오바마는 대통령 임기에서 가장 중대한 결정 중 하나를 내리려 하고 있었다. 바로 CIA가 오사마 빈 라덴으로 추정하는 인물을 체포 또는 사살하기 위한 네이비실의 급습을 허가할지 결정하는 문제였다.[4]

몇 달 동안 소규모의 정보관들이 페이서Pacer라고 불리는 한 남자를 감시하고 있었다. 그는 파키스탄 이슬라마바드 북쪽으로 50km 떨어진 도시, 아보타바드에 있는 벽으로 둘러싸인 저택에 기거하고 있었다. CIA는 그가 악명 높은 알카에다 지도자라고 생각했지만 확신하기에는 무리가 있었다. 직접 목격한 증거도, DNA 증거도, 도청된 전화 통화도, 가로챈 이메일도, "내가 봤소. 그가 거기 있소"라며 나서는 인간 정보원도 없었기 때문이다.[5]

있는 것이라곤 정황 증거뿐이었다. 파키스탄의 이 저택은 상당히 특이했다. 높은 외벽 위에 철조망까지 얹혀 있어 집이라기보다는 값비싼 요새에 가까웠다.[6] 심지어 2층 발코니에도 2.1m 높이의 가림벽이 있었다.[7] 인터넷이나 전화도 연결되어 있지 않았고, 거주자들은 쓰레기를 모두 태워 없앴다.[8] 세 가구가 살고 있었지만 아이들은 학교에 다니지 않았다. 부동산 대장에 소유자로 되어 있는 사람은 본채의 가장 좋은 부분이 아니라 손님용 별채에 살았다.[9] 그리고 페이서는 건물 밖으로 나가지 않았다. 단 한 번도. 그는 단지 천막 아래 텃밭을 거닐었을 뿐이다.[10] 페이서의 얼굴이 위성 영상에 포착된 적은 없지만,[11] 보폭과 산책 중 지면에 드리워진 그림자를 토대로 분석한 결과[12] 그의 키는 173cm에서 203cm 사이로 추정되었다.[13] 빈 라덴의 추정 신장은 193cm였다.[14]

그 후 일어난 일은 잘 알려져 있다. 오바마 대통령은 CIA 비밀 작전을 승인했고[15] 네이비실은 저택을 급습했다.[16] 오사마 빈 라덴은 사살되었고, 신원이 확인되었으며, 시신은 바다에 수장되었다. 특수부대원들은 테러단체 수장이 숨겨둔 엄청난 양의 서류와 컴퓨터 파일을 입수했다.[17]

이 비밀 작전은 잠깐 동안만 비밀이었다. 오바마 대통령이 몇 시간 만에 텔레비전에 나와 발표했다. "오늘 밤, 저는 미국 국민과 전 세계에 보고드립니다. 미국은 비밀 작전을 통해 알카에다의 수장이자 수천 명의 무고한 인명을 앗아간 테러리스트 오사마 빈 라덴을 사살하였습니다."[18]

빈 라덴 급습 작전은 스릴 넘치는 이야기이자 정보의 성공 사례이지만, 한편으로는 정보가 실제로 어떻게 작동하는지 볼 수 있는 희귀한 기회이기도 하다. 백악관 상황실의 그 운명적인 회의에 이르기까지 정확히 어떤 일이 있었을까? 어떤 정보가 있었고 어떻게 수집되었을까? 빈 라덴을 찾는 일은 분석관들에게 왜 그렇게 어려웠으며, 10년간의 수색 끝에 마침내 성공한 비결은 무엇이었을까? 그리고 대통령은 왜 대규모의 공개적인 군사 공격이 아니라 CIA의 비밀 작전을 통해 빈 라덴을 사살하기로 결심했을까?[19]

이 장에서는 분석의 관점, 인간의 관점, 활동의 관점 등 세 가지 관점을 통해 정보의 기본을 검토함으로써 이 비밀스러운 세계에 드리운 베일을 걷어내려고 한다. 정보공동체 특유의 현상 해석sense-making 역할과 인력과 역량이 없었다면 빈 라덴 급습과 같은 작전은 존재할 수 없었을 것이다.

우선은 무엇이 정보이고 무엇이 정보가 아닌지 가려보는 것으로 시작한다. 다음으로 대통령 브리핑, 반역자 색출, 망명자 관리, 그리고 오사마 빈 라덴이라는 이름의 파악하기 어려운 사우디 백만장자가 끼칠 위협을 경고하는 최초의 보고서 작성 등 다양한 업무를 수행한 전·현직 정보관들의 개인적인 회고를 통해 정보의 인간적 측면을 살펴본다.[20] 마지막으로, 빈 라덴 작전으로 다시 돌아와 미국 정보공동체의 3대 핵심 임무인 '성보수집', '정보분석', '비밀공작'이 어떻게 수행되었는지 알아본다.

분석의 관점: 무엇이 정보이고 무엇이 아닌가

아주 간단히 말하자면, 정보intelligence는 정책결정자가 저대세력보다 우위에 설 수 있게 해주는 첩보information다.[21] 정보수집이 다른 인간의 의도와 역량을 이해하기보다는 신의 뜻을 헤아리는 것을 의미했던 고대에 비하면 우리는 장족의 발전을 이루었다. 기원전 5세기 중국의 장군 손자는 더 나은 정보가 디 니은 결정으로 이이진다는, 오늘날 덩연하게 여겨지는 사실을 최초로 깨달은 사람 중 한 명이었다. 부당에게 길흉을 묻고 꿈을 해석하고 동물 내장에서 징조를 읽는 대신에, 손자는 현실의 자료를 수집하여 적보다 한 수 앞서갈 것을 주장하며 이렇게 썼다. "적을 알고 나를 알면 백 번 싸워도 위태로울 것이 없다."[22] 지식이 완벽한 결정을 보장하지는 못하지만, 불확실성을 줄여 더 나은 결정으로 이어질 가능성을 높여준다.

빈 라덴 급습 작전의 경우, 정보는 9·11 테러의 주모자 사살에 성공적으로 활용되었다. 하지만 정보가 폭력에만 도움이 되는 도구라고 생각하면 오산이다. 정보는 외교에서 무역, 강압에서 협력에 이르기까지 국정의 모든 측면과 모든 결정에 중요한 역할을 한다. 적의 포격을 받는 탱크 지휘관은 전

방에 있는 다리가 탱크가 건널 만큼 튼튼한지를 알아야 한다. 외교관은 이란이 핵확산방지조약을 준수하는지 몰래 위반하는지 알아야 한다. 국가안보 보좌관은 정부 차원의 새로운 사이버 전략을 수립하기 위해 사이버 위협의 현황과 변화 양상을 파악해야 한다. 아시아 태평양 지역에서 다자간 자유무역 협정 체결 기회를 포착한 대통령은 중국이 어떻게 반응할지 예측해야 한다. 본질적으로, 정책결정자에게 도움이 되는 첩보가 정보다.

정보란 아는 것과 모르는 것을 이해하는 것이다

2002년 2월 12일 기자회견에서 도널드 럼즈펠드 국방장관은 이라크 전쟁에서 있었던 정보의 한계를 설명하면서 "알려진 아는 것known knowns"과 "알려지지 않은 모르는 것unknown unknowns"에 대해 이야기하기 시작했다. 이를 두고 비평가들은 거의 잔치를 벌였다. 어떤 이들은 실수라고 생각했고, 다른 이들은 배배 꼬인 생각이라고 여겼으며, 그의 발언에 곡을 붙여 노래로 만들기까지 했다.[23] 럼즈펠드가 실제로 한 말은 다음과 같다.

저는 어떤 일이 일어나지 않았다는 보고에 항상 흥미를 느낍니다. 왜냐하면 아시다시피 알려진 아는 것, 즉 우리가 알고 있음을 알고 있는 것이 있습니다. 우리는 알려진 모르는 것이 있다는 것도 아는데, 이것은 우리가 모르는 것이 있다는 것을 알고 있는 것입니다. 그러나 알려지지 않은 모르는 것도 있습니다. 이것은 우리가 알지 못한다는 사실조차 모르는 것입니다. 우리와 다른 자유 국가들의 역사를 살펴보면 대체로 후자에 속하는 것이 다루기 어렵습니다.[24]

하지만 럼즈펠드는 횡설수설했던 것이 아니다. 그는 정보관들이 오랫동안 보고서에 사용하던 개념을 대중에게 알린 것뿐이다.[25] 예일대 역사학과

표 4.1 정보의 세 가지 유형

	알려진 아는 것	알려진 모르는 것	알려지지 않은 모르는 것
설명	명백한 사실: 알 수 있으며 미국 정보기관이 아는 것	알 수 있는 것이지만 미국 정보기관은 모르는 것	아무도 알 수 없는 것
사례	중국 항공모함의 존재	중국 항공모함의 항행 성능	중국 공산당의 향후 집권 기간
난이도	어려움	더 어려움	가장 어려움

교수이자 CIA 분석 부서의 창시자인 셔먼 켄트Sherman Kent는 1964년 소논문에서 세 가지 유형의 정보를 구분했다(표 4.1 참조). 첫째, 럼즈펠드가 "알려진 아는 것"이라고 불렀던 "명백한 사실"은 미국 정보관들이 확실한 해답을 찾은 의문이다. 예를 들어 중국의 항공모함 보유 여부는 확인 가능한 사실이며 미국 정보기관들은 그것을 알고 있다. 중국은 최초의 항공모함 랴오닝함을 1998년 우크라이나에서 구입하였다.[26]

켄트는 럼즈펠드가 "알려진 모르는 것"이라고 불렀던 두 번째 유형의 정보를 "알 수 있겠지만 공교롭게도 우리는 모르는 것"이라고 설명했다. 랴오닝 함이 해상의 다양한 조건에서 정확히 어떻게 기동할까? 그러한 정보는 존재하지만 해당 함선에서 직접 축적한 지식이 필요하다. 중국 해군 승무원들은 알고 있지만, 미국 정보기관은 모를 수도 있다.

켄트는 럼즈펠드가 "알려지지 않은 모르는 것"이라 부른 세 번째 유형의 정보를 "아무에게도 알려지지 않은 것"이라고 불렀다. 이는 단순히 아무도 알 수 없는 것이다. 예를 들면 중국 공산당은 얼마나 오랫동안 권력을 유지할 수 있을까? 이것은 시진핑도 답을 모른다. 지도자들의 의도 역시 종종 알려지지 않은 모르는 것으로 분류되는데, 그것이 스스로에게도 명확하지 않기 때문이다.[27]

누군가의 머릿속을 들여다보는 것은 실제로 까다로운 일이며, 심지어 자기 자신을 들여다보는 것도 마찬가지다. 내가 스탠퍼드 학생들에게 내주는

'방학 예측하기' 과제를 통해 그 이유를 알아보자.

다음 방학에 무엇을 할 계획인지 종이에 적어보라. 이제 1년 뒤에 우리가 다시 모여서, 종이에 적은 계획과 실제로 했던 일을 비교한다고 상상해 보자. 여러분 중 계획과 다른 일을 했을 만한 사람은 몇 명이나 될까? 이유는 무엇인가?

이 과제를 내면 학생들은 다양한 의견을 쏟아낸다. 여러 학생들은 아직 계획을 결정하지 못했기 때문에 계획대로 하진 못할 거라고 말한다. 시간이 지남에 따라 많은 일이 일어나고 생각도 바뀔 수 있다. 직장을 구하거나 잃을 수도 있고, 이성친구를 사귀거나 헤어질 수도 있으며, 새로운 일에 열정을 갖거나 가정에 불상사가 일어날 수도 있다. 학생들은 자신들이 세운 계획을 그대로 이루지 못할만한 수십 가지 이유를 생각해낸다.

"여러분은 자기 자신을 예측하고 있습니다." 나는 학생들에게 이것이 정보활동에서 최상의 시나리오라고 일러준다. 그 누구도 자신의 의도를 자신보다 더 정확하게 예측할 수는 없다. 다음으로 나는 학생들에게 자기 자신이 아닌 옆자리 학생의 방학 계획을 예측해 보도록 한다. 대개 "그게 훨씬 더 어려운데요!"라고 말하는 학생이 나온다. 마지막으로, 이웃집 사람이 자기 계획을 최대한 숨기거나 속이려 할 때 그의 계획을 예측해 보라고 한다. 바로 이것이 정보의 세계에서 말하는 '알려지지 않은 모르는 것'이다.

방학 예측하기는 어째서 양질의 정보를 만들기가 보기보다 훨씬 어려운 것인지 간접적으로 드러낸다.

정보기구는 방대하고 다양하다

미국 정보공동체IC는 18개 연방 기관과 약 10만 명의 직원으로 구성된 방대한 조직으로,[28] 수상쩍은 건물에서 나오는 기이한 가스의 정체를 식별하는 일에서부터 테러리스트 도청과 매일 아침 대통령 일일 보고에 실릴 정보를 취합하는 일까지 그야말로 모든 일을 수행한다. 2010년 《워싱턴포스트》의 조사 결과 9·11 테러 이후 워싱턴 D.C.에는 극비 정보 업무용 건물 단지가 33개소 들어섰는데 전체 면적은 펜타곤의 3배에 달한다. 정보분석관들은 신규 단지와 다른 보안 시설에서 연간 5만 건의 정보 보고서를 작성했다.[29] 2021년 정보 분야 예산 총액은 약 850억 달러로 추산되었다.[30] 이 예산이 어느 정도인가 하면, 전 세계 국가 중 절반의 GDP 합계보다 많은 액수다. 미국 정보기구의 규모는, 한마디로 거대하다.

정보의 종류 역시 다양하다. 주요 정보기관은 각자의 분야에 특화되어 있다. 각 분야를 INT라고 부르는데, 국가안보국NSA은 국외의 전화 통화, 문자 메시지, 전자우편 등을 포함한 국외 신호정보signals intelligence, 즉 SIGINT를 수집한다. 국가지형정보국NGA은 위성영상 등 우주공간에서 취득한 정보, 즉 GEOINTgeospatial intelligence를 수집하고 처리한다.[31] 국방정보국DIA은 인간 정보, 즉 HUMINT를 수집하는데, 때로는 해외 주재 국방무관을 통해 공개적으로, 때로는 비밀리에 활동한다.[32] CIA는 미국 비밀 HUMINT 수집기관의 선두주자로, 공작관들은 국외 자산, 즉 스파이들을 재용하고 관리한다. 한편으로는 인터넷 시대에 접어들면서 공개적으로 이용가능한 정보, 즉 공개출처정보open-source intelligence, OSINT가 대단히 중요해짐에 따라 이를 전담하는 기관의 필요성이 대두되고 있다.[33]

요점은 정보가 고도로 전문화되어 있다는 것이다. 의사와 마찬가지로 정보관도 다양한 분야에 특화되어 있다. 피부과 의사에게 심장 수술을 받거나 흉부외과 의사에게 피부암 검사를 받고 싶은 사람은 없을 것이다. 정보도 이와 다르지 않다. 위성영상에 나타난 선이 철도인지 고속도로인지, 혹은 사이버 공격에 사용된 코딩 기법이 특정 공격자를 드러내는 것인지 판단하려 했던 사람이라면 정보의 특화된 전문성이 얼마나 중요한지 이해할 수 있을 것이다.

미국 정보기구는 외향적이다

많은 국가의 정보기관은 자국민을 감시한다. 2018년 중국은 대외 방위보다 국내 치안에 더 많은 예산을 투입했다.[34] 러시아의 국내 감시와 정치적 탄압의 역사는 워낙 길어서 2017년에는 소련 비밀경찰 설립 100주년을 기념하기도 했다. 소련의 정보기관 KGB는 냉전 시기 자국민 감시 업무의 규모가 너무 커지면서 이를 전담하는 특별 부서를 설립했다.[35]

대조적으로 미국 정보기구는 국내와 국외 목표를 명확하게 구분하며, 대부분 해외 동맹국과 적성국을 대상으로 한다. 18개 정보기관 중에서 단 하나, 법무부 산하 연방수사국FBI만이 국내정보 수집에 집중하는데, 국민의 기본권 보호를 위해 광범위한 법적·정책적 제약과 사법 심사와 의회 감독을 받으며 운영된다.[36] 1947년 제정된 국가안보법은 CIA의 "경찰권, 소환권, 사법권, 국내 치안 기능" 행사를 명시적으로 금지하고 있다.[37]

위반 사례가 없다는 것은 아니다. NSA, CIA, FBI 모두 20세기에 미국인을 불법적으로 감시했던 것으로 드러났다. NSA는 섐록SHAMROCK* 계획을 통해 제2차 세계대전이 끝날 때부터 1975년까지 국내 통신을 도청했다.[38] FBI는 1950년대부터 1970년대까지 반정부적 조직들에 대한 사찰, 침투, 방해 활동을 했으며, 의회는 그 활동이 "너무 과도하게" 한계를 초과하여 "민주 사회에서 용인할 수 없는" 수준이었다고 판단했다. 같은 시기 CIA는 HTLINGUAL 계획을 통해 미국 시민들이 주고받은 수십만 통의 서신을 불법적으로 들여다보았다.[39] 이 모두가 불법이었는데, 바로 이 부분이 핵심이다. 미국의 법률은 미국인에 대한 이같은 감시를 금지하고 있다. 미국 정보

* 토끼풀

기관은 외부의 위협으로부터 국가를 보호하기 위한 것이지 국내의 정치적 통제를 유지하기 위해 설립된 것이 아니다.

지금까지 정보가 무엇인지 알아보았다. 그리고 무엇이 정보가 아닌지를 아는 것도 똑같이 중요하다. 여기에 많은 오해가 있는데, 아래에서는 가장 중요한 세 가지, 비밀, 뉴스, 정보와 정책의 관계에 대해 검토한다.

대부분의 정보는 비밀이 아니다

세간의 일반적인 인식과는 달리, 정보에 비밀이 있는 경우는 드물다. 도청한 통화 내용, 빼돌린 문서, 스파이가 직접 작성한 보고서가 언제나 중요하기는 하다. 하지만 냉전 종식 이후 일반적인 정보 보고서에 포함된 내용의 80% 이상은 비밀이 '아닌' 것으로 추정되며,[40] 이것은 공개적으로 이용가능한 정보, 즉 정보꾼들이 공개출처정보 혹은 줄여서 OSINT라고 부르는 것이다. OSINT에는 외국 정부기관이 발행하는 일상적인 행정 문서부터 외국 지도자의 방송 연설, 구글어스에서 제공하는 지도, 온라인에 게시된 ISIS의 참수 동영상에 이르기까지 다양한 정보와 출처가 포함된다.

9장에서 자세히 설명하겠지만, OSINT는 급격히 성장하고 있다. 온라인 연결, 인공지능 도구, 소형 상업위성의 확산 등 다양한 기술 덕분에 일반 국민, 비국가 행위자, 외국 정부도 과거와는 비교할 수 없을 만큼 많은 정보와 분석 역량을 가질 수 있게 되었다. 이러한 OSINT 혁명에는 가능성과 위험성이 동시에 존재한다. 새로운 기술은 정보기관에 더 많은 잠재적 정보와 분석 도구를 제공하지만, 기울어져 있던 정보 경쟁의 장을 평탄화하면서 개방된 민주 사회를 더욱 취약하게 만들기도 한다.

한 가지 예를 들자면, 트럼프 대통령의 트위터 게시물은 사소한 것(최신 〈SNL〉 방송이 마음에 들었는지)부터 중대한 것(국무장관이 북한과 협상해야 하는지)에 이르기까지 다양한 문제에 대한 대통령의 의견을 꾸준히 제공해주는,

외국의 행위자들에게는 그야말로 공개출처정보의 금광이 되었다.[41] 트윗을 통해 트럼프가 무엇을 생각하고 느끼고 우선하는지, 어떤 행동이나 말이 대통령에게서 서로 다른 반응을 이끌어내는지, 그가 누구의 의견을 중요하게 생각하는지를 알 수 있었다. 트럼프 트윗의 약 절반은 트럼프가 직접 작성한 것으로 추정된다.[42] 중국의 시진핑이나 북한의 김정은처럼 인터넷을 검열하고 정보의 흐름을 엄격하게 통제하는 권위주의 정권 통치자의 생각을 이런 식으로 들여다본다는 것은 미국 정보공동체에게 그저 꿈 같은 일이다.

정보는 구글이나 CNN이 아니다

모든 정보intelligence는 첩보information지만, 모든 첩보가 정보인 것은 아니다. 만일 미국 정보공동체가 뻔한 내용만 늘어놓거나 CNN 또는 ≪월스트리트 저널≫이 보도하는 것과 같은 내용의 뉴스를 전달하기만 한다면, 특히 연간 850억 달러를 사용한다는 점을 감안하면, 아무런 가치가 없을 것이다.[43] 오늘날 온라인에 훨씬 더 많은 자료가 있고 의사결정자가 더 많은 실시간 정보를 이용할 수 있는 상황에서 무엇이 정보를 가치 있게 해주는지 생각해 볼 필요가 있다.

첫째, 정보기구는 '첩보를 정책결정자의 필요에 맞게 재단'한다. 정보기관은 구글 검색처럼 모든 사람에게 똑같은 답변을 내놓는 것이 아니다. 대신에 탱크 지휘관, 외교관, 국가안보보좌관, 대통령과 같은 "고객"의 특수하고 대체로 기밀성이 높은 정보 관련 요구에 맞춰 답을 제공한다. 또한 적시성이 있어야 하는데, 정책결정자에게 정보가 필요할 때, 즉 미사일이 발사되거나 정상 회담이 열리거나 국가안전보장회의가 결정을 내리기 전과 같은 때에 정보를 제공해야 한다. 오바마 행정부에서 주러시아 대사를 역임한 마이클 맥폴은 "협상을 할 때 상대방의 생각을 최대한 많이 아는 것이 매우 유용하다"면서 "우리는 엄청난 역량을 가지고 있고 … 필적할 만한 국가는 없다"고 말한다.[44] 정책결정자들과 정보공동체 사이의 지속적인 상호 작용은 필수적이다. 전 국가안보보좌관 H.R. 맥매스터H.R. McMaster는 "당신이 지속적으로 의견 교환을 할 때" 정책결정자들은 빈틈을 메우고 약점을 드러내어 정책을 발전시키기 위해 "집중적으로 수집하고 분석해야 할 것이 무엇인지 명확하게 알려"줄 수 있다고 언급했다.[45]

때때로 정책결정자의 요구에 부응하는 일은 그가 듣고 싶지 않거나 물어볼 생각도 하지 않은 것을 전달하는 일이 되기도 한다. 이를 '권력에 진실 말하기'라고 하며, 정보기구의 핵심 임무이다. 전 국가정보장DNI 댄 코츠의 말에 따르면 "우리는 진실을 알고자 노력하며 진실을 말해줄 의무가 있다. 이에 어긋나는 행위는 정책결정자와 국가를 해치는 일이다".[46] 코츠는 2019년에 이러한 임무를 수행했다. 의회를 대상으로 한 연례 위협 보고에서 트럼프 대통령과는 상이한 위협 평가를 내놓은 것인데, 트럼프가 상당히 긍정적으로 평가하는 북한 비핵화 전망에 대한 것도 있었다.[47] 권위주의 정권에서 정보기관은 종종 지도자가 듣고 싶어 하는 것을 말한다. 미국에서 정보기관은 지도자가 알아야 할 것을 말하고자 노력하는데, 아래에서 살펴볼 바와 같이 마찰을 유발하는 일도 있다.

정보기구가 정책결정자에게 고유한 가치를 너하는 두 번째 방법은 '첩보를 통찰로 선환'하는 것이다. 가공되지 않은 자료는 분석되지 않으면 별로 쓸모가 없다. 오늘날 우리는 그야말로 자료의 바다에서 헤엄치고 있다. 일부 예측에 따르면 전 세계의 정보 총량이 24개월마다 두 배로 증가하고 있다.[48] 그중 상당수는 잘못되었거나, 불완전하거나, 오해의 소지가 있거나, 모순되거나, 출처가 불분명하거나, 근거가 부족하거나, 심지어 고의적 기만에 해당하기도 한다. 정보분석은 이러한 혼돈에 대해 첩보의 신뢰성과 그 의미를 평가할 수 있는 논리적 추론 기술이다. 목표는 100% 확실하게 미래를 예측하는 것이 아니다. 그것은 그 누구도 할 수 없다. 현재 상황과 전개 가능한 미래에 대해 불확실성을 줄이는 것이 목표다. 분석관은 미래를 보여주는 수정

구슬이 아니라 가설을 사용하여 현재 가진 첩보가 무엇을 의미하는지 질문한다. 정보기관의 분석은 사건이 어째서 어떠한 방향으로 전개될 것인지 예측하는 데 도움을 주는 광범위한 패턴을 발견하고 인과 관계를 밝혀내기 위한 것이다.

분석관은 공개출처정보와 비밀을 결합하여 그 일을 해낸다. 대부분의 정보 보고서에서 비밀이 차지하는 비중은 작지만, 비밀은 엄청난 가치를 가진 금덩어리가 될 수도 있다. 빈 라덴을 추적하는 과정에서 2010년 핵심적인 돌파구가 하나 있었는데, 빈 라덴의 과거 연락책이 친구와의 통화에서 자신이 다시 빈 라덴의 연락책으로 복귀할 수도 있다고 이야기한 것을 국가안보국이 도청했던 것이다.[49] 분석관들은 이를 다른 비밀첩보 및 공개출처 자료와 종합하여 연락책을 찾아냈고, 그를 아보타바드까지 추적했으며, 알카에다 수장을 처치하는 작전을 수립했다.

또한 정보분석을 통해 현재 어떤 핵심 첩보가 부족한지 파악하게 되며, 따라서 정보분석이 정보수집을 주도한다는 점도 주목할 만하다. 흔히 정보분석을 점과 점을 연결하는 것으로 설명하시만 이는 절반만 맞는 말이다. 훌륭한 분석은 어떤 점을 모아야 하는지도 알려준다.

정보는 정책결정이 아니다

정보기관이 정책을 만든다는 생각은 가장 흔한 오해 중 하나다. 그런 일은 하지 않는다. 그런 일을 해서도 안 된다.

전 CIA 부장 조지 테닛은 2007년 〈데일리 쇼Daily Show〉에서 코미디언 존 스튜어트Jon Stewart와 진행한 인터뷰에서 이러한 오해에 직면하게 되었다. 테닛은 자신의 회고록을 홍보하고 있었는데, 당시에는 이라크 전쟁에 대한 비난이 고조되고 있던 시기였다. 스튜어트는 테닛에게 이라크의 대량살상무기에 대한 정보 실패와 전쟁을 유발한 결정에 대해 질문하면서 테닛을

사정없이 몰아쳤다.

하지만 스튜어트는 정보의 역할을 이해하지 못하고 있었다. 그는 부시 행정부의 정책 결정에 대해 테넷을 계속 몰아붙였다. 테넷이 딕 체니 부통령을 해임할 수 있었다면 그렇게 했을 것인가? 테넷은 백악관에 미국 국민 여론을 참전으로 몰아갈 정보를 제공했는가? 테넷과 콜린 파월 국무장관은 전쟁을 반대했지만 일부 행정부 인사들이 그보다 거세게 전쟁을 주장했기 때문에 미국이 이라크와 진쟁을 하게 되었는가? 스튜어트의 실문 공세에 테넷은 눈에 띄게 좌절했고, 정보와 정책 결정은 밀접한 관계에 있지만 그 경계가 중요하다고 설명했다. "존, 당신이 중앙정보장이 되면 스스로 정책을 만들지 않는다는 점을 이해해야 합니다. 당신이 하는 일은 다른 사람들에게 자료를 제공하는 것입니다. 그 선을 넘기 시작하면 당신의 분석은 믿을 수 없게 됩니다."[50] 스튜어트와 시청자들에게 정보와 정책의 분리라는 것은 생소한 이야기였다.

정보기관은 그저 정책 자문관 모임으로 구성된 것이 아니다. 정보기관의 임무는 이용가능한 정보를 제공하는 것이지, A 정책 또는 B 정책을 지지하는 것이 아니다. 실제로 정보관들은 설령 그러한 요청이 있더라도 정책 관련 이견을 제시하지 '않도록' 훈련받는다. 전 국가정보징 제임스 글래퍼는 "정책 결정은 징책결정자에게 맡겨라"라는 것이 정보의 불문율 제1조라고 서술하였고, 정보관이 정책 논의에 끼어들면 "공정하고 편견 없는 진실한 정보의 전달자"로서의 신뢰성이 훼손될 것이라고 강조했다. 그는 국가안전보장회의에서 정책 논의와 고집스럽게 거리를 두었는데, 한번은 자신이 베트남에서 복무했을 때 겪은 일화를 회의 중에 이야기하면 논의에 영향을 주게 될까 염려하여 회의가 끝나고서야 오바마 대통령에게 이야기했던 적도 있다.[51] 정보 수장들이 이 경계를 항상 엄격하게 지키는 것은 아니지만, 선을 넘을 때는 위험을 각오해야 한다.[52]

아무리 좋은 상황에서도 정책결정자와 정보관 사이에 긴장은 불가피하다. 정보의 성공은 어렵고 실패는 막대한 대가를 동반하므로, 정책결정자들은 자신들이 받는 정보 평가에 당연히 의구심을 갖는다.

마찰이 발생하는 또 다른 이유는 정책결정자들과 정보관들이 서로 다른 배경을 가지고 서로 다른 직무를 수행하기 때문이다. 정책결정자들은 천성적인 낙관주의자다. 대통령부터 더 나은 미래를 만들겠다는 공약을 한다. 대조적으로 정보관들은 천성적인 회의론자다. 정보관이 꽃향기를 맡으면 어디 장례식이 있는지 찾아본다는 오래된 농담이 있다.[53] 정책결정자는 정치적으로 임명되어 시간 지평이 짧지만, 정보관은 직업적으로 임명되어 시간 지평이 길다. 정책결정자는 뭔가를 해내는 것이 중요하고, 정보관은 뭔가를 바로잡는 것이 중요하다.

어떤 정권에서든 정보관은 호응성과 독립성 사이에 미묘한 균형을 잡아야 한다. 신뢰성을 희생하지 않으면서도 대통령의 신임을 얻어야 하고, 그가 좋아하지 않거나 듣고 싶지 않을 수 있는 정보를 전달하면서도 선출된 국가 지도자를 지원해야 한다. 2017년부터 2019년까지 미국 정보공동체 서열 2위였던 수전 고든은 이렇게 인급했다. "모든 대통령은 정보기구가 말해줄 수 없는 내용을 말해주길 바라고, 정보기구가 자신의 결정 범위를 축소시킨다는 이유로 정보기구를 성가셔합니다."[54]

모든 대통령이 정보기관에 불만을 갖는 것은 이상할 것이 없다. 정보기관은 대통령에게 달갑잖은 소식을 가져오고, 대통령이 선호하는 정책이 역효과를 가져올 수 있다고 말하고, 미래를 초능력자처럼 예측할 수 없다고 경고하기 때문이다. 케네디 대통령은 CIA 부장 존 맥콘John McCone을 너무나 불신했고, 1962년 소련이 쿠바에서 병력을 증강하는 것에 관한 맥콘의 경고를 너무 늦게까지 무시했다.[55] 리처드 닉슨 대통령은 중앙정보부에 깊은 의심을 품고, 그 충성심과 경쟁력에 의문을 가진 나머지 "랭글리에 있는 그 얼간이들은 도대체 무슨 짓을 하는 거야?"라고 한 적도 있다.[56] 그는 결국 1972년 CIA 부장 리처드 헬름스를 경질하고 말았다. 빌 클린턴 대통령과

CIA 부장 제임스 울시James Woolsey의 관계는 너무나 나빴는데, 1994년 백악관 잔디밭에 경비행기가 추락한 사건을 두고 보좌관들 사이에 울시가 대통령을 면담하려 했던 것이라는 농담이 돌았다. 울시는 이후 "처음에는 그런 농담에 상처를 받았지만, 생각하면 할수록 '뭐 어쩌겠어, 실제 상황이 그런 것을.'이라고 생각했다"고 회고했다.[57] CIA 부장과 국방장관을 역임한 로버트 게이츠의 표현처럼 "CIA나 자신이 받은 정보에 대해 좋은 말을 해줄 만한 대통령은 거의 없다".[58]

트럼프 대통령과 정보기관의 관계는 특히나 거칠고 공공연해서 정보의 역량, 신뢰성, 구성원들의 사기에 장기적인 악영향을 줄 수 있다는 우려가 일어났다. 트럼프는 정보관들을 "나치"라고 불렀고,[59] 의회 청문회에서 이란, 북한, ISIS에 대해 자신의 주장을 공개적으로 반박한 정보 수장들을 두고 "학교로 돌아가라"는 트윗을 올렸다.[60] 국가정보장 대니얼 코츠가 2019년 8월 해임된 뒤, 트럼프는 자신에게 충성스럽지만 별다른 정보업무 경험이 없는 의회 의원을 후임자로 지명하고 미국 정보기관들은 "고삐를 조일" 필요가 있다는 불길한 트윗을 올렸는데,[61] 이는 정보기관이 실제 사실과 무관하게 자신에게 더 많이 동의해야 한다는 뜻으로 보였다.[62] DNI 지명자 존 랫클리프는 과거 이력을 속였다는 의혹이 보도되어 논란이 되자 사임했지만 몇 달 뒤 다시 지명되어 당론 투표를 통해 인준되었다.[63]

트럼프의 정보공동체에 대한 적대감은 전직 정보관들의 전례 없는 반발을 불러일으켰다.[64] CIA 부장과 NSA 국장을 역임한 마이클 헤이든은 2018년 4월 ≪뉴욕타임스≫에 기고한 글에서 이렇게 썼다. "우리는 정보 업무에 종사하며 지금껏 고집스럽고 따지기 좋아하는 대통령을 여럿 상대해 왔다. 하지만 사실이라는 기반 자체를 무시하는 대통령에게 봉사한 적은 없다."[65] 전 CIA 부장 존 브레넌은 특히 신랄했는데, 트럼프를 대단히 개인적인 표현을 써가며 비난했다.[66] 그는 트럼프를 "국가적 수치"라고 불렀고,[67] 푸틴이 미국 대통령 선거 개입을 부인하자 트럼프가 수용한 것을 두고 "반역이나 다름없다"고 묘사했으며,[68] 트럼프는 자신의 "부패, 부도덕성, 정치적 타락"으로 인해 "역사의 쓰레기통에 버려진 수치스러운 선동꾼"으로 추락할 것이라고 주장했다.[69] 이와 같은 극도로 정치적인 시기가 미국 정보기관에 장기적으로 어떤 영향을 초래할지는 아무도 알지 못한다.

인간의 관점: 정보공동체에서의 삶

정보에는 인간적인 측면도 있지만 거의 눈에 띄지 않는다. 이렇게 비밀스러운 세계에서 일하는 사람들은 누구이며, 왜 그런 일을 하는 것일까? 일상생활에서 어떻게 비밀을 유지하고 있는가? 윤리에 대한 그들의 생각은? 가장 힘들었던 순간과 가장 자랑스러웠던 순간은? 나는 20여 명의 전현직 정보관에게 이러한 질문을 던지고 다른 정보관들의 회고록을 조사하여 그들의 세계를 살짝 엿볼 수 있었다.

누가 왜 정보기구에서 일하는가?

빌 필립스Bill Phillips는 1970년대에 로스쿨에 재학 중이던 흑인 진보주의 학생이자 운동가였는데, 취업 박람회에서 그곳에 어울리지 않는 두 남자를 발견했다. 학생도 아니었고 법률가 같지도 않았다. 당시 필립스는 학생 변호사 협회 회장이었으므로 그들이 누구인지 물어보기로 결심했다.

그들은 CIA 채용 담당관이었다. "로스쿨을 잘못 찾아오셨어요." 필립스가 말했다. "우리 학교는 여성권과 시민권 운동에 참여하는 것으로 유명하거든요. 더 전통적인 다른 로스쿨로 가시는 게 좋겠어요." 채용 담당관들은 어쨌든 있겠다고 했고, 있는 김에 그의 이름을 물어보았다. 즉석 면접이었다. 필립스는 그들에게 CIA에 들어갈 생각은 전혀 없다고 호언했다.[70]

몇 년이 지나고, 필립스는 북부 버지니아 교외에서 진행되는 채용 면접 안내서를 받았는데 봉투에는 아무런 표시도 없었다. 그는 CIA가 법무관실 근무자를 채용한다고 생각하여 면접에 갔지만, 실제로는 비밀업무에 대한 면접이었다. "저를 보세요. 이렇게 큼직한 아프로 머리를 하고, 1960년대에 학생운동을 했어요. CIA는 저를 원하지 않을 거라고 말했죠. 그들은 제가 필요하다고 말하더군요." 알고보니 필립스는 파키스탄에서 어린 시절을 보낸 적이 있고, 대학에 가기 전에 독일어와 암하라어*를 공부하고 우르두어**를 조금 할 줄 아는 등 외국어에 어느 정도 능통했다.[71]

결국 필립스는 법률가의 길을 포기하고 25년 동안 CIA 정보관으로 근무하면서 외국 스파이 포섭, 마약 단속 작전, 침공 기반 조성, 외국 여러 나라의 CIA 사무실 관리 등의 업무를 수행했다. 그러나 퇴직 기념식까지 자기 어머니에게 CIA 근무 사실을 밝힌 적이 없다. 필립스는 나에게 "우리 부모님은 제가 왜 유망한 법률가의 길을 포기하고 스파이가 되기로 했는지 이해하지 못하시겠죠"라고 말했다.[72]

마이클 모렐은 해외여행을 해본 적이 없었다. 오하이오 주 밖으로도 거의 나가본 적이 없었다. 대학도 고향에서 가까운 에크런 대학교를 다녔다. 경세하에 도가 텄던 모렐은 박사학위를 취득하여 학자가 되려고 했다. 금속테 안경을 끼고 어떤 질문에도 신중하게 생각하는 그는 지금도 교수처럼 보인다. 그는 어느 교수의 제안을 받고 "재미 삼아" CIA에 지원했다. 모렐은 훗날 조지 W. 부시 대통령의 일일 정보 보고자가 되었고, CIA 분석 책임자가 되었고, 빈 라덴 추적 작전을 지휘하는 데 기여했다.[73]

전 국가정보장 제임스 클래퍼는 군사정보조직에서 자랐다. 아버지가 육군 신호정보관이었기 때문이다. 클래퍼는 해병대 예비역으로 입대하여 나중에 공군 중장이 되었다. 그러나 그의 신호정보 경력은 12살에 시작되었

---

* Amharic, 에티오피아 공용어
** Urdu, 파키스탄 공용어

다. 이쑤시개와 조부모의 텔레비전을 이용하여 필라델피아 경찰국 무전을 도청하고, 경찰의 활동, 암호, 호출부호를 색인 카드로 직접 제작한 "데이터베이스"에 기록했던 것이다.[74]

지나 베넷Gina Bennett은 세계 최고 수준의 테러리즘 분석관으로, 1993년 오사마 빈 라덴이 떠오르는 테러 위협이라고 경고하는 최초의 정보 평가서를 작성했다. 다섯 아이의 엄마인데, 국가안보보좌관 콘돌리자 라이스에게 브리핑을 하다가 출산하러 가기도 했다. 베넷의 경력은 국무부 타자수로 시작되었다. 그것이 처음으로 얻을 수 있었던 유급 일자리였기 때문이다. "저는 지금도 타자 속도가 정말 빨라요." 베넷의 상관은 그녀의 재능이 타자가 빠른 것만이 아니라는 것을 금세 알아차리고 그녀를 승진시킨 후 정보 업무를 해보라고 권했다.[75]

로버트 배어Robert Baer는 말썽을 피우고, 학교를 빼먹고, 프로 스키 선수가 되기를 꿈꾸고, 모험을 좋아하는 어머니와 함께 유럽 전역을 돌아다니며 어린 시절을 보냈다. 배어는 회고록에서 "어떻게 조지타운 대학교에 입학했지만, 간발의 차이였다"고 술회했다. 그는 공연이 열리고 있는 케네디 센터에서 밧줄을 타고 내려오거나 시험 주간에 오토바이를 타고 조지타운 대학교 도서관을 질주하는 등의 장난을 치다가 조지 테넷이라는 학우의 눈에 띄게 되었다. 배어는 20년 간 중동에서 요원들을 관리한 공로로 훈장을 받은 CIA 공작관이 되었고, 테넷은 상원 정보위원회 직원단과 국가안전보장회의 사무처를 거쳐 마침내 CIA 부장이 되었다. 몇 년 후 백악관 회의에서 두 사람이 마주쳤을 때 테넷은 배어에게 말했다. "여기서 널 만날 줄은 상상도 못했다."[76]

이러한 일화에서 알 수 있듯이 온갖 종류의 사람들이 정보관이 된다. 당신에게 사람들로 가득 찬 방에서 정보관을 한 명 찾아보라고 하면 아마 틀릴 것이다. 대부분 아이비리그 캠퍼스에서 선발한 백인 남성이 태반이었던 1950년대 이래 이 분야 종사자 구성에 많은 변화가 있었다.[77]

정보관이 다양한 이유 중 하나는 정보기관이 다양하기 때문이다. 정보공동체 18개 기관은 각각 고유한 임무와 그에 따른 독특한 문화를 가지고 있다. 예를 들면 NSA는 외국 통신 감청 및 암호 제작과 해독 등의 임무를 수행하기 때문에 아주 많은 수학자를 고용한다. 전직 NSA 고위 관계자 빌 놀테 Bill Nolte가 묘사하기를 "NSA는 정보기관이 아니다. 암호 연구 기관이다".[78]

각 기관에는 하위문화도 있다. CIA는 매우 다른 두 세계를 하나로 묶고 있다. 인간정보 수집관, 즉 공작관은 대체로 대인관계에 매우 능숙한 모험가로서 총소리가 나는 곳으로 뛰어들고, 위험한 장소에서 일하고, 외국인을 조종하고, 감시를 피하고, 몰래 정보를 수집하는 일을 즐긴다. 필립스의 표현을 빌리사면, 이들은 "CIA의 힘쓰는 싸움꾼이며 … 뾰족한 창끝"이다.[79]

CIA 분석관은 완전히 대조적이다. 대체로 뛰어난 지적 능력을 가지고 있으며 골치 아픈 퍼즐을 풀고, 칸막이 안에서 일하고, 가설을 세우고, 추정과 출처에 대해 이의를 제기하고, 서로 다른 정보 조각들로부터 통찰을 얻는 일을 즐긴다. 존 맥러플린John McLaughlin은 CIA의 분석 부문을 이끌며 역대 최고의 분석관 중 한 명으로 널리 인정받았는데, 그의 취미는 오토바이가 아니라 마술이다. 세계적 수준의 아마추어 마술사인 맥러플린은 정보공동체에서 "멀린"*이라는 별명으로 불린다.[80]

정보관들은 왜 이런 일을 할까? 1960년대 흑인 운동가였던 빌 필립스에게 법조인 경력을 포기하고 CIA에 지원한 이유를 물었을 때, 그는 주저하지 않고 이렇게 대답했다. "우리 집은 친가와 외가 양쪽 다 모든 남성이 미국 군인으로 복무했어요. 남자들 전부가요. 아버지는 제2차 세계대전 때 해군에서 복무하셨고, 숙부 두 분은 한국전쟁에 참전하셨어요. 외삼촌 두 분은 한국에서 육군이었고요. 제 형도 해군 장교였습니다. 집안 모두가 미국을 위해 봉사하는 것을 소중히 여겼지요."[81] NSA에서 근무했던 어느 전직 정보관은

---

* Merlin, 아서 왕 이야기에 나오는 마법사이자 왕의 현명한 조력자

"국가를 보호하는 최전선에 서는 일이기 때문에" NSA에 이끌렸다.[82] 마이클 모렐은 어느 국방부 직원이 해준 말을 자주 떠올린다고 말한다. "집에 돌아가면 가족들에게 세계 누구보다 트럭을 많이 팔았다고 말하겠습니까, 아니면 테러 공격을 막았다고 말하겠습니까?"[83] 정보기관의 임무는 언어학자, 수학자, 테러 분석가, 모험가, 시민권 운동가를 막론하고 모두에게 강한 매력으로 작용한다.

비밀 세계에서의 일상

지나 베넷은 전 세계의 테러리스트를 추적하지만, CIA 업무 때문에 자기 아이들의 안부를 확인하는 일은 쉽지 않다. 업무 시간이 길거나 갑자기 비상 상황이 생기기 때문이 아니라, 전화 때문이다. 보안상의 이유로 휴대전화를 건물 내에 반입할 수 없으며 사무실 전화번호도 자주 바뀐다. 더군다나 CIA 직원은 새 업무를 맡을 때마다 책상을 바꾸는데, 책상을 바꿀 때마다 전화번호도 바뀐다. 한번은 어떤 임무 때문에 몇 날 사이에 책상을 네 번이나 바꾸는 통에 아이들은 엄마의 업무용 전화번호를 외울 수가 없었다. "아이들에게 모르는 번호에서 걸려온 전화는 받지 말라고 가르치다보니, 제가 전화해도 받지를 않더군요."[84]

정보공동체에서 일하는 것은 평범하지 않다. 비밀과 보안은 대부분의 사람들은 상상할 수도 없는 방식으로 일상생활의 모든 부분에 영향을 끼친다. 고정된 사무실 전화번호가 없으면 건강검진 검사 결과를 받기도 어렵다. 정보관들은 주차장에서 많은 시간을 보내는데, 소셜미디어 뉴스를 확인하기에 가장 좋은 장소라서 그렇다. 이력서는 갱신할 때마다 공식적으로 승인을 받아야 한다. 아이들은 뭔가 이상한 것이 있는지 항상 경계하라고 배운다.[85]

몇 년 전, 베넷의 아들은 걱정이 들었다. 카페에서 일하고 있었는데 예쁜 여자애가 단골로 오고 있었다. 결국 여자애가 데이트를 신청했는데 아프가니스탄 출신이라는 점을 알게 되었다. "저는 엄두도 못 낼 정도로 예쁘거든요." 아들이 베넷에게 말했다. "저를 통해 엄마에게 접근하려는 것 같아요." 보안팀이 조사했지만 별다른 이상은 없었고, 베넷에게 "자제분에게 자신감 문제가 있는 것 같습니다"고 전했다.

정보관은 가족에게도 자신이 하는 일을 자세히 알려줄 수 없다. 배우자에게 비밀 정보를 공유할 권한은 인정되지 않는다. 빈 라덴 급습작전이 있던 날 마이클 모렐은 딸의 마지막 고등학교 합창 공연에 참여하지 못했고, 아내는 불같이 화를 내며 "당신 업무가 뭐든 간에 이보다 중요할 수는 없다"고 따졌다. 그는 미안하다는 말밖에 할 수 없었다. 그날 밤 오바마 대통령이 텔레비전에서 급습작전을 발표하고나서야 아내는 모렐이 사무실에 있어야만 했던 이유를 알게 되었다.[86]

위장 근무를 하는 정보관은 가족에게 자신의 실제 근무 장소를 말할 수 없는 경우도 있다. 대부분은 좀 더 많은 재량을 발휘할 수 있다. CIA는 직원들이 자녀에게 근무 사실을 밝힐 것인지 여부와 그 시기를 직접 선택하도록 한다.[87] 또한 매년 가족의 날 행사를 열어 아이들이 변장 체험을 하고, 거짓말 탐지기를 구경하고, 사라지는 잉크로 놀 수 있게 해준다.

베넷은 맏아들이 다섯 살 때 CIA 근무 사실을 알려주었고, 어느 수말에 사무실에 데려갔더니 아들은 벽에 걸린 테러 사건 포스터에 대해 묻기 시작했다. 베넷이 자신의 일은 나쁜 사람들이 어디 있는지 경찰에게 알려주는 것이라고 설명하자 아들은 감탄했다. "와, 엄마 완전 배트맨이네요."[88]

빌 필립스는 큰아들이 열한 살이었을 때 자신과 아내 모두 CIA에서 일한다고 밝혔다. 남아시아 국가에 살고 있을 때였다. "테러가 만연하던 시기였어요." 필립스는 설명을 이어갔다. "우리가 누구를 위해 일하는지 아이들에게 알려주고 싶었어요. 우리 일의 세부사항이 아니라요. 아이들은 학교에서 끔찍한 이야기를 들을 수도 있거든요. 그런 말을 들으면 무시하고 아빠와 엄마에게 바로 얘기해야 한다는 거죠." 다른 해외 국가에서 필립스는 막연하지만 가족을 살해하겠다는 위협을 받은 적이 있는데, 그 후 아이들에게 거리에서 안전하게 지내는 방법을 가르쳤다. "아이들이 정상이 아닌 상황을 알아챌 수 있으면 했습니다. 그래서 게임을 하곤 했죠. '저기 길에서 풍선 카트를 끌고 있는 사람 보이지? 그 사람이 어제도 거기 있었니? 뭘 입고 있었니?'" 그의 큰아들이 기억하기로는, 부모님이 정보기관에서 일한다는 얘기를 듣고 멋지다고 생각했다.[89]

모두가 그렇게 좋은 반응을 보이는 것은 아니다. CIA 방첩 책임자였던 제임스 올슨James Olson은 어느 CIA 동료가 딸에게 진실을 털어놓고 어떻게 되었는지 이야기해 주었다. 딸은 방문을 쾅 닫고 몇 시간 동안 울었다. "안타깝지만, 진실을 알게 된 아이들이 배신감을 느끼는 일이 드물지 않게 일어납니다."[90]

때로는 이야기를 해주지 않아도 배우자와 자녀가 알게 된다. 아리스 파파스는 냉전 시기에 수석 CIA 군사분석관으로서 폴란드를 담당하고 있었다. 당시 폴란드는 소련과 관련된 모든 군사 분쟁의 진원지였다. 가장 중요한 정보원 중 한 명은 리자드 쿠클린스키Ryszard Kuklinski라는 폴란드 대령이었는데, 그는 위장이 발각되었지만 가까스로 체포와 처형을 피해 도망칠 수 있었다. CIA는 그를 탈출시켜 미국에 정착시켰다.

쿠클린스키와 파파스는 긴밀히 협력하며 친구가 되었다. 파파스는 가족들에게 자신의 직업을 말하지 않았지만 가족들은 모두 알고 있었다. "저는 30대의 분석관이었는데, 갑자기 50살의 폴란드 남자와 친분을 쌓게 되었습니다. 아내는 미국에서 그 폴란드 남자에 대한 신문기사를 읽었고요. 아내에게 정체를 말한 적은 없지만, 그럴 필요도 없었죠." "제 아이들은 이게 아주 심각한 일이고 그 사람 얘기를 하면 안 된다는 것을 알았어요. 절대 안 된다는 것을요." 아이들은 쿠클린스키를 "조지"라고 불렀다. 파파스의 이야기에 따르면, "조지는 친구였어요. 저녁 식사를 함께 했고, 같이 배도 타고 놀았죠. 그리고 아무도 조지에 대해 이야기하지 않았어요".[91]

윤리적 딜레마

정보관들에게 어떤 오해가 가장 신경 쓰이는지 물어보면 윤리를 언급하는 때가 많다. "사람들은 우리가 법을 어기고 인권을 침해한다고 생각합니다." 전 CIA 방첩 책임자이자 정보 윤리에 대한 책을 쓴 제임스 올슨의 말이다.[92] 지나 베넷이 조지타운 대학교에서 정보 윤리에 관한 강의를 처음 제안받았을 때, 나중에 학계에서 동료가 된 사람이 이렇게 물었다고 한다. "정보에도 윤리라는 게 있어요?"

실제로 정보관들은 윤리적 딜레마로 가득 찬 일을 하기 때문에 윤리에 대해 많이 생각하는데, 그 절충안은 복잡하고 종종 고통스럽다. 9·11 테러 공격 이후 NSA가 수백만 미국인의 전화 통화 기록을 수집했지만, 그것을 함부로 결정한 것은 아니다. 8장에서 자세히 설명하겠지만, 정보관들과 정책결정자들은 이 계획을 신중하게 고민했다. 그들은 대통령의 승인을 요청했고, 승인을 받았다. 법률 자문도 받았다. 그리고 미국인의 데이터를 대규모로 수집하는 새로운 정보수집 계획의 윤리적 측면에 대해 격렬한 논쟁을 벌였다. 어느 정보관은 항의의 뜻으로 사퇴했고, 훗날 "올바른 이유 때문에 잘못된 일을 하는 것"이리고 언급했다.[93]

윤리적 딜레마는 유명하고 위험 부담이 큰 계획에만 있는 것이 아니라, 일상생활의 일부라고 해도 될 정도다. 정보관은 개입을 할지 말지를 어떻게 저울질할까? 특정 정보원을 통해 계속 수집하고 수집된 정보를 활용하다가 그 정보원을 영원히 잃게 된다면? 정책결정자에게 진실을 말하다간 정보활동을 중단하게 될 상황이라면 언제까지 진실을 말해야 할까? 대통령에 대한 충성심은 어디에서 끝나야 할까? 어떤 행동이 합헌이라는 법적 해석이 몇 개가 있든 간에, 스스로의 도덕적 선을 어디에 그어야 할까? 베넷은 "우리는 헌법 수호를 매우 중요하게 생각합니다"라고 말한다. "특히 해외에는 공개적인 발언을 했다는 이유로 사람을 죽이는 정부가 있는데, 그런 국가를 경험해본 사람들은 더더욱 그렇습니다. 이러한 논의는 매우 심각해질 수 있고 우리는 그런 논의를 많이 합니다."[94]

어느 전직 NSA 정보관은 자신이 아는 외국 망명자를 포섭하는 데 도움을 달라는 요청을 받은 적이 있다고 말했다. 그의 원래 업무는 이메일과 도청된 전화 같은 신호정보를 분석하는 것이었으므로 인적 자산을 모집하는 일과는 거리가 멀었다. 이처럼 사람을 조종하는 일은 매우 불편하게 느껴졌다. "저는 이 사람을 이용하려고 친구가 되는 겁니다." 그 망명자가 부부끼리 저녁을 먹자고 했을 때 더는 안되겠다고 느꼈다. "그는 좋은 사람이었어요." "저는 그 일의 담당관에게 가서 이제 끝났다고 말할 수밖에 없었습니다."[95]

빌 필립스는 이와는 정반대의 윤리적 문제에 직면했다. 후배 CIA 공작관이 갑자기 외국에서 스파이를 포섭하는 일에 의구심을 품을 때 어떻게 할 것인가. 그게 바로 공작관의 임무인데 말이다. "다른 사람을 조종하지 않으면 포섭에 성공할 수 없습니다." 필립스는 말한다. "그런 일을 주저 없이 실행할 수 있는 정신력이 필요합니다." 현장에서 의구심을 품으면 비효율적인 것만이 아니다. 위험하기도 하다. 필립스는 그 후배 공작관을 본국으로 돌려보내며 조언했다. "이런 것은 좋은 질문이야. 무겁고 사려 깊은 질문이지." "그런 질문을 마음속에서 해결할 줄도 알아야 해. 그런데 여기서는 아니야."[96]

윤리적 딜레마는 많다. 올슨은 그의 저서 『페어 플레이Fair Play』에서 미국 정보 실무자들이 "현재 직면하고 있거나 미래에 직면할 수 있는" 50가지 시나리오를 나열했는데, 모두 "실제 스파이 활동과 비밀공작에서 가져온 것"이다. 예를 들면, 외국 정보원이 인권 침해 행위를 하거나 성매매 또는 마약 같은 "대가"를 요구하는 경우, 정보원이 외국 테러 조직에 침투하려면 자신이 진짜 테러리스트라고 믿게 해야 한다며 테러 공격 승인을 요청하는 경우, 전직 CIA 요원이 적국으로 망명하여 다른 CIA 요원과 정보원을 팔아넘겨 죽게 만들었을 때 그를 납치해야 할지 결정해야 하는 경우, 반미 테러리스트 채팅방을 만들 기회가 생겼지만 이것이 급진적인 미국인을 감시하는 도구가

될 수 있는 경우 등이다.[97]

정보관들이 이런저런 윤리적 딜레마와 씨름하는 방식은 다양하다. 많은 정보관은 비밀이 공개될 경우 미국 국민들이 어떻게 생각할지 상상해보는 것이 자신의 윤리적 지침이라고 말했다. "내가 국민들에게 그런 일을 했다고 자랑스럽게 말할 수 있을까?"라는 것이다.[98] CIA 부장 레온 파네타가 오바마 대통령에게 빈 라덴 급습 작전을 보고하면서 바로 그 이야기를 했다. 파네타는 "일반직인 국민에게 '당신이 제가 아는 것을 알고 있다면 어떻게 하시겠습니까'라고 물으면 뭐라고 대답할까요?"라고 대통령에게 질문했다. "이 경우 대답은 분명하다고 생각합니다. … 우리가 이 작전을 실행하지 않으면 분명 후회할 것입니다."[99]

결과에 관계없이, 결정을 했다는 사실은 변하지 않는다. 어느 정보관의 말처럼 "윤리적 딜레마는 영혼에 지울 수 없는 상처를 남깁니다".[100]

최고의 순간과 최악의 순간

CIA 분석관 아리스 파파스의 경력에 최고의 순간은 어느 날 버지니아의 안전가옥으로 들어가 수년간 자신이 이용했던 정보를 제공해 준 폴란드 성보원을 만났을 때다. 미국을 돕겠다고 모든 것을 걸었던 바로 그 사람이었다. "문득 깨달았어요. 하나님 맙소사! 바로 그 사람이군요! 바로 그 정보원이에요!"[101]

댄 코츠는 국가정보장으로서 취임 1주년이 되던 날 최고의 날을 맞이했다. 사기는 바닥이었고, 코츠는 공격을 받고 있었다. 트럼프 대통령은 정보 공동체를 맹렬하게 비난하고 있었다. 코츠는 함께 취임 선서를 낭독하고 싶은 사람을 온라인으로 초대했다. 정보공동체의 여러 기관에서 수백 명이 참여했다. 그는 이렇게 회상한다. "무슨 일이 일어나든, 우리는 그 선서를 지켜야 했습니다."[102]

30년 이상 정보공동체에서 근무하며 정보기구의 2인자로 일했던 수전 고든에게 최고의 날과 최악의 날은 같은 날이었다. 바로 해외에서 임무 수행 중 사망한 정보관들의 장례식이다. "제가 이 애국자들의 귀국을 마무리해야겠다고 생각했어요." 고든은 유족들과 함께하기 위해 종종 한밤중에 혼자 도버 공군기지에 가곤 했다. 그녀는 "세상에, 유족들은 항상 젊었어요"라고 회상했다. "끔찍했습니다. 유족들은 고통으로 무너졌어요. 여섯 살, 네 살, 두 살짜리 어린 딸과 아기를 데리고 왔죠." 어떤 때는 그녀가 정보관들을 사망하게 했던 임무에 파견한 장본인이기도 했다. "제가 가족들을 위로할 때마다 가족들이 저를 위로해줬어요"라고 그녀는 목이 메어 말했다. "유족들은 이렇게 말해줬습니다. '그는 그곳에 있기를 원했어요. 걱정하지 마세요. 그가 선택한 것이니까요.' 저는 최악의 날에 유족들이 베풀어 준 은혜로 인해 최고의 날을 맞을 수 있었습니다." "그 정보관들과 유족들을 가슴에 품고 살고 있습니다."[103]

이것이 바로 정보의 인간적인 면모이다.

활동의 관점에서 보는 실제 사건: 빈 라덴 추적

정보 관계자들에게 9·11은 개인적인 사건이었다. CIA 대테러센터 입구 위에 걸려 있는 표지판은 실패의 대가와 임무의 중요성을 매일 상기시켜 주었다. "오늘은 2001년 9월 12일이다."[104] 그들은 결국 10년 동안 알카에다 지도자를 추적하게 되었다. 많은 부분이 베일에 싸여 있지만, 현재까지 공개된 정보를 통해 미국 역사상 가장 위대한 정보 성공 중 하나를 이끌어낸 정보의 수집, 분석 및 비밀 작전의 작동 방식을 엿보는 귀한 기회를 얻을 수 있다.

소음 속에서 신호 찾기: 정보수집

빈 라덴 추적은 토라보라Tora Bora 산에서 실패한 급습으로 시작되었다.[105] 2001년 9월 11일 테러 공격 직후, CIA 정보관, 미국 특수부대, 아프간 민병 대원들은 알카에다를 패퇴시켜 빈 라덴과 그의 부하 약 천 명을 힌두쿠쉬 Hindu Kush의 얼음 봉우리 높은 곳에 있는 터널과 동굴의 미로까지 쫓아갔다. 2001년 12월에는 연합군이 포위를 좁히고 있었다. 폭탄이 토라보라를 덮치 는 가운데 빈 라덴은 아내들에게 재혼하지 말라는 유언장을 남겼다.[106] 추적 팀을 이끌던 CIA 정보관 게리 번스튼Gary Bernsten은 빈 라덴을 잡았다고 생 각했다.[107] 그러나 여전히 분명하지 않은 이유로 작전은 실패로 돌아갔다. 어 두운 밤, 빈 라덴은 CIA가 추적 중이라고 의심하던 자신의 위성전화를 어느 측근에게 건네주고 사라졌다.[108]

며칠이 몇 주가 되고 몇 년이 되었다. 빈 라덴이 아프가니스탄과 파키스탄 국경을 따라 무법천지의 산길 어딘가에 숨어 있다는 것이 정설이었다.[109] 그 러나 지형은 험난했고 흔적은 점점 희미해졌다.

노력이 부족해서가 아니었다. 정보기관들은 모든 수단을 동원하여 정보 수집에 총력을 기울었다. 전문가들은 빈 라덴이 직접 제작한 24개의 오디오 및 비디오 테이프를 포함한 공개출처정보를 뒤져서 실제 그의 목소리인지 평가하고 그의 위치나 건강 상태를 암시할 수 있는 세부 사항(배경 화면이나 무기를 왼쪽 또는 오른쪽에 들고 있는지 등)을 조사했다.[110] CIA는 심지어 영상에 등장하는 나뭇잎과 암석을 조사하여 빈 라덴 행방의 단서를 찾으려고 지질 학자 및 식물학자의 도움을 받기까지 했다.[111]

국가안보국은 빈 라덴을 찾을 수 있는 신호정보를 가로채기 위해 테러리 스트들의 통신에 계속 귀를 기울였다. 그러나 매일 17억 건의 전화 통화, 이 메일, 무선 신호, 트윗, 문자 메시지를 감청하는 것은 거대한 건초 더미에서 바늘을 찾는 것과 같았다.[112] 게다가 알카에다의 수장과 그가 신뢰하는 부하들은 대화가 감청되지 않도록 휴대전화와 위성전화를 버렸다.[113] 토라보라 사건 이후 그들은 휴대전화, 위성전화, 인터넷을 포기했고, 신뢰할 수 있는 소수의 연락책들이 직접 통신문을 전달하고 가끔씩 비디오와 오디오 메시지를 공개하는 것에 의존했다.[114]

부시 대통령은 CIA에 인간정보 수집관들이 "그 지역에 넘쳐나게 하라"고 지시했다.[115] CIA 정보관들은 빈 라덴의 은신처를 알만한 외국 정보원을 모집하고자 아프가니스탄과 파키스탄에 쏟아져 들어왔다.[116] 미국은 항공기로 빈 라덴의 얼굴이 담긴 전단을 뿌리면서 그를 잡는 데 도움을 주는 사람에게 2500만 달러의 포상금을 주겠다고 했다.[117]

다른 테러리스트들은 체포되어 CIA 비밀 기지에 구금되었고, 가혹하고 논란의 여지가 있는 심문을 받았다. 알카에다의 작전과 빈 라덴의 행방에 대해 더 많은 정보를 얻기 위한 것이었다. 훗날 CIA 부장 레온 파네타는 구금자들이 제공한 정보 중 일부는 가치 있는 것이었지만 일부는 의도적인 거짓이거나 오해의 소지가 있었다고 언급했다.[118] 무인항공기가 아프가니스탄과 파키스탄 상공을 비행하며 감시, 추적, 공습을 감행했다.[119]

결국 "이거다" 싶은 순간이나 운이 좋았던 적은 단 한 번도 없었다. 수년 동안 파편과 속삭임, 즉 잘못된 단서와 막다른 골목에 둘러싸여 힘들게 수집하고 해부하여 부활시킨 잠재적 단서만이 있었다. 2002년, CIA가 관할하지 않는 곳에 있던 구금자가 빈 라덴 연락책의 가명을 말해주었다. 아부 아흐메드 알-쿠웨이티Abu Ahmed al-Kuwaiti.[120] 분석관들은 빈 라덴의 연락책들을 표적으로 삼는 것이 중요하다는 것을 알고 있었지만, 연락책의 실제 이름이나 위치를 알아내기까지는 수년이 걸릴 수 있었다. 하지만 알-쿠웨이티가 유력한 단서라는 증거가 점점 더 많아졌다.

CIA의 기록에 따르면 2007년까지 20명 이상의 구금자들이 알-쿠웨이티와 알카에다 고위직들과의 관계에 대해 이야기했는데, 알-쿠웨이티가 빈 라덴의 연락책으로서 했던 역할과 알카에다의 3인자 아부 파라즈 알-리비Abu

Faraj al-Libbi와의 긴밀한 관계도 포함되어 있었다. 다른 정보는 구금자들이 말하지 '않은' 것에서 나왔다. 심문관들이 아부 파라즈 알-리비에게 알-쿠웨이티의 이름을 물어보자 그를 전혀 모른다고 부인했다.[121] 구금 중인 또 다른 알카에다 고위직 칼리드 셰이크 모하메드Khalid Sheikh Mohammed, KSM는 연락책이 중요하지 않다고 주장했고, 정보관들은 두 테러리스트가 알-쿠웨이티의 중요성을 감추려 한다고 의심했다. 전 CIA 차장 마이클 모렐은 "결정적 순간"이 "KSM이 심문 후 감방에 돌아와 다른 수감자들에게 '연락책'에 대해 언급하지 말라고 했을 때"였다고 썼다. "그 연락책에 대한 관심은 이제 하늘을 찌를 듯이 높았다."[122]

정보관들은 자세한 내용을 밝힌 적이 없지만, 어쨌든 2007년 연락책의 실명을 알아냈고 나중에는 그가 자주 활동하는 지역도 알아냈다.[123] 2010년 국가안보국은 그가 친구에게 건 전화를 도청했다. 연락책은 "전에 함께 있던 사람들과 다시 만났다"고 말하며 빈 라덴이나 다른 알카에다 고위직과 다시 협력할 수 있음을 내비쳤다.[124] 결국 정보관들은 연락책의 흰색 스즈키 차량을 찾아내어 아보타바드 저택까지 추적했다.[125]

그 후 몇 달 동안 정보공동체는 이 시설과 그곳에 사는 사람들에 대해 가능한 모든 정보를 수집했지만, 누구에게도 알리지 않았다. 국가정찰국은 인공위성을 보내 페이서가 걷는 모습을 촬영했다. 국가지형정보국NGA은 영상의 기준점을 사용하여 페이서와 그곳에 거주하는 다른 사람들의 성별과 키를 추정했다.[126] NGA는 다른 감지 장치를 사용하여 해당 저택의 3D 모델을 만들었다.

CIA의 공개정보센터는 아보타바드 시에 대한 공공정보를 수집했지만, 작전 보안을 엄격히 유지하기 위해 파키스탄의 여러 도시에 관해 연구하는 것처럼 가장했다.[127] 또한 CIA는 아보타바드에 안전가옥을 설치하고 소규모 팀을 상주시켜 해당 저택의 "생활 패턴"을 파악했다.[128] 이 팀은 바깥에 널린 빨래를 보고 거주자의 수, 성별, 나이대를 파악하는 일도 수행했다.[129]

이 모든 것이 제이슨 본 영화에서나 나올 법한 이야기처럼 들린다. 그리고 이야기가 어떻게 끝나는지 알기 때문에 성공은 보장된 것처럼 보인다. 그러나 정보공동체는 빈 라덴이 그 저택에 숨어 있다는 결정적인 증거를 확보하지 못했다는 사실을 명심해야 한다. 빈 라덴의 수법은 너무 뛰어났고, 임무는 너무 어려웠으며, 시간은 너무 촉박했고, 발각될 위험은 너무 높았다. 물론 발각된다면 토라보라 이후 빈 라덴을 잡을 수 있는 최고의 기회를 날려버릴 수 있었다. 다양한 정보수집 방법이 고려되었지만 시도되지 않았다. 실패하거나 대응책 때문에 좌절된 방법도 있었다.

CIA 부장 레온 파네타는 계속해서 보다 창의적인 아이디어를 요구했다. 하수구를 뚫어 폐기물에서 DNA를 채취할 수 있는지, 건물 바로 바깥의 나무에 감시 카메라를 설치할 수 있는지 등을 묻기도 했다(파네타 스스로 이야기하듯이 CIA 베테랑들이 그 아이디어를 무산시킨 것은 다행이었다. 얼마 지나지 않아 나무가 잘려나갔는데, 카메라가 있었다면 발견되었을 가능성이 높았기 때문이다).[130] CIA가 빈 라덴의 신원을 확인하고자 실행한 가장 야심 찬 계획으로 그 지역에서 가짜 백신 접종 프로그램을 시행하는 것이 있었다. 이 계획의 목적은 저택 거주자들로부터 DNA 샘플을 채취하여 CIA에 등록된 빈 라덴 가족의 DNA와 비교하는 것이었다. 그러나 이 계획은 실패로 돌아갔고, 이 계획을 주도한 파키스탄 의사는 체포되어 33년 형을 선고받았다.[131]

테러리스트들은 NSA의 감시를 피하기 위해 저택에서는 전화를 걸지 않았다. 대신 1시간 30분이나 떨어진 곳으로 이동하고서야 휴대전화에 배터리를 장착했다.[132] "그의 노련함을 인정해야 합니다." 추적에 참여했던 어느 전직 CIA 정보관의 말이다. 10년 전에 빈 라덴은 "경호원과 여러 대의 SUV 같은 것을 갖고 있었어요. 그 모든 것을 버린 겁니다".[133] 그래서 그를 찾기가 더 어려웠다.

오바마 대통령이 네이비실 팀의 급습작전 가부를 결정할 때, 빈 라덴일 것이라는 추정치는 실제로 40~95% 범위에 있었다. 850억 달러 규모의 정보기구가 총력을 기울였지만 아무도 빈 라덴이 그곳에 있다고 확신할 수 없었다.

도전적인 정보분석

빈 라덴 추적에서 정보분석은 정보수집만큼이나 어려운 일이었다. 분석관들은 두 가지 중요한 의문을 해결해야 했다. 첫째, "무엇을 찾아내야 하는가?" 둘째, "우리가 가진 정부는 무엇을 의미하며 얼마나 신뢰할 수 있는가?"

연락책을 추적한 것이 성공으로 이어지긴 했지만, 이것만으로 성공할 수 있었던 것은 아니다. 분석관들은 다양한 가능성을 검토하고 체계적인 접근법을 사용하여 빈 라덴의 위치를 찾아냈다.[134] 어떤 분석관은 빈 라덴의 대가족에 주목했고(4명의 아내와 약 20명의 자녀가 있는 것으로 알려졌다),[135] 그의 친지와 연락하면서 위치가 드러날 가능성에 기대를 걸었다. CIA는 빈 라덴의 아들 중 한 명, 사드 빈 라덴Saad bin Laden의 신원을 파악하는 데 성공했고, 그가 이란에서 가택 연금 중이라는 사실을 알게 되었다. 하지만 그 무렵에는 문제의 그 아들이 석방되어 이란을 떠났기 때문에 그의 행적을 처음부터 다시 추적해야 했다. 파키스탄에서 그의 소재를 다시 확인했을 때 사드 빈 라덴은 이미 사망한 상태였다.[136]

CIA 분석관들은 빈 라덴을 추적하는 데 도움이 될 수 있는 생활방식의 특징도 파악하려고 노력했다. 가령 만성 질환에 필요한 약, 취미, 선호하는 이동 방법이나 생활방식 같은 것이다.[137] 파네타와 그의 수석 참모였던 제레미 배쉬Jeremy Bash에 따르면 빈 라덴 추적 작업은 그가 어디에 어떻게 숨어 있는지, 그리고 어떤 방호 수단을 사용하고 있는지에 초점을 맞췄다. 그들이 나중에 술회하기로는 "당시에는 그가 가족과 떨어져 파키스탄 서부의 부족 영역에, 아마도 동굴이나 시골에 숨어 있고 중무장한 경호원들을 대동하고 있다는 잠정적 가설을 세우고 있었다. 또한 건강이 악화되어 임시로 만든 신장

투석장치를 달고 있을 거라는 추측도 있었다".[138]

이 잠정적 가설은 거의 다 틀린 것으로 밝혀졌다. 빈 라덴의 저택은 어느 외딴 산속 동굴이 아니라 인구 약 100만 명이 거주하는 도시의 교외 지역에 있었다. 아보타바드는 이슬람 극단주의자들이 득세하는 지역도 아니었다. 추적에 참여했던 어느 전직 정보관은 분석관들이 은신처 후보를 고를 때 "아보타바드는 그 목록에 포함되지 않았을 것"이라고 말했다.[139] 또한 분석관들이 예상한 것과는 달리 빈 라덴은 가족과 떨어져 있기는커녕 3명의 아내와 10여 명의 자녀 및 손자들과 함께 살고 있었다. 중무장한 경호원이나 여러 겹의 방호 시설에 둘러싸인 것도 아니었다. 대신에 닭, 염소, 토끼, 그리고 믿을 만한 연락책 2명 및 그 가족들과 함께 살고 있었고, 이들이 약간의 부기를 갖고 있었을 뿐이다.[140] 은신처에는 부비트랩이나 탈출용 터널도 없었다. 방호 수단이라고는 통신망이 완비된 뻔히 보이는 곳에서 통신망을 사용하지 않는 것이었다. 네이비실 대원들은 아보타바드 저택에서 신장 투석기도 찾지 못했지만, 남성용 염색약은 찾을 수 있었다.[141]

빈 라덴이 아보타바드에 있다는 단서를 추적하려면 분석팀은 자신늘이 세운 유력한 가설에 도전할 수 있어야 했다. 이는 대단히 어려운 일이다. 5장에서 자세히 설명하겠지만, 심리학 연구에서 오랫동안 승명해 온 사실은 인간이 확증 편향에 매우 취약하다는 점이다. 인간은 자신이 가진 신념을 뒷받침하는 정보를 더 신뢰하고 그렇지 않은 정보는 무시하는 경향이 있다. 빈 라덴이 토라보라 같은 튼튼한 시골 요새에, 험준한 지형에 숨어 추종자들의 보호를 받으며 세상과 단절된 채 진을 치고 있을 거라고 믿을 만한 좋은 이유가 많이 있었다. 어쨌든 예전에도 그랬다. 게다가 빈 라덴이 전원생활을 즐겼다거나,[142] 1980년대 소련과 교전하면서 토라보라 지역의 협곡, 산길, 동굴에도 익숙하다는[143] 사실은 잘 알려져 있었다.

세계 최악의 테러리스트를 10년간 추적하며 사용했던 가설이 틀렸을 수도 있다는 것을 인정함으로써 분석은 크게 향상되었고 중요한 돌파구를 맞이했다. 파네타와 배쉬는 분석관들이 "CIA가 틀렸다는 것을 기꺼이 인정했다. 그리고 이전의 모든 가정을 뒤집는 완전히 새로운 이론에 한정된 자원을 기꺼이 투입했고, '뻔히 보이는 곳에 숨는' 빈 라덴의 계획이 우리가 생각했던 어떤 것보다 더 기발하다는 상상을 했다"고 적었다.[144] 빈 라덴의 은신 전략은 그의 과거 행태와는 완전히 다른 것이었고, 그 자신도 예상치 못한 변화였을 것이다. 그야말로 알려지지 않은 모르는 것이었다.

그리고 취합된 정보의 중요성을 평가하는 문제도 있었다. 구금자들은 거짓말이나 주의 분산 같은 방법으로 심문관들을 헤매게 만들곤 한다. 가끔은 진실한 정보를 주기도 하지만 보통은 그러지 않는다. 정보의 실마리를 따라가다 보면 막다른 골목일 때도 새로운 희망일 때도 있었다. 예를 들어, 한 번은 CIA가 추적하던 연락책이 아프가니스탄에서 살해되었다는 소식을 들었지만 알고 보니 그의 형제였다.[145] 가장 골치 아픈 문제 중 하나는 동일한 사실이 서로 다른 이론을 뒷받침할 수 있다는 점이었다. 모두가 비라듯이 페이서가 빈 라덴일 가능성이 있었다. 그러나 페이서는 또 다른 알카에다 간부이거나, 지역 군벌이거나, 마약상이거나, 전혀 관계없는 인물일 수도 있었다. 희망적 예측이 분서을 방해하는 것을 방지하려고 국가대테러센터는 새로운 분석관들로 "레드팀"을 구성했다. 그들은 정보를 다시 섭도하고 모든 추측을 배제하여 악마의 대변인 역할을 하는 등 모든 것에 도전했다. 결국 의견 일치는 이루어지지 않았다.[146]

대통령 보좌관들도 의견이 갈리기는 마찬가지였다. 오바마가 페이서의 빈 라덴 가능성이 얼마나 되는지 물었을 때 선임분석관은 95%라고 답했고,[147] 다른 분석관들의 대답은 60%에서 80% 사이였다.[148] CIA 차장 마이클 모렐은 빈 라덴이 그 저택에 있을 가능성보다 사담 후세인이 대량살상무기를 가지고 있을 가능성을 더 확신한다고 대답했다.[149] 국가대테러센터장 마이클 라이터Michael Leiter는 더 비관적이었다. 그는 가능성을 40%로 보았지만, "이전보다 38%나 커진 것"이라고 언급했다.[150] 완전히 동일한 정보를 두고서 놀라울 정도로 다양한 범위의 답변이 나왔다.

"사람들이 다른 의견을 갖는 이유가 서로 다른 정보를 갖고 있기 때문은 아닙니다." 훗날 CIA의 모렐이 설명했다. "우리는 모두 같은 것을 보고 있습니다." 모렐은 의견 차이가 서로 다른 경험에서 비롯된다고 결론지었다. 당시 대테러 전문가들은 최고위 테러리스트들을 찾아 사살하는 데 연이어 성공을 거두었기 때문에 낙관적이었다. 반면 9·11 테러와 이라크 대량살상무기 관련 정보 실패를 경험했던 모렐을 비롯한 사람들은 훨씬 더 신중했다.[151] 모렐은 대통령에게 "그 저택에 우리 정보원이 있고 그가 빈 라덴이 거기 있다고 말했다 해도 저는 95%까지 확신하지 못합니다"라고 말했던 적이 있다. "왜냐하면 정보원이 거짓말을 하거나 잘못 판단하는 일이 항상 있기 때문입니다."[152] 전 CIA 차장 존 맥러플린도 이라크 WMD 정보 실패가 큰 역할을 했다고 생각했다. 그는 내게 이렇게 말했다. "기이하고 아이러니하게도, 이라크 정보 실패가 심어준 경계심과 엄격한 [분석] 기법에 대한 세심함 덕분에 빈 라덴에 대한 추정이 맞았던 것인지도 모릅니다."[153]

하지만 그 모든 감시, 수집, 분석, 소서, 레드팀으로도 불확실성을 술일 수 있었을 뿐 완전히 없앨 수는 없었다. 2011년 4월에 이르자 정보를 발전시킬 만한 여지가 없었다. 대통령은 결단을 내려야 했다.

비밀공작

7장에서 살펴볼 바와 같이, 비밀공작은 가장 어려운 상황에만 사용된다. 비밀공작은 "국외의 정치, 경제, 또는 군사적 상황에 영향을 미치기 위한, 미국 정부의 역할이 공개적으로 드러나거나 인정되지 않도록 의도된"[154] 활동을 의미하며, CIA가 주도한다. 모든 대통령은 비밀공작을 활용하는데, 아무것도 하지 않는 것과 전쟁을 일으키는 것 사이에서 제3의 선택지를 제공하기 때문이다. 그러나 어려운 상황에서 최후의 수단으로 사용된다는 바로 그 이유 때문에 비밀공작의 실패 확률은 높다.

페이서에 대한 정보를 두고 오바마 대통령은 네 가지 방안을 검토했다.[155] 각각의 방안에는 심각한 단점이 있었다. 대규모 공습은 저택을 완전히 파괴할 수 있겠지만 주권 국가에 대한 노골적인 군사 행동이므로 정치적으로, 어쩌면 물리적으로도 후폭풍을 촉발할 수 있었다. 또한 50명에서 100명의 사망자가 발생할 것으로 추성되었으며[156] 빈 라덴의 사망을 입증할 증거도 얻지 못했을 것이다.

페이서가 산책하는 동안 드론을 보내 소형 미사일로 타격하면 다른 인명 피해를 예방할 수 있겠지만, 당시에는 이 무기가 실험 단계였기 때문에 발사 후에는 유도가 불가능했다. 미사일이 빗나가면 빈 라덴은 다시 종적을 감출 것이고, 명중하더라도 빈 라덴의 사망을 입증하거나 그 저택에서 어떠한 정보도 취득할 수 없었다.[157]

추가적인 정보가 수집되기를 기다린다면 페이서의 신원을 확인할 수도 있었지만, 시간이 갈수록 파키스탄이나 빈 라덴에게 정보가 유출될 위험도 높아질 수 있었다.[158]

비밀 특수부대를 파키스탄 영토 깊숙이 침투시키는 작전은 부내원 20여 명의 목숨을 위험에 빠뜨리는 일이었고, 잠재적 동맹국과의 총격전을 촉발할 수 있으며, 빈 라덴을 잡지 못할 수도 있고, 무고한 사람들을 사살할 수도 있는데다, 실패할 경우 1980년 이란 인질 구출작전 실패 이후 카터 대통령이 겪었던 것과 비슷하게 국내에서 정치적 위기를 초래할 수도 있었다. 그러나 급습 작전은 빈 라덴의 신원을 확인하고 정보를 입수하는 것은 물론, 만약 빈 라덴이 그곳에 없다면 허술하기는 해도 작전을 부인할 여지를 남겨두는 데 최고로 적합한 방법이었다.[159]

이틀 후, 달도 뜨지 않은 하늘 아래 미국 특수부대를 실은 헬리콥터가 파키스탄 국경을 가로질렀다. 4500m 상공에서는 RQ 170 스텔스 드론이

그림 4.1 빈 라덴 작전의 진행 상황을 전달받는 버락 오바마 대통령과 국가안보팀, 2011.5.1.
촬영자: 피트 수자Pete Souza, 백악관 공식 사진작가

CIA, 백악관, 펜타곤의 지휘소에 실시간 영상을 전송했다.[160] 오바마 대통령과 그의 고위 보좌관들은 비좁은 방에 옹기종기 모였고, 레온 파네타 CIA 부장은 작전 상황을 설명했다. 당시의 긴장감은 백악관의 상징적인 사진에 고스란히 담겨 있다(그림 4.1).

"목표에 도달했습니다." 파네타가 말했다.[161]

그리고 일이 빠르게 잘못되기 시작했다. 첫 번째 헬리콥터가 불시착했다. 두 번째 헬리콥터는 건물 지붕 위 상공에 있을 예정이었지만 다른 헬리콥터가 추락하면서 그 계획을 포기하고 길 건너편에 착륙했다.[162] 이것은 네이비실 대원들이 저택의 위와 아래에서 동시에 공격하여 신속하게 기습하는 대신에, 빈 라덴이 있는 것으로 추정되는 3층까지 각 방마다 정리하면서 천천히 저택을 통과해야 한다는 뜻이었다.[163] 소음 때문에 잠에서 깬 이웃들이 무슨 일이 일어나는지 보려고 저택에 모여들었다.[164] 몇 분이 지났다. 총성이

울렸다. 관계자들은 몇 년 같았다고 말했다. 특수부대원 중 한 명은 "영겁이란 뭔가 잘못되는 것을 목격한 순간부터 첫 번째 육성 보고를 들은 순간까지의 시간을 의미합니다"라고 표현했다.[165] "제로니모Geronimo가 포착되었습니다."* 파네타가 소식을 전했다.[166] 그리고 마침내, "제로니모 EKIAenemy killied in action(작전 중 적군 사살)". 상황실은 고요했다. 그리고 오바마가 말했다. "놈을 잡았군."[167]

---

* 빈 라덴을 가리키는 암호명. 빈 라덴은 흔히 미국 서부에 비유되는 아프가니스탄 산악지대에서 미군의 추적을 교묘히 빠져나갔는데, 이에 서부영화에도 등장했던 유명한 인디언 전사 '제로니모'의 이름을 붙인 것으로 추정.

제5장

왜 분석은 그토록 어려운가

판단의 7대 죄악

우리 일에 완벽이란 없다.

—조지 테넛, CIA 부장, 1997-2004 [1]

매복 공격은 서리가 내린 11월 밤에 벌어졌다. 1950년, 미군과 한국군이 이끄는 유엔군은 북한과 중국을 나누는 압록강 국경을 향해 북쪽으로 행진하고 있었다. 그들의 임무는 북한을 물리치고, 한반도를 통일하고, 공산주의에 맞서 결정적인 승리를 기두는 것이었다. 산에서는 기온이 영하로 떨어졌다. 미군 탱크는 바퀴가 땅바닥에 얼어붙었고, 머리 위로 날아가는 정찰기는 앞 유리가 깨졌다.[2] 멀리 떨어진 도쿄 사령부에서 지시하는 더글러스 맥아너 Douglas MacArthur 장군은 병력과 보급선이 위험할 만큼 가늘어지도록 분산시켰다. 그의 북진 계획이 중국의 참전을 유발할 수 있다고 우려하는 사람들이 있었지만, 그는 걱정하지 않았다. CIA와 합동참모본부는 새로운 중국 공산당 정권이 북한을 은밀하게 지원하는 것 이상으로 개입하지는 않을 것으로 보았는데, 중국이 대규모로 개입한다면 소련과 미국 사이에 제3차 세계대전을 촉발할 위험이 있었기 때문이다.[3] 맥아더 휘하의 극동사령부 정보부서는 중국이 국경 너머로 기껏해야 5만에서 6만 명의 군대를 보낼 것이며, 설령 그런 일이 벌어지더라도 결국 중국군은 패배할 것으로 생각했다. 중국군의 장비는 열악했고, 훈련되지 않았으며, 공군의 지원 없이 작전을 수행해야 했기 때문이다. 맥아더는 몇 주 전에 해리 트루먼 대통령에게 장담했다. "사상 최대의 학살이 있을 것입니다." 맥아더는 승리가 코앞에 닥쳤다고 확신하고, 트루먼에게 미군 장병이 크리스마스까지 집에 돌아갈 거라고 말했다.[4] 그의 부하 중 일부는 이미 도쿄에서 승리 퍼레이드를 벌일 계획까지 하고 있었다.[5] 하지만 그들은 아무것도 얻지 못했고, 대신에 약 4만 명의 장병이 관속에 누워 집으로 돌아가게 되었다.[6]

11월 26일 약 30만 명의 중국군이 눈 덮인 산봉우리에서 몰려 나와 나팔을 불며 박격포를 발사하고 기관총을 쏘며 유엔군을 습격하기 시작했다. 중국군은 한 달 동안 발각되지 않고 숨어 있었던 것으로 밝혀졌는데, 소규모로 공격하며 숫자를 숨기고 맥아더의 부하들을 함정으로 유인했다.[7] 그 결과는 참혹했다. 몇 주 만에 유엔군은 수천 명의 병력과 320km의 영토, 그리고 전쟁에서의 우세를 잃었다. 맥아더는 경질되었다. 전설적인 군인의 불명예스러운 퇴장이었다. 1953년 전투가 종료됐을 때, 냉전의 지정학적 교착 상태, 분단된 한반도, 그리고 잔인하고 억압적인 북한 공산주의 정권이 남았다.

중국의 기습 참전은 "역사의 변곡점"이었나. 다음 반세기 동안 북한은 더욱 궁핍하고 위협적인 국가가 되었다. 북한은 자원을 비밀 핵무기 계획에 소진하고, 10만 명 이상의 정치범을 거대한 수용소에 감금하는[8] 한편 인구의 12%에 달하는 300만 명을 굶어죽게 만들었다. 오늘날 한국은 미국의 부유한 민주주의 동맹국으로 1인당 GDP가 3만 9000달러에 달한다.* 북한은 세계에서 가장 가난하고 억압적인 국가 중 하나로, 1인당 GDP가 1700달러에 불과하고,[9] 핵무기를 증강하고 있다.[10] 역사는 항상 불확실성으로 가득 차 있지만, 남북한의 궤적은 결정적인 한순간의 중요성과 정보 실패의 기념비적인 대가를 보여준다.

중국의 기습 공격은 정보분석의 함정을 극명하게 드러낸다. 1950년 가을

---

* 저자가 일본과 혼동한 것으로 보인다. 세계은행 통계에 따르면 2020년 1인당 GDP는 대한민국 3만 1727달러, 일본 3만 9987달러였다.

에는 중국의 실제 의도와 역량과 관련하여 다양한 방법으로 수집된 수많은 단서가 있었다. 전쟁 포로 심문, 북한 현지인들로부터 얻은 인간정보, 중국 국민당 지지자들의 보고서, 통신 도청, 사진 정찰, 노획한 적의 문서, 주중 인도대사 K.M. 파니카르K. M. Panikkar를 통해 전달된 외교 메시지, 심지어 중국 총리 저우언라이의 공개 성명도 있었다.[11] 맥아더와 극동사령부의 G-2 정보 책임자 찰스 윌러비Charles Willoughby 소장은 그들이 얻은 거의 모든 정보를 잘못 해석했다. 다른 사람들도 그랬다.[12] 문제는 그 이유다.

많은 사람은 한국전쟁의 정보 실패를 맥아더 장군의 허영심 탓으로 돌린다. 역사가 윌리엄 스터크William Stueck가 말했듯이 맥아더가 "자기 숭배의 꿈속 세계"에 살았다는 것[13]은 분명 사실이다. 하지만 더 많은 이야기가 있다. 대개는 그렇다. 재난이 닥칠 때마다 개인을 비난하고 싶지만, 정보 실패의 근원은 거의 항상 더 깊은 곳에 있다.

이 장에서는 정보분석에 대해 자세히 살펴보고, 왜 눈앞에 있는 것을 보는 것이 그렇게 어려운지를 살펴본다. 답은 두 가지 요소에 있는데, 바로 사건의 예측 가능성과 인간 인지력의 한계다. 세상은 본질적으로 이해하기 어렵고 인간의 뇌는 세상을 잘 이해하도록 구성되어 있지 않다.

앞으로 알게 되셨시만, 맥아너는 매우 흔한 불행의 극단적인 사례를 겪었다. 그는 낙관주의로 인해 사실에 대한 평가가 흐려졌고, 이전 신념과 모순되는 증거를 무시했으며, 반대 의견을 차단하는 측근들을 두었다. 한국전쟁에서 가장 중요한 교훈은 맥아더가 독특하게 실패했다는 것이 아니다. 그가 평범하게 실패했다는 것이다. 모든 인간은 정보를 처리하기 위해 인지적 필터를 사용하는데, 이것은 가장 중요한 순간에 가장 단호한 지도자조차도 실패로 이끌 수 있다. 최근 몇 년 동안 연구원들과 정보관들은 이러한 종류의 인지적 함정을 더 잘 발견하고 피하는 방법을 찾고 있다. 또한 인공지능의 발전으로 분석관들은 디지털 시대에 새로운 통찰력을 얻고 엄청난 양의 데이터를 처리하는 데 도움이 되는 전도유망한 방법을 얻게 되었다. 하지만 짜증 나는 도전도 여전히 남아 있다.

많은 직업에서 미래 예측은 위험한 일이다

미래 예측이 어렵다는 것은 누구나 알고 있다. 최고의 데이터에 접근할 수
있는 전문가들도 종종 틀린다. 의사들은 오진을 한다. 우버Uber, 펠로톤
Peloton, 리프트Lyft가 상장될 때 보았듯이 은행가들은 초기 주가를 잘못 판단
한다. 할리우드 임원들은 예상외의 흥행 성공(〈미스 리틀 선샤인Little Miss
Sunshine〉)과 블록버스터의 흥행 참패(〈그린 랜턴Green Lantern〉)에 놀란다. 정치
여론조사기관은 선거일에 깜짝 놀란다. 1948년 대통령 선거에서 분석가들
은 뉴욕 주지사 토머스 듀이가 현직 대통령 해리 트루먼을 이길 것이라고 너
무나 확신했고, ≪시카고 트리뷴≫ 신문이 인쇄소로 넘어갈 때는 "듀이, 트
루먼을 꺾다"라는 커다란 제목이 쓰여 있었다.[14] 선거 결과가 나왔을 때 트루
먼은 신나는 하루를 보냈다. 2016년에는 여론조사기관들이 발전된 데이터
분석 기법을 갖추고 있었지만 더 나은 결과를 얻지는 못했다. ≪뉴욕타임스≫
가 조사한 네 가지 모델은 공화당 후보 도널드 트럼프가 민주당 후보 힐러리
클린턴을 이길 확률을 15%, 8%, 2%, 1% 미만으로 평가했다. 심지어 통계
학의 대가 네이트 실버는 트럼프의 당선 가능성을 29%로 예측했다.[15]

하지만 우리는 종종 어떤 것은 다른 것보다 훨씬 더 예측하기 쉽다는 사실
을 잊어버린다. 바깥 세상에 대한 예측 가능성은 체계적인 이유로 인해 체계
적인 방식으로 다양해진다.

예측 가능성 범위: 4대 핵심 요인

그림 5.1에서 알 수 있듯이 예측 가능성은 넓은 범위에 분산되어 있다. 스

쉬움
스포츠 예측

- 풍부한 자료
- 누구나 이용 가능한 정보
- 명확한 결과
- 최소한의 거부와 기만

어려움
정보분석

- 부족한 자료
- 정보 비대칭
- 모호한 결과
- 많은 거부와 기만

그림 5.1 예측 가능성 범위

포츠 경기는 쉬운 쪽 끝에 자리 잡고 있다. 국가안보 위협이 앞으로 어떻게 전개될지 평가하는 것은 반대쪽, 어려운 쪽 끝에 자리 잡고 있다. 네 가지 요인으로 그 차이를, 그리고 정보분석이 미래를 예측하는 다른 직업보다 훨씬 더 힘든 이유를 설명할 수 있다.

자료! 자료! 자료!

자료는 어떤 것이든 미래를 예측하는 데 있어 핵심 요소이다. 분석은 어떤 원인이 어떤 결과를 낳을 가능성이 있는지 이해하는 '인과적 추론' 작업이다. 그러나 아무 자료나 도움이 되는 것은 아니다. 자료가 유용성을 가지려면 비슷한 사건이나 상황을 다루어야 한다. 비슷한 상황을 더 많이 볼수록 가능한 원인과 결과에 대해 더 많은 통찰력을 얻을 수 있다.

스포츠 경기는 자료가 풍부하다. 반복되는 플레이, 일관된 규칙, 장기적인 경기 계획과 경쟁자, 게다가 켄터키 더비* 우승자들의 포지션부터 1871년 이후 모든 프로야구 선수의 타율[16]까지 거의 모든 것을 다루는 통계도 있

---

* 켄터키주에서 1875년부터 열리고 있는 경마 경주

다. 스포츠 중계자들이 항상 정확하게 맞추는 것은 아니지만, 비교할 수 있는 자료가 있으면 불확실성이 줄어들고 예측 정확도는 높아진다. 스포츠에서는 확률이 보통 맞는다는 바로 그 이유 때문에 승산이 없는 경기에서 이기면 짜릿하다. 지난 80여 년간 NCAA(전미대학경기협회) 남자 농구에서 최하위 팀이 전승을 거둔 일이 정확히 몇 번 있었을까? 한 번도 없다. 역사는 운명이 아니지만 스포츠에서는 꽤 좋은 지침이 된다.

대조적으로 정보분석관들에게는 미래의 지정학적 추세를 평가하는 데 도움이 될 만한, 스포츠 경기와 같은 풍부하고 비교할 수 있는 자료가 없다. 1950년 6월 한국전쟁이 발발했을 때, 중국의 새로운 공산주의 정권의 의도를 분별하는 데 도움이 될 만한 자료는 불과 8개월 전부터 나오고 있었다. 마오쩌둥이 중국 내전에서 승리하고 1949년 10월 1일에 중화인민공화국을 수립했기 때문이다. 과거에 이웃의 이념적 동맹국이 외국의 공격을 받을 때 마오가 어떻게 대응했는지 알아볼 만한 역사서를 냉전 초기 미국 정보분석관은 아무도 읽어볼 수 없었다. 그런 역사서는 없었기 때문이다.

또한 이란과의 최근 핵 위기 문제를 생각해 보라. 지금까지 핵무기를 획득한 나라는 단 10개국에 불과하다.[17] 5개국은 아주 오래전, 휴대용 계산기가 발명되기도 전에 핵폭탄을 개발했다. 북한은 가장 최근에 핵무기를 얻은 불량국가지만, 이 은둔 왕국의 통치 가문은 어떤 면에서도 보편적인 모델은 아닌 것 같다. 그리고 설사 그렇다 하더라도, 우리가 북한 김정은의 생각을 정말로 얼마나 알고 있을까? 북한은 대단히 어려운 정보 목표이고, CIA는 2009년까지 초밥 요리사의 간접적인 보고를 통해 김정은에 대한 자료를 만들고 있었다.[18] 남아프리카 공화국은 핵무기를 개발한 뒤 자발적으로 해체한 유일한 국가다.[19] 그러나 이 역시 보편적인 사례가 아닌데, 당시에는 아파르트헤이트apartheid*가 무너지고 있었고 백인 정권은 흑인 정부에 권력을 이

---

*   남아공의 인종차별 정책

양하면서 핵폭탄을 넘겨주는 것을 두려워했다.

스포츠 분석가들은 그야말로 수천 개의 기준 자료를 활용하여 올해의 결과를 추정할 수 있지만, 핵무기 분석관들은 이란에 대한 통찰력을 얻기 위해 역사를 파헤쳐도 75년 동안 총 10개의 독특한 사례만 있을 뿐이다.

정보의 비대칭

대상에 따라 예측의 난이도가 달라지는 두 번째 요인은 정보 비대칭이다. 스포츠에서는, 일반적으로 누구나 동일한 정보를 사용할 수 있다. 코치는 자기 팀의 분위기나 연습 때 어땠는지와 같은 내부 상황을 알 수도 있겠지만, 중요한 정보는 공개되어 있다. 아무도 올해의 순위나 시즌에서 탈락할 정도의 부상을 숨기지 않는다. 자료를 얻는 데 있어 유일한 제약 요인은 시간, 즉 ESPN을 보거나 통계를 뒤지는 데 시간을 얼마나 투자하느냐이다.

지정학에서는 시간이 얼마나 있든 간에 모두가 같은 정보를 이용할 수는 '없다'. 정보는 다른 사람의 비밀은 알아내고 우리 자신의 비밀은 보호하는 일이다. 정보 비대칭이 목표다. 정보 비대칭의 세계에서 예측은 훨씬 더 어렵고 오판은 훨씬 더 빈번하다.

더글러스 맥아더는 중국군의 움직임과 전쟁 개입 의지에 대한 정보를 어느 정도 갖고 있었다. 하지만 전체 상황을 파악하지 못했다는 것을 너무 늦게 알아차렸다. 1950년 10월 15일, 맥아더가 중국은 "5만 명 이상의 군인이 강을 건너는 데도 엄청난 어려움을 겪을 것"이라며 트루먼 대통령을 안심시키고 있던 그때 수만 명의 중국군이 몰래 강을 넘고 있었다.[20] 10월 19일이 되자 26만 명의 중국 전투병이 한반도 산속에 숨어 있었다. 중국군은 움직임을 숨기기 위해 노력하고 있었는데, 눈밭에서 몸을 숨기려고 군복의 하얀 안감이 밖으로 나오게 뒤집어 입기까지 했다.[21] 중국의 기습 공격은 정보 비대칭에 의존했다.

정보 비대칭 문제는 적대 세력만 일으키는 것이 아니다. 심지어 정보공동체 내에서도 모두가 동일한 정보를 이용할 수 있는 것이 아니다. 부분적으로 이 문제는 누가 어떤 정보에 접근할 수 있는지 엄격하게 제한하는 비밀 분류 규정 때문이다.

이와 같은 '알 필요'에 근거한 정보 차단은 보안상 긍정적인 효과가 있다. (오사마 빈 라덴 같은) 정보 목표에게 정보가 새어 나가 도망칠 위험을 제한하고, 잠재적인 사이버 침해나 고정간첩으로 인한 피해를 줄일 수도 있다. 그러나 '알 필요' 원칙의 단점은 분석관들이 종종 서로 다른 정보를 갖고 있지만 이를 공유하려면 엄청난 장벽에 직면한다는 것이다.

20년간의 NCAA 농구 토너먼트 자료를 천 명의 사람들에게 뿌린다고 생각해 보라. 다음으로 그들 대다수가 서로를 모르고, 상당수는 자신이 가신 자료의 가치도 모른다고 생각해 보라. 어떤 사람들은 다른 종목의 전문가로서 농구를 어떻게 하는지도 모른다. 게다가 잘못된 사람과 자료를 공유하면 징계나 해고는 물론 기소될 수도 있다. 그렇지만 성공하려면 어떻게든 공동으로 올해의 우승팀을 선정해야 한다.

정보 세계에서 왜 종종 올바른 정보가 올바른 사람에게 올바른 시섬에 전달되지 않는지를 설명하는 많은 요인이 있다. 관료주의적 자기영역 보호, 기관별 문화, 경력 인센티브, 뿌리 깊은 습관, 자율성에 대한 욕구 등이다. 한국전쟁에서 맥아더와 그의 정보수석 윌러비는 새로운 정보기관을 신뢰하지 않았고 전시 정보에 대한 완전한 통제를 원했기 때문에 고의적으로 CIA를 배제했다. 어느 학자가 기술했듯이, 의구심을 갖는 것은 좋은 정보분석관이 마땅히 해야 할 일이었지만 맥아더는 "자기 부하의 의구심이나 본국의 간섭"을 원하지 않았다.[22]

50년 뒤, FBI와 CIA는 9·11 테러 계획을 드러낼 만한 중대한 단서에 대한 정보를 공유하는 데 실패했다. 자기 기관을 넘어 일하는 것이 두 기관 모두에 익숙하지 않았고, 항상 그런 식이었기 때문이다.[23] "FBI에서 … 요원들은 다른 기관과 정보를 공유하도록 훈련받지 않습니다." 법무장관 자넷 르

노Janet Reno가 그 비극을 조사한 초당적인 9·11 위원회에 했던 말이다. "요원들은 다른 기관에 유용할 만한 정보를 생산하고 공유하는 능력에 대해 평가받거나 보상받지도 않습니다."[24] 9·11 이후 대테러정보 공유는 상당히 개선되었지만, 정보 비대칭은 여전하다. 어느 고위 정보관의 표현으로는 "비밀 정보를 과도하게 제한한다고 해서 경력이 망가지는 일은 없습니다".[25]

성공은 언제 성공인가?

예측 가능성에 영향을 미치는 세 번째 요인은 결과가 빠르고 명확한지 여부다. 이것은 대단히 중요하다. 빠르고 명확한 결과가 있다면 시간이 지남에 따라 분석관들이 예측을 개선할 수 있는 선순환 고리를 개발할 수 있다. 실수했다는 것을 알아야 실수로부터 배우기가 더 쉽다.[26]

와튼 스쿨의 심리학자 필 테틀록Phil Tetlock은 전문가의 판단에 관한 선도적인 학자로서 선순환 고리의 팬이다. 그와 댄 가드너Dan Gardner가 자신들의 책 『슈퍼예측Superforecasting』에 썼듯이, "실패로부터 배우려면 언제 실패하는지 '알아야' 한다. 뒤로 주저앉는 아기는 안다. 자전거를 타다 넘어져 무릎이 까지는 소년도 그렇다. 쉬운 퍼팅에서 벙커에 공을 빠트리는 회계사도 마찬가지다. 그들은 언제 실패하는지 알기 때문에 무엇이 잘못되었는지 생각하고, 조정하고, 다시 시도할 수 있다".[27]

어떤 영역에서는 실패가 더 쉽게 보인다. 기상학자들이 일기예보를 훨씬 잘하게 된 한 가지 이유는 굉장한 선순환 고리가 있기 때문이다. 기상 측정의 정확도는 빠르고 분명하게 나타난다. 일기예보에서 '장기'라고 하면 다음 주를 의미한다. 눈은 내리거나 내리지 않거나 둘 중 하나다. 바깥에 허리케인으로 돌풍이 불고 있는지 누구나 확실히 알 수 있다.[28] 기상학자들은 많은 예측을 하고, 각각의 예측이 맞았는지 틀렸는지 쉽고 빠르게 구별할 수 있으며, 모델을 조정하여 다음 날 다시 시도할 수 있다.

스포츠에서도 결과는 분명하고 즉각적이다. 이기면 이겼다는 것을 누구나 알고 있다. 분석가들은 자신의 예측 기록을 보고 잘못된 변수에 지나치게 비중을 둔 것인지 아니면 편향으로 인해 판단이 왜곡되었는지 검토할 수 있다. (아래에서 좀 더 살펴본다.)

하지만 외교정책에서 이기고 지는 것은 거의 절대로 명확하지 않다. ISIS는 궁지에 몰렸는가 아니면 상승세인가? 북한에 대한 최대 압박은 효과가 있는가? 미국의 아프가니스탄 전쟁은 과연 성공할 것인가? 누가 맞거나 틀렸는가? 대답하기 어렵다. 그리고 오늘의 대답은 한 달, 일 년, 십 년, 또는 백 년 뒤에는 달라질 수 있다.

정보에서 성공을 보기란 특히 어렵다. 너무 많은 요인이 정책의 결과에 영향을 주는데다가, 때때로 정보 성공은 불행한 사건이 애당초 일어나지 않도록 방지하는 것이기 때문이다. 전 CIA 차장 존 맥러플린이 내게 말했듯이, 성공은 "때로는 NATO 체제하의 발칸반도와 독일 통일처럼 성공적인 정책 속에 숨겨져 있고, 때로는 정보기관의 경고 덕분에 대사관이 공격받지 않으면 아무도 모르듯이 성공은 아무 일도 일어나지 않는 것입니다".[29]

자신의 과거 예측이 정확했는지 모르는 상황에서 분석관이 예측 능력을 개발하기는 어렵다.[30]

거부와 기만

예측 범위에 영향을 미치는 네 번째 요인은 거부와 기만, 즉 자신이 하는 일을 숨기면서 상대를 속이려는 노력이다.[31] 스포츠 코치도 거부와 기만을 사용하는데, 예를 들어 큰 경기에서 자신의 지시를 숨기려고 사인을 보내거나 변칙 플레이를 한다. 그러나 이는 국가와 초국가 행위자가 의도와 역량을 숨기고 다른 정보기관을 헤매게 하려는 행위에 비하면 사소한 일이다.

2016년 북한 김정은은 옛날 영상을 조작해 가짜 미사일 실험을 꾸며냈다. 1962년 쿠바 미사일 위기 당시 소련 서기장 니키타 흐루쇼프Nikita Khrushchev는 존 F. 케네디에게 소련이 쿠바에 보내는 무기는 본질적으로 방어용이라는 노골적인 거짓말을 했다.[32] 한국전쟁에서 마오쩌둥의 군대는 압록강을 건너는 모습을 숨기기 위해 비상한 노력을 기울였는데, 난민으로 변장하고, 모든 라디오, 전신, 전화 통신을 차단하고, 물 색깔로 칠한 나무로 수면 바로 아래에 잠기는 다리를 건설하기도 했다.[33] 독립전쟁 동안 조지 워싱턴 장군은 가짜 야영지를 만들었고, 가짜 전투계획과 편지를 써서 적의 수중에 떨어지게 했고, 심지어 영국군을 속여 대륙군이 더 크고 더 잘 무장되어 있다고 믿게 하려고 모래로 채운 가짜 화약통을 선적했다.

국제 정치에서 거부와 기만 노력은 드문 일이 아니다. 그것은 일상이다. 중요한 정보를 잘 숨기고 상대가 거짓을 믿도록 조종하는 능력에 따라 전쟁에서 이기고 지고 국가에 힘이 되거나 해가 된다.

아무도 스포츠 기록을 의심하지 않는다. 홈런은 홈런이다. 하지만 지정학에서는 자료가 항상 의심의 대상이다.

요컨대, 세상 모든 것을 동일하게 예측할 수 없다고 예측할 만한 이유가 있다. 정보분석관의 경우 난이도가 높다. 자료 부족, 정보 비대칭, 미약한 선순환 고리, 만연한 거부와 기만 활동 때문에 지정학적 추세와 사건은 다른 것보다 훨씬 예측하기 어렵다.

판단의 7대 죄악

저 밖에 있는 세상만 문제인 것이 아니다. 가끔은 우리 자신에게도 문제가 있다.

심리학 연구에 따르면 인간은 매일 쏟아지는 모든 정보를 처리하기 위해 정신적 지름길에 의존한다. 이러한 지름길은 대단히 유용하며, 더 빠른 사고와 효율적인 의사결정을 가능하게 한다. 우리는 생각조차 하지 않고 정신적 지름길을 사용한다. 식당을 고를 때 옐프Yelp 리뷰를 훑어보고, 넷플릭스

Netflix 검색 알고리즘이 추천하는 영상을 보고, 지자체 출마 후보자를 신중하게 평가하기보다는 소속 정당에 따라 투표한다. 하지만 정신적 지름길은 또한 오류를 범하기 쉽다.[34]

이것이 어떻게 작동하는지 이해하기 위해 심리학의 선구자들, 에이머스 트버스키Amos Tversky와 대니얼 카너먼Daniel Kahneman이 수행한 초기의 논쟁적인 실험 중 하나를 생각해 보자. 참가자들은 린다라는 가상의 여성에 대해 다음과 같은 설명을 들었다.

린다는 31살이고 독신이며 거침없고 매우 총명합니다. 그녀는 철학을 전공했습니다. 학창 시절에 차별과 사회 정의 문제에 깊은 관심을 가졌고 반핵 시위에도 참여했습니다.

다음으로 참가자들에게 다음 중 어느 쪽이 더 그럴싸한지 물었다.

① 린다는 은행원이다.
② 린다는 은행원이고 페미니스트 운동에 적극적이다.

85%에서 90%의 참가자들이 ②를 골랐다. 카너먼은 이것이 완전히 "논리에 반하는" 결과라고 묘사했다. 모든 페미니스트 은행원은 은행원에 속하므로 언제나 ①이 사실일 확률이 더 높다.[35] 수학은 거짓말을 하지 않지만 뇌는 자주 거짓말을 한다.

경제학자들과 심리학자들은 너무나 많은 인지적 편향을 발견했는데, 위키피디아Wikipedia에는 현재 거의 200개가 등재되어 있다.[36] 특히 일곱 가지는 정보분석에 만연해 있고 중대하기 때문에 나는 판단의 7대 죄악이라고 부른다.

확증 편향Confirmation Bias

인간은 객관적이지 않다. 아무리 노력해도 소용없다. 연구원들은 인간이 자신의 초기 신념을 고집하며, 반대 증거가 있어도 곧바로 초기 신념에 맞게 합리화한다는 점을 발견했다. 인간은 자신에게 이미 형성된 믿음에 부합하는 정보를 찾아 고수하며, 믿음에 배치되는 증거를 피하거나 무시하거나 최소화하는 경향이 있다.

이제는 유명해진 심리학 실험인데, 나의 스탠퍼드 대학교 동료 리 로스Lee Ross와 마크 레퍼Mark Lepper는 심리학자 찰스 로드Charles Lord와 함께 사형을 지지하는 대학생 24명과 반대하는 대학생 24명을 모집했다. 다음으로 이 48명의 학생들에게 증거 수준이 동등한 두 가지 연구를 보여주었다. 하나는 사형제도가 미래의 범죄를 방지한다는 내용이었고, 다른 하나는 그렇지 않다는 내용이었다. 로스, 레퍼, 로드는 학생들이 자신의 기존 믿음과 상충하는 연구를 무시하고 자신의 정책 선호에 부합하는 연구를 받아들였다는 점을 발견했다.[37] 학생들은 기존의 믿음 때문에 사실을 객관적으로 분석하지 못했지만, 그것을 알아채지도 못했다.

확증 편향은 수 세기 동안 좋은 분석을 방해했다. 로마 시대에, 황실 의사 갈레노스Galen는 자신의 치료법을 너무나 확신해서 어떠한 증거도 그가 틀렸다고 증명할 수 없었다. 그는 이런 유명한 말을 남겼다. "이 치료제를 마시는 모든 사람은 금세 회복되지만 효과가 없는 사람은 모두 죽는다. 따라서 이 치료제는 불치병에만 효과가 없는 것이 분명하다."[38] 프랜시스 베이컨Francis Bacon은 1620년에 확증 편향의 위험을 경고하며 이렇게 썼다. "인간의 이해력은 한 번 의견을 받아들이면 … 그것에 지지하고 동의하기 위해 다른 모든 것을 끌어내린다."[39]

3세기 후 한국전쟁에서 찰스 윌러비 소장은 심각한 확증 편향에 빠져 있었으며, 유엔군은 11월 대규모 기습이 있기 몇 주 전부터 전장에서 중국군을 마주치기 시작했는데도 정보를 경시하고 묵살하는 여러 방법을 만들어냈다.[40] 10월 25일 처음으로 중국군 포로를 생포했는데, 그 포로는 심문관에게 자신이 중국 공산군의 정규 병사이며 인근 산에 수만 명의 중국군이 있다고 말했다. 이 보고는 즉시 윌러비에게 전달되었지만, 윌러비는 중국에 살던 한국인이 전투에 자원한 것이 틀림없다는 답신을 보냈다. 그 후 몇 주 동안 미군과 한국군은 대규모로 압록강을 넘어왔다고 대답하는 중국 포로를 더 많이 잡았다. 그때마다 윌러비는 그러한 보고 내용의 중요성을 과소평가했다.[41]

2002년 이라크 전쟁을 앞두고 확증 편향은 또다시 정보 실패로 이어졌다. 의회는 10월에 이라크의 대량살상무기WMD 계획에 대한 국가정보판단서NIE를 받았다. NIE는 정보공동체에서 생산하는 가장 권위 있는 평가로서, 정보공동체 전체에 걸쳐 최고의 정보로부터 얻은 최고의 통찰력을 활용한 최고의 표준으로 간주된다. 이라크 WMD에 대한 NIE에는 몇 가지 놀라운 평가가 포함되어 있었다. 예를 들면 이라크는 당시 핵무기 계획을 재개하여 원자폭탄 보유를 추진하고 있었고, 겨자, 사린, VX 등 화학무기 생산을 재개하여 상당한 양의 화학무기를 비축했을 가능성이 있으며, 탐지를 피할 수 있는 이동식 생물학무기 생산 시설을 개발하는 등 1차 걸프전 이후 생물학무기 역량을 확장하고 발전시켰다는 것이다.[42]

이 모든 판단이 잘못된 것으로 판명되었다.[43] 미국이 이라크를 침공한 후 CIA와 국방부는 대량살상무기와 관련된 연구 및 기간시설의 증거를 찾기 위해 국제 진상조사단을 구성했다. 이라크 사찰단Iraq Survey Group이라고 불리는 이 팀은 핵무기 계획이 재개되었다는 증거를 찾지 못했다.[44] 이란-이라크 전쟁에서 남은 것으로 추정되는 미량의 화학 무기를 발견했지만 군사적으로 중요할 정도는 아니었다.[45] 사찰단은 사담 후세인이 1990년대에 생물학무기 계획을 폐기했다고 결론 내렸다.[46] 탐지를 피할 수 있는 이동식 생물학무기 시설은 사실 커브볼이라는 암호명의 신뢰할 수 없는 정보원이 만들어 낸 허구였다.[47] 전 CIA 부장 존 브레넌은 커브볼을 "날조범"이라고 불렀으며 그 판단서는 "심각한 결함이 있다"고 말했다.[48]

그 많은 똑똑하고 헌신적인 정보분석관들이 어떻게 그렇게 틀릴 수 있었을까? 초당파적인 실버만-롭 위원회Silberman-Robb Commission는 사후 조사를 실시하여 수천 건의 문서를 검토하고 정보공동체 안팎의 전문가 수백 명을 인터뷰했다. 만장일치로 작성된 보고서에서 여러 가지 실패 원인이 밝혀졌는데, 확증 편향이 가장 큰 원인이었다. 보고서는 "어떤 경우에는 분석관들의 추정이 니무 확고해서 가설을 뒷받침하지 않는 증거를 그저 무시한 것으로 보인다"라고 결론지었다. "여러 사례에서 보았듯이, 분식관들은 이리크에 대량살상무기가 없다는 증거에 직면하면 그러한 정보를 무시하는 경향이 있었다. 분석관들은 증거를 독립적으로 평가하기보다는 지배적인 이론에 부합하는 정보는 받아들이고 모순되는 정보는 거부했다." 1차 걸프전 이후 연힙군이 발견한 징보를 바당으로 징보분식관들은 이라크의 지도자 사담 후세인이 과거에 비밀 WMD 계획을 추진했다는 사실을 알고 있었다. 10년 후, 분석관들은 사담 후세인이 다시 대량살상무기를 개발하고 있을 것으로 추정했다. 비합리적인 가설은 아니었지만, 섬증되지 않은 가설이었다. 그리고 그것 때문에 모든 차이가 발생했다. 위원회는 "분석관들이 사실에 이론을 맞추기보다는 이론에 사실을 맞추기 시작했다"고 결론지었다.[49] 확증 편향의 전형적인 사례였다.

낙관적 편향Optimism Bias

낙관적 편향은 확증 편향의 가까운 사촌이다. 간단히 말하자면, 낙관적 편향은 희망적 사고다. 그것은 어디에나 있다. 연구원들은 인간이 다른 사람보다 자신에게 좋은 일이 더 많이 일어날 것이라고 믿고,[50] 자신의 투자 성과가 평균을 웃돌 것으로 생각하며,[51] 자신이 좋아하는 스포츠 팀이 실제보다 승리 가능성이 더 높다고 생각하고,[52] 여론조사와 맞지 않더라도 자신이 선호하는 대통령 후보가 당선되리라고 믿는다는 사실을 발견했다.[53] 인간은 자기 자신에 대해서도 지나치게 낙관적인 태도를 취한다. 대다수의 사람들은 자신이 평균보다 더 똑똑하고, 더 재능 있고, 더 잘생겼으며, 심지어 운전도 더 잘한다고 믿지만, 대다수의 사람들이 평균을 능가하는 것은 통계적으로 불가능하다.[54]

낙관적 편향에는 장점이 있는데, 그게 아니라면 빌 게이츠Bill Gates나 스티브 잡스Steve Jobs 같은 대학 중퇴자가 모든 위험을 무릅쓰고 마이크로소프트와 애플을 창업하는 것은 꿈도 꾸지 못했을 것이다. 낙관적 편향은 인간이 실패를 극복하고 재도전하는 데 도움이 되지만, 외교정책의 영역에서는 치명적일 수 있다. 정치인들은 소말리아에 대한 인도주의적 개입, 리비아 전쟁, 이란에 대한 제재 강화 등 성공을 낙관하는 정책 제안에 매우 취약할 수 있다.

제1차 세계대전에 참여한 거의 모든 국가의 지도자들은 빠르고 쉽게 승리할 것으로 예측했다. 전쟁 발발 당시 프랑스 육군 참모총장이었던 노엘 드 카스텔노Noël de Castelnau 장군은 "70만 병력을 주면 유럽을 정복하겠다"고 말했다.[55] 카스텔노 장군은 자신이 필요하다고 했던 병력의 10배가 넘는 840만 병력을 확보했지만, 유럽은 정복되는 대신 초토화되었다. 전쟁으로 거의 4000만 명이 사망했고 사회와 경제가 황폐화되었다.[56]

한국전쟁 당시 더글러스 맥아더와 찰스 윌러비는 승리를 너무나 낙관했기 때문에 비관적인 정보가 아무리 많아도 그들의 마음을 바꾸지 못했다. 한국전쟁 중 정보활동에 대한 전문가 검토에 따르면, 두 사람과 다른 정보 장교들은 중국군이 만주에 45만에 달하는 병력을 집결하고 있다는 수많은 보고를 받았다. 맥아더와 윌러비는 중국이 대규모 병력을 파병하고 있다는 사실에 동의하면서도 중국이 대규모로 개입할 가능성은 낮다고 결론지었다.[57] 낙관적 편향 때문에 미리 인정했더라면 피할 수 있었던 불행한 결과를 고려하지 못했다.

낙관적 편향은 정보분석보다 정책 결정에 더 자주 영향을 미친다. 정보관들은 태생적으로 비관주의에 빠지기 쉽기 때문이다. 정보관의 임무는 불리한 위험 요소를 검토하여 너무 늦기 전에 위험을 파악하는 것이다. CIA 부장 존 브레넌은 백악관에 나쁜 소식을 자주 가져와서 오바마 대통령은 그를 '닥터 둠'이라고 부르기도 했다.[58] 그럼에도 불구하고, 정보분석관 역시 낙관적 편향이라는 인지적 함정에서 자유롭지 못하다.

가용성 편향Availability Bias

인간이 확률을 이해하는 능력은 끔찍하다. 상어 공격으로 죽는 사람보다 자동차 사고로 죽는 사람이 약 6만 배나 많은데도 왜 사람들은 자동차 사고보다 상어 공격을 더 두려워하는지 궁금했던 적이 있는가?[59] 토네이도보다 천식으로 죽는 사람이 20배나 많은데도 왜 토네이도가 천식보다 더 치명적이라고 여겨질까?[60] 사람들이 바보라서가 아니라, 학위를 받은 똑똑한 사람들도 확률을 잘못 계산하는 경우가 있다. 문제는 가용성 편향이다. 사람들은 원래 기억하기 쉬운 일은 일어날 가능성도 더 높다고 생각한다. 인간의 뇌는 기억의 가용성과 미래의 가능성을 혼동한다. 생생하고 끔찍한 (상어 공격과 같은) 사건은 통계적으로 가능성이 낮더라도 일상적인 (자동차 사고 같은) 사건보다 일반적으로 더 쉽게 기억에 남는다.

다른 모든 사람과 마찬가지로 정보분석관은 가용성 편향으로 부지불식간에 판단이 왜곡될 수 있다는 문제와 씨름해야 한다. 정보분석관들이 2011년 파키스탄의 수상한 저택에 돌아다니던 페이서가 오사마 빈 라덴인지 여부와 관련된 정보를 서로 얼마나 다르게 보았는지 보면 최근의 경험이 얼마나 강력한 영향력을 발휘하는지 알 수 있다. 4장에서 설명했듯이, 빈 라덴을 발견했는지에 대한 추정치는 40~95% 사이로 다양했다.[61] 사담의 WMD 계획을 과대평가하는 정보 실패를 경험한 사람들은 정보에 더 회의적이었고 페이서가 빈 라덴일 가능성을 낮게 평가한 반면, 최근 대테러 작전에 성공한 사람들은 같은 정보를 더 신뢰하고 더 낙관적으로 평가했다.[62] 우리의 예측은 경험에 따라 달라진다.

근본적 귀인 오류Fundamental Attribution Error

근본적 귀인 오류란 다른 사람이 나쁜 행동을 하는 것은 성격 때문이고 내가 나쁜 행동을 하는 것은 통제할 수 없는 요인 때문이라고 믿는 경향을 말한다. 사람들은 종종 다른 사람을 비난하면서 자신에게는 면죄부를 준다. 운전자는 자기 앞에 끼어드는 사람은 나쁜 사람이라고 생각한다. 긴급 상황이거나 다른 이유가 있어서 그럴 수도 있다는 의문을 품지 않는다. 대학생들은 학점을 잘 받으면 "나 A 받았어!"라고 말하지만, 성적이 나쁘면 "교수님이 C를 주셨어!"라고 말하곤 한다.

외교정책에서도 근본적 귀인 오류는 상황을 오인하게 만든다. 카너먼과 렌숀Renshon은 다음과 같이 기술하였다.

> 외국 정부와의 긴장된 교류에 참여하는 정책결정자나 외교관은 상대 국가 대표의 적대적인 행동을 보게 될 가능성이 높다. 이러한 행동 중 일부는 실제로 깊은 적대감의 결과일 수 있다. 그러나 일부는 현재 상황에 대한 반응에 불과한 것일 수도 있다. 아이러니한 점은 타인의 행동을 깊은 적대감의 탓으로 돌리는 사람들이 자신의 행동은 적대적인 상대방 탓에 "궁지에 몰린" 결과라고 설명할 가능성이 높다는 점이다.[63]

역사는 한 국가가 다른 국가의 적대적 동기를 과대평가하거나, 자국의 행동이 상대 국가에 얼마나 위협적으로 보일지를 과소평가하거나, 아니면 둘다 때문에 발생한 위기로 가득하다.[64] 예를 들어, 미국과 이라크가 상대방의 관점을 크게 오해했던 1차 걸프전과 이라크 전쟁을 생각해 보라. 이라크는 냉전과 9·11 테러 이후 미국의 위험 감수 성향을 과소평가했고, 미국은 사담이 미국보다 이란의 위협을 훨씬 더 걱정하고 있다는 사실을 간파하지 못했다. 1990년과 2003년 모두 상대방의 의도와 동기를 제대로 파악하지 못하면서 양국 간에 값비싼 분쟁으로 이어졌다.[65]

한국전쟁 당시 많은 미국 관리들은 북한을 통과해 중국 국경으로 진군하는 것이 중국에 위협이 되지 않으리라고 믿었다. "워싱턴 당국, 특히 합참은 압록강변에서 직접적인 충돌을 피할 수 있다면 중국과의 전쟁도 피할 수 있다고 믿었고, 따라서 육군 참모총장 J. 로튼 콜린스J. Lawton Collins 장군은 맥아더에게 국경 8km 앞에서 멈추라고 제안했다." 1988년 엘리엇 A. 코언Eliot A. Cohen이 정보 실패에 대한 분석에서 지적한 내용이다.[66] 국무장관 딘 애치슨Dean Acheson은 "중국 공산당의 머릿속에는 유엔군에게 위협적인 의도가 없다는 어떠한 증거도 존재할 수 없었다"라고 주장하기도 했다.[67] 미국 지도자들은 자신들이 중국에 대해 적대적인 의도가 없다는 것을 알고 있었고 중국 지도자들도 이를 알고 있다고 가정했다. 중국이 참전했을 때도 미국 관리들은 맥아더가 38선 이북으로 진격한 것에 대한 반작용이라기보다는 중국이 미국에 원래 적개심을 품고 있었기 때문이라고 생각했다.

미러 이미징Mirror Imaging[*]

미러 이미징은 내가 같은 상황에서 어떻게 행동할지 생각해 봄으로써 다른 사람이 어떻게 행동할지 예측하는 것이다.[68] 평가를 할 때 "내가 시진핑이라면" 또는 "내가 러시아 정보관이라면" 같은 프레이밍을 하는 것은 정보분

―――――――
* 거울 영상 효과 또는 경상(鏡像) 효과라고도 한다.

석과 외교정책 결정에서 가장 큰 함정 중 하나다. 전직 CIA 분석관 프랭크 와타나베Frank Watanabe는 「정보분석을 위한 15가지 공리Fifteen Axioms for Intelligence Analysis」라는 글에서 이렇게 경고했다. "어떤 것이 당신에게 논리적 결론이나 행동 방침처럼 확실해 보인다고 해서 당신의 분석 대상도 그렇게 볼 것이라는 의미는 아니다."[69]

1998년 5월, 인도는 24년 만에 처음으로 핵무기를 실험했다. 미국 정보기관은 인도 언론을 통해서야 이 실험에 대해 알게 되었을 만큼 전혀 예측하지 못했다.[70] 이는 중대한 정보 실패였다.

엄정한 검토 결과 미러 이미징이 중요한 역할을 한 것으로 밝혀졌다.[71] 실험 준비를 숨기기 위한 인도 정부의 광범위한 거부와 기만이 있었지만, 정보 분석관들도 스스로의 생각에 속아 넘어갔다.[72] 분석관들은 집권하면 핵무기를 실험하겠다는 강경파 인도 인민당Bharatiya Janata Party, BJP의 선거 공약을 말뿐이라고 생각했다.[73] 미국인의 경험상 선거 공약은 너무 심각하게 받아들이지 말아야 한다. 분석관들은 BJP가 경제 제재와 국제적 반발을 무릅쓰고 핵실험을 할 가능성은 낮다고 추론했는데, 미국 정부가 같은 상황에 처했다면 핵실험을 하지 않을 것이기 때문이다. 검토 위원장 데이비드 E. 제레미아 David E. Jeremiah 장군은 "우리는 상대가 어떻게 생각했을지 훨씬 더 적극적으로 고려했어야 했다"고 말했다.[74]

미러 이미징은 맥아더와 다른 정책결정자, 그리고 CIA 분석관들이 한국 전쟁에서 오판하게 만들기도 했다. 그들은 중국도 미국과 마찬가지로 개입의 비용과 이득을 고려할 것으로 믿었다. 다시 말해, 미군은 막강한 공군력을 토대로 중국군에 비해 결정적인 우위를 점하고 있었고, 소련 지휘부도 중국의 참전을 승인하면 핵무기를 보유한 두 초강대국 사이에 세계 전쟁이 벌어질 위험이 있으므로 주저할 상황이었다.[75]

1962년 쿠바 미사일 위기에서도 미러 이미징은 소련과 미국 모두의 오판으로 이어져 세계를 핵전쟁 위기에 빠뜨렸다. 미국의 분석관들은 소련의 입장에서 세계를 보거나 미사일 배치의 비용과 이득을 비교하지 못했다. 소련도 미국이 어떻게 반응할지 예측하면서 같은 실수를 저지른 것으로 보인다.

1962년 1월부터 같은 해 10월에 미국 U-2 정찰기가 쿠바의 핵미사일 기지에 대한 결정적 증거를 발견할 때까지 미국 정보공동체는 쿠바와 관련하여 국가정보판단서를 4차례 작성했다.[76] 판단서는 모두 소련의 주요 목표가 미국의 공격으로부터 쿠바를 방어하는 것이라고 가정했다. 분석관들은 소련이 쿠바에 핵무기를 배치하면 미국과의 핵전쟁 발발 위험이 감당할 수 없을 정도로 높아진다는 것을 알고 있을 것으로 추론했다. 1962년 3월 21일자 판단서에는 소련이 "쿠바를 위해 자국의 안전을 위험에 빠뜨리겠다고 의도하는 일은 거의 확실히 없을 것"이라고 기술되어 있다.[77] 소련 서기장 니키타 흐루쇼프가 핵무기 배치의 '이점'에 주목하리라는 평가는 없었다. 예를 들어 쿠바에 핵무기를 배치한다면 베를린 분단 상황에 대한 영향력을 확보하거나, 케네디 대통령에게 무안을 주거나, 미국이 유럽에 핵무기를 배치하여 소련을 심리적으로 압박한 것처럼 미국 주변에 핵무기를 배치하여 압박하거나, 미국 본토에서 불과 145km 떨어진 곳에 풍부하고 신뢰성 있는 단거리 미사일을 배치함으로써 작고 불안정한 장거리 핵무기 체계를 보완할 수 있었다.[78]

소련의 정보 평가에 대해서는 알려진 바가 많지 않다.[79] 하지만 소련 서기장 니키타 흐루쇼프가 미국의 위험한 대응을 유발하지 않고 쿠바에 핵무기를 배치할 수 있다고 판단했다는 것은 분명하며, 이는 미국 정보분석관들과 정책결정자들이 실제로 생각한 것과는 정반대였다.[80] 레이먼드 가토프Raymond Garthoff는 "흐루쇼프와 그의 동료들이 케네디가 강경하게 대응할 것을 알았더라면 결코 미사일 배치 결정을 하지 않았을 것이다"라고 결론지었다.[81]

케네디 대통령은 초강대국 간 핵전쟁 확률을 "3분의 1에서 절반 사이"로 믿었다고 말했다.[82] 역사학자 아서 슐레진저 주니어Arthur Schlesinger Jr.는 쿠바 미사일 위기를 "인류 역사상 가장 위험한 순간"이라고 불렀다.[83] 왜? 양측 모두 상대가 자신과 같이 생각한다고 믿었기 때문이다.

프레이밍 편향Framing Bias: 숫자와 단어를 다루는 문제

사람마다 같은 숫자나 단어를 매우 다른 방식으로 인식한다. 질문을 던지는 방식이나 통계를 제시하는 방식에 따라 가능성과 위험을 다르게 해석할 수 있다.

우리 가족이 로스앤젤레스에서 캘리포니아 북부 팔로알토로 이사했을 때, 여덟 살짜리 딸은 드디어 눈을 볼 수 있을 거라고 생각했다. 매일 아침 케이트는 아침 식사 전에 일기 예보를 훑어보고 학교 가기 전에 자동차 앞 유리에 성에가 끼지 않았는지 확인하곤 했다. 어느 날 케이트는 부엌으로 뛰어 들어와 흥분한 목소리로 외쳤다. "눈이 올 거야! 드디어 눈이 온다고!" 실제로 일기 예보에서는 눈이 내릴 확률을 10%로 예측했다. 10%라는 확률은 그다지 높지 않아 보였지만, 처음으로 눈밭에 누워보기를 바라는 여덟 살짜리 아이에게는 10%가 희망적으로 보였다.

눈 내리기를 소원하던 케이트의 모습은 정보가 그저 정보에 불과한 것이 아니라는 사실을 일깨워 준다. 나는 전 국무장관 콘돌리자 라이스와 수년 동안 스탠퍼드 MBA를 대상으로 세계적 위기관리에 관한 강의를 했다. 우리는 수업 시간에 뷰티필Beauty Pill 연습이라는 실험을 통해 이 점을 강조했다. 학생들에게 체중, 헤어스타일, 나이에 상관없이 영원히 최고의 모습을 유지할 수 있는 알약을 발명했다고 상상해 보라고 했다. 이 알약은 엄격한 테스트를 거쳐 99.9% 안전하며 부작용이 없는 것으로 밝혀졌다. 이 약을 먹을 사람? 다들 손을 번쩍 들었다. 일반적으로 한두 명의 회의적인 학생을 제외하고는 모두 이 약을 먹겠다고 한다. 다음으로 학생들에게 질문한다. "만약에 이 약을 먹으면 바로 지금 이 자리에서 죽을 확률이 1000분의 1이라고 하면 어떨까요? 그래도 이 약을 먹을래요?" 이번에는 손을 드는 사람이 많지 않다. 통계적으로 '99.9% 안전하다는 것은 1000분의 1의 사망 위험과 정확히 같다'. 하지만 99.9% 안전하다는 말이 1000분의 1의 즉사 위험보다는 훨씬 좋게 들린다. 숫자와 단어로 소통하는 것은 절대 간단하지 않다. 프레이밍 편향이 방해하기 때문이다.[84]

(한 가지 예외적인 경우가 있었는데, 텍사스에서 수백 명의 기업 임원들과 뷰티필 연습을 진행할 때 약을 먹겠다고 당당하게 손을 들고 있는 여성이 있었다. 그녀는 통계를 제대로 이해했다. "젠장, 죽을지도 모르죠." 그녀는 퉁명스럽게 내뱉었다. "그래도 최소한 예쁘게 죽겠죠.")

정보분석관들은 항상 프레이밍 문제를 해결해야 한다. 국가정보판단서를 작성하든 백악관에 브리핑을 하든 분석관들은 어떤 일이 일어나거나 일어나지 않을 가능성을 추정해야 하는데, 사람마다 추정 확률을 표현하는 단어와 숫자를 다르게 해석한다는 문제가 있다.

셔먼 켄트는 CIA 경력 초기에 이러한 현상을 발견했다. 1951년 3월, 켄트와 그의 팀은 유고슬라비아 공산주의 정부가 소련에서 분리된 후 소련이 유고슬라비아를 침공할 것인지에 대한 국가정보판단서를 작성했다. 켄트와 그의 팀은 소련이 유고슬라비아를 공격할 "심각한 가능성"이 있다고 결론지었다. 며칠 후, 켄트의 판단서를 읽은 국무부 관리가 부심코 "심각한 가능성"이 무슨 뜻인지 물었다. 켄트는 그 말이 꽤 분명하다고 생각했고 소련이 공격할 확률을 65 대 35 정도로 본다고 대답했다. 그 동료는 깜짝 놀라며 그보다는 확률이 훨씬 낮다는 뜻인 줄 알았다고 말했다. 당황한 켄트는 팀원들에게 돌아와 "심각한 가능성"이 의미하는 확률을 어느 정도로 보는지 물었다. 응답은 80 대 20부터 정반대까지 다양했다.[85] 켄트는 모두 같은 용어를 사용하기로 동의했으면서도 이렇게 다른 결론을 내릴 수 있다는 데 대해 크게 놀랐다. 섬찟함을 느낀 켄트는 '확실한' 또는 '거의 확실한' 같은 용어에 추정 확률을 수치로 표현한 도표를 만들기 시작했다.[86] 〈표 5.1〉은 그가 만든 결과물이다.

표 5.1 셔먼 켄트의 "추정 확률 용어"

100%		확실함
93%	상하로 거의 6% 내외의 범위	거의 확실함
75%	상하로 대략 12% 내외의 범위	가능성 있음
50%	상하로 대략 10% 내외의 범위	가능성이 대략 절반
30%	상하로 대략 10% 내외의 범위	아마도 아님
7%	상하로 대략 5% 내외의 범위	거의 확실히 아님
0%		불가능함

출처: Sherman Kent, "Words of estimative probability," *Studies in Intelligence* (1964).

이 노트는 사용된 적이 없다. 어떤 사람들은 판단을 숫자로 변환하는 것이 어색하고 정보판단서가 도박처럼 보인다고 생각했다. 다른 사람들은 숫자를 붙이면 판단이 주관적인 확률 추정이 아니라 객관적인 사실이라는 잘못된 느낌을 준다는 우려를 제기했다. 아마도 가장 심각한 반대 이유는 테틀록이 "확률의-틀린-쪽 오류wrong-side-of-maybe fallacy"라고 부르는 것으로, 정보판단서에서 70%의 가능성만 있다고 주장한 사건이 발생하지 않았을 때 "실패"했다고 비난받을 위험 때문이다. 가능성과 관련하여 우리는 '어쩌면'과 '확실한 것'을 혼동하는 경향이 있다.[87]

이라크 WMD 실패 이후 정보공동체는 분석 기법과 국가정보판단서 작성 방식을 점검했다. 2007년에 정보공동체지침Intelligence Community Directive 제203호를 통해 여러 가지 새로운 표준이 제정되었다. 개혁 조치에 따라 분석관들은 적절한 경우 NIE 본문에 대안적 분석을 제공하고, 판단의 불확실성과 신뢰 수준을 명확하게 표현하고, 판단에 내재된 가정을 명확하게 표시하고, 정보 출처의 품질과 신뢰성에 대한 분석을 포함해야 한다.[88] 그러나 IC는 여전히 숫자가 아닌 단어로 판단을 제시한다. 프레이밍 편향을 피할 수 있는 쉬운 방법은 없다. 단어는 혼동의 여지를 남기지만, 숫자도 마찬가지다.

집단사고 Groupthink

판단의 7대 죄악 중 지금까지 살펴본 여섯 가지는 모두 개인에게 영향을 미친다. 7번째 편향인 집단사고는 '집단적' 판단을 왜곡한다. 집단의 기능 장애는 여러 가지 이유로 여러 가지 형태로 나타난다. 예를 들면 관료적 이해관계의 충돌, 리더십 부족, 성격 차이로 인한 갈등 등이 있다. 우리 모두는 리더가 지나치게 소극적 또는 지배적이거나, 조직이 너무 긴장되어 있거나 너무 느긋하거나, 일부 구성원이 너무 논쟁적이거나 너무 적게 기여하는, 불쾌하고 비생산적인 조직을 경험한 적이 있다. '집단사고'는 모든 종류의 잘못된 집단 의사결정을 가리키는 유행어가 되었지만, 사실 이는 특정한 심리 질환을 의미한다. 응집력이 높은 집단에서 일하는 똑똑하고 의욕적이며 선의의 합리적인 사람들조차도 집단사고가 발생하면 잘못된 집단적 결정을 내릴 수 있다. 어떻게 그럴 수 있을까? 응집력은 양날의 검과 같기 때문이다. 문제는 집단 내에 마찰이 너무 많다는 것이 아니다. 너무 적은 것이 문제다.

심리학자 어빙 제니스 Irving Janis는 베트남 전쟁 및 기타 미국 외교정책의 실패에 대한 고전적인 연구에서 '집단사고'라는 용어를 만든 사람으로서, 긴박하고 위태로운 상황에서는 집단의 소속감과 결속력이 압도적으로 중요해질 수 있으며 지나친 낙관주의, 엉성한 사고방식, 집단의 도덕성에 대한 고양감을 조장할 수 있다는 사실을 발견했다. 외부 압력에 직면하여 집단의 결속력을 유지하면 구성원들은 의문을 제기하고, 반대 의견을 제시하고, 대안적인 관점을 탐색하는 것을 기피하게 된다. 그런데 구성원들이 기피하는 그런 행동이 바로 분석 개선에 도움이 되는 행동 유형이다.[89] 집단사고가 발생하면 전체가 부분의 합 '미만'이 된다. 그 집단은 순조롭게 실패로 치닫는다.[90]

정보공동체 내에서 집단사고가 가장 잘 문서화된 사례 중 하나는 사담 후세인의 이라크 대량살상무기 계획에 대한 평가다.[91] 2002년 국가정보판단서는 "우리는 이라크가 유엔 결의안과 제재를 무시하고 대량살상무기 계획을 지속하고 있다고 판단한다"라고 명료하게 표현했다.[92] 앞서 논의했듯이 이 문장을 포함하여 사담의 핵, 화학, 생물학 무기 계획에 대한 여러 중요한 기본 판단은 완전히 틀린 것으로 판명되었다.[93]

2010년부터 2013년까지 CIA의 분석 부문을 이끌었던 마이클 모렐은 회고록에서 이라크 WMD 정보 실패에 집단사고가 큰 역할을 했다고 적었다. "이견을 제시하는 사람도 없었고, 다른 견해를 가진 집단도 없었으며, 해당 분야 분석관들이 더 엄격하게 평가하도록 이끌어줄 폭넓은 토론을 강요할 사람도 없었습니다." "집단사고가 문제의 일부인 것으로 밝혀졌습니다."[94] 다른 사후조사에 따르면 아무도 지배적인 견해에 도전하지도, 대안적인 가능성을 제시하기 위한 레드팀이나 악마의 대변인을 만들지도 않았다.[95] 사담 후세이이 대량살상무기를 폐기하게 할 만한 의 인이 있는지 여부를 조사한 정보 보고서는 12년 동안 단 한 건도 없었다. 실버만-롭 위원회의 보고에 따르면 "사담이 금지된 무기 계획을 종결했다고 결론을 내리지 못한 것과 그 가능성을 고려하지도 않은 것은 전혀 다른 문제다. … 특정 아이디어를 단순히 지나치게 '부적절'하고 일반적인 정책 및 분석 관점에 맞지 않는 것으로 간주하는 지적 문화 또는 분위기가 정보공동체에 만연해 있었다".[96]

물론 집단사고만 문제는 아니었다. 이라크 정보판단서는 불충분한 정보수집, 커브볼과 같은 미심쩍은 정보원의 정보에 대한 부실한 검증 등 여러 가지 약점을 안고 있었다. 그러나 집단사고가 중요한 역할을 하여 분석관들이 증거, 가정, 주장에 대해 충분한 의심 없이 한 가지 길로만 가게 만들었다.

업무가 힘들고 스트레스가 심하며 증거가 불투명할 때, 순응하면 안심이 된다. 하지만 이는 위험한 착각이다. 모두가 동의할 때 위안을 받아서는 안 된다. 오히려 걱정해야 한다.

"우리 우주선에 쓸 만한 게 뭐가 있나?"

예측 가능성 범위에서 판단의 7대 죄악에 이르기까지, 정보분석은 절망적인 노력으로 보일 수 있다. 꼭 그렇지만은 않다. 영화 〈아폴로 13호Apollo 13〉에서 우주선이 심각한 폭발을 겪은 후 모든 희망이 사라진 것처럼 보였을 때, NASA 타이거 팀Tiger Team의 리더 진 크란츠Gene Kranz는 관제소에 있는 공학자들을 향해 "우리 우주선에 쓸 만한 게 뭐가 있나?"라고 묻는다. 모든 것이 나쁘지만은 않음을 깨닫는 것이 유용한 출발점이다. 인간의 두뇌와 집단적 의사결정은 많은 부분이 꽤 잘 작동한다. 핵심은 강점을 활용하고 사람들이 함정을 피하도록 개입하는 방법을 개발하는 것이다.

학계에서는 수년 동안 사람들을 "탈편향화debias"하고 인지 기능 장애를 방지하는 방법을 찾기 위해 노력하고 있는데, 그 결과는 엇갈리고 있다. 학자들은 사람들에게 자신의 인지적 편향에 대해 알리는 것만으로는 충분하지 않다는 사실을 발견했다. 정신적 습관은 완고하다.[97] 우리 두뇌가 우리를 속이는 가장 유명한 사례 중 하나는 1889년 독일의 심리학자 프란츠 칼 뮐러-라이에르Franz Carl Müller-Lyer가 발견한 뮐러-라이에르 착시다. 착시가 어떻게 작동하는지 보려면 그림 5.2를 보라. 두 선 중에 어느 것이 더 길까?

대부분의 사람들에게는 위쪽 선이 아래쪽 선보다 더 길어 보이는데, 사실 두 선은 길이가 정확히 같다. 이제 진실을 알았지만 여전히 믿기 어렵지 않

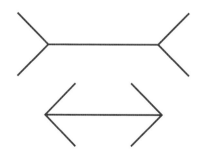

그림 5.2 뮐러-라이에르 착시 현상

은가? 바로 이것이 핵심이다. 아는 것만으로는 충분하지 않다! 우리 뇌가 더 잘 알고 있을 때조차 착시 현상은 지속된다.

아는 것만으로 충분하지 않다면 어떤 노력을 기울여야 더 효과적일까? 간단히 말하자면 세 가지가 해법으로 보인다. 첫째, 사람들이 자신의 편향을 점검하고 보이는 것을 재인식하도록 유도하는 절차. 둘째, 정보의 형식을 이해도를 높일 수 있는 방식으로 바꾸는 것. 셋째, 연습과 강력한 피드백이 포함된 슈퍼예측 훈련이다.

시나리오, 악마, 기타 재인지 도구

비즈니스 리더, 군 장교, 정보관은 인지 편향을 점검하고 미래를 더 잘 예측하기 위해 다양한 절차적 도구를 사용한다. 시나리오 플래닝scenario planning은 가장 인기 있고 잘 알려진 도구 중 하나다.[98] 2014년 베인앤컴퍼니Bain & Company의 글로벌 설문조사에 따르면 기업의 18%가 이미 시나리오 플래닝을 사용하고 있으며 60%는 향후 시나리오 플래닝을 사용할 예정이라고 답했다.[99]

시나리오 플래닝은 1970년대 로열더치쉘Royal Dutch Shell의 테드 뉴랜드Ted Newland와 피에르 왁Pierre Wack이 개발하였으며, 다양한 출처의 다양한 관점을 바탕으로 세심하게 조사하여 3~4개의 미래 시나리오를 구상하는 체계적인 과정이다. 목표는 미래를 정확히 예측하는 것이 아니다. 미래를 다르게 바라보고, 분석가들이 고정관념에서 벗어나 변화의 주요 동인을 파악하고, 불확실성을 더 잘 이해하도록 하는 것이 목표다. 1971년 뉴랜드와 왁이 처음 실시한 시나리오 플래닝 사례에서는 유가가 급등하는 상황을 가정했다. 당시에는 유가 급등을 상상도 할 수 없는 일로 여기고 있었지만, 시나리오 플래닝을 통해 대부분의 사람들이 생각하던 것보다 가격 급등 가능성이 높다는 것이 밝혀졌다. 유가 안정이라는 낙관적인 예측은 수요와 공급 양쪽에 대한 의심스러운 가정에 근거했던 것이다. 그들이 시나리오를 제시하고 1년 후 석유수출국기구OPEC는 유가를 급격히 인상하여 에너지 위기를 촉발하였다. 시나리오 플래닝 덕분에 로열더치쉘은 운영상, 전략상, 정서상으로 유가 급등에 대비했던 유일한 회사가 되었다.

시나리오 플래닝은 예측 도구가 아니라 학습 도구라는 점이 중요하다. 이 것은 분석가들이 주변 세계를 재인식하여 새로운 방식으로 원인, 연관성, 불확실성을 파악하도록 돕기 위해 고안되었다.[100] 시나리오 플래닝은 뉴랜드와 왁에게 미래를 보여주는 수정 구슬은 아니었다. 유가 급등의 시기나 이유도 제시하지 못했다. 하지만 이 과정을 통해 대부분의 사람들이 생각하던 것보다 유가 급등의 가능성을 높이는 거시적 요인에 대한 통찰력을 얻을 수 있었다. 예를 들면 미국의 에너지 수요는 증가하고 있었지만 국내 공급은 그렇지 않았으며, OPEC을 구성하는 국가는 대부분 불안정한 중동의 아랍 국가들로 1967년 6일 전쟁에서 서방의 이스라엘 지원에 반대했었다는 점이다.

외부자처럼 생각하는 것은 특히 정보 및 국방 관리들에게 인기 있는 또 다른 도구다. 레드팀은 회의론자, 경쟁자, 또는 적대자 역할을 하는 집단이다. 어떤 레드팀은 사이버 보안 시스템에 침투하는 임무를 맡는다. 공항 보안 절차를 시험하는 테러리스트 행세를 하기도 한다.[101] 모든 가정, 정보, 사설, 판단에 이의를 제기하면서 정보 평가를 샅샅이 뒤지는 레드팀도 있다. 9·11 테러 이후 CIA 부장 조지 테닛은 기존 통념에 도전하는 발상의 전환을 담당하는 CIA 레드셀CIA Red Cell을 만들었다. 멤버들은 엄선하여 선발되었고 폭넓은 권한을 부여받았다. 레드셀의 공동 책임자였던 폴 프랜다노Paul Frandano에 따르면 "테닛은 우리에게 선임 분석관들을 열받게 하라고 지시했습니다. 그렇지 않으면 우리가 일을 제대로 하는 게 아니었습니다".[102]

레드팀과 같은 악마의 대변인은 일반적으로 덜 공식화되고 덜 구조화된 방식으로 기존의 견해에 도전하도록 설계되었다. 이 용어는 1587년 가톨릭교회의 성인 추대 과정을 개선하기 위한 방법에서 유래되었다. 가톨릭교회는 악마의 대변인을 지정하여 보통 수년, 심지어 수십 년 동안 진행되는 광범위한 과정에서 성인 추대 후보자를 반대하도록 했다.[103] 오늘날 악마의 대변인은 조직 내에서 지정한다. 진짜 악마가 지정된 악마보다 낫지만(진정한 반대는 의례적인 반대보다 더 강력하다), 악마의 대변인은 여전히 유용한 역할을 할 수 있다.[104]

수년 동안 정보공동체는 인지적 편향에 맞서기 위해 지금까지 소개한 방법과 기타 절차적 도구를 사용해 왔다. 이를 구조화 분석기법Structured Analytic Techniques, SAT이라고 부른다.[105] 여기에는 암묵적 가정을 드러내고 검증하기 위해 고안된 간단한 체크리스트부터 분석관이 여러 가설과 정보가 일치하는지 (또는 불일치하는지) 확인할 수 있도록 각각의 증거와 모든 합리적인 가설을 행렬에 배열하는 절차인 "대안적 경쟁 가설alternative competing hypotheses"에 이르기까지 모든 것이 포함된다. CIA의 2009년 분석 기법 지침서는 "이 지침서에 수록된 분석 기법은 분석관들이 국제 정세의 복잡성, 불완전하고 모호한 정보, 인간 정신의 내재적 한계라는 정보 분야의 고질적인 문제를 해결하는 데 도움이 될 것입니다"라고 설명한다.[106] 그러나 이러한 도구의 효과를 측정하기란 어렵다. 분석관이 (자기과신 같은) 한 가지 편향에 신경 쓰다 보면 (자기비하 같은) 다른 편향에 취약해질 수 있다.[107]

정보의 형식이 중요하다

심리학자들은 문제가 제시되는 방식이 인지적 편향을 활성화하거나 반대로 무력화할 수 있다는 사실을 발견했다. 뷰티필 연습에서 보았듯이 정보의 형식은 중요하다. 특히 확률은 고학력 전문가도 헤매는 경향이 있어 더욱 그러하다. 이 고전적인 예를 생각해 보라.

정기 검진을 받는 40세 여성이 유방암에 걸렸을 확률은 1%다. 유방암에 걸린 여성이 유방조영술에서 양성 판정을 받을 확률은 80%다. 유방암에 걸리지 않은 여성도 유방조영술 양성 판정을 받을 확률이 9.6% 있다. 이 연령대의 여성이 정기 검진에서 유방조영술 양성 판정을 받았다. 그녀가 실제로 유방암에 걸렸을 확률은 얼마나 될까?[108]

학생, 의사는 물론 하버드 의과대학의 의료진들도 이 질문에 제대로 답하는 데 어려움을 겪었다. 한 연구에 따르면 의사 100명 중 95명은 그 확률을 70~80%로 추정했다.[109] 정답은 7.8%다. 절대 오타가 아니다. 이 가상의 사례에서, 정기적인 유방조영술에서 유방암 양성 판정을 받은 여성이 실제로 유방암에 걸렸을 확률은 8% 미만이다.

기거렌저Gigerenzer와 호프라지Hoffrage는 그들의 영향력 있는 논문에서 유방암 진단과 같은 확률 문제가 일반적으로 제시되는 방식으로는 기저율을 이해하고 정답을 구하기 어렵다는 결론을 내린다. 일반적인 확률 계산은 다음과 같다.

p(C) = .01 (유빙임 가능성 1%)

p(M/C) = .80 (유방소영술 양성 판성 가능성 80%)

p(M/-C) = .096 (유방암이 아닐 때 유방조영술 양성 판정 가능성 9.6%)

$$p \text{ (유방조영술 양성 판정 시 유방암 가능성)} = \frac{.01 \times .80}{(.01 \times .80) + (.99 \times .096)} = .078$$

매우 기본적인 수학이지만 대부분의 사람들에게는 여전히 직관적이지 않다. 기거렌저와 호프라지는 확률을 〈그림 5.3〉과 같이 자연스러운 샘플링 도식으로 제시하면 같은 수식을 훨씬 더 쉽게 이해할 수 있고 추정 오류가 크게 줄어든다는 사실을 발견했다.[110] 다음 〈그림 5.3〉을 보면 한눈에 알 수 있다.

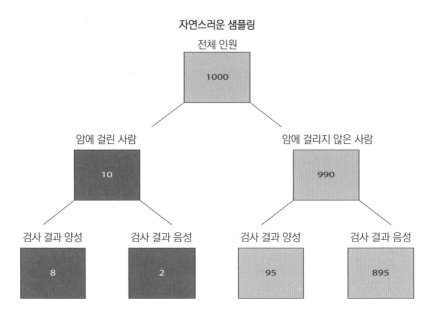

그림 5.3 암 검사에서 확률 시각화하기

출처: Gerd Gigerenzer and Ulrich Hoffrage, "How to improve Bayesian Reasoning without instruction: Frequency formats," *Psychological Review* 2, no. 4 (1995):684-704.

여기서 1%의 암 발생 확률은 인구 1000명 중 암이 있는 10명, 없는 990명으로 시각화되어 있다. 모든 검사와 마찬가지로 유방소영술노 완벽하지 않아서 암에 걸린 사람을 놓치는 경우도 있고(거짓음성), 완벽하게 건강한 사람에게 암이 있다는 결과가 나오는 경우도 있다(거짓양성). 여기서는 유방조영술의 정확도가 80%라고 가정한다. 즉, 실제로 암에 걸린 10명 중 8명은 유방조영술 결과 암이 발견되지만 2명은 발견되지 않을 것이다. 이제 암에 걸리지 않은 990명을 생각해 보라. 거짓양성률이 9.6%라면, 암에 걸리지 않은 사람 중 95명이 양성 판정을 받고 895명은 음성 판정을 받게 된다.

그렇다면 양성 판정을 받았을 때 실제로 암에 걸렸을 확률은 얼마나 될까? 암에 걸렸고 양성 반응을 보인 사람의 수(8)를 총 양성 반응 수(8 + 95)로 나누면 7.8%라는 정답이 나온다.

슈퍼예측의 비밀

이라크 WMD 정보 실패 이후 미국 정보공동체IC는 정보분석을 개선하기 위한 몇 가지 계획을 시작했다.[111] 그중 하나는 국가연구위원회National Research Council에 연구를 의뢰하는 것이었다. 이 연구는 여러 분야의 학계 전문가들이 사회과학 분야에서 가장 유망한 아이디어를 검토하고 정보공동체가 어떻게 채택할지 권고하는 방식으로 이루어졌다.[112] 나는 이 연구에 참여한 전문가 중 한 명이었고, 2년 반 동안 IC의 사고방식을 개선할 방법을 검토할 기회에 뛰어들었다. 비밀 정보기관이 외부인에게 도움을 요청하는 것은 흔한 일이 아니다. 게다가 나와 같은 정치학자가 심리학자, 역사학자, 공학자, 법학자, 그리고 정보기관 수장과 협력하고 많은 것을 배울 기회는 흔한 일이 아니다.

우리의 권고 중 하나는 정보공동체가 사용하는 분석 기법을 엄격하게 시험하여 어떤 접근 방식이 다른 접근 방식보다 어떻게, 왜 더 효과적인지 확인할 필요가 있다는 것이었다. 무엇이 효과가 있고 무엇이 아닌지 모른다면 정보분석을 개선하기는 어렵다. 우리는 지속적으로 평가하고 학습하는 문화를 조성해야 한다는 메시지를 전달하기 위해 반복적으로 'IC 분석 올림픽IC Analytic Olympics'을 개최하라고 권고하기도 했다.[113]

정보공동체 전체적으로 약 2만 명의 분석관들이 지정학적 상황에 대해 매년 수천 건의 예측을 내놓고 있다.[114] 하지만 IC는 이러한 예측 중 어떤 예측이 맞았고 어떤 예측이 틀렸는지, 그 이유는 무엇인지 평가한 적이 없었다. 그렇게 하지 않은 데에는 이해할 만한 이유가 있었다. 위에서 언급했듯이 정보 업계에서 성공과 실패를 판단하기가 까다롭다는 말은 과장이 아니다. 또한 정치적인 문제도 있다. 평가라는 선의의 노력이 어떻게 잘못 해석되고 오용될 수 있는지 상상하기란 그리 어렵지 않다. 가령 "국가 X에 대한 CIA의 분석에 결함" 또는 "정보분석관 중 Y%는 확률을 이해하지 못한다는 연구 결과" 같은 헤드라인을 얼마든지 떠올릴 수 있다. 대학생 자원자를 대상으로 한 실험에서 탈편향화 도구를 평가하는 것은 대단한 일이 아니다. 그러나 고도의 국가안보 위협에 직면한 현직 정보 전문가가 사용하는 실제 분석 방법을 평가하는 것은 완전히 다른 문제다. 대학생이 10달러짜리 아마존 기프트 카드를 받고 몇 가지 질문에 답했다고 해서 국가안보에 실패한 혐의로 기소되거나, 의회에 출석하거나, 경력에 큰 차질을 겪는 일은 없다.

그럼에도 불구하고 검증 평가가 부족하다는 것은 정보분석관들이 과거로부터 학습하고 미래에 정확성을 개선할 수 있는 강력한 선순환 고리가 부족하다는 의미였다. 그 대신에 분석관이 대안적 설명을 고려하고 자신의 가정을 명확히 하는 등 올바른 절차를 사용했는지 여부로 성과를 측정했다.

다행히도 몇몇 정보기관 관계자들은 우리 보고서를 본 후 검증 평가라는 아이디어를 받아들였다. 그들은 우리 중 한 명, 전문가의 판단에 대한 전문가 필 테틀록에게 연락했다. 당시 테틀록은 전문가들이 미래를 얼마나 잘 예측하는지 조사하는 20년간의 연구를 막 마친 상태였다. 그 연구는 판단력에 대한 최초의 대규모 과학 실험이었다. 테틀록은 약 300명의 전문가에게 당대의 경제 및 정치 이슈에 대해 수천 가지 예측을 하도록 요청했는데, 전부 합치면 8만 2000개의 예측이었다. 그 결과, 전문가들의 평균 예측 정확도는 다트 던지는 침팬지 수준이고 그들의 예측은 무작위 추측과 거의 같다는 우울한 결과가 나왔다. 이른바 침팬지 발견은 뉴스 헤드라인을 장식하며 센세이션을 일으켰다. 주목은 덜 받았지만, 테틀록은 미래 예측이 단순히 운 좋은 추측이 아니라는 또 다른 사실도 발견했다. 어떤 사람들은 평균보다 더, 훨씬 더 잘 예측했다.[115] 테틀록은 이들을 슈퍼예측가라고 불렀다.

2011년 IC는 일부 사람들이 예측을 더 잘하는 이유를 알아보기 위해 예측 토너먼트를 시작했다. 그 후 4년 동안 5개 팀이 매일 아침 특정 시점의 유가부터 동중국해에서 중국과 일본의 분쟁 전망에 이르기까지 다양한 질문에 답하며 경쟁을 벌였다. 총 500개에 가까운 문제가 출제되었다. 우승은 일어난 일뿐만 아니라 일어나지 않은 일도 가장 정확하게 예측한 팀이 차지했다.

테틀록과 그의 동료 바버라 멜러스Barbara Mellers는 수천 명의 자원봉사자로 구성된 '좋은 판단 프로젝트Good Judgment Project'라는 팀을 구성했다. 미시간 대학교와 MIT에서도 각각 팀을 구성했고, IC도 팀을 만들었다. 다섯 번째 팀은 대조군이었다. 훗날 테틀록은 "실험 조건을 다양하게 변경함으로써 특정 요인이 예측력을 주어진 기간 동안 얼마나 개선할 수 있는지, 그리고 좋은 예측에 모범 사례를 추가로 적용하면 어떻게 될지 측정할 수 있었습니다"라고 회상했다.[116]

두 번째 해가 끝날 무렵이 되자 그 결과는 놀라웠다. 테틀록의 자원봉사자 팀은 큰 차이로 승리했다. 미시간 대학교와 MIT 소속 팀을 큰 점수 차이(30~70%)로 앞질렀고, 다른 학교들은 경쟁에서 탈락했다. 또한 테틀록 팀은 기밀 자료를 열람할 수 있는 정보분석관들도 이겼다.[117]

테틀록 팀의 최고 중의 최고인 슈퍼예측가들은 박사 학위를 여러 개 갖고 있는 천재들이 아니었다. 그들은 예술가이자 과학자, 학생이자 은퇴자, 테틀록의 표현대로 "월스트리터이자 메인스트리터"*였다.[118] 그중에는 빨간색 마쓰다 미아타Mazda Miata를 몰고 다니기를 좋아하는 은퇴한 IBM 컴퓨터 프로그래머도 있었고, 네브라스카에 살면서 조류 관찰을 좋아하는 농부부 관료도 있었다.

테틀록은 성공의 비결이 하늘을 찌를 듯이 명석하거나 〈제퍼디!Jeopardy!〉 우승자처럼 뉴스와 상식에 통달하는 것은 아니라는 사실을 깨달았다. 비결은 슈퍼예측가들의 지식이 아니라, '바로 그들의 사고방식이었다'. 슈퍼예측가는 평균적인 경쟁자보다 훨씬 더 개방적이고, 호기심이 많고, 신중하며, 자기 비판적이다. 이들은 현실이 복잡하고, 확실하거나 필연적인 것은 없으며, 아이디어는 항상 증거와 검증과 갱신을 거쳐야 한다고 믿는다. 이들은

---

* 특별하면서도 평범한 사람

테틀록이 말하는 "잠자리 눈", 즉 잠자리의 3만 개 눈처럼 문제를 볼 수 있는 능력을 가지고 있다. 성과가 높은 집단은 각 구성원이 가져다주는 다양한 관점의 지혜를 활용하지만, 슈퍼예측가는 자기 내부에서 스스로 다양한 관점의 지혜를 활용할 수 있다.

무엇보다도 고무적인 것은 테틀록과 그의 동료들이 교육, 연습, 측정, 피드백을 통해 슈퍼예측 기술을 배울 수 있다는 사실을 실험을 통해 발견했다는 것이다. 60분짜리 기본 맞춤형 교습 한 번으로 토너먼트 1년간 정확도가 10% 향상되었다.[119] 별것 아닌 것 같겠지만, 당신의 재무상담사가 다른 누구보다도 투자 수익률을 10% 더 보장해 준다고 상상해 보라. 또는 직장에서 다른 모든 후보자보다 승진할 확률이 10% 더 높다고 상상해 보라. 아니면 캘리포니아에 눈이 오기를 바라는 여덟 살짜리 아이라고 상상해 보라. 중요한 일을 예측하는 데 있어 10%는 생각보다 더 클 수 있고, 낙관할 만한 이유가 된다.

인공지능과 분석의 미래

인간은 기계의 도움도 받고 있다. 인공지능의 발전은 잠재적으로 판도를 바꿀 만한 역량을 제공한다. 획기적으로 새로운 속도와 규모로 대량의 자료를 처리하고, 자료 전반에서 패턴을 더 빠르고 쉽게 식별하며, 새로운 방식으로 인간 분석관을 강화할 수 있게 되었다.

1장에서 언급했듯이, 정보 부족 시대에서 정보 과부하 시대로 정보환경이 바뀌었다. 도시 길거리의 카메라, 소셜미디어의 셀카, 우주 공간의 탐지 장비, 매일 인터넷을 통해 오가는 수십억 건의 통신 등 오늘날 자료는 어디에나 존재한다. 세계경제포럼World Economic Forum에 따르면 디지털 세계에는 이미 44제타바이트zettabyte*의 데이터가 축적되어 있다.[120] 제타는 0이 21

개나 되는 매우 큰 숫자이고, 44제타바이트는 관측할 수 있는 우주의 별보다 40배 더 많은 데이터 바이트다.[121] 더글러스 맥아더 장군이 종이 보고서와 타자기에 의존하던 시대로부터 엄청나게 발전했다.

이 방대한 디지털 세상에서 알곡과 쭉정이를 가려내는 일은 점점 더 중요해지고 있으며, AI 도구는 이를 지원할 수 있도록 잘 갖추어져 있다. 이미 알고리즘은 초인적인 속도로 방대한 양의 자료에서 패턴을 인식할 수 있다. 예를 들어 2017년 미국의 정보 시범 계획에서 알고리즘은 9만km² 면적의 중국 지대공 미사일 기지를 인간 팀보다 80배 더 빠르게, 동일한 수준의 정확도로 식별했다.[122]

2020-2021년에 나는 신흥 기술로 인해 발생하는 미래 정보의 도전과 기회를 조사하는 전문가 대책위원회에 참여했다. 이 대책위원회 연구에는 미국 정부, 민간 부문, 학계 전반의 기술 선도자 및 정보 전문가와의 수십 차례 인터뷰와 심층 세션이 포함되었다. 그 결과 AI 및 관련 기술(클라우드 컴퓨팅, 첨단 센서, 빅데이터 분석 등)이 모든 핵심 정보 임무를 혁신할 수 있다는 사실을 발견했다. 분석의 경우, 머신러닝 알고리즘은 쏟아지는 뉴스 기사를 요약하여 성보분석관이 놓치거나 읽을 시간이 없었을 만한 사건을 강조해 줄 수 있다. 알고리즘은 위기 감시를 위해 해외 소셜미디어 데이터를 더 빠르게 검색하고 데이터를 더욱 끊임없이 분석하여 무언가 진행 중임을 시사하는 작은 패턴 변화를 감지할 수 있다. 알고리즘 레드팀을 만들어 기계가 찾아낸 패턴과 통찰에 대한 인간의 분석을 시험해 볼 수도 있다. 그리고 더 많은 것이 가능하다.[123]

대책위원회는 또한 AI의 가장 큰 잠재력은 인간 분석관을 대체하는 것이 아니라 보강하는 데서 나온다는 사실을 발견했다. AI는 엄청난 시간을 소모하는 일상적인 작업을 자동화함으로써 인간 분석관이 인간만이 잘할 수 있

---

* 제타바이트는 기가바이트gigabyte의 1000배(테라바이트terabyte)의 1000배(페타바이트 petabyte)의 1000배(엑사바이트exabyte)의 1000배다.

는 고차원적 사고, 예를 들어 공격자의 의도를 평가하고, 더 넓은 맥락을 고려하고, 경쟁 가설을 검토하고, 빠졌을 만한 증거를 파악하는 일에 집중할 수 있도록 해줄 잠재력을 가지고 있다.[124]

인공지능과 기타 새로운 기술을 활용하여 분석을 개선하는 일은 쉽지 않다. 기술에는 항상 약점이 존재하고, 아무리 유익한 기술이라도 이를 채택하는 데는 항상 뿌리 깊은 장애물이 존재하기 때문이다. 가장 진보된 AI 알고리즘에도 심각한 한계가 있다. 어떻게 결과를 산출했는지 설명할 수 없고, 나무늘보 사진에 눈에 띄지 않는 변화를 주었더니 경주용 자동차라고 오판하는 등[125] 사소한 변화에도 예기치 않게 실패하는 경향이 있다. 또한 AI는 사용 범위, 관련 정책 및 한계에 대해 중요한 윤리적 문제를 제기하며 이에 대한 신중한 고려가 필요하다. 또한 정보공동체 내에 AI를 도입하려면 다른 기관과 호환되지 않는 기관별 컴퓨터 시스템부터 시간을 너무 잡아먹고 신제품 구매를 어렵게 만드는 구식 기술 획득 정책과 변화에 대한 문화적 혐오감까지 거대한 기술적, 관료적, 문화적 장애물을 극복해야 한다.

쉽게 적응하는 조직은 없다. 기업이 시장 상황, 경쟁사, 신기술에 적응하지 못하는 경우가 너무 많아서 미국에서는 매년 평균 55만 개의 기업이 도산한다.[126] 이는 1분에 1개 이상의 기업이 도산하는 셈이다. 선도적인 기업도 예외는 아니다. 베들레헴 스틸Bethlehem Steel, 블록버스터 비디오Blockbuster Video, 엔론Enron, 리먼 브라더스Lehman Brothers도 한때 잘나가던 대기업이었지만 모두 살아남지 못했다. 정부기관은 기업에 비해 임무와 예산에 대한 통제권, 인력을 빠르게 교체할 재량, 적응하지 않으면 도태된다는 시장 원리 등 세 가지 가장 강력한 성공 도구를 갖추지 못했기 때문에 적응하는 데 훨씬 더 어려움을 겪는다.

하지만 미국 정보기관이 성공하려면 이러한 장벽을 극복해야 한다. 새로운 정보 경쟁이 이미 시작되었다. 적들은 AI와 기타 신기술을 빠르게 도입하면서 미국 정보기관을 앞서가고 있다.[127] "내가 중국의 어떤 점을 가장 두려워하냐고요?" 2017년부터 2019년까지 국가정보장실의 2인자였던 수전 고든의 말이다. "그건 바로 중국이 엄청난 양의 데이터를 훔치고 수집하며 이제는 본질적으로 동등한 컴퓨팅 능력을 갖추고 있기 때문에, 중국은 우리가 갖지 못한 데이터로 연습을 하고 있다는 것입니다." 데이터가 어디에나 존재하는 세상에서 AI는 분석하는 방법과 누가 앞서갈 수 있을지를 결정할 것이다. 고든의 말처럼 "어째서 정보공동체가 데이터 세계에서 최고가 아닐까요? 어째서 우리가 데이터를 사용하고, 찾고, 평가하고, 보호하고, 보장하는데 다른 국가보다 더 뛰어나지 못할까요?"[128]

우리 자신을 속이지 않도록 노력하기

물리하자 리처드 파인만Richard Feynman은 분서이란 우리 자신을 속이지 않으려는 노력이라고 말한 적이 있다.[129] 그의 말이 옳다. 미래를 예측하는 일은, 특히 정보 분야에서는 항상 위험한 일이다. 아무리 숙련된 분석관이라도 적대 세력의 내부 압력, 사고방식, 목표, 책략을 완전히 알 수는 없다. 외부 세계는 예측하기 어렵고, 우리 마음속 세계는 오류가 발생하기 쉽다. 하지만 실패가 불가피한 것은 아니다. 우리 자신을 속이지 않으려는 노력은 가치 있는 일이다. 또한 여러 가지 증거로 판단해 보건대, 일부 개인과 집단이 다른 이들보다 더 정확한 판단을 내리는 과정과 사례에 대해 더 많이 배우고 새로운 기술이 분석 과정을 개선함에 따라 상황은 더 나아질 가능성이 높다.

제 6 장

방첩

스파이를 잡으려면

고정간첩이 어디 있는지 궁금해하지 않은 채 퇴근하지 마십시오.

—로버트 게이츠, CIA 부장, 1991-1993 [1]

로버트 한센Robert Hanssen은 배신자로 보이지는 않았다. 그는 시카고 경찰의 아들이었고, 화학을 전공하고 치의학 대학원에 진학한 후 노스웨스턴 대학에서 MBA를 취득했다. 회계사와 경찰관으로 근무하던 한센은 1976년 FBI에 입사하여 25년 동안 근무했다.[2] 동료들은 한센이 사교성이 부족하지만 똑똑하고 컴퓨터에 관심이 많았다고 평가했다. 한센은 헌신적인 남편이자 여섯 자녀의 아버지였으며 거의 매일 미사에 참석하는 독실한 가톨릭 신자였다. 그는 반려견을 신칙시켰으며 버지니아 교외의 아담한 복층 주택에살았다. "훌륭한 아빠였어요." 그의 딸은 말했다.[3]

한센은 거짓말에도 능했다. FBI에 입사한 지 얼마 지나지 않은 1979년부터 소련을 위해 스파이 활동을 시작했고,[4] 거의 반평생 동안 이중생활을 했다. 그러다가 2001년 어느 추운 밤, 이중생활은 끝이 났다.

은퇴를 불과 5주 앞둔 2월 18일, 한센은 집 근처 조용한 녹음이 우거진 폭스스톤 공원으로 걸어가 작은 쓰레기봉투를 다리 밑에 숨겼다. 이 다리는 데드드랍dead drop, 즉 한센이 러시아의 스파이마스터를 직접 만나지 않고 비밀문서를 전달하기 위해 미리 약속한 장소였다.[5] 10명의 FBI 요원이 숲속에서 몰래 지켜보고 있었다. 한센이 물건을 놓자마자 체포팀은 그를 포위하고 수갑을 채운 후 미란다 원칙을 읽어주었다. 15년간 고정간첩을 추적한 끝에 마침내 배신자를 잡은 것이다. 한센은 22년 동안, FBI 경력 내내 소련을 위해 스파이 활동을 한 혐의에 대해 유죄를 인정하고 가석방 없는 종신형을 선고받았다.

피해는 심각했다. 한센은 미국 정보기관을 위해 일하던 러시아 정보원 최소 4명을 노출한 것으로 밝혀졌고, 그중 3명은 반역으로 처형당했다. 한센은 뉴욕과 워싱턴 주변에서 데드드랍을 통해 6000페이지가 넘는 비밀문서와 26개의 컴퓨터 디스켓을 넘겼으며, 여기에는 미국의 핵전쟁 준비 동향, 소련 정보관을 포섭하고 이중스파이 작전을 평가하는 미국의 작전과 기술, 수십 건의 기타 기술정보 및 인간정보 작전, 워싱턴 주재 소련 대사관 지하에 만들어둔 10억 달러 규모의 도청 터널과 같은 내용이 상세히 기록되어 있었다.[6] 한센은 아직도 FBI 역사상 가장 큰 피해를 입힌 고정간첩으로 꼽힌다.[7] 그는 미국의 기밀을 누설한 대가로 보석과 최대 140만 달러의 현금을 받았고, 이 중 일부를 호화로운 여행과 장신구에, 그리고 프리실라Priscilla라는 스트리퍼에게 선물한 은색 메르세데스 벤츠 구매에 사용했다.[8]

배신자는 항상 대중에게 특별한 매혹을 불러일으키는 동시에 정보요원들에게는 특별한 도전 과제를 안겨준다. 신뢰했던 내부자가 배신자가 되면 그 피해는 치명적일 수 있다. 배신은 개인적인 일이며, 배신자를 잡는 일은 고통스러운 일이다. 전 CIA 방첩 책임자 제임스 올슨은 "방첩은 극도로 좌절감을 주는 직업이 될 수 있습니다. 이길 때조차도 지는 일입니다. 스파이를 찾아내면 기분이 좋겠지만, 그다음에는 필연적으로 쓰라린 질문을 받게 됩니다. 어떻게 그런 일이 일어나도록 내버려 둔 건가요? 그런 일을 막는 것이 당신의 임무가 아니었나요?" 한센이라는 거만하기로 악명 높은 FBI 요원은 체포되면서도 방첩 담당 동료들에게 마지막 모욕을 선사했다. "왜 이렇게 오래 걸렸어?"[9]

이 장에서는 방첩에 대해 옛날부터 사이버 시대까지 살펴본다. 앞으로 보겠지만 반역자를 잡는 것은 방첩 임무의 한 부분일 뿐이다. 먼저 한 걸음 물러나서 방첩이 무엇이고 어떻게 수행되는지, 일상적인 절차부터 이색적인 장치와 작전까지 살펴본다. 그다음으로 '사람들이 국가나 대의를 배신하도록 부추기는 것은 무엇인가?'라는 뜨거운 질문을 다룰 것이다. 마지막으로 신뢰, 편집증, 기술이라는 방첩의 세 가지 핵심적인 과제를 살펴본다.

방첩이란 무엇인가?

이름에서 알 수 있듯이 방첩은 보안과 속임수를 통해 자신의 비밀을 보호하고, 타국의 정보활동을 방해하고, 타국의 조직에 침투하고, 타국의 인식과 활동을 조작하는 등 타국의 정보활동에 대응하는 기술이다. 정보와 방첩은 동전의 양면과도 같다. 정보활동은 정보를 수집하고 분석하여 자국에 통찰력과 이점을 제공하고자 한다. 방첩은 이러한 역량을 보호하고 타국이 그러한 역량을 사용하지 못하게 하려고 한다. 한쪽의 정보 성공은 다른 쪽의 방첩 실패로 이어진다.

할리우드는 종종 스파이 활동의 실제 세계를 잘못 표현하는데, '스파이spy'라는 단어가 대표적이다. 스파이란 어두운 골목길에서 중국이나 러시아 정보원을 만나는 CIA 정보관이 아니다. '스파이'란 중국인 또는 러시아인 정보원이다. 스파이를 '자산asset' 또는 '요원agent'이라고도 한다. 이들은 외국의 대의를 위해 조국의 대의를 배신하는 사람들이다. 직업적으로 스파이를 관리하는 정보관을 '핸들러handler' 또는 '스파이마스터'라고 한다. CIA에서는 이러한 정보관이 국가비밀국national clandestine service 소속이며, 공식적으로는 '작전관operations officer' 또는 '공작관case officer'이라고 부른다.[10]

공작관의 주요 업무는 직접 기밀을 훔치는 것이 아니다. 외국인으로 하여

금 기밀을 훔쳐서 넘기도록 설득하는 것이 주요 임무다. 왜 그럴까? 외국인들이 정보 목표의 내부에 살고 있기 때문이다. 그들은 다른 방법으로는 입수가 어렵거나 불가능한, 민감한 해외정보 출처에 접근할 수 있는 권한이나 방법이 있는 위치로 갈 수 있다. 몇 가지 예를 들자면 차세대 미사일 체계를 개발하는 외국인 공학자, 테러 조직 내부에서 활동하는 외국인 지하디스트, 외국의 군 장교, 외국 지도자의 요리사나 이복형제 또는 애인 등이 스파이가 될 수 있다. 공작관의 업무는 스파이를 식별하고, 포섭하고, 운용하며, 스파이가 계속 활동하게 하고, 발각되지 않도록 보호하는 방법을 찾아내는 것이다. 친밀하고 복잡하며 위험 부담이 큰 인간관계다. 스파이는 잡히면 수감되거나 처형된다.

방첩의 관점에서 보자면, 한 국가의 스파이는 다른 국가의 간첩 또는 배신자다. 로버트 한센은 소련과 러시아의 스파이였다. 그는 미국의 간첩이자 반역자였다.

또한 모든 국가는 스파이 활동을 하며, 방첩은 적대국뿐만 아니라 동맹국도 겨냥해야 한다는 사실을 기억해야 한다. CIA의 전 방첩 책임자 제임스 올슨이 지적했듯이 방첩에는 "우방국은 있어도 우호적인 정보기관은 없다. 소수의 예외를 제외하고는 모두가 친구든 적이든 다른 모두를 염탐한다".[11] 그 소수의 예외는 매우 긴밀한 정보 관계를 공유하는 미국, 영국, 캐나다, 호주, 뉴질랜드, 즉 파이브아이즈Five Eyes 국가들이다. 그 외에는 정보의 정글이 펼쳐져 있다.

프랑스, 한국, 이스라엘과 같은 동맹국을 포함하여 최소 80개 국가가 미국을 상대로 정보 작전을 수행한 것으로 알려져 있다.[12] 1980년대 이스라엘은 조너선 폴라드Jonathan Pollard라는 미국인 스파이를 운용함으로써 이후 30년간 미국과의 관계에 악영향을 주었다.[13] 군무원으로서 해군 정보분석관이던 폴라드는 이스라엘과 다른 중동 국가의 군사력에 대한 미국의 평가 등 수백 건의 비밀문서를 이스라엘에 넘겼다. 그러던 어느 날 폴라드가 주차장에 기밀 봉투처럼 보이는 것을 들고 오는 것을 눈치 빠른 동료가 목격하고 신고했다.[14] 폴라드는 1985년 체포되어 동맹국을 위해 스파이 행위를 한 혐의로 종신형을 선고받은 유일한 미국인이 되었다.[15] 이스라엘 지도자들은 수년 동안 그를 석방시키려고 로비를 벌였지만, 미국 지도자들은 이를 거부했다. 이스라엘은 1990년대에 폴라드의 석방을 중동 평화 회담에 포함하려 했는데, 이에 당시 CIA 부장 조지 테넷은 클린턴 대통령이 석방에 동의한다면 사퇴하겠다고 으름장을 놓기도 했다. 폴라드는 종신형 중 30년을 복역한 후 2015년 가석방되었고, 2020년 출국 제한이 종료되고 이스라엘로 이주하였다.[16]

전직 미국 정보관들에 따르면 오늘날 전 세계에 200만 명에서 300만 명이 스파이 활동에 종사하고 있으며, 이들 대부분은 미국을 목표로 하고 있다.[17] 중국, 러시아, 쿠바, 이란은 미국의 기밀을 훔치려는 가장 공격적인 해외정보기관을 갖고 있다.[18] 그중에서도 중국이 가장 심각한 방첩 위협으로 부각되고 있다. 미국 군사 전문가들은 중국의 주요 무기 체계 모두가 훔친 미국 기술을 기반으로 하고 있다고 말한다.[19] 2015년, 중국은 지금까지 알려진 가장 피해 규모가 큰 방첩 사이버 공격의 배후에 있었다. 바로 비밀취급인가를 위한 신원 조사 등 미국 연방의 인적자원 관리 기관인 인사관리처 Office of Personnel Management, OPM에서 2100만 건 이상의 비밀취급인가 기록을 훔친 해킹 사건이다.[20] 이는 미국 정부에서 근무하는 미국인의 부채, 의료 기록, 외국인 친구, 친척, 기타 이들을 협박하는 데 사용될 수 있는 정보 등 대단히 민감한 정보를 중국에 넘겨준 것으로, 미국에는 방첩의 악몽과도 같았다.

정부기관만 표적이 되는 것은 아니다. 중국의 사이버 및 인적 스파이 활동은 기업과 대학에도 침투하여 코로나19 연구부터 미사일용 반도체에 이르기까지 모든 것을 훔치려 하고 있다. 중국의 스파이 활동이 만연하면서 2020년 여름 무렵에는 FBI가 10시간마다 중국 관련 새로운 방첩 수사를 개시할 정도가 되었다.[21]

중국이 극성을 부리지만 중국만 그런 것은 아니다. 국가정보장실이 발표한 2019년 위협 평가에는 미국이 "외국의 복잡한 세계적 위협 환경에 직면해 있으며" 기술 발전으로 인해 더 많은 국가 및 비국가 행위자들이 "미국의 이익에 해를 끼치기 위해" 정보를 훔칠 수 있게 되었다는 경고가 실렸다.[22] 2016년 국가방첩전략National Counterintelligence Strategy은 세계적 공급망과 통신으로 인해 미국 국가안보에 필수적인 정보와 자산이 더욱 분산되고 취약해졌다고 지적했다. 동시에 적대적인 정보기관은 민감한 자료를 훔치고 악용할 수 있는 더 많은 도구를 마음대로 사용할 수 있게 되었다.[23]

방어적 방첩과 공격적 방첩

방첩은 크게 두 가지 활동으로 나눌 수 있다. 주로 보안 조치로 구성된 방어적 또는 수동적 방첩, 그리고 적대적 정보기관에 침투하여 그 운용 방식을 파악하고 교란과 기만을 통해 활동을 방해하는 공격적 방첩이다. 방첩은 단순히 우리 편을 보호하기 위해 차단하고 대처하는 것만이 아니라는 점에 유의해야 한다. 방첩을 잘 수행하면 정보를 수집하고 상대를 기만하여 이득을 얻을 수 있는 새로운 기회가 열린다.

방어적 방첩

방어적 방첩 조치는 평범한 것부터 이색적인 것까지 다양하다. 정보 시설에서는 금고, 잠긴 방, 검문소, 무장 경비원, 전기 울타리, 동작 감지기, 유압식 차량 차단봉, 감시견 등을 흔히 볼 수 있다.[24] 비밀문서는 일반 쓰레기통에 버리지 않고 매일 근무가 끝나면 소각용 봉투에 넣어 완전히 태워 없앤다.[25] CIA 본부나 네브라스카에 있는 미국 전략사령부Strategic Command, STRATCOM 핵무기 지휘 벙커와 같은 기밀 시설을 방문해 보면 책상이 이상할 정도로 깨끗하다는 것을 알게 된다. 비밀취급인가를 받지 않은 사람이 주변에 있으면 아무도 기밀 작업을 컴퓨터 화면이나 테이블 위에 열어두지 않는다. 방문자는 약간 범죄자 같은 기분이 들 수 있으며, 결코 혼자 남겨지지 않는다. 그리고 일부 기밀 시설에서는 "인가 없는" 사람이 내부에 있으면 모든 사람이 알 수 있도록 복도에 빨간 불이 깜박인다.

물론 이러한 보안 시설 밖의 다양한 장소에서도 업무를 수행해야 할 때가 있다. 외교는 잠들지 않기 때문에 고위 공직자들은 밤늦게까지 재택근무를 해야 하는 경우가 많다. 대통령과 외교정책팀은 해외 출장을 다닌다. 의회 정보위원회 위원들은 사무실 부근에서 비밀문서를 열람해야 한다. 방산 계약업체는 공장에서 기밀 무기체계를 만들고 논의해야 한다. 이러한 장소와 기타 멀리 떨어진 곳에서 비밀을 비밀로 유지하기 위해 설계 및 제작된 공간을 특수정보시설Sensitive Compartmented Information facilities, SCIFs("스키프"라고 함)이라고 한다. 음향 보호를 포함한 엄격한 보안 지침에 따라 건설되는 SCIF는 사무실, 주택, 또는 호텔과 같이 개방되었거나 일반적인 건물 내부에 위치하는 경우가 많다. SCIF는 영구적일 수도, 일시적일 수도 있다. 보트,[26] 트레일러,[27] 심지어 텐트[28] 안에 지어지기도 한다. SCIF 내부에서는 기밀 정보를 복제하거나 대화를 녹음하지 못하도록 휴대전화를 허용하지 않는다. SCIF 외부에는 휴대전화와 기타 통신 장비를 보관할 수 있는 (경비원이 감시하는) 사물함이 설치되어 있는 경우가 많다.

다른 방어적 방첩 조치는 눈에 잘 띄지 않는다. 제임스 뱀퍼드James Bamford는 2008년 출간한 저서 『섀도 팩토리The Shadow Factory』에서 국가안보국 본부에 구축된 몇 가지 방첩 장치에 대해 이야기한다. 허구처럼 들리지만 모두 사실이다.

현대적인 박스 형태의 이 건물은 외관이 반짝이는 검은색 유리로 되어 거대한 루빅스큐브처럼 보인다. 하지만 어둡게 반사되는 마감재 아래에 실제 건물이 숨겨져 있는데, 두꺼운 피부처럼 주황색 구리 차폐막으로 덮여 있어 모든 신호나 전자기 방사선이 외부로 새어 나가지 않도록 차단한다. 템페스트Tempest*라는 암호명으로 알려진 이 보호 기술은 ⋯ 빠져나가는 전자기파를 전자 스파이 장비로 포착할 수 없도록 설계되었다. ⋯ [국장실 창문에는] 머리카락처럼 가느다란 구리선이 있어 아주 미세한 전자파도 차단할 수 있다. 그리고 [국장의] 목소리가 진동시키는 유리창을 정교한 레이저 장치로 포착할 수 없도록 유리 사이에 음악을 틀었다.[29]

방어적 방첩에는 건물뿐만 아니라 사람들도 포함된다. 신원 조사와 비밀취급인가를 통해 직원을 검증하는 것은 필수적이면서도 어려운 일이다. 한 가지 과제는 그 규모다. 2017년 미국에서는 400만 명이 비밀정보에 접근할 수 있는 비밀취급인가를 받았다.[30] 이는 로스앤젤레스 전체 인구보다 많은 숫자다. 인가 적체가 줄어들고 있기는 하지만 2019년에는 비밀취급인가 대기자 수가 약 50만 명에 달했으며, '가장 빠른' 1급 비밀 인가도 여전히 처리하는 데 1년 이상, 정확히 468일이 걸렸다.[31]

두 번째 과제는 신뢰성을 평가할 수 있는 최적의 방법을 찾는 것이다. 폴리그래프, 즉 거짓말 탐지 검사는 널리 사용되고 있지만 논란의 대상인데, 많은 정보 및 사법 관계자들은 우호적이지만 과학계는 깊은 회의론을 제기한다.[32] 이 검사는 일반적으로 응답자의 호흡, 심박수, 혈압, 피부의 땀을 측정하여 예/아니오 질문에 대한 생리적 반응을 기록한다. 그러나 폴리그래프는 속임수를 직접 검사하지 않으며, 일반적인 통념과 달리 거짓말을 나타내는 것으로 알려진 고유한 생리적 반응은 없다. 오히려 검사 자체가 불안감을 유발하여 응답자가 진실한 때에도 불합격될 수 있다. 이와 동시에, 예상되는 생리적 반응을 보이지 않는 사람은 속임수를 쓰더라도 폴리그래프 검사를 통과할 수 있다. 러시아를 위해 비밀리에 활동했던 CIA 정보관 올드리치 에

---

* 거센 폭풍

임스Aldrich Ames는 미국의 가장 중요한 기밀을 누설하여 최소 10명의 목숨을 앗아간 배신 행위를 하면서도 두 번의 폴리그래프를 통과했다.[33] 쿠바를 위해 스파이 활동을 했던 국방정보국 분석관 아나 벨렌 몬테스Ana Belen Montes도 폴리그래프 검사를 통과했으며, 미국 관리들이 미국을 위해 스파이 활동을 한다고 생각했지만 사실은 쿠바를 위해 이중스파이 활동을 했던 쿠바인 24명도 폴리그래프를 통과했다.[34]

2003년 미국국립과학원National Academy of Sciences의 전문가 패널은 고용 심사를 위해 폴리그래프의 과학적 타당성과 신뢰성을 조사하는 종합적인 연구를 수행했다. 이 연구는 "폴리그래프 검사가 매우 높은 정확도를 가질 수 있다는 기대에 대한 근거는 거의 없으며" 진실을 말하는 사람을 불합격시키고 (거짓양성) 거짓말하는 사람을 통과시키는 (거짓음성) 양쪽 방향으로 "본질적으로 잘못된 결과를 생성하기 쉽다"는 결론을 내렸다.[35]

이러한 종류의 검사는 완벽할 수 없다. 검사가 한 종류의 오류를 줄이는 데 적합해질수록 다른 유형의 오류를 잡아내는 데는 실패할 가능성이 높아진다. 표 6.1은 이러한 딜레마를 보여준다. 연구에 따르면 1만 명의 직원 집단에 10명의 배신자가 포함되어 있는 경우, 폴리그래프 검사를 배신자의 80% 이상 탐지할 수 있도록 설정하면 1600명 이상의 직원이 불합격하고 실제 배신자 10명 중 8명을 잡아낼 수 있다. 거짓 경보(검사에 불합격하는 충성스러운 직원)의 수를 40명으로 줄이도록 검사를 설정하면 10명의 고정간첩 중 8명이 통과하여 잡히지 않을 것이다.[36]

"정확도 수준을 고려할 때, 배신자 비율이 매우 낮은 집단에서 중대한 보안 위해자를 식별할 확률을 높이려면 검사를 아주 민감하게 설정해야 한다. 그러면 중대한 보안 위해자가 올바르게 식별될 때마다 수백, 수천의 무고한 사람이 연루될 수 있다." 전문가 연구의 지적이다. "'거짓양성' 빈도를 확실하게 줄이는 유일한 방법은 심각한 위해자 식별률을 심각한 수준으로 확실하게 줄인 검사를 시행하는 것이다."[37]

표 6.1 폴리그래프 검사의 문제: 거짓양성과 거짓음성

폴리그래프가 스파이의 80%를 탐지한다면 거짓양성이 많이 발생하여 1598명의 진실한 사람이 거짓말쟁이로 나타난다.

피검사자의 실제 상태

검사 결과	스파이	스파이 아님	합계
검사 "불합격"	8	1,598	1,606
검사 "통과"	2	8,392	8,394
합계	10	9,990	10,000

폴리그래프가 진실한 사람의 99.5%를 탐지한다면 거짓음성이 많이 발생하여 8명의 스파이가 드러나지 않는다.

피검사자의 실제 상태

검사 결과	스파이	스파이 아님	합계
검사 "불합격"	2	39	41
검사 "통과"	8	9,951	9,959
합계	10	9,990	10,000

출처: National Research Council 2003, *The Polygraph and Lie Detection*, 5.

그러나 많은 정보기관이 여전히 폴리그래프를 사용하고 있다.[38] 실제로 FBI는 한센 사건 이후 폴리그래프 사용을 확대했다.[39] 폴리그래프를 옹호하는 사람들은 이 검사가 유용한 억제 수단이며, 직원의 과거 또는 지속적인 (부채, 알코올 중독, 결혼 문제 등의) 문제 행동을 식별하도록 설계된 광범위한 시스템의 한 가지 항목이라고 말한다. 그러한 직원은 유혹에 취약할 수 있고, 적대적인 정보기관, 테러 집단, 또는 미국 정부에 대항하는 기타 조직을 위해 일하게 될 수 있다. 전 CIA 부장 윌리엄 콜비는 이렇게 말한다. "저는 폴리그래프를 신뢰하지 않지만 … 확실히 도움은 되었습니다. 보안 담당관들은 사람들이 폴리그래프 검사를 받으면 고용 불가 사유에 해당하는 것들을 이야기한다고 말합니다. 제가 보기엔 그것만으로도 가치가 충분합니다."[40]

공격적 방첩

공격적 방첩은 보다 공격적이고 역동적이다. 여기에는 외국 정보기관이 미국 정보관을 상대로 어떻게 활동하는지 밝혀내고, 미국인 반역자를 색출하며, 적대적인 정보기관과 조직에 우리 스파이를 침투시키는 것, 즉 자국을 배신하거나 우리를 위해 일하려는 외국인을 활용하는 것이 포함된다. 또한 훌륭한 방첩은 적들이 미국의 반역자를 포섭하기 위해 미래에 사용할 수 있는 모든 교활한 시나리오를 상상하고 계획함으로써 미래를 내다본다. 그리고 아무리 가치가 높아 보이는 정보라도 정말로 신뢰할 수 있는 것인지 확인해야 한다. 마이클 헤이든 전 CIA 부장은 사건, 단서, 의혹을 검토하는 정기적인 방첩 브리핑을 "내 달력에서 가장 우울한 90분"이라고 언급했다.[41]

방첩에서 가장 취약한 순간은 보통 스파이가 자신의 핸들러와 통신을 시도할 때이다.[42] 발각될 위험을 줄이려고 통신을 숨기는 기법을 사용하는데, 그 기법으로는 감시, 데드드랍,[43] 통신 암호화, 그리고 시그널사이트signal site가 있다. 시그널사이트는 공작관이 공공장소에 미리 정한 표시를 (주로 분필이나 테이프로) 남겨 스파이에게 물건을 수령하라거나 연락을 달라고 알리는 기법이다.[44] 이러한 기법을 개발하려면 상당한 훈련과 시간이 소요된다. 전 CIA 방첩 책임자 올슨은 상대 정보기관의 이러한 기법을 "준비 없이" 관찰하는 것은 "고통스러울 만큼 어려운 일"이라고 썼다. 올슨은 자신의 팀에게 감시 작전을 승인하기 전 대상 도시에서 최소 1년의 시간을 보낼 것을 고집했다. FBI는 테러 용의자나 외국 정보관 한 명을 24시간 동안 감시하는 단일 작전에 20여 명이 넘는 인력을 투입한다.[45]

국내 반역자를 색출하는 가장 좋은 방법은 해외의 적대적인 정보기관에 침투하는 것이다. 방첩 관계자들이 강조하듯이 간첩을 잡으려면 간첩이 필요하다.[46]

바로 이것이 FBI가 결국 로버트 한센을 잡은 방법이었다. 2001년 한센이 체포되기 수년 전부터 FBI와 CIA는 미국 정부의 누군가가 러시아에 중요한 기밀을 넘기고 있다는 사실을 알고 있었다. 두 기관은 고정간첩을 찾기 위해 맹렬히 노력했지만 성공하지 못했고, 엉뚱한 사람인 브라이언 켈리Brian Kelley라는 CIA 정보관을 추적하는 데 3년이라는 시간을 보냈다. FBI가 미국인 고정간첩에 대한 정보가 담긴 KGB 파일을 입수하기 위해 전직 러시아 정보관에게 700만 달러를 지불하고 나서야 방첩관들은 사건을 해결할 단서를 얻었다. 그마저도 정교한 방첩 활동이 필요했다. FBI는 파일을 입수하기 위해 고정간첩의 신원을 알고 있을 만한 KGB 정보관 명단을 선별하고, (현역 정보관은 포섭하기가 훨씬 더 어려웠을 것이므로) 은퇴한 정보관에 초점을 맞춘 다음, 조건에 부합하고 모스크바에서 사업을 시작한 사람을 찾아내서, 미국 기업 임원을 설득하여 이 러시아인에게 미국에서 만나 사업 확장에 대해 논의하자는 가짜 초대장을 보냈다. 이것이 통했다. 이 러시아인이 뉴욕에 도착했을 때, FBI 요원 마이크 로치퍼드Mike Rochford가 그를 만나 포섭하여 물건을 넘기라고 설득했다.[47]

러시아인의 파일에는 한센의 이름이 없었다. 이는 방첩 기법에 정통한 한센이 자신의 핸들러에게 이름을 알려주지 않았고, 통신에서는 자신을 "B" 또는 라몬 가르시아Ramon Garcia라는 가명으로만 지칭했기 때문이다. 또한 한센은 20년 동안 러시아 정보관들과 직접 만나는 것을 거부하고 메시시와 자료를 데드드랍으로만 전달했다. 그리고 한센은 FBI 방첩관이라는 자신의 직위를 이용하여 자신이 의심을 받고 있는지 컴퓨터 파일을 확인했다. 하지만 700만 달러짜리 파일에는 세 가지 금덩어리가 들어 있었다. 첫 번째는 신원 미상의 고정간첩이 KGB 정보관과 대화하는 음성 녹음이었다. 두 번째는 고정간첩의 지문이었는데, 이 지문은 그가 데드드랍 물건을 포장하는 데 사용한 쓰레기봉투에서 채취한 것이었다. 세 번째는 고정간첩이 조지 S. 패튼George S. Patton 장군의 색다른 인용문을 두 번이나 언급했음을 보여주는 메모였다. 목소리는 한센과 일치했다. 지문도 FBI 데이터베이스를 통해 한센과 일치한다는 결과가 나왔다. 그리고 어느 FBI 분석관은 한센이 직장에서 대

화할 때 패튼 장군의 그 인용문을 사용한 것을 기억하고 있었다.[48]

무엇이 배신자들을 자극하는가?

왜 그런 행동을 했을까? 가족, 친구, 동료, 방첩 관계자들은 믿었던 내부자가 배신하면 항상 이런 질문을 한다. 인간의 동기는 복잡하기 때문에 스파이들은 종종 사후에 자신의 행동을 정당화하려고 한다. 하지만 대부분의 방첩 전문가들은 MICE, 즉 돈money, 이념ideology, 타협compromise, 자존심ego으로 네 가지 주요 동기를 정의한다.[49]

탐욕은 오랫동안 모든 인간 행동의 강력한 원동력이었다. 미국 최초의 반역자로 알려진 벤저민 처치Benjamin Church는 영국에 기밀을 팔아 내연녀를 부양하고 생활비를 충당했다.[50] 최근 국방부 연구에 따르면 1947년부터 2015년까지 스파이 관련 혐의로 유죄 판결을 받은 미국인이 200명이 넘는 것으로 나타났다. 돈은 물론 목록의 맨 위에 있는데, 이들 중 거의 절반의 유일한 또는 핵심 동기였다.[51] 로버트 한센과 러시아로부터 460만 달러를 받은 올드리치 에임스는 물론, CIA, 국방정보국, 국무부, 미 육군에서 근무했고 1급 비밀 인가를 받았으며 2018년 기밀 정보를 중국에 넘겨 기소된 케빈 맬러리Kevin Mallory도 여기 포함된다. 그는 중국 핸들러에게 이런 문자를 보냈다. "당신의 목적은 정보를 얻는 것이고, 나의 목적은 대가를 받는 것입니다."[52]

이념 또한 흔한 동기였다. 1930년대와 1940년대에 많은 미국인과 영국인이 공산주의라는 대의에 동조하여 조국을 배신했다. 악명 높은 케임브리지 스파이, 즉 도널드 매클린Donald Maclean, 가이 버지스Guy Burgess, 해럴드 "킴" 필비Harold "Kim" Philby, 앤서니 블런트Anthony Blunt, 존 케언크로스John Cairncross 등 5명은 모두 영국 정부에서 근무하며 자신의 직위를 이용해 수년간 소련에 비밀 정보를 넘겼다. 이들의 스파이 활동에는 원자폭탄 계획, 한국전쟁 군사 전략, 미국의 방첩 작전 등 미국의 가장 민감한 기밀과 작전 정보가 포함되었다. 결국 소련 스파이 5명 모두 체포되었지만 필비의 정체를 밝혀내는 데 30년이나 걸렸다. 이미 그가 영국 정보기관에서 최고위직이자 민감한 직책에 근무한 뒤였다. 필비는 1951년 버지스와 맥클린이 발각된 후 MI5와 MI6의 심문을 받았지만 혐의에서 벗어났다. 1962년이 되어서야 마침내 영국 요원들은 필비에게 알고 있는 사실을 말하면 기소를 면제해 주겠다고 제안했다. 필비는 이에 동의한 후 KGB가 보낸 배를 타고 러시아로 도망쳤다. 그는 러시아 시민이 되었고, 1988년 사망 후 KGB 장군으로서 예우를 받고 안장되었다.[53]

다른 나라의 대의에 대한 신념은 (어린 시절 청년 공산주의 연맹에 가입했던) 줄리어스 로젠버그Julius Rosenberg가 원자폭탄 개발을 위해 진행된 맨해튼 프로젝트의 기밀을 폭로하게 된 원동력이었다. 보다 최근에는 홍콩 출신으로 미국 시민권자로 귀화하여 10년 이상 CIA에서 근무했던 제리 춘싱 리Jerry Chun Shing Lee가 이념에 이끌려 중국의 스파이로 활동했다.[54] 미국 반역자에 대한 국방부 연구에 따르면 (다른 국가나 대의로 분열된 충성심을 포함하여) 이념이 2위를 차지했으며, 유죄 판결을 받은 스파이 중 25%의 유일한 또는 핵심 동기였다.[55]

다른 여러 가지 이유 때문에 외국 세력을 위해 스파이 활동을 하기도 한다. 자신의 비위 사실을 알고 있는 외국 정보기관의 강압으로 인해, 직장에서 불만스럽고 인정받지 못한다는 느낌 때문에, 순전히 스릴을 추구해서, 또는 연인이나 친구 등 누군가의 환심을 사기 위해서 등이다.

물론 종종 여러 가지 동기가 서로 얽혀 있을 때도 있다. 독립전쟁에서 워싱턴을 배반한 베네딕트 아널드는 자존심이 강하고, 자신에 대한 정치적 수사에 대해 깊은 불만이 있었고, 재정적 압박에 시달렸으며, 왕당파였던 젊은 새 아내를 감동시키고 싶었던 것으로 알려져 있다. 러시아의 스파이로 활동

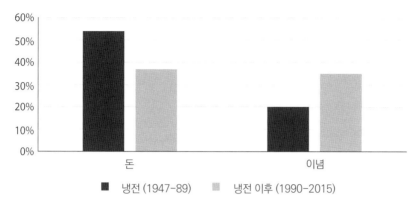

그림 6.1 배신자의 동기 변화

출처: Katherine Herbig, "The Expanding Spectrum of Espionage by Americans, 1947-2015," Defense Personnel and Security Research Center (PERSEREC), Office of People Analytics, 2017.

했던 전 CIA 정보관 올드리치 에임스는 호화로운 생활로 인해 쌓인 빚을 갚으려고 스파이 활동을 했다. 하지만 자존심도 중요한 역할을 했다. 그는 훗날 인터뷰에서 이렇게 설명했다. "돈 때문에 그랬습니다. ⋯ 돈으로 살 수 있는 것 때문이 아니라 돈이 나에 대해 말해주는 것 때문에요. ⋯ 돈은 에임스가 실패자가 아니라고 말해주었어요."[56]

냉전 종식 이후 이념이나 분열된 충성심의 비중은 커진 반면 돈의 중요성은 감소하는 등 스파이의 동기가 변화하고 있다는 증거가 있다. 그림 6.1에서 볼 수 있듯이, 냉전 중에는 스파이 행위 관련 범죄로 유죄 판결을 받은 사람의 54%에게 돈이 유일한 또는 핵심 동기였지만 1990년 이후에는 37%에게만 돈이 핵심 동기가 되었다. 이와 대조적으로, 다른 대의에 대한 이념적 헌신은 냉전 시기에 20%를 차지했지만 1990년 이후에는 35%를 차지했다.[57]

몇 가지 다른 인구통계학적 요인도 주목할 만하다. 미국인 반역자는 거의 항상 남성이다. 1947년 이후 스파이 행위 관련 범죄로 유죄 판결을 받은 미국인 스파이 209명 중 18명만이 여성이었다. 또한 배신자들은 중년의 기혼자인 경향이 있다. 그리고 57%는 외국 정보기관에 포섭된 것이 아니라 스스로 스파이가 되겠다고 자원했다.[58]

세 가지 핵심 방첩 과제: 신뢰, 편집증, 기술

방첩은 세 가지 주요 도전에 직면해 있다. 첫 번째는 지나친 신뢰로 인해 경고 신호를 알아차리고 배신자를 막기가 어렵다는 것이다. 두 번째는 너무 신뢰하지 않는 것인데, 이는 사람들의 경력을 망치고 좋은 정보에 대한 부당한 의심을 불러일으키는 편집증을 낳을 수 있다. 세 번째 문제는 기술의 발전으로 새로운 취약점이 발생하고 내부자 위협이 훨씬 더 빠른 속도와 규모로 작동할 수 있다는 점이다.

지나친 신뢰

모든 조직은 자기 사람을 신뢰하며, 어떤 면에서 정보기관은 여타 다른 조직보다 더욱 소속 직원을 신뢰한다. 보안 절차, 사명, 비밀은 동료 간에 끈끈한 동지애와 잘못된 편안함을 낳아 동료가 나쁜 일을 저지를 때 위험 신호를 보거나 보고하기 어렵게 만드는 경향이 있다.

경비원, 권총, 견고한 출입문은 내부자와 외부자를 물리적으로 구분하는 역할을 한다. 아무도 CIA나 NSA 본부에 함부로 들어올 수 없다. 내부에는 신뢰의 영역이 있고, 그 밖의 모든 곳과 구분된다. 게다가 국장이든 청소부든 모든 직원은 출근 첫날을 시작하기 전에 수개월에서 수년이 걸릴 수 있는 조사, 심사, 인가를 받아야 한다. 인가를 받은 직원도 주기적으로 재조사를 받아야 한다. 이러한 보안 절차는 필요하지만, 보안에 대한 경계심을 낮추는 의도치 않은 효과를 가져올 수 있다.

또한 4장에서 설명했듯이 정보기관에서 하는 것은 일이 아니다. 사명이다. 공통의 목적의식은 강한 유대감을 형성하고 비밀성이 강화되는 자연스러운 편협함으로 이어진다. 정보 업무는 다른 업무보다 더 위험하고 고립되어 있기 때문에 뭔가 크게 잘못됐다는 증거에 직면해도 내부자를 신뢰하는 "사교적인" 문화가 생겨난다.

지나친 신뢰의 위험싱은 1994년 베테랑 공작관이었던 올드리치 에임스가 자신의 재규어를 몰고 출근하던 중 체포되면서 CIA에 고스란히 드러났다. 곧 에임스는 거의 10년 동안 소련을 위해 스파이 활동을 했다고 자백했다. 그는 100개 이상의 미국 및 동맹국 정보 작전을 노출시켰고, 수천 건의 비밀문서를 쇼핑백에 담아 러시아 핸들러와 저녁 식사를 하면서 전달했으며,[59] 미국을 위해 일하던 모든 중요한 소련 정보관의 비밀을 폭로했다.[60] 에임스의 배신으로 인해 CIA와 FBI가 관리하던 10명 이상의 소련 정보원이 처형당했다.[61]

그중 가장 중요한 인물은 소련 군사정보기관 고위 장교로 근무하며 20년 동안 고정간첩으로서 소련의 무기 체계 및 기타 중요 정보에 대한 기밀을 미국 핸들러에게 전달한 드미트리 폴리아코프Dmitri Polyakov 장군, 암호명 탑햇 TOP HAT*이다.[62] 탑햇은 1972년 닉슨 대통령이 중국 개방에 활용했던 중-소 분열의 확실한 증거를 제공했다.[63] 소련제 대전차 미사일에 대한 탑햇의 정보 덕분에 미군은 1991년 걸프전에서 이라크의 대전차 미사일을 격파할 수 있었다. 또한 그가 수집한 정보는 CIA 본부의 파일 서랍 25개를 채울 정도로 방대했다. 그의 소포가 도착할 때마다 "크리스마스 같았다"고 어느 CIA 정보관은 말했다. 제임스 울시 전 CIA 부장은 탑햇을 냉전 시대 스파이 중에 "왕관의 보석"이라고 불렀다.[64]

---

* 정장용 모자

폴리아코프는 에임스가 정체를 폭로하여 체포되었고 1988년 3월 15일 처형당했다. 그가 어디에 묻혔는지는 아무도 모른다. CIA 베테랑 샌드라 그라임스Sandra Grimes와 잔느 베르테푀유Jeanne Vertefeuille가 기술했듯이, 그와 관련된 작전을 지원했던 사람은 물론 그를 한 번도 만난 적이 없는 많은 CIA 정보관들에게도 "이 사람을 잃은 것은 말로 표현할 수 없는 슬픔이었다". 폴리아코프는 돈을 요구한 적이 없다. 그는 신념에 따라 스파이 활동을 했다. 그의 수년간의 봉사와 공로는 랭글리 내에서 "전설이 되었다".[65]

어쩌면 이 모든 시련에서 가장 화가 나는 것은 에임스의 배신을 알아내기가 어렵지 않았다는 사실이다. 그는 지칠 줄 모르고 노력하여 자신의 활동을 숨기고 매번 CIA 동료들을 속였던 슈퍼 스파이가 아니었다. 에임스는 해외와 본부에서 CIA의 가장 중요한 소련 및 방첩 부서에서 근무하는 동안 일상적으로 보안 정책을 위반하고 낮은 성과 평가를 받은 명백히 무능한 공작관이었다. 수시로 하위권 평가를 받았던 에임스는 게으르고 부주의하며 나약하고 나쁜 리더이자 해외 작전에 부적합한 인물로 묘사되었다. 그는 사무실 금고를 잠그는 것을 잊어버리고 소련 관계자들과의 접촉에 대한 보고서를 제출하지 않았다. 한 번은 뉴욕 지하철에서 기밀 문건이 담긴 서류 가방을 분실하기도 했다. 그는 개인적으로나 업무적으로나 엉성했다. 어느 연례 성과 평가에서는 그의 옷이 흐트러져 있고 치아가 썩어 있다는 지적이 있었다.[66]

또한 에임스는 알코올 중독자였고 점심 식사 후 너무 취해 출근하지 못하는 경우가 많았다.[67] 로마의 배수로에서 기절했다가 현지 경찰에게 발견되어 병원으로 이송된 적도 있었다.[68] 멕시코시티에서는 교통사고를 일으켰는데, 너무 술에 취해서 경찰의 질문에 대답하지 못하고 그를 도우려고 왔던 미국 대사관 직원을 알아보지도 못했다.[69] 심지어 KGB도 에임스에게 음주에 대해 경고했다.[70] 에임스가 수년 동안 여러 임무를 수행하면서 알코올이 문제가 되었지만 CIA 상급자들은 그와 심각하게 상담하거나 징계하거나 질책하거나 덜 민감한 직책으로 옮기지도 않았다. 초당파적인 상원 정보위원회 검토보고서에 따르면 "분명히 뭔가 크게 잘못되었다". 에임스는 CIA 경력 초기부터 "심각한 적합성 문제"를 안고 있었던 것이 분명하다. 검토보고서는 "상급자들은 그의 개인적, 직업적 결함을 알고 있었지만 그 문제를 공식 기록에 포함하거나 시정하기 위해 효과적으로 행동하지 않았다"라고 결론지었다.[71]

에임스에 대한 방첩 적신호는 명백했지만 보고되거나 해결되지 않았다. 1985년 에임스가 소련의 스파이로 활동을 시작한 후 그의 생활 방식은 크게 바뀌었다. 1986년 로마에 근무하던 시절, 평소 남루했던 에임스는 값비싼 이탈리아산 정장과 구찌 시계를 차고 새 아내 로사리오Rosario와 함께 유럽 도시로 여행을 떠나기 시작했다. 사무실의 모든 사람들은 그가 돈이 많은 것 같다고 생각했고,[72] 한 정보관은 그의 지출이 "노골적으로 과도하다"고 표현했다.[73] 랭글리로 돌아온 후에는 재규어를 타고다니기 시작했고, 54만 달러짜리 고급 주택으로 이사했으며, 가정부를 고용했다. 에임스는 나중에 "저는 실제로 자금을 숨긴 적이 없어요. … 돈을 펑펑 쓰고 다녔죠"라고 인정했다. 그의 지출은 분명히 월급을 초과했지만 그의 파일에는 아무것도 기록되지 않았다. 한 CIA 정보관이 그의 집을 방문한 후 방첩 센터에 그를 신고했지만, 피상적인 조사가 시작되었다가 금세 종결되었다.[74]

에임스는 왜 그렇게 오랫동안 발각되지 않았을까? 그리고 왜 술에 취한 무능한 인간이 CIA의 소련 부서와 방첩 부서라는, 국가의 가장 중요한 기밀에 접근할 수 있는 요직을 맡게 되었을까?

신뢰가 가장 큰 요인이었다. 1985년 6월 13일 에임스가 처음으로 KGB를 위해 기밀을 모았을 때, 그는 2.7kg의 비밀문건을 서류 가방에 넣고 그냥 문을 나섰다. CIA 본부를 나갈 때 아무도 그를 수색하지 않았다. ≪뉴욕타임스≫ 기자 팀 와이너Tim Weiner, 데이비드 존스턴David Johnston, 닐 A. 루이스Neil A. Lewis에 따르면 CIA는 몇 년 전부터 직원에 대한 수색을 중단했다.

이들은 "신뢰가 당시의 표어였다"고 썼다.[75] 에임스가 근무했던 CIA의 끈끈한 남성적 국가 비밀조직을 설명할 때는 '동지애', '형제애', '클럽' 같은 단어가 자주 사용되었다. 형제와 같은 신뢰로 인해 동료 중 한 명이 적을 위해 스파이 활동을 할 수도 있다는 것을 상상할 수 없게 되었다. 또한 형제와 같은 신뢰로 인해 동료가 아무리 무능하거나 의심스러운 행동을 하더라도 문제를 제기하거나 신고하는 것을 꺼리는 분위기가 조성되었다. 상원 정보위원회 검토보고서는 "훈련을 받고 폴리그래프 검사를 통과하고 해외 임무를 수행한 정보관은 '클럽의 일원'으로 받아들여져 과업, 승진, 복무 지속의 적합성이 더 이상 문제되지 않는 경우가 너무 많다"고 결론 내렸다. 이 검토에 따르면 CIA는 "특히 에임스의 배신 초기에 에임스가 CIA 작전에 가한 지명적인 타격을 지시하고, 평가하고, 조사할 의지와 능력이 없는 시스템과 문화로 인해" 어려움을 겪었다.[76]

제임스 올슨 전 CIA 방첩 책임자는 이러한 문화의 영향을 개인적으로 깊게 느꼈다. 에임스가 체포되어 종신형을 선고받은 지 수십 년이 지났지만, 지금도 올슨은 에임스와 함께 일할 당시 그의 명백한 성과 문제와 음주 문제에 대해 CIA 보안부서에 아무 말도 하지 않았다는 사실에 괴로워하고 있다. "제가 나서지 않았다는 사실이 … 괴롭습니다." 2020년 올슨이 내게 털어놓은 말이다. "하지만 동료이자 심지어 친구인 사람을 고발하는 것은 문화에 반하는 행위입니다."[77]

너무 적은 신뢰: 편집증

방첩의 두 번째 어려움은 너무 적게 신뢰하는 것이다. 정보원이 신뢰할 수 있는지, 마음을 바꿔먹은 것은 아닌지, 현실이 보이는 그대로인지, 누군가가 우리를 속이려고 하는 것은 아닌지 항상 의심하는 회의주의는 훌륭한 방첩요원의 필수 요건이다.

하지만 건전한 회의주의와 파괴적인 편집증 사이에는 미세한 경계가 있다. 회의주의가 지나치면 의심이 난무하고 여러 사람의 경력을 파괴하며 진실은 사라지는, 서로 불신하고 조직을 약화시키는 문화가 조성될 수 있다. 25년 경력 중 방첩 업무도 수행했던 CIA 공작관 빌 필립스는 "회의주의는 정보기관의 아주 어두운 면입니다"라고 지적한다. "그래서 정보관 중에 방첩 분야에서만 경력을 쌓는 사람은 많지 않은 것 같아요. 그 일을 조심하지 않고 너무 오래 하다 보면 불면에 시달리고 균형 감각을 잃을 수 있어요. 그러면 모든 사건에서 스파이 유령과 이중, 삼중 스파이 유령이 보이기 시작합니다."[78]

바로 그 일이 냉전 중에 일어났다. CIA는 악명 높은 초대 방첩 책임자 제임스 지저스 앵글턴의 점점 심해지는 편집증에 20년 동안 사로잡혀 있었다.

키가 크고 흐느적거리며 수척한 얼굴에 두꺼운 안경을 낀, 어두운 사무실에서 거미 다리 같은 손가락으로 버지니아 슬림스 담배를 끊임없이 피우던 앵글턴은 지지자와 비판자 모두에게 실제보다 더 대단한 인물로 비쳤다. 앵글턴은 1954년부터 1974년 해임될 때까지 CIA의 방첩 업무를 담당했다. 그의 방에는 항상 커튼이 쳐져 있었고, 책상은 CIA의 공식 기록 시스템에는 등재되지 않은 개인 극비 파일로 가득 차 있었다.[79] 불면증에 시달렸던 앵글턴은 종종 밤늦게까지 일했고, 그럴 때면 그의 정신은 미국의 적들이 벌이는 기만, 배신, 비밀 속의 비밀을 찾아내기 위해 분주했다. 앵글턴은 자신의 방첩 세계를 T. S. 엘리엇T. S. Eliot의 시를 인용하여 "거울의 황무지wilderness of mirrors"라고 표현한 적이 있다. 그는 소련의 작전에 대한 백과사전 같은 지식과 회의에서 아무 말도 하지 않고 불안하게 만드는 습관으로 명석하고 비밀스럽고 신비로운 분위기를 풍겼다. 그는 집에서 이국적인 난초를 키우고, 낚시 여행을 위해 정교하게 파리를 묶었으며, 시를 좋아했고, CIA에서 술을 가장 많이 마시는 사람 중 한 명이었다.[80]

앵글턴은 소련이 거짓 망명자를 보내고 동맹국 정부에 고정간첩을 심어 동맹국 정보기관을 옭아매려는 대규모 작전을 조직적으로 벌인다고 확신했다. 그가 보기에 거의 모든 소련 망명자는 잘못된 정보를 퍼뜨리고 미국 정보관들을 헛수고하게 만들며 진실을 은폐하기 위해 보내진 가짜라고 생각했다. 경력 초기에는 그러한 의심이 중요한 방첩 역량을 구축하는 데 효과적이었지만, 시간이 지날수록 현실과 점점 더 멀어졌다.

앵글턴의 의심에는 그럴 만한 충분한 이유가 있었다. 그는 제2차 세계대전 당시 미국의 전시 정보기관인 전략사무국에서 일하며 경력을 쌓았다. 런던으로 발령받은 앵글턴은 영국의 더블크로스Double Cross 작전의 최전방에 서게 되었다. 더블크로스는 영국에 있는 독일 비밀 요원 거의 전부를 파악하고 이들을 이용해 연합군의 상륙 계획과 위치에 대한 가짜 정보를 전송하여 실제 노르망디 상륙작전이 기습적으로 이루어지도록 한 아주 성공적인 작전이었다.[81]

전쟁이 끝난 후 미국의 암호 해독자들은 베노나VENONA라는 비밀 계획 덕분에 소련의 통신을 가로채고 해독할 수 있었다. 앵글턴은 이를 통해 제2차 세계대전 당시 원자폭탄 개발을 위해 추진된 맨해튼 프로젝트는 물론 미국 정부, 방위 산업체, 언론에도 소련이 200명 이상의 요원과 정보원을 배치했다는 사실을 확인했다.[82]

1963년 앵글턴은 정보 업계에서 가장 가까운 친구 중 한 명으로부터 배신을 당했는데, 다름 아닌 영국 정보관이자 소련의 이중스파이, 케임브리지 스파이단의 킴 필비였다. 필비와 앵글턴은 전쟁 때부터 함께 일했다. 필비는 앵글턴에게 정보 업무를 가르쳤고, 20년 동안 멘토이자 가까운 친구, 술자리 동지였다. 앵글턴의 아내 시실리Cicely는 "그가 결코 잊지 못할 쓰라린 타격이었다"고 표현했다. 필비의 배신은 그에게 "끔찍하게, 깊이" 영향을 미쳤다.[83] 앵글턴의 CIA 동료들도 그의 아내와 같은 평가를 내렸다. "1963년 킴 필비의 이중성이 폭로되고 1951년 영국 기관에 근무하던 다른 소련 스파이 4명을 적발한 경험은 앵글턴 자신과 KGB의 능력에 대한 그의 견해, 그리고

CIA 고위층도 침투당했을 가능성이 있다고 믿는 그의 성향에 엄청난 영향을 미친 것이 거의 확실해 보인다"라고 2011년 CIA 연구는 결론지었다.[84]

앵글턴의 집착은 점점 더 악화되었고 그의 행동은 더욱 파괴적으로 변했다. 1961년 아나톨리 골리친Anatoliy Golitsyn이라는 KGB 중급 장교가 미국으로 망명하여 앵글턴의 음모론에 동조했을 때 앵글턴은 완전히 매료되었다. 그는 골리친의 말을 믿어야 하며 그 방대한 음모가 실재한다고 확신하게 되었다. 앵글턴과 그의 방첩단은 골리친에 대한 앵글턴의 집착과 비평가들이 괴물적 음모라고 불렀던 골리친의 발언 때문에 냉전 시기 가장 가치 있는 정보 중 일부를 의심하게 되었고, 사샤Sasha라는 허구의 고정간첩을 찾기 위해 여러 CIA 정보관들의 삶을 망치고 말았다.

앵글턴의 희생자 중 한 명은 1964년 미국으로 망명한 유리 노센코Yuri Nosenko라는 소련 스파이였다. 앵글턴은 처음부터 노센코가 미국을 속이려고 소련이 파견한 가짜 망명자라고 믿었다. 그 결과 CIA는 노센코와의 계약을 파기하고 4년 가까이 그를 미국 내 CIA 안가 다락방에 홀로 감금하였다. 그곳에서 노센코는 소련의 계략이라는 자백을 받아내려는 CIA 정보관들의 적대적인 심문을 받았다. 그는 가짜 망명자가 아니었다. 실제로 노센코는 미국과 유럽 대사관 내 소련 요원, 모스크바 주재 미국 대사관에 심어진 소련의 도청 장치, 1950년대와 1960년대에 소련에 거주했던 케네디 암살범 리하비 오스왈드Lee Harvey Oswald와 관련된 소련 파일에 관한 중요한 정보를 제공했다.[85]

CIA는 3년 반에 걸친 심문과 폴리그래프 검사 끝에 노센코의 진술이 사실이라고 판단하고 새 이름과 8만 달러를 주고 석방했다.[86] 노센코는 2008년 사망할 때까지 미국 남부 어딘가에서 여생을 보냈다. 나중에 밝혀진 KGB 기록에 따르면 노센코는 진짜 망명자였으며, KGB는 소련의 작전에 큰 해가 된다고 판단하여 그를 처형할 계획까지 세웠다.[87]

1973년 제임스 슐레진저가 CIA 부장이 되었을 때 앵글턴은 거의 아무도 믿지 않고 거의 모든 사람을 의심하면서 자신만의 거울의 황무지에 갇혀 있었다. 그는 은둔적이고 통제 불가였으며 고립되고 술에 취해 있었다. 슐레진저는 그를 매우 걱정하여 샘 호스킨슨Sam Hoskinson이라는 특별 보좌관을 보내 그와 대화를 나누도록 했다. 호스킨슨은 사무실에서 책상 램프 하나만 켜놓은 채 어둠 속에서 줄담배를 피우고 있는 앵글턴을 발견했다. 앵글턴은 그 후 45분 동안 기괴한 소련 음모론을 펼쳤고, 새 CIA 부장을 소련의 스파이라고 비난하는 것으로 끝을 맺었다. 깜짝 놀란 호스킨슨은 앵글턴이 방금 주장한 내용을 부장에게 보고하겠다고 말했다. 앵글턴은 그를 노려보며 대답했다. "그럼 자네도 그들 중 한 명이었군."[88]

앵글턴의 편집증은 CIA에 큰 타격을 입혔다. 사샤를 찾는 헛된 시도로 앵글턴은 호네틸HONETOL*이라는 암호명으로 대규모 고정간첩 사냥을 시작하여 50명 이상의 직원을 조사했다. 최소 16명이 심각한 용의자로 취급되었다. 리처드 코비치Richard Kovich, S. 피터 칼로우S. Peter Karlow, 폴 가블러Paul Garbler 등 세 명의 CIA 정보관은 경력에 큰 타격을 입었고, 결국 의회는 이들의 누명을 벗기고 금전적 보상을 해주기 위해 고정간첩구제법Mole Relief Act으로 알려진 법안을 통과시켰다.[89]

앵글턴은 미국에서 소련 고정간첩을 발견하지 못했다. 한편 그의 의심으로 인해 소련 영토 내에서 스파이를 모집하려는 노력이 위축되었다. 윌리엄 콜비 전 CIA 부장을 비롯한 많은 CIA 관리들은 앵글턴의 과도한 불신 때문에 냉전 시기 CIA의 소련 지역 작전이 거의 마비되었다고 말한다.[90] 소련 전문가로 CIA에 합류한 로버트 게이츠 전 CIA 부장은 "앵글턴은 말년에 방첩 정보관의 캐리커처가 되었다"라고 썼다. 그의 "성격과 행동은 CIA 또는 미국 정부가 외국 정보기관에 침투당했는지, 또는 포섭된 스파이가 진실하고 그의 정보가 유효한지를 판단하는 매우 현실적인 문제를 진지하게 고려하는

---

* Hoover(FBI 국장 에드가 후버)와 Anatoliy(1961년 망명한 KGB 장교 아나톨리 골리친)의 합성어

데 장애물이 되었다".[91]

앵글턴이 해임된 후 방첩의 분위기가 완전히 반대 방향으로 기울어져 방첩 경보가 느슨해지고 꺼려지게 되었으며, 일반적으로 이것이 한센과 에임스가 오랫동안 발각되지 않을 수 있었던 이유 중 하나라고 인정되고 있다.[92]

기술 과제

방첩의 세 번째 주요 도전 과제는 기술이다. 새로운 기술은 일반적으로 정보 업무의 모든 측면에서 양날의 검이다. 방첩도 예외는 아니다. 저장용량과 컴퓨팅 성능이 크게 향상되면서 분석관들은 10년 전만 해도 상상할 수 없었던 속도와 규모로 데이터를 샅샅이 뒤질 수 있게 되었다. 하지만 이러한 발전으로 배신자들은 더 많은 정보를 손에 넣을 수 있고 더 많은 피해를 입힐수 있게 되었다. 암호화와 인터넷 통신이 발전하면서 원거리에서 스파이를 모집하고 운용하는 것이 더 쉬워졌지만, 이러한 기술은 외국 방첩기관이 미국의 정보원을 색출하는 새로운 방법이 되기도 한다.

더 크고, 더 빠르고, 더 정교해지는 침해

예전에는 기밀을 훔치는 데 많은 노력이 필요했다. 인터넷이 생기기 전에는 배신자들이 파일을 몰래 열어 숨겨둔 미니카메라로 사진을 찍고, 바지나 휴지 상자에 문서를 넣어 보안 건물 밖으로 밀반출해야 했다. 디지털 시대에는 한 사람이 입힐 수 있는 피해가 엄청나게 커졌다. 오늘날 내부자는 기밀 정보를 쓰레기봉투 단위가 아니라 테라바이트 단위로 훔칠 수 있으며, 수십 년이 아니라 며칠 만에 작업을 완료할 수 있다. 전 CIA 방첩 책임자 올슨은 기술 때문에 "방첩관으로서 우리에 대한 위험이 크게 증가했다"고 말한다. "저는 불충한 사람들이 문서를 갖고 문밖으로 나가는 것만 걱정했습니다. 이제 그들은 디스크를 갖고 문을 나섭니다."[93]

로버트 한센이 6000개의 문건을 한 번에 작은 쓰레기봉투 하나씩 담아 러시아에 넘기는 데는 20년이 넘게 걸렸다. 반면 2010년 육군 일병 첼시 매닝은 「텔레폰」이라는 노래를 흥얼거리면서 가짜 레이디 가가 CD에 국무부 기밀 전문 25만 건을 다운로드했다. 전 국가안보국 계약직 직원 에드워드 스노든은 미국 정부의 최고 기밀 계획이 담긴 약 150만 건의 문서를 10개월 만에 훔쳐 2013년 홍콩과 모스크바로 달아났다.[94] 그가 훔친 문서를 인쇄하여 쌓아 올리면 높이가 4.8km나 될 정도로 방대한 양이었다.[95]

스노든은 자신이 양심에 따라 행동한 내부 고발자일 뿐 외국 세력과 결탁한 반역자가 아니라고 주장한다. 하지만 스노든은 우연히 발견한 것을 단순히 복사한 것이 아니다. 하원 정보위원회의 초당적 검토보고서에 따르면 스노든은 동료들을 속여 자신에게 보안 자격 증명을 넘기도록 하고 동료들의 허락 없이 네트워크 드라이브를 검색하여 기밀 계획에 접근 및 다운로드한 것으로 밝혀졌다. 이 보고서는 "그가 훔친 대부분의 문서"는 "개인의 사생활 보호에 영향을 미치는 계획과는 아무런 관련이 없으며, 대신에 미국의 적들이 큰 관심을 갖고 있는 군사, 국방, 정보 계획과 관련이 있다"고 결론지었다.[96] 스노든은 몇 번의 클릭과 교묘한 사회 공학적 방법으로 자신의 데스크톱에서 편안하게 비밀의 광맥을 다운로드할 수 있었다.[97]

보안 침해는 계속되고 있다. 지난 몇 년을 살펴보면, 전 CIA 정보관 케빈 맬러리는 중국을 위해 스파이 활동을 한 혐의로 20년 형을 선고받았고,[98] NSA 계약직원 할 마틴Hal Martin은 50테라바이트의 기밀 자료(5억 페이지 분량의 정보)를 자신의 집, 정원 창고, 자동차에 숨겨둔 혐의를 인정했다.[99] 스스로를 섀도브로커Shadow Brokers라고 부르는 정체불명의 집단은 국가정보국의 가장 중요한 해킹 툴 다수를 (사이버 공격이었는지 인적 침투였는지 모르지만) 훔쳐내어 인터넷에 유포했고, 이 툴은 북한과 다른 국가들의 세계적 사이버 공격에 사용되었다.[100] 이렇게 도난당한 해킹 툴은 앞으로도 수년 동안 많은 악의적인 공격자들이 악용할 수 있으며, 악성 코드가 "야생에 퍼지면" 절대로 사라지지 않는다. 이러한 무기 중 하나는 이터널 블루Eternal Blue라고 불리는데, NSA 직원들이 이번 유출 사고에 느끼는 감정이 바로 이것일 것이다.[101]

또한 기술 혁신은 새로운 컴퓨터 취약점을 만들어내고 있어서 미국의 정보원과 핸들러를 위험에 빠뜨리고 고정간첩 추적을 더욱 복잡하게 한다. 최근 중국에서 발생한 미국의 방첩 재난은 이러한 과제를 더욱 분명하게 보여준다.

중국 내 미국의 스파이 망은 어떻게 발각되었나?

2011년 말, 그 정보원은 걱정이 많았다. 중국에서 미국 정부를 몰래 돕고 있던 그가 아는 모든 사람들이 중국 당국에 체포되어 이중스파이로 전환되고 있었다. 아니면 살해당하거나. 어느 전직 미국 관리가 회상하기로는 "그는 초조했습니다".[102] 이 회합은 CIA-FBI 합동 특별 방첩 수사의 시발점이 되었다. 이 수사는 이후 수년간 지속되었고, 제리 춘싱 리가 중국의 고정간첩 혐의로 체포된 후에도 여전히 풀리지 않은 의문이 남았다. 알려진 바에 따르면 2년 동안 중국 내 미국 스파이가 거의 모두 발각되었다. 운이 좋았던 사람들은 투옥되었고, 최소 20명은 결국 처형당했다. 한 명은 중국 정부 건물 안뜰에서 동료들이 보는 앞에서 총살당했는데, 동료들에게 확실한 메시지를 전달하기 위해서였다. CIA가 스파이들을 중국에서 탈출시키기 위해 비밀 구출 작전을 펼쳤다는 이야기도 있다. 일부는 탈출했으나 나머지는 실패했다. 중국에 있는 정보원을 만난 마지막 CIA 공작관은 거액의 현금을 건넸다고 하는데, 그것이 할 수 있는 전부였다.[103] 미국은 수년에 걸쳐 스파이 망을 구축했지만 갑작스럽게 잿더미로 변해버렸다. "그들은 중국에서 우리를 쓸어버렸습니다. 우리가 가지고 있던 모든 망이 사라졌어요." 어느 전직 미국 관리의 말이다.[104] CIA는 중국에서 인간정보 수집을 일시적으로 중단하고 전 세계의 자산과 연락하는 전자 통신 시스템을 영구적으로 정비해야 했다. 중국이 러시아와 정보를 공유하여 러시아 내 미국 정보원도 폭로되고

심지어 살해되었을 가능성도 있었다.[105]

이 엄청난 붕괴의 원인은 무엇이었을까? 일각에서는 미국 정부 내부에 있는 한 명 또는 그 이상의 고정간첩 때문이라고 보고 있다. 두 명의 미국 정보 관리가 의심의 대상이 되었다. 한 명은 망을 구축할 때 중국에서 근무하던 CIA 고위 공작관으로, 2013년에 혐의를 벗었다. 다른 한 명은 홍콩에서 태어나 하와이에서 성장하고 미 육군에서 4년간 복무한 후 귀화한 미국 시민권자 제리 춘싱 리로, 1994년부터 2007년까지 13년 동안 CIA 공작관으로 근무했다. 그의 업무는 미국에 기밀을 유출할 만한 외국인 스파이를 포섭하는 것이었다. 그러나 증거에 따르면 리는 간첩을 만드는 대신 자신이 간첩이 되었다.

리는 CIA를 떠난 후 홍콩으로 이주한 뒤 담배 회사에서 일하며 개인적으로 담배 수입 사업을 시작하려 했지만 실패했다. 2010년 선전에서 열린 한 만찬에서 중국인 두 명이 리에게 접근해 자신들은 리의 배경을 알고 있고 같은 직업을 갖고 있으며 도움을 주면 10만 달러를 주고 평생 돌봐주겠다고 말했다.[106] 그 다음 달부터 중국 정보관들은 리에게 민감한 CIA 정보에 대해 묻는 과제를 서면으로 주기 시작했다.

한편 리는 자신의 은행 계좌에 수십만 달러를 입금하기 시작했다. 2012년 FBI는 그에게 가짜 CIA 일자리를 제안하여 미국으로 유인한 후 하와이와 버지니아의 호텔에 머무는 동안 법원의 허가를 받아 소지품을 수색했다. FBI 요원들은 중국 정보원의 실명, 비밀 회의에서 나온 작전 노트, 비밀 시설의 위치 등 기밀이 담긴 작은 책 두 권을 발견했다.[107] 2019년 리는 스파이 행위를 모의한 혐의에 대해 유죄를 인정하고 19년 형을 선고받았다.[108]

그러나 인간만이 약점이 아니라는 증거가 점점 더 많아지고 있다. CIA의 인터넷 기반 비밀통신 메인시스템도 뚫린 것으로 나타났다. 2018년 ≪포린 폴리시≫가 "5명의 전현직 정보 관계자"를 인용하여 처음으로 보도한 내용에 따르면, CIA는 검증되지 않은 새로운 정보원과 접촉할 때 사용하는 임시

통신 시스템이 메인 통신 시스템과 연결되는 부분에서 심각한 기술적 결함을 발견했다. 두 시스템은 완전히 분리되어 있어야 했지만 그렇지 않았다. 한 전직 관리의 표현을 빌리자면, CIA는 "방화벽을 개판으로 만들었다".[109]

NSA와 FBI가 실시한 침투 테스트에서 중간 시스템에 접근할 수 있는 사이버 전문가라면 검증된 정보원과 통신하는 데 사용되는 메인 시스템에 침입할 수 있는 것으로 나타났다. 이 두 시스템은 중동의 전쟁 지역에서 처음 사용되었기 때문에 중국과 같은 국가의 정교한 사이버 역량과 엄격한 온라인 감시 환경을 견딜 수 있도록 설계되지 않았다.[110] 일부 전직 정보 관리들은 중국에서 발생한 스파이 망 공격 사건의 속도와 범위를 설명할 수 있는 것은 오직 기술적 침해뿐이라고 믿고 있다(바로 그 조잡한 통신 시스템에 이란도 침투했다는 점을 지적하고 싶다).[111]

요컨대, 중국의 사례는 디지털 시대에 방첩의 과제가 줄어들기는커녕 더욱 어려워질 가능성이 높다는 것을 시사한다. 인간의 오랜 취약점인 신뢰와 편집증은 사라지지 않고 있다. 한편, 인간의 취약점에 기술적 취약점이 더해지고 있다. 정보 시스템의 숨겨진 취약섬에 대처하려면 새로운 기술과 더 빠른 조치가 필요할 것이다. 신호정보와 같은 기술적 도구는 오랫동안 방첩에서 중요한 역할을 해왔지만, 21세기 방첩의 전장은 다리 밑의 쓰레기봉투부터 사이버 공간의 먼 구석에 있는 컴퓨터 코드까지 모든 것을 아우르며 점점 더 광대해지고 있다.

제 7 장

비밀공작

"고통스러운 선택이 계속되는 어려운 활동"

효과적인 공작이 있냐고요? 그렇습니다. 하지만 대부분은 아닙니다.
—마이클 모렐, CIA 부장 대행(2011, 2012, 2013) 및 차장 (2010-2013)[1]

 2011년 9월 30일, 예멘 사막 위로 해가 떠오르고 있을 때 안와르 알-아울라키는 아침 식사를 하려고 베두인 스타일의 텐트 밖에 앉았다.[2] 키가 크고 마른 체격에 뿔테 안경을 쓴 아울라키는 살인자라기보다는 교수처럼 보였다.

 누군가 윙윙거리는 소리를 들었다. 아울라키와 그의 부하들은 트럭을 향해 달려가기 시작했다. 그들은 그 소리가 무엇을 의미하는지, 무슨 일이 일어날지 알고 있었다.

 약 1만 4000km 떨어진 또 다른 사막, 라스베이거스 외곽의 크리치 공군기지Creech Air Force Base에서 어두운 트레일러 안에 앉아 있던 드론 조종사들이 헬파이어 미사일을 발사했다. 그들은 섬뜩한 정적 속에서, 실내는 어둡고 모니터만 빛을 내는 가운데 트럭이 불타는 모습을 지켜보았다.[3] 아울라키는 함께 있던 세 사람과 함께 사망했다. 나중에 이들은 또 다른 미국인 지하디스트 사미르 칸Samir Khan과 현지 부족민 2명으로 확인되었다.[4] 크리치에 있는 트레일러에는 별다른 표시도 없었다. 최소한 지나가는 행인이 주목할 만한 것은 전혀 아니었다. 하지만 기지 입구에 있는 표지판은 이곳에서 어떤

일이 벌어지는지 명확하게 보여주었다. 사냥꾼의 고향.[5]

안와르 알-아울라키는 모순으로 가득했다. 그는 축구와 낚시를 좋아하는 미국인이었고, 뉴멕시코의 온건한 예멘인 가정에서 태어나 콜로라도 주립 대학에서 공학을 전공하고 인생의 절반을 미국에서 보냈다. 결국 그는 워싱턴 D.C. 외곽의 명망 있는 모스크에서 이맘imam*이 되었고, 그곳에서 현대 이슬람을 대표하는 인물로 인정받았다. 세 자녀와 닷지 미니밴을 소유한 그는 미국화된 성직자의 초상처럼 보였다. 그는 미국 국회의사당과 펜타곤에서 설교 초청도 받았다. 9·11 테러 직후 ≪뉴욕타임스≫는 아울라키를 "동서양을 통합할 수 있는 새로운 세대의 무슬림 지도자"로 소개했다.[6]

하지만 안와르 알-아울라키의 어두운 면모는 시간이 지날수록 점점 더 어두워졌다. 그는 9·11 납치범 중 몇몇의 정신적 조언자였으며,[7] 매춘부를 좋아하는 설교자였고, 영감을 주는 지도자로서 점점 더 자국민을 죽음의 표적으로 삼았다.[8]

9·11 테러 몇 년 후 아울라키는 예멘으로 이주하여 알카에다의 분파에서 주도적인 역할을 맡았고[9] 세계에서 가장 영향력 있는 지하드 선동가가 되었다.[10] 증오와 폭력을 설파하는 그의 과격한 설교는 유튜브 동영상, 페이스북 게시물, 심지어 화려한 온라인 영어 지하디스트 잡지 ≪인스파이어Inspire≫에 "엄마의 부엌에서 폭탄을 만들라"라는 제목의 기사에도 실리며 인터넷 곳곳으로 퍼져나갔다.[11] 2009년에 이르러 아울라키는 자신의 영감을 작전으로 옮겨 자살 테러리스트를 모집하고 공격을 계획했다. 여기에는 크리스마스에 디트로이트 상공에서 노스웨스트 253편을 폭파하려는 "속옷 폭파범" 음모도 포함되어 있었지만 경각심을 가진 승객이 자기 속옷을 폭파하려는 폭파범을 알아채면서 무산되었다.[12]

2011년 안와르 알-아울라키를 표적 사살한 사건은 미국 정부가 남북전

---

* 이슬람 예배를 인도하는 성직자

쟁 이후 최초로 아무런 기소나 재판 없이 자국민을 추적하여 사살한 것이다.[13] 또한 아울라키는 드론 공습으로 사망한 최초의 미국 시민이기도 하다.[14] 이 작전은 CIA의 비밀공작으로 수행되었기 때문에 의회나 사법부의 승인이 필요하지 않았다.[15] 9·11 이후 이상한 법적 환경 속에서 미국인 테러리스트 감청에는 법원 명령이 필요했지만 사살에는 필요하지 않았다.[16]

드론 조종사는 라스베이거스 근처의 트레일러에 웅크리고 있었지만, 드론 자체는 사우디아라비아의 비밀 CIA 기지에서 발사되었다.[17] 2010년 어느 날 아울라키는 CIA의 비밀 살인명부에 올랐고 오바마 대통령이 그의 죽음을 승인했다. 그러나 살인명부의 비밀은 오랫동안 유지되지 않았다.[18] 이 소식이 언론에 유출된 후, 농업부 장관을 역임한 저명한 예멘인[19]인 아울라키의 아버지는 아들을 살인명부에서 삭제해 달라고 미국 법원에 소송을 제기했다. 참으로 기이한 순간이었다. 외국인이 다른 미국 시민을 죽이려는 음모를 꾸미던 미국인 아들의 목숨을 구하려고 미국 법원에 소송을 제기한 것이다. 2010년 12월, 아울라키의 아버지는 패소했다.[20] 9개월 후, CIA는 그의 아들을 추적하고 드론 공습으로 사살했다.[21]

정보활동에서 비밀공작보다 더 논쟁적인 주제는 없다. 드론 공습은 단지 가장 최근의 논란거리로서 대중의 광범위한 지지와 격렬한 반대를 동시에 불러일으키고 있다.[22] 전 CIA 부장 레온 파네타의 말처럼, 비밀공작은 "고통스러운 선택이 계속되는 어려운 활동입니다".[23]

이 장에서는 비밀공작이 무엇이며 어떻게 작동하는지 살펴보는 것으로 시작한다. 다음으로 왜 현대의 모든 대통령이 비밀공작을 사용했는지 살펴본다. 그다음으로 '비밀공작이 그만한 가치가 있는지 어떻게 판단하는가?'라는 핵심 질문, 그리고 비밀공작의 효과와 도덕성에 대한 논쟁을 다룬다. 마지막으로 드론 기술과 세계적인 테러와의 전쟁이 제기한 정보의 새로운 도전 과제를 살펴본다.

어두운 구석에 조명을 비추기

비밀공작은 사람들을 불안하게 만드는 "어두운 방구석" 활동이라는 이미지를 떠올리게 한다. 수년 동안 중앙정보부CIA는 멀리 떨어진 국가의 정권 전복을 위해 은밀하게 활동했다.[24] 1976년까지만 해도 CIA의 비밀공작 포트폴리오에는 외국 지도자를 암살하는 것도 포함되었다. 피델 카스트로는 최소 8건의 암살 계획의 대상이었는데, 마피아 청부살인업자를 보낸다거나 조개껍데기를 폭발시키는 등의 기괴한 계획도 있었다.[25]

일부 CIA 정보관들은 보기에 따라 비밀공작의 신비감이나 불편감을 더하는 이미지를 사용한다. CIA 대테러센터장을 역임한 코퍼 블랙Cofer Black은 동료에게 오사마 빈 라덴의 머리를 드라이아이스 상자에 넣어 보내달라고 말한 적이 있다.[26] 또한 블랙은 9·11 테러 이후 조지 W. 부시 대통령에게 "우리가 놈들을 처리하면 그놈들 눈알에 파리가 날아다니게 될 것입니다"라고 장담하기도 했다.[27] 부시 대통령의 최측근들 사이에서 블랙은 "눈알에 파리를 날리는 사람"으로 알려지게 되었다.[28]

그러나 이러한 묘사는 많은 것을 놓치고 있다. 물론 비밀공작에는 치명적이고 논란이 많은 계획도 있지만, 전통적인 선전부터 첨단 사이버 사보타주까지 광범위한 활동이 포함된다.[29] 더욱 놀라운 사실은 현대의 모든 대통령이, 인권과 민주주의 가치를 외교정책의 기둥으로 삼았던 대통령들까지도 비밀공작에 의존했다는 점이다. 서로 다른 시대에 서로 다른 정치 철학을 가진 서로 다른 지도자들이 서로 다른 적에 맞서기 위해 동일한 수단을 사용했다면 선입견을 버리고 더 깊이 파고들어야 한다. 앞으로 살펴보겠지만, 비밀공작은 복잡하고 자주 오해를 받는다.

비밀공작의 정의: 세 가지 단어, 네 가지 유형

1947년 국가안보법으로 CIA가 창설되었지만, 원래 이 법에는 비밀공작이 언급되지 않았다. 대신, 수년 동안 비밀공작은 CIA가 "국가안전보장회의에서 수시로 지시하는 국가안보에 영향을 미치는 정보와 관련된 기타 기능과 임무를 수행"[30]한다는 모호한 포괄적 조항을 근거로 수행되었다. 1991년 정보수권법Intelligence Authorization Act에 이르러서야 비밀공작이 "국외의 정치, 경제, 또는 군사적 상황에 영향을 미치기 위한, 미국 정부의 역할이 공개적으로 드러나거나 인정되지 않도록 의도된 활동"[31]이라고 정의되었다.

이 정의에는 세 가지 핵심 단어가 있다. 첫 번째는 '영향influence'이다. 비밀공작은 여론을 흔들고,[32] 반군을 지원하고,[33] 불법적인 핵무기 계획을 방해하는[34] 등 외국의 결과에 영향을 미치려는 활동을 포괄한다. 비밀공작과 스파이 활동은 모두 비밀리에 이루어지지만 동일한 것이 아니다. 비밀공작은 적극적이며, 결과를 만들어 내거나 영향을 미치는 것을 목표로 한다. 스파이 활동은 보다 소극적이며, 정보 획득이 목석이다.

두 번째로 중요한 단어는 '인정acknowledged'이다. 어떤 활동이 비밀공작이 되는 것은 수행되는 활동 때문이 아니라, '미국이 그 활동을 비밀리에 후원하기 때문'이다. 비밀공작은 미국 정부의 역할이 드러나거나 인정되지 않도록 설계되며, "그럴듯한 부인 가능성plausible deniability"이 있어야 한다. 사고가 생기거나 비밀작전의 일부가 알려질 경우, 미국 관리들은 자신과 관련이 없다고 믿을 만한 주장을 할 수 있다.

부인 가능성을 유지하면 미국에 대한 부정적인 영향을 최소화하는 데 도움이 된다. 또한 일부 국가에서는 미국을 돕는 것이 국내에서 인기가 없거나 다른 외국 세력의 보복을 유발할 수 있는데, 이러한 국가들이 미국을 지원할 수 있게 해준다.

물론 많은 비밀 작전은 공공연한 비밀이 되어 그럴듯한 부인도 그럴듯하지 않게 되는 경우가 있다. 그리고 미국은 드론으로 테러리스트를 사살하는 것을 포함하여 은밀하게 수행하는 것과 똑같은 활동을 공개적으로 수행하는 경우도 많다. 요점은 미국의 공식적인 개입을 숨기는 것이 다른 정보 및 군사 활동과 비밀공작을 구분하는 가장 중요한 특징 중 하나라는 것이다(또 다른 중요한 특징은 이러한 활동을 실제로 누가 수행하는가, 즉 CIA냐 국방부냐 하는 것이다. 이에 대해서는 나중에 자세히 설명한다).[35]

세 번째 중요 단어는 '국외abroad'다. 법에 따라 CIA는 미국 내에서 비밀공작을 수행할 수 없다.[36] 다른 많은 국가에서는 정보기관이 국경 밖뿐만 아니라 국경 안에서도 정치 활동에 영향을 주려고 노력하는 경우가 있다.

비밀공작은 크게 네 가지 유형으로 분류할 수 있다. 첫 번째는 '선전propaganda' 또는 '정보작전information operation'으로, 사실일 수노 있고 불완전할 수도 있고 고의적으로 거짓일 수도 있는 정보를 유포하여 대상 집단의 신념과 행동에 영향을 미치려는 것이다.[37] 냉전 시기에 CIA는 풍선으로 선전물을 보내고 라디오 방송에 비밀리에 자금을 지원하여 철의 장막 뒤에서 반체제 인사를 선동했다.[38] 2009년부터 2011년까지 CIA를 이끌었던 레온 파네타에 따르면, 최근 CIA 비밀 작전 중에 중요한 선거에 앞서 "해당 국가 내부의 사고방식을 바꾸기 위해" 외국 언론 메시지에 영향을 주려고 한 경우도 있다고 한다.[39]

두 번째 유형의 비밀공작은 '정치공작political action'으로, 다른 국가의 우군을 돕고 적을 약화시킴으로써 정치적 세력 균형을 바꾸려는 것이다. 주로 정치 지도자, 정당, 또는 반대 집단에 비밀 자금이나 훈련을 제공하는 방식으로 이루어진다.[40] CIA의 최초 비밀 작전 중 하나는 투표에서 공산주의를 물리치는 것이었다. 1947년 CIA가 창설되었을 때 공산주의자들은 폴란드, 헝가리, 루마니아에서 정권을 장악했고 이탈리아와 프랑스에서도 빠르게 선거에 진출하고 있었다.[41] 트루먼과 그의 보좌관들은 무언가 조치를 취해야 한다고 확신했다.

CIA는 곧바로 작업에 착수하였고, 추축국에서 입수한 자금 중 1000만 달러 이상을 세탁하여 이탈리아의 기독교민주당에 전달함으로써 총선에서 승리하도록 했다.[42] CIA는 이후 20년 동안 이탈리아 정치인들에게 비밀리에 자금을 지원하는 데 6500만 달러, 오늘날로 환산하면 5억 8200만 달러 이상을 지출했다.[43]

이탈리아는 즉각적인 성공 사례로 보였고 전 세계 국가로 은밀한 선거 영향력 작전을 확대하는 모델이 되었다.[44] 이러한 작전에는 1960년대와 1970년대 칠레의 반 아옌데anti-Allende 조직과 2000년 세르비아의 밀로셰비치Milosevic 반대 세력을 지원하는 것도 있었다.[45]

정치공작에는 직접 또는 대리인을 통해 정부를 전복하는 것과 같이 더 위험하고 논란의 여지가 많은 활동도 있다. CIA는 1950년대 이란과 과테말라 및 1970년대 칠레에서 이러한 활동을 했고,[46] 1990년대 이라크에서도 시도했다.[47]

세 번째 유형의 비밀공작은 '경제공작economic covert action'이며, 비우호적인 정권의 경제를 교란하고 불안정하게 만드는 것이 목적이다.[48] 이러한 활동에는 화폐 위조, 농작물 파괴, 그리고 1980년대 니카라과의 사례와 같이 상업적 선적을 방해하기 위해 몰래 항구를 폭파하는 행위도 있다.[49]

넷 번째이자 마지막으로, '준군사작전paramilitary operation'은 가장 위험하고 논란의 여지가 많은 비밀공작인데, 규모가 크고 폭력적인 경향이 있기 때문이다. 이것이 비밀공작 포트폴리오에서 "눈알에 파리를" 부분이며, 비밀 전쟁에서 반군에게 무장, 훈련, 자문을 지원하고 드론을 이용해 표적을 사살하는 활동이다.[50]

공개 기록에 따르면 냉전 기간에 CIA는 20개 이상의 국가에서 게릴라를 지원하고 반군을 후원하며 비밀 전쟁에 참여했다.[51] 이 중 가장 잘 알려진 것은 1961년 쿠바에서 실패한 피그스만Bay of Pigs 작전,[52] 1979년 소련의 아프간 침공 후 진행한 반군 비밀 무장,[53] 1980년대 니카라과 산디니스타

Sandinista 정권에 맞선 콘트라Contra* 전쟁이다.[54]

또한 CIA는 1976년 의회에 발각되어 대통령 행정명령으로 금지되기 전까지 외국 지도자 비밀 암살 계획에 개입했다.[55] 처치 위원회로 잘 알려진 정보활동 관련 정부 활동을 연구하기 위한 상원특별위원회Senate Select Committee to Study Governmental Operations with Respect to Intelligence Activities는 CIA의 암살 포트폴리오에 피델 카스트로뿐 아니라 콩고 지도자 파트리스 루뭄바Patrice Lumumba를 풍토병처럼 보이는 특수 독약으로 살해하는 계획도 포함되어 있다는 증거를 발굴했다.[56] CIA의 수석 과학자 시드니 고틀립Sidney Gottlieb은 독약을 기내 수하물에 넣어 레오폴드빌에 있는 CIA 고위 정보관 래리 데블린Larry Devlin에게 전달했다. 데블린은 루뭄바의 음식이나 음료수나 치약에 독약을 주입할 예정이었지만 이를 실행에 옮길 수 없었다. 그는 결국 독약병을 콩고강 유역에 묻었다.[57]

9·11 이후 준군사작전은 용의자 인도rendition(미국이 수배 중인 해외 테러 용의자를 비밀리에 사로잡아 사법 절차 없이 제3국으로 이송하여 구금 및 심문하는 것)[58]와 드론 공격[59]으로 확대되었다.

나중에 논의하겠지만, CIA의 역할이 어디에서 끝나고 군의 역할이 어디에서 시작되는지 알기가 점점 더 어려워지고 있다. 두 기관 모두 때로는 같은 국가에서, 때로는 같은 표적을 대상으로, 때로는 같은 팀으로 테러 용의자 대상 드론 공습을 수행한다.[60] 그러나 한 가지 사실은 분명하다. 드론 공습은 지난 세 대통령의 행정부에서 주요 도구로 사용되었다는 점이다. 한 전문가 연구에 따르면 조지 W. 부시 대통령은 재임 중 예멘, 파키스탄, 소말리아에서 약 50회의 드론 공습을 승인하여 약 300명의 테러리스트와 약 200명의 민간인을 사살했다.[61] 오바마 행정부는 이들 국가에서 500회 이상의 드론 공습을 수행하여 8년 동안 3000명 이상의 테러리스트와 거의 400명

---

* 반 산디니스타 성향의 무장 단체를 통칭하는 말

의 민간인을 사살했다.[62] 그리고 트럼프 행정부 첫 2년 동안 약 200회의 드론 공습으로 이들 국가의 목표를 공격하여 약 1000명이 사망했다.[63] 이 수치에는 이라크, 아프가니스탄, 시리아 등 "뜨거운 전장"에서의 드론 공습은 포함되지 않았다.

은밀한 활동에 상응하는 공개 활동

비밀공작에 대한 가장 큰 오해 중 하나는 비밀공작이 눈에 띄지 않게 숨겨야 할 정도로 문제가 되는 특별히 나쁜 활동과 관련이 있다는 것이다. 실제로는 거의 모든 비밀공작에 상응하는 공개적 활동이 존재한다.[64] 우리는 단지 그것에 대해 생각하지 않을 뿐이다.

냉전 시기에 철의 장막 뒤에서 자유유럽방송Radio Free Europe과 자유방송 Radio Liberty이 선전을 제작했는데,[65] 이 두 방송은 CIA와 미국의 소리Voice of America의 은밀한 지원을 받았다. 미국의 소리는 미국 정부가 "미국의 이야기를 전하기 위해"[66] 공개적으로 후원한 방송이었다.

CIA는 해외의 민주적 정치 후보와 단체에 은밀하게 자금을 지원했다. 한편, 의회의 재정 지원을 받는 민주주의를 위한 국가 기금National Endowment for Democracy은 1980년대부터 공개적으로 같은 일을 해왔다.

경제공작은 외국의 경제를 약화시키려는 것이다. 경제 제재는 동일한 목표, 즉 아픈 곳을 때리기 위해 공개적이고 의도적으로 부과된다.

은밀한 정권 교체 작전을 쿠데타라고 한다. 공개적인 것을 전쟁이라고 한다. 미군이 한국, 베트남, 이라크, 아프가니스탄, 리비아 같은 곳에서 싸울 때, 그 이유는 보통 기존 지도자의 권력을 유지하려는 것이 아니다.

1998년 미국 의회는 이라크해방법Iraq Liberation Act으로 불리는, 이라크 지도자 사담 후세인을 축출하려는 초당적 의도를 담은 법안을 통과시키기도 했다. 이 법은 "이라크에서 사담 후세인의 정권을 제거하고 그 정권을 대체할 민주 정부의 출현을 촉진하려는 노력을 지원하는 것이 미국의 정책이어야 한다"고 선언했다. 이를 위해 의회는 이라크 야권 단체를 지원하기 위한 9700만 달러 예산을 승인했다.[67] 정권 교체가 이보다 더 노골적으로 이루어지지는 않는다.

준군사작전에도 은밀한 것과 노골적인 것이 있다. CIA는 카스트로와 루뭄바 암살을 위한 비밀 작전을 수행했다. 1986년 로널드 레이건Ronald Reagan 대통령은 리비아의 독재자 무아마르 카다피Moammar Gaddafi를 사살하기 위한 공습을 명령했지만 가까스로 빗나갔다.[68] 레이건 대통령은 전국 방송에 출연하여 이 공습이 리비아가 서베를린에서 미군을 겨냥한 테러 공격을 지원한 데 대한 보복이라는 사실을 모든 사람들에게 알렸다.[69]

최근 몇 년간 미국은 이란에 대한 은밀한 사이버 작전과[70] 이라크에 대한 공개적인 선전포고를 통해 핵무기 생산 시도로 의심되는 계획을 되돌리려고 시도했다.

CIA는 예멘, 파키스탄, 소말리아 등 격전지가 아닌 곳에서 비밀공작의 일환으로 많은 드론 공습을 수행하고 있지만,[71] 2020년 이란의 최고위 군사 및 정보 책임자 카심 수엘리마니Qassim Suelimani를 사살한 드론 공습은 미군이 공개적으로 수행하였다.[72] 트럼프 행정부는 즉각적으로 완전한 책임을 인정했다.[73]

왜 비밀공작을 사용하는가?

비밀공작이 공개적 활동과 매우 흡사하다면 왜 대통령들은 비밀공작을 사용할까? 그리고 왜 현대의 모든 대통령은 비밀공작을 그토록 필수적인 것으로 여겼을까?

미국 대통령들이 서로 비슷해서 그런 것은 아니다. 제2차 세계대전이 끝난 후부터 2020년까지 13명의 대통령이 재임했고, 7명은 공화당, 6명은 민주당이었다. 이들의 출신지는 미국 전역에 걸쳐 있으며, 경력 분야도 연기, 농업, 법률, 부동산, 학계, 군대, 심지어 남성복까지 다양하다. 한 명(아이젠하워)은 4성 장군이자 전쟁 영웅이었지만, 몇몇(클린턴, 오바마, 트럼프)은 군 복무 경험이 없었다. 조지 H. W. 부시George H. W. Bush는 CIA 부장과 부통령을 역임하여 정보업무에 정통했다. 도널드 J. 트럼프는 정보업무를 경험한 적이 없었으며 대통령이 되기 전에는 공직에 근무한 적도 없었다. 냉전 시기에 대통령직을 수행한 사람은 8명이었다. 5명은 소련 붕괴 이후 재임했고, 위협 환경은 테러리스트, 불량 국가rogue states, 파탄 국가failed states, 사이버 위험, 세계적 기후 변화, 중국과 같은 떠오르는 경쟁상대 등으로 변화했다. 하지만 이러한 차이에도 불구하고 트루먼부터 트럼프에 이르기까지 모든 대통령은 비밀공작을, 심지어 "어두운 방구석" 같은 활동도 승인했다.

어떤 대통령이 비밀공작을 받아들일지 내기를 한다면 아마도 매파적인 공화당 대통령에게 돈을 걸 것이다. 그렇지만 그건 틀렸다. 글쎄, 완전히 틀린 것은 아니다. 로널드 레이건은 1980년대에 비밀공작을 확대했다.[74] 그러나 민주당원으로서 전쟁 방지와 인권 증진을 주요 외교정책 의제로 삼았던 지미 카터Jimmy Carter와 버락 오바마는 공화당 전임자만큼, 혹은 그 이상으로 비밀공작에 의지했다.

1976년 카터는 "워터게이트, 베트남, CIA"라는 국가적 불명예에 맞서 대통령 선거에 출마하면서 "개인으로서 제 삶의 귀감이 될 도덕적, 윤리적 기준에 위배되는 어떤 일이라도 대통령으로서 하는 일은" 절대 없을 것이라고 맹세했다.[75] 그는 취임 초기에 비밀공작 예산을 삭감했지만,[76] 이란 인질 사태와 소련의 아프가니스탄 침공으로 마음이 바뀌었다.

1979년 11월 4일, 이란 혁명 세력은 테헤란 주재 미국 대사관을 습격하고 미국 외교관과 기타 공무원 52명을 444일의 고통스러운 시간 동안 인질로 잡고 있었다. 이 사건은 미국을 집어삼켰다. 출소하여 집에 돌아오는 죄

수에 대한 1973년 히트곡 "노란 리본Tie a Yellow Ribbon Round the Ole Oak Tree"을 오마주하여 미국 전역에서 도처에 노란 리본이 걸렸다.[77] CBS 뉴스 앵커 월터 크롱카이트Walter Cronkite는 매일 밤 방송에서 인질들의 억류 날짜를 세며 방송을 마무리했다. 카터는 인질들이 석방될 때까지 해외 순방이나 재선을 위한 선거운동을 하지 않겠다고 다짐했다. 많은 사람들에게는 카터도 인질이 된 것처럼 보였다.

협상은 아무 진전이 없었고 카터 행정부는 무력해 보였다. CIA 부장 스탠스필드 터너Stansfield Turner는 "이란의 자산을 동결한 것은 미국 국민에게 별 위안이 되지 못했다"고 적었다.[78] 대통령은 더 많은 일을 해야 했다. 그는 비밀 작전으로 눈을 돌려 캐나다 대사관에 숨어 있던 6명의 미국인을 구출하는 CIA의 대담한 작전과 미국 대사관에 있던 다른 인질들을 구출하는 두 번째 군사 작전을 승인했다. 그러나 암호명 이글 클로EAGLE CLAW*로 명명된 대규모 구출 작전은 헬리콥터가 C-130 수송기와 충돌하여 테헤란에 도착하기도 전에 8명의 대원이 사망하는 참사로 끝났다.[79]

인질 사태는 카터가 "제2차 세계대전 이후 평화에 대한 가장 심각한 위협"이라고 묘사한[80] 소련의 아프가니스탄 침공이라는 강대국 위기와 맞물렸다. 소련군이 카불에 진주하여 아프간 지도자 하피줄라 아민Hafizullah Amin을 살해하고 이틀 후, 카터는 아프간 무자헤딘Mujahidin 반군을 무장시키는 첫 비밀공작을 승인했다.[81]

국가안보보좌관 즈비그뉴 브레진스키Zbigniew Brzezinski는 1980년 1월 2일자 메모에 "우리의 궁극적인 목표는 아프가니스탄에서 소련군을 철수시키는 것이다. 이것이 불가능하더라도, 소련의 개입 비용을 가능한 한 확대해야 한다"고 적었다.[82] 이 작전은 냉전 최대의 비밀 작전이 되었으며,[83] 수십억 달러의 비용이 들었고,[84] 소련의 철수로 이어졌다.[85]

---

* 독수리 발톱

카터는 퇴임할 때까지 닉슨과 포드 대통령만큼이나 많은 비밀 작전을 승인했다.[86] 카터의 CIA 부장 스탠스필드 터너는 훗날 다음과 같이 적었다. "카터 행정부는 인권에 대한 헌신과 비밀공작의 도덕성에 대한 상당한 의구심에도 불구하고 이러한 독재적 행위에 대응하기 위해 쉽고 빠르게 비밀 수단으로 눈을 돌렸다."[87]

버락 오바마는 인권 증진을 열정적으로 옹호한 또 다른 대통령이다. 헌법학 교수 출신인 오바마는 대통령 선거에 출마했을 때 민주당 상원의원 중에서도 진보적인 인물로 꼽혔다.[88] 그는 또한 미국의 민주적 가치를 미국 외교정책의 초석으로 삼겠다고 공언했다. 그는 주요 외교정책 선거 연설에서 "우리는 우리의 가치에 충실할 수 있으며, 그렇게 함으로써 해외에서도 이러한 가치를 증진할 수 있다"고 선언했다.[89] 오바마는 미국의 이라크 전쟁과 아프가니스탄 전쟁을 종식시키고, 논란이 된 CIA의 구금 및 심문 프로그램을 종료하며, 테러리즘에 맞서 싸우기로 결심했다.

이 세 가지 목표를 모두 달성하려면 선택의 여지가 거의 없었다. 오바마는 드론 공습에 눈을 돌렸는데, 그의 표현으로는 "아무것도 하지 않는 것은 선택지가 아니"며 "우리를 죽이려는 자들에 대한 우리의 행동 목표를 좁게 설정함으로써 … 무고한 생명을 해칠 가능성이 가장 적은 행동 방침을 선택하는 것이다".[90] 그는 취임 3일 후 처음으로 CIA의 파키스탄 북서부 드론 공습 계획을 승인했다. 오바마는 결국 표적 사살 프로그램을 대폭 확대하여 테러 용의자들에 대한 드론 공습을 공화당 출신 전임자인 조지 W. 부시 대통령보다 10배 더 많이 승인했다.[91]

비밀공작의 지속적인 매력

비밀공작의 지속적인 매력을 설명하는 세 가지 이유가 있다.[92] 첫째, 비밀공작은 대통령에게 아무것도 하지 않는 것과 해병대를 파병하는 것 사이에 세 번째 옵션을 제공한다. 전투가 너무 위험해 보이고 다른 정책 수단이 너무 약해 보일 때 비밀공작은 임무를 완수할 수 있는 도구다.

대통령들은 여러 면에서 독특할 수 있지만 한 가지 중요한 점에서 비슷하다. 그들은 행동을 선호한다. 대통령들은 자신들의 유산이 현상 유지가 아니라 큰 변화와 새로운 방향을 통해 만들어진다는 것을 알고 있다. 어떤 대통령도 "존스 대통령은 신중하게 모든 것을 똑같이 유지했다" 같은 묘사가 역사책에 남길 원하지 않는다. 예를 들어 이란 인질 구출 작전이 성공했다면 카터가 역사에 어떻게 기록되었을지 상상해 보라.

적국이 이웃 국가를 침략하고 미국인을 해치고 세계를 불안정하게 만드는 것을 가만히 지켜보는 것이 편안한 대통령은 없다. 비밀공작을 선거운동 중에 고려하는 것과 대통령 집무실에서 고려하는 것은 전혀 다른 문제다. 공직의 책임을 짊어지면 관점이 달라진다. 1970년대 CIA의 직권남용을 조사하는 의회 위원회를 이끌었던 프랭크 처치 상원의원(민주당-아이다호)은 "일단 비밀 활동 역량이 갖춰지면 대통령이 이를 사용해야 한다는 압박은 엄청나다"고 썼다.[93]

두 번째 요인은 타당성이다. 비밀공작을 통해 미국 정부의 역할을 은폐하는 것이 때때로 성공으로 가는 유일한 길일 수 있다. 1948년 미국이 이탈리아의 기독교민주당에 공개적으로 자금을 지원했다면 이탈리아 유권자들은 이 정당을 미국의 꼭두각시로 여겼을 것이고 공산당이 선거에서 승리했을 가능성이 높다.[94] 1979년 〈아르고Argo〉라는 영화를 제작하려고 테헤란을 방문한 "캐나다 영화팀"이[95] 사실은 이란 혁명 당시 캐나다 대사관에 피신해 있던 미국인 6명을 구출하기 위한 비밀 작전이었다는 사실이 알려졌다면 이 외교관들은 체포되거나 살해될 수도 있었다.[96] 비밀공작은 결코 대통령이 처음부터 선택하는 행동은 아니다. 하지만 때로는 유일하게 실행 가능한 선택일 수도 있다.

비밀공작이 지속적으로 매력적인 세 번째 이유는 미국이 비밀공작에 개입했다는 사실을 그럴듯하게 부인함으로써 보복과 확전을 제한할 수 있기 때문이다. 특히 냉전 시기, 두 초강대국이 세계적인 지정학적, 이념적 전쟁에 갇혀 서로의 도시를 향해 핵탄두를 겨누고 있던 시절에는 핵전쟁을 일으키지 않으면서 경쟁할 방법을 찾아야 한다는 압박이 컸다. 그럴듯한 부인 가능성은 대단히 그럴듯하지 않을 때도 가치가 있는 것으로 판명되었다. 미국과 소련은 대리전을 벌였는데, 이는 상대방이 비밀리에 지역 집단을 지원하고 있다는 사실을 서로 알면서도 확전될 위험을 관리하기 위해 공식적으로는 모른 척하는 것이다.

예를 들어 한국전쟁 당시 소련 조종사들은 미국을 상대로 은밀하게 공중전을 벌였고 미국 정보기관은 이를 알고 있었다.[97] 그러나 위기 확산을 방지하기 위해 양측은 직접적인 교전이 벌어지고 있다는 사실을 말하지 않았다. 마찬가지로 미국이 소련에 맞서 싸우는 아프간 무자헤딘을 지원한 대규모 비밀 작전은 1984년이 되자 공공연한 비밀이 되었지만, 레이건 행정부는 미국의 지원을 2년 동안 공식적으로 인정하지 않았다. 관계자들은 심지어 무자헤딘에게 소련제 무기를 공급해 위장 구실을 유지해야 한다고 주장했다.[98] 왜? 허울뿐인 은폐라도 분쟁이 초강대국의 전쟁으로 확대되는 것을 막고, 파키스탄과 이집트 같은 파트너들이 소련의 보복에 직면하지 않은 채 미국의 노력을 지원할 수 있는 방어막이 되었기 때문이다.[99] 버코위츠Berkowitz와 굿맨Goodman은 "은폐가 때로는 무화과 잎*에 지나지 않는다는 것이 사실이라도, 그것이 유용한 무화과 잎이라는 사실이 바뀌는 것은 아니다"고 썼다.[100]

유용한 무화과 잎은 2011년 빈 라덴 작전에서도 중요한 역할을 했다. 당시 국방장관으로 재직 중이던 로버트 게이츠는 파키스탄에 알리거나 허가를 받지 않고 주권 국가인 파키스탄 영토에 미군 팀을 파견하는 것은 작전의 성

---

* 에덴동산에서 아담과 이브는 선악과를 먹은 후 자신들이 벌거벗었다는 것을 알게 되자 무화과 잎으로 몸을 가렸다. 그렇지만 벌거벗었다는 사실을 감출 수는 없었다.

공 여부와 관계없이 "이미 취약한 관계를 위태롭게 하고 … 따라서 아프가니스탄 전쟁의 운명도 그렇게" 될 수 있다고 썼다. 만약 이 작전이 국방부 주관으로 수행되었다면 미국 정부는 개입을 부인할 수 없었다. 그러나 CIA가 주관한다면 그럴 수 있었다. 게이츠는 이 급습을 CIA 비밀 작전으로 수행함으로써 "최소한 무화과 잎사귀, 아주 작은 잎사귀 정도의 부인 가능성"을 확보했다고 썼다.[101] 빈 라덴 추적에 관여한 CIA 관계자는 좀 더 직접적으로 표현했다. "군대가 했다면 우리는 파키스탄과 전쟁을 벌였을 수도 있었습니다."[102]

비밀공작은 그만한 가치가 있는가?

비밀공작이 그만한 가치가 있는지 판단하는 데는 '효과성', '도덕성', '책임성'이라는 세 가지 문제가 관련되어 있다. 효과성은 성공 가능성과 비용 대비 원하는 결과의 규모를 검토해야 한다. 도덕성은 우리 사회에 가장 중요한 가치가 무엇이고 그 이유는 무엇인지에 대한 판단이 필요하다. 비밀공작이 성공할 가능성이 높더라도 미국이 이를 수행하지 말아야 할 도덕적 이유가 있을 수 있다. 책임성은 비밀 유지의 필요성과 남용 가능성, 그리고 정치 지도자가 자신의 행동에 책임을 져야 한다는 생각 사이에서 균형을 잡아야 한다.

마지막 수단의 효과

공공정책 수업에서 나는 학생들에게 올바른 의사결정은 합리적이며, 정책결정자는 선택의 비용과 편익을 체계적으로 평가하고 전반적으로 가장 좋은 결과를 가져오는 것을 선택해야 한다고 가르친다. 당연한 얘기다.

그런데 그렇지 않다. 우선, 비밀공작은 대통령을 밤잠 이루지 못하게 하는 가장 어려운 외교정책 과제, 즉 위험이 높고 성공 확률이 본질적으로 낮은 과제에만 사용되기 때문에 실패하는 경우가 많다. 학자들은 이를 '선택편향 selection bias' 문제라고 부른다. 표본이 대표성을 가지고 있을 때 실패율을 판단하는 것과 표본이 왜곡되어 있을 때 실패율을 판단하는 것은 완전히 다른 문제다.

마이클 조던Michael Jordan의 농구 기록을 하프코트 슛(코트 중앙 너머에서 던지는 슛) 성공 숫자로만 판단한다고 상상해 보라. 침몰한 소련 핵잠수함과 그 안에 숨겨진 비밀을 회수하고,[103] 소련군에 대항하는 외국 전투원을 무장시키고, 미국인 인질을 구출하는 것은 외교정책의 하프코트 슛이다. 쉽고 위험 부담이 적은 비밀공작이란 존재하지 않는다. 대통령이 비밀공작을 승인한다는 것은 마지막 수단의 영역에 있다는 것이다. 즉, 정책결정자는 무언가를 해야 한다고 믿지만 다른 모든 대안은 더 나쁘다고 생각하는 상황이다. 실패할 위험은 크지만 이것이 할 수 있는 최선이다. 대통령들은 종종 비밀공작이 실패할 것을 알면서도 승인한다. 하지만 성공한다면 빈 라덴을 심판하는 것과 같이 큰 보상을 얻을 수 있다.

게다가 대통령들은 비밀공작이 실패로 돌아갔을 때 발생하는 국내 정치적 비용을 과소평가하는 경우가 많다. 케네디의 재앙적인 피그스만 침공은 단순히 피델 카스트로를 축출하는 데 실패한 것이 아니다. 이 사건은 케네디의 대통령 임기 초기에 심각한 정치적 타격을 입혔다. "내가 어쩜 그렇게 어리석게도 침공하도록 내버려 두었을까?" 그가 남긴 유명한 말이다.[104]

마찬가지로 레이건 행정부는 1980년대 니카라과의 산디니스타 좌파 정권을 진복시키려던 비밀공작 때문에 결국 대통령직에 심각한 타격을 입었다. CIA가 니카라과 항구에 기뢰를 설치했다는 기사가 ≪월스트리트 저널≫에 보도되자 의회는 분노했다. CIA는 의회 정보위원회에 작전 사실을 알려야 한다는 법을 어겼으며, 결국 소련 유조선을 포함한 6개국 선박이 기뢰 공격을 받았다. CIA의 충실한 지지자이자 상원 정보위원회 공화당 위원장이던 배리 골드워터Barry Goldwater 상원의원(공화당-애리조나)은 분노했다. 그는 "화가 납니다!"라고 윌리엄 케이시 CIA 부장에게 편지를 보냈다. "대통령은 우리에게 자신의 외교정책을 지지해 달라고 요청했습니다. 빌, 도대체 대통령이 무얼 하고 있는지 모르는데 어떻게 대통령의 외교정책을 지지할 수 있겠어요? … 니카라과 항구에 기뢰라고요? 이건 국제법을 위반하는 행위입니다. 전쟁 행위에요. 아무리 봐도 우리가 어떻게 설명할 수 있을지 모르겠네요."[105]

의회는 콘트라 반군에 대한 자금 지원을 차단하는 새로운 법을 통과시켰다. 이러한 금지 조치에 대응하여 레이건 행정부 관리들은 잘못 구상된 불법 계획을 실행했다. 미국인 인질을 석방하는 대가로 이란에 무기를 판매하여 자금을 마련하고, 이 자금을 콘트라 반군에게 비밀리에 제공한 것이다. 이란-콘트라 사건Iran-Contra affair이라고 불리는 이 계획은 의회를 속였고, 의회 조사 및 독립적인 조사를 촉발했으며, 레이건의 대통령 임기는 스캔들에 휩싸였다.[106] 대통령의 지지율은 급락했다.[107] 어느 보좌관은 나중에 "레이건은 레임덕*이 아니라 죽은 오리였다"라고 회고했다.[108] 국가안보보좌관 존 포인덱스터John Poindexter는 사퇴해야 했고 다른 여러 관계자들은 유죄 판결을 받았다.[109]

또한 비밀공작은 의도하지 않은 결과를 초래할 위험이 있다. 1953년 CIA는 이란의 샤Shah**가 모하마드 모사데크Mohammad Mossadegh 총리를 권력에서 몰아내는 데 도움을 주었다.[110] 냉전이 한창이던 시절 중동의 전략적 요충지에 위치한 석유 부국에 친미 정권을 세우는 것은 성공으로 보였다. 하지만 20년 후의 상황은 많이 달라졌다. 샤의 통치는 궁극적으로 종교적 극단주의의 득세, 혁명세력의 전복, 미국인 인질 사태, 단절된 외교 관계, 지역 불안정, 그리고 오늘날 핵 위험 증가로 이어졌다.

---

* 변변찮은 오리
** 과거 이란의 왕

마찬가지로 미국이 냉전 중 아프간 무자헤딘을 지원하여 소련을 축출하는 데 성공했지만, 무자헤딘의 외국 후원자들은 결국 알카에다로 변모하여 아프가니스탄을 테러 거점으로 만들었고, 미국 영토에 대한 역사상 가장 치명적인 테러 공격을 일으켰으며, 미국과 동맹국을 전쟁으로 끌어들였다.

물론 역사는 우발적인 사건으로 가득 차 있으며, 정책결정자들은 지금 여기 있는 적과 싸울 수밖에 없다. "사람들은 우리가 이슬람 근본주의자들에게 무기를 줬다는 이유로 CIA의 아프가니스탄 활동을 비판했습니다." 이 작전에 참여했던 CIA 현장 관리자 밀트 비어든Milt Bearden은 말한다. "글쎄요, 그곳에 기독교 장로교도가 얼마나 많은지 모르겠습니다. 역사학 교수 한 명이라도 누구에게 무기를 넘겨야 할지 알려줬다면 감리교도와 장로교도를 찾아냈을지도 모르죠. 시도해 볼 수는 있겠지만, 그렇게 잘하지는 못할 겁니다. 그것은 그들의 반란이었거든요."[111]

비어든은 중요한 점을 지적한다. 아무리 세세하게 돌이켜보더라도 더 나은 선택은 없었을지 모른다. 그럼에도 불구하고 이란과 아프가니스탄은 역사의 긴 흐름에 대해 경각심을 일깨워 준다. 두 사례 모두 비밀공작이 당장은 성공한 것처럼 보였지만 나중에 훨씬 더 위험한 것으로 판명된 일련의 사건을 촉발했다. 비밀공작의 성공과 실패를 판단하는 것은 참으로 어려운 일이다.

도덕적 딜레마

1984년 《하퍼스Harper's》 잡지는 "미국은 비밀 진쟁을 치러야 하는가?"라는 주제로 비밀공작에 대한 원탁 토론을 주최했다. 국회의원, CIA 관계자, 외교관, 언론인 등이 참석했고, 토론은 빠르게 달아올랐다. 도덕적 문제가 논쟁의 중심에 있었다. CIA 관리들조차 서로 의견이 일치하지 않았다.[112]

비밀공작은 고도의 책임이 따르고 도덕적으로 복잡하다. 사려 깊은 사람들이 서로 다른 관점에서 이 문제를 바라본다. 많은 미국인은 다른 나라의 내정에 몰래 개입하는 것에 대해 매우 불편해한다. 이들에게 비밀공작은 투명성, 책임성, 법치 존중, 인권이라는 미국의 가치에 반하는 것이기 때문이다. 베테랑 외교관이자 봉쇄에 관한 유명한 "X" 보고서*의 저자인 조지 케넌George Kennan은 다음과 같이 썼다.

> 과도한 비밀성, 이중성, 은밀한 속임수는 우리의 요리가 아니다.… 이러한 종류의 역량을 스스로 부정하는 것은 현재 우리를 향한 세력에 맞서 싸우는 능력에 심각한 제약을 가하는 것이라고 주장할 수도 있다. 그럴지도 모르지만, 그렇다면 그것은 우리가 받아들여야 할 제약이다.[113]

케넌은 냉전 동안 소련이 기를 쓰고 덤비며 비밀공작을 수행하더라도 미국은 극단적이고 드문 상황을 제외하고는 그렇게 해서는 안 된다고 보았다.[114]

다른 사람들에게 비밀공작은 민주적 책임성이 결여되었기 때문에 도덕적으로 문제가 된다. 이러한 우려는 특히 비밀공작에 폭력이 수반될 때 더욱 심각하다. 전 국방부 관리 모튼 핼퍼린Morton Halperin은 1984년 ≪하퍼스≫의 원탁 토론에서 다음과 같이 지적했다.

> 비밀 작전은 공개 토론 없이, 의회 토론 없이, 시민이 정부에 청원하거나 대통령의 정책에 동의하지 않는다는 반대표를 던지는 등 자신의 의견을 표명할 기회도 없이, 미국이 전쟁과 같은 중요한 외교정책 계획에 착수하게 합니다. 민주주의 사회에서 대통령이 의회나 투표 등 시장에서 검증할 수 없는 일에 관여하는 것은 용납될 수 없습니다.[115]

---

* 조지 케넌이 ≪포린어페어스≫에 X라는 필명으로 발표한 보고서. 미국 정부는 이 보고서에 따라 소련에 대한 봉쇄정책을 시행하였다.

1950년대 서부 개척 시대와 같은 상황에 비하면 감독 기능이 확실히 개선되었다. 당시에는 그럴듯한 부인 가능성이란 대통령에게 그가 알고 싶지 않을 만한 것을 알려주지 않는 것이었고, 의회 위원회는 너무 많은 질문을 하지 않는 쪽을 선호했다. 그러나 비밀은 여전히 의회의 감독을 어렵게 만든다. 의원들은 이의를 제기할 수 있지만 비밀리에 해야 한다. 비밀공작은 성공하기 위해 비밀이 필요하며, 비밀은 많을수록 좋다. 그러나 민주적 책임을 위해서는 공개가 필요하며, 공개도 많을수록 좋다. 그리고 여기서 문제가 생긴다.

마지막으로, 비밀리에 무력을 사용하는 것이 본질적으로 불공정하거나 불명예스럽다고 생각하는 사람들도 있다. 전장에서 공개적으로 무력을 사용하는 것과 미국의 개입을 감추는 방식으로 사람들을 몰래 죽이는 것은 전혀 다른 문제다.

비밀공작을 옹호하는 사람들은 '모든' 외교정책에는 다른 국가의 국내 정치에 영향을 미치는 것이 포함된다고 지적한다.[116] 미국을 지지하는 메시지를 전파로 방송하고, 신생 민주주의 국가에 원조를 제공하고, 외국 군대를 훈련시키고, 자유무역협정을 체결하고, 반란 진압 작전*을 수행하고, 전쟁을 선포하는 등의 공개적인 외교정책 도구들도 미국의 이익 증진을 목표로 다른 국가의 국내 정치에 간섭하기 위해 고안된 것이다. 비밀공작은 오염되지 않은 깨끗한 세상에서 더러운 술수를 담아둔 특별한 가방이 아니다. 외교정책은 간섭하는 일이다. 모든 국가가 하고 있고, 모든 지도자가 알고 있다.

어떤 사람들은 정부가 자국민의 생명과 안녕을 보호해야 할 도덕적 의무가 있으며, 비밀공작이 그러한 목적에 부합한다고 믿는다. 위험한 세상에서 대의를 달성하려면 때로는 거친 선택과 전술이 필요하다. 이를 소홀히 하는 것은 어리석고 위험하며 부당하다.

---

* 이라크, 아프가니스탄 등에 수립된 민주 정부를 전복하려는 게릴라를 소탕하는 작전

레이 클라인Ray Cline 전 CIA 차장은 1984년 ≪하퍼스≫ 원탁 토론에서 냉전에 대해 이야기할 때 이러한 논리를 잘 설명했다. 그는 "미국은 우리의 정부 체제에 반대하는 세계 강대국이 은밀한 전쟁 방법을 동원하여 세력을 확장하려는 상황에 직면해 있습니다"라고 지적했다. "미국이 퀸즈베리 후작의 규칙the Marquis of Queensberry rules*에 따라서만 싸우겠다는 술집 싸움꾼처럼 대응해야 합니까?"[117] 조지 W. 부시 대통령과 버락 오바마 대통령도 9·11 테러 이후 알카에다에 대해 같은 생각을 했다. 두 대통령 모두 빈 라덴을 추적하는 데 상당한 관심과 자원을 쏟았다. 이 테러리스트 수장은 신사적인 규칙을 따르지 않았기 때문에 그를 막을 유일한 방법은 생포하거나 사살하는 것이었다.

또한 비밀공작 옹호자들은 경우에 따라 비밀공작이 미국 군인과 외국의 비전투원 사상자 위험을 '낮출' 수 있다고 지적한다. 공개적이고 민주적으로 책임을 지지만 더 많은 사람을 죽이는 군사공격과, 비밀스럽고 책임성은 낮지만 더 많은 전투원과 무고한 시민을 보호하는 비밀공작 중에 어느 쪽이 더 도덕적인가? 게다가 공정성은 교실에서와 전장에서 다르게 보인다. 어느 해군 고위 장교에게 은밀한 드론 공습이 공정한 전투가 아니라는 주장에 대해 어떻게 생각하냐고 물었더니 "저의 병사들에게 테러리스트에 맞서 목숨을 걸고 싸우라고 요구할 때는 공정한 전투를 원하지 않습니다"라는 대답이 돌아왔다.

이러한 도덕적 딜레마를 이해하려면 다음 시나리오를 생각해 보라.

악명 높은 국제 마약 밀매업자가 어느 외국의 민주적으로 선출된 지도자를 축출하고 미국을 상대로 선전포고를 했다. 이 국가는 중요한 수로를 따라 전략적인 위치에 있다. 미국과의 중요한 협상 중에 이 국가에 정치적 혼란이

---

* 퀸즈베리 후작이 만든 근대 권투의 공정한 기본 규칙

발생한다.

수년 전, 이 마약 밀매업자는 주변 국가의 친미 반군에게 자금을 지원하는 등 CIA의 유급 정보원으로 활동했다. 그러나 그는 미국의 적들을 지원하는 것으로도 알려졌으며, 자국에서 여러 정치적 살인을 사주한 혐의를 받고 있다.

미국 법무부는 그를 자금 세탁 및 마약 혐의로 기소했으며, 이는 그를 미국으로 데려와 재판에 회부하는 법적 근거가 된다. 어떻게 해야 할까?

한 가지 옵션은 아무런 조치도 취하지 않는 것이다. 이것은 외국의 국내 정치 문제이므로 미국은 원칙적으로 간섭하지 말아야 한다. 하지만 아무것도 하지 않으면 세계에서 가장 악명 높은 마약왕 중 한 명이 자유롭게 활동할 수 있다. 그의 잔인한 통치 아래 민주주의를 갈망하는 수천 명의 무고한 사람들이 죽게 될 것이다. 또한 중요한 순간에 이 전략적 국가와의 관계가 위기에 처하게 된다. 해당 국가가 수로 통제권을 장악하면 미국의 경제적 및 안보적 이익이 심각하게 영향을 받을 수 있다.

두 번째 옵션은 CIA에 쿠데타를 지원하도록 승인하는 것이다. 그러나 이 마약왕을 축출하고 민주주의를 회복하기 위해 비밀공작을 사용하는 것은 의회나 미국 유권자에 대한 책임 없이 비밀 외교정책을 추진하는 일이 될 것이다. 이 작전은 결국 그를 죽이는 것으로 끝날 수 있으며, 이는 정치적 목적의 암살을 금지하는 미국의 행정명령을 위반하는 것으로 해석될 수 있다. 또한 미국이 이 지역에서 논쟁적인 활동을 해온 역사로 인해 반감도 있다. 정권 교체를 촉진하는 비밀공작을 지금 시작하는 것은 아무리 좋은 목적이라 할지라도 역효과를 불러일으켜 해당 국가와 더 넓은 지역에서 반미주의를 부추길 수 있다.

세 번째 옵션은 공개적으로 미군을 파병하여 민주주의를 회복하고 마약왕을 미국에서 재판에 회부하는 것이다. 그러나 군사적 행동은 비밀공작보다 더 많은 미국인의 생명을 위험에 빠뜨릴 수 있으며 더 큰 사회적 갈등을 촉발할 수 있다. 신속하게 소규모로 침공하더라도 수천 명의 병력이 필요하며 수백 명의 민간인이 사망할 수 있다. 펜타곤이 장기적인 분쟁에 휘말릴 위험은 항상 존재한다. 또한 미군을 한꺼번에 모든 곳에 배치할 수는 없다. 대규모 파병은 국방부가 세계의 다른 위기와 비상사태에 대처할 수 있는 역량을 감소시킬 것이다.

어떤 선택을 할 것인가?

사상자를 줄이는 것이 가장 중요하다면 비밀공작이 최선의 선택이다. 투명성과 책임성이 도덕적으로 더 중요하다면 침략을 개시하는 것이 최선이다. 다른 국가에 대한 내정 개입을 반대한다면 아무것도 하지 않는 옵션을 선택할 것이다.

이 시나리오는 내가 상상해 낸 가상의 시나리오가 아니다. 실제로 일어난 일이다. 1989년, 마누엘 노리에가Manuel Noriega라는 수상한 전 CIA 정보원이 민주적 선거 결과를 무효화하고 파나마의 권력을 장악했다.[118] 파나마는 그저 그런 나라가 아니었고 노리에가는 그저 그런 독재자가 아니었다. 파나마는 미국이 건설한 태평양과 대서양을 연결하는 운하를 가지고 있어 미국에 전략적으로 중요한 국가였다. 이 82km의 운하는 상업 및 군사 수송에서 매우 중요한 역할을 담당했기 때문에 1914년 건설된 이래로 미국이 통제해 왔지만, 2000년까지 파나마에게 통제권을 돌려줄 계획이었다.[119]

노리에가는 과거 미국 정보기관을 도운 적이 있지만 보이스카웃처럼 규칙을 지키는 사람은 아니었다. CIA 정보원은 대체로 그렇지 않다. 노리에가는 미국의 적들에게 정보를 흘려주며 양쪽을 위해 활동한 것으로 유명했다. 그는 세계 최대 마약 밀매업자 중 한 명으로 파블로 에스코바르Pablo Escobar의 코카인 제국에 물류 지원과 재정적 안전지대를 제공했다. 또한 그는 쇠파이프와 야구 방망이를 휘두르는 진압대를 동원해 파나마 국내의 정치적 반대자들을 잔인하게 폭행한 것으로 악명이 높았다.[120] 노리에가는 정치적 반대자들을 살해한 것으로 널리 알려져 있으며, 희생자 중에는 코스타리카 국

경에서 머리 없는 시신이 우편 자루에서 발견된 휴고 스파다포라Hugo Spadafora도 있다.[121]

노리에가는 1988년 반미 시위를 조직했고 시위에서 마체테를 휘두르며 "한 발짝도 물러서지 말라!"고 외치기도 했다.[122]

압력을 강화하기 위해 미국 법무부는 노리에가를 마약 밀매와 돈세탁 혐의로 기소하고 경제 제재를 가했다. 또한 레이건 대통령은 노리에가가 자발적으로 파나마를 떠나게 하려고 파나마 야당 세력에 비군사적 지원을 제공하는 비밀공작을 승인했다.[123] 그 어떤 것도 효과가 없었다. 노리에가는 민주적으로 선출된 지도자를 축출하고 자신을 "최대 지도자"라고 선언했으며, 파나마 국회에 미국과 "전쟁 상황"에 있다고 선포하도록 했다.[124]

레이건은 비밀공작을 통해 노리에가를 무력으로 축출하는 방안을 심각하게 고려했다. 그는 심지어 승인서를 발부하고 의회 보고까지 했다. 그러나 상원 정보위원회는 CIA가 지원하는 정권 전복 과정에서 노리에가가 사망한다면 이는 행정명령으로 금지된 평시 암살로 간주될 수 있다는 점을 심히 우려했다.[125]

법무부 변호사들이 이 작전을 합법적이라고 믿었더라도, 그것이 좋은 생각이었을까? 정책결정자들은 CIA의 과거 암살 스캔들과 다른 라틴아메리카 지도자들을 전복한 사례에 더하여 "우발적" 암살이라는 선례를 남기고 싶었을까?[126] "라틴아메리카에서 CIA의 역사는 자랑스러운 것만은 아닙니다." 전 CIA 부장 레온 파네타의 지적이다.[127]

갈등은 다음 행정부로 이어졌다. CIA 부장을 역임한 조지 H. W. 부시 대통령은 파나마에 2만 5000명 이상의 병력을 파병하는 '저스트 코즈JUST CAUSE'*라는 군사 작전을 단행했다.[128] 이는 베트남 전쟁 이후 미국의 최대 규모의 전투 작전이었다.[129]

---

* 정당한 대의

군대가 진입하자 노리에가는 여성으로 변장한 채 바티칸 대사관으로 피신한 것으로 알려졌다. 미군이 하루 24시간 내내 (노리에가가 싫어하는 것으로 알려진) 랩과 록 음악을 틀어대는 2주간의 포위 공격을 가한 끝에 마침내 노리에가는 항복했다.[130] 하지만 미군 23명과 파나마 민간인 수백 명이 사망한 뒤였다.[131]

비밀공작이었다면 사상자가 더 적었을 수도 있지만, 윌리엄 콜비 전 CIA 부장조차도 공개적인 군사 행동이 옳은 선택이라고 믿었다. 왜? 정치적 목적의 암살을 금지한 규정을 위반한 것으로 드러나면 도덕적 비난을 받을 수 있었기 때문이다. 평시에 비밀리에 지도자를 암살하는 것과 전쟁 중에 공개적으로 살해하는 것에는 뭔가 다른, 그리고 불명예스러운 점이 있다. 콜비는 "노리에가를 암살했다면 앞으로 100년 동안 논란이 되었겠지만, 파나마 공격은 앞으로 100년 동안 논란이 되진 않을 겁니다"라고 지적했다.[132]

책임성과 "불안한 일"

마이클 헤이든 전 CIA 부장은 비밀 작전을 "불안한 일"이라고 불렀다.[133] 그의 말이 맞다. 이러한 활동은 까다로운 법적, 도덕적, 정치적 영역에 놓여 있다. 비밀공작은 대통령에게 즉각성과 비밀성을 제공한다. 민주적 책임을 위해서는 심의와 투명성이 필요하다. 비밀공작에 대한 감독은 이러한 상충하는 요구를 조정해야 한다. 상황이 항상 좋았던 것은 아니다.

1970년대까지 백악관과 국가안전보장회의 내부의 심의는 "누가 이 성가신 사제를 제거할 것인가?"라는 분위기로 진행되었고,[134] 대통령은 구체적인 내용은 묻지 않는 쪽을 선호했으며, 정보 관리와 정책 고문은 정보를 제공하지 않는 쪽을 선호했다.[135] 논의는 우회적인 표현을 사용했다. 아이젠하워와 케네디 대통령은 "피델 카스트로를 폭발하는 조개껍데기로 죽여라"라고 말한 적이 없다. 대신 "카스트로 정권을 제거하라"와 같은 일반적인 승인에 근

거하여 비밀 작전이 진행되었다.[136]

절차와 결정은 제대로 문서화되지 않았다.[137] CIA 내부 문건에 따르면 1950년대와 1960년대의 비밀공작 승인 절차는 "다소 모호"하고 CIA 부장의 "가치 판단에 따라" 이루어졌다고 설명한다. 이 체계는 대통령에게 이중으로 그럴듯한 부인 가능성을 제공하기 위해 고안된 것으로, 미국의 비밀공작이 노출되더라도 대통령이 명시적으로 명령하지 않았다면 책임을 지게 될 가능성이 적었다. 이처럼 막연하게 에둘러 말함으로써 대통령의 결정은 가려지고 후임 대통령은 작전을 완전히 알지 못하는 혼란이 만연했다.[138]

의회의 감독은 더욱 느슨했다.[139] 하원과 상원에는 전담 정보위원회가 없었다. 대신 기존 위원회의 소위원회에서 정보 문제를 다루었기 때문에 관심도 적고 시간도 거의 들이지 않았다.[140] CIA 비밀 작전은 내버려 두는 것이 낫다는 것이 일반적인 견해였다. 1970년대에 레슬리 애스핀 주니어Leslie Aspin Jr. 하원의원(민주당-위스콘신)은 과거에 감독 위원회가 CIA 작전에 반대했을 때 어떤 일이 벌어졌는지 윌리엄 콜비 CIA 부장에게 물었다. "그는 깜짝 놀랐습니다"라고 애스핀은 회상했다. "전에는 그런 질문이 나온 적이 없었거든요. 위원회는 관여하지 않는 것을 선호했습니다."[141]

1970년대 이후 개혁을 통해 감독의 여러 측면이 강화되고 개선되었다. 오늘날 외국인 암살은 여전히 행정명령으로 금지되어 있지만, 무엇이 암살에 해당하고 어떤 조건에서 암살 금지가 면제되는지에 대한 논쟁이 계속되고 있다.[142] (드론 살인명부가 결정되는 방식과 같은) 구체적인 절차는 보통 비밀로 유지되지만,[143] 대통령은 이제 법에 따라 모든 비밀공작을 직접 서면으로 승인하고 해당 공작이 어째서 "미국의 식별 가능한 외교정책 목표를 지원하는 데 필요하고 미국의 국가안보에 중요한" 활동인지 명시한 "결정문finding"을 의회 정보위원회에 제출해야 한다.[144]

물론 여전히 큰 허점이 있다. 예외적인 경우에는[145] 결정문을 구두로 소수의 위원에게만[146] 제한적으로 전달할 수 있다. 이런 일이 생기면, 물론 때때로 발생하는데, 의원들은 자신이 알게 된 내용을 정보위원회의 다른 위원이나 자신의 전문 직원단과도 논의할 수 없다. 2007년부터 2009년까지 상원 정보위원회 위원장을 지낸 존 D. 록펠러 4세John D. Rockefeller IV 상원의원(민주당-웨스트버지니아)은 제한된 브리핑이 의회를 "입막음"하는 방법이라고 불평했다.[147]

그리고 대통령 결정문을 서면으로 기록해야 한다는 것이 반드시 명확해야 한다는 의미는 아니다. 1990년대 후반 클린턴 대통령은 CIA의 대리자들*이 오사마 빈 라덴을 생포하는 작전을 승인하는 몇 개의 결정문을 발행했는데, 작전 과정에서 빈 라덴이 사살될 수도 있었다. 하지만 이는 정확히 무엇을 의미했을까? CIA의 대리자가 그냥 가서 빈 라덴을 죽일 수 있었을까? 아니면 빈 라덴을 생포하는 것만 시도해야 했을까? 클린턴은 나중에 9·11 위원회에서 빈 라덴이 죽기를 원했다고 말했다.[148] 그러나 CIA는 그렇게 생각하지 않았다. 조지 테넷 부장을 포함하여 위원회가 인터뷰한 모든 CIA 관계자들은 "신뢰할 수 있는 생포 작전이 전제되어야만 빈 라덴 사살을 납득할 수 있다고 믿었습니다".[149]

특히, 의회는 비밀공작을 승인하거나 거부할 권한이 없다.[150] 의회가 승인한 적도 없다. 그럼에도 불구하고 의회는 매년 예산을 승인해야 하므로 비밀공작이 시작되기 전에 미리 알 수도 있다.[151] 대통령이 비밀공작을 승인할 수 있는 일방적인 권한을 갖고 있지만, 의회에 반드시 정보를 제공해야 하며 의회의 의견은 중요하다. 전 CIA 관계자 마크 로언솔Mark Lowenthal은 "위원회 위원이나 직원들이 심각한 의문을 제기하면 신중한 비밀공작 브리핑 팀이 그 사실을 행정부에 보고한다. 이는 해당 작전을 재검토할 충분한 이유가 된다"고 적었다.[152] 예를 들어, 언론 보도에 따르면 조지 W. 부시 행정부가 2005년 이라크 선거에서 특정 후보를 지원하려던 비밀 작전을 승인했다가

---

* CIA의 지시에 따라 비밀 작전을 수행하는 CIA 외부 인물 또는 단체.

철회한 것은 의회의 반대 때문이었다.[153]

이러한 개혁이 비밀공작의 합법성, 도덕성, 타당성, 효과성을 보장하는 것은 아니다. 그러나 의회가 관련 정보를 제공받고, 표준적인 대통령 승인 절차에 따라 CIA 작전이 보다 명확하게 제한되고 허용되며, 대통령이 더 많은 책임을 지게 될 가능성이 높아졌다.[154]

드론, 테러리스트, 그리고 모호한 경계선

2011년 데이비드 페트레이어스David Petraeus 장군은 CIA 부장이 되면서 랭글리 사무실을 펜타곤처럼 꾸몄다. 이라크 무기, 밀리터리 챌린지 코인,* 전장의 사진 등 페트레이어스가 정보관이 아니라 직업 군인이었음을 보여주는 것들이 곳곳에 있었다.[155] 이 퇴역한 육군 4성 장군은 이라크와 아프가니스탄 전장에서 반란 진압 작전 교리에 혁명을 일으켰고, 그게 눈에 보였다.

또한 페트레이어스의 군대 기념품은 수년간 진행되고 있던 중대한 변화를 예고하는 것이기도 했다. 군사 행동과 정보 사이의 경계가 그 어느 때보다 모호해진 것이다. 페트레이어스가 랭글리로 가던 시기에 그의 CIA 전임자인 레온 파네타는 국방장관이 되어 펜타곤으로 갔다.

9·11 이전에는 누가 무엇을 했는지가 분명했다. 미국의 공식적인 개입으로 수행되는 활동은 군이 담당했다. 미국의 후원을 숨겨야 하는 활동은 CIA가 비밀리에 수행했다. 그러나 새로운 기술을 동원해 테러리즘과 싸워온 지난 20년간 그 경계는 모호해졌다.

정보와 전장의 전투는 훨씬 더 긴밀하게 통합되었다. 2001년 미국이 아프가니스탄을 침공했을 때 처음 파병된 병력은 군인이 아니었다. 그들은 특

---

* 특정 임무 수행 또는 자격요건 취득 시 받는 기념주화

수 작전 부대가 도착하기 전에 현금으로 가득 찬 상자를 들고 아프간 군벌을 포섭하려던 CIA 정보관들이었다.[156] 최초의 비밀 CIA 팀은 9·11 테러 발생 16일 만에 아프가니스탄에 도착했다.[157] 몇 주 후 오사마 빈 라덴이 토라보라 산으로 도망쳤을 때 그를 추적하는 "특공대"는 CIA 정보관들과 아프간 민병대였다. 그들은 특수작전부대와 함께 일하며 버려진 학교 건물 뒤에서 적진 후방에 공중 지원을 요청하는 활동을 했다. 이러한 수준의 전장 통합은 처음 있는 일이었다. 조지 테넷 CIA 부장은 아프가니스탄을 "CIA 최고의 시기"라고 불렀다.[158]

CIA와 군의 협력이 뿌리를 내렸다. 오늘날 스파이와 군인의 임무는 여러 면에서 구분할 수 없게 되었다. 드론 공습은 CIA와 국방부 합동특수작전사령부Joint Special Operations Command, JSOC가 때로는 따로, 때로는 함께 수행한다.[159] JSOC은 테러리스트에 대해 비밀공작과 대단히 비슷해 보이는 비밀 작전을 점점 더 많이 수행하고 있다.[160] 동시에 CIA는 안와르 알-아울라키 사살과 같이 공개적으로 수행되는 군사 작전과 매우 흡사한 비밀 작전을 수행하고 있다.[161]

좋은 소식은 이제 정보와 전쟁이 훨씬 더 긴밀하게 연결되었다는 것이다. 나쁜 소식은 이제 정보와 전쟁이 훨씬 더 긴밀하게 연결되었다는 것이다.

설명을 들어보라. 겉으로 보기에는 정보와 국방이 크게 다르지 않아 보이며, 둘 다 국가안보와 관련이 있다. 하지만 겉모습에 속을 수 있다. 국방부와 CIA가 별도로 설립된 데에는 이유가 있다. 국방부의 주요 임무는 싸우는 것이다. CIA의 주요 임무는 이해하는 것이다. 군 장교들은 폭력을 관리하는 훈련을 받는다.[162] CIA 정보관들은 정보를 관리하는 훈련을 받는다. 정보를 입수하고, 분석하고, 잘못된 사람들로부터 숨기고, 올바른 사람들과 공유하는 방법을 배운다.

비밀공작은 CIA가 하는 일의 일부에 불과하다는 점을 기억해야 한다. CIA는 미국 정부 최고의 인간정보 기관이다. CIA 정보관들은 자국의 비밀을 누설하고 자국의 대의를 배신할 외국 스파이를 포섭한다. 또한 CIA는 영상과 각종 센서부터 도청된 전화 통화와 사람들의 보고에 이르기까지 분석관들이 모든 유형의 정보를 평가하는 곳이다. 중앙정보부라는 이름이 괜히 붙은 것이 아니다.

어떤 조직도 모든 것을 할 수는 없다. CIA 사람들이 요인 추적을 많이 하면 할수록 수집하는 정보는 줄어든다. 준군사작전이 테러리스트를 전장에서 제거하는 데 얼마나 효과적이든 간에 CIA의 핵심 업무, 즉 대통령에게 결정 우위를 제공하는 일에서 시간과 자원을 빼앗아간다. 마이클 모렐 전 CIA 부장 대행은 "비밀공작은 집중력을 앗아갑니다. 우리 대테러센터가 비밀공작에 깊이 관여하고 있었기 때문에 일주일에 세 번씩 회의를 열곤 했었죠. 저는 자주 이런 생각을 했습니다. 우리가 러시아 정보 수집이나 중국 정보 수집에 그 많은 시간을 들였다면 어땠을까?"[163] 국가가 오늘의 우선순위에 너무 많은 관심을 기울이면 내일의 불쾌한 기습에 취약해질 수 있다.

제 **8** 장

의회 감독

스파이를 보는 눈

우리는 버섯과 같다. 그들[CIA]은 우리를 어둠 속에 가두고 많은 똥을 먹인다.

　　—노먼 미네타Norman Mineta, 하원 정보상임특별위원회 위원, 1983 [1]

미국 상원과 하원은 제 역할을 하지 않고 있습니다. 그리고 여러분이 할 일을
　하지 않기 때문에 이 나라는 마땅히 그래야 할 만큼 안전하지 않습니다.

　　—리 해밀턴Lee Hamilton, 전 하원의원 및 9·11 위원회 부위원장, 2007 [2]

　　CIA 부장 존 브레넌에게 위기가 닥쳤다. 2014년 1월 15일, 그는 상원 정보위원회 위원장 다이앤 파인스타인(민주당-캘리포니아) 및 부위원장 색스비 챔블리스Saxby Chambliss(공화당-조지아)와 긴급회의를 열었다. 상원의원들은 각각 한 명의 고위 직원만 데려올 수 있다는 말을 들었다. 브레넌은 연설문을 주의 깊게 읽어 내려가면서 놀라운 소식을 전했다. CIA 직원들이 상원 정보위원회 직원단의 컴퓨터를 몰래 검색했다는 것이다.[3] 이것은 그냥 컴퓨터가 아니었다. 논란이 되고 있는 CIA의 테러리스트 구금 및 심문 프로그램을 조사하는 민주당 소속 직원단 조사관들의 것이었다.[4]

　　몇 주 후, 파인스타인은 CIA가 법무부에 자신의 직원을 고발하는 범죄 보고서를 제출했다는 사실을 알게 되었다. "파네타 리뷰"라고 불리는 구금 및 심문 프로그램에 관한 CIA 내부 문서에 무단 접근했다는 혐의였다.[5] 그리고 익명의 소식통을 인용한 언론 기사에서 파인스타인의 직원이 CIA를 "해킹" 했다는 보도가 나왔다.[6] 이는 사실이 아니었다. 나중에 CIA가 독립적으로 조사한 결과 CIA 직원들이 부적절한 행동을 한 것으로 밝혀졌다. 그들은 의회 직원단 컴퓨터에 몰래 접속했고, 의회 조사관들이 법을 위반했다고 "실제 근거 없이" 비난했고, 어떤 경우에는 자신이 한 일이 발각되자 거짓말을 했다.[7]

보좌관들은 파인스타인에게 공개 연설문을 작성해 주었지만, 그녀는 몇 주 동안 연설할 엄두를 내지 못했다. 이 캘리포니아 민주당 의원은 오랫동안 CIA를 지지해 왔으며, 그 때문에 당 고위직과 마찰을 빚기도 했다. 정보위원회의 또 다른 민주당 의원인 마틴 하인리히Martin Heinrich 상원의원은 "솔직히 파인스타인 상원의원보다 더 열렬한 CIA 후원자가 있을지 모르겠습니다"라고 말했다.[8]

파인스타인은 공개적인 싸움을 좋아하지 않았고 과시할 필요성도 느끼지 못했다. 그녀는 그동안 충분히 많은 증오를 가까이에서 목격했다. 샌프란시스코 시의회 의장이던 1978년, 한 동료가 시장 조지 모스콘George Moscone과 시의원 하비 밀크Harvey Milk를 살해했다. 파인스타인은 자기 사무실 반대편 밀크의 사무실에서 피 웅덩이에 쓰러져 있던 밀크를 발견했다.[9]

2014년 3월 11일, 브레넌이 자신의 질문에 대답하지 않자 파인스타인은 더 이상 참을 수 없었다. 파인스타인은 상원 의사당으로 가서 연설을 했다. 파인스타인은 CIA가 정보위원회의 조사관을 염탐하고 위원회 직원들을 협박하기 위해 가짜 혐의를 만들어 냈다고 말했다. CIA는 헌법을 위반했을 수도 있으며, 파인스타인의 신의를 위반한 것은 확실했다. CIA의 행동은 의회 감독의 근간을 위협하는 것이었다. "대통령님, 제가 방금 설명한 최근 CIA의 행동은 우리 정보공동체에 대한 감독에 결정적인 순간이 될 것입니다." 파인스타인은 불만을 토해냈다. "의회가 어떻게 대응하고 이 문제가 어떻게 해소되느냐 하는 것은 정보위원회가 우리나라의 정보활동을 효과적으로 감시하고 조사할 수 있는지, 아니면 우리의 업무가 우리의 감독을 받는 사람들에 의해 좌절될 수 있는지를 보여줄 것입니다."[10]

브레넌은 사과했다.[11] 그러나 의회 감독의 위기는 끝나려면 아직 멀었다.

CIA의 가장 논란이 많았던 프로그램 중 하나를 역사가 어떻게 평가할지가 문제였다. 2002년부터 2008년까지 CIA는 100명 이상의[12] 테러 용의자를[13] 전 세계 비밀 군사시설(black site)에 구금하고 그들 다수를 가혹하게 심문했다.[14] 심문 방법에는 워터보딩, 관 크기의 상자에 장기간 감금, 비자발적 "직장 관주"*도 있었다.[15] 일부 CIA 직원은 그런 행위를 목격하고 충격에 울음을 터뜨리기도 했다.[16]

파인스타인의 민주당 직원단은 그 고통스러운 시기에 대한 결정적인 기록을 작성하고 있었다고 강조했다. "고문 보고서"라고 불리는 이 연구는 CIA 프로그램이 불법적이고 비인도적이며 통제를 벗어났고 궁극적으로 가치 있는 정보를 생산하는 데 효과가 없었다는 내용을 담고 있었다.[17]

그러나 많은 정보 관리들과 상원 정보위원회 공화당 의원들에게 파인스타인의 보고서는 사실을 왜곡하고 CIA를 최악으로 조명하는 데 성공했을 뿐이었다. 상원 정보위원회 공화당 의원 7명 중 6명은 167페이지에 달하는 반대 보고서를 작성했다.[18] CIA는 민주당 직원단 연구에 대한 자체 연구를 발표하고 조목조목 반박했다.[19] 전직 정보 관리들은 논평[20]과 웹사이트 및 트위터 해시태그 #CIAsavedlives21를 동원한 여론 조성 활동을 시작했다.[21]

이들은 상원 보고서가 당파적이고 분석적으로 결함이 있으며 핵심 요지가 완전히 틀렸다고 주장했다. 파인스타인의 조사는 초당적인 지지를 받으며 시작되었지만,[22] 공화당 위원들은 조사관들이 CIA 관계자를 면담하지 않았고 청문회를 열지 않았으며 권고안을 발표하지 않았기 때문에 신뢰를 잃었다고 말했다.[23]

게다가 그들은 CIA의 구금 및 심문 프로그램이 합법적이라는 증거가 있다고 지적했다.[24] 이 프로그램은 대통령의 승인을 받았고, 법무장관이 합법적인 것으로 간주했으며, 행정부 최고위층이 감독했고, 의회에 30회 이상

---

* 직장에 대량의 용액을 주입하는 것. 원래 관장 등을 위한 의료 시술이다.

상세한 그래픽을 포함하여 브리핑했다.[25] 당시 반대하는 의원은 한 명도 없었으며, 심지어 일부 의원들은 CIA가 충분히 밀어붙이지 않는다고 우려했다.[26] CIA 옹호자들은 의회 내 일부 의원들이 정치적 바람이 바뀌자 편리하게 과거를 잊고 있다고 생각했다. CIA는 비난 속에 방치되어 있었다.[27]

옹호자들은 또한 CIA 프로그램이 "미국이 음모를 분쇄하고, 테러리스트를 체포하고, 적을 더 잘 이해하고, 또 다른 대량 살상 공격을 예방하고, 생명을 구하는 데 도움이 되는 고유한 정보"를 제공하므로 효과적이라고 주장했다.[28]

결국 아무도 만족하지 못했다. 파인스타인의 연구는 결정적인 설명 대신 서로 엇갈리는 보고서와 더 많은 의문만 양산했다.

CIA와 파인스타인이 벌인 이 전투는 공적 책임의 사적 세계를 엿볼 수 있는 드문 사례이다. 이 에피소드에서 알 수 있듯이 의회의 정보 감독은 종종 논쟁적이며, 행정부와 입법부는 의회 위원들이 어떤 정보를 언제 입수하고 어떻게 정보에 접근하며 어떤 결론을 내리는지 등 모든 것을 두고 다툰다. 실제로 무슨 일이 일어났는지 또는 누구에게 책임이 있는지 합의가 이루어지는 일은 드물다. 이러한 싸움은 대개 비공개로, 비밀 브리핑과 금고에 잠겨 있는 문서로 진행된다.[29]

앞으로 살펴보겠지만, 감독이 제대로 작동하는 경우는 거의 없다. 싸움이 너무 치열해지기도 하고, 충분히 치열하지 못한 경우도 많다. 의회가 잘못된 정보 이슈에 집중하거나 어떤 정보 이슈에도 집중하지 않기 때문이다. 언론의 집중 조명 속에서 당파적 정치가 개입할 수 있다.

이 장에서는 네 가지 질문을 던진다. ① 의회의 좋은 정보 감독이란 어떤 모습일까? ② 역사적으로 의회는 정보기구를 얼마나 잘 감독했을까? ③ 다른 정책 분야와 비교하여 정보에 대한 의회의 감독이 다른 점과 더 어려운 점은 무엇인가? ④ 미래는 어떻게 될까?

나는 이러한 질문을 정치학적인 관점에서 바라본다는 점을 강조하고 싶다. 대부분의 역사서와 언론은 의회 감독의 흥망을 일련의 성격 충돌로서 추적한다. 이런 이야기는 누가 책임자이고 그들이 얼마나 잘 어울리는지에 대한 것이 전부다. 이러한 대인관계의 역학 관계도 분명 중요하지만, 정치학자들은 종종 다른 요인이 더 중요하다는 사실을 발견한다. 개괄적 설명은 개인과 특정 시점을 초월하는 근본 원인을 밝혀내는 강력한 힘을 가지고 있다.

정보 감독의 경우 대통령이나 의회 정보위원회 위원장이 누가 되든 '정보', '인센티브', '제도'라는 세 가지 근본 요인이 감독의 역학을 주도해 왔다. 감독 문제의 핵심은 시간에 따라 변화하지 않고 지속되고 있다. 정보 감독은 누가 누구를 좋아했는지 또는 어느 정당이 집권했는지와는 무관한 이유로 항상 어려움을 겪고 있다.

정책의 관점에서 볼 때 이는 개인 리더십의 한계를 시사하기 때문에 나쁜 소식이다. 최고의 리더가 있더라도 감독 문제는 극복하기 어렵고 앞으로도 계속될 가능성이 높다. 게다가 새로운 기술은 새로운 방식으로 의회의 감독을 어렵게 할 가능성이 높다.

좋은 의회 감독이란 어떤 모습일까?

제임스 매디슨은 「연방주의자 논집Federalist 51편」에 유명한 글을 남겼다. "인간이 천사라면 정부가 필요하지 않을 것이다. 천사가 인간을 다스린다면 정부에 대한 통제가 외부에서든 내부에서든 필요하지 않을 것이다."[30] 헌법 제정자들은 권력을 나누어 각 기관이 서로 견제하도록 했다. 헌법에 명시적으로 언급된 적은 없지만 행정부 소속 기관에 대한 감독은 항상 의회 직무의 핵심적인 부분이었다. 역사학자 아서 슐레진저는 헌법 제정자들이 "법을 만드는 권한에는 그 법이 충실하게 집행되는지 확인하는 권한이 내포되어 있다"고 믿었다고 썼다.[31]

이 때문에 의회의 감독은 실제보다 더 중립적이고 전문적으로 들릴 수 있다. 현실에서는 감독에 대한 싸움이 실제로는 정책 결과에 대한 싸움이다. 시에라클럽Sierra Club*과 브리티시퍼트롤리엄British Petroleum**은 동일한 최고의 해양 시추 규제라도 다르게 볼 것이다. NSA의 지휘부 입장에서는 9·11 테러 이후 NSA의 정보 계획은 입법부, 행정부, 사법부 모두의 감독을 잘 받고 있었다. 하지만 시민 자유주의자들에게는 그렇지 않았다.[32] 무엇이 좋은 감독인지 판단하는 기준은 종종 보는 사람의 관점에 달려 있다.

그렇다고 모든 것이 괜찮다는 말은 아니다. 나는 수십 명의 전현직 정보 관료, 의원, 의회 직원들에게 "당신이 생각하는 좋은 감독이란 무엇입니까?"라고 물었다. 그들은 생각보다 많은 것에 합의했다.

대체로 다음과 같은 말을 했다.

감독은 필수적이다. 마이클 모렐 전 CIA 차장의 말처럼, "정보기구에 대한 감독은 특히 중요하다고 생각합니다. 정보공동체는 민주주의 체제에서 운영되는 비밀 조직들로 구성되어 있으며, 이 조직들이 제대로 운영되고 있다고 미국 국민에게 확인해 줄 절차가 있어야 하기 때문입니다".[33]

의회 감독은 잘 수행되면 초당파적이고 큰 그림을 그릴 수 있다. 정보기관이 필요한 자원을 확보하고 최대한의 효과를 발휘할 수 있도록 보장한다. 정보기관의 전략적 우선순위를 설정하고, 어려운 질문을 던지고, 더 나은 답변을 요구함으로써 정보기관이 더 나아지도록 밀어붙인다. 책임성을 유지하여 정보기관의 법률 준수를 보장하고, 불가피하게 많은 일을 숨겨야 하는 정보기관에 대한 대중의 신뢰를 형성한다.

제대로 되지 않으면 감독은 지나치게 사소한 것까지 간섭하고 주의를 분산시키고 비난한다. 이는 모든 사람을 눈앞의 과제에 매몰시켜 더 크고 중요한 질문에 투입해야 할 시간과 주의를 빼앗아 간다. 미국 정보기관이 무엇을

---

*   미국의 민간 환경보호단체
**   영국 석유기업

해야 하는지, 얼마나 잘 수행하고 있는지, 어디로 나아가야 하는지 등은 뒷전이 된다. 비효율적인 감독은 에너지만 소모할 뿐 실익은 거의 없으며, 읽지도 않는 보고서와 잘 참석도 하지 않는 브리핑을 요구한다.[34] 애초에 사고를 방지하기 위해 정보기관과 협력하기보다는 상황이 추악해지고 카메라가 돌아가기 시작하면 기관을 비난한다.

좀 더 구체적으로, 내 인터뷰에 응한 모든 사람들은 의원들이 좋은 감독을 위해 수행해야 할 역할에 대해 각자 강조하는 역할과 그 정도는 달랐지만 네 가지 역할을 수행해야 한다고 생각했다.

① **경찰관:** 정보 관련 정책과 활동이 법의 테두리를 벗어나지 않도록 보장.
② **이사회:** 전략적 지침을 설정하고 자원이 우선순위에 맞게 배정되도록 보장.
③ **코치:** 좋은 질문을 하고 좋은 답변을 요구함으로써 현재의 프로그램과 관행을 지속적으로 검토하고 개선.
④ **대사:** 미국 국가안보에서 비밀 정보기관이 수행하는 필수적 기능에 대해 대중의 신뢰와 지지를 창출.[35]

또한 응답자들은 감독의 역할이 무엇이든 일반적으로 잘 작동하지 않는다는 데 동의했다.

세 시대 이야기

역사를 자세히 살펴보면 의회의 정보 감독은 항상 어려움을 겪어왔지만, 각기 다른 시대마다 각기 다른 이유로 어려웠다는 것을 알 수 있다.

정보 감독은 세 개의 시대로 나눌 수 있다. 미국 건국부터 1970년대까지는 "감독 부재"라고 표현하는 것이 더 적절할 정도로 감독이 드물었다.

1970년대 들어 상임 감독 위원회가 등장하고 법적 권한이 강화되는 등 감독이 일상화되었다. 마지막으로 냉전 종식으로 안보 위협 환경이 변화하면서 의회의 감독에 전략적 취약성이 드러났다. 이러한 결함은 9·11 테러의 원인이 되었으며 지금도 많은 부분이 해결되지 않은 채 남아 있다.

감독 부재 시대: 1770년대~1970년대

거의 200년 동안 의회의 정보 감독은 그다지 많지 않았다. 이는 부분적으로는 정보기구를 산발적으로 개발하고 사용했기 때문이다. 3장에서 언급했듯이 냉전 이전에는 정보기관이 전시에는 급격히 성장했다가 적대 행위가 끝나면 다시 해체되는 등 호황과 불황을 반복하며 발전했다.

그렇다고 하더라도, 정보활동은 1970년대까지 의회의 관심이나 감독을 거의 받지 못했다. 대통령은 정보 작전에 대한 정보를 의회에 숨기려는 강력한 인센티브가 있었고, 의회는 더 많은 정보를 요구할 인센티브와 제도적 장치가 약했다.

예를 들어, 1790년 의회는 조지 워싱턴 대통령에게 비밀 정보 예산을 제공하면서 지출한 총액만 증명하도록 요구했을 뿐 어디에 또는 누구에게 시출했는지는 요구하지 않았다.[36] 1840년대에 일부 의원들은 제임스 포크 James Polk 대통령이 비밀리에 선동가들에게 돈을 주어 미국이 캘리포니아와 텍사스를 합병할 수 있도록 멕시코와의 전쟁을 도발했다고 의심했다. 그러나 의원들이 포크에게 회계 자료를 제출하라고 요구하자 포크는 거부했다.[37] 의회에 정보를 차단함으로써 포크는 더 자유롭게 외교정책을 펼칠 수 있었다. 포크는 "지구상 모든 국가의 경험상 공공의 안전이나 공익을 위한 지출이 절대적으로 필요한 비상사태가 발생할 수 있으며, 그 목적이 공개성에 의해 훼손될 수 있다"고 주장했다.[38] 그리고 대체로 그런 식으로 진행되었다.

제2차 세계대전과 CIA 창설 이후 의회가 좀 더 개입했지만 그다지 많이 개입한 것은 아니었다. 하원 또는 상원에 정보 전담 위원회는 없었다. 대신 정보 감독은 강력한 세출위원회와 군사위원회의 소위원회들로 나뉘어져 있었는데, 이 소위원회들은 정보에 할애할 시간이 거의 없었고 정보에 대한 관심도 적었다.[39]

매년 두세 차례 소수의 지도자들이 비공식적으로 만나 정보 문제를 논의했지만 항상 비밀리에 진행되었다. 1951년 상원 군사위원회의 CIA 소위원회는 회의를 단 한 차례열었다.[40] 1957년 상원 세출위원회 패널은 전혀 회의를 열지 않았다.[41] 1950년대에 상원 세출위원회와 군사위원회 양쪽에서 활동했던 레버렛 살튼스톨Leverett Saltonstall(공화당-메사추세츠) 상원의원은 "우리와 대화하기를 꺼리는 CIA 관료들이 문제가 아닙니다"라고 말했다. "그 대신, 의원이자 시민이면서도 개인적으로 원하지 않는 주제에 대한 정보와 지식을 꺼리는 우리가 문제입니다."[42]

하원도 마찬가지였다. 어느 전직 하원 군사위원회 위원은 이렇게 회상했다. "1년에 한 번, 2시간 동안 만나서 사실상 아무것도 이룬 것이 없었습니다."[43]

의회 감독을 연구하는 학자 로크 존슨Loch Johnson은 이를 "블루문 빈도"* 라고 부르며 "CIA는 수천 명의 직원과 막대한 예산을 가지고 전 세계에 걸쳐 위험한 작전을 수행하는데도, 상하 양원에서 1년에 약 24시간 정도만 '조사'를 받았다"고 지적했다.[44]

사실 CIA는 의회의 관심을 끌려고 애썼다. CIA의 첫 의회 연락관이던 월터 포츠하이머Walter Pforzheimer는 이렇게 회상했다. "당시 의회는 우리가 하는 일을 믿었기 때문에 고삐를 늦추고 있었습니다. 우리가 무언가를 숨기려고 했던 것은 아니었어요. 우리의 가장 큰 문제는 의회가 앉아서 듣게 만들 수 없다는 것이었죠."[45] 1973년부터 1976년까지 CIA를 이끌었던 윌리엄

---

* 파란 달이 뜨는 것만큼 드문 빈도

콜비는 느슨한 감독이 직권 남용에 기여했음을 인정했다. "정보기관은 규칙과 무관하다는 공감대가 형성되어 있었습니다. … 그래서 우리는 몇 차례 도를 넘은 적이 있었는데, 주로 아무도 지켜보고 있지 않았기 때문입니다. 그렇게 하지 말라고 말할 사람이 아무도 없었습니다."[46]

일상화의 시대: 1970년대~1990년대

1970년대 들어 정보 감독에 대해 전례 없는 의회 행동주의와 극적인 변화가 찾아왔다.

베트남 전쟁은 미국을 뒤흔들었고 정부에 대한 깊은 불신을 낳았다. 1972년 6월, CIA와 연계된 5인조가 한밤중에 워터게이트 빌딩에 있는 민주당 전국위원회 본부에 침입하여 도청장치를 설치하려다 적발되었다.[47] 닉슨 대통령은 이를 은폐하기 위해 거짓말을 했고 결국 사임해야 했다. 그 후 CIA가 칠레에서 민주적으로 선출된 살바도르 아옌데Salvador Allende의 마르크스주의 정권을 전복하기 위해 비밀 작전을 수행했다는 뉴스가 보도되었다.[48] 그리고 1974년 12월 22일, 《뉴욕타임스》는 시모어 허쉬Seymour Hersh의 폭로 기사에서 CIA가 닉슨 행정부 시절 미국의 반전 시위자들과 다른 반체제 인사들을 상대로 "대규모의 불법적인 국내 정보 작전"을 벌였다고 보도했다.[49] 의회의 감독 부재 시대가 정보기관의 심각한 위반행위를 허용하는 환경을 조성한 것이다.

갑자기 정보기관 스캔들이 도처에 널려 있는 것처럼 보였고, 이를 조사하기 위해 넬슨 록펠러Nelson Rockefeller 부통령이 위원장을 맡은 특별 위원회, "가족의 보석The Family Jewels*"[50](상자글 참조)이라고 불리는 693쪽 분량의 CIA 내부 검토보고서, 오티스 파이크Otis Pike 하원의원(민주당-뉴욕)이 주도

---

* 집안의 수치스러운 비밀

가족의 보석

1973년 제임스 슐레진저 CIA 부장은 상황이 얼마나 심각한지 알고 싶었다. 그는 CIA 직원들에게 기관의 법적 헌장을 위반할 수 있는 모든 활동을 보고하라고 명령했다. "가족의 보석"이라고 불리는 이 자료집은 2007년에 기밀이 해제되었다. 여기에는 일상적인 관료적 기록부터 CIA의 국내 도청, 침입, 마인드 컨트롤 실험에 대한 외설스러운 세부 사항까지 각종 잡다한 지식과 스캔들이 담겨 있다.[51]

가장 자극적인 문서 중 하나는 CIA의 운영 및 지원 차장에게 보낸 메모로 "헌트가 열쇠공을 요청한다"라는 말이 나온다. 헌트는 악명 높은 E. 하워드 헌트E. Howard Hunt로, CIA의 '냉전주의자에서 닉슨의 손도끼로 변신한 남자'이자 민주당 진국위원회 본부에 대한 워터게이트 침입을 감독한 사람이다. 이 침입과 은폐 사건은 결국 닉슨 대통령의 사임으로 이어졌다.

헌트의 열쇠공 요청이 워터게이트 침입 사건과 관련이 있는지는 아직 밝혀지지 않았다. 하지만 뛰어난 열쇠공이 있었다면 역사가 달라졌을 수도 있다는 것은 확실하다. 워터게이트 침입 사건은 프랭크 윌스Frank Wills라는 기민한 경비원이 주차장으로 가는 문을 누군가 의심스럽게 테이프로 고정하여 열어둔 것을 발견하면서 발각되었다.[52]

한 하원 조사 등이 있었다. 그러나 전국적인 관심을 끌고 지속적인 변화를 이끌어 낸 것은 프랭크 처치 상원의원(민주당-아이다호)이 주재한 상원 조사였다.

82 대 4의 상원 표결로 설립된 초당파적 처치 위원회는 100회 이상의 청문회를 개최하고 800회 이상의 인터뷰를 진행했으며 10만 페이지가 넘는 문서를 검토하고 14권의 청문회 기록 및 보고서를 발표하여 역사상 가장 광범위한 의회 조사 중 하나로 기록되었다. 위원회는 ≪뉴욕타임스≫가 제기한 의혹은 빙산의 일각에 불과했으며, CIA, NSA, FBI가 수년간 미국인을 불법적으로 감시해 왔다는 것을 발견했다.[53] 이 기관들은 전화 도청, 우편물

개봉, 수백만 건의 전보 감청,[54] 시민권과 여성인권 및 반전 시민단체 잠입과 방해, 사무실과 가정에 영장 없는 수백 회의 불법 침입 등을 자행했다. 최종 보고서는 "정보기관들이 시민의 헌법적 권리를 훼손했다"며 "주요 원인은 헌법 제정자들이 책임성을 보장하기 위해 고안한 견제와 균형이 적용되지 않았기 때문"이라고 결론지었다.[55] 위원회는 거의 100가지에 달하는 개혁을 권고했다.

이 권고안이 중요한 변화로 이어졌다. 하원과 상원에 정보 감독을 전담하는 위원회를 설치한 것이다. 하원 정보상임특별위원회House Permanent Select Committee on Intelligence, HPSCI(또는 "힙시")와 상원 정보특별위원회Senate Select Committee on Intelligence, SSCI(또는 "시시")는 정보공동체를 처음으로 매디슨식 견제와 균형의 틀 안으로 끌어들였다. 행정부 관리들이 여전히 우위를 점하고 있었지만(이에 대해서는 아래에서 자세히 설명한다), 적어도 이제 그들은 의회에 답변해야 했다. 새로운 위원회는 새로운 기대치, 새로운 경계, 새로운 일상적인 직원단 업무, 그리고 정보 관련 기관 및 활동에 대한 보다 엄격한 예산 및 프로그램 검토 절차를 만들었다. 모두 전에는 들어보지 못한 것이다.

그 이후로 위원회는 정기적인 브리핑과 청문회를 개최하고, 비밀공작과 기타 민감한 프로그램을 검토하고, 기관의 예산을 승인하고, 보고서를 요구하고, 법안을 작성하고, 정보기관의 고위직 임명을 확정하고, 조사를 실시하는 등의 업무를 수행해 왔다. 오늘날 대통령은 법에 따라 두 위원회가 정보 활동과 관련하여 "완전하고 현재적인 통보"를 받도록 해야 한다. 다만 이 요건에 상당히 모호한 부분이 있기는 하다.[56]

NSA의 전 입법 업무 책임자였던 윌리엄 놀테에 따르면 "감독은 1975년 이후 미국 정보기구에 일어난 가장 좋은 일입니다. 완벽하진 않지만 … 정보 공동체의 실수를 막아주고 있어요".[57]

전략적 취약성의 시대: 1990년대~현재

1970년대에 감독을 일상화한 것은 큰 진전이었지만 9·11 테러 공격으로 숨겨진 약점이 드러났다. 1990년대에 냉전이 종식되고 테러 위협이 커지면서 정보기관들은 적응에 어려움을 겪고 있었지만 정보 감독 위원회의 누구도 이를 알지 못했다.[58] 정보기관은 실패하고 있었고 의회의 감독도 실패하고 있었다.

9·11 위원회의 사후 조사에서는 테러 공격 이전에 의회 감독이 "고장" 상태였다고 기술했다. 냉전이 끝나고 국가안보의 도전 과제가 바뀌었을 때 의회가 스스로를 재정비하지 않았기 때문에 테러와 같은 새로운 위협이 서로 다른 14개 위원회의 틈새로 빠져나갔다. 9·11 위원회는 심지어 정보위원회 위원들도 "화려하지는 않지만 필수적인 감독 업무"보다는 언론에 출연할 수 있는 스캔들과 조사에 훨씬 더 많은 시간을 할애하고 있음을 발견했다.[59]

이제 우리는 1990년대의 대테러 정보활동이 자금 부족, 성과 부족, 조율 부족 상태였음을 알고 있다. 의회는 테러 집단 침투에 더 적합한 인간정보 프로그램 대신에 소련의 미사일을 세는 데 이상적인 전자적 수집 플랫폼에 돈을 쏟아 붓는 예산을 계속 통과시켰다.[60] 조지 테닛 CIA 부장은 1998년 메모에서 오사마 빈 라덴과의 전쟁을 선포하고 정보공동체 전체에 그와 싸우는 데 "자원과 인력을 아끼지 말 것"을 촉구했지만, 대테러 활동은 전체적인 전략이나 예산 또는 조율 방안 없이 46개 행정기관에 흩어져 진행되었다. 심지어 정보관들이 승진하려면 다른 기관에서 순환근무를 해야 한다는 테닛의 지시조차 그저 무시되었다.[61]

1998년 FBI는 테러리즘을 최우선 과제로 선언했지만 9·11 테러 당시 대테러 업무를 수행 중인 인력은 6%에 불과했다. 신입 요원들은 대테러 훈련 시간보다 휴가 시간이 더 길었다. 그리고 9·11 테러가 발생하기 불과 몇 주 전, FBI 내부 대테러 역량 평가에서 FBI의 미국 내 56개 현장 사무소 모두

낙제점을 받았다.[62]

이 모든 사실은 9·11 테러가 발생하기 전까지 하원 및 상원 정보위원회에 알려지지 않았다. 아무도 새로운 위협이 무엇이고 정보공동체가 이에 어떻게 적응하고 있는지에 대해 큰 질문을 던지지 않았다. 9·11 위원회는 "의회가 행정부 기관에 대한 지침을 거의 제공하지 않았고, 행정부 기관을 의미 있게 개혁하지 않았으며, 9·11 이후 명백해진 국가안보 및 국내 기관들의 많은 문제를 파악하고, 고심하고, 해결하기 위한 감독을 체계적으로 수행하지 않았다"고 결론지었다.[63] 이는 통렬한 평가였다.

9·11 테러가 발생한 지 20년이 지났지만 정보 감독을 개선하기 위한 위원회의 권고안 중 채택된 것은 거의 없다. 미국 정보 분야에서 가장 개혁이 미흡한 부분은 CIA, FBI, NSA가 아니다. 바로 의회다.

경찰 순찰, 화재 경보, 그리고 의회 정보 감독의 한계

의회 정보 감독의 역사는 국내 정책 기관에 대한 의회의 감독과는 전혀 다른 양상을 보인다. 수년 동안 정치학자들은 환경보호청Environmental Protection Agency부터 연방통신위원회Federal Communications Commission에 이르기까지 다양한 기관에 대한 자료를 샅샅이 조사했다. 그 결과 의회가 관료사회를 통제하고 있으며 어떤 면에서는 놀랍도록 효율적이라는 사실을 발견했다.

의회는 실제로 상당한 감독권을 가지고 있으며, 기관의 존폐, 기관의 수장, 예산 규모, 행정부 내 위치, 허용되는 업무 등을 결정한다. 또한 의회는 기관의 잘못을 조사하고, 청문회를 열어 답변을 요구하여 기관장들을 곤란하게 만들며, 새로운 방식으로 기관을 제한하는 새로운 법안을 통과시킬 수 있는 권한을 가지고 있다.

학자들은 의회가 시간이 지남에 따라 이러한 권한을 이용하여 행정부 기관을 감독하는 데 두 가지 기본 방식을 사용했다는 것을 발견했다. 이는 경찰 순찰[64]과 화재 경보[65]다.

경찰 순찰 방식의 감독에서 의원들과 직원단은 기관의 부정행위, 비효율성 또는 입법 우선순위 위반의 징후를 지속적으로 주시한다. 감독은 청문회 개최, 기관 관계자 소환, 의회 질의, 변경 요구를 통해 이루어진다. 의회가 항상 모든 것을 볼 수는 없지만, 기관의 활동을 부분적으로나마 들여다봄으로써 일부 문제를 포착하고 다른 문제가 발생하는 것을 억제할 수 있다.[66]

특히, 의회의 경찰 순찰은 순찰을 많이 하지 않아도 효과를 발휘할 수 있다. 행정부 관료들은 바보가 아니다. 정치학자 매슈 맥커빈스Mathew McCubbins의 말처럼, 관료들은 그들의 존재에 대해 "의회가 그야말로 생사여탈권을 쥐고 있다"는 사실을 알고 있다.[67] 의회의 처벌 가능성을 예상하는 것만으로도 관료들은 선을 넘지 않게 된다.

화재 경보 방식의 감독은 상대적으로 지속적이거나 직접적이지 않다. 이 모델에서 의원들은 시민, 이익 단체 및 기타 제삼자가 기관의 활동을 감시하고 연기가 보이면 경보를 울릴 수 있는 규칙과 절차를 수립한다. 의원들은 누군가가 경보를 울릴 만큼 충분히 중요하고 화가 났을 때에만 행동에 나선다.[68] 의회의 관점에서 이 시스템의 장점은 효율성이다. 이 시스템은 의원들이 감독을 하면서도 재선에 도움이 되는 지역구 방문이나 유권자 요청과 같은 활동에 더 많은 주의를 기울일 수 있도록 해준다.

이 연구는 의문을 제기한다. 왜 경찰 순찰이나 화재 경보 방식이 정보 분야에서는 작동하지 않는가? 의원들이 지나치게 당파적이거나 관심이 부족해서는 아니다. 물론 그런 일이 일어나기도 하고 그러면 확실히 도움이 되진 않는다. 그러나 근본적인 원인은 더 깊숙한 곳에, 정보 환경과 인센티브 구조와 정보 분야 고유의 제도적 역학 관계에 자리 잡고 있다.

정보 비대칭

자동차를 정비소에 맡겨본 적이 있다면 감독의 가장 큰 문제 중 하나, 정보 비대칭을 경험했을 것이다.

한쪽이 다른 쪽에 의존하여 일을 처리할 때마다 일이 잘못될 위험이 있다. 정비공이 바가지요금을 청구한다. 차는 여전히 제대로 수리되지 않았다. 정비공이 부정직하거나, 부주의하거나, 과로했거나, 의도는 좋았지만 제대로 훈련받지 못했을 수도 있다. 이유가 무엇이든 당신은 실망한다.

정보 비대칭은 문제의 큰 부분이다. 한쪽은 다른 쪽보다 훨씬 더 많은 것을 알고 있으며 이러한 상황을 이용할 수 있다.[69] 정비공은 여러분이 차를 어떻게 고쳐야 하는지, 비용이 얼마나 드는지 전혀 모른나는 것을 알고 있다. 그는 또한 자신의 역량에 대해서도 당신보다 더 잘 알고 있다.

각 당사자는 서로 다른 이해관계도 가지고 있다. 정비사는 최대한 많은 비용을 청구하고 싶어 하고, 당신은 가장 적은 비용을 지불하고 싶어 한다. 정비사는 일을 빨리 끝내고 싶어 하지만, 당신은 정비가 제대로 되기를 원한다. 여러분이 자동차에 대해 더 많이 알고 정비사가 차에다 무엇을 하는지 감시할 수만 있다면 문제가 되지 않을 것이다. 정보의 均형을 맞추면 감독이 더 잘 이루어진다.

의회의 감독도 같은 역학 관계에 있다. 감독하는 의원이 더 많이 알수록 정부기관이 업무를 회피하거나 실수하거나 자기 이익에 부합하는 방식으로 행동할 가능성이 줄어든다. 정보가 핵심이다.

행정부는 항상 입법부보다 자신의 활동에 대해 더 많이 알고 있다. 그러나 비밀이 아닌 세계에서는 의회가 그 격차를 좁힐 수 있는 여러 가지 방법이 있다. 기관은 운영에 관한 공개 보고서, 규정, 정보를 제공한다. 증권거래위원회나 연방통신위원회와 같은 연방 위원회는 규칙 제정 과정을 알리기 위해 공개 의견 수렴 기간을 갖기도 한다. 감시 단체와 무역 협회 같은 이익 단체는 의원들에게 최신 정보와 분석을 제공한다. 언론인, 활동가, 학자, 블로거도 많다. 리 해밀턴 전 하원 정보위원회 위원장(민주당-인디애나)의 말처럼 "비밀이 아닌 세계에서 일하는 위원장이라면 많은 도움을 받을 수 있다".[70]

중요한 것은 의원들이 무슨 일이 일어나고 있는지 파악하기 위해 특별한 회의실이나 기밀 브리핑, 비밀취급인가를 받은 직원이 필요하지 않다는 점이다. 감독이라는 숙제가 하기 쉬울수록 숙제를 완수할 가능성도 높아진다.

정보 분야는 이야기가 다르다. 해밀턴은 "정보기구 외부에 있는 사람은 행정부가 말해주기로 결정한 것 외에는 정보기구에 대해 아무것도 모릅니다"라고 말한다. "정보위원회는 완전히 알아서 일해야 합니다."[71]

정보 프로그램에 대한 기본적인 정보조차 비밀이라서 경찰 순찰과 화재경보 방식 둘 다 장애를 겪는다. 관심 있는 시민들이 정보 인력, 예산, 활동을 그냥 추적할 수 있는 것이 아니다. 비밀 해제된 문서를 샅샅이 뒤져 단서를 찾거나 정보자유법에 근거하여 요청해야 하는데, 몇 년이 걸리고 아무것도 얻지 못할 수도 있다.

또한 의원들에게 상황을 알리고 경각심을 주기 위해 보고서를 쏟아내고 기부를 하는 이익 단체도 별로 없다. 2008년에 나는 실제로 그 수를 세어봤다. 워싱턴 D.C.에 등록된 이익 단체는 2만 5000개가 넘었다. 그런데 9·11 테러와 이라크 WMD 정보 실패 이후에도 정보 문제에 초점을 맞춘 단체는 1%도 되지 않았다.[72] 게다가 이들은 미국퇴직자협회American Association of Retired Persons, AARP나 미국의사협회American Medical Association와 같은 거대 로비 단체도 아니었다. 예산도 적고 이름도 알려지지 않은 소규모 단체들이었다.

정보 분야에서는 정보를 얻는 데 많은 노력이 필요하다. 의원들은 비밀 분류된 자료를 읽으려면 사무실을 떠나 보안 시설로 이동해야 하며, 메모도 허용되지 않는 경우가 많다. 소수의 직원만 허가를 받을 수 있다.[73] "정보위원회는 다른 상원 위원회와는 다릅니다." 전 정보위원회 위원장 존 록펠러 4세(민주당-웨스트버지니아)는 말한다. "우리의 보안 공간에는 창문이 없습니다.

모든 것이 납으로 둘러싸여 있고요. 우리는 국회 경비대의 감시를 받지요."[74] 숙제를 하기 어렵기 때문에 끝내지 못하는 경우가 많다. 내가 어느 전직 의회 직원에게 가장 큰 불만이 무엇이었냐고 물었을 때, 그녀는 즉시 대답했다. "의원들이 와서 기밀문서를 읽게 하는 것이죠."[75]

요컨대, 행정부가 상당한 정보 우위를 점하고 있고 이를 알고 있다는 것이다. 리 해밀턴 전 하원 정보위원회 위원장은 이 문제가 "30년 아니면 40년" 전으로 거슬러 올라가며, 자신은 1980년대에 위원장으로서 정보를 얻으려고 행정부와 "한주 한주" 싸웠다고 말했다. 그는 "이 행정부뿐만 아니라 어느 행정부든 [비밀 분류를] 자신들에게 유리하게 반복해서 사용한다는 데 의심의 여지가 없고 … 이에 대해 할 수 있는 일이 별로 없어요"라고 말했다.[76]

수년 동안 의원들은 정보 관료들과의 회의가 짜증나는 스무고개로 변질될 수 있다고 불평해 왔다. "유용한 답변을 얻으려면 정보 담당자에게 신중하게 정확한 질문을 해야 합니다." 전 하원 정보위원회 중진 위원 제인 하먼(민주당-캘리포니아)의 말이다.[77]

한 전직 정보 관리는 의회 정보위원회에 CIA 비밀 기지에서의 가혹한 심문 행위가 담긴 비디오테이프를 몰래 파기한 사건에 대해 브리핑했던 일을 회상했다. 그 관리는 내게 "저는 국회에 가서 그 테이프가 더 이상 존재하지 않는다고 말했습니다"라고 말했다. "이제 더 이상 존재하지 않는다고 말한 것이지 우리가 으깨버렸다고 말한 것은 아닙니다. 나머지를 알아내는 건 그들의 몫이었죠."[78]

브리핑은 진실했지만 숨기는 것이 많았다. 심문 비디오테이프는 홍수에 휩쓸려 없어지거나 복잡한 관료체제 때문에 잃어버린 것이 아니었다. CIA의 비밀 활동 책임자였던 호세 A. 로드리게스 주니어Jose A. Rodriguez Jr.는 자세한 지침을 담아 보낸 문서에서 산업용 분쇄기로 테이프를 파쇄하라고 명령했다.[79] 두 명의 CIA 변호사가 법적 장애물은 없다고 했지만,[80] 로드리게스는 CIA 부장, 국가정보장, 백악관 법률보좌관이 승인하지 않고 반대했음에도 불구하고 파기 명령을 보냈다.[81] 로드리게스는 나중에 "나는 컴퓨터에서 그 문서를 한동안 세심하게 검토한 후, 결정에 대해 생각했다"고 썼다. "피로와 만족감에 심호흡을 하고 전송 버튼을 눌렀다." 로드리게스는 지휘계통을 위반했다는 이유로 CIA로부터 공식적인 문책을 받았다.[82] 이것이 감독을 하는 의원들이 스스로 알아내야 하는 "나머지"였다.

정보 관계자들은 꼭 필요한 내용만 공개하기 위해 문장을 분석한다고 인정한다. 특히 공개 청문회나 기밀이 해제된 청문회에서는 더욱. 그들이 나쁜 사람들이기 때문이 아니라 공개보다는 보안을 위해 훈련된 훌륭한 정보관들이기 때문이다. 마이클 헤이든은 "나 같은 사람들은 너무 많은 것을 숨기는 경향이 있을 수 있다는 것을 기꺼이 인정한다"라고 썼다.[83] 전 DNI 제임스 클래퍼도 이에 동의하며 "나는 70년 가까이 정보기구 내부와 주변에 있었던 사람으로서 투명성은 '유전적으로 상반되는' 느낌이 들었다"[84]라고 썼다.

그러나 의회에 너무 많은 비밀을 숨기면 신뢰와 공적 책임이 약화되는 역효과를 낳을 수 있다. 오직 정보위원회만이 "나는 이 싸움에 이권이 없다. 나는 행정부의 일원이 아니다. 나는 정보공동체의 비밀 활동을 감독하기 위해 열심히 노력해 왔고, 그들이 잘하고 있다는 것에 만족한다"라고 미국 국민에게 말할 수 있다. 정보기관은 비밀성과 투명성 사이에서 적절한 균형을 유지해야 한다. 모든 정보에 대한 접근성이 높아지고 공개성에 대한 대중의 기대치가 높아짐에 따라 균형을 유지하는 것이 점점 더 어려워지고 있다.

2013년 3월, 제임스 클래퍼 국가정보장DNI은 국가안보국NSA이 "수백만 또는 수억 명의 미국인에 대해 어떤 유형이든 데이터를" 수집했느냐는 론 와이든Ron Wyden 상원의원(민주당-오리건)의 질의에 곤욕을 치렀다.[85] 클래퍼는 아니라고 대답했다. 하지만 정답은 '그렇다'였다.

9·11 이후 NSA는 스텔라윈드Stellarwind*라는 암호명으로 몇 가지 새로운 정보수집 프로그램을 시작했다.[86] 그중 하나는 수백만 명의 미국인이 통화한

시간, 횟수, 기간 등 메타데이터를 대량으로 수집하는 것이었다. 이 프로그램의 목적은 누가 누구에게 전화를 걸었는지 아카이브를 구축하여 알려진 테러리스트 전화번호와 연관성을 조회하는 것이었다.[87] 이 프로그램은 발신자의 신원이나 통화 내용은 수집하지 않았다. 하지만 그 규모는 엄청났고, 외국인이 아닌 미국인을 대상으로 했다. 그리고 이는 과거 NSA의 권한이 해석되고 적용되던 방식에서 크게 벗어난 것이었다. 어쨌든 NSA는 해외정보를 수집하는 기관으로서 전 세계를 도청하였다.[88]

일부 사람들은 테러 위협으로 인해 해외정보 수집과 국내정보 수집의 구분을 완화해야 한다고 믿었다. 의회의 9·11 합동 조사는 테러 용의자들 중 한 쪽이 이미 미국 내에 있을 때는 정부가 테러 용의자 간의 통신을 감시하는 데 약점이 생기며, 따라서 미국을 공격에 취약하게 만든다는 결론을 내렸다.[89] 그러나 일부 정보공동체 내부 인사들도 포함된 다른 사람들은 NSA의 방대한 감시 역량을 미국인에게 사용하는 것을 매우 불편해했다. "우리가 지켜온 기준은 '미국인은 제외하고'라는 것이었습니다." 어느 전직 정보 관계자의 말이다. "그 프로그램은 저를 아주 당혹스럽게 만들었습니다. 그 때문에 잠을 못 잤어요. 불법은 아니었지만, 잠을 잘 수 없었죠."[90] 에드워드 스노든이 NSA의 메타데이터 프로그램에 대한 세부 사항을 공개하자 반대 여론이 커졌다. 결국 의회는 이 프로그램을 사실상 종료하는 법안을 통과시켰다.[91]

클래퍼는 그날 와이든 상원의원이 외국의 통신 내용을 겨냥한 다른 스텔라윈드 프로그램에 대해 질문하는 줄 알고 실언을 했다고 말한다.[92] 클래퍼는 나중에 "실수는 했지만 거짓말은 하지 않았습니다"라고 말했다. "저는 25년 동안 의회에 여러 번 출석했고, 구두 또는 서면으로 거의 수천 개의 질의에 답변했습니다. 저를 아는 사람이라면 제가 '에이, 완급 조절좀 해야겠

---

* 항성에서 부는 바람

는데, 공개 청문회지만 이 한 가지 질의에는 거짓말을 해야 되겠어'라고 생각할 거라 믿지 않을 겁니다. 그렇지 않습니까?"[93]

그러나 와이든은 클래퍼가 고의적으로 기만했다고 생각했다.[94] 클래퍼는 나중에 NBC 앤드리아 미첼Andrea Mitchell과의 인터뷰에서 '아니오'라고 대답하는 것이 자신이 할 수 있는 "가장 진실하지 않은" 대답이라고 얘기했지만 별 도움은 되지 않았다. 어떤 면에서는 이것이 기술적으로 정확했다. 청문회가 공개적으로 진행 중이었고, '그렇다'고 대답하면 이미 의회에 비공개로 보고된 극비 정보 프로그램이 공개적으로 드러날 수 있었기 때문이다.[95] 그러나 이미 정치적 피해가 발생한 후였다.

미첼과의 인터뷰 이후 모든 것이 엉망이 되었다. 클래퍼는 사임 의사를 표명했다.[96] 오해는 확산되었다. 미국인들은 NSA의 메타데이터 프로그램이 친척과의 전화 통화를 도청하고 그들의 일거수일투족을 추적한다고 생각했다. 그것은 사실이 아니었다. NSA 지도부는 해명을 시도했지만 이를 믿는 사람은 거의 없었다. 2013년 10월 내가 실시한 전국적인 여론조사에서 미국인의 절반 이상이 메타데이터 프로그램에 대해 NSA가 거짓말을 하고 있다고 생각했고, 30%는 잘 모르겠다고 답했으며, 17%만이 NSA가 진실을 말하고 있다고 생각했다.[97]

기관의 지도자들이 좀 더 일찍 개방적인 자세를 취했다면 NSA는 불신의 소용돌이를 피할 수 있었을 것이다. NSA 국장 시절 스텔라윈드 프로그램을 고안한 마이클 헤이든은 나중에 이렇게 썼다. "우리는 의회 통지를 잘못 처리했다. 헌법적 측면이 아니라 정치적 측면에서. 우리는 비밀을 지킨다는 숭고한 이유로 공개 범위를 작게 유지했다. 그러나 이는 정치적으로는 실수였고 전략적으로는 우리가 하는 일에 대한 정치적, 더 중요하게는 대중적 지지를 잃는 결과를 초래했다."[98] 또 다른 전직 고위 정보 관리도 중대한 기회를 놓쳤다는 데 동의했다. "우리가 의회를 텐트 안으로 끌어들였다면 '어! NSA가 뭐 하는 거야?!'라는 분노는 없었겠죠." 그는 내게 말했다. "9·11 테러 이후 우리는 원하는 것은 무엇이든 얻을 수 있었어요. 그렇게 반쯤 비밀스러운 방법으로 할 필요가 없었습니다."[99]

선거 인센티브

행정부의 비밀주의는 감독 이야기의 큰 부분을 차지하지만, 유일한 부분은 아니다. 의회도 스스로의 손을 묶고 있다. 그래야 유권자의 보상을 받기 때문이다.

왜 그런지 설명하겠다. 우리 모두는 인센티브에 반응한다. 우리는 보상에 따라 다른 것보다 어떤 것에 더 많은 관심을 기울인다. 내가 스탠퍼드대 학생들에게 기말고사를 어떻게 보든 간에 모두 A를 받을 수 있다고 얘기하면 시험에 대비해 열심히 공부할 학생은 거의 없을 것이다.

의회 의원들에게 모든 인센티브의 어머니는 재선이다. 예일대학교의 데이비드 메이휴David Mayhew 교수는 선거 승리가 의원의 유일한 목표는 아닐 수도 있지만 "다른 목표가 이뤄지려면 계속해서 달성해야 하는 목표"로서 언제나 중요하다는 유명한 말을 남겼다.[100] 선거와의 연관성은 강력한 동기 부여가 된다. 이는 정당이나 시대와 관계없이 의원들이 전형적으로 의원처럼 행동하는 이유를 설명하는 데 큰 도움이 된다.

의회의 위원회 배정이 이를 잘 보여준다. 상원의 과학, 해양, 수산, 기상 소위원회가 해안 지역 출신 의원들로 채워져 있는 반면, 상원 농무위원회에는 캔자스, 아이오와, 네브래스카 지역 출신 의원들이 많다는 사실은 놀랍지 않다. 의원들은 당연히 낙선보다는 재선을 선호하기 때문에 고향의 유권자들에게 가장 큰 혜택을 줄 수 있는 위원회에 배정받으려고 한다.

감독 활동을 이끄는 정치적 계산은 덜 분명하지만 다르지 않다. 의원들은 유권자와 조직화된 이익 단체로부터 더 많은 보상을 받을수록 더 많이 감독 활동에 참여한다. 또한 감독 활동에 소요되는 시간, 포기해야 하는 활동, 필요한 전문 지식 등 비용이 적게 들수록 더 많이 감독 활동에 참여한다. 감독의 역학을 이해하려면 의원의 비용-편익 사고방식을 들여다보고 특정 행동의 정치적 이점이 정치적 비용 만큼의 가치가 있는지 묻는 것에서 시작해야 한다.

정보 감독이 선거에 도움이 되지 않는다는 것은 그리 어렵지 않게 알 수 있다. 유권자들은 정보 감독에 관심이 없다. 대통령 선거에서 외교정책조차도 가장 중요한 이슈가 된 적이 없다.[101] 정보위원회는 대부분의 다른 위원회와는 달리 자기 지역구에 일자리나 혜택을 제공할 수 없다. 위원들은 기밀사항이기 때문에 자신이 하는 일을 이야기할 수도 없다. 어느 의회 직원은 이렇게 표현했다. "의원들이 자기 지역구에 가서 정보 인식 제고 모금행사를 열 수가 없어요."[102]

지리적인 문제도 있다. 정보는 지역적 문제가 아니라 국가적 문제다. 따라서 깊은 관심을 가진 시민과 단체가 소수의 지역구에 모여 있는 대신 분산되어 있다. 농부들은 미국 인구의 극히 일부임에도 불구하고 매년 막대한 보조금을 받는 이유가 무엇일까? 그들은 지리적으로 농업주州에 집중되어 있고, 이 주의 대표자들이 보조금을 받기 위해 열심히 일하기 때문이다.[103]

정보 분야에는 농업주 같은 것이 없고, 의원들이 유권자의 지지를 얻기 위해 정보 감독에 집중하도록 장려할 만한 정보 관련 산업이나 이해관계의 지리적 중심지도 없다. 마이클 헤이든은 이렇게 말했다. "정보위원회에서 일한다고 해서 다리를 놓거나 도로를 포장할 수 있는 의원은 없습니다. 그건 애국심으로 하는 활동입니다."[104]

현명한 의원들은 자신의 시간을 다른 곳에 쓰는 것이 더 낫다는 것을 알고 있다. 물론 대권 야망을 품고 있는 일부 자기중심적인 의원들은 국가안보에 대한 경력을 과시하기 위해 정보위원회에서 활동하기도 한다. 그러나 그들에게도 가장 큰 혜택은 위원회에 '참여'하는 데서 나오지, 실제로 위원회에서 열심히 일한다고 나오는 것이 아니다.

소수의 애국적인 위원들이 정보 감독에 상당한 노력을 기울이기는 하지만, 그런 의원은 드물다. 대부분은 그렇지 않은데, 생색을 내지 못하는 일이기 때문이다. 일을 잘하면 침묵으로 남고, 공개적인 스캔들은 정치적으로 큰 비용을 초래할 수 있다. 정보 관련 논란이 뉴스에 오르면 의원들은 자신이 개인적으로 지지했던 정보 프로그램을 비판하거나 정보 당국자들을 의회 청문회에 소환하는 방식으로 거리를 두는 경우가 많다. 정보 당국자들에게 이러한 '버스 밑으로 던지기'*식의 역학 관계는 분노를 불러일으킬 수 있다.[105] 전 CIA 정보관 코퍼 블랙의 표현으로는 "28년 동안 CIA에서 근무하는 동안 의회 위원회에서 '성공'과 관련하여 증언하도록 초대받은 적은 한 번도 없었습니다".[106]

선거 인센티브 문제는 비밀이 아니다. 의원들은 행정부에 대한 불만만큼이나 서로에 대한 불만도 많다. 의회 정보위원회의 어느 위원은 감독이 "끔찍하다"고 말하며 의회에 "독립적인 기관"으로서 낙제점을 주었다.[107] 다른 위원은 감독 업무에 "헌신하지 않는 의원들이 안타깝게도 많습니다"라고 한탄했다.[108] 한 정보위원회 직원은 자신의 경험상 위원회의 기밀 자료를 읽기 위해 보안 사무실에 들어오는 위원은 전체 위원 중 절반도 되지 않는다고 말했다.[109]

2006년 한 일요일 토크쇼에서 상원 정보위원회 위원장 팻 로버츠Pat Roberts(공화당-캔자스)는 약병을 흔들면서, 논란이 된 NSA 프로그램에 대해 기밀 브리핑에서는 반대하지 않았으면서 프로그램이 공개되자 반대하는 동료들에게 "기억력 약"을 처방하겠다고 말했다.[110]

2007년에는 정보 감독 문제가 너무 심각해서 상원 정보위원회는 스스로에 대한 청문회를 열었다. 위원회는 나에게 증언을 요청했다. 의원들을 상대로 의회를 비판하다니, 참 기묘한 경험이었다. 나는 눈치 있게 말하려고 노

---

* 누군가를 희생시키기

력했다.

리 해밀턴 전 하원의원(민주당-인디애나)도 증언을 했다. 아직도 생생하다. 해밀턴은 1985년부터 1987년까지 하원 정보위원회 위원장을 지냈고 최근에는 9·11 위원회 부위원장을 역임하는 등 여야를 막론하고 깊은 존경을 받았다. 당시 9·11 위원회는 언론의 엄청난 주목을 받았다. 공청회는 열띤 토론을 벌였고 전국적으로 방송되었다. 2004년 최종 보고서는 역대 가장 많이 팔린 정부 보고서 중 하나가 되었고 전미도서상National Book Award 최종 후보에 오르기도 했다.[111] 2004년 가을 대통령 선거 기간에 9·11 위원회와 유가족들은 전국 텔레비전 뉴스에 이라크 전쟁보다 더 많이 보도되었다.[112] 위원회는 의회에서 가장 신랄한 비판을 가했다.

해밀턴은 그날도 직설적이었다. 그는 정보위원회를 향해 손가락을 흔들며 경고했다. "제가 보기에 중요한 점으로, 미국 상원과 하원은 제 역할을 하지 않고 있습니다. 그리고 여러분이 할 일을 하지 않기 때문에 이 나라는 마땅히 그래야 할 만큼 안전하지 않습니다."[113] 회의실의 상원의원들이 고개를 끄덕이며 적극 동의했다.

그리고 여전히, 바뀐 것이 없다.

제도

정보 비대칭과 선거 인센티브 외에도 의회의 제도적 특징 때문에 다른 정책 분야보다 정보 분야의 감독이 더 어렵다. 어떤 면에서 의회는 정보 감독을 제대로 할 수 없도록 완벽하게 설계되어 있다. 전문성 제고를 막는 규칙, 의회 정보위원회의 예산권을 약화시키는 위원회별 역할 분리, 게다가 하원의 당파성을 악화시키는 특징이 있기 때문이다.

전문성 문제

의회에는 정보 전문가보다 분유 전문가가 훨씬 더 많다. 116대 의회에서 활동한 535명의 의원 중 정보기관에서 일한 경험이 있는 의원은 18명에 불과했지만, 뉴욕, 위스콘신, 버몬트, 텍사스 등의 낙농업 지역구 출신 의원은 수십 명에 달했다. 그래도 예전보다는 나아졌다. 2009년에는 정보기관 경력이 있는 하원의원이 단 두 명에 불과했다.[114] 같은 해에 50명 이상의 의원으로 구성된 의회 낙농업 간부회의Congressional Dairy Farmers Caucus가 창설되었다.[115]

앞서 논의한 바와 같이 전문성은 좋은 감독에 필수적이다. 위원회가 해당 기관의 활동 영역에 대해 더 많이 알수록, 더 나은 질문을 하고 더 나은 답변을 요구함으로써 정보 비대칭을 더 많이 견제할 수 있다.

낙농업과 같은 대부분의 정책 분야에서는 전문성이 자체적으로 형성되어 있다. 의원으로 선출되려면 자기 지역구의 중요한 산업에 대해 알아야 한다. 하지만 정보 분야는 아니다. 선거 인센티브 때문에 정보 전문가로 정계에 입문하는 의원은 거의 없다. 그들은 일을 하면서 배워야 한다. 그렇지만, 의회 규칙은 이마저도 막고 있다.

1976년부터 2005년까지 상원 규칙은 정보위원회 위원 임기를 8년으로 제한했다.[116] 하원 규칙도 정보위원회에는 임기 제한을 두고 있지만[117] 다른 위원회는 거의 임기 제한이 없다.[118] 그 결과, 의원들이 전문가가 될 때쯤 정보공동체에 대한 감독을 중단해야 한다.

미친 소리처럼 들린다. 나도 안다. 도대체 왜 그럴까?

많은 사람들은 원래 임기 제한이 생긴 것은 의원들이 그들이 감독해야 할 스파이 기관과 너무 친해지는 것을 막아 감독을 개선하기 위해서라고 주장한다. 하지만 이러한 논리에 따르면 모든 감독 위원회는 행정부로부터의 독립성을 강화하기 위해 임기 제한을 두어야 한다.

더 그럴듯한 설명은 정당 지도자들이 의원들을 설득하는 데 임기 제한이

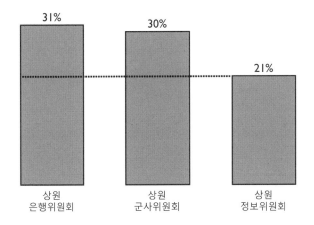

그림 8.1 상원 위원회의 장기근속* 위원, 1975-2020

출처: Official Congressional Directory, 94th-116th Congress (Washington, D.C.: GPO).
*장기근속은 5회(10년) 이상의 의회 회기 동안 해당 위원회에서 활동한 위원으로 정의하였다.

도움이 된다는 것이다. 대부분의 의원들은 정보위원회를 매력적인 직책으로 생각하지 않는다.[119] 정보위원회는 특혜가 아니라 의무다. 시간만 잡아먹고 대가는 거의 없다. 임기 제한은 의원들이 몇 년 동안 정보위원회에서 활동한 후 더 큰 혜택을 주는 더 매력적인 위원회로 옮겨갈 수 있도록 함으로써 문제를 해결하는 데 도움이 된다.

당연하게도, 임기 제한으로 인해 정보위원회와 다른 감독 위원회 간에 전문성 격차가 발생한다. 그림 8.1은 1975년부터 2020년까지 상원 군사위원회, 은행위원회, 정보위원회에서 5회(10년) 이상 재직한 '장기근속 의원'의 비율을 보여준다. 장기근속 의원은 은행위원회의 31%, 군사위원회의 30%를 차지했지만 정보위원회는 21%에 불과했다.

그림 8.2에서 볼 수 있듯이 하원에서는 경험 격차가 더욱 두드러진다. 1975년부터 2020년까지 하원 은행위원회에는 정보위원회보다 2배 많은 장기근속 위원이 있었다. 군사위원회에는 3배나 많았다.[120]

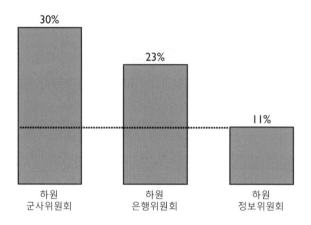

그림 8.2 하원 위원회의 장기근속 위원, 1975-2020

출처: Official Congressional Directory, 94th-116th Congress (Washington, D.C.: GPO).

장기근속 의원이 적을수록 신임 의원이 많다는 뜻이다. 이임률이 가장 높았던 103대 의회(1993~1995)에서는 하원 정보위원회 위원 19명 중 11명, 상원 정보위원회 위원 17명 중 7명이 처음으로 정보위원회 위원직을 수행하고 있었다.[121]

1990년대 이후 위원회 임기가 개선되었지만 하원 정보위원회에는 여전히 신임 의원 비율이 높다. 예를 들어, 제114대 의회(2015~2017)에서 의회가 NSA의 전화 메타데이터 프로그램을 개혁하고[122] 러시아의 2016년 대선 개입에 대한 보고서를 다루고 있던[123] 시기에 하원 정보위원회 위원 중 40%가 정보위원회에 처음 들어와서 모든 정보기관의 이니셜이 무슨 뜻인지 이제 막 익히고 있었다.

마이클 헤이든은 "임기 제한은 멍청한 짓입니다"라고 지적했다. "저는 왜 아직도 임기 제한이 있는지 모르겠지만, 스스로 목을 매고 있는 겁니다."[124]

예산권

예산 권한은 의회의 가장 강력한 감독 무기다. 리 해밀턴 전 하원 정보위원장이 지적했듯이 "우리 모두는 황금률에 따라 살아야 하며, 황금률은 금을 지배하는 자가 규칙을 만든다는 것입니다".[125] 그러나 정보위원회는 정보기관 예산을 통제하지 않는다. 하원과 상원 세출위원회가 한다.

대부분의 정책 분야에서는 이러한 방식이 합리적이다. 하지만 정보 분야에서는 그렇지 않다.

그 이유를 이해하려면 약간의 배경지식이 필요하다. 의회에는 두 가지 기본 유형의 위원회가 있다. 기관 활동을 심사하는 수권위원회authorizing committees*와 기관에 자금을 지원하는 세출위원회appropriations committees**다. 이론적으로 이러한 책임 분담은 수권위원회가 정책 전문성을 개발하고 정책 문제를 심도 있게 검토하는 반면, 세출위원회는 재정 전문성을 개발하고 과도한 지출을 방지하도록 보장한다.

그러나 이원화된 시스템은 수권위원회의 권한이 어디까지나 제한적이라는 것을 의미하기도 한다. 수권위원은 예산을 삭감하겠다고 위협할 수 있지만, 세출위원이 그 위협을 실행에 옮겨야 한다. 예산권을 행사하려면 여러 위원회의 조율이 필요하다.

이 작업은 두 가지 이유로 정책 분야보다 정보 분야에서 훨씬 더 어렵다. 첫째, 비밀 유지 규정으로 인해 한 위원회는 다른 위원회가 무엇을 하고 있는지 알기 어렵다. 둘째, 정보 분야는 연간 7000억 달러에 달하는 막대한 국방 예산에서 차지하는 비중이 작기 때문에 정보위원회 위원들은 전체 국방 예산을 인질로 삼지 않고는 특정 지출 항목에 반대할 수 없다.

이 예산 시스템은 게임을 하기에 좋다. 정보 관료들은 마음에 들지 않는 예산 결정이 있을 경우 정보위원회를 쉽게 우회하여 세출위원에게 이의를

---

*   대상 기관에 특정 업무를 추진할 권한을 주는 위원회
**   대상 기관에 특정 업무에 집행할 자금을 주는 위원회

제기할 수 있다는 것을 알고 있다. 그야말로 양쪽 부모 접근법이다. 한쪽이 안 된다고 하면 다른 쪽을 찾아가면 된다.

수년 동안 상원 정보위원회 위원들은 초당적으로 여러 정보 프로그램을 종료하기로 투표했지만, 세출위원들은 이를 계속 유지했다.[126] 존 매케인John McCain 상원의원은 이러한 패턴에 격분하여 2004년 상원 회의장에 나와 동료 의원들에게 정보위원회에 세출권을 부여하는 결의안의 승인을 촉구했다. 그는 "우리가 진정으로 효과적인, 힘과 권력을 행사할 수 있는 정보 감독을 하려면 정보위원회에 세출 권한을 부여해야 합니다"라고 말했다. "세출 절차는 예산뿐만 아니라 정책까지 주도합니다[127]

매케인의 법안은 실패했다. 다른 개혁 노력도 마찬가지였다. 오늘날에도 정보위원획에는 여전히 세출 권한이 없다. 왜? 의회에서 자기 텃밭만큼 신성시되는 것도 드물고, 세출위원보다 더 강력한 권한을 가진 의원도 드물기 때문이다. "의회에는 민주당 의원, 공화당 의원, 세출위원이 있습니다." 어느 의회 직원이 해준 농담이다.[128]

정보위원회가 예산으로 처벌하겠다고 확실하게 위협할 수 없는 한, 정보기관은 웬만하면 그들의 요구에 응하지 않을 것이다.

하원의 당파성

지금까지는 의회 전체에 대해 이야기했다. 그런데 상원보다 하원에서 감독을 당파성에 더 취약하게 만드는 중요한 차이점이 있다.

몇 가지 주목할 만한 예외를 제외하면 거의 항상 이런 식이었다. 1970년대에 상원의 처치 위원회는 성공했지만 하원의 정보조사위원회는 당파적 무게에 눌려 무너졌다. 반세기 후인 2016년 러시아의 대선 개입에 대한 조사도 같은 패턴을 따랐다. 상원 정보위원회는 진지하고 초당적인 조사를 수행한 반면 하원 정보위원회 조사는 당파적 반목에 휩싸였다.[129]

여기에서도 제도적 요인이 많은 부분을 설명한다. 하원은 상원에 비해 임기가 짧고 의원 수가 4배나 많은 데다 정보위원회 규칙이 다르다. 자연히 하원이 상원보다 더 무질서하고 당파적일 수밖에 없다.

하원 정보위원회 위원장을 역임한 제인 하먼(민주당-캘리포니아)은 하원을 의원들이 "재선 운동을 하느라 항상 밖에" 있는 "영구적인 선거 기계"라고 불렀다.[130] 항상 선거 모드에 있으면 적대감이 증폭된다. 크기도 적대감의 원인이다. 어느 전직 하원 직원은 내게 말했다. "완전히 다른 조직입니다." 하원에서는 "다수결이 지배하죠. … 사람들의 목구멍에 무엇이든 밀어 넣을 수 있어요".[131]

상원은 다른 세상이다. 상원에서는 서로 타협하고 여야를 가로질러 관계를 구축해야 하며, 초당파성에 대한 인센티브가 더 크다. 상원의원들은 무엇이든 해내려면 함께 협력해야 한다는 것을 알고 있으며, 상원의 느린 선거 템포는 이를 가능하게 해준다. 색스비 챔블리스 상원의원(공화당-조지아)은 "서로 친구가 되죠"라고 말했다.[132] 버니 샌더스Bernie Sanders 상원의원(무소속-버몬트)이 가장 좋아하는 공화당원이 누구냐는 질문을 받았을 때 했던 대답은 놀라웠다. 보수적인 오클라호마 상원의원 짐 인호프Jim Inhofe라고 답한 것이다. "짐은 기후 변화를 부정하는 사람입니다. 그는 정말 정말 보수적이지만, 그거 알아요? 그는 괜찮은 사람이고 저는 그를 좋아합니다"라고 말하며, 샌더스는 두 사람의 우정을 공개하면 인호프의 경력이 망가질 수 있다고 농담을 던졌다.[133]

위원회 규칙은 이러한 차이를 반영하고 강화한다. 한 가지 사례는 위원 자격이다. 상원 정보위원회에서 다수당은 항상 소수당보다 한 명 더 많은 위원을 보유한다. 민주당 의원이 80명, 공화당 의원이 20명이라고 해도 정보위원회는 8 대 7로 나뉜다. 이 1표 차이로 인해 위원들은 당을 초월하여 협력하게 된다. 반면 하원의 경우 다수당이 훨씬 더 많은 위원회 의석을 차지하기 때문에 비례성이 더 높다. 2020년 정보위원회 위원 22명 중 13명이 민주당, 9명이 공화당 의원이었다.[134] 하원의 의원 구성 규칙 때문에 다수당이 당론에 따라 법안을 통과시키고 업무를 수행하기가 쉽다.

요컨대, 의회는 행정부의 자비에만 좌우되는 것이 아니다. 의회는 전문성 제고를 제한하는 규칙, 자기 영역 지키기로 약화되는 예산권, 당파성을 강화하는 하원의 특성을 통해 스스로의 감독을 제한하고 있다.

오래된 약점, 새로운 기술

기술이 위험할 정도로 빠르게 발전함에 따라 정보, 인센티브, 제도의 문제가 극대화되고 있다. 정보 분야를 이해하기란 충분히 어렵다. 이제 정보 감독 위원회는 정부 환경을 변화시키는 새로운 기술에 대해서도 더 많이 알아야 한다. 어려운 감독 문제가 점점 더 어려워지고 있다.

나는 2013년 스탠퍼드 국제안보센터의 공동 소장이 되었을 때 국회의사당에 가서 물었다. "우리 학자들이 정책 개선을 위해 여러분과 어떻게 협력할 수 있을까요?" 내가 계속해서 들은 대답은 "의회가 기술을 더 잘 이해할 수 있도록 도와주세요"였다. 그래서 동료인 허브 린Herb Lin과 나는 하원과 상원의 모든 관련 감독 위원회의 직원단을 대상으로 사이버 훈련소를 운영하기 시작했다. 직원들은 똑똑하고 헌신적이며 당파를 초월한 사람들이었고, 정말 걱정이 많았다. 그들은 기술이 정책을 빠르게 앞지르고 있다고 말했다. 워싱턴과 실리콘밸리 사이의 격차는 국가안보의 위험 요소였다. 기술자들은 정책 세계를 이해하지 못했고 정책결정자들은 기술을 이해하는 데 어려움을 겪고 있었다.

정보기관은 스파이 위성, 암호 해독, 적의 무기 체계에 대한 공학적 분석 등 항상 테크 기업 같았다. 하지만 오늘날 더 많은 혁신 기술이 존재하기 때문에 기술에 대한 수요가 훨씬 더 커졌다. 이러한 기술은 더 빠르고 더 멀리 확산되고 있고, 본질적으로 이해하기 어렵다. 국가안보를 추구하는 정부가 아니라 글로벌 시장을 노리는 영리 기업이 기술을 주도하고 있다. 그리고 기술은 상상하기 어렵고 통제 불가능한 방식으로 사회를 변화시키고 있다.

암호화가 좋은 사례다. 오랫동안 암호화는 일상생활의 일부가 아니었다. 2001년에는 스마트폰과 소셜미디어가 존재하지도 않았다. 이제 암호화는 기밀 네트워크부터 인터넷 프로토콜, 휴대전화와 시그널Signal 및 왓츠앱 WhatsApp 같은 인기 메시징 앱에 이르기까지 모든 곳에서 정보를 보호하는 데 사용된다. 암호화 알고리즘과 관련된 보안 기능은 지속적으로 개선되고 있다.

정보기관이 이러한 기술 환경에 맞추어 가는 것은 매우 중요하다. 암호화는 양날의 검과 같아서 좋은 편과 나쁜 편 양쪽의 정보를 모두 보호할 수 있기 때문이다.[135] 암호화 약점과 기타 코딩 결함을 남보다 먼저 발견하는 것은 국가안보에 매우 중요하다. 또한 이러한 취약점을 정보수집에 사용할지, 아니면 공급업체에 공개하여 수정하도록 할지를 결정하는 것도 중요하다.[136]

이 분야에서 NSA가 수행하는 작업은 극비지만, 공개 계정을 통해 기술 지형이 얼마나 빠르게 변화하고 있는지를 엿볼 수 있다. 2000년대에는 암호화 도구가 인터넷에 확산되면서 NSA는 이를 해독하기 위해 슈퍼컴퓨터와 기타 장비에 수십억 달러를 지출했다. 2013년 에드워드 스노든이 이러한 고도의 기밀 프로그램을 불법적으로 공개한 후, 애플, 구글, 야후 및 기타 기업들은 '강력한 암호화'를 개발하기 위해 경쟁했다.[137] 기업들은 더 나은 암호화를 통해 상업적 이익과 개인정보 보호라는 두 가지 혜택을 누릴 수 있다고 여겼다.[138] 새로운 아이폰과 안드로이드 기기는 갑자기 기본 설정으로 사용자 비밀번호를 암호화했다. 야후는 야후 메일의 메시지를 암호화했다. 왓츠앱과 시그널 같은 인스턴트 메시징 앱은 종단 간 암호화end-to-end encryption*를 사용하기 시작했다.[139]

---

* 발신자가 암호화한 정보를 수신자가 받을 때까지 암호화된 상태로 전송하는 방식. 일반적으로 중간 서버에서 암호화된 정보를 복호화하여 저장하고 다시 암호화하여 수신자에게 전달하

2015년 샌버나디노에서 사이드 리즈완 파룩Syed Rizwan Farook과 그의 아내가 14명을 총격 살해했을 때 FBI는 그의 휴대전화 내용을 볼 수 없었다. 10번의 잠금 해제 시도가 실패하면 내부에 저장된 모든 데이터가 삭제되는 아이폰 5C였기 때문이다.[140] FBI는 애플에 자체 보안 기능을 약화시키고 파룩의 휴대전화 잠금을 해제할 수 있는 새로운 소프트웨어를 개발하라고 요구했다. 애플은 이를 거부했고, 법조계와 언론의 공방이 벌어졌으며, 언론 보도에 따르면 FBI는 결국 이스라엘의 포렌식 회사를 고용하여 휴대전화를 해킹하는 데 성공했다.[141]

암호화는 계속해서 치열한 고양이와 쥐 게임을 이어가고 있다. 기업들은 제품의 암호를 깨기 어렵게 만드는 새로운 소프트웨어를 개발하고, 세계의 정보기관, 포렌식 회사, 해커들은 새로운 보안 결함을 찾아 이용하려고 한다.[142] 그리고 이것은 시작에 불과하다. 전문가들은 10년 이내에 양자컴퓨팅의 발전으로 오늘날의 가장 진보된 암호화도 뚫릴 수 있다고 우려한다. 중국은 양자컴퓨팅에 먼저 도달하기 위해 막대한 투자를 하고 있으며, 구글, 마이크로소프트, IBM은 모두 주요 양자컴퓨팅 계획을 진행 중이다.[143]

이 밖에도 정보와 관련된 기술적 과제는 많다. 제5장에서 언급했듯이, 인공지능은 엄청난 기회를 제공하지만 그 가능성과 함정을 이해하기 위한 기술적 노하우도 필요하다. 그리고 인공지능 역시 빠른 속도로 발전하고 있다. 2014년만 해도 인공지능을 이용하여 구분할 수 없을 정도로 진짜 같은 가짜 이미지를 만들 수 있다는 개념은 상상할 수 없었다. 이제 그것은 피할 수 없다. 코드가 공개되어 있고 이용 가능하며 매우 간단하기 때문에 컴퓨터 과학에 대한 배경지식이 없는 고등학생도 딥페이크를 만들 수 있다. 게다가 우린 아직 정보전이나 합성생물학은 언급하지도 않았다.

요점은 훌륭한 정보 감독을 위해서는 예전보다 훨씬 더 많은 기술 지식이

는데, 종단간 암호화는 중간 서버에서 내용을 알 수 없으므로 보안성이 더 높다.

필요하지만 의회는 이를 갖추고 있지 않다는 것이다. 2020년 의회에는 210명의 변호사가 있었지만 공학자는 32명뿐이었다.[144] 미국 상원 전체에 공학자는 단 3명에 불과하다.[145]

2018년 4월 페이스북 CEO 마크 저커버그Mark Zuckerberg가 상원 상무위원회와 사법위원회의 합동 청문회에서 개인정보 보호 문제와 러시아의 허위정보에 대해 증언했을 때, 상원의원들이 국제 정치, 상업, 시민 사회를 변화시키고 있는 제품과 기업에 대해 얼마나 아는 것이 없는지 드러났다.[146]

린지 그레이엄Lindsey Graham 상원의원(공화당-사우스캐롤라이나)은 트위터가 페이스북과 같은 것이냐고 질문했다. 오린 해치Orrin Hatch 상원의원(공화당-유타)은 저커버그에게 "사용자가 서비스 비용을 지불하지 않는 비즈니스 모델을 어떻게 유지할 수 있습니까?"라고 질문했다. 당황한 저커버그는 어색한 미소를 지으며 대답했다. "의원님, 저희는 광고를 게시합니다." 의회의 기술 전문가 중 한 명으로 꼽히는 브라이언 샤츠Brian Schatz 상원의원(민주당-하와이)도 소셜미디어와 이메일, 암호화된 문자 메시지의 차이점을 잘 모르는 듯했다.

애쉬 카터Ash Carter 전 국방장관은 이렇게 썼다. "제가 말할 수 있는 것은, 의원들이 페이스북에 테크 기업의 공적 의무에 대해 질문할 때 별로 준비되어 있지 않았는데, 제가 했던 수십 번의 증언에서 전쟁과 평화에 대해 질문할 때도 그랬더라면 좋았겠다는 것입니다."[147]

상원 정보위원회는 그보다는 더 전문성이 있다. 마크 워너Mark Warner 위원장(민주당-버지니아)이 과거에 성공적인 테크 기업을 이끌었기 때문이다. 하지만 여기에서도 기술 관련 배경을 가진 위원은 단 한 명뿐이다. 그들은 어려운 과제에 직면해 있다.

위원들이 기밀 자료를 읽도록 만드는 것이 얼마나 어려운 일인지 기억하는가? 이제 위원들이 민간 부문에서 개발 중인 새로운 기술까지 이해해야 한다고 상상해 보라. 게다가 그렇게 한다고 아무도 보상해 주지 않는다. 요컨대, 정보는 점점 더 이해하기 어려워지고, 의회의 감독 인센티브는 개선되지 않고 있으며, 의회 제도는 오늘날의 정보 문제를 감독할 준비가 제대로 되어 있지 않다.

정보 당국자와 의원들은 종종 많은 부분에서 의견이 일치하지 않지만, 의회의 정보 감독에 도움이 필요하다는 점에는 동의한다. 감독이 제대로 작동하는 경우는 거의 없는데, 기능 장애의 근본적인 원인이 정보와 인센티브와 제도에 깊숙이 자리 잡고 있기 때문이다.

스파이 기관이 숨기는 것이 의회가 찾아내는 것보다 항상 더 쉽다. 선거 인센티브는 강력한 요소로서 의원들의 행동 방식과 그들이 만드는 규칙에 영향을 미친다. 대부분의 의원들은 정보 감독이라는 찬사 받지 못하는 일을 하지 않는데, 유권자는 관심이 없고 이익 단체는 보상해 주지 않는 등 찬사 받지 못하기 때문이다. 의회 위원회와 절차는 의원들의 재선에는 도움이 되지만 정보에 대한 전문성과 예산 영향력, 그리고 하원의 경우 초당파성에 악영향을 준다. 요컨대, 오래된 약점에 새로운 기술까지 더해져 그 어느 때보다도 감독이 어려워지고 있다.

제9장

정부만 정보활동을 하는 시대는 지났다

구글어스가 등장한 세상에서 핵무기를 추적하는 방법

기밀이 많아질수록 분석할 수 있는 정보는 줄어든다.
—지그프리드 헤커Siegfried Hecker, 전 로스알라모스 국립연구소 소장[1]

화재는 수상해 보였다. 화염이 너무 밝아서 2020년 7월 2일 새벽 2시경 기상위성이 우주에서 화염을 감지했다. 이란 원자력기구Atomic Energy Organization는 처음에 이 소식을 경시하며 건설 중인 "산업용 창고"에서 발생한 "사고"라고 불렀다. 원자력기구는 피해 건물의 사진을 공개했고 이란 국영 TV는 짧은 동영상 클립을 공개했다.[2]

데이비드 올브라이트David Albright가 나섰다. 올브라이트는 과학국제안보연구소Institute for Science and International Security라는 비영리 핵 비확산 단체를 설립한 물리학자로서, 과학자들이 국제안보문제 해결에 적극적인 역할을 해야 한다고 믿었다. 그의 팀은 상업용 위성 영상과 이란의 공식 성명 및 사진을 분석하여 의심스러운 "창고"의 건설 과정을 수년간 면밀히 추적해 왔다.[3]

한편 캘리포니아에서는 비확산연구센터Center for Nonproliferation Studies의 젊은 연구원 페이비언 힌츠Fabian Hinz도 이 화재를 추적하고 있었다. 그는 이란 정부가 공개한 영상과 상업용 위성사진, 구글어스를 사용하여 불에 탄 건물의 지리적 위치를 파악했다. 핵과 지역에 대한 전문 지식을 바탕으로 두 사람은 동일한 결론에 도달했다. 이란은 거짓말을 하고 있었다. 이 창고는 사실 이란의 주요 우라늄 농축 시설인 나탄즈Natanz에 있는 핵 원심분리기 조립 건물이었다.[4] 그리고 화재는 사보타주 행위였을 가능성이 있다.[5]

나탄즈는 유엔 무기 사찰단과 미국 정보 당국자들에게 잘 알려진 곳이다. 테헤란에서 남쪽으로 약 200km 떨어진 곳에 위치한 이 광대한 지하 시설에는 원자력 및 핵무기용 우라늄 농축에 사용되는 첨단 기계, 핵 원심분리기가 수천 대 설치되어 있었다.[6] 국제원자력기구IAEA는 수년간 이곳에서 술래잡기 같은 사찰을 벌이고 있었다.[7] 핵확산금지조약 위반에 대한 증거를 수집하고[8] 이란이 평화적 목적의 제한적 우라늄 농축만 허용한 2015년 핵 합의를 준수하는지 감시하기 위한[9] 작업이었다.

나탄즈는 또한 역사상 가장 정교한 사이버 공격이 수행된 곳이기도 하다. 암호명 "올림픽 게임Olympic Games"으로 명명된 미국과 이스라엘의 합동 사이버 작전은 약 1000개의[10] 핵 원심분리기를 파괴했다. 시설 운영 컴퓨터에 몰래 악성코드를 주입한 것이다.[11] 전문가들은 "올림픽 게임"이 이란의 핵무기 개발 행보를 1년 이상 늦췄다고 믿었다.[12]

하지만 올브라이트와 힌츠는 IAEA나 미국 정보공동체의 직원이 아니었다. 그들은 공개출처 정보와 가정용 컴퓨터로만 무장한 채 국제적 위기를 분석하고 구체화했다. 폭발 몇 시간 만에 두 사람은 트위터에 글을 올리고 언론 인터뷰를 했다.[13] 오전 8시에는 ABC 뉴스가 자체 분석을 내보냈다.[14] 오후에는 ≪뉴욕타임스≫도 자체 분석을 보도했다.[15] 해질 무렵 이스라엘 총리 베냐민 네타냐후Benjamin Netanyahu는 이스라엘이 사보타주에 책임이 있느냐는 질문을 받았다. "저는 이 문제를 다루지 않습니다." 그는 퉁명스럽게 대답했다.[16]

이것이 바로 핵무기 추적의 새로운 세계다.

과거에는 핵 위협을 추적하는 일이 강력한 정부 정보기관의 비밀 요원과 분석관들의 영역이었다. 정부는 위협 정보를 수집하고 분석하는 것을 거의 독점하다시피 했다. 이제 공개출처 정보와 통신 기술을 통해 독립적인 연구자와 일반 시민도 이러한 작업을 수행할 수 있게 되었다. 이들은 영화 〈스타워즈Star Wars〉의 술집 장면에서나 나올 법한 다양한 사람들로 구성되어 있다. 취미 활동가, 언론인, 사회운동가, 교수, 학생, 사업가, 자원봉사자, 전직 공무원 등 다양하다. 거의 모든 사람들이 핵 관련 비밀에 대한 강박적인 관심을 가지고 있으며, 이를 풀 수 있는 창의적인 방법을 찾고 있다.

이 장에서는 미국 정보기관이 과거에 핵 위협을 어떻게 예측했는지, 어떤 요인이 판도를 바꾸고 있는지, 그리고 비정부 정보 생태계의 장점과 위험은 무엇인지 살펴보면서 이 새로운 세계에 대해 자세히 들여다보고자 한다.

왜 핵 위협에 집중할까? 두 가지 이유가 있다. 첫째, 일반 대중은 간과하는 경우가 많지만 정보 당국자와 정책결정자에게 이보다 더 중요한 위험은 없기 때문이다. 많은 사람들, 특히 9·11 테러 이후에 자란 사람들에게 핵무기는 냉전의 유물처럼 보인다.

하지만 미국의 외교정책 지도자들에게 무엇이 그들을 잠 못 들게 하는지 물어보면 핵 공포와 관련된 무언가를 듣게 될 것이다. 그 목록에는 이란과 북한 및 시리아 같은 국가로의 핵 확산, 핵무장을 한 이웃 국가 인도와 파키스탄 간의 분쟁 위험, 핵무장을 한 이스라엘에 대한 중동 전쟁, 유럽과 아시아에서 미국의 핵 억지력 약화, 러시아와 중국의 걱정스러운 핵 현대화, 핵 테러리즘, 핵 사고, 미국과 다른 국가들의 오산과 우발적 핵전쟁 위험 등 다양한 가능성이 있다.

인류는 세계적인 팬데믹, 기후 변화, 핵으로 인한 멸망이라는 세 가지 진정으로 존재를 위협하는 외교정책 과제에 직면해 있다. 오늘날 대부분의 사람들은 앞의 두 가지 문제를 가장 중요하게 생각한다.

둘째, 핵 위협 정보는 새로운 기술과 공개출처 정보가 미국 정보기구에 근본적인 도전이 되고 있다는 나의 주장을 입증하는 까다로운 시험이다. 까다로운 시험은 분석의 설득력을 높여준다. 가장 가능성이 희박한 조건에서 어떤 것이 사실로 보인다면 가능성이 높은 조건에서도 사실일 가능성이 높다는 것이다. 프랭크 시나트라Frank Sinatra의 히트곡 〈뉴욕, 뉴욕〉은 까다로운 시험의 논리를 '여기서 성공할 수 있다면 어디서든 성공할 수 있다'는 말로 아름답게 표현하고 있다.

핵 정보는 비밀이 가장 중요하고 스파이 기관이 우세할 것으로 예상되는 분야이므로 까다로운 시험이다. 제2차 세계대전 당시 독일의 원자폭탄 개발 경쟁부터 최근 북한의 핵 도발에 이르기까지 핵의 위험성을 예측하는 것은 항상 가장 중요한 정보 임무 중 하나였다.

또한 비밀 도구가 매우 중요한 분야이기도 하다. 핵 확산자들은 자신들의 활동을 숨기기 위해 많은 노력을 기울인다. 우주에 있는 인공위성부터 지상에 있는 스파이에 이르기까지 비밀 역량은 이를 발선하는 네 너욱 중요하다. 하지만 나는 여기서도 정보기관이 우위를 잃고 있다는 사실을 발견했다. 데이비드 올브라이트와 페이비언 힌츠에게는 동료들이 있다. 더 많은 국가의 더 많은 사람들이 불법적인 핵 활동을 추적하기 위해 공개출처 정보와 새로운 기술을 활용하고 있다. 정보는 더 이상 초강대국 정부만을 위한 것이 아니다.

│ 어려운 목표: 핵 위험 예측

핵 정보는 크게 네 가지 범주로 나뉜다:

① 러시아, 중국, 북한과 같은 알려진 핵 보유국의 역량 이해
② 시리아 같은 핵 미보유국이나 테러 집단에 대한 핵 물질 또는 관련 노하우의 확산 이해
③ (1986년 체르노빌 원전 사고와 같은) 핵 사고 위험에 대한 이해

④ 1962년 쿠바 미사일 위기, 또는 미국 정보 당국자는 전혀 예상하지 못하
   다가 인도 언론의 보도를 통해서야 알게 되었던 1998년 인도 핵실험[17]과
   같은 전략적 돌발 상황 방지

미국 정보기관은 얼마나 잘 해왔을까? 말하기 어렵다. 핵 활동은 각국이
이를 감추기 위해 매우 열심히 노력하기 때문에 특히 어렵다. 냉전 시기 소
련은 산속 지하에 플루토늄 생산 원자로 3기를 건설했다.[18] 1962년 쿠바에
핵미사일을 배치하려는 흐루쇼프의 비밀 작전에서는 기만 작전이 너무나 정
교하여 계획 문서가 극소수에게만 전달되었고, 미사일을 운반하는 선박 선
장조차 대서양 한가운데에 도달할 때까지 최종 목적지를 알 수 없었다. 사담
후세인은 일부 시설을 거대한 대추야자 숲에 숨기고, 전력선 연결부를 공중
정찰로 찾을 수 없도록 지하에 묻었다.[19]
   성과를 평가하기도 어렵다. 정보 실패는 공개되고 잘 알려지지만 정보 성
공은 종종 조용히 넘어가거나 드러난 사건에 묻히기 때문이다. 미국 정보공
동체의 이라크 WMD 평가에 결함이 있었다는 것은 누구나 기억한다. 그러
나 비슷한 시기에 미국 정보기구가 리비아의 핵, 화학, 미사일 계획 포기를
이끌어내는 데 성공했다는 사실을 기억하는 사람은 거의 없다. 2004년 2월
조지 테닛 CIA 부장은 "정보는 리비아의 비밀 계획을 여는 열쇠였습니다"라
고 강조했다.[20]
   그의 말이 옳다. 2003년 가을, CIA는 파키스탄 과학자 A. Q. 칸A. Q. Khan
이 전 세계적인 핵 밀수 작전의 일환으로 우라늄 원심분리기 부품을 리비아
로 불법 운송할 계획을 세우고 있다는 사실을 발견했다. 미국 관리들은 해당
선박을 차단하고 영국 정보기구와 함께 증거를 가지고 리비아의 통치자 카
다피와 대면했다. 미국 정보 당국자들은 WMD 계획을 포기하고 국제사회
에 복귀하겠다는 카다피의 의사 표명이 진정성 있는 것인지 평가하는 데 중
요한 역할을 했다. 2003년 12월, 그들은 카다피가 핵무기 야욕을 포기하고

미사일 계획을 철회하도록 만드는 데 성공했다.

그것은 실제로 성공적이었지만, 미국과 나토 동맹국들은 카다피가 핵무기를 포기하고 8년이 지난 후 리비아 내전에 휘말리게 되었다. 카다피가 사살되고 리비아의 질서가 무너졌으며, 핵 성공 사례는 정책실패에 묻혀 사라졌다.[21]

때로는 정보의 개선조차도 실패처럼 보일 수 있다. 2007년 정보판단서[22]가 이전의 판단을 뒤집고[23] 이란의 핵무기 개발 추진 속도가 분석관들이 이전에 믿었던 것만큼 빠르고 맹렬한 것은 아닐 수 있다는 결론을 내렸을 때, 여러 방향에서 비판이 쏟아져 나왔다. 일부에서는 정보공동체가 이란에 대한 국제 제재를 포함한 강경 노선을 모색하는 행정부를 방해하고 있다고 비난했다.[24] 조지 W. 부시 대통령은 "눈이 번쩍 뜨이는" 말이라고 했다.[25] 다른 사람들은 왜 이 정보가 더 일찍 알려지지 않았는지 의문을 제기했다. 일부는 새로운 판단이 잘못된 이라크 WMD 평가를 보상하려는 것인지 궁금해했다. 정보기관이 새롭고 더 나은 정보를 입수했기 때문에 분석이 변경되었을 가능성을 고려한 사람은 거의 없었다.[26]

요컨대, 핵 위협을 예측하는 것은 어려운 일이다. 정보기관의 실적을 평가하는 것도 마찬가지이다.[27] 겸손이 필요하다.

득점표: 학술적 분석 결과

핵 위협 정보에 대한 대부분의 연구는 개별 사례를 독립적으로 살펴보고 정보기관이 국가 X 또는 사건 Y에 대해 무엇을 맞추거나 틀렸는지 조사한다. 1962년 쿠바 미사일 위기는 모든 사례의 아버지가 아니라 할아버지다. 이 사건은 핵무기 시대에 가장 많이 연구된 사건이다. 학자들은 강 대 강으로 대치했던 순간에 대해 많은 글을 썼으며, 심지어 이에 대한 글을 그만 써야 하는 이유를 적은 글도 있다.[28]

그러나 최근에는 사례와 역사를 엮어서 살펴보는 연구가 시작되었다. 이 연구는 두 가지 중요한 사실을 발견했다. 첫 번째는 정보공동체의 실적이 엇갈린다는 점이다. 두 명의 저명한 학자가 비밀 해제된 기록과 기타 자료를 사용하여 60년 동안 17건의 국가 핵무기 획득 시도 사례를 조사했다.[29] 3건의 사례에서 미국 정보기관은 무슨 일이 언제 일어났는지 정확하게 파악했다. 정보 당국은 5건의 사례에서 외국의 핵 프로그램을 과소평가했고 9건의 사례에서는 과대평가했다.[30]

이 연구는 유용하지만 문제가 있다. 가장 큰 문제는 이 연구가 고도의 정확도를 요구한다는 점이다. 이러한 정확도는 현실 세계에서 종종 도움이 되지 않고 오해의 소지가 있다. 예를 들어, 이 연구에서는 1959년 프랑스 핵실험에 대한 평가를 "과대평가"로 분류했는데, 실제 실험이 예상보다 3개월 늦게 이루어졌기 때문이다.[31] 1964년 중국의 핵실험은 비밀 해제된 당시의 문서에 따르면 예상보다 10주 일찍 폭발이 일어났기 때문에 정보 "과소평가"로 분류되었다.[32]

이러한 시기적 차이가 정보 실패를 의미하는 것은 아닐 수 있다. 때때로 외국 지도자들도 알지 못하는 다른 요인으로 인해 사건의 시기가 달라질 수 있다. 예를 들어, 제2차 세계대전 당시 아이젠하워는 연합군의 노르망디 상륙을 1944년 6월 5일로 결정했지만 악천후로 인해 상륙 작전이 24시간 지연되었다. 독일 정보분석관들이 D-데이를 6월 5일로 예상했다면 틀렸겠지만, 실제로 틀린 것은 아니다. 정보 예측은 당시에는 정확했더라도 돌이켜보면 틀린 것처럼 보일 수 있다.

두 번째로 더 흥미로운 사실은 정보기관이 과도한 교정을 하기 쉽다는 것이다. 즉, 어느 핵 위협에 대한 과소평가가 다음 핵 위협에 대한 과대평가로 이어질 수 있다. 한 연구에 따르면 미국 정보 당국은 2003년 이라크의 핵무기 계획을 '과대평가'함에 따라 몇 년 후 시리아의 핵 프로그램 의혹에 대해서는 회의적인 시각으로 접근하게 되었다고 한다. 반면에 이스라엘 정보 당국은 정반대의 접근 방식으로 시리아에 대한 정보를 더 큰 경각심을 가지고 평가했다. 왜? 이스라엘은 불과 몇 년 전에 리비아의 핵 프로그램을 '과소평가'했다가 큰 화를 입은 적이 있었기 때문이다. 두 나라 모두 과거의 분석 실수에 대해 과도하게 수정하고 있었다. 시리아의 경우, 이스라엘의 더욱 "긴급한 판단" 관점이 성공하여 결국에는 시리아가 비밀리에 원자로를 건설하고 있다는 사실이 드러났다.[33]

요약하자면, 미국 정보기관들이 시간이 지남에 따라 핵의 위험성을 얼마나 잘 예측했는지, 그리고 그 이유는 무엇인지 연구를 통해 점점 더 이해가 넓어지고 있다.

문제는 이러한 회고적인 연구가 미래보다는 과거를 이해하는 데 더 적합하다는 것이다. 정보기관은 여전히 핵 위협 평가에서 중요한 역할을 하고 있지만, 더 이상 정보기관만이 중요한 역할을 하는 것은 아니다. 기술 발전으로 정보 수집과 분석이 평등화되고 있으며, 이는 미국 정보기구 및 미래의 핵 위험 평가에 광범위한 영향을 미칠 수 있다.

정보의 평등화

상업 위성의 수량과 제원 향상, 인터넷 연결성과 기타 공개출처 정보의 폭발적 증가, 기계학습과 같은 자동화된 분석의 발전 등 세 가지 흐름이 핵 위협 정보 수집과 분석을 평등화했다.[34]

하늘에 있는 저렴한 눈

과거에는 주요 강대국 정부가 핵 관련 정보 시장에서 우위를 점했다. 냉전 초기 미국은 소련이 보유한 핵미사일과 폭격기의 숫자와 위치를 파악하기 위해 소련 상공에 U-2 사진정찰기를 띄웠다. 1960년, 미국의 코로나CORO-NA 위성 프로그램은 우주에서 원격 감지하는 시대를 열었다. 코로나는 기본적으로 궤도에 올린 대형 카메라였다. 지구 표면을 촬영하고 필름을 낙하산 캡슐에 넣어 태평양 상공에 떨어뜨리면 공중에서 수거하여 현상하는 방식이었다. 처음 열세 번의 임무는 실패했지만 열네 번째는 성공했다. 코로나의 첫 번째 성공으로 이전의 모든 U-2 비행을 합친 것보다 더 넓은 소련 지역을 한 번에 촬영하였다.[35] CIA의 초대 과학기술차장 앨버트 휠론Albert Wheelon은 "마치 어두운 창고에 거대한 조명등이 켜진 것 같았다"고 회고했다.[36]

위성 영상은 빠르게 핵무기 통제 검증의 초석이 되었고, 소련 내부에 신뢰할 수 있는 현지 정보가 부족하다는 점을 보완했다.[37] 곧이어 소련은 코로나에 대응하여 제니트Zenit-2라는 이름의 위성을 개발하였고 (몇 번의 실패 끝에) 1962년 처음으로 쓸 만한 사진을 얻었다.[38] 위성 영상의 해상도가 향상되고 1972년 최초의 상업용 위성이 공개적으로 이용 가능한 영상을 제공했지만,[39] 미국과 소련은 여전히 우주 시장을 지배하면서 소수의 대형 스파이 위성을 각자 운영했다. 이 위성들은 크기가 버스만 하고, 설계 및 발사에 대당 수십억 달러가 소요되고, 첨단 기술을 사용하고, 비밀정보를 생산했다.[40]

2000년대 초, 기술 발전과 상업화 기회가 융합되면서 민간 기업이 운영하는 소형 위성의 기능, 품질, 숫자가 급격히 증가했다.

최초의 코로나 위성의 해상도는 12m로, 지상에 있는 두 개의 인접한 물체가 최소 12m(또는 39피트) 이상 떨어져 있지 않으면 구분할 수 없었다. 1990년대 최초의 상업용 위성은 10m 미만의 전자광학영상을 제공했다. 2000년에는 2m 미만의 해상도를 가진 상업용 위성이 등장했다. 2019년에는 2m 미만의 해상도를 제공하는 상업용 위성이 25개에 달했다. 이들 중 대부분(25개 중 19개)이 1m 미만의 해상도를 제공했으며, 2014년 월드뷰 WorldView-3 위성을 시작으로 가장 선명한 상업용 영상은 31cm(약 1피트)였다. 세계적인 영상 분석가 프랭크 페이비언Frank Pabian에 따르면 31cm 해상도는 불과 15년 전에 비해 900% 개선된 것이다. 이 정도의 선명한 해상도라면 분석가는 맨홀 뚜껑, 송전선, 건물 통풍구, 심지어 도로를 주행하는 서로 다른 자동차 모델까지 우주에서 감지할 수 있다.[41]

위성 기능의 다른 개선 사항으로는 차량 이동, 건설, 원자력 시설 냉각 연기와 같은 동적인 활동을 쉽게 관찰할 수 있는 비디오, 그리고 흐린 날씨, 울창한 초목 사이, 야간에도 촬영이 가능한 합성개구레이다Synthetic Aperture Radar, SAR*가 있다.[42] SAR는 또한 다른 방법으로는 감지할 수 없는, 시간이 지남에 따라 생기는 지표면의 미세한 변화를 감지하여 지하 터널 건설과 같은 숨겨진 핵 활동을 더 잘 감지할 수 있게 해준다.[43]

위성은 단순히 더 좋아지고 있을 뿐만 아니라 더욱 풍부해지고 있다. 당시 국가정보장이던 대니얼 코츠에 따르면 2016년부터 2018년까지 위성 발사 횟수가 두 배 이상 증가했다.[44] 2018년에만 신발 상자 크기의 소형 위성 322개가 우주로 발사되었다. 파리에 본사를 둔 유로컨설트Euroconsult는 2019년부터 2028년까지 8000개 이상의 소형 위성이 발사될 것으로 예상한다.[45] 이러한 소형 위성은 대부분 기상 및 통신에 사용되지만, 영상 위성의 수도 증가하고 있다.[46]

핵 관련 정보에 있어 위성의 양적 승가는 그 자제로 실적 향상을 가져온다. 상업용 위성이 많을수록 같은 위치에서 촬영한 영상 사이의 시간이 짧아진다. 따라서 의심스러운 시설이나 지역의 전과 후를 더욱 세밀하게 비교할 수 있으며, 다른 방법으로는 관찰할 수 없을 만한 지상 활동을 포착할 가능성이 있다.[47] 일부 회사는 이미 재방문 주기**에 집중하는 시장에 진출하여

---

* 공중에서 이동하는 물체가 지상에 전파를 순차적으로 쏜 이후 굴곡면에 반사되어 돌아오는 전파의 미세한 시간차를 처리하여 지표를 관측하는 시스템. 원래 레이다는 안테나의 크기만큼 해상도가 높아지는데, SAR는 전파가 반사되어 돌아오는 동안 이동한 거리만큼 거대한 안테나를 사용한 것 같은 효과를 얻을 수 있다. 즉 비행기나 인공위성 같이 상대적으로 작은 물체에 SAR를 탑재하면 초대형 안테나를 사용한 것 같은 정밀도를 얻을 수 있다.

** 인공위성이 같은 지역을 다시 촬영할 수 있는 주기. 지구를 기준으로 볼 때, 정지위성을 제외

해상도는 낮지만 더 높은 주기로 영상을 제공하는 군집위성constellation*을 제공하고 있다. 2010년 전직 NASA 직원들이 설립한 샌프란시스코의 스타트업 플래닛Planet은 150개 이상의 위성을 궤도에 보유하고 있으며 3m와 72cm 해상도로 어떤 대상이든 하루에 최대 2회까지 영상을 제공한다.[48] 시애틀에 본사를 둔 스타트업 블랙스카이BlackSky는 4개의 영상 위성을 궤도에 보유하고 있으며 궁극적으로 1m 미만의 해상도로 10~15분마다 같은 도시를 재방문할 수 있는 60개의 위성군을 구축할 계획이다.[49]

아마도 위성 영상의 가장 혁신적인 변화는 거의 누구나 위성 영상을 사용할 수 있다는 점일 것이다. 위성 영상을 얻는 데 드는 비용이 장당 4000달러에서 10달러 미만으로 급감했다.[50] 일부 고해상도 영상은 무료다. 인터넷에 연결 가능한 사람이라면 누구나 15m에서 0.5cm 미만의 해상도로 위성 및 항공기 영상을 제공하는 구글어스를 이용할 수 있다. 또한 구글어스는 지도상 시설물의 3D 건물 모델링과 최대 35년 전까지 과거 위성 영상을 비교하는 등의 분석을 수행할 수 있는 애플리케이션도 제공한다.

요컨대, 상업용 위성은 이제 원하는 사람이라면 누구에게나 하늘에 있는 저렴한 눈을 제공한다.

연결성: 더 많은 사람들이 이용 가능한 더 많은 정보

핵 위협 정보를 평등화하는 두 번째 주요 흐름은 인터넷이다. 인터넷은 공개출처 정보의 폭발적인 증가 및 이러한 정보를 널리 이용하고 공유할 수 있는 연결성을 뒷받침하고 있다. 2000년에는 전 세계 인구의 약 15%가 인터넷에 연결되었다.[51] 오늘날** 전 세계 인구의 절반 이상이 온라인에 접속하

한 모든 인공위성은 계속해서 이동하므로 특정 지점을 지속적으로 촬영할 수 없다.
* 여러 대의 인공위성을 하나로 연계하여 운용하는 시스템
** 국제전기통신연합(ITU)은 2018년 12월 '금년 말까지 전 세계 인구의 51.2%에 해당하는 39억

고 있으며, 수돗물을 사용하는 인구보다 휴대전화를 사용하는 인구가 더 많은 것으로 추산된다.[52] 연결성은 일반 시민을, 그들이 알든 모르든 정보 수집자로 바꾸고 있다. 또한 온라인에 게시된 사진의 시간, 위치, 촬영에 사용된 장비 등의 정보를 담고 있는 메타데이터가 있고, 다운로드 가능한 3D 모델링 애플리케이션과 사용자가 자신의 휴대전화를 이용해 GPS 좌표를 게시할 수 있는 오픈스트리트맵OpenStreetMap과 같은 단체 데이터 공유 사이트도 존재한다. 이러한 모든 기능은 핵을 추적하는 사람들에게 새로운 단서와 도구를 제공한다.

아래에서 더 설명하겠지만, 온라인 정보 생태계는 핵 위협 정보를 평가하기 위한 사회적 검증이나 공개 크라우드소싱*을 위한 새로운 기회를 제공하고 있다. 하지만 기만도 더 쉬워지고 있다. 새로운 온라인 생태계에서는 정보의 품질이나 신뢰성에 관계없이 어디로든 정보가 퍼질 수 있다.

자동화된 분석: 머신러닝, 컴퓨터 모델링, 그리고 더 많은 것

지난 10년 동안 컴퓨팅 성능과 학습용 데이터가 크게 증가하면서 방대한 양의 자료를 기계의 속도로 분석할 수 있는 대중적으로 사용할 수 있는 머신러닝 기술이 탄생했다. 데이터 세트를 적용하여 알고리즘이 특정 패턴을 찾도록 학습시키면 수천 개의 영상을 인간과 비교할 수 없을 만큼 빠르게 처리할 수 있다.

핵 위협 정보의 경우, 머신러닝 기술은 알려진 미사일 기지나 시설의 위성영상을 분석하여 시간에 따른 변화를 감지하는 데 특히 유용하다.[53] 예를 들

명이 인터넷을 이용할 것'이며 '전 세계 인구의 약 96%는 모바일 네트워크 범위에 있다'고 발표했다.

* 'crowd'와 'outsourcing'의 합성어로, 주로 온라인을 통해 다양한 사람들로부터 아이디어나 도움을 얻는 것

어 2017년 미국 국가지형정보국NGA의 정보 관리들은 머신러닝이 중국 남서부의 광대한 지역에서 지대공 미사일 기지를 얼마나 빠르고 정확하게 식별할 수 있는지 알아보기 위해 미주리 대학 연구진에게 머신러닝 도구를 개발하도록 의뢰했다. 연구팀은 딥러닝 신경망(본질적으로, 함께 작동하는 알고리즘 집합)을 개발하고 1m 해상도의 상용 위성 영상만 사용했다.

컴퓨터와 인간 팀 모두 미사일 지점의 90%를 정확하게 식별했다. 그러나 컴퓨터는 인간보다 80배 빠른 속도로 작업을 완료하여 약 9만km^2 (북한 면적의 약 4분의 3)의 면적을 살펴보는 데 42분밖에 걸리지 않았다.[54]

제5장에서 언급했듯이 머신러닝은 불법 자금 조달을 암시할 수 있는 무역 문서부터 온라인 사진의 메타데이터에 이르기까지 대량의 서면 정보를 더 빠르게 선별할 수 있는 잠재력도 가지고 있는데, 사진의 메타데이터만 해도 촬영 날짜와 시간, 사용된 카메라의 종류, 영상을 처리한 소프트웨어, 사진 촬영 시 카메라의 위치와 같은 다양한 정보를 담고 있다.[55]

게다가 컴퓨터 모델링을 통해 분석가들은 이미 건설된 구조물의 사양과 기능을 더 잘 이해할 수 있다.

온라인 크라우드소싱도 유망한 새로운 길을 제시하고 있다. 이미 수천 명의 시민 과학자가 방대한 양의 자료를 성공적으로 선별하여 칼텍Cal Tech과 캘리포니아대학교 산타크루즈UC Santa Cruz 연합팀이 새로운 외계 행성 몇 개를 찾고[56] 국제 물리학자 팀이 새로운 중력 렌즈를 발견하는 데 도움을 주었다.[57] 2016년 비확산연구센터의 멀리사 해넘Melissa Hanham은 Geo4Nonpro라는 핵 위협 크라우드소싱 계획을 시작하여 수백 명의 영상 전문가를 모을 수 있었다. 이들은 북한이 숨기고 있던 강선 지역의 우라늄 농축 시설을 발견했다.[58]

새로운 핵 추적자들: 그들은 누구고 무엇이 다른가

이러한 모든 발전으로 인해 비정부 핵 정보 수집가와 분석가로 구성된 가내수공업이 생겨났다. 스탠퍼드 국제안보협력센터Center for International Security and Cooperation와 같은 학술팀에는 다양한 분야의 연구자들과 전직 정부 공무원들이 모여 있다. 싱크탱크에도 마찬가지다.

제인스Janes나 맥사르Maxar와 같은 일부 조직은 영리를 목적으로 상업적 분석을 제공한다. 변호 단체, 벨링캣Bellingcat과 같은 언론인 조직, 심지어 취미로 활동하는 사람들도 있다. 제이컵 보글Jacob Bogle은 내가 좋아하는 사람 중 한 명인데, 테네시주에 사는 동전 거래상이고 상업용 영상을 사용해 북한의 상세한 지도를 개발하여 온라인에서 제공하는 데 열정을 가지고 있다.

종합해 보면, 이러한 핵 추적 생태계는 정보기관의 비밀 세계와는 매우 다른 모습이다.[59] 주요 차이점을 표 9.1에 요약해 보았다.

먼저, 인력이 크게 다르다. 비정부 생태계는 인터넷에 연결된 사람이라면 누구에게나 활짝 열려 있다. 다양한 배경과 역량, 인센티브를 가진 사람들이 모여든다. 전직 정부 관리, 정보분석관, 미국 및 동맹국의 전문가로서 책임을 진지하게 받아들이는 사람들도 많지만, 교육을 거의 또는 전혀 받지 않은 아마추어도 있다. 현재 공식적인 공개정보 교육 프로그램이나 품질 관리 절차는 없다.[60]

그들의 동기도 다양하다. 몇 가지 예를 들면 전 세계 대중에게 정보 제공, 비영리 보조금 확보, 영리 목적의 분석 판매, 정치적 의제 추진, 재미 등이 있다. 이 생태계의 구성원들은 관료적 승인이나 신원조회 없이도 원하는 것을 원하는 때마다 게시하면서 빠르게 움직일 수 있다. "제가 어떤 대륙의 영상을 무작위로 찍어서 '유니콘 훈련 캠프'가 있다고 꾸며내면, 그게 어떤 형태로든 공개될 거라고 장담할 수 있어요." 전직 정부 영상 분석관이자 현재 공개자료 단체에서 일하고 있는 앨리슨 푸치오니Allison Puccioni의 말이다.[61]

표 9.1 핵 위협 분석에서 비정부 대 정부 생태계의 특징

	비정부	미국 정부
조직 목표	다양성: 자금 확보, 대중에게 정보 제공, 취미와 관심사 추구 등	집중: 미국 정부에 정보를 제공하여 결정 우위 제공
멤버십	개방형: 누구나 어디서나 가입 가능	폐쇄형* 엄격한 채용 규칙 및 비밀취급인가
분석가의 배경	더 넓음	더 좁음
공식적인 분석 교육	없음	광범위함
품질 관리	동료 검토는 자발적이고 비공식적	동료 검토는 의무적이고 공식적
기술 수집 자산의 수량	대량	소량*
기술 수집 자산의 역량	제한적이지만 개선 중	대단히 정교함
생태계 속도	더 빠름	더 느림

* 미국 정부가 소유 및 운영하는 수집 플랫폼은 그 수가 적지만, 정부기관에서 상업용 데이터를 구매하는 사례가 점점 더 많아지고 있다.

비정부 행위자들은 상업용 위성 센서에만 접근할 수 있다. 상업용 센서는 스파이 센서보다 숫자는 더 많지만 품질이 낮고 기능이 떨어진다.[62] 이는 우연이 아니다. 현재 미국 법률은 미국 상업 위성의 해상도를 제한하고 있어 정부 위성이 여전히 우위를 점하고 있다.[63] 그러나 더 많은 외국 국가가 상업 위성 사업에 진출함에 따라 이러한 제한은 점점 더 줄어들게 될 것이다.

비정부 부문은 서부 개척 시대와도 같지만, 비밀의 세계는 매우 다른 모습이다. 참여하려면 비밀취급인가를 받아야 하고 정부의 엄격한 채용 및 정보 정책을 준수해야 한다. 정부 분석관은 가장 정교한 스파이 위성 및 기타 수집 플랫폼과 상업용 영상을 이용할 수 있다.[64] 분석관의 배경은 더 좁지만 평균 기술 수준은 더 높다. 이들은 교육 프로그램, 기준, 품질 관리 절차를 갖춘 관료 조직 내에서 일하지만, 더 느리게 움직인다. 공개자료 세계에서는 동기가 다양하지만 정부에서는 그렇지 않다. 미국 정책결정자에게 결정 우

위를 제공한다는 분명한 목표가 있다.[65]

요약하면, 한 생태계는 더 개방적이고, 확산적이며, 다양하고, 빠르게 움직인다. 다른 하나는 더 폐쇄적이고, 맞춤형이며, 훈련되고, 느리게 움직인다. 둘 다 장점이 있지만 어느 쪽도 완벽하지는 않다.

장점: 더 다양한 관점, 더 많은 인력, 더 많은 정보 공유

비정부 생태계는 세 가지 중요한 이점을 제공한다. 첫째, 다양한 배경을 가진 사람들이 문제와 증거에 대해 서로 다른 관점을 제시함으로써 분석을 개선할 수 있다.

둘째, 이러한 집단은 더 많은 지적 인력을 제공하며, 정보 당국자와 정책 결정자가 거짓양성과 허위 주장을 식별하고, 조약 준수 여부를 확인하고, 진행 중인 핵 관련 활동을 감시하고, 다른 방법으로는 발견되지 않았을 은밀한 개발 행위를 드러내는 데 도움이 된다. MIT의 비핀 나랑Vipin Narang 교수가 강조하듯이 "시험 또는 실패한 미사일의 발사 위치를 파악하는 것은 정보기관의 독점 영역이었습니다".[66] 더 이상 그렇지 않다.

비정부 정보 수집가와 분석가들도 실수를 바로잡고 잘못된 정보를 폭로하는 데 중요한 역할을 해왔다. 2013년, 전직 CIA 분석관이라고 주장하는 사람이 ≪와이어드Wired≫ 잡지에 중국이 "의문의 건물 단지"를 구축한 것 같다는 글을 기고하여 큰 파문을 일으켰다. 이 사실이 아닌 이야기가 퍼지는 것을 막기 위해 지리공간 분야의 블로거 스테판 그린스Stefan Greens는 이곳이 산업단지에 불과하다는 증거를 온라인에 게시했다. 비슷한 노력으로 여러 사실이 밝혀졌다. 시리아의 가스 원심분리기 시설로 의심되는 곳이 실제로는 면직물 공장이었고, 원자로의 첫 부분으로 보이는 이란의 원통형 기초가 실제로는 쇼핑몰 근처에 건설 중인 호텔의 기초였으며, 미국까지 핵무기를 날려 보낼 수 있을 만큼 큰 이란의 미사일 발사대 위성 영상이 이스라엘 텔

레비전에 보도되었지만 그저 로켓을 닮은 거대한 엘리베이터가 흐릿하게 보인 것이었다.[67]

가장 주목할 만한 폭로 사례 중 하나는 이란의 핵 프로그램을 동결하려는 국제적 노력과 이를 저지하려는 어느 이란 반체제 단체의 노력과 관련이 있다. 2015년 2월 24일, 스스로 이란 저항국민평의회National Council of Resistance of Iran, NCRI라 칭하는 단체는 마리탄Maritan이라는 회사가 테헤란 사무실 지하에 비밀 핵 시설을 보유하고 있다고 주장하며 국제 협상을 방해하려 했다. NCRI는 비밀 시설의 위성 영상과 복도 사진 및 방사선 누출을 막기 위해 납으로 덮인 거대한 문의 사진을 증거로 제시했다.

일주일 만에 비확산연구센터의 제프리 루이스Jeffrey Lewis 팀은 NCRI가 제시한 모든 증거가 조작된 것임을 확실하게 보여주었다. 루이스의 팀은 마리탄이 실제 회사이며 심지어 링크드인LinkedIn에도 직원이 있다는 사실을 밝혀냈다. 하지만 마리탄은 핵 농축과는 아무런 관련이 없었다. 이 회사는 주민등록증과 같은 보안 문서를 전문적으로 제작하는 회사였다. 루이스 팀은 상업용 위성사진을 분석한 결과 건설이 의심되는 기간 동안 해당 부지에서 특이한 건설 활동을 찾을 수 없었고, 환기 시스템 또는 핵 원심분리기에 전력을 공급하는 변전소 등 이란의 다른 알려진 핵 시설에서 발견되는 핵 농축 활동의 명백한 흔적도 발견하지 못했다.

이들은 3D 모델링을 사용하여 해당 시설의 사진과 설명이 핵 활동에 필요한 기계와 기간시설에 비해 너무 작아 보인다는 점을 보여주었다. 이란의 알려진 농축 시설 중 납 문을 사용한 곳은 없다는 것도 지적했는데, 이란은 방사선 누출을 우려한 적이 없어 납 문이 필요하지 않았기 때문이다. 또한 루이스 팀은 납 문 사진이 실제로는 이란의 상업용 웹사이트에서 사용한 홍보 사진의 복사본이라는 것도 발견했다. 사진의 메타데이터에 따르면 실제 문은 이란의 다른 곳에 있는 어느 회사 창고에 있는 것으로 불법 핵 활동과 관련이 없었다.

루이스 팀은 크라우드소싱과 소셜미디어를 통해 휴대전화의 GPS 좌표를 직접 게시한 사람들을 검색했고 마리탄 시설에 실제로 방문했던 사람을 찾아냈다. 그들은 이메일로 이 방문자에게 연락을 취하고 소셜미디어를 통해 그가 실제로 보안 문서 업계에서 일하고 있으며 본인이 맞는지 확인했다. 또한 그의 결혼 상태, 자원봉사 활동과 취미에 대한 정보를 알아냈고 사진까지 확보했다. 이 사람은 마리탄에서 실제로 보안 문서를 작성했으며, 많은 외국 계약자들이 일상적으로 이곳을 방문한다는 사실을 확인해 주었다. 이는 마리탄 지하에 비밀 핵 농축 시설을 설치했을 가능성은 매우 낮다는 뜻이었다.[68]

또한 비정부 핵 추적자들이 비밀 핵 활동에 대한 새로운 중요 정보를 밝혀내서 정보기관을 돕고 정책에 영향을 준 사례도 있다.[69] 2012년 스탠퍼드의 지그프리드 헤커와 프랭크 페이비언은 상업용 영상과 공개된 지진 정보를 활용하여 북한의 첫 두 차례 핵실험 위치와 지원용 터널을 파악했으며[70] 이 평가는 6년 후 북한이 실제 실험 장소를 공개했을 때 매우 정확한 것으로 판명되었다.[71]

헤커와 동료들은 상업용 위성 영상과 3D 모델링 프로그램인 구글 스케치업Sketchup을 사용하여 2012년 북한 영변 단지의 새로운 원자로 건설을 추적하고 우라늄 원심분리기 시설을 모델링하기도 했다. 헤커와 그의 스탠퍼드 동료들이 2010년 11월 영변 시설을 방문한 이후 이곳에 외국인의 출입이 허용되지 않은 것으로 알려져 있다. 그러나 헤커와 스탠퍼드 동료들은 상공에서 찍은 사진과 방문 기간 중 알게 된 정보를 바탕으로 시설을 추적하였고, 원자로가 아직 가동되려면 멀었으며 북한이 공개되지 않은 시험용 원심분리기 시설도 보유한 것이 분명하다는 결론을 내렸다.[72]

세 번째이자 마지막으로, 이러한 비정부 행위자들은 단순히 정보 이상의 혜택을 제공한다. 그들은 공유할 수 있는 정보를 제공한다. 이들은 비밀이 아닌 세계에서 활동하기 때문에 그들의 연구 결과를 공개하여 일반 대중에게 경각심을 불러일으키고 문제에 대한 정책적 관심을 유도할 수 있다. 많은 사람들이 이미 미국 고위 관리, 국제 조사관, 언론인들과 광범위한 관계를 맺고 있다.

또한 그들의 정보는 미국 정부 '전체'는 물론 동맹국, 국제기구, 심지어 적국과도 더 쉽게 공유할 수 있다. 비밀 정보의 출처와 방법을 위험에 빠뜨리지도 않는다.[73] 특히 핵 위협은 매우 위험하기 때문에 이에 대한 정보는 높은 등급의 비밀로 분류되는 경우가 많다. 어떤 대상이 비밀로 분류될수록 접근 가능한 사람이 적기 때문에 분석이 줄어든다. 자꾸 가리다가는 깜깜해질 위험이 있다.

실제로 미국 정보 당국자들은 비정부 단체의 비밀 아닌 정보가 주는 어려움과 이점을 이미 잘 알고 있다. 현재 정보 공유는 비공식적이고 재량에 따라 이루어지고 있지만, 2018년에 워싱턴 소재 싱크탱크 전략국제연구센터 Center for Strategic and International Studies와 정보공동체의 18개 기관 중 하나인 국가지형정보국NGA은 "중요한 북한 문제에 대한 공개 보고서를 생산"하기 위한 파트너십을 발표하여 보다 공식적인 협의를 향한 발걸음을 내디뎠다.[74]

위험: 정보가 틀릴 때, 정보가 옳을 때

이러한 비정부 생태계는 위험도 안고 있다. 어떤 위험은 정보가 틀릴 때 발생한다. 정보가 옳을 때 발생하는 위험도 있다.

첫째, 가장 명백한 것은 비정부 핵 추적자들이 정책 결정에 오류를 일으킬 수 있다는 것이다. 위에서 언급한 내용은 비정부 핵 정보의 장점을 잘 보여주지만, 그 이면에는 의심스러운 자료, 조잡한 분석, 애착 이론pet theory*, 정치적 의제 등으로 가득 차 있다. 많은 아마추어 영상 분석가들은 의도는 좋지만 제대로 훈련되지 않았다. 페이비언은 "누구나 사진을 볼 수 있다"는

---

* 자신이 좋아하는 이론을 고집하는 것

일반적인 오해가 있다고 지적한다. 실제로 영상 분석에는 상당한 기술과 훈련이 필요한데, 우주에서 찍은 영상은 일반적으로 익숙하지 않은 머리 위에서 내려다보는 시점이므로 다양한 물체의 모양, 그림자, 크기, 비례, 질감, 원근법, 맥락이 어떻게 보이거나 흐려질 수 있는지 알아야 한다.[75] 또한 분석가는 핵연료 주기를 이해해야 핵 영상에서 무엇을 찾아봐야 할지 알 수 있다. 예를 들면 지하 가스 원심분리기 시설에 필요한 환기 및 공조 시스템의 흔적이나 고압멸균기 및 기타 기계에 필요한 대형 개방형 복도 같은 것이다.[76] 위성 영상의 진정한 가치는 그 의미를 분석하는 데 있다.[77] 사진은 상품화될 수 있지만 분석은 아니다.

에너지부, 국무부, 백악관에서 고위직을 역임한 데이비드 샌달로David Sandalow는 실수가 쉽게 일어나고 빠르게 확산될 수 있다고 경고했다. "풍부한 경험과 훈련이 없으면 평범한 영상에서 사악한 의도의 증거를 발견하거나 지식이 풍부한 사진 분석관에게는 분명히 보였을 세부 사항을 놓치기 쉽다."[78]

2011년 조지타운 대학교에서 전직 국방부 전략가 필립 카버Phillip Karber는 학생들과 중국 핵미사일을 추적하다가 바로 이런 일을 겪은 적이 있다. 그는 학생들에게 "지하 만리장성"으로 알려진 중국의 지하 터널 시스템을 연구해 보라고 했다. 이 터널의 존재는 중국 국영 텔레비전에도 보도될 정도로 잘 알려져 있었지만, 그 목적에 대한 논쟁이 끊이지 않았다. 카버의 학생들은 해답을 찾기 위해 상업용 영상, 블로그, 군사 잡지, 심지어 군대를 소재로 한 중국 텔레비전 드라마까지 찾아보았다. 그들은 이 터널이 많은 양의 핵무기, 정확히 3000기가 숨겨져 있을 가능성이 있다는 결론을 내렸다. 이는 비밀 해제된 정보판단서나 국제기구의 예측보다 10배 이상 높은, 그야말로 천문학적인 숫자였다.[79]

카버의 조지타운 연구는 언론에 크게 보도되어 부작용을 유발했다. ≪워싱턴포스트≫는 이 연구가 "의회 청문회를 촉발했으며 공군 부참모총장을 비롯한 국방부 고위 관리들 사이에 회람되었다"고 보도했다. 한 국방부 관계자는 "아주 충격적인 것은 아니지만, 이러한 생각과 추정치는 사람들이 기밀 정보를 바탕으로 알고 있다고 생각하는 것과 비교되고 있다"고 말했다.[80]

전문가들은 심각한 오류를 발견했다. 한 하버드 연구원은 카버의 학생들이 1960년대 미국 정보기관의 예측이 정확하다는 가정 하에 일정한 증가율을 적용하여 3000기라는 숫자를 계산했다는 사실을 발견했다. 그들은 중국이 3000기가 아니라 200기의 핵탄두만 보유하고 있을 것이라는 다른 비밀 해제된 정보판단서를 심각하게 받아들이지 않은 것 같다.[81]

플루토늄에 관한 수학도 말이 되지 않았다. 미들버리 연구소Middlebury Institute 비확산연구센터의 동아시아 비확산 프로젝트 책임자 제프리 루이스는 중국의 핵실험에 사용된 플루토늄을 근거로 중국은 3000기 가까운 핵무기를 생산할 만한 플루토늄을 보유하고 있지 않다는 결론을 내렸다. 어느 중국 블로그 게시물이 1995년 싱가포르 대학생이 표절한 익명의 유즈넷 Usenet* 게시물을 논의한 적이 있는데, 카버의 플루토늄 추정치는 이 중국 블로그에 근거한 것으로 밝혀졌다. 루이스는 그 출처가 "비웃음을 불러일으킬 정도로 무능했다"고 지적했다.[82]

그렇다면 중국은 왜 지하 만리장성을 건설했을까? 아마도 작고 취약한 지상 기반 핵무기를 선제공격으로부터 보호하기 위해서였을 것이다. 중국은 핵무기로 "선제공격하지 않는다"는 원칙을 공언하고 있었기 때문에, 억지력을 가지려면 선제공격을 받은 후에도 핵 전력이 생존해야 했다. 그리고 중국은 신뢰할 수 있는 해상 및 공중 기반 핵 전력이 부족했기 때문에 생존 가능한 반격 역량을 확보하기 위한 논리적 해결책은 미사일을 더 깊은 지하로 옮기는 것이었다.[83]

---

* 주로 서버에 사용되는 UNIX 컴퓨터를 연결하는 국제 네트워크

카버의 주장은 주의를 분산시키고 실제 문제에서 귀중한 시간과 자원을 빼앗아갔지만, 심각한 국제적 피해가 발생하기 전에 반박되었다. 항상 그런 것은 아니다. 샌들로는 "위성 영상을 잘못 해석하면 위기 상황에서 안정을 도모하기보다는 국가 간 긴장을 고조시키고 혼란을 야기할 가능성이 있다"고 지적했다.[84] 온라인에서 정보와 허위정보가 얼마나 빠르게 확산되는지 고려할 때, 조잡한 분석의 대가는 클 수 있다.

그리고 이는 정직한 실수일 뿐이다. 비정부 정보 생태계는 고의적인 속임수의 가능성도 높인다. 소셜미디어의 부상과 인공지능의 발전으로 거짓을 퍼뜨리고 진실을 혼란시키는 것이 그 어느 때보다 쉬워졌다. 2016년 미국 대통령 선거에 러시아가 개입한 사건은 다가오는 기반 혁명의 첫 번째 경고 신호였다.[85]

러시아의 속임수 전략은 더 이상 러시아만의 것이 아니다. 2019년 10월, 페이스북은 이란과 중국이 자사 플랫폼에서 벌인 해외 영향력 작전을 발견했다고 공개적으로 인정했다.[86] 2020년 코로나19 팬데믹이 확산되자 중국은 허위정보를 퍼뜨리는 공세적인 세계적 소셜미디어 작전을 조직적으로 전개했다. 여기에는 미국이 코로나19를 생물무기로 만들었다는 내용도 있었다.[87]

인공지능이 발전하면서 디지털로 조작된 오디오, 사진, 비디오로 매우 사실적이고 진본을 확인하기 어려운 딥페이크deepfake가 등장했다. 딥페이크 애플리케이션 도구는 현재 온라인에서 널리 사용 가능하며 코딩에 대한 배경지식이 없는 고등학생도 그럴듯한 위조물을 만들 수 있을 정도로 사용이 간편하다. 2019년 5월, 익명의 사용자가 만든 낸시 펠로시Nancy Pelosi 하원 의장이 술에 취한 것처럼 보이도록 조작한 동영상이 페이스북에 퍼져나갔다. 이 소셜미디어 거인이 동영상을 삭제하지 않자 두 명의 예술가와 소규모 기술 스타트업이 마크 저커버그의 딥페이크를 만들어 인스타그램Instagram에 게시했다. 8월에는 ≪월스트리트 저널≫이 다른 사람의 목소리로 가장하여

충격적인 핵무기 고발의 역효과

어느날 밤 이라크 북부에서 영국 언론인 그윈 로버츠Gwynne Roberts의 호텔 방에 의문의 방문객이 나타났다. 방문객은 자신을 레오네Leone라고 불렀다. 그는 두려움에 떨고 있었고, 자신이 사담 후세인의 핵 과학자 중 한 명이며 사담이 서방을 속이고 비밀리에 핵폭탄을 실험했다는 증거를 가지고 있다고 말했다. 1998년 1월, 유엔 무기 사찰단과 이라크 정권 사이에 긴장이 고조되던 시기였다.

레오네는 밤을 새워가며 로버츠에게 증거를 제공했다. 그는 핵폭탄 설계도를 스케치하고, 사담의 WMD 프로그램 담당 조직의 세부 사항을 설명하고, 러시아에서 구입한 것으로 추정되는 핵탄두 사진을 보여주었다. 그리고 사담이 핵실험을 했다는 정확한 시간과 장소도 알려주었다. 1989년 9월 19일 오전 10시 30분, 바그다드에서 남서쪽으로 150km 떨어진 지하 기지.

로버츠는 저명한 언론인이었고 레오네의 말을 그대로 받아들이지는 않았다. 그는 그 후 3년 동안 레오네가 주장하는 내용에 대해 조사하는 데 시간을 보냈다. 그는 심지어 레오네가 주장한 실험 날짜 전후에 촬영된 상업용 위성 영상을 구입하여 킹스칼리지런던King's College London의 부펜드라 자사니Bhupendra Jasani 교수에게 분석을 의뢰하는 등 첨단 기술까지 동원했다.

자사니 교수가 영상을 분석한 결과, 레오네가 묘사한 대로 호수 밑에 있는 넓은 터널을 포함하여 실험장을 확인할 수 있는 모든 종류의 증거가 발견되었다. 또한 거대한 직사각형의 갱도 입구로 이어지는 철도와 도로가 있었다. 그리고 자사니는 "비정상적으로 민감한 군사 구역", 즉 40개의 건물로 구성된 육군 기지의 증거도 발견했다. 자사니는 "무언가를 숨기고 싶었다면 이런 식으로 했을 겁니다"라고 말했다.

2001년 2월, 로버츠의 폭발적인 기사가 런던 ≪선데이타임스Sunday Times≫에 실렸다.[88]

그 모든 것이 잘못된 것으로 밝혀졌다. 심지어 "스모킹 건"*으로 여겨졌던 위성 영상마저도.[89]

---

* 명백한 증거

자사니가 실수한 것이다. 과거 이라크 주재 유엔 국제원자력기구의 핵무기 수석 사찰관이자 위성 영상 전문가인 프랭크 페이비언은 같은 영상을 검토한 결과 이 지역이 지하 핵실험에 사용되었다는 증거를 전혀 발견하지 못했다. 자사니가 위성 영상을 잘못 해석한 것이다. 터널은 실제로는 천연 수원을 이용하는 농업 지역이었다. 철도는 2차선 포장 고속도로였다. 거대한 직사각형 구조물은 관개용 밭이었다. 40개의 건물이 있는 비정상적으로 민감한 군사 구역에는 재래식 탄약 저장 시설 두 곳만 있었고, 근처에 일반적인 저장 벙커 여러 개가 있었다. 자사니가 위성 영상에서 보았다고 생각한 크기의 터널을 굴착하기 위해서는 은폐가 불가능한 엄청난 양의 흙을 제거해야 했을 것이다. 그러나 지하 실험 시설을 건설하고 운용했다면 발생했을 대량의 흙을 제거, 보관 또는 교체한 흔적은 위성 영상 어디에도 없었다.[90]

페이비언은 당시 지구물리학 교수이자 법정 지진학자였으며 현재 로스 앨러모스 국립연구소의 명예 소장인 테리 월리스Terry Wallace와 함께 지진학적 증거를 통해 《선데이타임스》 기사를 반박하고 국세원사력기구에 관련 정보를 보냈다. 그럼에도 불구하고 그윈 로버츠의 조사 내용은 2001년 3월 BBC에 보도되었고, 사담이 핵폭탄 개발을 시도했지만 성공하지 못했다는 결정적인 추가 증거가 나온 지 여러 해가 지났지만 2021년 현재까지도 수정되지 않은 채 온라인에서 찾아볼 수 있다.[91]

로버츠의 기사와 그 폐해는 비정부 핵 추직의 이득과 위험을 보여주는 초기 사례였다. 잘못된 주장을 영국 언론인이 처음 보도하고, 영국 교수가 뒷받침했으며, 미국의 전 무기 사찰관이 미국의 미래 국립 핵 연구소 소장의 도움을 받아 반박했다. 모두 공개적으로 이용 가능한 비밀 해제된 정보만을 이용해 나온 것이다.

보이스피싱을 하는 데 딥페이크 오디오를 사용한 최초의 사례를 보도했다. 에너지 회사 임원이 자신의 상사와 대화하는 것으로 믿고 24만 3000달러를 이체한 사건이었다. 이 목소리는 AI로 흉내 낸 것으로 밝혀졌는데, 약간의 독일 억양과 말투까지 상사의 실제 목소리와 매우 흡사했다.

이러한 기술이 핵 관련 사안을 조작할 가능성이 있다는 것을 이해하기란 어렵지 않다. 저렴한 위성 영상, 딥페이크, 소셜미디어의 무기화가 만연한 세상에서 외국 정부와 그 대리인, 제3의 조직과 개인 등이 모두 설득력 있는 거짓 정보와 이야기를 공공영역에 빠르게 대규모로 주입할 수 있게 될 것이다. 그들의 목표가 설득이 아니라 혼란을 야기하는 것이라면 약간의 속임수로도 큰 효과를 볼 수 있다. 외국의 지도자가 측근들과 숨겨진 핵 프로그램에 대해 비밀스럽게 논의하는 딥페이크 비디오를 상상해 보라. 이 지도자가 격렬하게 부인하더라도 의심은 가시지 않는다. 사람들은 언제나 보이는 것을 믿어왔고, 이 동영상이 진짜인지 가짜인지 아무도 완전히 확신할 수 없기 때문이다.

이러한 생태계를 통해 발견된 정보가 정확하더라도 심각한 정책적 위험을 초래할 수 있다. 여기서 핵심은 투명성, 그리고 비밀 정보가 공개되면 벌어지는 일이다.

특히 위기 상황이나 민감한 외교 협상에서, 정책결정자들은 시간을 벌고 체면을 살리기 위해 유용한 허구를 이용하여 한쪽 또는 양쪽 모두가 빠져나갈 길을 열어두기도 한다. 7장에서 살펴본 것처럼 소련이 아프가니스탄을 침공했을 때 CIA는 아프간 무자헤딘을 무장시키기 시작했다. 소련은 이를 알고 있었고, 미국은 소련이 알고 있다는 것을 알고 있었다. 하지만 이 허구 덕분에 대리전이 핵무기를 가진 초강대국 간의 전쟁으로 확대되는 것을 막을 수 있었다.[92] 이처럼 허울뿐인 구실이라도 유용할 수 있다.[93]

정확한 정보라고 해도 공개되면 상황을 더 위험하게 만들 수 있다. 섣부르게 조치하도록 압박하고 양측이 체면을 살릴 수 있는 정치적 결과의 범위를 좁히기 때문이다. 쿠바 미사일 위기 당시 케네디 대통령과 소련 지도자 니키타 흐루쇼프가 쿠바에서 소련 핵무기를 해체하는 대신 터키에서 미국의 주피터 미사일을 철수하기로 비밀 협상을 했다. 그런데 이 협상 내용을 비정부 핵 추적자들이 발견했다면 어떤 일이 일어났을지 상상해 보라. 의회 중간 선거가 며칠 앞으로 다가온 상황에서 케네디는 소련에 맞서 강경한 입장을 보여야 한다는 강한 압박을 받고 있었다. 실시간 팩트 체크를 했다면 비밀 합의가 결렬되면서 이미 세계적 핵전쟁 직전까지 치닫고 있던 초강대국들의 대치가 더욱 격화되었을 것이다.

이 새로운 세계에서 미국 정보기관은 점점 더 최후의 수단으로 검증자 역할을 해야 할 수도 있다. 어느 핵 전문가 패널은 "정부만이 기밀 자료와 방법을 사용하여 공개출처 분석 결과를 만족스럽게 입증할 수 고, 따라서 정부만이 검증 판단을 내릴 수 있다"고 강조했다.[94] 이 또한 효과적인 핵 정보에 중대한 도전을 제기한다. 정부 정보기관이 다른 이들의 작업을 반박, 입증, 또는 판단하는 데 더 많은 시간을 할애할수록 자체적인 정보 수집 및 분석 우선순위를 진전시킬 시간이 줄어들기 때문이다. 그 결과 믿을 수 있고 확인된 핵 위협 정보의 순생산량은 증가하지 않고 감소할 수 있다.

카버 사건만 보더라도 조지타운대학교 학생 몇 명의 부실한 주장으로 인해 국방부 고위 관리 여러 명과 의회 위원회 최소한 한 곳이 다른 모든 일에서 시간, 자원, 주의를 빼앗기는 헛수고를 하게 되었다. 정확한 보고라도 시간을 낭비하게 할 수 있다. 비정부 조직이 주목받는 내용을 발표할 때마다 정보 당국자들은 "대상 X에 대해 우리가 이미 알고 있는 것"의 역사를 정책 결정자들과 검토하고 왜 이 뉴스가 신짜 새로운 것은 아닌지 설명하는 데 시간을 소비하게 된다.

이것 역시 가상의 문제가 아니다. 이 문제가 현실화된 것은 2019년 1월 저명한 싱크탱크 전략국제연구센터가 북한에서 신고되지 않은 미사일 기지를 발견했으며 19곳이 더 있을 것으로 추정된다고 발표한 때였다.[95] 미신고 미사일 기지의 대부분은 이미 알려진 것이었지만,[96] 이 이야기는 ≪뉴욕타임스≫와 ≪워싱턴포스트≫의 헤드라인과 전국 텔레비전 뉴스를 장식했다.[97] "정보공동체가 워싱턴 D.C. 쪽에 많은 설명을 해야만 했을 걸로 확신합니다." 어느 전직 공무원의 말이다.[98]

그리고 적들이 대응 수단을 마련할 위험도 있다. 공공 영역에서 영리하게 핵을 추적하면 적들이 자신들에게 존재하는지 몰랐던 위장, 은폐, 기만 기술상의 약점에 대해 알게 될 수 있다. 군대는 항상 취약점을 극복하고 상대방의 이점을 무력화하는 방법을 고민한다. 잠수함의 발명은 소나로, 폭격기의 발명은 레이다로, 탱크의 발명은 대전차 미사일로 이어졌다. 오늘날 구글어스가 등장하면서 중국이 더 빈번해진 위성 촬영으로부터 군사 시설을 은폐하려는 새로운 노력을 시작했다는 증거가 있으며,[99] 서방 언론이 공개출처 영상을 사용하여 보도하자 북한은 원자로 중 하나의 온수 냉각 라인을 은폐하였고 분석관들은 원자로에서 무기급 플루토늄이 생산되는지 여부를 더 이상 알 수 없게 되었다.[100]

2016년 비확산연구센터 연구원 데이브 슈머러Dave Schmerler는 사진 속 방안의 물체를 표식으로 삼아 (디스코볼이라고 불리는) 북한 최초 원자폭탄의 크기를 측정하고 사진이 촬영된 건물의 위치를 찾아내는 데 성공했다. 북한의 그 다음 핵탄두 사진은 아무것도 측정할 수 없도록 완전히 하얀 방에서 촬영되었다.[101] 슈머러의 연구가 이러한 변화를 촉발했는지 여부는 알 수 없다. 그러나 역학 관계는 잘 알려져 있다. 새로운 지표나 감시 방법이 공개될 때마다 대응책이 뒤따를 가능성이 높기 때문에 향후 감시가 더욱 어려워진다. 결론은 단기적인 정보 이득이 생각지도 못하게 훨씬 더 큰 장기적인 정보 손실을 초래할 수 있다는 것이다.[102]

미래는 현재와 같지 않을 것이다

핵 위험을 예측하는 것은 더 이상 정부만의 일이 아니다. 소형 위성 혁명, 온라인 정보와 연결성의 증가, 자동화된 분석의 발전 덕분에 정부 바깥의 개인과 조직이 새롭고 중요한 역할을 수행하고 있다. 선도적인 비정부 핵 정보 관련 단체들은 이미 미국 정보기관과 국제 비확산기구의 필수 파트너가 되어 북한, 이란 등의 불법 핵 활동에 대해 더 빠르고 더 나은 정보 평가를 가능하게 해주고 있다. 비정부 핵 정보 단체들은 조약 준수 여부를 감시하고, 잘못된 분석을 식별하며, 허위 주장을 폭로하는 데 있어서도 중추적인 역할을 하고 있다.

이러한 비정부 핵 정보 단체 중 일부는 미국 정보공동체의 역량에 필적하거나 경우에 따라서는 이를 능가하는 광범위한 전문성을 축적하고 있다. 이러한 단체는 새로운 첨단 기술 도구를 사용하는 전직 국제 무기 사찰관, 핵물리학자, 고위 정부 관리, 영상 분석가, 지리 전문가, 학자 등 다양한 사람들의 재능을 활용하고 있다. 이들의 작업은 모두 기밀이 아니기 때문에 정부 안팎으로 정보를 공유할 수 있는 새로운 길을 제공하며, 또한 정책결정자들이 유리한 정보만 골라내거나, 잘못된 묘사를 하거나, 해석을 틀리거나, 특정 정책을 지지하는 정보만 선택적으로 공개함으로써 정보를 오용하는 것을 더욱 어렵게 만든다.

그러나 이 생태계는 위험을 수반하기도 하는데, 특히 기술 도구가 확산되고 더 많은 개인과 조직이 이를 사용하면서 그 가능성이 더욱 커지고 있다. 비밀이 아닌 세계에서는 정보가 "야생으로" 유출되는 것을 막는 법적 또는 관료적 방화벽이 존재하지 않는다. 따라서 잘못된 분석이 검증되기도 전에 널리 퍼지고 기만행위가 만연할 수 있다. 이렇게 세상이 진화함에 따라 미국 정보기관은 자체 작업을 검증하기보다는 다른 곳에서 수행한 작업을 검증하는 데 더 많은 시간을 할애하면서 효율성이 저하될 수 있다. 좋은 공개출처 정보라도 역효과를 일으켜 위기를 고조시키고 민감한 협상을 결렬시키며 적들이 향후 핵 정보 수집을 더욱 어렵게 만드는 대응 조치를 취하도록 유도할 수 있다.

지금은 초기 단계이다. 공개출처 핵 위협 정보가 미국의 정책 결정에 미치는 영향은 아직 많은 부분이 불확실하다. 공개출처정보가 언제, 어디서, 어떻게 중복적이거나, 추가적이거나, 명확하게 해주거나, 맞거나 틀릴 수 있을까? 정보 투명성은 어떤 상황에서 도움이 되고 어떤 상황에서 해가 될까? 핵 탐색이 더욱 정교해지고 만연해짐에 따라 핵 은닉은 어떻게 변화할까? 공개출처 핵 위협 정보가 핵 확산자의 보안 부담을 가중시켜 프로그램 속도를 늦추는 등 비용을 증가시키게 될까? 이러한 질문이 시사하듯이 더 많은 학문적, 정책적 작업이 필요하다.

앞으로는 진화하는 공개출처 핵 위협 정보의 이점을 극대화하고 위험을 완화하는 것이 필수적이다. 그 과정은 미래가 현재와 같지 않을 것이며 현재 시스템에 약점이 있다는 것을 인식함으로써 시작된다.

오늘날 공개출처 핵 위협 정보는 미국과 서방의 민주주의 동맹이 주도하고 있다. 많은 주요 조직은 비확산 임무에 대한 책임감을 갖고 엄격한 품질 기준을 준수하며 미국 및 동맹국 정부 관리들과 긴밀히 협력하는 전문가들로 채워져 있다. 그러나 이 모든 것은 비공식적이다. 정부가 이들 조직에 공식적으로 우선순위를 지정해 주지 않으며, 각 조직은 구성원들이 개인적으로 중요하거나 흥미롭다고 생각하는 것 또는 조직을 유지하는 데 필요하다고 생각하는 것을 바탕으로 무엇을 어떻게 수집하고 분석할지 스스로 결정한다. 또한 공개출처 핵 위협 정보에 대한 공식화되거나 표준화된 품질 관리 안내서도 없다. 오늘날 표준이 매우 높은 경우가 많지만 전적으로 자체적인 결정에 따른 것이다.

미국이 주도하는 이 비공식적인 생태계는 미국의 국익에 잘 부합한다. 그러나 미래에는 더 많은 국가와 조직에서 더 많은 사람들이 참여하게 될 것이며, 이들은 가치가 다르고, 전문성과 책임감이 부족하고, 미국 및 동맹국 정보 당국자 및 정책결정자들과의 연결성은 떨어질 것이다. 중국은 이미 상업용 위성을 운영하고 있으며, 앞으로 몇 년 뒤에는 상업용 위성 사업이 더욱 국제화될 것으로 예상된다.[103] 지금은 중요한 질문을 던져야 할 때다. "미래에 더욱 붐비고 덜 우호적인 공개출처 세계는 어떤 모습일까?"

이를 위해서는 선도적인 비정부 핵 정보 수집가와 분석가 사이에서 현재의 모범적인 사례, 규범, 관계를 성문화하고 제도화할 방법을 찾는 것이 중요한 첫걸음일 것이다. 다행히도 표준을 수립하고, 공통의 규범을 발전시키고, 기능을 개선하기 위한 초기 노력이 진행 중이다. 2019년 7월, 스탠리 평화안보센터Stanley Center for Peace and Security라는 비영리 단체는 공개출처 공동체의 윤리적 문제를 조사하고 이를 해결하기 위한 권고안을 개발하기 위해 이해관계자 국제 워크숍을 연달아 개최했다.[104] 나쁜 소식은 이러한 계획이 선의의 비정부 행위자들뿐 아니라 잠재적인 적들에게도 기준과 기술을 개선하는 계기가 된다는 점이다.

제 10 장

사이버 위협 해독하기

우리에게는 우주를 향해 주먹을 휘두르며
더 단순한 시대를 동경할 여유가 없습니다.
—수전 M. 고든, 국가정보수석부장, 2017-2019[1]

고함이 터져 나오고 화염이 치솟았다.[2] 2016년 5월 21일 정오, 휴스턴의 이슬람 전도 센터에서 두 개의 격렬한 시위가 벌어졌다.[3] 길 한쪽에서는 텍사스의 심장Heart of Texas이라는 단체가 "텍사스의 이슬람화를 막자"는 집회를 열었는데,[4] 시위자들은 남부 동맹 깃발을 들고 "백인의 생명은 소중하다White lives matter"는 티셔츠를 입고 있었다. 다른 쪽에서는 미국 무슬림 연합United Muslims of America이 "증오 금지"와 "지구 평화"를 외치는 수제 플래카드를 들고 "이슬람을 이해하기" 위한 반대 시위를 벌였다.[5]

진짜 미국인. 진짜 분열. 진짜 분노. 이 모든 것이 텍사스의 한 거리에서 벌어지고 있었다.[6] 이 모든 장면은 크렘린이 선동한 것이지만 시위대 중 누구도 그것을 알지 못했다.[7]

텍사스의 심장과 미국 무슬림 연합은 크렘린의 지원을 받는 인터넷연구소Internet Research Agency, IRA라는 비밀스러운 조직이 만든 페이스북 단체였다.[8] 러시아 상트페테르부르크의 평범한 사무실에서는 미국인으로 가장한 수백 명의 트롤troll*이 24시간 교대로 근무하며 미국인 팔로워를 끌어들이기 위해 영어로 트윗, 좋아요, 친구 추가, 공유를 하고 있었다.[9]

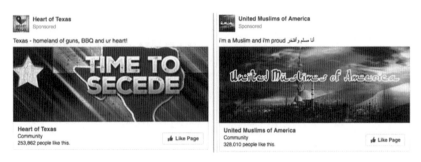

그림 10.1 러시아의 페이스북 기만 활동, 2016

출처: Exhibits used by Senator Richard Burr (R-NC), Senate Select Committee on Intelligence Hearing, November 1, 2017.

이것은 하룻밤 사이에 이루어진 것이 아니다. 상원 정보위원회는 러시아의 온라인 영향력 작전을[10] "치밀하고 계획적"이라고 묘사했다.[11] 2014년에는 두 명의 러시아 요원이 정보수집 임무를 위해 미국을 방문하여 미국 정치 활동가들을 만나기도 했는데, 이는 소셜미디어 속임수를 더 현실적이고 효과적으로 만들기 위한 것이었다.[12]

효과가 있었다. 수천 명의 미국인에게 이 페이스북 단체들은 진짜처럼 보였다. 그림 10.1에서 볼 수 있듯이 텍사스의 심장의 페이지에는 "분리 독립할 때가 왔다"라는 문구가 새겨진 하트 모양의 텍사스 깃발과 "텍사스 - 총, 바베큐, 당신 심장의 고향!"이라는 슬로건이 있었다. 이 캠페인은 이민 반대 및 무슬림 반대 정책을 옹호하는 25만 명 이상의 팔로워를 끌어모았다.[13]

미국 무슬림 연합의 페이지 역시 실제처럼 보였으며, 친이슬람적인 주제를 홍보하면서 32만 명 이상의 페이스북 팔로워를 끌어모았다. 이 단체의 아랍어와 영어 슬로건은 "나는 무슬림이고 자랑스럽다"였다.[14]

러시아 트롤들은 페이스북에서 같은 날, 같은 시간, 같은 장소에서 열리는

---

*　스칸디나비아 신화의 괴물, 또는 인터넷 토론방에 사람들의 화를 부추기는 메시지를 보내는 사람.

두 개의 휴스턴 집회를 조직했다. 또한 이들은 더 많은 군중을 끌어모으기 위해 텍사스의 심장과 미국 무슬림 연합의 페이스북 광고를 구매했고 약 1만 5000명이 광고를 보았다.[15] 목표는 가상 세계와 현실에서 미국인들 사이에 갈등을 조장하는 것이었다.[16]

텍사스의 심장와 미국 무슬림 연합은 페이스북,[17] 트위터,[18] 인스타그램, 유튜브[19]에서 미국인을 사칭하는 수천 개의 가짜 소셜미디어 계정 중 두 개에 불과했다. 이 가짜 계정의 목적은 선동적인 견해를 퍼뜨리고 정치적 불화를 일으키며 2016년 대선을 방해하는 것이었다.[20] 대선을 앞두고 크렘린이 페이스북 플랫폼에서 선동한 콘텐츠는 1억 2600만 명 이상의 미국인에게 도달한 것으로 추산되며 이는 미국 인구의 3분의 1이 넘는다.[21]

소셜미디어의 무기화는 러시아 대통령 블라디미르 푸틴의 정보전쟁 작전의 한 측면에 불과했다.[22] 민주당 전국위원회Democratic National Committee와 민주당 대선 후보 힐러리 클린턴 선거캠프 시스템 해킹, 훔친 정보를 위키리크스에 공개, RT아메리카(과거 러시아투데이)와 같은 러시아 국영 언론을 통한 선전 확산, 유권자 등록 데이터베이스가 포함된 주 및 지역 선거 기반시설 침투[23] 등은 크렘린이 지원하는 작전 중 일부였다.

미국 정보공동체는 푸틴의 목표가 미국의 민주주의를 약화시키고 2016년 대선에서 공화당 후보 도널드 트럼프에게 유리한 환경을 조성하는 것이라는 결론을 내렸고, 초당파적인 상원 정보위원회 조사도 같은 의견이었다.[24] 데이비드 코언David Cohen 전 CIA 차장의 더 화려한 표현을 빌리자면 "그들은 도널드 트럼프가 이기고 힐러리가 지기를 원했지만, 다른 무엇보다도 우리를 엿 먹이고 싶어 했다".[25]

미국 정보기관들은 러시아가 전개하는 선거 개입 활동의 많은 부분을 신속하게 감지하고 오바마 대통령에게 경고했지만[26] 소셜미디어 작전은 전혀 예상하지 못했다.[27] 선거 한 달 전, 제 존슨Jeh Johnson 국토안보장관과 제임스 클래퍼 국가정보장은 러시아의 선거 개입에 대해 드물게 공개 경고를 발표

했는데, 소셜미디어는 언급도 되지 않았다.[28]

존슨은 나중에 러시아의 소셜미디어 작전에 대해 "무언가 … 우리가 이제 막 보기 시작한 것이다"라고 말했고,[29] 클래퍼는 회고록에서 "2015년 여름만 해도 러시아의 하급 정보관들이 소셜미디어에서 미국인으로 위장할 수 있다는 사실은 상상도 못했을 것이다"라고 썼다.[30] 정보공동체는 훨씬 나중에야 러시아의 소셜미디어 작전의 전체 규모를 이해할 수 있었다.[31]

러시아의 2016년 대선 개입은 사이버 전쟁의 새로운 시대가 열렸음을 알리는 동시에 미국 정보기관에 대한 심판의 순간이었다. 푸틴은 총 한 번 쏘지 않고도 미국 민주주의를 내부에서 약화시킬 수 있는 강력한 새 수단, 즉 미국인의 신념과 행동을 조작하는 방법을 발견했다. 그리고 쑤틴은 소셜미디어 플랫폼을 원래 의도대로, 즉 같은 생각을 가진 사람들을 대규모로 모으는 데 사용했다. 소셜미디어는 그의 무기고에서 가장 쉽고 저렴한 무기로 밝혀졌다.

이 장에서는 사이버 위협이 왜, 어떻게 진화했는지, 오늘날 사이버 위협은 어떤 모습인지, 이것이 정보에 어떤 의미가 있는지, 그리고 사이버 위협이 제기하는 주요 과제는 무엇인지 살펴본다. 앞으로 살펴보겠지만, 사이버 위협만큼 광범위하고 빠르게 변화하는 세계적 위협은 없다. 그리고 사이버 위협만큼 정보의 역할이 필요한 안보적 과제도 없다.

다른 종류의 전쟁터

사이버 공격은 "컴퓨터 시스템이나 네트워크 또는 이러한 시스템이나 네트워크에 상주하거나 전송되는 정보 및/또는 프로그램을 변경, 중단, 기만, 저하, 또는 파괴하는 고의적인 행위"로 정의된다.[32] 간단히 말해 사이버 공격에는 디지털 시스템에서 정보의 '기밀성confidentiality', '무결성integrity', 또는 '가용성availability'*을 변경하는 모든 활동이 포함된다.

이러한 단어 정의 아래에는 데이터가 가진 힘과 오늘날 전장의 윤곽에 대한 중대한 변화가 숨어 있다.

지정학에서 정보는 항상 중요했지만, 역사상 대부분의 시간 동안 물리적 자원이 더 중요했다. 더 좋은 농지, 더 건강한 가축, 더 큰 군대, 더 튼튼한 요새, 더 좋은 무기, 더 빠른 배를 가진 자가 번영했다. 유형 자산은 무역을 창출하고 사회를 변화시키며 전쟁을 승리로 이끌었다.

이와 대조적으로 오늘날에는 기업의 시장 지배력, 정부의 국내 정치력, 국가의 군사력 등 모든 권력에 데이터가 훨씬 더 필수적인 요소가 되었다. 오늘날 세계 경제의 약 3분의 2가 유형 상품이 아닌 무형 서비스에 기반을 두고 있으며,[33] 일부 전문가들은 향후 15~25년 내에 전 세계 일자리의 최대 40%가 자동화될 것으로 예상한다.[34] 권위주의 정권은 자국민을 통제하기 위해 시민의 활동, 위치, 관계를 추적하는 지속적인 데이터 스트림data streams**에 점점 더 의존하고 있다. 현대 전쟁은 우주에서의 확고한 지휘, 통제, 통신에 의존한다. 전직 고위 정보 관리였던 수전 고든은 대량살상무기를 제외하면 "정말 성가신 위협은 모두 데이터를 겨냥한 것과 데이터를 통한 것이다"라고 지적했다.[35]

사이버 공격의 숫자와 규모가 급증하는 것은 우연이 아니다. 데이터의 가치가 전례 없이 중요해졌기 때문에 데이터는 전례 없는 공격을 받고 있다. 많은 사람들은 지정학적 경쟁을 촉진하는 귀중한 자원인 석유에 빗대어 데이터를 "새로운 석유"라고 부른다.[36]

이 비유는 여러 면에서 부족하다. 석유와 데이터의 차이는 극명하며, 이 차이를 통해 세상이 얼마나 많이 변화하고 있는지 통찰할 수 있다. 석유는

---

* 정보보호의 3요소로, 정보를 보호하려면 허락받지 않은 사람이 정보를 열람(기밀성 위배), 수정(무결성 위배), 삭제(가용성 위배) 할 수 없도록 해야 한다.

** 실시간으로 계속해서 수집되는 데이터

희소하기 때문에 가치가 있지만, 데이터는 희소하지 않기 때문에 가치가 있다. 데이터는 본질적으로 무한하며 누구나 얻을 수 있어 네트워크 효과를 창출한다. 석유는 지리적 제약이 있어 일부 국가가 다른 국가보다 더 강력한 힘을 발휘한다. 데이터는 지리적 제약이 없기 때문에 강대국도 공격에 취약할 수 있다(아래 더 자세한 내용이 있다). 적들은 석유를 물로 바꾸거나 석유가 아닌 것처럼 보이게 만들 수 없다. 하지만 데이터로는 그렇게 할 수 있는데, 데이터를 손상시키거나 불확실성을 크게 증가시켜 아무도 신뢰하지 않게 만들 수 있다. 데이터는 강하면서도 약하다.

위의 논의에서 시사하듯이 사이버 공간은 다른 어떤 전쟁터와도 다르다. 군의 전통적인 공중, 육상, 해상 영역은 모두 인공이 아닌 자연이나. 사연은 일부 국가에게는 지리적 이점을, 다른 국가에게는 취약점을 제공한다. 예를 들어 대서양 가장자리에 고립된 위치라는 이점은 포르투갈 제국이 15세기 서아프리카 연안을 따라 해양 원정과 노예 사업을 하는 발판으로 작용했다. 수세기 동안 미국의 양쪽 바다는 외세의 침략으로부터 미국을 보호하고 있다. 외국 군대가 워싱턴으로 진군한 것은 1812년 전쟁이 마지막이었다.

대조적으로 사이버 공간은 인공적이며 본질적으로 안전하지 않다. 인터넷은 보안을 염두에 두고 설계된 적이 없다. 1969년에 이미 서로를 알고 신뢰하는 소수의 학술 연구자들을 연결하기 위해 만들어진 것이다. 사이버 공간에는 외부 세력으로부터 사람이나 자산을 보호할 수 있는 산이나 바다가 존재하지 않는다. 좋은 이웃과 위험한 이웃은 불가피하게 연결되어 있다. 우리는 모두 지리적으로 운이 좋지 않다.

물리적인 세계에서는 가장 강력한 군대를 보유한 국가가 더 안전하다. 더 좋은 배를 가진 해군이 바다를 지배할 가능성이 크고, 더 크고 우수한 지상 병력을 보유한 육군이 지상전을 지배할 것이다. 항속거리, 스텔스, 기동성이 뛰어난 공군은 공중 패권을 차지할 것이다.

사이버 세계에서는 그렇지 않다. 힘과 취약성이 비례한다. 대체로 가장 강력한 국가가 디지털로 가장 많이 연결된 국가이기 때문이다. 미국과 같은 선진 자본주의 민주국가는 일, 학습, 사고, 통치, 쇼핑, 대화, 거래, 여행, 스파이 활동, 전쟁 등 모든 것을 컴퓨터 네트워크와 시스템에 의존하고 있다. 디지털 기술에 대한 의존은 강점과 약점을 동시에 가져온다.

2014년 북한의 소니픽처스Sony Pictures 사이버 공격을 생각해 보라.[37] 이 은둔 왕국은 세계에서 가장 영향력 있는 엔터테인먼트 기업 중 하나를 마비시키고, 공동 회장인 에이미 파스칼Amy Pascal을 사퇴시키고, 소니가 김정은 암살을 묘사한 코미디 영화 개봉을 강행할 경우 영화관에서 폭력을 행사하겠다고 직접 위협했으며, 미국 내에서 언론의 자유를 인질로 잡고, 미국 대통령까지 관여하게 된 중대한 국가안보 사고를 일으켰다.[38]

그러나 미국의 보복으로 보이는 공격으로 북한의 인터넷이 다운되었을 때[39] 북한의 웹사이트는 28개에 불과했기 때문에 그 영향은 눈에 띄지 않았다.[40] 인구의 10%만이 휴대전화를 소유한 나라에서는 인터넷을 차단해 봤자 차단된 것이 별로 없었다.[41]

사이버 위협의 진화: 10년간 달라진 것

사이버 위협은 어지러울 만큼 빠른 속도로 진화했다.

지금은 상상하기 어렵지만 2007년 말만 해도 정보공동체의 연례 위협 평가에 '사이버'라는 단어가 단 한 번도 등장하지 않았다.[42] 2009년에도 사이버 위협은 우선순위 목록에서 매우 낮은 순위였으며 45페이지로 구성된 위협 평가에서 38페이지에, 서아프리카의 마약 밀매 바로 밑에 묻혀 있었다.[43]

불과 5년 뒤에는 세상이 아주 달라져서 사이버가 2012년 정보기구 위협 목록의 최상위 층으로 올라갔다.[44] 2013년 국가정보장DNI은 사이버를 미국에 대한 최고의 위협으로 선정했는데, 9·11 이후 처음으로 테러리즘보다 순

위가 앞선 것이다.[45]

당시 정책결정자들은 주로 물리적 파괴 가능성에 대해 우려했다. 2012년 레온 파네타 국방장관은 공개 기조연설에서 "사이버 진주만"에 대해 경고했다. 파네타 장관은 진주만의 교훈을 전달하고자 항공모함을 박물관으로 개조한 '인트레피드Intrepid함' 갑판에서 자신이 가장 우려하는 사이버 공격 시나리오 목록을 나열했다. 사이버 공격으로 전력망 중단, 열차 탈선, 상수도 오염, 군사 통신망 무력화, 또는 중요 기간시설에 대한 다중 동시 공격으로 인해 물리적 피해, 인명 손실, 국가적 공황이 일어나는 것이었다.[46] "파네타, 미국에 대한 사이버 공격의 심각한 위협 경고"라는 ≪뉴욕타임스≫의 요란한 헤드라인이 뒤를 이었다.[47]

파네타의 발언은 사이버 전쟁 행위가 물리적 전쟁 행위와 매우 유사하게 규모가 크고 눈에 잘 띄며 피해가 클 것이라는 일반적인 견해를 반영한 것이다. 이를 사전에 억제하고 방어하는 것이 과제였다.

2015년 4월, 나는 애쉬 카터 국방장관을 스탠퍼드에 초청하여 교수진, 학생, 실리콘밸리 기술 리더로 가득 찬 강당에서 새로운 국방부 사이버 전략을 발표하도록 했다. 몇 달 전 카터는 내가 스탠퍼드에서 공동 책임을 맡고 있던 연구센터의 회원이 되었다. 그는 학생들이 사선서를 타고 휙휙 시나나니는 캠퍼스의 "죽음의 원" 로터리를 헤쳐나가는 방법을 배우고 있던 무렵 국방부 최고위직을 제안받았다. 4월에는 캠퍼스로 돌아와 오랜 스승인 스탠퍼드 핵물리학자 시드니 드렐Sidney Drell의 업적을 기념했다.

하지만 카터는 실리콘밸리를 방문해 정부에 도움이 필요하다는 점을 강조하기도 했다. 새로운 위협으로 인해 미국의 기술 지도자와 정치 지도자 간에 새로운 협력이 시급히 필요했다. 그의 메시지는 생각보다 훨씬 더 선견지명이 있었다. 바로 그 순간, 러시아는 이미 페이스북과 기타 소셜미디어 플랫폼을 사용하여 정보전쟁을 벌이고 있었지만 강당에 앉은 사람은 아무도 몰랐다.[48]

카터의 사이버 전략은 새로운 위협 환경에 대한 비전과 국방부가 이에 어떻게 대처할 것인지를 명확히 제시함으로써 큰 진전을 이루었다. 카터는 국방부에 세 가지 핵심 사이버 임무가 있다고 말했다. 군사 시스템, 네트워크, 정보를 공격으로부터 보호하고, 필요할 때 군사 작전과 비상 계획을 지원하는 사이버 역량을 제공하며, "중대한 결과를 초래하는 사이버 공격"으로부터 미국과 미국의 이익을 방어하는 것이다.[49]

"중대한 결과를 초래하는 사이버 공격"이란 정확히 무엇일까? 이것이 문제였다.[50] 국방부는 사이버 공간에서 .mil 도메인을 방어할 책임이 있지만, 국방부가 언제 또는 어떻게 평범한 미국인들의 회사, 조직, 디지털 보안과 같은 다른 모든 것을 보호할 책임을 지는지는 명확하지 않았다. 사이버 공격이 정부의 보호, 억지, 또는 대응을 촉발할 만큼 충분히 중요해지는 시점은 언제일까?

그 임계점을 이해하는 것은 어렵고 시급한 작업이었다. 당분간 대통령과 국가안보팀은 "그때그때 구체적 사실에 기반하여" 중대한 결과를 결정할 것이지만, 2015년 사이버 전략에서는 "중대한 결과에는 인명 손실, 재산에 대한 중대한 피해, 미국의 외교정책에 대한 심각한 악영향, 또는 미국에 대한 심각한 경제적 충격이 포함될 수 있다"고 명시했다.[51]

다시 말해, 국가안보 지도자들은 사이버 전쟁의 임계점을 사전에 명확히 규정할 수는 없었지만 임계점이 존재한다고 믿었다. 임계점에는 아마도 관찰할 수 있는 단기적인 피해도 포함되었을 것이고, 그 선을 넘으면 분명하게 알 수 있었을 것이다.

이 전략이 누군가를 억지했는지는 아무도 모른다. 하지만 사이버 전쟁의 임계점이라는 개념은 금세 무의미해졌다. 대신 사이버 전쟁은 정부의 공식적인 인정 없이 전쟁과 평화 사이의 회색 지대에서 이루어지는 공작처럼 보였다.[52] DNI의 위협 평가에 '사이버'라는 단어가 등장하지 않았던 때로부터 불과 10년 만인 2017년에는 사이버 전쟁이 매일 일어나고 있었고, 이는 과거에 볼 수 있었던 어떤 전쟁과도 달랐다.

독일군이 폴란드로 진격하고, 미국의 원자폭탄이 일본에 투하되고, 이라크 탱크가 쿠웨이트로 진격하는 등 물리적 전쟁에는 대규모 군사 동원과 전략적 타격이 수반된다. 반면 사이버 전쟁은 공격자가 매번 한 번의 해킹이나 트윗으로 결과에 영향을 미치는, 매 순간 피를 흘리게 만드는 교묘한 활동에 가까웠다. 각각의 공격은 개별적으로 보면 억지나 보복의 대상으로 삼기에는 너무 작을 수 있다. 하지만 누적되면 수십억 달러에 달하는 지적 재산과 첨단 혁신 기술을 훔치고, 무기 체계를 망가뜨리고, 스파이 망 전체를 노출하고, 대규모 혼란을 야기하는 등 엄청난 피해를 초래할 수 있다.[53] 사이버 공간에서는 전쟁의 성격이 완전히 달라진 것이다.

불확실성이 훨씬 더 큰 역할을 했다. 피해자들은 수개월, 심지어 수년 동안 공격 당했다는 사실을 모를 수도 있다. 설사 공격 사실을 알았다고 하더라도 누구에게 책임이 있는지 신속하고 확실하게 밝혀내어 공개적으로 책임을 돌리는 것은 어려웠다. 컴퓨터로 공격을 추적할 수는 있지만, 키보드를 치는 사람이 누구이고 외국 정부나 단체와 어떤 관계가 있는지 알아내는 것은 매우 어려운 일이었다.[54]

전문가들은 이것을 "귀속 문제attribution problem"라고 부르는데, 공격 억지력의 핵심 요소와 충돌하는 것이기 때문에 특히 골치 아픈 문제였다. 학자들은 억지 이론의 논리에 대해 많은 글을 썼지만, 그 핵심은 애초에 나쁜 일이 일어나지 않도록 신뢰할 수 있는 위협을 가하는 것이다. 억지란 적에게 "그렇게 하면 후회할 것"이라고 경고하는 것이다. 모든 부모는 억지 전문가로서 처벌하겠다고 위협하여 아이들의 품행을 형성한다. "동생을 때리면 디저트 / 텔레비전 볼 시간 / 휴대전화를 뺏길 줄 알아."

성공적인 억지에는 세 가지 요건이 있다. ① 용납할 수 없는 행동에 대한 명확한 한계선, ② 위반자를 처벌할 수 있는 신뢰할 수 있는 능력과 의지(그렇지 않으면 위협은 공허해진다), ③ 범인을 신속하게 식별하는 능력이다.[55]

'신속하게'라는 단어에 주목하라. 가해자를 식별하는 것만으로는 '결국' 충분하지 않다. 어느 날 집에 돌아와 보니 부엌이 엉망이 되어 있고 세 명의 아이들이 서로를 손가락질하고 있다고 상상해 보라. 아이들이 앞으로 어지르는 것을 억지하기 위해 이렇게 위협한다. "6개월 이상은 걸리겠지만, 너희 중 누가 잘못했는지 알아내면 언젠가 벌을 줄 거야!"

책임 귀속에 시간이 오래 걸릴수록 처벌 위협은 약해지고 억지력은 흐트러진다. 빠른 귀속은 중요하지만 사이버 공간에서는 다른 곳보다 훨씬 더 어렵다.

2016년 대선을 통해 다른 사실이 밝혀졌다. 사이버 전쟁은 기계뿐만 아니라 사람의 마음까지 해킹하여 기만정보를 퍼뜨리고 사회를 내부로부터 무너뜨릴 수 있었다. "당면한 위협은 폭발이 아니라 부식을 일으킵니다." 2018년 전 국방부 정책차관 미셸 플러노이Michèle Flournoy와 국방부 사이버 고문 마이클 설마이어Michael Sulmeyer의 지적이다.[56]

사이버 위협이 진화함에 따라 사이버 전략도 진화하고 있다. 2018년에 국방부는 들이닥치는 공격에 몸을 웅크리고 미국 컴퓨터 시스템을 방어하는 것에서 벗어나 전진방어Defend Forward라고 불리는 선제적이고 '매일 맞서 싸우는' 전략을 채택했다.[57] 규제는 작동하지 않았으므로 더 많은 일을 해야 할 때였다. 언제 닥칠지 모르는 사이버 진주만을 기다리는 대신, 미국 사이버사령부Cyber Command는 미국 컴퓨터 시스템과 네트워크 외부에서도 사이버 적들과 싸우며 항상 경쟁하기로 했다. "사이버사령부는 미래의 위기에 대비하는 것 이상으로 현재의 적들과 경쟁해야 한다는 것을 깨달았다." 2020년 미국 최고위직 사이버 전사 폴 나카소네 장군이 쓴 말이다.[58]

불과 10년 사이에 일어난 엄청난 변화다.

오늘날의 사이버 위협:
네 가지 주요 적대세력, 다섯 가지 공격 유형

오늘날 사이버 환경은 혼란스러워 보인다. 위협은 범죄자, 해커, 사회운동가, 테러리스트, 스파이, 군대, 심지어 부모의 지하실에서 활동하는 악랄한 청소년까지 모든 곳에서, 모든 사람으로부터 발생하고 있다. 2018년에는 온라인 인구의 3분의 2에 해당하는 약 20억 명의 사람들이 개인정보를 도난 또는 유출당했다.[59]

로버트 뮬러Robert Mueller 전 FBI 국장은 마피아보이Mafiaboy 이야기를 좋아한다. 2000년에 분산서비스거부distributed denial of service, DDoS 공격이 이베이eBay, 이트레이드e*TRADE, 야후(당시 세계 최대 검색 엔진), CNN 등을 강타했다. FBI는 수사에 착수했고, 마피아보이라는 아이디를 사용하는 15세 캐나다 소년을 찾아냈다. 경찰이 마침내 그를 체포할 때 그는 친구 집에 놀러가 밤을 새우고 정크푸드를 먹으며 영화 〈좋은 친구들Goodfellas〉을 보고 있었다.[60]

20년 후, 버락 오바마 전 대통령, 조지프 바이든 전 부통령, 비즈니스 리더인 일론 머스크Elon Musk와 빌 게이츠의 계정을 포함한 수십 개의 유명 트위터 계정이 해킹당했을 때, 범인은 탬파에 거주하며 사용자 계정을 팔려고 했던 17세의 그레이엄 이반 클락Graham Ivan Clark이었다.[61]

마피아보이와 클락의 트위터 탈취 사건 같은 이야기는 사건의 진실을 밝히는 것만큼이나 혼란을 야기하는 뉴스 헤드라인을 장식하는 경우가 많다. 사실 사이버 공간의 모든 악의적 행위자가 국가안보에 위협을 가하는 것은 아니다. 보안 침해는 천재적인 공격 작전보다는 취약한 방어 체계로 인해 발생하는 경우가 많다. 사이버 취약점이 있고 그 다음 사이버 위협이 있다.

국가안보적 관점에서 볼 때 가장 심각한 위협은 치토스 과자를 먹는 10대 청소년이 아니다. 바로 중국, 러시아, 이란, 북한 등 4개국의 지시에 따라 활동하는 잘 훈련된 정보원과 대리자다.[62] 이 4개국은 2005년 이후 국가가 후원한 것으로 의심되는 사이버 공격 77%의 배후에 있다.[63] 댄 코츠 국가정보장은 2019년에 "중국, 러시아, 이란, 북한은 점점 더 다양한 방식으로, 정신과 기계 모두를 위협하는 사이버 작전을 점점 더 많이 사용하고 있다"고 증언했다. 코츠는 이어서 러시아의 2016년 선거 개입은 시작에 불과하며, 적들이 경험을 통해 학습하면서 새로운 전술이 등장하고 있다고 주장했다.[64]

중국, 러시아, 이란, 북한이 저지른 사이버 공격은 '절도stealing', '염탐spying', '교란disrupting', '파괴destroying', '기만deceiving' 등 다섯 가지 기본 유형으로 분류할 수 있다. 일부 국가는 다른 국가보다 특정 공격 유형에 더 특화되어 있다. 때로는 여러 유형을 동시에 사용하는 국가도 있다. 그러나 각 유형은 서로 다른 효과를 추구한다.

사이버 공간에서의 절도는 큰 사업이며 지정학적 경쟁의 중요한 수단이다. 2018년 사이버 절도로 인해 세계적으로 약 6000억 달러의 비용이 발생한 것으로 추정된다. 이는 전 세계 불법 마약 거래와 맞먹는 규모다.[65] 사이버 범죄를 국가별 연간 GDP로 본다면 상위 25위 안에 들 정도다.

많은 국가가 온라인에서 절도를 저지르지만, 특히 북한은 불법 핵무기 프로그램에 자금을 조달하기 위해 금융 기관과 암호화폐 거래소를 표적으로 삼아 수십억 달러를 훔치는 등 특히 공격적인 모습을 보이고 있다.[66]

중국은 국가적 우위를 확보하기 위해 지적 재산을 사이버 절도하고 있기 때문에 더욱 심각한 문제다. 중국은 수조 달러 규모의 지적 재산을 훔친 것으로 추정되며,[67] 여기에는 미국 무기고에서 가장 정교한 항공기에 속하는 F-35 및 F-22 스텔스 전투기 프로그램과 관련된 테라바이트 규모의 데이터와 설계도가 포함되어 있다.[68] 혁신과 상업의 최전선에 있는 산업을 겨냥한 중국의 지적 재산 절도는 경제력의 핵심에 타격을 준다. 이것은 대단히 심각한 문제로 여겨지고 있는데, 한때 미국 최고위직 사이버 전사였던 키스 알렉산더Keith Alexander 장군은 이를 "역사상 가장 거대한 부의 이전"이라고 불렀다.[69] 법무부는 미국 기업에 대한 사이버 스파이 혐의로 중국 관리 5명을 기소했으며,[70] 오바마 대통령은 이를 억제하기 위해 2015년 중국 주석 시진핑과 정상회담을 열었다.[71]

해킹은 통신 시스템에 침투하여 기밀문서를 입수하고 적을 도청하거나,[72] 외국 무기 체계에 접근하거나,[73] 잠재적 포섭 대상을 식별하는[74] 등 21세기 스파이 활동에서 없어서는 안 될 부분이 되었다. 미국을 포함한 많은 국가가 해킹을 하며, 일부 국가는 다른 국가보다 더 효과적으로 수행한다.[75] 2015년 국방장관의 최고 사이버 고문은 외부 공격자들이 국방부 네트워크의 취약점을 "매일 수백만 번" 조사하고 있으며 100개 이상의 외국 정보기관이 국방 네트워크에 "지속적으로" 침투를 시도하고 있다고 증언했다.[76]

중국은 이 목록에서도 1위를 차지했다. 중국은 2015년 미국 인사관리처OPM에서 2100만 건 이상의 비밀취급인가 기록을 입수하여 민감한 직위에 있는 사람들의 개인정보가 노출되었다. 노출된 개인정보는 금융 부채, 외국인 친구, 친척, 건강 문제, 약물 남용 이력, 정신과 치료 등을 망라한다.[77] 또한 중국은 앤섬보험Anthem insurance(8000만 건), 메리어트Marriott(4억 건), 그리고 미국 내 거의 모든 성인의 신용 기록에 해당하는 에퀴팩스Equifax의 신용 기록 1억 4600만 건 등 여러 해킹 사건의 배후로 추정되고 있나.[78] 이 모든 정보는 정보 관계자의 위장신분을 노출하고 미국을 배신할 만한 취약한 대상을 식별하고 압박하는 데 사용될 수 있다.[79] 이것은 상대 국가에서 수집한 가장 크고 정교한 정보 데이터베이스로서, 베이징에는 정보 노다지고 워싱턴에는 악몽이다. "중국이 한 일에 경의를 표하지 않을 수 없습니다." 인사관리처 기록 유출 사건 이후 제임스 클래퍼 국가정보장의 언급이다.[80] 정보의 관점에서 볼 때, 이는 그야말로 걸작이었다.

러시아는 이 분야에서도 공격적이다. 2020년 12월 사이버 보안 업체 파이어아이FireEye는 정교한 기술을 가진 해커들이 유명한 네트워크 관리 서비스 업체 솔라윈즈SolarWinds의 소프트웨어를 손상시켜 침투했다고 보고했다.[81] 솔라윈즈 침해 사건은 엄청나게 심각했고, 마치 공포 영화의 한 장면처럼 피해자들은 정신없이 문을 장애물로 막았지만 가해자는 그동안 내내 집 안에 숨어 있었다는 것을 알게 되었다. 해커들은 (핵 연구소, 상무부, 국방부, 국토안보부, 법무부, 국무부, 재무부 등) 미국 정부 네트워크는 물론 거의 모든 ≪포춘≫ 500대 기업과 수천 개의 기타 조직 내부에서 수개월 동안 탐지되지 않은 채 활보했다.[82] 정보기관장들은 러시아가 솔라윈즈 사태의 배후에 있을 "가능성이 크다"고 공개적으로 발표했다.[83] 현재까지 이 침해는 혼란, 부패, 또는 파괴를 위한 사이버 공격이 아니라 정보수집을 위한 것으로 보이지만 조사는 진행 중이다. 그러나 이미 분명한 것은 피해 규모가 막대하며, 미국의 사이버 전사들과 스파이들은 파이어아이가 경보를 울리기 전까지 아무것도 감지하지 못했다는 사실이다.[84]

교란형disruptive 사이버 공격은 이미 전력망, 통신망, 기타 중요 기간시설을 표적으로 삼았다. 러시아는 이웃 국가를 테스트베드로 활용해 왔다. 2007년 에스토니아의 인터넷을 차단하고,[85] 2008년 조지아* 침공 당시 사이버 공격을 감행했으며, 2014년 우크라이나 침공 당시 우크라이나 웹사이트를 중단시켰다.[86] 2015년과 2016년 우크라이나에서 수백만 명의 전력 공급을 차단한 사이버 공격과[87] 2017년 우크라이나 은행, 기관, 기업을 대상으로 시작되었지만 세계적으로 확산되어 100억 달러 이상의 피해를 입힌 낫페트야NotPetya 사이버 공격의[88] 배후에도 러시아가 있다는 것이 거의 확실시되고 있다.

파괴는 흔하지는 않지만 여전히 큰 관심사이다. 많은 사람들에게 분수령이 된 순간은 2010년 이란의 핵무기 계획을 방해하기 위해 고안된 컴퓨터 웜이 "야생으로" 퍼진 때였다.[89](상자글 참조) 이후 보안 연구원들이 판단한 내용과 ≪뉴욕타임스≫에 보도된 바에 따르면 이 웜은 미국과 이스라엘의

---

* 옛 그루지야, 러시아와 접하고 있는 동유럽 국가

스턱스넷Stuxnet, 사이버 루비콘을 넘다

조지 W. 부시 대통령은 이란에 대해 걱정하고 있었다.[91] 이란의 지도자 마흐무드 아마디네자드Mahmoud Ahmadinejad는 기자들에게 우라늄 농축에 필요한 정교한 기계인 핵 원심분리기를 최대 5만 대까지 나탄즈 지하 시설에 설치하겠다고 말했다. 우라늄은 전기 생산이나 무기 제조에 사용될 수 있지만, 이란에는 원자력 발전소가 하나뿐이었다. 전력 생산에 그렇게 많은 원심분리기는 절대 필요하지 않았다.[92]

2006년 봄, 보좌관들은 여러 방안을 놓고 토론을 벌였다. 일부는 이란을 공격하길 원했다. 다른 이들은 미국이 이미 이라크와 아프가니스탄에서 지쳐 있는 상황에서 군사 공격은 이란을 난결시키고 보복을 촉발하며 이란의 핵무기에 대한 열망을 고착화시키는 역효과를 가져올 것이라고 생각했다. 일부는 제재를 원했다. CIA의 과거 방해 시도는 별다른 성과를 거두지 못했다.[93] 이스라엘은 일방적으로 타격하는 능력을 크게 강화하기 위해 미국에 군사 지원을 요청하기 시작했다.[94] 창의력을 발휘해야 할 때였다.

제임스 E. 카트라이트James E. Cartwright 장군에게 아이디어가 있었다. 당시 미국의 핵 억지력을 책임지고 있던 카트라이트 장군은 새로운 기술에 대해 고민하고 있었다. 미국이 사이버 무기로 이란의 원심분리기를 공격하면 어떨까?[95]

그 결괴가 스턱스넷이다. 세계에서 가장 정교한 사이버 무기이며 일반적인 멀웨어보다 50배나 코드가 길었다.[96] CIA, NSA, 이스라엘의 정예 사이버 부대 유닛 8200이 힘을 합친 것으로 알려졌다.[97] 포렌식 결과 스턱스넷은 희귀하고 귀중한 "제로데이zero day" 취약점(보안 연구원이나 소프트웨어 공급업체에 알려지지 않은 코드 결함) 네 개를 이용해 이란의 원심분리기를 작동시키는 소프트웨어를 정확히 찾았고, 내부로 확산하여 숨어 있다가 흔적 없이 파괴한 것으로 밝혀졌다.[98]

하지만 이 작전에는 사람이 필요했다. 나탄즈 컴퓨터는 인터넷에 연결되지 않은 "에어 갭air gapped" 상태였다. 미국-이스라엘 팀은 어떻게든 나탄즈 내부에 이란인들을 침투시켜 USB 드라이브로 컴퓨터를 감염시켰다. 일부만 자신이 공범이라는 사실을 알고 있었던 것으로 보인다.[99]

스턱스넷은 잠복해 있다가 갑자기 작동을 시작하면 몇 분 동안 원심분리기의

회전 속도를 높이거나 낮춘 다음 다시 숨는 작업을 반복했다. 원심분리기가 스스로 망가질 때까지. 작전에 참여한 한 관계자는 "가능한 한 오래 버티는 것이 목표였습니다"라고 말했다. "바로 대량 파괴를 했다면 … 기술이 부족했던 것처럼 보이지 않았을 겁니다."[100]

스턱스넷은 원심분리기가 정상적으로 작동하는 것처럼 보이는 가짜 데이터를 전송했는데, 이는 CCTV 화면에 가짜 비디오테이프를 틀어 보안 요원들에게 아무 문제가 없다고 안심시키는 것과 같았다.

전문가들은 이란의 원심분리기 6000대 중 1000대가 파괴된 것으로 보고 있지만, 이란의 핵 개발이 얼마나 지연되었는지에 대해서는 이견이 있다.[101]

평시에 다른 국가의 핵심 기간시설을 파괴하는 사이버 공격이라는 새로운 유형의 무기가 탄생했다. "이것은 1945년 8월의 냄새가 납니다." 과거 NSA 국장과 CIA 부장을 역임한 마이클 헤이든은 원자폭탄의 출현을 언급하며 말했다. "엄청난 사건입니다."[102]

합동 비밀작전의 결과물이었다.[90]

이란의 공격적인 사이버 작전은 2012년 사우디아라비아 컴퓨터 3만 대를 파괴한 공격과[103] 2014년 라스베이거스 샌즈카지노Sands Casino의 하드 드라이브를 삭제한 공격[104] 등 파괴적인 공격에 중점을 두고 있다. 같은 해, 소니픽처스는 북한의 기괴한 공격으로 수천 대의 컴퓨터와 서버가 파괴되었고 회사가 휘청거렸는데, 모두 세스 로건Seth Rogen의 코미디 영화 〈인터뷰The Interview〉에 대한 보복 행위였다.[105]

기만하기 위한 사이버 공격은 가장 최근에 등장했다. 물론 기만은 오래전부터 존재해 왔다. 기원전 480년 테미스토클레스Themistocles라는 아테네 장군은 이중스파이를 이용해 페르시아 해군을 좁은 살라미스 해협으로 유인하고, 기동력이 뛰어난 소규모 그리스 함대로 기습하여 물리쳤다. 미국 독립혁명 당시 조지 워싱턴의 모래로 채운 화약통, 유령 군대에 보내는 편지, 거짓으로 배치한 프랑스 제빵 오븐은 전쟁에서 승리하는 데 도움이 되었다.

하지만 사이버 기만은 훨씬 더 광범위한 범위, 속도, 정교함, 가용성으로 작동한다는 점에서 다르다.

지금까지 기만은 지도자들끼리 서로를 속이는 엘리트들만의 일이었고 나머지 사람들은 영향을 받지 않았다. 워싱턴은 독립전쟁에서 승리하기 위해 소수의 영국 장군만 속이면 되었다. 연합군의 기습적인 D-데이 상륙 작전은 히틀러와 그의 지휘관들에게 노르망디가 아닌 파드칼레가 침공 지점이라고 믿게 만드는 데 달려 있었고, 이를 위해 유령 부대, 가짜 상륙정, 거짓 통신, 이중스파이 등을 이용하였다. 1962년 소련이 쿠바에 핵무기를 배치할 때는 케네디 대통령에게 거짓말을 하고 핵미사일을 운반하는 함장을 비롯한 대부분의 소련군 지도자들에게 핵미사일 배치 사실을 숨겨야 했다.[106]

오늘날 사이버를 이용한 기만 작전은 국경을 넘어 대중의 여론을 형성하여 우리 모두를 속이려고 한다. 연결 기술은 특히 언론의 자유가 보장되는 민주 사회에서 이전에는 상상할 수 없었던 규모와 속도로 거짓 메시지를 퍼뜨릴 수 있게 해준다.

냉전 시대에 소련은 "적극적 조치" 작전에 착수하여 거짓 이야기를 만들어 느리게나마 확산시켰다. 케네디 암살에 CIA가 연루되었다는 주장이 대표적이다.[107] 가장 잘 알려진 이야기는 인도의 어느 무명 신문에서 미군이 에이즈 바이러스를 만들었다는 음모론을 퍼뜨린 것이다. 이 기사가 국제적인 주목을 받기까지 수년이 걸렸다.[108]

이제 러시아의 기만정보는 소셜미디어, 인터넷 웹사이트, 위성 텔레비전, 전통적 라디오와 텔레비전 등 상상할 수 있는 모든 형식(문자, 비디오, 오디오, 사진)과 정보 채널을 통하여 몇 시간 내에 수백만 명에게 도달하도록 설계된다.[109]

규모가 핵심이다. 트위터는 2016년 대선 운동 기간에 러시아가 5만 개 이상의 자동화된 계정 또는 봇을 사용하여 선거 관련 콘텐츠를 트윗한 것으로 추정하고 있다. 트위터와 페이스북은 가장 잘 알려진 기만정보의 슈퍼 고속도로지만, 그 외에도 많은 경로가 있다. 러시아 요원들은 포챈4chan에서 핀터레스트Pinterest에 이르기까지 모든 곳에 침투했다.[110]

국가가 공개적으로 자금을 지원하는 언론 매체는 허위 메시지 증폭에 이용된다. 예를 들어, 2019년 RT(과거 러시아투데이)[111]는 연간 3억 달러의 예산, 합리적인 뉴스처럼 보이는 여러 언어로 된 방송 편성,[112] 그리고 300만 명 이상의 유튜브 구독자를 보유하고 있다. 이는 폭스뉴스, CBS뉴스, NBC 뉴스보다 많은 구독자다.[113]

러시아의 목표는 정보 자체를 압도하고, 분열시키고, 불신을 조장하여 민주적 담론을 약화시키는 것이다. 한 전문가 연구에서는 러시아의 정보전쟁 접근 방식을 "거짓을 뿜는 소방 호스"라고 불렀다.[114]

러시아는 대량 기만을 위한 사이버 무기를 가장 먼저 도입했지만, 더 이상 혼자가 아니다. 2019년 말 우한에서 시작된 코로나19 팬데믹 기간에 중국의 작전은 더욱 정교해졌다. 바이러스에 대한 책임을 전가하려는 중국의 기만정보 캠페인은 몇 달 만에 매우 광범위하게 확산되었고, 유럽연합은 이를 "인포데믹infodemic"이라고 불렀다.[115] 같은 시기에 미국 국가방첩안보센터 National Counterintelligence and Security Center는 러시아는 물론 이제는 중국과 이란도 2020년 대선을 앞두고 "미국 유권자의 선호와 관점을 흔들고 미국의 정책을 바꾸고 불화를 조장하며 민주주의 과정에 대한 신뢰를 약화"시키기 위해 온라인 기만정보를 사용하고 있다고 경고했다.[116]

또한 기업들도 허위 신원을 사용하여 정보전쟁을 벌이는 스파이 서비스를 제공하는데, 사람들의 믿음에 영향을 미치려는 의도로 메시지를, 그것이 사실이 아닐 때조차 퍼뜨리는 것이다.

사이그룹Psy-Group도 그중 하나였다. 전직 이스라엘 정보관들을 고용했던 이 회사는 《뉴요커New Yorker》에 활동이 공개되고 로버트 뮬러 특검이 2016년 선거 개입 수사의 일환으로 이 회사를 조사하고 있다는 보도가 나온 후 사라졌다.[117] 사이그룹의 사업 브로셔에는 "현실은 인식의 문제"라는 슬로건 밑에 상어 지느러미가 달린 금붕어가 등장한다. 이 회사가 혐의를 받는 활동에는 가짜 유럽 싱크탱크를 만들어 고객의 국회의원 선거 운동에 유리한 보고서를 작성하는 것부터, 인구 6만 명에 불과한 캘리포니아 툴레어카운티에서 지역 병원 이사회에 출마한 고객의 상대 후보를 비방하는 허위 주장을 하는 웹사이트를 만드는 것까지 다양한 활동이 포함되어 있었다.[118]

전 이스라엘 정보기관 고위 관료 우지 샤야Uzi Shaya의 설명으로는 "소셜미디어를 사용하면 거의 모든 사람에게 다가갈 수 있고 그들의 마음을 가지고 놀 수 있습니다. … 원한다면 무엇이든 할 수 있고, 원한다면 누구라도 될 수 있습니다. 그곳에서 전쟁이 벌어지고, 선거에서 승리하고, 테러가 조장됩니다. 규제는 없습니다. 아무도 통제하지 않는 무법지대입니다".[119]

게다가 새로운 기술은 사이버 기만 도구를 더욱 효과적이면서 누구나 쉽게 이용할 수 있게 만들고 있다. 조작된 사진과 동영상은 점점 더 정교해지고 빠르게 확산되고 있다. 2018년 11월, 백악관 수석대변인 세라 허커비 샌더스Sarah Huckabee Sanders는 CNN 기자 짐 아코스타Jim Acosta가 백악관 인턴의 마이크를 억지로 빼앗는 것처럼 보이는 조작 동영상을 트위터에 올렸다. 백악관은 아코스타 기자의 출입 자격을 정지시켰고, 이에 대한 비난이 쏟아졌다.[120] 몇 날 후 낸시 펠로시 하원의장이 술에 취한 것처럼 들리도록 왜곡된 동영상이 소셜미디어에 게시되어 200만 회 조회되고 뉴스 헤드라인을 장식했다.[121] 페이스북이 허위 펠로시 동영상을 삭제하지 않자 두 명의 영국 예술가는 페이스북 CEO 마크 저커버그가 등장하는 조작 동영상을 직접 제작하여 게시했는데, 이 동영상에서 저커버그는 "수십억 명으로부터 훔친 데이터와 모든 비밀을 통제하고 싶다"고 주장하며 제임스 본드 이야기에 등장하는 허구의 악당 조직 스펙터Spectre에게 감사를 전했다.[122]

이러한 "싸구려 가짜"는 비교적 쉽게 알아챌 수 있는 초보적인 기술을 사용했다. 그러나 인공지능의 발전으로 딥페이크 디지털 흉내 기술의 발전이 촉진되면서 기만은 훨씬 더 심해질 것이다. 이미 딥페이크 기술은 실존하지 않는 유명인의 놀랍도록 생생한 사진,[123] 범죄자들이 직원을 속여 수십만 달러를 훔치는 데 사용한 진짜 같은 오디오,[124] 지도자들이 한 번도 한 적 없는 말을 하는 동영상[125] 등을 만들어냈다.

딥페이크는 구글 엔지니어 이안 굿펠로Ian Goodfellow가 2014년 개발한 획기적인 AI 기술 덕분에 점점 더 그럴듯해지면서 탐지가 거의 불가능해지고 있다.[126] "생성적 적대 신경망generative adversarial network, GAN"이라고 불리는 이 개발 방식은 기본적으로 두 개의 컴퓨터 알고리즘을 서로 대결시킨다. 한 알고리즘은 사실적인 영상을 생성하는 방법을 학습하고 다른 알고리즘은 이 영상이 진짜인지 가짜인지 판단하는 방법을 학습한다. 이러한 알고리즘은 경쟁을 통해 학습하도록 설계되었기 때문에 딥페이크 대응책이 장기간 작동할 가능성은 적다. "우리는 열세에 놓여 있습니다." UC버클리의 컴퓨터 과학 교수 하니 파리드Hany Farid의 말이다.[127]

딥페이크 코드는 공개되어 있으며 빠르게 확산되고 있다. 지난 몇 년 동안 익명의 깃허브GitHub* 사용자 "torzdf"와 레딧Reddit** 사용자 "deepfake app"은 딥페이크 생성에 필요한 코드와 인터페이스를 크게 단순화하여 코딩 지식이 없는 고등학생도 쉽게 사용할 수 있는 "페이스스왑faceswap"과 "페이크앱FakeApp"이라는 프로그램을 만들었다. 딥페이크 제작에 필요한 다른 두 가지 핵심 요소인 컴퓨팅 성능과 대규모 학습 데이터 라이브러리도 널리 이용 가능하게 되었다.[128]

딥페이크의 영향력은 엄청날 수 있으며 정책결정자들도 이를 알고 있다. 2019년 의회의 세계위협청문회Worldwide Threat Hearings에서 딥페이크는 주요 논의 주제였고, 하원 정보위원회는 처음으로 딥페이크만을 다루는 별도의 청문회를 개최했다.[129] "정부, 언론, 대중이 무엇이 진짜이고 무엇이 가짜인지 구분하지 못하는 악몽 같은 시나리오를 … 예상하기 위해 큰 상상력은 필

---

*　소프트웨어 버전 관리를 지원하는 웹 서비스
**　소셜 뉴스 커뮤니티 사이트

요하지 않습니다." 하원 정보위원회 위원장 애덤 쉬프Adam Schiff(민주당-캘리포니아)의 말이다.

쉬프 위원장은 이어 세 가지 가능한 악몽을 설명했다. 악의적 행위자가 선거에 영향을 미치기 위해 어느 후보자가 뇌물을 받는 딥페이크 동영상을 제작한다. 해커가 실제로는 있지 않았던 두 세계 정상 간의 대화 녹음을 훔쳤다고 주장한다. 트롤 집단이 문자 생성 알고리즘을 사용하여 대규모 허위 뉴스를 양산하고 소셜미디어 플랫폼에 유통하여 언론인의 검증 능력과 시민의 신뢰 능력을 압도한다.[130]

기만은 항상 국정 운영, 스파이 활동, 전쟁의 일부였지만, 이렇게는 아니었다.

정보기구는 사이버에 어떤 조치를 해야 할까?

진화하는 사이버 환경의 네 가지 특징으로 인해 정보기구에 대한 요구가 전례 없이 커지고 있다.

첫째, 사이버 공격은 성공 여부와 관계없이 정보 및 컴퓨터 시스템에 대한 신뢰를 훼손한다. 탱크와 병력이 있는 물리적 세계에서는 국가가 공격을 받으면 즉시 알 수 있다. 사이버 공간에서는 그렇지 않을 수도 있다. 사이버 공격은 어둠 속에서 작동하며 시스템에 잠입하여 숨겨진 방식으로 정보를 손상, 저하, 파괴, 기만하고 정당한 사용자에게 정보 접근을 거부한다. 공격자는 익명으로 활동하거나 다른 사람인 것처럼 위장할 수 있다. 공격자는 예고 없이 공격하거나 수년간 숨어서 기다릴 수도 있다. 사이버 공간은 비밀리에 활동하기에 이상적인 전장이다. 비밀성은 애초에 사이버 공간이 매력적인 이유다.

이란 지도자들은 사이버 작전으로 핵 원심분리기가 파괴되고 있다는 사실을 몇 달, 어쩌면 몇 년 동안 깨닫지 못했을 것이다.[131] 2016년 북한의 로켓이 갑자기 폭발하고 궤도를 이탈하기 시작했을 때,[132] 김정은은 이 문제가 공학적 결함인지 아니면 미국의 비밀 사이버 작전인지 확신하지 못했다(미국인들도 확신하지 못한 것은 마찬가지다. 사이버 작전이 진행 중인 것으로 알려졌지만, 그 작전의 성공 여부는 아무도 확신하지 못했다).[133] 러시아의 소셜미디어 작전은 2016년 대선이 끝날 때까지 알려지지 않았으며, 그 전체 범위를 이해하는 작업은 여전히 진행 중이다. 솔라윈즈 해커들은 9개월이나, 어쩌면 그보다 오래 탐지되지 않았다.[134]

사이버 공격이 발견되는 데 이렇게 오랜 시간이 걸리는 상황에서, 불확실성은 커진다. 지도자들은 궁금해지기 시작한다. 미국인들이 수정헌법 제1조의 자유를 행사하고 싶어서 서로 대립하는 것일까, 아니면 자기들도 모르게 미국의 민주주의를 훼손하는 러시아의 졸이 된 것일까? 미사일이 설계 결함 때문에 실패한 것인가, 아니면 사보타주 때문인가? 컴퓨터가 제대로 작동하고 있는가, 아니면 해킹된 것인가? 사이버 작전은 정보의 신뢰성과 시스템의 정상 작동 여부에 대해 엄청난 의구심을 불러일으킬 수 있다.[135]

컴퓨터 시스템의 신뢰성은 중요한 문제다. 1994년 인텔의 펜티엄 연산 칩에 알려지지 않았던 버그가 있어 극히 드문 유형의 초정밀 나눗셈에서 계산 오류를 일으켰다.[136] 이 버그에 영향을 받는 사용자는 극소수였기 때문에 인텔은 문제라고 생각하지 않았다. 고객들은 다르게 생각했다. 결국 인텔은 모든 칩을 수정해야 했고 4억 7500만 달러의 손실을 입었다.[137] 예기치 않은 오류 발생 가능성이 희박하다고 해도, 컴퓨터의 신뢰성 면에서는 매우 중요한 문제일 수 있다. 스탠퍼드 대학의 사이버 분야 동료 허브 린의 표현을 빌리면, "만 번 중에 한 번씩 오답을 내는 계산기가 있고 그 사실을 알고 있어요. 그럼 그 계산기를 어쨌든 사용하겠어요, 아니면 갖다 버리겠어요?"[138]

공격자에게는 이러한 종류의 불확실성을 야기하는 것이 사이버 전쟁의 이점 중 하나다. 정보기관에게는 그것이 점점 더 큰 문제가 되고 있다. 정보

활동은 국가 이익을 위해 정보를 수집, 보호, 검증, 이해하는 업무라는 점을 기억해야 한다. 시민들이 외국의 영향력 작전에 속았는지, 무기 체계가 멀웨어에 감염되어 비밀리에 방해받은 것인지, 외국 정보기관이 미국 스파이 망에 침투했는지, 동맹 또는 적군에 대한 정보가 신뢰할 수 있는지 등 이러한 모든 질문은 정보기관이 답해야 할 점점 더 광범위하고 즉각적이며 중요한 질문이 되고 있다.

둘째, 사이버 공간에서는 피해를 입히려는 침입과 정보수집을 위한 침입을 구분하기 어려운 경우가 많다.

기술적 관점에서 볼 때, 사이버 작전의 의도가 방어든 공격이든 다른 사람의 컴퓨터를 그저 감시하는 것이든 간에 처음 90%는 동일하게 보인다. 전 NSA 부국장 크리스 잉글리스Chris Inglis가 기술했듯이 모든 침입은 "사이버 공간에서 관심 대상을 찾아 확정하는 것"에서 시작된다.[139] 사이버 무기의 마지막 10%, 공격자가 내부에 들어가서 무엇을 풀어놓느냐가 어떤 일이 벌어질지를 결정한다.

스파이 활동과 전쟁을 구분하기 어려운 상황에서는 더 큰 그림을 이해하는 것이 더욱 중요해진다. 정책결정자들은 여러 가지를 알아야 한다. 네트워크 내부에 침투한 공격자는 감시를 하려는 것인가? 정보를 훔치려 하는가? 운영을 방해하는가? 파일을 삭제하는가? 파일을 손상하는가? 침입이 먼 미래의 조치를 위한 토대를 마련하는 것인가, 아니면 임박한 조치를 위한 것인가? 공격이 정보 작전처럼 보일 수 있고 정보 작전이 공격처럼 보일 수 있는 상황에서는 오판할 위험이 높고, 맥락과 적의 의도에 대한 정보가 더욱 중요해진다.[140]

셋째, 공격적인 사이버 작전에는 전체적이고 정교한 실시간 정보가 필요하다. 이는 생각보다 훨씬 더 어려운 일이다. 사이버 공간의 공격 표면*은

---

* 취약점의 총 규모

거대하고 점점 더 커지고 있으며 매 순간 변화하고 있다. 그 규모와 역동성은 가늠하기조차 어렵다. 전 세계의 절반 이상이 이미 인터넷에 연결되어 있으며, 베이비 모니터,* 피트니스 트래커,** 새 모이통, 의료 기기, 가전제품, 자동차, 심지어 바비 인형과 같은 어린이 장난감까지 200억 개 이상의 스마트 디바이스가 사용되고 있다.[141]

냉장고를 이용한 최초의 사이버 공격은 2013년에 발생했다.[142] 2년 후, 두 명의 연구원이 자동차의 엔터테인먼트 시스템에 무선으로 접속하여 엔진과 브레이크를 원격으로 차단할 수 있음을 입증한 후 크라이슬러Chrysler는 100만 대 이상의 지프 체로키를 리콜해야 했다.[143] 2016년에는 가전제품을 이용한 공격으로 동부 해안 대부분에서 인터넷이 중단되었다.[144] 2018년 프린스턴 공학자들은 "봇넷botnet",*** 즉 스마트 에어컨과 히터로 구성된 군대를 사용하여 전력망에 대규모 공격을 수행하는 방법을 보여줬다.[145]

기술자들은 2500줄의 코드마다 약 1개의 코딩 약점, 즉 소프트웨어 엔지니어가 코드를 작성할 때 예상하지 못했거나 발견하지 못한 취약점이 존재한다고 추정한다.[146] 2500줄에서 1개는 안심되게 들릴 수 있지만, 절대 안심할 수 없다. 일반적인 안드로이드 스마트폰은 1200만 줄의 코드로 실행된다. 마이크로소프트 윈도우는 4000만 줄이다. 이는 악의적인 공격자가 악용할 수 있는 수천 개의 숨겨진 약점이 존재한다는 뜻이다.

코드를 기반으로 실행되면서 인터넷에 연결되어 있는 모든 것은 잠재적인 사이버 공격 매개체다. 지구상의 모든 사람이 앱을 다운로드하거나, 패치를 설치하거나, USB 드라이브를 삽입하거나, 공항 와이파이에 연결하거나, 스마트 토스터에 플러그를 꽂을 때마다 이 세계적 전쟁터가 변화한다. 공격 대상과 취약점도 끊임없이 등장하고 사라진다. 정보기구는 이러한 변화에

---

*   집안 곳곳이나 외부에서 아기 방을 보는 장치
**   운동 관련 정보 수집 장치
***   악성 소프트웨어가 통제하는 컴퓨터 또는 디지털 기기로 구성된 네트워크

발맞춰 적시에 적절한 표적에서 이용할 수 있는 적절한 취약점을 찾아야 하며, 그렇지 않으면 공격적인 사이버 작전은 성공할 수 없다. 국방부 사이버 사령부의 말처럼 "고정된 표적은 없다. 영원히 효과적인 공격력이나 방어력도 없다. 영구적인 이점도 없다".[147]

표적의 작은 변화로도 성공과 실패가 달라질 수 있는 상황에서 정보는 단순히 조언하는 역할에 머무르지 않는다. 정보는 모든 임무에 필수적인 요건이다.[148]

물리적 세계에서 건물이나 미사일 격납고 같은 것은 이동하기 어렵기 때문에 군사 기획자는 수년간 지속되는 표적 목록을 작성할 수 있다. 충분히 강력한 폭발력을 가진 폭탄은 구조물이 나무든 콘크리트든, 리모델링을 하든 그대로 있든 상관없이 파괴할 수 있다. 사이버 공간에서는 그렇지 않다. 사이버 정보는 정확하고 최신이어야 유용하다. 표적 네트워크에 침투하려면 고도의 지식이 필요한 경우가 많다. 마이크로소프트 업데이트를 설치하는 것과 같은 사소한 수정만으로도 표적이 갑자기 뚫리지 않게 되어 "사이버 폭탄"이 무용지물이 될 수 있다.

게다가 잠재적 사이버 표적에 대한 정보는 세계적이어야 유용하다. 왜? 다음번엔 어디를 공격해야 할지 모르기 때문이다. 사이버 전사들은 언제 어디서든 공격할 준비가 되어 있어야 한다.

군사 지도자들은 종종 전쟁이 어디에서 일어날지 예측한 기록이 끔찍하다며 한탄해 왔다. 2011년 로버트 게이츠 국방장관은 웨스트포인트 생도들에게 말했다. "베트남전 이후 다음 교전의 성격과 장소를 예측하는 데 있어 우리의 기록은 완벽했습니다. 마야궤스*에서부터 그레나다,** 파나마,*** 소말리아, 발칸 반도, 아이티, 쿠웨이트, 이라크 등에 이르기까지 단 한 번도

---

* 푸에르토리코 서부 항구도시
** 서인도 제도 동부 국가
*** 중앙아메리카 국가

맞춘 적이 없습니다. 이 가운데 어떤 임무든, 시작되기 1년 전까지 우리가 그렇게 깊이 관여하게 될 줄은 몰랐습니다."[149] 9·11 테러 이전 클린턴 행정부의 국가안보 우선순위 목록에서는 초국가적 테러리즘과 아프가니스탄을 최하위 등급으로 분류했다. 군대는 수년 동안 새로운 아프가니스탄 지도를 주문하지 않았다.[150]

물리적 세계에서는 적응할 시간이 있다. 위기 상황에서도 군사 동원에는 시간이 걸린다. 이라크의 통치자 사담 후세인은 1991년 쿠웨이트에 연합군이 모여 자신을 축출하기 위해 전쟁 계획을 수립하는 것을 5개월 동안 지켜보았다.

사이버 공간은 그런 시간을 허락하지 않는다. 사이버 공간에서는 공격을 예방하고 대응하기 위해 밀리초 단위로 역량을 동원해야 한다. 잉글리스의 말처럼 사이버 공간에서의 정보는 "사이버사령부가 대기 상태에서 정밀하고 즉각적인 교전 상태로 가능한 최단 시간 내에 전환되는 것을" 가능하게 해야 한다.[151] 이러한 즉각적인 대응을 위해서는 수년 전부터 기반 작업을 해둬야 한다. 모든 곳에서.

네 번째이자 마지막으로, 사이버 무기의 수량 대 다양성 문제가 있다.[152] 물리적인 세계의 전쟁에서는 수량이 중요하다. 전투기 두 대는 언제나 한 대보다 낫다. 그러나 사이버 공간에서는 같은 무기가 아무리 많아도 그저 똑같다. 똑같은 멀웨어가 두 개 있어도 하나 있을 때보다 많은 효과를 얻을 수 없다. 사이버 공간에서는 다양한 무기가 있어야 승리하며, 이를 위해서는 다양한 취약점과 이를 이용하는 방법을 파악해야 한다. 정보기구가 할 일이 많다.

조직에 대한 소리 없지만 치명적인 과제

이러한 요구 사항을 충족하는 것은 단순히 0과 1의 기술적 문제가 아니다. 이는 조직 체계와 관련된 과제로서, 군과 정보기구 사이에 균형을 맞추고 사이버 시대에 누가 의사 결정권을 가져야 하는지에 대해 새롭게 이해해야 한다.

스파이 활동을 할지 말지는 항상 문제였다. 스파이들은 선천적으로 공격보다는 감시를 선호한다. 스파이의 임무는 우위를 제공하는 정보를 수집하는 것이다. 사람이든 컴퓨터 네트워크 내부든 귀중한 정보에 접근하기란 어려운 일이고 극심한 경계가 필요하다. 의심스러운 상황에서 스파이들은 수집 출처를 잃기보다는 언제나 그저 듣고 있는 쪽을 택한다.

반면에 전사는 자신이 가진 정보 우위를 활용하고자 한다. 그들의 임무는 싸우고 승리하는 것이다. 그들은 병사들을 위험으로부터 보호하려고 한다. 귀중한 정보에 대한 접근 기회가 한순간에 없어질 수 있고, 이를 활용하지 않으면 잃어버릴 수 있다.

≪워싱턴포스트≫가 2008년 보도한 이슬람 극단주의자들을 위한 온라인 포럼과 관련된 논쟁은 염탐 대 공격의 딜레마를 엿볼 수 있는 드문 기회였다. ≪워싱턴포스트≫에 따르면 이 사이트는 실제로 사우디와 CIA가 잠재적 테러리스트에 대한 정보를 수집하고 이들을 체포하기 위해 설치한 "꿀단지honey pot"였다. 미군 지도자들은 극단주의자들이 이라크에서 연합군을 공격하기 위해 이 온라인 포럼을 이용하고 있다고 믿었다. 이라크 주둔 미군 최고 사령관 레이먼드 오디어노Raymond Odierno 장군은 아군에 대한 위협이 매우 심각하다고 판단하여 사이트 폐쇄를 요청한 것으로 알려졌다. CIA 관리들은 사이트를 폐쇄하면 정보를 잃고 사우디 정보 당국과의 관계가 손상되며 극단주의자들이 쉽게 감시받지 않는 다른 사이트로 이동하도록 부추길 것이라고 믿었다. 이 사건에서 결국 국방부의 주장이 승리했고, 미군의 사이버 작전으로 CIA가 운영하는 웹사이트가 무력화되는 기이한 결과로 이어졌다.[153]

오늘날 사이버 공간에서 정보기구와 군대의 마찰이 특히 두드러지는 이유는 효과적인 사이버 공격 작전에 정보가 필수적이기 때문이다. 미국 최고위직 사이버 전사가 국가안보국NSA 국장도 담당하는 것은 우연이 아니다. 미국 사이버사령부를 책임지는 4성 장군은 2009년 사이버사령부가 창설된 이래로 "두 개의 모자"를 쓰고 있다.

이러한 체계는 사이버 전문성을 통합하는 데 유용하지만, 공격이 아닌 스파이 활동에 좀 더 기울어 있다. 사이버사령부는 이 관계에서 주니어 파트너다. NSA는 반세기 넘게 외국 통신 체계에 침투해 왔고, 미국 내 어떤 조직보다 많은 수학자를 고용하는 등 정부 내 최고의 사이버 전문 인력이 집중되어 있다.[154] 마이클 헤이든 전 NSA 국장이 기술했듯이 사이버 무기는 NSA의 혈통에서 유래한다.[155]

미국은 "자국의 사이버 역량을 주로 외국을 감시하는 도구로 보는 개념적 장벽을 돌파해야 한다". 2018년 두 명의 국방부 관리들이 쓴 글이다.[156] 헤이든도 이에 동의하면서 스파이 기관들이 "디지털 전투력"의 개발을 지연시켜 왔다고 지적했다.[157]

또한 사이버 공간은 누가 의사결정권자로 간주되는지, 그리고 정보공동체가 이들과 어떻게 상호 작용해야 하는지에 대한 새로운 질문을 제기한다. 2016년 대선 전에 페이스북에서 러시아의 의심스러운 활동을 최초로 발견한 기관은 페이스북이었다. 페이스북은 미국 사법 당국에 연락했지만, 두 기관 간의 정보 공유는 초보적인 수준이었다. 트위터의 법률 고문은 회사가 알고 있는 한 2016년 대선 이전 미국 정부가 국가 배후 정보 작전 관련 어떠한 정보도 제공하지 않았다고 증언했다. 그 이후 정보전쟁에 대한 정보와 정보 공유 관계가 개선되었지만 정보기관은 여전히 워싱턴 정책결정자들을 위한 기밀 정보를 생산하는 데 주력하고 있다.[158] 정보기관의 조직 구조와 문화, 경력 승진 인센티브, 분석 기법, 정보 보고서는 모두 폐쇄적인 비밀 세계를 지향하고 있다.

수전 고든은 40년 동안 정보공동체에서 일했고, 특히 2017년부터 2019년까지 정보공동체의 2인자로 근무했다. 그녀는 정보기구가 민간 부문 지도자와 더 많은 대중에게 정보를 제공하려면 근본적인 개혁이 필요하다고 확신한다. 그녀는 2020년 인터뷰에서 "우리 업무는 비밀이 아닙니다"라고 말했다. "우리 업무는 국가안보입니다. 그리고 국가안보에 영향을 미치는 사람들이 대중이든 민간 부문이든, 그들은 안보에 영향을 미치는 결정을 내리고 있는 것입니다".[159]

정보공동체는 훨씬 더 광범위한 의사결정권자에게 정보를 제공해야 한다. "이는 평범한 변화가 아닙니다"라고 그녀는 회상했다. 단순히 새로운 사람들에게 보고서를 전달하면 되는 것이 아니다. 정보기구가 어떻게 작동하고 누구를 위해 운영되는지에 대한 전면적인 재구상이 필요하다.[160]

이는 또한 미국의 많은 테크 기업들에게도 혁명적인 변화이다. 많은 테크 기업들은 국가안보에 책임이 있다는 생각에 저항하고 있다. 테크 기업 운영자들이 청문회에서 의회가 기술을 제대로 이해하지 못하는 것을 보고 놀랐던 것처럼, 정책결정자들은 테크 기업들이 악의적 행위자들의 실리콘밸리 제품 악용 실태에 대해 안이한 시각을 가진 것을 보고 놀랐다.

2018년 4월, 페이스북 CEO 마크 저커버그의 의회 증언은 입이 떡 벌어질 만큼 충격적이었다. 이 증언을 통해 페이스북의 결정 과정에 순진함과 이익 추구가 얼마나 많은 영향을 미쳤는지, 그리고 저커버그와 그의 팀이 민주주의를 훼손하고 국경을 넘어 피해를 입히는 데 페이스북이 악용될 수 있다는 가능성을 얼마나 고려하지 않았는지 알 수 있었다. 저커버그는 공개 성명에서 "페이스북은 이상주의적이고 낙관적인 기업입니다. 저희는 창업 이후 대부분의 시간에 사람들을 연결함으로써 할 수 있는 모든 좋은 일에 집중했습니다"라고 말하고, "하지만 이러한 도구가 악용되는 것을 막기 위해 충분한 노력을 기울이지 않았다는 것이 이제 분명해졌습니다"라고 덧붙였다.[161] 페이스북 경영진은 공개적으로 의회에 사과했지만, 내부적으로는 규제를 거부, 지연, 회피하고 비판자들을 억압하기 위한 캠페인을 벌여왔다.[162]

구글 경영진은 윤리적 우려를 이유로 국방부와 함께 진행하던 인공지능

프로젝트를 취소하고, 군의 클라우드 컴퓨팅 시스템을 현대화하기 위해 절실히 필요했던 100억 달러 규모의 국방부 프로젝트 제다이JEDI에 대해 입찰조차 거부했다.[163] 동시에 구글은 중국 정부가 보다 효과적으로 검열할 수 있는 검색 엔진을 개발하도록 돕기로 합의했다가 인권 단체, 미국 정치인, 자사 직원들의 거센 반발에 직면했다.[164] 2019년 의회 청문회에서 구글의 공공 정책 담당 부회장 카란 바티아Karan Bhatia는 중국 시민에 대한 정보 검열과 관련된 사업을 거부하겠다는 것은 약속하지 않았다.[165]

테크 업계의 많은 사람들은 전투원을 돕는 것에 대해 깊은 윤리적 우려를 갖고 있으며, 국방 분야의 많은 사람들은 테크 업계에서 애국심과 국가 서비스가 약화된다고 보면서 깊은 윤리적 우려를 갖고 있다. 양쪽 모두 '어떻게 그런 생각을 할 수 있을까?'라는 의문을 품고 있다. 2018년 합참의장 조지프 던퍼드Joseph Dunford 장군은 구글이나 아마존 같은 기업의 엔지니어들에게 뭐라고 말할 것이냐는 질문을 받자 이렇게 대답했다. "이봐요, 우리는 좋은 사람들이에요. … 우리가 민간 부문과 협력할 수 없다는 것은 납득이 되지 않네요."[166]

워싱턴과 실리콘밸리의 세계가 서로에게 얼마나 이질적인지 아무리 강조해도 지나치지 않다. 강대국 간 갈등이 재연되고 기술 활용이 성공의 열쇠가 되는 바로 이 순간에도 실리콘밸리와 워싱턴은 여전히 협력하는 데 어려움을 겪고 있다.[167]

이러한 격차를 해소하는 것은 국가안보의 필수 과제라 부르기에 손색이 없다.

정보는 그 어느 때보다도 중요하고 어려운 상황이다

사이버 위협은 기존의 국가안보 위협과 크게 다르고 정보 업무에도 중대한 영향을 미친다. 사이버 공간에서는 누구나 취약하다. 공격자들은 몇 년 전만 해도 상상할 수 없었던 속도와 규모로 훔치고, 염탐하고, 방해하고, 파괴하고, 기만하고 있다. 불확실성이 넘쳐난다. 스파이 활동과 방어와 공격을 구분하기 어렵다. 사이버 무기가 작동하려면 세계적이면서 지속적인 실시간 정보가 필요하다. 이는 어려운 일이다.

이뿐만이 아니다. 사이버와 관련된 점점 더 많은 핵심 의사결정권자들이 백악관 상황실에만 있는 것이 아니라 기업의 이사회실과 가정의 거실에 앉아 있다. 사이버 위협은 테크 기업과 일반 시민에게, 그들이 원하든 원하지 않든 직접적으로 연관되어 있다. 이 새로운 세상에서 정보는 그 어느 때보다도 중요하고, 그 어느 때보다도 어려운 상황에 있다.

감사의 말

나는 정보학을 순전히 우연으로 공부하기 시작했다. 나는 클린턴 대통령의 국가안전보장회의NSC 사무처에서 아시아정책 관련 하계근무를 막 마치고 스탠퍼드로 돌아와 정치학 박사 학위 논문을 시작하던 중이었다. 1993년이었다. 냉전이 끝나고 평화 배당금, 민주주의의 거침없는 확산, "역사의 종말"에 대해 이야기하던 때였다. 하지만 주제를 찾다 보니 종결이 아니라 불확실성이 보였다. NSC 사무처에서 경험했던, 한 시대의 종말과 새로운 시대의 미지를 어떻게 이해해야 할지 고민하는 의사결정자들이 계속 떠올랐다. 나는 정보와 제도, 그리고 정부라는 기계가 어떻게 저 너머의 세상을 이해하는지에 매료되었다.

스탠퍼드 중앙 도서관의 어두운 지하에 진을 치고 냉전 초기에 만들어진 제도에 관한 정부 문서를 샅샅이 뒤지기 시작했다. 곧 1947년 제정된 국가보안법을 발견했다. 이 법은 군대를 재편하고 국가안전보장회의를 만들었으며, 당시 격렬한 의회 논쟁에서 거의 주목을 받지 못했던 중앙정보부라는 조직을 설립했다. 나는 그 이후로 정보에 매료되었다.

이 책은 미국 정보기관의 진화, 운영, 도전 과제에 대한 거의 30년에 걸친 연구, 그리고 정책결정자들에게 조언하고, 정보관들을 인터뷰하고, UCLA와 스탠퍼드에서 학부생들에게 이 비밀스러운 세계에 대해 가르친 개인적인 경험을 바탕으로 썼다. 저자들은 종종 감사를 표해야 할 사람이 너무 많다고 말한다. 오랜 시간을 들여 책을 만들고 보니 그게 정말 사실이다.

나는 수년 동안 개인적인 인터뷰를 통해 자신의 생각을 아낌없이 공유해 준 모든 정보관들과 정책결정자들에게 영원한 빚을 졌다. 이 페이지에 실명이 거론된 사람도 있지만 대부분은 익명을 요구했다.

재능 있는 학부생과 대학원생 연구 조교들이 이 프로젝트에 귀중한 기여를 했다. 특히 Sebastian Alarcon, Philip Clark, Matt Clawson, Gabby Conforti, Alexa Corse, Ravi Doshi, Stacy Edgar, Kyle Fendorf, Matt Ferraro, Katie Frost, Cole Griffiths, Taylor Grossman, Rachel Hirshman, Katherine Irajpanah, Dylan Junkin, Katharine Leede, Ryan Likes, Melinda McVay, Greg Midgette, Andrew Milich, Eric Min, Josh Mukhopadhyay, Avanika Narayan, Jaclyn Nelson, Avery Rogers, Jean Schindler, Tien Vo, Margaret Fairtree Williams, Antigone Xenopolous, Chris Yeh, 그리고 Corinne Zanolli에게 큰 빚을 졌다.

스탠퍼드대학교의 국제안보협력센터Center for International Security and Cooperation, CISAC, 프리먼 스포글리 국제학연구소Freeman Spogli Institute for International Studies, FSI, 후버연구소Hoover Institution, 인간중심 인공지능 연구소 Institute for Human-Centered Artificial Intelligence, HAI, 그리고 정치학과Department of Political Science의 활기차고 관대한 지적 커뮤니티에 깊은 감사를 표한다. 특히 리더십과 파트너십을 발휘해 주신 CISAC의 Rod Ewing, Colin Kahl, Harold Trinkunas, FSI의 Michael McFaul, Kathryn Stoner, Hoover의 Condi Rice, Dan Kessler, HAI의 Fei-Fei Li, John Etchemendy, Michael Sellitto, 정치학과 의장 Mike Tomz에게 감사의 말씀을 전하고 싶다.

Bob과 Marion Oster, Lew와 Pilar Davies, Rod와 Laurie Shepard,

그리고 Shirley Cox Matteson과 고인이 된 남편 Duncan은 후버연구소 국가안보문제 펠로Hoover's National Security Affairs Fellows 프로그램과 우리의 국가안보 관련 노력을 변함없이 지지해 주었다. 나는 후버Hoover의 콕스 선임 연구원Morris Arnold and Nona Jean Cox Senior Fellow이 된 것과 내 이름이 Shirley의 부모님 이름 옆에 걸린 것을 말로 표현할 수 없을 만큼 영광스럽게 생각한다.

또한 모든 것을 가능하게 해준 후버와 FSI 직원들, 특히 Carmen Allison, Christina Ansel, Chris Dauer, Kelly Doran, Andrea Gray, Stephanie James, Rick Jara, Karen Weiss Mulder, Nga-My Nguyen, Emilie Silva, Jules Porter Thompson, 그리고 Shannon York에게도 감사의 말씀을 전하고 싶다.

나는 Michael Allen, Elisabeth Allison, Matt Atkins, Jim Baker, Nora Bensahel, Tom Berson, Coit Blacker, Brad Boyd, David Brady, Michael Brown, Robert Cardillo, Al Carnesale, Bobby Chesney, Kevin Childs, Matt Cordova, Martha Crenshaw, Mariano-Florentino Cuellar, Matt Daniels, Eric DeMarco, Larry Diamond, Whit Diffie, Dan Drezner, Kristen Eichensehr, Niall Ferguson, Jack Goldsmith, Andy Grotto, Rosanna Guadagno, Anna Grzymala-Busse, Jim Fearon, Joe Felter, Frank Fukuyama, Steve Haber, Leon Hall, Jeff Hancock, Marty Hellman, Toomas Hendrik Ilves, Chris Inglis, Bobby Inman, Jamil Jaffer, Bob Jervis, Loch Johnson, David Kennedy, Michal Kosinski, Steve Krasner, Paul Krattiger, Sarah Kreps, Todd Mahar, Matteo Martemucci, Mark Mazzetti, H. R. McMaster, Greg Mendenhall, Keren Yahri-Milo, Asfandyar Mir, Barry "Papa" Murphy, Dutch Murray, Paul Narain, Anne Neuberger, 고인이 되신 위대한 Janne Nolan, Joe Nye, Martin

Oppus, Enrique Oti, Bill Perry, Mark "Zulu" Pye, Julie Quinn, Jay Raymond, Eric Reid, Mike Robinson, Lee Ross, Gary Roughead, David Sanger, Marietje Schaake, Jackie Schneider, Adam Segal, Raj Shah, Scott Shane, 작고한 George Shultz, Jennifer Smith-Heys, Abe Sofaer, Alex Stamos, Eli Sugarman, John Taylor, Phil Taubman, Phil Tetlock, John Villasenor, 그리고 Janine Zacharia의 연구, 세미나, 토론, 질문, 조언 및 도움으로부터 엄청난 혜택을 얻었다.

다른 기관에서도 이 책의 특정 장과 아이디어를 발전시키는 데 도움이 되는 행사와 토론을 주최해 주었다. 전략국제안보센터Center for Strategic and International Security, CSIS 기술 및 정보 태스크 포스Technology Intelligence Task Force 태스크포스와 Avril Haines, Stephanie O'Sullivan, Kath Hicks, Brian Katz 등 안보 분야 리더들에게 감사드린다. Vipin Narang과 Scott Sagan이 이끄는 미국 예술과학 아카데미American Academy of Arts & Sciences의 "새로운 핵 시대의 도전에 대처하기" 프로젝트는 나를 공개출처 핵 위협 정보의 매혹적인 세계로 이끌었고, 팬데믹 기간 동안 내 책상에 핵에 관한 모든 것을 다룬 무서운 워크샵을 가져다주었다. ≪애틀랜틱Atlantic≫은 더 많은 독자를 위해 내 연구에 대한 글을 써 달라고 요청했는데, Kathy Gilsinan, Dante Ramos, Yoni Applebaum의 지원과 마법 같은 편집이 없었다면 불가능했을 것이다. 사이버에 관한 모든 것을 논의할 기회를 준 텍사스대학 오스틴University of Texas at Austin의 스트로스센터Strauss Center와 하버드Harvard 의 벨퍼센터Belfer Center에도 깊은 감사를 드린다.

Stephen Aftergood, Tom Fingar, Joe Gartin, Rose Gottemoeller, Sig Hecker, Rick Ledgett, John McLaughlin, Frank Pabian, Allison Puccioni, Josh Rovner, Steve Slick, Michael Sulmeyer, Jeff Vanak, 그리고 Matt Waxman 등 전문가들로 구성된 "살인 위원회"(엄격한 심사단) 가 앞부분을 읽고 귀중한 피드백을 제공해 주었다. 기술, 사이버 도전 과제,

정보와 관련된 협업을 통해 내 생각을 날카롭게 해주고 이 책을 쓸 수 있게 해준 꿈 같은 공동 저자 Herb Lin과 Michael Morell에게 특별한 감사를 표한다.

재능 있는 저작권 에이전트 Christy Fletcher는 10년 넘게 나에게 훌륭한 지도를 해주고 있다. 프린스턴대학출판사Princeton University Press의 Chuck Myers, Eric Crahan, Bridget Flannery-McCoy, 그리고 그들의 훌륭한 팀은 나보다 훨씬 더 많은 인내심을 발휘하여 이 프로젝트와 함께하며 매 단계마다 개선해 주었다. 내 산문을 완성하는 데 도움을 준 Jane Fransson에게도 감사드린다.

내 연구 책임자인 Taylor Johnson McLamb과 나의 전 참모장 겸 연구원 Russell Wald의 예리한 머리와 친절한 마음, 헌신이 없었다면 이 책은 결코 완성되지 못했을 것이다.

대학원 시절 콘돌리자 라이스는 내가 이 여정을 시작하게 해주었다. 그녀를 박사 지도 교수로 모셨던 것보다 더 보람된 경험은 스탠퍼드에 돌아와서 사랑하는 동료로서 함께 일하게 된 것이다.

놀라운 두 가족 Mallery 가문과 Zegart 가문에게도 감사를 표한다.

코로나19 팬데믹으로 인해 내 아이들 Alexander, Jack, 그리고 Kate Mallery는 예기치 않은 봉쇄를 겪었다. 저녁 식사 시간 국가안보에 대해 진지하게 나눈 대화부터 가장 정신없던 때 캐리 매티슨처럼 보이는 내 사무실 벽 메모를 매일 놀려댄 것까지 두 명의 대학생 아들 및 10대 딸과 함께 가까운 공간에서 일상을 경험하는 것은 흔치 않은 선물이었다. 각자 어두운 시기에 서로 다른 햇살을 가져다주었고 이 책을 헤아릴 수 없을 정도로 더 나은 책으로 만들었다. Alexander는 컴퓨터 과학과 엔지니어의 사고방식에 대한 새로운 통찰을 주었다. Jack은 모든 내용을 읽고 피드백을 주었다. Kate는 고등학교 외교정책 수업에서 아이디어를 테스트하는 데 도움을 주었다. 부끄러운 엄마가 열여섯 살짜리 친구들을 가르치게 해주는 것보다 강한 사랑의 표현은 없다.

남편인 Craig Mallery는 작가적 재능과 변호사다운 마인드를 모든 페이지에 녹여내어 나를 더 열심히 생각하고 더 많이 웃게 해주었다. 여섯 번의 이사, 여섯 권의 책, 다섯 번의 직업, 세 명의 아이, 그리고 관리가 까다로운 일곱 마리의 반려동물을 키우면서 확실해진 것이 있다. 난 그를 만났을 때 복권에 당첨된 거다.

주석 및 관련 자료

제1장 디지털 시대 정보활동의 장애물

1. Brandon Griggs, "The CIA Sends Its First Tweet (or Not)," CNN, June 6, 2014, https://www.cnn.com/2014/06/06/tech/social-media/cia-first-tweet/index.html#:~:text=At%201%3A49%20pm%20ET,Internet%20immediately%20erupted%20with%20delight.

2. 이 아이디어를 개발하는 데 도움을 준 마이클 모렐에게 감사한다. 이 주장의 이전 버전은 다음 자료에 나온다. Amy Zegart and Michael Morell, "Spies, lies, and algorithms," *Foreign Affairs* 98, no. 3 (May/June 2019): 85-96.

3. Scott Pelley, "Facial and Emotional Recognition: How One Man Is Advancing Artificial Intelligence," CBS News, January 13, 2019, https://www.cbsnews.com/news/60-minutes-ai-facial-and-emotional-recognition-how-one-man-is-advancing-artificial-intelligence/ (accessed September 24, 2020); Kai-Fu Lee, *AI Superpowers: China, Silicon Valley, and the New World Order* (New York: Houghton Mifflin, 2018).

4. 인공지능에 관한 국가안보위원회의 2020년 10월 보고서에 나와 있듯이, 미군은 이미 AI를 적용한 지휘통제체계를 시험 중이며 이를 활용하여 순항미사일을 "스마트 탄환"으로 격추하는 데 성공하고 공중전 시뮬레이션에서 인간 조종사를 능가하는 AI 조종 전투기를 선보였다. National Security Commission on Artificial Intelligence, "Interim Report and Third Quarter Recommendations," October 2020, 6.

5. Letter from commission co-chairs, National Security Commission on Artificial Intelligence, "Interim Report and Third Quarter Recommendations."

6. 다음에서 인용하였다. James Vincent, "Putin says the nation that leads in AI 'will be the ruler of the world,'" *Verge*, September 4, 2017, https://www.theverge.com/2017/9/4/16251226/russia-ai-putin-rule-the-world (accessed November 22, 2020).

7. People's Republic of China, State Council Notice on the Issuance of the Next Generation Artificial Intelligence Development Plan, "A Next Generation Artificial Intelligence Development Plan," released July 20, 2017, translated by Graham Webster, Rogier Creemers, Paul Triolo, and Elsa Kania (August 1, 2017), https://www.newamerica.org/cybersecurity-initiative/digichina/blog/full-translation-chinas-new-generation-artificial-intelligence-development-plan-2017/.

8. National Security Commission on Artificial Intelligence, "Interim Report," November 2019, https://science.house.gov/imo/media/doc/Schmidt%20Testimony%20Attach

ment.pdf (accessed September 26, 2020), 6.

9. Fredrik Dahlqvist, Mark Patel, Alexander Rajko, and Jonathan Shulman, "Growing Opportunities in the Internet of Things," *McKinsey & Company*, July 22, 2019, https://www.mckinsey.com/industries/private-equity-and-principal-investors/our-insights/growing-opportunities-in-the-internet-of-things# (accessed September 24, 2020).

10. Cade Metz, "Google Claims a Quantum Breakthrough That Could Change Computing," *New York Times*, October 23, 2019, https://www.nytimes.com/2019/10/23/technology/quantum-computing-google.html (accessed September 24, 2020).

11. McKinsey Global Institute, "The Bio Revolution," May 2020, https://www.mckinsey.com/~/media/McKinsey/Industries/Pharmaceuticals%20and%20Medical%20Products/Our%20Insights/The%20Bio%20Revolution%20Innovations%20transforming%20economies%20societies%20and%20our%20lives/May_2020_MGI_Bio_Revolution_Report.pdf (accessed September 24, 2020); National Academies of Sciences, Engineering, and Medicine, *Biodefense in the Age of Synthetic Biology* (Washington, D.C.: National Academies Press, 2018).

12. Author discussions with three leading synthetic biologists, May 8, 2020.

13. Elsa B. Kania and Wilson Vorndick, "Weaponizing biotech: How China's military is preparing for a 'new domain of warfare,'" *Defense One*, August 14, 2019.

14. Ben Cohen, "Why Every NBA Player Is Getting a Ring," *Wall Street Journal*, June 22, 2020, https://www.wsj.com/articles/nba-oura-ring-disney-bubble-11592809399 (accessed September 24, 2020).

15. Mark Zastrow, "South Korea is reporting intimate details of COVID-19 cases: Has it helped?" *Nature*, March 18, 2020, https://www.nature.com/articles/d41586-020-00740-y (accessed September 24, 2020).

16. Cyberspace Solarium Commission, "Cyberspace Solarium Commission Report," March 2020, https://drive.google.com/file/d/1ryMCIL_dZ30QyjFqFkkf10MxIXJGT4yv/view (accessed September 24, 2020), 9-11.

17. Defense Intelligence Agency, "Challenges to Security in Space," January 2019, https://www.dia.mil/Portals/27/Documents/News/Military%20Power%20Publications/Space_Threat_V14_020119_sm.pdf (accessed September 25, 2020), 13-22.

18. U.S. Senate Select Committee on Intelligence, "Report on the Investigation into Russian Interference in the 2016 Presidential Election," Vol.2, March 2019, https://www.justice.gov/storage/report_volume2.pdf (accessed September 24, 2020); "Cyberspace Solarium Commission Report," 11-12.

19. 드론을 사용한 적이 있는 국가는 미국, 영국, 이스라엘, 파키스탄, 이라크, 나이지리아, 이란, 터키 등이다. Peter Bergen, Melissa Salyk-Virk, David Sterman, "World of drones: Who has what: Countries that have conducted drone strikes," New America Foundation, July 30, 2020, https://www.newamerica.org/international-security/reports/world-drones/who-has-what-countries-that-have-conducted-drone- strikes (accessed September 9,

2020).

20. Maeghin Alarid, "Recruitment and radicalization: The role of social media and new technology," *PRISM: The Journal of Complex Operations*, May 24, 2016, https://cco.ndu.edu/News/Article/780274/chapter-13-recruitment-and-radicalization-the-role-of-social-media-and-new-tech/ (accessed September 25, 2020).

21. Allison Puccioni, "Double-edged sword: Satellite imagery offers new tools to militants," IHS Jane's Intelligence Review, July 2016, 28.

22. Paul Mozur, Jonah M. Kessel, and Melissa Chan, "Made in China, Exported to the World: The Surveillance State," *New York Times*, April 24, 2019, https://www.nytimes.com/2019/04/24/technology/ecuador-surveillance-cameras-police-government. html (accessed September 24, 2020).

23. Zegart and Morell, "Spies, lies, and algorithms."

24. Amy Zegart, "The Cuban missile crisis as intelligence failure," Policy Review, Hoover Institution, October 2, 2012, https://www.hoover.org/research/cuban-missile-crisis-intelligence-failure (accessed September 20, 2020).

25. Jeff Jardins, "How much data is generated each day?" World Economic Forum, April 17, 2019, https://www.weforum.org/agenda/2019/04/how-much-data-is-generated-each-day-cf4bddf29f/ (accessed September 24, 2020).

26. Domo, "Data Never Sleeps 7.0," https://web-assets.domo.com/blog/wp-content/uploads/ 2019/07/data-never-sleeps-7-896kb.jpg (accessed January 17, 2021).

27. Zegart and Morell, "Spies, lies, and algorithms."

28. Jason Murdock, "What is Faces of the Riot? Website features people at Capitol siege seen in Parler videos," *Newsweek*, January 25, 2021.

29. Jardins, "How much data is generated each day?"

30. Editorial Team, "The exponential growth of data," *inside Big Data*, February 16, 2020, https://insidebigdata.com/2017/02/16/the-exponential-growth-of-data/ (accessed September 25, 2020).

31. Zegart and Morell, "Spies, lies, and algorithms," 90-91.

32. Zegart and Morell, 90.

33. Daniel R. Coats, "Statement for the Record: Worldwide Threat Assessment of the US Intelligence Community," Senate Select Committee on Intelligence, January 29, 2019, 17; Maxime Puteaux and Alexandre Najar, "Are Smallsats Entering the Maturity Stage?" Space News, August 6, 2019, https://spacenews.com/analysis-are-smallsats-entering-the-maturity-stage/ (accessed September 24, 2020). 모든 소형 위성이 영상을 수집하는 것은 아니다. 대부분은 통신이나 기상 목적으로 활용된다. 그렇지만 최근 몇 년간 상업 영상위성의 숫자가 급격하게 증가하고 있다. 다음을 참조하라. Allison Puccioni and Neil Ashdown, "Raising standards," *IHS Jane's Intelligence Review*, December 2019, 8.

34. 비록 미국 법률은 미국 상업위성 센서가 수집할 수 있는 해상도를 제한하고 미국 업체의 센서를 구매할 수 있는 외국의 기관이나 업체도 지정하지만, 소형위성 업계의 국제화로 인해 이러

한 법적 제재는 줄어들고 있다. 2019년에 중국, 프랑스, 이탈리아, 대한민국, 스페인, 영국 소속 기업이 운영하는 것을 포함하여 거의 50개의 상업 영상위성이 궤도에 있었다. Puccioni and Ashdown, "Raising standards," 8.

35. Frank Pabian, "Commercial Satellite Imagery as an Evolving Open-Source Verification Technology," Joint Research Centre, European Commission, 2015, 11; 인공위성 발사 일자와 해상도는 다음 자료에서 인용하였다. "Satellite Sensors," Satellite Imaging Corporation, https://www.satimagingcorp.com/satellite-sensors/ (accessed September 24, 2020).

36. 합성개구레이다(SAR) 기술에 대한 더 자세한 내용은 다음 자료를 참조하라. Pabian, "Commercial Satellite Imagery"; Allison Puccioni, "Penetrating vision," IHS Jane's Intelligence Review, May 2016, 55-57.

37. Allison Puccione and Sulgiye Park, "Remote Sensing for Environmental Security in North Korea," research seminar, Center for International Security and Cooperation, Stanford University, January 27, 2021.

38. Sandra Erwin, "Analysts: NRO's Commercial Imagery Purchases Could Reach $400 Million by 2023," Space News, June 29, 2020, https://spacenews.com/analysts-nros-commercial-imagery-purchases-could-reach-400-million-by-2023/ (accessed September 24, 2020).

39. *Phillippi v. CIA*, 546 F.2d 1009, 1013 (D.C. Cir. 1976). 이 자료는 CIA가 하워드 휴즈의 잠수함 인양선 '글로마 익스플로러Glomar Explorer'와의 연관성을 확인이나 부인하지 않고 거부할 수 있는지를 다루고 있다. 법원은 이렇게 판결했다. "원고가 요청한 이 기록의 존재 또는 부존재 사실은 1947년 제정된 국가안보법[50 U.S.C. § 403(d)(3) (1970)]의 102(d)(3) 조항에 따라 중앙정보장에게 부과되는 정보 출처와 방법에 관한 첩보의 무단 공개를 방지할 의무와 관련된다."

40. Paul H. B. Shin, "The CIA's Secret History of the Phrase 'Can Neither Confirm Nor Deny," ABC News, June 6, 2014, https://abcnews.go.com/US/cias-secret-history-phrase-confirm-deny/story?id=24033629 (accessed September 24, 2020); National Security Archive, "Project Azorian: The CIA's Declassified History of the *Glomar Explorer*," edited by Matthew Aid with William Burr and Thomas Blanton, February 12, 2010, https://nsarchive2.gwu.edu/nukevault/ebb305/index.htm; Radiolab, "Neither Confirm nor Deny," podcast, June 4, 2019, https://www.wnycstudios.org/podcasts/radiolab/articles/confirm-nor-deny (accessed September 26, 2020).

41. William Farr and Jerry Cohen, "Sunken Ship Deal by CIA, Hughes Told," *Los Angeles Times*, February 7, 1975.

42. 아조리안의 복구체계책임자 데이비드 샤프David H. Sharp가 사건과 관련하여 비밀 해제된 책을 저술했다. *The CIA's Greatest Covert Operation* (Lawrence, Kan.: University Press of Kansas, 2012). 이 책에는 침몰한 소련 잠수함에 핵미사일 3기와 핵어뢰 2기가 탑재되어 있었다고 나온다(1).; Central Intelligence Agency, "Project AZORIAN," https://www.cia.gov/legacy/museum/exhibit/project-azorian/ (accessed January 25, 2021).

43. Sharp, *CIA's Greatest Covert Operation*, 33-37; Central Intelligence Agency, "Project AZORIAN."

44. Sharp, *CIA's Greatest Covert Operation*, 1.

45. Sharp, 5-6. 샤프는 해군작전사령관 토머스 무어Thomas H. Moorer 제독이 국가에 엄청난 가치를 줄 것이며 "정보공동체의 다른 중요 구성원들도 똑같이 생각했다. 정보 쿠데타 가능성은 잊어버리기엔 너무 중요했다"고 말했다고 기술했다 (6). CIA가 이 작전에 대해 요약한 비밀자료가 검열삭제 및 비밀 해제되어 2010년 공개되었는데, CIA 부장 리처드 헬름스도 "미국 정보위원회U.S. Intelligence Board, USIB라는 임시 위원회가 아조리안의 가치를 상세히 평가하고 최우선순위를 부여한 데 대해 동의했다"고 기술한다. Central Intelligence Agency, "Project AZORIAN: The Story of the *Hughes Glomar Explorer*," originally published in *Studies of Intelligence*(1985), redacted, declassified, and released January 4, 2010, https://www.cia.gov/readingroom/docs/DOC_0005301269. pdf, 4, 12 (accessed September 26, 2020); Central Intelligence Agency, "Project AZORIAN."

46. Sharp, *CIA's Greatest Covert Operation*, 190-98; 211; 223-24.

47. Central Intelligence Agency, "Project AZORIAN: The Story of the *Hughes Glomar Explorer*," 2; National Security Archive, "Project Azorian: The CIA's Declassified History of the *Glomar Explore*"; Sharp, 252-53; Central Intelligence Agency, "Project AZORIAN."

48. Radiolab, "Neither Confirm nor Deny."

49. 2019년 현재 숫자. Ian Shapira, "A Suicide Sparks Hard Questions about the Agency's Memorial Wall," *Washington Post*, May 21, 2019, https://www.washingtonpost. com/local/a-cia-suicide-sparks-hard-questions-about-the-agencys-memorial-wall/2019/05/18/20c8c284-7687-11e9-bd25-c989555e7766_story.html (accessed September 24, 2020).

50. Central Intelligence Agency, "Ask Molly: March 22, 2019," https://www.cia.gov/stories/story/ask-molly-march-22-2019/ (accessed September 26, 2020); Central Intelligence Agency, "CIA Book of Honor," https://www.cia.gov/legacy/headquarters/cia-book-of-honor/ (accessed January 25, 2021).

51. "Artificial Intelligence at Google: Our Principles," https://ai.google/principles (accessed November 23, 2020).

52. National Security Commission on Artificial Intelligence, "First Quarter Recommendations," March 2020, https://drive.google.com/file/d/1wkPh8Gb5drBrKBg6OhGu5oNa TEERbKss/view (accessed September 26, 2020), 22.

53. Cade Metz, "When the A.I. Professor Leaves, Students Suffer, Study Says," *New York Times*, September 6, 2019, https://www.nytimes.com/2019/09/06/technology/when-the-ai-professor-leaves-students-suffer-study-says.html (accessed September 24, 2020); Brooke Sutherland, "GM and Nikola are a match made in Tesla hell," *Bloomberg*, September 8, 2020, https://www.bloomberg.com/opinion/articles/2020- 09-08/gm-nikola-electric-truck-partnership-creates-formidable-tesla-rival (accessed September 24, 2020); National Security Commission on Artificial Intelligence, "Interim Report," 25; Michael Gofman and Zhao Jin, "Artificial Intelligence, Human Capital, and Innova-

tion," University of Rochester, August 20, 2019.

54. Hani Shawna, "The CIA Joins Twitter and Facebook," CBS News, June 6, 2014, https://www.cbsnews.com/news/cia-joins-twitter-and-facebook/ (accessed September 24, 2020).

55. Aris Pappas, "Ryszard Kuklinski: A Case Officer's View," incidental paper, Seminar on Intelligence, Command, and Control, Center for Information Policy Research, Harvard University, April 29, 2004, 5.

56. U.S. Department of Homeland Security Press Office, "Joint Statement from the Department of Homeland Security and the Office of the Director of National Intelligence on Election Security," October 7, 2016, https://www.dhs.gov/news/2016/10/07/joint-statement-department-homeland-security-and-office-director-national (accessed November 3, 2020).

57. Amy Zegart, "Intelligence isn't just for government anymore," *Foreign Affairs*, November 2, 2020.

58. Federal Bureau of Investigation. *Safeguarding Your Vote: A Joint Message on Election Security*, YouTube, October 6, 2020, https://www.youtube.com/watch?v=H-3Ek14eO7o (accessed November 3, 2020).

59. *Safeguarding Your Vote*.

60. 2020년 11월 3일 구독자 숫자. RT America, Youtube, https://www.youtube.com/user/RTAmerica.

61. Roberta Wohlstetter, *Pearl Harbor: Warning and Decision* (Palo Alto, Calif.: Stanford University Press, 1962).

62. Amy B. Zegart, *Spying Blind: The CIA, the FBI, and the Origins of 9/11* (Princeton, N.J.: Princeton University Press, 2007); National Commission on Terrorist Attacks Upon the United States, *The 9/11 Commission Report, Authorized Version* (New York: W. W. Norton, 2004).

63. Zegart and Morell, "Spies, lies, and algorithms."

64. Leon E. Panetta with Jim Newton, *Worthy Fights: A Memoir of Leadership in War and Peace* (New York: Penguin, 2014), 390.

제2장 재난에 빠진 교육

1. 다음에서 인용하였다. *Quotable Quotes*, edited by Deborah DeFord (Pleasantville, N.Y.: Reader's Digest, 1997), 140. 클랜시는 마크 트웨인Mark Twain (새뮤얼 클레멘스Samuel Clemens)의 다음 원문에서 인용하였다. *Following the Equator: A Journey Around the World*, chap. 15 (Hartford, Conn.: The American Publishing Company, 1898): "진실은 허구보다 낯설지만, 그것은 허구가 가능성에 충실해야 하고 진실은 그렇지 않기 때문이다."

2. Author visit to CIA, November 2019.

3. Amy B. Zegart, "Spytainment: The real influence of fake spies," *International Journal of Intelligence and Counterintelligence* 23, no. 4 (2010): 599-622, https://doi.org/ 10.1080/08850607.2010.501635.

4. 비밀 분류된 자료는 필요한 비밀취급인가를 받지 않은 사람으로부터 항상 신중하게 보호되어야 한다. Executive Order 13526, December 29, 2009, https://www.archives.gov/isoo/ policy-documents/cnsi-eo.html#four (accessed April 28, 2020); Office of the Director of National Intelligence, "Implementation Plan of Executive Order 13526," December 31, 2010, https://fas.org/sgp/othergov/intel/plan.pdf (accessed April 28, 2020); Letter from Michael G. Vickers, Under Secretary of Defense for Intelligence, "DoD Information Security Program: Protection of Classified Information," accompanying Department of Defense Manual 5200.01, Vol. 3, February 24, 2012, https://www.esd. whs.mil/Portals/54/Documents/DD/issuances/ dodm/520001_vol3.pdf (accessed April 28, 2020).

5. Executive Order 13526. 비밀 분류된 자료의 폐기에 대한 인가된 방법의 사례는 다음을 참조하라. https://www.nsa.gov/Resources/NSA-Classified-Materiel-Conversion-CMC/ (accessed April 16, 2021), and Defense Department Manual, 42.

6. Nada Bakos, *The Targeter* (New York: Little, Brown, 2019), 14.

7. Office of the Director of National Intelligence, "History," https://www.dni.gov/index. php/nctc-who-we-are/history (accessed April 21, 2020).

8. 사례를 보려면 2020년 NCTC 웹사이트에 게재된 이 영상을 보라. Office of the Director of National Intelligence, *The National Counterterrorism Center*, December 13, 2018, YouTube https://www.youtube.com/channel/UChGV60LYpVFgOWs7aeLrdEQ (accessed April 30, 2020).

9. Lawrence Wright, *The Terror Years: From Al-Qaeda to the Islamic State* (New York: Penguin, 2016), 211-12.

10. Intelligence Science Board, "Educing Information: Interrogation: Science and Art Foundations for the Future, Phase I Report" (Washington, D.C.: National Defense Intelligence College, 2006), ix.

11. Scott Horton, "How Hollywood learned to stop worrying and love the (ticking) bomb," *Harper's*, March 1, 2008, https://harpers.org/blog/2008/03/how-hollywood-learned-to-stop-worrying-and-love-the-ticking-bomb/ (accessed August 31, 2017); Jane Mayer, "Whatever it takes: The politics behind the man behind '24,'" *New Yorker*, February 11, 2007, http://www.newyorker.com/magazine/2007/02/19/whatever-it-takes (accessed June 15, 2020).

12. Jim Mattis and Kori N. Schake, eds., *Warriors & Citizens: American Views of Our Military* (Stanford, Calif.: Hoover Institution Press, 2016).

13. Amy Zegart and Kevin Childs, "The divide between Silicon Valley and Washington is a national-security threat," *Atlantic*, December 13, 2018, https://www.theatlantic. com/ideas/archive/2018/12/growing-gulf-between-silicon-valley-and-washington/57

7963/ (accessed June 15, 2020).

14. Michael Hayden, remarks at George Washington University, February 19, 2013.

15. 내 분석은 bioguide.congress.gov에 게시된 116대 의회 의원 약력과 의원 웹사이트, 선거운 동 웹사이트, 또는 온라인 뉴스 출처의 정보를 검토한 결과에 기반한다. 정보 업무 경력은 광 범위하게 정의하여 ① 미국 정보공동체의 조직에서 근무한 경력, ② 군 소속 정보 장교로 근무 한 경력, ③ HUMINT 이외의 군사정보 수집에 참여한 경력(예: 정찰기 비행)을 포함한다. 하원 의원 15명과 상원의원 3명(토머스 카퍼Thomas Carper, 대니얼 설리반Daniel Sullivan, 토드 영 Todd Young)이 정보관 경력이 있다.

16. Council on Foreign Relations, "The Iraq War," https://www.cfr.org/timeline/iraq-war; Commission on the Intelligence Capabilities of the United States Regarding Weapons of Mass Destruction (Silberman-Robb Commission or WMD Commission), "Report to the President," March 31, 2005, https://fas.org/irp/offdocs/wmd_report.pdf.

17. Council on Foreign Relations, "U.S. Domestic Surveillance," last modified December 18, 2013, https://www.cfr.org/backgrounder/us-domestic-surveillance (accessed June 15, 2020); U.S. Department of Justice, "The NSA Program to Detect and Prevent Terrorist Attacks: Myth v. Reality," January 27, 2006, https://www.justice.gov/sites/ default/files/opa/legacy/2006/02/02/nsa_myth_v_reality.pdf (accessed June 16, 2020); U.S. Library of Congress Congressional Research Service, John W. Rollins and Edward C. Liu, "NSA Surveillance Leaks: Background and Issues for Congress," R43134, September 4, 2013, https://fas.org/sgp/crs/intel/R43134.pdf. The revelation of the wiretapping program was a bombshell: James Risen and Eric Lichtblau, "Bush Lets U.S. Spy on Callers without Courts," New York Times, December 16, 2005, https://www. nytimes.com/2005/12/16/politics/bush-lets-us-spy-on-callers-without-courts.html (accessed June 15, 2020).

18. Julie Vitkovskaya, "What Are 'Black Sites'? 6 Key Things to Know about the CIA's Secret Prisons Overseas," *Washington Post*, January 1, 2017, https://www.washingtonpost. com/news/checkpoint/wp/2017/01/25/what-are-black-sites-6-key-things-to-know-ab out-the-cias-secret-prisons-overseas/ (accessed June 15, 2020); U.S. Senate Select Com- mittee on Intelligence, "Committee Study of the Central Intelligence Agency's Detention and Interrogation Program," 113th Cong., 2nd sess., December 9, 2014, https:// www.intelligence.senate.gov/sites/default/files/documents/CRPT-113srpt288.pdf.

19. Student survey, Political Science M120C: U.S. Intelligence Agencies in Theory and Practice, UCLA, Winter 2009. 비정치적인 학부모 텔레비전 협의회Parents Television Council 가 〈24〉의 내용을 분석한 결과, 이 프로그램은 고문을 자주 (평균적으로 매회 한 장면씩) 그리 고 항상 호의적으로 묘사했다. 잭 바우어의 세계에서는 가혹한 방법이 좋은 사람들의 방법이 고 그것이 효과가 있다. Parents Television Council data cited in Mayer, "Whatever it takes"; "Parents Beware of 24," Weekly Wrap, Parents Television Council, November 21, 2008.

20. Amy B. Zegart, "Real Spies, Fake Spies, NSA, and More: What My 2012 and 2013 National

Polls Reveal," Lawfare, November 7, 2013, https://www.lawfareblog.com/real-spies-fake-spies-nsa-and-more-what-my-2012-and-2013-national-polls-reveal (accessed August 31, 2017). 2012년 여론조사는 2012년 8월 24일부터 30일까지 실시되었으며, 일반인 응답자 1000명을 표본으로 하고 오차 범위는 ±4%다. 2013년 여론조사는 2013년 10월 5일 부터 7일까지 실시되었으며, 일반인 응답자 1000명을 표본으로 하고 오차 범위는 ±4.3%다.

21. 1953년부터 1962년까지 CIA 부장을 역임한 앨런 덜레스는 1947년 평시에 수집된 정보의 80% 이상이 공개출처로부터 나온다고 추정했다. "Memorandum Respecting Section 202 (Central Intelligence Agency) of the Bill to Provide for a National Defense Establish-ment, Submitted by Allen W. Dulles, April 25, 1947," reprinted in *National Defense Establishment (Unification of the Armed Services)*, 80th Cong., 1st sess., U.S. Senate Armed Services Committee Hearings Part 3, 525. 냉전 종식 이후 공개출처정보의 비율은 증가했다. 1997년 전 DIA 국장 새뮤얼 윌슨Samuel V. Wilson 중장은 "정보의 90%가 공개출처 에서 나온다. 나머지 10%인 비밀 활동이 더 드라마틱할 뿐이다. 진정한 정보 영웅은 제임스 본드가 아니라 셜록 홈즈Sherlock Holmes다"라고 추정했다. 다음에서 인용하였다. Richard S. Friedman, "Open source intelligence: A review essay," *Parameters* 28, no. 2 (Summer 1998): 159. 특히 정보 보고서에서 비밀 자료의 비율은 주제에 따라 크게 달라진다. '하드타겟 Hard Target', 즉 외부 세계와 거의 단절되어 있는 (북한과 같은) 적대국은 비밀 정보의 비중이 높은데, 미국이 다른 방법으로는 정보를 얻을 수 없기 때문이다.

22. 2012 YouGov National Security Poll.

23. "Transcript: Senate Intelligence Hearing on National Security Threats," January 29, 2014, https://www.washingtonpost.com/world/national-security/transcript-senate-intelligence-hearing-on-national-security-threats/2014/01/29/b5913184-8912-11e3-833c-33098f9e5267_story.html (accessed June 15, 2020); Jack Goldsmith, "Three Years Later: How Snowden Helped the U.S. Intelligence Community," Lawfare, June 6, 2016, https://www.lawfareblog.com/three-years-later-how-snowden-helped-us-intelli gence-community (accessed June 15, 2020); David E. Sanger and Eric Schmitt, "Snowden Used Low-Cost Tool to Best N.S.A.," *New York Times*, February 8, 2014, https://www.nytimes.com/2014/02/09/us/snowden-used-low-cost-tool-to-best-nsa.h tml (accessed April 21, 2020).

24. Steve Holland, Mark Hosenball, and Jeff Mason, "Obama Bans Spying on Leaders of U.S. Allies, Scales back NSA Program," Reuters, January 17, 2014, https://www.reuters. com/article/us-usa-security-obama/obama-bans-spying-on-leaders-of-u-s-allies-sca les-back-nsa-program-idUSBREA0G0JI20140117 (accessed May 13, 2020).

25. President's Review Group on Intelligence and Communications Technologies, "Liberty and Security in a Changing World: Report and Recommendations of the President's Review Group on Intelligence and Communications Technologies," December 12, 2013, 94-108.

26. Barton Gellman and Ashkan Soltani, "NSA Infiltrates Links to Yahoo, Google Data Centers Worldwide, Snowden Documents Say," *Washington Post*, October 30, 2013,

https://www.washingtonpost.com/world/national-security/nsa-infiltrates-links-to-ya
hoo-google-data-centers-worldwide-snowden-documents-say/2013/10/30/e51d661e
-4166-11e3-8b74-d89d714ca4dd_story.html (accessed June 15, 2020); Amy Davidson
Sorkin, "Tech companies slap back at the N.S.A.'s smiley face," *New Yorker*, November
1, 2013, https://www.newyorker.com/news/amy-davidson/tech-companies-slap-
back-at-the-n-s-a-s-smiley-face (accessed June 15, 2020); Claire Cain Miller, "Angry
Over U.S. Surveillance, Tech Giants Bolster Defenses," *New York Times*, October 31,
2013, https://www.nytimes.com/2013/11/01/technology/angry-over-us-surveillance-
tech-giants-bolster-defenses.html?hp (accessed August 19, 2020).

27. Kennedy Elliott and Terri Rupar, "Six Months of Revelations on NSA," *Washington Post*,
December 23, 2013, https://www.washingtonpost.com/wp-srv/special/national/nsa-
timeline/ (accessed June 15, 2020).

28. ≪뉴욕타임스≫ 기사 아카이브는 2013년 6월 5일부터 2013년 12월 5일까지 검색되었으며,
사설, 블로그 게시물, 정정, 잡지 기사는 제외하였다. ≪가디언≫은 유사한 검색 기능을 제공
하지 않기 때문에 "에드워드 스노든Edward Snowden"을 키워드로 하여 동일한 날짜 범위로 렉
시스넥시스LexisNexis 검색을 사용했다.

29. Peter Finn and Sari Horwitz, "U.S. Charges Snowden with Espionage," *Washington Post*,
June 21, 2013, https://www.washingtonpost.com/world/national-security/us-charges-
snowden-with-espionage/2013/06/21/507497d8-dab1-11e2-a016-92547bf094cc_stor
y.html (accessed June 15, 2020).

30. "U.S. Revokes Snowden's Passport: Official Source," Reuters, June 23, 2013, https://
www.reuters.com/article/us-usa-security-passport-idUSBRE95M0CW20130623
(accessed April 21, 2020).

31. President's Review Group on Intelligence and Communications Technologies, "Liberty
and Security," 76.

32. 2015년 미국자유법USA Freedom Act은 전화 서비스 제공업체가 통화 메타데이터를 정부에 제
공하는 대신 자체 보관하도록 했다. 이 개편된 시스템은 NSA가 몇 년 후 완전히 폐지한 것으
로 보인다. 다음을 참조하라. USA Freedom Act, 2014, H.R.3361, 113th Cong., 2nd sess.,
https://www.congress.gov/bill/113th-congress/house-bill/3361. 2020년 제9항소법원의
3명의 판사로 구성된 패널은 NSA의 전화 메타데이터 프로그램이 해외정보감시법Foreign
Intelligence Surveillance Act을 위반했으며 위헌일 수 있다는 판결을 내렸다. *United States v.*
Moalin, 973 F.3d 977 (9th Cir. 2020).

33. "Edward Snowden did this country a great service. Let him come home," *Guardian*,
September 14, 2016, https://www.theguardian.com/us-news/2016/sep/14/edward-
snowden-pardon-bernie-sanders-daniel-ellsberg (accessed April 22, 2020); Michael
German, "Edward Snowden Is a Whistleblower," ACLU, August 2, 2013, https://www.
aclu.org/blog/national-security/secrecy/edward-snowden-whistleblower (accessed
April 22, 2020).

34. PBS NewsHour, *Former Def. Sec. Gates Says Edward Snowden Is a Traitor*, January 14,

2014, https://www.youtube.com/watch?v=sQKUe96TAh4; ABC News, *Edward Snowden NSA Leaker: Boehner Says "He's a Traitor,"* June 11, 2013, https://www.youtube.com/watch?v=GIgUVExgDeo.

35. Author interview with Michael V. Hayden, *Inside the NSA: An Evening with General Michael Hayden,* Stanford University, October 28, 2014, YouTube, https://www.youtube.com/watch?v=_ESGBPmf0mc at 53:40.

36. Adm. Michael Rogers, NSA Director, testimony before the U.S. Senate Select Committee on Intelligence, National Security Agency Activities and Its Ability to Meet Its Diverse Mission Requirements, S. Hrg. 114-772, September 24, 2015, https://www.intelligence.senate.gov/hearings/open-hearing-national-security-agency-activities-and-its-ability-meet-its-diverse-mission# (accessed April 27, 2020); Cheryl Pellerin, "Rogers Discusses NSA Reorganization, National Security Threats," DOD News, September 25, 2015, https://www.defense.gov/Explore/News/Article/Article/620617/rogers-discusses-nsa-reorganization-national-security-threats/ (accessed April 27, 2020).

37. Office of the Director of National Intelligence, "Members of the IC," https://www.dni.gov/index.php/what-we-do/members-of-the-ic#nsa (accessed May 13, 2020); "Statement for the Record by Lt. Gen. Michael V. Hayden, Director of the National Security Agency, before the House Permanent Select Committee on Intelligence," April 12, 2000, https://www.nsa.gov/news-features/speeches-testimonies/Article/1620510/statement-for-the-record-by-lt-gen-michael-v-hayden-usaf-director-before-the-ho/ (accessed June 15, 2020); Michael V. Hayden, *Playing to the Edge: American Intelligence in the Age of Terror* (New York: Penguin, 2016), 8-26; Nicole Perlroth, Jeff Larson, and Scott Shane, "N.S.A. Able to Foil Basic Safeguards of Privacy on Web," *New York Times,* September 5, 2013, https://www.nytimes.com/2013/09/06/us/nsa-foils-much-internet-encryption.html (accessed June 15, 2020).

38. National Security Agency, "About Us," http://www.nsa.gov/about/index.shtml (accessed May 29, 2012).

39. Pew Research Center News Release, September 3, 2009.

40. 〈잭애스Jackass〉라는 TV 프로그램의 스타 라이언 던Ryan Dunn의 죽음은 19위에 올랐다. "Most Shared Articles on Facebook in 2011," Facebook, November 29, 2011, https://www.facebook.com/notes/facebook-media/most-shared-articles-on-facebook-in-2011/283221585046671 (accessed August 31, 2017); Andrew Hough, "Facebook's most popular 'shared' news stories for 2011 revealed," *Telegraph,* November 30, 2011, http://www.telegraph.co.uk/technology/facebook/8924835/Facebooks-most-popular-shared-news-stories-for-2011-revealed.html (accessed August 31, 2017).

41. 2013 YouGov National Security Poll.

42. 주목할 만한 점은 CIA의 자체 감찰관이 심문 방법에 대해 일반 대중과 다른 결론을 내렸다는 점이다. 그는 가혹한 심문 기법의 효과에 의문을 제기했다. Office of the Inspector General,

Central Intelligence Agency, "Special Review: Counterterrorism Detention and Interrogation Activities (September 2001-October 2003)," 2003-7123-IG, May 7, 2004, declassified and redacted August 24, 2009, https://fas.org/irp/cia/product/ig-interrog. pdf (accessed July 26, 2017); Intelligence Science Board, "Educing Information."

43. Alan Abrahamson, "Applications Hit Record Highs for U.S. Law Schools: Increase Attributed to Impact of Television Hit 'L.A. Law,'" *Los Angeles Times*, August 20, 1989, https://www.latimes.com/archives/la-xpm-1989-08-20-me-1216-story.html (accessed April 22, 2020).

44. Arun Rath, "Is the 'CSI Effect' Influencing Courtrooms?" *Weekend Edition Sunday*, NPR, February 5, 2011, https://www.npr.org/2011/02/06/133497696/is-the-csi-effect-influencing-courtrooms (accessed April 22, 2020).

45. Mark Evje, "'Top Gun' Boosting Service Sign-Ups," *Los Angeles Times*, July 5, 1986, https://www.latimes.com/archives/la-xpm-1986-07-05-ca-20403-story.html (accessed April 22, 2020); Carl Forsling, "The original 'Top Gun' was a recruiter's dream. The sequel will be anything but," *Task and Purpose*, August 2, 2019, https://taskandpurpose.com/vultures-row/top-gun-maverick-military-recruitment (accessed June 15, 2020); David Sorota, "25 Years Later, How 'Top Gun' Made America Love War," *Washington Post*, August 26, 2011, https://www.washington post.com/opinions/25-years-later-remembering-how-top-gun-changed-americas-feelings-abo ut-war/2011/08/15/gIQAU6qJgJ_story.html (accessed June 15, 2020).

46. Christopher Andrew, *For the President's Eyes Only: Secret Intelligence and the American Presidency from Washington to Bush* (New York: Harper Perennial, 1996), 12. 작가 제임스 페니모어 쿠퍼James Fenimore Cooper는 오늘날 『라스트 모히칸The Last of the Mohicans』의 작가로 알려져 있지만, 『스파이The Spy』는 세계적인 베스트셀러가 되어 그를 당대에 유명 작가로 만들어준 작품이다.

47. 러들럼의 책은 세계적으로 2억 9000만 부 넘게 판매되었고, 클랜시의 책은 1억 부 넘게 판매되었다. BBC News, "Gaming World Set for Ludlum Books," August 11, 2005, http://news.bbc.co.uk/1/hi/entertainment/4142130.stm (accessed April 7, 2020); Julie Bosman, "Tom Clancy, Best-Selling Master of Military Thrillers, Dies at 66," *New York Times*, October 2, 2013, https://www.nytimes.com/2013/10/03/books/tom-clancy-best-selling-novelist-of-military-thrillers-dies-at-66.html?_r=0 (accessed April 7, 2020).

48. CNN.com Transcripts, "America Under Attack: Israeli Prime Minister, Foreign Minister Offer Condolences to the American People," September 11, 2001, 16:58 EST, http://transcripts.cnn.com/TRANSCRIPTS/0109/11/bn.74.html (accessed August 31, 2017).

49. CNN.com Transcripts, "Bin Laden Plotted New Attack; Bin Laden's Wife Questioned; A Private Moment with the President," May 5, 2011, 20:00 EST, http://transcripts.cnn.com/TRANSCRIPTS/1105/05/ita.01.html (accessed March 25, 2020).

50. Alex Rider, http://www.alexrider.com (accessed March 25, 2020).

51. Entertainment Software Association, "U.S. Video Game Sales Reach Record-Breaking

$43.4 Billion in 2018," press release, January 22, 2019, https://www.theesa.com/press-releases/u-s-video-game-sales-reach-record-breaking-43-4-billion-in-2018/ (accessed April 7, 2020). 이에 비해 전 세계 음반 산업은 2018년 한 해 동안 191억 달러의 매출을 올렸다. "IFPI Global Music Report 2019," April 2, 2019, https://www.ifpi.org/news/IFPI-GLOBAL-MUSIC-REPORT-2019 (accessed April 7, 2020). 2015년 퓨리서치센터Pew Research Center는 모든 성인의 거의 절반과 10대의 72%가 비디오게임을 플레이했으며 8000만이 넘는 미국인 가구가 1개 이상의 게임 콘솔을 보유하고 있다고 보고했다. Amanda Lenhart, "Video Games Are Key Elements in Friendships for Many Boys," Pew Research Center, August 6, 2015, http://www.pewinternet.org/2015/08/06/chapter-3-video-games-are-key-elements-in-friendships-for-many-boys/ (accessed July 24, 2017); Maeve Duggan, "Gaming and Gamers," Pew Research Center, December 15, 2015, http://www.pewinternet.org/2015/12/15/gaming-and-gamers/ (accessed July 24, 2017). 엔터테인먼트 소프트웨어 협회Entertainment Software Association의 2016년 컴퓨터 및 게임 산업 보고서에 따르면, 2015년 미국 가구의 65%가 비디오게임을 플레이하는 데 사용되는 기기를 한 대 이상 보유하고 있었다. 2015년 미국 인구조사국Census Bureau은 1억 2459만 가구가 있다고 보고했다. 다음을 참조하라. Erin Duffin, "Number of Households in the U.S. from 1960 to 2016 (in millions)," Statista: The Statistics Portal, November 28, 2019, https://www.statista.com/statistics/183635/number-of-households-in-the-us/ (accessed July 26, 2017).

52. Tim Brooks and Earle Marsh, *The Complete Directory to Prime Time Network TV Shows*, 9th ed. (New York: Ballantine, 2007).

53. 연도별 개봉 영화의 미국 박스오피스 수익에 대한 저자의 분석. Box Office Mojo, "Domestic Yearly Box Office," http://www.boxofficemojo.com/yearly/chart/ (accessed May 28, 2020).

54. Caroline Kitchenner, Karen Yuan, and Abdallah Fayyad, "Pay no attention to the G-man behind the curtain," *Atlantic*, March 16, 2018, https://www.theatlantic.com/membership/archive/2018/03/pay-no-attention-to-the-g-man-behind-the-curtain/555839/ (accessed April 22, 2020).

55. Ronald Kessler, *The Bureau: The Secret History of the FBI* (New York: St. Martin's, 2003), 44-46.

56. PBS, "The Era of Gangster Films," *The American Experience*, www.pbs.org/wgbh/amex/dillinger/peopleevents/e_hollywood.html (accessed April 28, 2020).

57. Kessler, *Bureau*, 44-46.

58. PBS, "Era of Gangster Films."

59. Mark Riffee, "CIA pitches scripts to Hollywood," *Wired*, September 15, 2011, http://www.wired.com/dangerroom/2011/09/cia-pitches-hollywood/ (accessed August 2, 2012); Office of Inspector General, Central Intelligence Agency, "Report of Audit: CIA Processes for Engaging with the Entertainment Industry," Report. No. 2012-0013-AS, Issued December 31, 2012, approved for release July 20, 2015, 2-3; John Ohab,

"Pentagon's Entertainment Office Brings Military Science to Hollywood," Armed with Science: Research and Applications for the Modern Military, U.S. Department of Defense, http://science.dodlive.mil/2010/05/20/pentagons-entertainment-office-brings-military-science-to-hollywood/ (accessed August 3, 2012); Central Intelligence Agency, "Offices of CIA," last updated March 27, 2015, https://www.cia.gov/about/organization/public-affairs/#entertainment-inquiries (accessed January 25, 2021).

60. Federal Bureau of Investigation, "From Fact to Fiction: Giving Writers an Inside Look at the FBI," October 6, 2008, https://archives.fbi.gov/archives/news/stories/2008/october/writers_100608 (accessed April 28, 2020).

61. Central Intelligence Agency Entertainment Industry Liaison, last updated March 27, 2015, https://www.cia.gov/offices-of-cia/public-affairs/entertainment-industry-liaison/index.html (accessed August 3, 2012).

62. U.S. Department of Defense, "U.S. Military Assistance in Producing Motion Pictures, Television Shows, Music Videos," https://archive.defense.gov/faq/pis/PC12FILM.aspx (accessed August 20, 2020).

63. Author's visit to CIA, November 2019.

64. Associated Press, "New C.I.A. Recruiting Video Features 'Alias' Star," *New York Times*, March 10, 2004, http://www.nytimes.com/2004/03/10/politics/new-cia- recruiting-video-features-alias-star.html?_r=0 (accessed August 30, 2017).

65. CIA Kids Page, https://www.cia.gov/kids-page/index.html (accessed May 22, 2017). 에이바 슈폰이 나오지 않는 현재의 웹사이트는 다음과 같다. https://www.cia.gov/spy-kids/ (accessed April 16, 2021).

66. Jeffrey Smith, "In-Q-Tel: The CIA's Tax-Funded Player in Silicon Valley," interview by Robert Siegel, *All Tech Considered*, NPR, July 16, 2012, http://www.npr.org/transcripts/156839153 (accessed March 25, 2020).

67. Nicholas Dujmovic, "Hollywood, don't you go disrespectin' my culture: *The Good Shepherd* versus real CIA history," *Intelligence and National Security* 23, no. 1: 25-41; 다음도 참조하라. unclassified segments of roundtable discussion on *The Good Shepherd* by David Robarge, Gary McCollim, Nicholas Dujmovic, and Thomas Coffee, *Studies in Intelligence* 51, no. 1 (2007): 47-54, https://www.tandfonline.com/doi/full/10.1080/02684520701798080 (accessed January 23, 2021). A transcript of the round table is in *Studies in Intelligence* 51, no. 1 (January 8, 2007), https://www.cia.gov/static/5e897e8297cc9446cc7a884703bcf6ef/Review-The-Good-Shepherd.pdf (accessed April 16, 2021).

68. 〈제로 다크 서티〉는 아카데미 5개 부문 후보에 올랐으며, 영화 제작자의 정보 접근 권한 및 영화가 심문이 효과가 있는 것처럼 묘사한 것에 대한 논란이 불거지기 전까지 오스카 최우수 작품상 후보로 꼽혔다. Tim Reid and Jill Serjeant, "'Zero Dark Thirty' Fails at Oscars amid Political Fallout," Reuters, February 24, 2013, https://www.reuters.com/article/entertainment-us-oscars-zero/zero-dark-thirty-fails-at-oscars-amid-political-fallout-idUS

BRE91O07S20130225 (accessed June 16, 2020).

69. 미국 국방부 공무원과 영화 제작진 간의 논의가 자세히 나온 비밀 해제 문서는 다음에서 확인할 수 있다. "Judicial Watch Bin Laden Movie—DoD," Scribd, http://www.scribd.com/doc/94447718/Judicial-Watch-Bin-Laden-Movie-DoD#page=140 (accessed August 3, 2012). CIA의 지원에 대한 비밀 해제 문서는 다음에서 확인할 수 있다. Jason Leopold and Ky Henderson, "Tequila, Painted Pearls, and Prada—How the CIA Helped Produce 'Zero Dark Thirty,'" Vice News, https://www.vice.com/en/article/ xw3ypa/tequila-painted-pearls-and-prada-how-the-cia-helped-produce-zero-dark-thirty (accessed April 16, 2021).

70. Office of Inspector General, Central Intelligence Agency, "Report of Investigation: Potential Ethics Violations Involving Film Producers," September 16, 2013, approved for release August 8, 2015, 67-69.

71. "Message from the Acting Director: 'Zero Dark Thirty,'" December 21, 2012, https://cja.org/cja/downloads/Message%20from%20the%20Acting%20Director.pdf(accessed April 16, 2021).

72. "Message from the Acting Director." 정책 전문가들도 이 영화의 보도성 주장과 가혹한 심문 방법의 효과에 대한 동정적인 묘사에 대해 맹비난을 쏟아냈다. 다음을 참조하라. Letter from Senators Dianne Feinstein, Carl Levin, and John McCain to Acting CIA Director Michael Morell, December 19, 2012, http://www.feinstein.senate.gov/public/index. cfmfiles/serve/?File_id=d5bcc8f1-4ac5-4d25-9371-4f748c225597 (accessed June 23, 2014). 사실을 보도하는 실제 기자들은 특히 혹평을 했다. 퓰리처상을 수상한 언론인 스티브 콜Steve Coll은 이 영화를 "불안하고 오해소지가 있는 조잡한 뉴스 보도"라고 불렀다. New York Review of Books, February 7, 2013, https://www.nybooks.com/articles/2013/02/07/disturbing-misleading-zero-dark-thirty/ (accessed June 16, 2020). CIA의 구금 및 심문 프로그램을 수년간 취재한 《뉴요커》의 제인 메이어Jane Mayer는 "실제 사실을 알고 있다 보니 … 영화를 즐기는 데 어려움이 있었다"라고 썼다. Mayer, "Zero conscience in 'Zero Dark Thirty,'" New Yorker, December 14, 2012.

73. 이 논쟁과 관련된 더 많은 내용은 다음을 참조하라. U.S. Senate Select Committee on Intelligence, "Report on the Central Intelligence Agency's Detention and Interrogation Program," December 8, 2014, https://www.intelligence.senate.gov/sites/default/files/publications/CRPT-113srpt288.pdf (accessed January 23, 2021); Michael Morell with Bill Harlow, The Great War of Our Time: The CIA's Fight against Terrorism—From al Qa'ida to ISIS (New York: Twelve, 2015), 269-79; Leon Panetta with Jim Newton, Worthy Fights: A Memoir of Leadership in War and Peace (New York: Penguin, 2014), 222-24; Hayden, Playing to the Edge, 396-402.

74. Ann Horaday, "'Zero Dark Thirty' and the New Reality of Reported Filmmaking," Washington Post, December 13, 2012, https://www.washingtonpost.com/entertainment/movies/zero-dark-thirty-and-the-new-reality-of-reported-filmmaking/2012/12/13/3630ce2c-4548-11e2-8e70-e1993528222d_story.html (accessed November 18, 2020).

75. F.S., "Taking on terror: Q&A with Kathryn Bigelow," *Economist*, https://www.econo mist.com/prospero/2013/01/24/taking-on-terror; Michael Cieply and Brooks Barnes, "Bin Laden Film's Focus Is Facts, Not Flash," *New York Times*, November 23, 2012, https://www.nytimes.com/2012/11/24/movies/zero-dark-thirty-by-kathryn-bigelow-focuses-on-facts.html; David Gritten, "Kathryn Bigelow Interview for Zero Dark Thirty: The Director on the Trail of Terrorism, *Telegraph*, January 18, 2013, https://www.telegraph.co.uk/culture/film/9809355/Kathryn-Bigelow-interview-for-Z ero-Dark-Thirty-The-director-on-the-trail-of-terrorism.html.

76. *The Colbert Report*, Comedy Central, January 22, 2013.

77. Kathryn Bigelow, "Kathryn Bigelow Addresses 'Zero Dark Thirty' Torture Criticism," *Los Angeles Times*, January 15, 2013, http://articles.latimes.com/2013/jan/15/enter tainment/la-et-mn-0116-bigelow-zero-dark-thirty-20130116 (accessed June 23, 2014).

78. 중요한 것은, 2015년 국가정보장실에서 "정보공통체 투명성 원칙Principles of Transparency for the Intelligence Community"을 발표했다는 점이다. 다음에서 확인할 수 있다. https://www.odni.gov/index.php/how-we-work/transparency (accessed November 18, 2020). IC에 대한 일반 사항은 다음에서 확인할 수 있다. https://intelligence.gov; 해외정보감시법원의 웹사이트는 다음과 같다. https://fisc.uscourts.gov/.

79. Section 1.2 of Executive Order 13526; Office of the Director of National Intelligence, *Classification Guide*, Version 2.1, September 30, 2014, https://www.dni.gov/files/documents/FOIA/DF-2015-00044%20(Doc1).pdf (accessed April 28, 2020), 10.

80. Defense Department Commission on Classified Information, "Report to the Secretary of Defense by the Committee on Classified Information," November 8, 1956, Avail ability of Information from Federal Departments and Agencies, Part 5, Hearings before a Subcommittee of the Committee on Government Operations, U.S. House of Repre sentatives, 84th Cong., 2nd sess., July 9, 10, 12, 1956, Appendix, https://books.google.com/books?id=NE4iAAAAMAAJ&pg=PA2133&lpg=PA2133&dq=Report+to+the+Secretary+of+Defense+by+the+Committee+on+Classified+Information,%E2%80%9D+November+8,+1956&source=bl&ots=J_cISy9bLf&sig=ACfU3U3Njv-CcA0sTnPkYW059H XZdYc7qw&hl=en&sa=X&ved=2ahUKEwjDr6fVi_3vAhXKHTQIHT_XAPMQ6AEwBHoEC AUQAw#v=onepage&q=Report%20to%20the%20Secretary%20of%20Defense%20by%20t he%20Committee%20on%20Classified%20Information%2C%E2%80%9D%20November% 208%2C%201956&f=false (accessed April 16, 2021), 2136. 그 후 약 10년마다 중대한 비밀성 개혁 노력과 연구가 등장하고 있으며 다음과 같은 것이 있다. Defense Science Board, "Report of the Defense Science Board Task Force on Secrecy" (Washington, D.C.: GPO, 1970), https://fas.org/sgp/othergov/dsbrep.html (accessed April 16, 2021); Commis sion to Review the Department of Defense Security Policy and Practices (Stilwell Commission), "Keeping the Nation's Secrets: A Report to the Secretary of Defense," November 19, 1985, https://fas.org/sgp/library/stilwell.html (accessed April 16, 2021);

Joint Security Commission, "Redefining Security: A Report to the Secretary of Defense and the Director of Central Intelligence," February 28, 1994, https://fas.org/sgp/library/jsc/ (accessed April 16, 2021); Commission on Protecting and Reducing Government Secrecy (Moynihan Commission), "Report of the Commission on Protecting and Reducing Government Secrecy," 103rd Cong., March 3, 1997 (Washington, D.C.: GPO, 1997), https://fas. org/sgp/library/moynihan/title.html (accessed April 16, 2021); National Commission on Terrorist Attacks Upon the United States, *The 9/11 Commission Report, Authorized Version* (New York: W. W. Norton, 2004).

81. Moynihan Commission, Summary of Findings and Recommendations, "Report of the Commission on Protecting and Reducing Government Secrecy," xxii.

82. Moynihan Commission, Chairman's Forward, xxxi.

83. Donald Rumsfeld, "War of the Words," *Wall Street Journal,* July 18, 2005, A12.

84. U.S. House Committee on Government Reform, Hearing before the Subcommittee on National Security, Emerging Threats, and International Relations, 108th Cong., 2nd sess., August 24, 2004, Serial No. 108-263, https://fas.org/sgp/congress/2004/082404 transcript.pdf (accessed April 16, 2021), 82.

85. 다음에서 인용하였다. Aaron Mehta, "'Unbelievably Ridiculous': Four-Star General Seeks to Clean Up Pentagon's Classification Process," *Defense News,* January 29, 2020.

86. Office of the Director of National Intelligence, "2017 Annual Report on Security Clearance Determinations," https://www.dni.gov/files/NCSC/documents/features/2018 0827-security-clearance-determinations.pdf (accessed May 14, 2020), 5.

87. Population estimate as of July 2019 from United States Census Bureau, "Los Angeles city, California," QuickFacts, https://www.census.gov/quickfacts/losangelescitycali fornia (accessed November 18, 2020).

88. Information Security Oversight Office, "2013 Report to the President," National Archives and Records Administration, https://www.archives.gov/files/isoo/reports/2013-annual-report.pdf, 6.

89. Information Security Oversight Office, "2016 Report to the President," National Archives and Records Administration, https://www.archives.gov/files/isoo/reports/2016-annual-report.pdf, 4. 비밀취급인가를 받은 사람이 비밀자료를 (이메일 같은) 다른 문서 형식으로 사용할 때마다 해당 후속 작업 결과물도 "파생 분류derivative classification"라는 절차를 통해 비밀로 분류해야 한다. 새로운 형식은 다음을 참조하라. Mark A. Bradley, "Letter to the President," August 16, 2019, https://www.archives.gov/files/isoo/images/2018-isoo-annual-report.pdf (accessed June 16, 2020).

90. 1995년부터 1999년까지 연방 정부는 연평균 1억 5700만 페이지를 비밀 해제했다. Information Security Oversight Office, "2009 Report to the President," National Archives and Records Administration, March 31, 2010, https://www.archives.gov/ files/isoo/reports/2009-annual-report.pdf (accessed June 16, 2020), 11. 2017년에는 대조적으로 4600만 페이지가 비밀 해제되었다. Information Security Oversight Office, "2017 Report

to the President," National Archives and Records Administration, May 31, 2018, https://www.archives.gov/files/isoo/reports/2017-annual-report.pdf (accessed April 8, 2020), 14-15. 자료의 수치에는 "요청이 있을 시 정보의 비밀 해제를 위한 직접적, 구체적 검토를 제공하는" 의무적 비밀 해제 검토는 제외되어 있다. Information Security Oversight Office, "2009 Report to the President," 11.

91. Information Security Oversight Office, "2017 Report to the President," 15.

92. Herbert Lin and Amy Zegart, "Introduction," in *Bytes, Bombs, and Spies* (Washington, D.C.: Brookings Institution Press, 2019), 5. 스탠퍼드 대학 동료인 허브 린Herb Lin과 나는 비밀 분류가 사이버에서 전략적 사고의 발전을 저해하고 있다는 점을 우려하여 미국 사이버사령부에 우리와 협력하여 학자들과 정책결정자들이 모여 공세적 사이버 작전의 전략적 차원을 검토하는 워크숍을 개최해 달라고 요청했다. 사이버사령부는 흔쾌히 동의했다. 이 워크숍은 이 분야 최초의 워크숍이었으며, 사이버사령부, 다른 국방부 관계자, 의회 위원회가 여전히 활용하고 있는 새로운 연구 결과를 도출했다.

93. White House Office of the Press Secretary, "Remarks by the President at the 'Change of Office' Chairman of the Joint Chiefs of Staff Ceremony," September 30, 2011, https://obamawhitehouse.archives.gov/the-press-office/2011/09/30/remarks-president-change-office-chairman-joint-chiefs-staff-ceremony; Tim Mak and Josh Gerstein, "Al Qaeda 'key leader' killed in Yemen," Politico, September 30, 2011, https://www.politico.com/story/2011/09/al-qaeda-key-leader-killed-in-yemen-064790.

94. 2011년 11월 안와르 알-아울라키에 대한 표적 살해의 법적 권한 및 사실적 근거와 관련된 미국시민자유연합American Civil Liberties Union, ACLU의 정보자유법 요청에 대해 정부는 "법률자문실은 해당 문서의 존재를 확인도 부인도 하지 않습니다. …그러한 문서의 존재 또는 부존재 사실은 그 자체로 비밀이고 법령에 따라 공개되지 않으며 비밀 정보이기 때문에 그렇게 할 수 없습니다"라고 답변했다. https://www.aclu.org/doj-office-legal-counsel-response-al-awlaki-foia-request?redirect=national-security/doj-office-legal-counsel-response-al-awlaki-foia-request.

95. 예를 들어 ≪폴리티코Politico≫는 "오바마는 중앙정보부가 감독하는 작전에서 미군이 운용하는 드론에서 발사한 미사일로 사망했다고 알려진 알-아울라키의 사망에 대해 자세한 내용을 제공하지 않았다"고 지적했다. Mak and Gerstein, "Al Qaeda 'key leader' killed in Yemen." 2011년 9월 30일 이전 CIA의 드론 활동/프로그램을 언급한 언론 기사의 추가 사례는 다음을 참조하라: David S. Cloud, "CIA Drones Have Broader List of Targets," *Los Angeles Times*, May 5, 2010, https://www.latimes.com/world/la-xpm-2010-may-05-la-fg-drone-targets-20100506-story.html (accessed April 16, 2021); David S. Cloud, "U.N. Report Faults Prolific Use of Drone Strikes by U.S.," *Los Angeles Times*, June 3, 2010, https://www.latimes.com/archives/la-xpm-2010-jun-03-la-fg-cia-drones-20100603-story.html (accessed April 16, 2021); "The C.I.A. and Drone Strikes," *New York Times*, August 13, 2011, https://www.nytimes.com/2011/08/14/opinion/sunday/the-cia-and-drone-strikes.html?searchResultPosition=3https://www.nytimes.com/2009/08/21/us/21intel.html?searchResultPosition=15 (accessed April 16, 2021); Mark Mazzetti,

"C.I.A. Takes on Bigger and Riskier Role on Front Lines," *New York Times*, December 31, 2009, https://www.nytimes.com/2010/01/01/world/asia/01khost.html?search ResultPosition=24 (accessed April 16, 2021); Bob Woodward, "Secret CIA Units Playing a Central Combat Role," *Washington Post*, November 18, 2001, https://www.washing tonpost.com/wp-dyn/content/article/2007/11/18/AR2007111800675.html (accessed April 16, 2021); Scott Shane, "A Close-Mouthed Policy Even on Open Secrets," *New York Times*, October 4, 2011.

96. Thom Shanker, "Loophole May Have Aided Theft of Classified Data," *New York Times*, July 8, 2010, https://www.nytimes.com/2010/07/09/world/09breach.html (accessed March 26, 2020); Matthew Shaer, "The Long, Lonely Road of Chelsea Manning," *New York Times*, June 12, 2017, https://www.nytimes.com/2017/06/12/magazine/the-long-lonely-road-of-chelsea-manning.html?searchResultPosition=3 (accessed August 20, 2020).

97. Stephanie Gaskell, "How badly did Manning hurt the United States," *Defense One*, August 22, 2013, https://www.defenseone.com/ideas/2013/08/how-badly-did- man ning-hurt-united-states/69218/.

98. Julie Tate, "Bradley Manning Sentenced to 35 Years in WikiLeaks Case," *Washington Post*, August 21, 2013, https://www.washingtonpost.com/world/national-security/ judge-to-sentence-bradley-manning-today/2013/08/20/85bee184-09d0-11e3-b87c-4 76db8ac34cd_story.html (accessed August 20, 2020); Reuters, "Leaked U.S. Video Shows Deaths of Reuters' Iraqi Staffers," April 5, 2010, https://www.reuters.com/ article/us-iraq-usa-journalists/leaked-u-s-video-shows-deaths-of-reuters-iraqi-staff ers-idUSTRE6344FW20100406 (accessed August 20, 2020).

99. Memorandum from the Undersecretary of Defense, "Notice to DoD Employees and Contractors on Protecting Classification Information and the Integrity of Unclassified Government Information Technology (IT) Systems," January 11, 2011, https:// fas.org/sgp/othergov/dod/wl-notice.pdf (accessed May 5, 2020); Eric Schmitt, "Air Force Blocks Sites That Posted Secret Cables," *New York Times*, December 15, 2010, https://www.nytimes.com/2010/12/15/us/15wiki.html; Spencer Ackerman, "Airmen, it's illegal for your kids to read Wikileaks," *Wired*, February 7, 2011, https://www.wired. com/2011/02/air-force-its-illegal-for-your-kids-to-read-wikileaks/ (accessed June 16, 2020); John Cook, "State Department Bars Employees from Reading Wikileaks on 'Personal Time,'" *Gawker*, December 15, 2010, https://gawker.com/ 5713964/state-department-bars-employees-from-reading-wikileaks-on-personal-time?skyline=true &s=i (accessed April 10, 2020).

100. Ackerman, "Airmen, it's illegal"; Schmitt, "Air Force Blocks Sites."

101. Cook, "State Department Bars Employees"; Memorandum from the Undersecretary of Defense, "Notice to DoD Employees and Contractors."

102. Information Security Oversight Office, "Audit Report, Withdrawal of Records from

Public Access at the National Archives and Records Administration for Classification Purposes," National Archives and Records Administration, April 26, 2006, http://www.fas.org/sgp/news/2006/04/nara042606.html (accessed Oct. 5, 2009), 1. 철회된 기록에 대한 샘플 조사에서 ISOO는 "최신 비밀 분류 및 비밀 해제 가이드에 즉시 접근할 수 있고 그 사용에 대한 교육을 받은 비밀 분류 담당관조차도 비밀 유지의 적절성에 대한 결정을 내릴 때 64%만 분명하게 맞추는 것으로 나타났다"는 결론을 내렸다. ISOO의 책임자는 "이는 비밀취급인가를 받은 300만 명 이상의 개인들이 최소한 이론적으로라도 매번 올바르게 정보를 비밀 분류하도록 보장하는 데 있어 기관이 직면하는 일상적인 과제를 상징적으로 보여준다"고 결론지었다. J. William Leonard, "ISOO Director's Message" (Attachment A to ISOO Audit), Information Security Oversight Office, National Archives and Records Administration, April 26, 2006, https://www. fas.org/sgp/isoo/isoo042606.pdf (accessed August 9, 2012).

103. William Burr, ed., *National Security Archive Electronic Briefing Book No. 197*, August 18, 2006, http://www.gwu.edu/~nsarchiv/NSAEBB/NSAEBB197/index.htm (accessed October 5, 2009).

104. Burr, ed.

105. 다음에서 인용하였다. Robert Fahs, "Gen. Hyten Finds Over-Classification of Space Information Undermines National Security, Promises Reform," Public Interest Declassification Board blog, National Archives, December 1, 2020, https://transforming-classification.blogs.archives.gov/2020/12/01/gen-hyten-finds-over-classification-of-space-information-undermines-national-security-promises-reform/ (accessed December 7, 2020).

106. James Bamford, *The Puzzle Palace* (New York: Penguin, 1982), 15-16.

107. Author's visit to NSA, September 23, 2013.

108. Amy B. Zegart, "Cloaks, Daggers, and Ivory Towers: Why Academics Don't Study U.S. Intelligence," in *Strategic Intelligence: Understanding the Hidden State of Government*, Vol.1, edited by Loch K. Johnson (Westport, Conn.: Praeger Publishers, 2007), 26.

109. Federal Bureau of Investigation, "Keeping Tomorrow Safe: Draft FBI Strategic Plan, 1998-2003," unclassified version, May 8, 1998.

110. Zegart, "Cloaks, Daggers, and Ivory Towers," 26.

111. The document is Federal Bureau of Investigation, "Keeping Tomorrow Safe: Draft FBI Strategic Plan, 1998-2003," unclassified version, May 8, 1998.

112. Amy Zegart, *Spying Blind: The CIA, the FBI, and the Origins of 9/11* (Princeton, N.J.: Princeton University Press, 2007), 141. 다음도 참고하라. Office of the Inspector General, Department of Justice, "A Review of the Federal Bureau of Investigation's Counterterrorism Program: Threat Assessment, Strategic Planning, and Resource Management," Audit Report 02-38, executive summary declassified and redacted September 2002.

113. Library of Congress, "Historical Supreme Court Cases Now Online," March 13, 2018,

https://www.loc.gov/item/prn-18-026/historical-supreme-court-cases-now-online/2 018-03-13/ (accessed June 13, 2020).

114. Zegart, "Cloaks, Daggers, and Ivory Towers," 25.

115. "비정상적 상황unusual circumstances"이라는 예외가 있다. 예를 들어 국가정보장실은 이렇게 명시하고 있다. "FOIA에서 정한 20일의 기간 내에 답변하기 위해 모든 노력을 기울일 것입니다. 그러나 ODNI가 관리하는 기록의 복잡성 때문에 ODNI가 그 요건을 항상 충족할 수 있는 것은 아닙니다." Office of the Director of National Intelligence, *ODNI FOIA Handbook,* https://www.dni.gov/files/documents/FOIA/odni_foia_handbook. pdf (accessed June 13, 2020). 다음도 참조하라. U.S. Department of Justice, "Responding to Requests," last updated October 30, 2018, https://www.justice.gov/archives/open/responding-requests (accessed April 27, 2020).

116. Zegart, "Cloaks, Daggers, and Ivory Towers," 25.

117. 2020년 5월 5일 기준. 미 법무부에서 보고서를 생성할 수 있다. https://www.foia.gov/ data.html. FOIA 웹사이트의 FAQ 섹션에 따르면 "단순한 요청은 일반적으로 더 구체적이며 더 적은 페이지의 기록을 요청합니다. 복잡한 요청은 일반적으로 많은 양의 자료 또는 여러 위치에서 기록을 검색하는 등의 추가적인 처리 단계가 필요합니다."

118. NSA에서 단순한 요청의 평균 처리 기간은 367일, 복잡한 요청은 826일, 가장 오래된 10건의 요청은 9~13년이 소요되었다(2020년 5월 5일 기준).

119. 자세한 내용은 다음을 참조하라. Zegart, "Cloaks, Daggers, and Ivory Towers."

120. 정치학자들을 대상으로 한 설문조사에서는 상위 3개 일반 분야 학술지에 대해 상당한 공감대가 형성되어 있는 것으로 나타났다. 더 많은 내용은 다음을 참조하라. James C. Garrand and Micheal W. Giles, "Journals in the discipline: A report on a new survey of American political scientists," *PS: Political Science and Politics* (April 2003): 293-308.

121. 2001년 1월부터 2016년 12월까지의 논문 초록을 분석한 결과이다. 정보 관련 논문 5편은 다음과 같다. Darren W. Davis and Brian D. Silver, "Civil liberties vs. Security: Public opinion in the context of the terrorist attacks on America," *American Journal of Political Science* 48, no. 1 (January 2004): 28-46; Robert Powell, "Defending against terrorist attacks with limited resources," *American Political Science Review* 101 (2007): 527-41; Tiberiu Dragu, "Is there a trade-off between security and liberty? Executive bias, privacy protections, and terrorism prevention," *American Political Science Review* 105 (2011): 64-78; Tiberiu Dragu and Mattias Polborn, "The rule of law in the fight against terrorism," *American Journal of Political Science* 58, no. 2 (April 2014): 511-25; Jennifer L. Selin, "What makes an agency independent?" *American Journal of Political Science* 59, no. 4 (October 2015): 971-87.

122. "Best national universities," *U.S. News & World Report* 139, no. 7 (August 29, 2005): 80.

123. 4개 대학은 듀크, 조지타운, MIT, 버지니아였다. 2006년 3월 24일부터 31일까지 수행한 온라인 대학 강의 카탈로그 분석에 따른 것이다. 다음을 참조하라. Zegart, "Cloaks, Daggers, and Ivory Towers."

124. Data from 2016-2017 *U.S. News & World Report* rankings and author search of online

university undergraduate course catalogs, June-August 2017. 데이터에는 여름 또는 학기 간 코스가 포함되지 않았다. 동점 순위가 있어 26개 대학이 상위 24개 학교를 구성했다.

125. 정보공동체는 정보 관련 커리큘럼 및 프로그램 개발을 지원하기 위해 대학에 보조금을 제공하는 학술 우수성 센터Academic Centers for Excellence 프로그램이 있다. 그러나 이 프로그램의 목표는 다양한 실무자 풀을 유치하고 교육하는 것이며, 미국의 외교정책 결정에서 정보의 역할에 대한 교육 프로그램을 모든 사람에게 제공하는 것이 아니다. 교육 과정은 정보의 (공작 방법 또는 의회 연락 등) 세부 전문 측면에 초점을 맞추고 있다. 다음을 참조하라. Loch K. Johnson, "Spies and scholars in the United States: Winds of ambivalence in the groves of academe," *Intelligence and National Security* 34, no. 1 (2019): 14-15; U.S. Government Accountability Office, "Intelligence Community: Actions Needed to Improve Planning and Oversight of the Centers for Academic Excellence Program" (GAO-19-529), August 2019, https://www.gao.gov/assets/710/700713.pdf. 지난 15년간 30개 대학이 보조금을 받았다. 5개 대학은 2020년 ≪미국 뉴스&월드 리포트U.S. News & World Report≫에서 선정한 상위 100개 기관에 포함되었다 (저자의 분석).

126. Lev Grossman, "Why the 9/11 conspiracy theories won't go away," *Time*, September 3, 2006, http://content.time.com/time/magazine/article/0,9171,1531304,00.html (accessed May 26, 2020).

127. 사례는 다음을 참조하라. David Ray Griffin, *The New Pearl Harbor Revisited: 9/11, the Cover-Up, and the Exposé* (Northampton, Mass.: Olive Branch Press, 2008).

128. Grossman, "Why the 9/11 conspiracy theories won't go away."

129. "Economist/YouGov Poll," December 17-20, 2016, https://d25d2506sfb94s.cloudfront. net/cumulus_uploads/document/ljv2ohxmzj/econTabReport.pdf (accessed July 26, 2017).

130. 2016년, 민주당 대선 후보 힐러리 클린턴이 워싱턴의 한 피자집 지하에서 소아성애자 조직을 운영한다는 음모론이 퍼졌다. "Pizzagate: From Rumor, to Hashtag, to Gunfire in D.C.," *Washington Post*, December 6, 2016, https://www.washingtonpost.com/local/pizza gate-from-rumor-to-hashtag-to-gunfire-in-dc/2016/12/06/4c7def50-bbd4-11e6-94a c-3d324840106c_story.html (accessed June 16, 2020). 중국 우한에서 시작된 코로나19 바이러스가 전 세계로 확산되자 중국 관리들은 트위터와 유튜브에서 미군이 바이러스를 발원해 우한으로 가져왔을 수 있다는 반미 음모론을 퍼뜨리기 시작했다. Edward Wong, Matthew Rosenberg, and Julian E. Barnes, "Chinese Agents Helped Spread Messages That Sowed Virus Panic in U.S., Officials Say," *New York Times*, April 23, 2020, https://www. nytimes.com/2020/04/22/us/politics/coronavirus-china-disinformation.html (accessed June 16, 2020). 외교부 대변인 자오 리젠Zhao Lijian은 트위터에 영어와 중국어로 "미국에서 0번 환자가 언제 시작되었나요?"라고 물었다. "얼마나 많은 사람들이 감염되었는지. 병원 이름은 무엇인가요? 우한에 전염병을 가져온 것은 미군일 수 있습니다. 투명하게 공개하세요! 날짜를 공개하세요! 미국은 우리에게 설명할 의무가 있습니다." 자오 리젠이 올린 해시태그 *#ZhaoLijianPostedFiveTweetsinaRowQuestioningAmerica*(#짜오리젠이미국에 질문하는5개의트윗)는 중국의 인기 소셜미디어 플랫폼인 웨이보Weibo에서 1억 6000만 회 이상 조회되었다. Steven Lee Myers, "China Spins Tale That the U.S. Army Started the

Coronavirus Epidemic," New York Times, March 17, 2020, https://www.nytimes.com/2020/03/13/world/asia/coronavirus-china-conspiracy-theory.html (accessed June 16, 2020).

131. 2016년 대선 직후, 버질Virgil이라는 익명의 칼럼니스트가 보수 사이트인 Breitbart.com에 반 트럼프 딥스테이트에 대한 장문의 글을 올렸다. "Virgil: The Deep State vs. Donald Trump," Breitbart, December 12, 2016, https://www.breitbart.com/politics/2016/12/12/virgil-the-deep-state-vs-donald-trump/ (accessed June 16, 2020). 다음도 참조하라. Evan Osnos, "Trump vs. The Deep State," *New Yorker*, May 14, 2018, https://www.new yorker.com/magazine/2018/05/21/trump-vs-the-deep-state (accessed June 16, 2020); David Rohde, *In Deep: The FBI, the CIA, and the Truth about America's "Deep State"* (New York: W. W. Norton, 2020).

132. Peter Baker, Lara Jakes, Julian E. Barnes, Sharon LaFraniere, and Edward Wong, "Trump's War on the 'Deep State' Turns Against Him," *New York Times*, December 23, 2019, https://www.nytimes.com/2019/10/23/us/politics/trump-deep-state-impeach ment.html (accessed June 16, 2020).

133. Amy Zegart, "The next director of national intelligence," *Foreign Affairs*, August 9, 2019, https://www.foreignaffairs.com/articles/2019-08-09/next-director-national-in telligence (accessed June 16, 2020).

134. Amy Zegart, "Trump says Russia isn't still targeting the U.S.—but he's wrong," *Atlantic*, July 18, 2018, https://www.theatlantic.com/ideas/archive/2018/07/the- russians-are-coming/565478/ (accessed June 16, 2020); Rohde, *In Deep*, 158-59, 164.

135. Zachary Cohen and Nicole Gaouette, "Trump Says Ratcliffe Will 'Rein in' US Intelli-gence Agencies as Spy Chief," CNN, July 30, 2019, https://www.cnn.com/2019/07/30/politics/trump-ratcliffe-rein-in-us-intelligence-agencies/index.html (accessed June 16, 2020); Justin Coleman, "Trump Formally Sends Ratcliffe Nomination for DNI to Senate," *Hill*, March 2, 2020, https://thehill.com/homenews/administration/485618-trump-formally-sends-ratcliffe-nomination-for-dni-to-senate (accessed June 16, 2020).

136. Joe Sommerlad, "Trump News: President Smears Vaccine Whistleblower as Coronavirus Shutdown Sees US Unemployment Claims Soar to 36m," *Independent*, May 14, 2020, https://www.independent.co.uk/news/world/americas/us-politics/trump-news-live-coronavirus-twitter-white-house-press-briefing-us-obama-latest-a9508101.html (accessed June 16, 2020).

137. Aaron Rupar, "Trump's Latest Coronavirus Meltdown Features QAnon, Accidental Self-Owns, and a Lot of "OBAMAGATE," *Vox*, May 11, 2020, https://www.vox.com/2020/5/11/21254398/trump-tweets-mothers-day-obamagate-coronavirus (accessed June 16, 2020).

138. John Bowden, "Trump Lashes Out at Obama in Mother's Day Tweetstorm," *Hill*, May 10, 2020, https://thehill.com/homenews/administration/497057-trump-lashes-out-at-obama-in-mothers-day-tweetstorm (accessed June 16, 2020).

139. 트럼프 대통령의 기자회견 중 이 내용에 대한 영상은 다음에서 확인할 수 있다. Aaron Rupar's Twitter feed, May 11, 2020, https://twitter.com/i/status/1259954909467869184.

140. Nicholas Dujmovic, "Reflections on the deep state myth," *Intelligence and National Security Special Forum* 35, no. 1 (2020): 5, https://doi.org/10.1080/02684527.2019.1691138 (accessed June 14, 2020).

141. Aaron Blake, "The 'Deep State' Is President Trump's Most Compelling Conspiracy Theory," *Washington Post*, April 27, 2017, https://www.washingtonpost.com/news/the-fix/wp/2017/04/27/the-deep-state-is-president-trumps-most-compelling-conspiracy-theory/ (accessed June 16, 2020).

142. Kathy Frankovic, "How Americans View the 'Deep State,'" YouGov, October 31, 2019, https://today.yougov.com/topics/politics/articles-reports/2019/10/31/how-americans-view-deep-state-poll (accessed June 16, 2020).

143. Associated Press, "Transcript of Trump's Speech at Rally Before US Capitol Riot," January 13, 2021, https://www.usnews.com/news/politics/articles/2021-01-13/transcript-of-trumps-speech-at-rally-before-us-capitol-riot (accessed January 29, 2021).

144. Alison Durkee, "52% of Republicans think Trump 'rightfully won' election, poll finds," *Forbes*, November 18, 2020. 역사적 관점에서 본 바이든의 승리와 2020년 선거 관련 실패한 소송에 대한 요약은 다음을 참조하라. William Cummings, Joey Garrison, and Jim Sergent, "By the Numbers: President Donald Trump's Failed Efforts to Overturn the Election," *USA Today*, January 6, 2021, https://www.usatoday.com/in-depth/news/politics/elections/2021/01/06/trumps-failed-efforts-overturn-election-numbers/4130307001/ (accessed January 29, 2021).

145. U.S. Senate Select Committee on Intelligence, Worldwide Threats, 117th Cong., 1st sess., April 14, 2021.

146. Greg Miller, "Muslim Cleric Aulaqi Is 1st U.S. Citizen on List of Those CIA Is Allowed to Kill," *Washington Post*, April 7, 2010, https://www.washingtonpost.com/wp-dyn/content/article/2010/04/06/AR2010040604121.html (accessed June 16, 2020); ACLU, "Al-Aulaqi v. Panetta—Constitutional Challenge to Killing Three U.S. Citizens," updated June 4, 2014, https://www.aclu.org/cases/al-aulaqi-v-panetta-constitutional-challenge-killing-three-us-citizens (accessed June 16, 2020).

147. Philippe Sands, *Torture Team: Rumsfeld's Memo and the Betrayal of American Values* (London: Palgrave Macmillan, 2008), 61-62.

148. U.S. Senate Committee on Armed Services, "Inquiry into the Treatment of Detainees in U.S. Custody: Report," 110th Cong., 2nd sess., November 20, 2008; Dahlia Lithwick, "The fiction behind torture policy," *Newsweek*, August 4, 2008, 11.

149. Mayer, "Whatever it takes."

150. 이 동영상은 더 이상 Human Rights First 웹사이트에서 볼 수 없으며, 페이스북 페이지에서 사본을 확인할 수 있다. https://www.facebook.com/humanrightsfirst/videos/19724238167/.

151. 사례를 보려면 다음을 참고하라. U.S. House Committee on the Judiciary, "Torture and the Cruel, Inhuman and Degrading Treatment of Detainees: The Effectiveness and Consequences of 'Enhanced' Interrogation," Hearing before the Subcommittee on the Constitution, Civil Rights, and Civil Liberties, 110th Cong., 1st sess., November 8, 2007, Serial No. 110-94; Philip Zelikow, "Legal Policy for a Twilight War," annual lecture, *Houston Journal of International Law*, April 26, 2007, in U.S. Senate Committee on Foreign Relations, Extraordinary Rendition, Extraterritorial Detention and Treatment of Detainees Hearing, 110th Cong., 1st sess., July 26, 2007; Sanford Levinson and Juliette Kayyem, "Is Torture Ever Justified?" *Frontline*, PBS, October 18, 2005, http://www.pbs.org/wgbh/pages/frontline/torture/justify/ (accessed July 26, 2017); U.S. House Committee on the Judiciary, "Department of Justice to Guantanamo Bay: Administration Lawyers and Administration Interrogation Rules (Part I)," Hearing before the Subcommittee on the Constitution, Civil Rights, and Civil Liberties, 110th Cong., 2nd sess., May 6, 2008, Serial No. 110-97.

152. *Foreign Policy* interview of Jack Cloonan, *Three Torture Myths*, March 9, 2008, https://www.youtube.com/watch?v=lvsvO9kvSdo (accessed April 16, 2021). 다음도 참조하라. "The Jack Bauer Exception: Obama's Executive Order Wants It Both Ways on Interrogation," Opinion, *Wall Street Journal*, January 23, 2009, http://online.wsj.com/article/SB123267082704308361.html (accessed October 9, 2009); "The Jack Bauer Exception II," Opinion, *Wall Street Journal*, February 7, 2009, http://online.wsj.com/article/SB123396474404658733.html (accessed October 9, 2009).

153. U.S. Senate Committee on the Judiciary, Confirmation Hearing on the Nomination of Alberto R. Gonzales to be Attorney General of the United States, 109th Cong., 1st sess., January 6, 2005, Serial No. J-109, 155-62.

154. Heritage Foundation, *"24" and America's Image in Fighting Terrorism: Fact, Fiction, or Does It Matter?* June 23, 2006.

155. John Yoo, *War by Other Means: An Insider's Account of the War on Terror* (New York: Atlantic Monthly Press, 2006), 172.

156. *Meet the Press*, NBC News, September 30, 2007.

157. U.S. Senate Select Committee on Intelligence, Hearing on the Nomination of Leon Panetta to be Director of Central Intelligence Agency, 111th Cong., 1st sess., February 5, 2009.

158. "Jack Bauer Exception," Opinion, *Wall Street Journal*; "Jack Bauer Exception II," Opinion, *Wall Street Journal*.

159. Colin Freeze, "What Would Jack Bauer Do? Canadian Jurist Promotes International Justice Panel to Debate TV Drama 24's Use of Torture," *Globe and Mail*, June 16, 2007; Horton, "How Hollywood learned to stop worrying and love the (ticking) bomb."

160. BBC News, "US Judge Steps into Torture Row," February 12, 2008, http://news.bbc.co.uk/1/hi/world/americas/7239748.stm (accessed August 31, 2017); Debra Cassens

Weiss, "Scalia: Torture Not an Easy Constitutional Issue," American Bar Association, February 12, 2008, https://www.abajournal.com/news/article/scalia_ torture_not_an_ easy_constitutional_issue (accessed August 12, 2020).

161. Lisa Belkin, "Quayle Discards His Script on Military Issues and Raises Eyebrows," *New York Times*, September 8, 1988, http://www.nytimes.com/1988/09/09/us/quayle-discards-his-script-on-military-issues-and-raises-eyebrows.html (accessed July 21, 2017).

162. Peter Travers, "The Hunt for Red October," *Rolling Stone*, March 2, 1990, http://www.rollingstone.com/movies/reviews/the-hunt-for-red-october-19900302 (accessed July 21, 2017).

163. Justin George, "FBI Files Show Details of Background Checks on Author Tom Clancy," *Baltimore Sun*, September 27, 2017, http://www.baltimoresun.com/news/maryland/sun-investigates/bs-md-sun-investigates-tom-clancy-fbi-20140927-story.html (accessed July 21, 2017).

164. Michael Schaub, "Spy Novels Get Shout-out during Jeff Sessions'Testimony on the Russia Probe," *Los Angeles Times*, June 14, 2017, http://www.latimes.com/books/jacketcopy/la-ca-jc-sessions-spy-20170614-story.html (accessed July 21, 2017).

165. 2000년 10월 19일 마이클 헤이든의 연설이며 다음에서 인용하였다. James Bamford's preface to *Body of Secrets: Anatomy of the Ultra-Secret National Security Agency* (New York: Doubleday, 2001).

제3장 한눈에 보는 미국 정보의 역사

1. Letter from George Washington to Robert Hunter Morris, Winchester, January 5, 1756, in *The Writings of George Washington from the Original Manuscript Sources: Vol. 1, 1745-1799*, edited by John Clement Fitzpatrick. 이 버전은 미시간 대학교의 Hathi Trust Digital Library에서 사용할 수 있다. https://babel.hathitrust.org/cgi/ pt?id=mdp.39015011819060&view=1up&seq=27.

2. Richard M. Ketchum, *Victory at Yorktown: The Campaign that Won the Revolution* (New York: Henry Holt and Company, 2004); Nathanial Philbrick, *In the Hurricane's Eye: The Genius of George Washington and the Victory at Yorktown* (New York: Penguin, 2018), xii.

3. "From George Washington to Noah Webster, 31 July 1788," Founders Online, National Archives, https://founders.archives.gov/documents/Washington/04-06-02-0376.

4. The Papers of George Washington, Library of Congress, Washington, D.C. (Charlottesville: University Press of Virginia, 1976-1979), 3:409; De Grasse to Rochambeau et al., July 28, 1781, in Henri Doniol, *Histoire de la participation de la France a l'establissement des Etats-Unis d'Amerique* (Paris: Imprimerie Nationale, 1886-1892), 4:650-51.

5.   몇 년 후 노아 웹스터Noah Webster에게 보낸 편지에서 워싱턴은 "헨리 클린턴경이 실제 대상과 관련하여 허구의 통신을 통해, 그리고 그의 이웃에 있는 오븐, 사료 및 배를 기만적으로 준비하여 그토록 많은 수고를 들이고 기교를 부린 것은 확실합니다"라고 회상했다. Washington to Webster, July 31, 1788.

6.   The Papers of George Washington, Library of Congress, Washington, D.C., 3:413; John A. Nagy, *George Washington's Secret Spy War: The Making of America's First Spymaster* (New York: St. Martin's Press, 2016), 237-38; Thomas Schactman, "The French Bread Connection," *Journal of the American Revolution* (September 12, 2017).

7.   Schactman, "French Bread Connection"; Morris County Tourism board, https://www.morristourism.org/historic-highlight-of-our-39-towns/; Borough of Chatham https://www.chathamborough.org/chatham/Living%20in%20Chatham/Explore%20Chatham/History/.

8.   "From George Washington to Samuel Miles, 27 August 1781," Founders Online, National Archives http://founders.archives.gov/documents/Washington/99-01-02-06801.

9.   *The Art of War* was written between 544-496 B.C.E. Sun Tzu, *The Art of War*, translated by Lionel Giles (New York: Barnes & Noble, 2003).

10. Christopher Andrew, *The Secret World: A History of Intelligence* (New Haven, Conn.: Yale University Press, 2018), 118-40.

11. 프랜시스 월싱엄Francis Walsingham 경은 여왕의 정보국장과 외무장관을 역임했는데, 두 직책을 한 사람이 맡은 것은 월싱엄 경이 처음이었다. 기록에 따르면 월싱엄은 매일 여왕을 만났으며, 1586년 토론 중에 엘리자베스 여왕이 너무 화가 나서 신발을 벗어 그의 머리에 던진 적도 있었다. Andrew, *Secret World*, 160.

12. 암호해독으로 침략 계획을 알아낸 다른 두 가지 사례로 1588년 필립 2세의 스페인 아마다 Armada 함대와 19세기 초 나폴레옹Napoleon도 있다. Andrew, *Secret World*.

13. 이러한 추세의 한 가지 예외는 제1차 세계대전 이후 설립되어 1929년 헨리 스팀슨 국무장관이 폐지할 때까지 국무부 내에서 운영된 평시 암호 해독 기관인 암호국Cipher Bureau으로, 흔히 블랙챔버Black Chamber라고 불렸다. Christopher Andrew, *For the President's Eyes Only: Secret Intelligence and the American Presidency from Washington to Bush* (New York: Harper Perennial, 1996), 62; David Kahn, *The Codebreakers: The Comprehensive History of Secret Communication from Ancient Times to the Internet* (New York: Scribner, 1996), 355-60.

14. National Security Act of 1947, Public Law 235, July 26, 1947, https://www.dni.gov/index.php/ic-legal-reference-book/national-security-act-of-1947.

15. 미국 과학자 연맹 소속 스티브 애프터굿Stephen Aftergood의 추정치. Justin Brown "The 'Top Secret' at CIA: Its Own Budget," *Christian Science Monitor*, May 26, 2000, https://www.csmonitor.com/2000/0526/p2s1.html.

16. 그러나 이 시기 유럽 열강은 정보기관을 제도화하지 않았기 때문에 일부 국가의 수도에서 정보력은 이전보다 약해졌다. Andrew, *Secret World*.

17. Thomas Jefferson, "First Inaugural Address," March 4, 1801, The Avalon Project at Yale

Law School, https://avalon.law.yale.edu/19th_century/jefinau1.asp.

18. John Quincy Adams, "July 4, 1821: Speech to the U.S. House of Representatives on Foreign Policy," University of Virginia Miller Center, https://millercenter.org/the-presidency/presidential-speeches/july-4-1821-speech-us-house-representatives-foreign-policy.

19. David M. Kennedy, "Thinking Historically about Grand Strategy," in *Grand Strategy: Ideas and Challenges in a Complex World* (Stanford, Calif.: Hoover Institution, 2014), http://www.hoover.org/research/thinking-historically-about-grand-strategy (accessed July 7, 2014).

20. Julian E. Zelizer, *Arsenal of Democracy* (New York: Basic Books 2010), 9.

21. 제1차 세계대전 사망자 2000만 명(브리태니커 백과사전), 제2차 세계대전 사망자 6000만 명 (국립 제2차 세계대전 박물관)을 기준으로 추산한 결과.

22. 국제 질서에 대한 자세한 논의는 다음을 참조하라. Michael J. Mazarr and Ashley L. Rhoades, "Testing the Value of the Postwar International Order," RAND Report, 2018.

23. Winston Churchill, "'Iron Curtain' speech," Westminster College, Fulton, Mo., March 5, 1946, National Archives, https://www.nationalarchives.gov.uk/education/ resources/ cold-war-on-file/iron-curtain-speech/.

24. Henry M. Jackson, "How Shall We Forge a Strategy for Survival?" Address before the National War College, April 16, 1959, Washington, D.C., in *Decisions of the Highest Order: Perspectives on the National Security Council*, edited by Karl F. Inderfurth and Loch K. Johnson (Pacific Grove, Calif.: Brooks/Cole, 1988), 78-81.

25. Office of the Director of National Intelligence, National Counterintelligence and Security Center, "Fiscal Year 2017 Annual Report on Security Clearance Determinations," https://www.dni.gov/files/NCSC/documents/features/20180827-security-clearance-determinations.pdf (accessed September 26, 2020), 4.

26. 군사위원회에 제출하기 위해 모든 특별 접근 프로그램의 이름이 인쇄되었을 때 그 목록은 300 페이지에 달했다. 다음을 참조하라. Dana Priest and William M. Arkin, *Top Secret America: The Rise of the New American Security State* (New York: Little, Brown, 2011).

27. 다음에서 인용하였다. Priest and Arkin, 27.

28. Benjamin Wittes and Ritika Singh, "Madison's Vacillations-And Ours: Seeing a Founder, an Opposition Leader, a Muddle-Through Executive, and a Wartime President in Ourselves,"Lawfare, November 28, 2013, https://www.lawfareblog.com/madisons-vacillations%E2%80%94and-ours-seeing-founder-opposition-leader-muddle-through-executive-and-wartime.

29. 이 섹션은 다음에서 가져온 것이다. Amy Zegart, "George Washington Was a Master of Deception," as first published in *The Atlantic*, November 25, 2018.

30. Alexander Rose, *Washington's Spies: The Story of America's First Spy Ring* (New York: Bantam, 2007), 121.

31. 롱아일랜드 세타우켓의 작은 친구 집단으로 구성된 컬퍼 스파이단은 1778년부터 1783년 전

쟁이 끝날 때까지 뉴욕 지역에서 영국의 진지와 병력 이동에 관한 중요한 정보를 전달하기 위해 데드드랍, 신호, 암호, 밀수꾼을 이용했다. 컬퍼 스파이단은 독립전쟁 당시 양측에서 가장 성공적인 스파이 망이었던 것으로 알려져 있다. 다음을 참조하라. Rose, *Washington's Spies*; "The Culper Gang," William L. Clements Library, University of Michigan, https://clements.umich.edu/exhibit/spy-letters-of-the-american-revolution/stories-of-spies/culper-gang/.

32. Andrew, *Secret World*, 9-10.

33. Thomas Fleming, "George Washington, General," in *Experience of War*, edited by Robert Cowley (New York: W. W. Norton, 1992), 140-50. Fleming's article by the same name originally appeared in *Quarterly Journal of Military History* 2, no. 2 (Winter 1990): 38-47.

34. Daigler, *Spies, Patriots, and Traitors*, 78.

35. Kenneth A. Daigler, *Spies, Patriots, and Traitors: American Intelligence in the Revolutionary War* (Washington, D.C.: Georgetown University Press, 2014), 99.

36. Andrew, *Secret World*, 303

37. Daigler, Spies, Patriots, and Traitors, 99-101.

38. James Hutson, "Nathan Hale Revisited: A Tory's Account of the Arrest of the First American Spy," *Library of Congress Information Bulletin* 62, no. 7 (July/August 2003), http://www.loc.gov/loc/lcib/0307-8/hale.html (accessed June 26, 2014); E.R. Thompson, *Secret New England: Spies of the American Revolution* (New England Chapter, Association of Former Intelligence Officers, 1991).

39. Hutson, "Nathan Hale Revisited." 다음도 참조하라. G. J. A. O'Toole, *Encyclopedia of American Intelligence and Espionage* (New York and Oxford: Facts on File, 1988).

40. Streeter Bass, "Nathan Hale's Mission," CIA Historical Review Program, July 2, 1996, https://www.cia.gov/static/d709cbec73f51410da657b2bafc90466/Nathan-Hales-Mission.pdf (accessed January 29, 2021).

41. P. K. Rose, "The Founding Fathers of American Intelligence," Central Intelligence Agency, https://www.cia.gov/static/4c28451b90165b446ac948e3dd47c972/The-Founding-Fathers-of-American-Intelligence-.pdf (accessed January 29 2021).

42. "Draft Text for CIA Pamphlet 'Intelligence in the War of Independence,'" Historical Intelligence Collection, Central Reference Section DD/I, June 28, 1976, in collection of Marsh Papers, Ford Library, https://www.fordlibrarymuseum.gov/library/document/0067/1563276.pdf (accessed April 18, 2019), 23; Charles Burr Todd, *Life of Colonel Aaron Burr: Vice President of the United States* (New York: S. W. Green, 1879), 83.

43. 훗날 미국 대법원 수석대법관이 된 존 제이와 형제인 제임스 제이James Jay는 컬퍼 스파이단에서 사용할 보이지 않는 잉크를 제작했다. 워싱턴은 절실하게 더 많은 잉크가 필요했고 결국 제이는 잉크를 대량으로 만들 수 있는 실험실을 만들었다. 다음을 참조하라. Glenn P. Hastedt, *Spies, Wiretaps and Secret Operations: An Encyclopedia of American Espionage*, Vol. 1 (Santa Barbara: ABC-CLIO, 2011), 417.

44. "From George Washington to Nathaniel Sackett, 8 April 1777," Founders Online, National Archives, http://founders.archives.gov/documents/Washington/03-09-02-0096 (source: *The Papers of George Washington*, Revolutionary War Series, Vol. 9: 28 March 1777 - 10 June 1777, edited by Philander D. Chase [Charlottesville: University Press of Virginia, 1999], 95).

45. Edward F. Sayle, "The historical underpinnings of the U.S. Intelligence Community," *International Journal of Intelligence and CounterIntelligence* 1, no. 1 (1986): 6.

46. Andrew, *For the President's Eyes Only*, 9.

47. Michael J. Sulick, *Spying in America: Espionage from the Revolutionary War to the Dawn of the Cold War* (Washington, D.C.: Georgetown University Press, 2012), 3; Nathaniel Philbrook, "Why Benedict Arnold turned traitor against the American Revolution," *Smithsonian Magazine*, May 2016, https://www.smithsonianmag.com/history/benedict-arnold-turned-traitor-american-revolution-180958786/.

48. Walter Isaacson, *Benjamin Franklin: An American Life* (New York: Simon & Schuster, 2008), 333; Thomas Schaeper, *Edward Bancroft: Scientist, Author, Spy* (New Haven, Conn.: Yale University Press, 2011); National Counterintelligence Center, *A Counterintelligence Reader*, Vol. 1: American Revolution to World War II, https://fas.org/irp/ops/ci/docs/ci1/ch1c.htm.

49. Sayle, "Historical Underpinnings of the U.S. Intelligence Community," 9, citing National Archives and Records Administration, "From George Washington to Gouverneur Morris, 13 October 1789."

50. Sayle, 9. 이 기금은 정보 활동을 포함하되 이에 국한되지 않는 다양한 활동에 사용되었다. 2019년 총정보예산의 출처는 다음과 같다. Federation of American Scientists, "Intelligence Budget Data," https://fas.org/irp/budget/.

51. Andrew, *For the President's Eyes Only*, 11.

52. 중요한 예외와 관련 다음을 참조하라. Stephen F. Knott, *Secret and Sanctioned: Covert Operations and the American Presidency* (Oxford, U.K.: Oxford University Press, 1996).

53. Donald R. Hickey, *War of 1812: A Forgotten Conflict* (Champaign: University of Illinois Press, 2012), 207; Thomas Fleming, "When Dolley Madison took command of the White House," *Smithsonian Magazine* (March 2010), https://www.smithsonian mag.com/history/how-dolley-madison-saved-the-day-7465218/.

54. Edwin C. Fishel, *The Secret War for the Union: The Untold Story of Military Intelligence in the Civil War* (New York: Houghton Mifflin Harcourt, 1996), 40.

55. Fishel, 39-40; Rebecca Robbins Raines, *Getting the Message Through: A Branch History of the U.S. Army Signal Corps*, Army Historical Series (Washington, D.C.: Center of Military History, United States Army, 2011), 3-16; David L. Woods, *A History of Tactical Communication Techniques* (Orlando, Fla.: Martin-Marietta Corp., 1965).

56. Fishel, *Secret War for the Union*, 6.

57. Andrew, *For the President's Eyes Only*, 20.

58. Andrew, 21.

59. 1860년대에 비밀임무secret service는 일반적으로 정보 활동과 비군사적 탐정 업무를 가리키는 용어였다. 핑커톤과 베이커 모두 자신의 조직을 비밀임무라고 불렀지만, 이는 대통령을 경호하는 현대의 비밀경호국Secret Service과 같은 의미는 아니었다. 미국의 국가 비밀임무는 남북전쟁 이후 형성되었다. Fishel, *Secret War for the Union*, 8. 다음도 참조하라. United States Secret Service, "History," https://www.secretservice.gov/about/history/ (accessed June 24, 2020).

60. CIA Office of Public Affairs, "Intelligence in the Civil War," https://fas.org/irp/cia/product/civilwar.pdf (accessed April 16, 2021); Fishel, *Secret War for the Union*, 55.

61. CIA Office of Public Affairs, "Intelligence in the Civil War," 17.

62. Fishel, *Secret War for the Union*, 298-300.

63. 다음에서 인용하였다. CIA Office of Public Affairs, "Intelligence in the Civil War."

64. Andrew, *For the President's Eyes Only*, 25.

65. Sayle, "Historical Underpinnings of the U.S. Intelligence Community," 20.

66. Andrew, *For the President's Eyes Only*, 53, 68.

67. Sharad Chauhan, *Inside CIA: Lessons in Intelligence* (New Delhi: APH Publishing, 2004), 342-43.

68. Howard Blum, *Dark Invasion: 1915: Germany's Secret War and the Hunt for the First Terrorist Cell in America* (New York: Harper, 2014); David Pfeiffer, "Tony's lab," *Prologue Magazine* (U.S. National Archives) 49, no. 3 (Fall 2017), https://www.archives.gov/publications/prologue/2017/fall/tonys-lab.

69. Tim Weiner, *Enemies: A History of the FBI* (New York: Random House, 2012), 3; FBI History, "Black Tom 1916 Bombing," FBI History, https://www.fbi.gov/history/famous-cases/black-tom-1916-bombing.

70. "Liberty State Park: Black Tom Explosion," New Jersey Department of Environmental Protection, updated January 26, 2005, http://www.state.nj.us/dep/parksandforests/parks/liberty_state_park/liberty_blacktomexplosion.html (accessed July 9, 2014); FBI History, "Black Tom 1916 Bombing"; Chad Millman, *The Detonators: The Secret Plot to Destroy America and an Epic Hunt for Justice* (New York: Little, Brown, 2006).

71. 당시 FBI는 수사국Bureau of Investigation으로 불렸다. 다음을 참조하라. Federal Bureau of Investigation, "A Brief History: The Nation Calls, 1908-1923," https://www.fbi.gov/history/brief-history (accessed January 30, 2021).

72. U.S. Secret Service, "History," https://www.secretservice.gov/about/history/events/.

73. 초창기 FBI의 규모는 그리 크지 않았다. FBI의 자체 역사 기록에 따르면 "처음 15년 동안 FBI는 미래의 그림자에 불과했다. 채용, 승진, 전보와 관련하여 FBI를 후원하는 정치 세력의 때때로 부패한 영향력을 견뎌낼 만큼 아직 충분히 굳건하지 못했다. 신입 요원들은 제한된 교육을 받았으며 때때로 훈련이 부족하고 관리가 제대로 이루어지지 않았다". 어느 특수요원은 업무 시간에 수사 업무와 자신의 크랜베리 늪지 관리를 병행하기도 했다. Federal Bureau of Investigation, "Brief History."

74. Andrew, *For the President's Eyes Only*, 54; John F. Fox Jr., "Bureaucratic wrangling over counterintelligence, 1917-18," *Studies in Intelligence* 49, no. 1 (1985).

75. Weiner, *Enemies*, 13-25; Andrew, *For the President's Eyes Only*, 54-71.

76. Letter from William MacAdoo to Woodrow Wilson, June 2, 1917. 다음을 참조하라. Fox Jr., "Bureaucratic wrangling over counterintelligence."

77. 다음에서 인용하였다. Andrew, *For the President's Eyes Only*, 56 (original source: Arthur S. Link, ed., *The Papers of Woodrow Wilson*, Vol. 45 [Princeton: Princeton University Press, 1966-1992], 75).

78. Federal Bureau of Investigation, "Brief History"; Ronald Kessler, *Inside the FBI: The World's Most Powerful Law Enforcement Agency* (New York: Pocket, 1994); Weiner, *Enemies*.

79. Andrew, *For the President's Eyes Only*, 69-70; Jeffrey T. Richelson, *A Century of Spies: Intelligence in the Twentieth Century* (New York: Oxford University Press, 1995), 69-77.

80. Henry L. Stimson and McGeorge Bundy, *On Active Service in Peace and War* (New York: Harper & Brothers, 1947), 188.

81. "Speech by Franklin D. Roosevelt, New York (Transcript)," Address to Congress, December 8, 1941, Library of Congress, https://www.loc.gov/resource/afc1986022. afc1986022_ms2201/?st=text (accessed November 30, 2020).

82. 엄밀히 말하면, 이런 업무를 하는 최초의 기관은 빌 도너번이 이끌었던 정보조정관 Coordinator of Information, COI이었으며, 이 기관은 이후 OSS가 되었다. 다음을 참조하라. Michael Warner, "COI Came First," *The Office of Strategic Services: America's First Intelligence Agency* (Washington, D.C.: Central Intelligence Agency, 2008), https://www.cia.gov/static/7851e16f9e100b6f9cc4ef002028ce2f/Office-of-Strategic-Services.pdf.

83. Amy Zegart, *Flawed by Design: The Evolution of the CIA, JCS, and NSC* (Palo Alto, Calif.: Stanford University Press, 1999), 166.

84. Tim Weiner, *Legacy of Ashes: The History of the CIA* (New York: Anchor Books, 2008), 3-5.

85. National Archives, "Office of Strategic Services Personnel Files from World War II," https://www.archives.gov/research/military/ww2/oss/personnel-files.html (accessed November 30, 2020); "24,000 WWII-Era Spies Revealed in U.S. Documents," *New York Times*, August 14, 2008, https://www.nytimes.com/2008/08/14/world/americas/14iht-spies.4.15302307.html (accessed September 26, 2020); Central Intelligence Agency, "Julia Child and the OSS Recipe for Shark Repellent," posted July 9, 2015, updated June 14, 2017, https://www.cia.gov/stories/story/julia-child-and-the-oss-recipe-for-shark-repellent/ (accessed January 29, 2021).

86. Central Intelligence Agency, "Stories — Julia Child: Cooking Up Spy Ops for OSS," March 30, 2020, https://www.cia.gov/stories/story/julia-child-cooking-up-spy-ops-

for-oss/ (accessed April 16, 2021).

87. 이 비밀임무 조직을 공작국Directorate of Operations이라고 부른다. Central Intelligence Agency, "About CIA-Organization," https://www.cia.gov/about/organization/#directorate-of-operations (accessed January 30, 2021).

88. 로버츠 위원회Roberts Commission(행정 명령으로 설립되었으며 오웬 로버츠 대법관이 위원장을 맡음), 해군부의 하트 조사단Hart inquiry, 육군 진주만 위원회Pearl Harbor Board, 해군 특별조사위원회Naval Court of Inquiry, 클라우슨 조사단(육군 위원회의 조사를 보완하기 위해 전쟁부 장관이 이끈 조직), 휴잇 조사단Hewitt Inquiry(해군부 장관이 지휘), 클라크 조사단Clarke Investigation(군사정보단 책임자 카터 클라크 대령이 주도), 40권의 조사 결과 책자를 작성한 의회 합동 위원회 조사단Joint Congressional Committee Investigation 등이 있다.

89. Roberta Wohlstetter, *Pearl Harbor: Warning and Decision* (Palo Alto, Calif.: Stanford University Press, 1962).

90. U.S. Senate, "Report of the Joint Committee on the Investigation of the Pearl Harbor Attack," 79th Cong., 2nd sess., July 20, 1946, Document 244 (Washington, D.C.: GPO, 1946), 257.

91. U.S. Senate, "Report of the Joint Committee," 253.

92. '불량 코끼리rogue elephant'라는 용어는 1976년 프랭크 처치 상원의원이 CIA의 역사와 활동을 검토한 보고서에서 처음 사용했다. 다음을 참조하라. U.S. Senate Select Committee to Study Governmental Operations with Respect to Intelligence Activities of the United States(Church Committee), "Final Report," 94th Cong., 2nd sess., April 26, 1976, S. Rept. 940-775, Serial 13133-3-3.

93. William M. Leary, ed., *The Central Intelligence Agency: History and Documents* (Tuscaloosa: University of Alabama Press, 1984), 6.

94. Zegart, *Flawed by Design*, 163.

95. Zegart.

96. "From the Desk of Harry S. Truman," December 1, 1963, Document 94, Papers of David M. Noyes, Truman Library.

97. National Security Act of 1947, Public Law 235, July 26, 1947, https://www.dni.gov/index.php/ic-legal-reference-book/national-security-act-of-1947.

98. 다음에서 인용하였다. Amy Zegart, "The legend of a democracy promoter," *National Interest*, September 16, 2008, https://nationalinterest.org/article/the-legend-of-a-democracy-promoter-2839.

99. U.S. Department of State, Office of the Historian, "National Security Council Directive to Director of Central Intelligence Hillenkoetter," attachment to "Memorandum from the Executive Secretary of the National Security Council (Souers) to Director of Central Intelligence Hillenkoetter," December 17, 1947, "Foreign Relations of the United States, 1945-1950, Emergence of the Intelligence Establishment," Document #257, https://history.state.gov/historicaldocuments/frus1945-50Intel/ d257.

100. Anne Karalekas, "History of the Central Intelligence Agency," in Leary, *Central Intelli-*

gence Agency, 43; Zegart, *Flawed by Design*, 189.

101. Church Committee, "Final Report," 445. For recent work examining the strategic uses of covert operations, 다음을 참조하라. Austin Carson, *Secret Wars: Covert Conflict in International Politics* (Princeton, N.J.: Princeton University Press, 2018); Lindsey O'Rourke, *Covert Regime Change* (Ithaca, N.Y.: Cornell University Press, 2018); Michael Poznansky, *In the Shadow of International Law* (New York: Oxford University Press, 2020).

102. CIA는 위장을 그럴듯하게 보이게 하려고 영화배우 마이클 더글러스Michael Douglas가 사용하던 사무실에 스튜디오 식스 프로덕션Studio Six Productions이라는 가짜 제작사를 설립했다. 또한 무역 잡지에 게재하기 위해 가짜 영화 포스터와 광고를 제작하고 실제 공상 과학 영화 대본을 사용했으며 외교관들을 유행에 밝은 할리우드 영화 제작자처럼 보이도록 변장시키기 위한 도구도 가져갔다. Antonio J. Mendez, "A Class Case of Deception: CIA Goes Hollywood," https://www.cia.gov/library/center-for-the-study-of-intelligence/csi-publications/csi-studies/studies/winter99-00/art1.html.

103. Marcus Rosenbaum, "'Argo': What Really Happened in Tehran? A CIA Agent Remembers," *Weekend Edition Saturday*, NPR, February 16, 2013, https://www.npr.org/2013/02/16/172098605/argo-what-really-happened-in-tehran-a-cia-agent-remembers; Mark Lijek, "I Was Rescued from Iran: It Wasn't Like the Movie," *Slate*, October 18, 2012, https://slate.com/culture/2012/10/argo-hostage-story-mark-lijeks-true-account-of-fleeing-iran.html (accessed September 26, 2020).

104. Thomas F. Troy, *Donovan and the CIA: A History of the Establishment of the Central Intelligence Agency* (Frederick, Md.: University Publications of America, 1981), 278.

105. Zegart, *Flawed by Design*.

106. John Ranelagh, *The Agency: The Rise and Decline of the CIA* (New York: Simon & Schuster, 1986), 113.

107. Zegart, *Flawed by Design*, 189-90.

108. Zegart, 192.

109. Andrew, *For the President's Eyes Only*, 216.

110. Zegart, *Flawed by Design*, 192.

111. SSeymour Hersh, "Huge CIA Operation Reported in U.S. against Antiwar Forces, Other Dissidents in Nixon Years," *New York Times*, December 22, 1974, https://www.nytimes.com/1974/12/22/archives/huge-cia-operation-reported-in-u-s-against-antiwar-forces-other.html.

112. Amy Zegart, *Spying Blind: The CIA, the FBI, and the Origins of 9/11* (Princeton, N.J.: Princeton University Press, 2007), 71; James R. Clapper with Trey Brown, *Facts and Fears: Hard Truths from a Life in Intelligence* (New York: Penguin, 2018), 87.

113. Michael Morell with Bill Harlow, *The Great War of Our Time: The CIA's Fight against Terrorism—From Al-Qa'ida to ISIS* (New York: Twelve, 2015), 74.

114. William G. Hyland, op-ed [no title], *New York Times*, May 20, 1991, A15.

115. Zegart, *Spying Blind*, 71.

116. Zegart, 65-66, 82.

117. Interview by author, December 2004 ; Zegart, *Spying Blind*, 82-83.

118. Zegart, 27-41.

119. Zegart, 27-41.

120. Zegart, 3-4, 78-82.

121. Zegart. 대안적 관점에 대한 논의를 보려면 다음을 참조하라. "Correspondence: How intelligent is intelligence reform?" *International Security* 30, no. 4 (Spring 2006): 196-208.

122. Zegart, *Spying Blind*, 1-3, 104-106.

123. Brent Scowcroft, testimony before the the U.S. House Permanent Select Committee on Intelligence and U.S. Senate Select Committee on Intelligence, "Joint Inquiry into Intelligence Community Activities before and after the Terrorist Attacks of September 11, 2001," 107th Cong., 2nd sess., September 19, 2002.

124. National Intelligence Estimate 2002-16HC, "Iraq's Continuing Programs for Weapons of Mass Destruction," October 2002, redacted and declassified April 2004, https://fas.org/irp/cia/product/iraq-wmd-nie.pdf.

125. Commission on the Intelligence Capabilities of the United States Regarding Weapons of Mass Destruction (Silberman-Robb Commission or WMD Commission), "Report to the President," March 31, 2005, https://fas.org/irp/offdocs/wmd_report.pdf.

126. Silberman-Robb Commission, 45-196. 정치적 압력이 기존의 약점에 더해져 최악의 가정이 주류가 되었다는 결론을 내린 사람들도 있다. Joshua Rovner, *Fixing the Facts: National Security and the Politics of Intelligence* (Ithaca, N.Y.: Cornell University Press, 2011), 137-84.

127. Silberman-Robb Commission, "Report to the President," 47.

128. 다음에서 인용하였다. Chris Whipple, *The Spymasters: How the CIA Directors Shape History and the Future* (New York: Scribner, 2020), 205.

129. 간략한 개혁 법안 절차에 대해서는 다음을 참조하라. Michael Allen, *Blinking Red: Crisis and Compromise in American Intelligence after 9/11* (Dulles, Va.: Potomac Books, 2013).

130. 최상위 정보기관은 6개가 있다. 독립 기관인 CIA, 법무부 소속 FBI, 그리고 국방부 산하 국가 안보국, 국가정찰국, 국방정보국, 국가지형정보국 등 4개 기관이다. Michael Hayden, *Playing to the Edge: American Intelligence in the Age of Terror* (New York: Penguin, 2016), 166-67.

131. 다음에서 인용하였다. Philip Shenon and Douglas Jehl, "House Proposal Puts Less Power in New Spy Post," *New York Times*, September 25, 2004.

132. Jane Harman, Intelligence Reauthorization News conference with members of the House Permanent Select Committee on Intelligence, March 30, 2006. 하먼은 이 법이 국방부의 반대를 극복하고 DNI에 적절한 법적 권한을 부여했다고 믿지만 실효성을 거두기 위해

서는 더 강력한 리더십이 필요하다고 말했다.

133. Clapper, *Facts and Fears*, 106-7; "Robert Gates Oral History (Transcript)," interview by Mike Nelson and Jeffrey Engel, July 8, 2013, Presidential Oral Histories, University of Virginia Miller Center, https://millercenter.org/the-presidency/presidential-oral-histories/robert-gates-oral-history.

134. Clapper, *Facts and Fears*, 128. 2021년 1월 우주군 소속 정보기관이 추가되면서 정보공동체는 17개 기관에서 18개 기관으로 늘어났다.

135. Clapper, 137.

136. Mark Lowenthal, *Intelligence: From Secrets to Policy*, 7th ed. (Thousand Oaks, Calif.: CQ Press, 2017), 40.

137. Clapper, *Facts and Fears*, 117; U.S. Library of Congress Congressional Research Service, Richard A. Best Jr., "The National Intelligence Council (NIC): Issues and Options for Congress," R40505, https://fas.org/sgp/crs/intel/R40505.pdf.

138. Lowenthal, *Intelligence: From Secrets to Policy*, 43.

139. Leon Panetta with Jim Newton, *Worthy Fights: A Memoir of Leadership in War and Peace* (New York: Penguin, 2014), 228.

140. 또한 CIA는 국가정보장실 외부 기관 중 유일한 독립 기관이다. 다른 16개 정보기관은 내각 부처에 소속되어 있다(9개 기관은 국방부 소속).

141. Clapper, *Facts and Fears*, 117.

142. U.S. Senate Committee on Intelligence, *Global Threats and National Security*, C-Span, January 29, 2019, https://www.c-span.org/video/?457211-1/national-security-officials-testify-threats-us.

143. Lowenthal, *Intelligence: From Secrets to Policy*, 51-52; Steve Slick, "Intelligence Studies Essay: 'After you, Alphonse,'or Why Two Different Intelligence Agencies Now Attend National Security Council Meetings, Whether It Matters, and How to Mitigate the Potential Hazards," Lawfare, July 27, 2017, https://www.lawfareblog.com/intelligence-studies-essay-after-you-alphonse-or-why-two-different-intelligence-agencies-now-attend#:~:text=President%20Trump's%20revised%20executive%20order,HSC%20and%20that%20both%20agencies. 처음에 트럼프 대통령은 국가정보장과 합참의장을 국가안전보장회의의 "초청된 경우에만 참석하는" 위원으로 강등하고 CIA 부장을 완전히 배제했다. 2017년 4월, 그는 방침을 바꿔 세 사람을 모두 NSC 회의에 참석시켰다.

144. Hayden, *Playing to the Edge*, 166-167.

145. Office of the Director of National Intelligence, "Members of the IC," https://www.dni.gov/index.php/what-we-do/members-of-the-ic#nsa.

146. National Geospatial-Intelligence Agency, "About NGA," https://www.nga.mil/About/Pages/Default.aspx.

147. Lowenthal, *Intelligence: From Secrets to Policy*, 111.

148. Susan M. Gordon, keynote address, GEOINT 2018 Symposium, April 24, 2018, https://trajectorymagazine.com/building-to-scale-and-creating-anew/ (accessed September

24, 2020).

제4장 정보의 기본

1. Interview by author, September 24, 2020.

2. 그들은 조 바이든 부통령, 밥 게이츠 국방장관, 힐러리 클린턴 국무장관, 마이크 멀린Mike Mullen 합참의장, 제임스 "호스" 카트라이트 합참 부의장, 존 브레넌 백악관 정보보좌관, 톰 도닐런Tom Donilon 국가안보보좌관, 제임스 클래퍼 국가정보장, 레온 파네타 CIA 부장, 마이클 모렐 CIA 차장, 마이클 라이터 국가대테러센터장이다.

3. Michael Morell with Bill Harlow, *The Great War of Our Time: The CIA's Fight against Terrorism—From al Qa'ida to ISIS* (New York: Twelve, 2015), 150. 공식 NSC 달력에는 작전 보안을 유지하기 위해 빈 라덴과의 만남을 "미키마우스 회의"로만 기재했다. John O. Brennan, *Undaunted: My Fight against America's Enemies, at Home and Abroad* (New York: Celadon Books, 2020), 230-31.

4. Amy Zegart and Michael Morell, "Spies, lies, and algorithms," *Foreign Affairs* 98, no. 3 (May/June 2019): 90-91.

5. Leon Panetta with Jim Newton, *Worthy Fights: A Memoir of Leadership in War and Peace* (New York: Penguin, 2014), 294-97; Morell, *Great War of Our Time*, 146-47, 150-71.

6. Mark Mazzetti and Helene Cooper, "Detective Work on Courier Led to Breakthrough on Bin Laden," *New York Times*, May 2, 2011, https://www.nytimes.com/2011/05/02/world/asia/02reconstruct-capture-osama-bin-laden.html.

7. Leon E. Panetta and Jeremy Bash, "The former head of the CIA on managing the hunt for Bin Laden," *Harvard Business Review*, May 2, 2016, https://hbr.org/2016/05/leadership-lessons-from-the-bin-laden-manhunt.

8. Mazzetti and Cooper, "Detective Work."

9. Morell, *Great War of Our Time*, 148, 152.

10. Nicholas Schmidle, "Getting Bin Laden," *New Yorker*, August 8, 2011, https://www.newyorker.com/magazine/2011/08/08/getting-bin-laden.

11. Peter Bergen, "The 'Manhunt' to Capture Osama Bin Laden (Transcript)," interview by Dave Davies, *Fresh Air*, NPR, May 1, 2012, https://www.npr.org/transcripts/151766454.

12. Mark Bowden, "The hunt for 'Geronimo,'" *Vanity Fair*, October 12, 2012, https://www.vanityfair.com/news/politics/2012/11/inside-osama-bin-laden-assassination-plot.

13. Bob Woodward, "Death of Osama Bin Laden: Phone Call Pointed US to Compound—and to 'the Pacer,'" *Washington Post*, May 6, 2011, https://www.washingtonpost.com/world/national-security/death-of-osama-bin-laden-phone-call-pointed-us-to-c

ompound--and-to-the-pacer/2011/05/06/AFnSVaCG_story.html.

14. Panetta, *Worthy Fights*, 294-300.

15. Morell, *Great War of Our Time*, 157-58.

16. Panetta, *Worthy Fights*, 313-28.

17. 국가정보장실은 빈 라덴의 아보타바드 기지에서 압수한 자료의 기밀을 해제하고 세 번에 걸쳐 공개했다. 다음을 참조하라. "Bin Laden's Bookshelf," https://www.dni.gov/index.php/features/bin-laden-s-bookshelf?start=1 (accessed September 25, 2020).

18. James Clapper with Trey Brown, *Facts and Fears: Hard Truths from a Life in Intelligence* (New York: Penguin, 2018), 156; Barack Obama, "Remarks by the President on Osama Bin Laden," East Room, Washington, D.C., May 2, 2011, https://obamawhitehouse.archives.gov/the-press-office/2011/05/02/remarks-president-osama-bin-laden.

19. Clapper, *Facts and Fears*, 153.

20. "The cost of being Osama bin Laden," *Forbes*, September 14, 2001, https://www.forbes.com/2001/09/14/0914ladenmoney.html#4c9ccc6c32a3 (accessed September 25, 2020).

21. '정보Intelligence'라는 용어는 '생산물'(정보), '과정'(정보를 수집, 분석하여 정책결정자에게 배포하는 방식), '일련의 조직'(이러한 기능을 수행하는 18개 연방 기관)을 나타내는 데 사용되기 때문에 종종 혼동될 수 있다. 이 장에서는 정보 생산물과 정책결정자가 이용할 수 있는 다른 유형의 정보와의 차이점에 중점을 둔다.

22. Sun Tzu, *The Art of War*, translated by Lionel Giles (New York: Barnes & Noble, 2003), 17.

23. "The Poetry of Donald Rumsfeld, Set to Music," *Morning Edition*, NPR, March 12, 2004, https://www.npr.org/templates/story/story.php?storyId=1761585.

24. Secretary of Defense Donald Rumsfeld and Gen. Richard Myers, DOD News Briefing, transcript, U.S. Department of Defense, February 12, 2002, https://fas.org/irp/news/2002/02/dod021202.html.

25. David A. Graham, "Rumsfeld's knowns and unknowns: The intellectual history of a quip," *Atlantic*, March 27, 2014, https://www.theatlantic.com/politics/archive/2014/03/rumsfelds-knowns-and-unknowns-the-intellectual-history-of-a-quip/359719/.

26. James R. Holmes, "The long, strange trip of China's first aircraft carrier," *Foreign Policy*, February 3, 2015, https://foreignpolicy.com/2015/02/03/the-long-strange-trip-of-chinas-first-aircraft-carrier-liaoning/.

27. Sherman Kent, "A Crucial Estimate Relived," *Studies in Intelligence* (Spring 1964), https://www.cia.gov/static/f547ed3bcd5793ff5456dc381c2df789/A-Crucial-Estimate-Relived.pdf.

28. Thomas Fingar, "Analysis in the U.S. Intelligence Community: Missions, Masters, and Methods," in National Research Council, *Intelligence Analysis for Tomorrow: Advances from the Behavioral and Social Sciences* (Washington, D.C.: National Academies Press, 2011), 3.

29. Dana Priest and William M. Arkin, "Top Secret America: A Hidden World, Growing

Beyond Control," *Washington Post*, July 19, 2010, https://live.washingtonpost.com/topsecret-0719.html.

30. 수십 년 동안 정보 예산은 기밀로 유지되었다. 하지만 2007년 의회가 총 정보 예산의 공개를 요구하면서 상황이 바뀌었다. 이 추정치는 국가정보 프로그램과 군사정보 프로그램에 대한 예산 요청을 합산한 것이다. "Intelligence Budget Data," Federation of American Scientists, Intelligence Resource Program, https://fas.org/irp/budget/#:~:text=The%20Fiscal%20Year%202020%20budget,for%20the%20Military%20Intelligence%20Program (accessed September 6, 2020).

31. National Geospatial Intelligence Agency, "NGA's Mission," https://www.nga.mil/about/1596052185524_Mission.html (accessed September 6, 2020).

32. Defense Intelligence Agency, "Human Intelligence," https://www.dia.mil/Careers-Internships/Career-Fields/Human-Intelligence/#operations-support (accessed September 6, 2020).

33. Zegart and Morell, "Spies, lies, and algorithms."

34. Josh Chin, "China Spends More on Domestic Security as Xi's Powers Grow," *Wall Street Journal*, March 6, 2018, https://www.wsj.com/articles/china-spends-more-on-domestic-security-as-xis-powers-grow-1520358522?mod=mktw&adobe_mc=MCMID%3D3370608410963891126350136059869841598 4%7CMCORGID%3DCB68E4BA55144CAA0A4C98A5%2540AdobeOrg%7CTS%3D1600534321.

35. Vladimir Kara-Murza, "Putin's Dark Cult of the Secret Police," *Washington Post*, December 28, 2017, https://www.washingtonpost.com/news/democracy-post/wp/2017/12/28/putins-dark-cult-of-the-secret-police/.

36. 국토안보부는 정보를 수집하지는 않지만 국내정보 임무를 수행하고 있으며, 여기에는 국토를 보호하기 위해 연방 정부와 주, 지방, 부족, 자치지역 정부 간 양방향 정보 공유도 포함된다. U.S. Department of Homeland Security, Office of Intelligence and Analysis, "Mission," https://www.dhs.gov/office-intelligence-and-analysis-mission#:~:text=The%20mission%20of%20the%20Intelligence,safe%2C%20secure%2C%20and%20resilient (accessed January 17, 2021).

37. National Security Act of 1947, Public Law 235, July 26, 1947, https://www.dni.gov/index.php/ic-legal-reference-book/national-security-act-of-1947.

38. U.S. Senate Select Committee to Study Governmental Operations with Respect to Intelligence Activities (Church Committee), "Supplementary Detailed Staff Reports on Intelligence Activities and the Rights of Americans, Book 3: Final Report" (Washington, D.C.: GPO, 1976), 765-77; James M. Olson, *Fair Play: The Moral Dilemmas of Spying* (Dulles, Va.: Potomac Books, 2006), 40.

39. Church Committee, "Supplementary Detailed Staff Reports," 3, 559-636.

40. 이 80% 추정치는 1947년 앨런 덜레스 전 CIA 부장이 상원 증언에서 언급한 것에서 유래했다. 다음을 참조하라. Peter Grose, *Gentleman Spy: The Life of Allen Dulles* (Boston: Houghton Mifflin, 1994), 525-28. 일부 학자와 정보 관리들은 공개적으로 이용 가능한 출처

에서 발견되는 정보가 90%에 달할 수 있다고 추정한다. 다음을 참조하라. Loch Johnson, *Bombs, Bugs, Drugs and Thugs* (New York: NYU Press, 2002), 185-86. 공개출처정보의 추정치에 대한 더 자세한 논의는 다음을 참조하라. Stevyn D. Gibson, "Exploring the Role and Value of Open Source Intelligence," in Christopher Hobbs, Matthew Moran, and Daniel Salisbury, eds., *Open Source Intelligence in the Twenty-First Century: New Approaches and Opportunities* (New York: Springer, 2014).

41. Michael D. Shear, Maggie Haberman, Nicholas Confessore, Karen Yourish, Larry Buchanan, and Keith Collins, "How Trump Reshaped the Presidency in Over 11,000 Tweets," *New York Times*, November 2, 2019.

42. Robert Draper, "The Man Behind the President's Tweets," *New York Times*, April 16, 2018, https://www.nytimes.com/2018/04/16/magazine/dan-scavino-the-secretary-of-offense.html.

43. "Intelligence Budget Data." 이 추정치는 국가정보 프로그램과 군사정보 프로그램에 대한 예산 요청을 합산한 것이다

44. Interview by author, August 28, 2020.

45. Interview by author, August 13, 2020.

46. Interview by author, September 25, 2020.

47. David E. Sanger and Julian E. Barnes, "On North Korea and Iran, Intelligence Chiefs Contradict Trump," *New York Times*, January 29, 2019, https://www.nytimes.com/2019/01/29/us/politics/kim-jong-trump.html.

48. Zegart and Morell, "Spies, lies, and algorithms," 91.

49. Woodward, "Death of Osama Bin Laden."

50. "George Tenet Pt. 2," *The Daily Show*, Comedy Central, May 8, 2007, http://www.cc.com/video-clips/xdho25/the-daily-show-with-jon-stewart-george-tenet-pt-2, at 2:30.

51. Clapper, *Facts and Fears*, 143.

52. 예를 들어 데니스 블레어Dennis Blair 전 국가정보장은 정책 토론에 자주 참여했다. 클래퍼는 블레어가 직업 정보관 출신이 아니었기 때문에 이런 비정상적인 행동이 일어났다고 말한다. 그는 34년 동안 정보를 생산한 것이 아니라 소비했던 해군 제독이었기 때문이다. 다음을 참조하라. Clapper, *Facts and Fears*, 127. Blair had a tumultuous and short tenure as DNI.

53. Robert Gates, *From the Shadows: The Ultimate Insider's Story of Five Presidents and How They Won the Cold War* (New York: Simon & Schuster, 1996), 375.

54. "Former Top DNI Official Sue Gordon Discusses Circumstances of Her Departure from ODNI-Transcript," interview by Michael Morell, *Intelligence Matters*, CBS, February 14, 2020, https://www.cbsnews.com/news/former-top-dni-official-sue-gordon-discusses-circumstances-of-her-departure-from-odni-transcript/.

55. "Oral History Transcript, John A. McCone, Interview 1," interview by Joe B. Frantz, August 19, 1970, LBJ Library Oral Histories, LBJ Presidential Library, https://www.discoverlbj.org/item/oh-mcconej-19700819-1-74-150.

56. Christopher R. Moran and Richard J. Aldrich, "Trump and the CIA," *Foreign Affairs*,

April 24, 2017, https://www.foreignaffairs.com/articles/2017-04-24/trump-and-cia.

57. R. James Woolsey Oral History (Transcript), interview by Russell L. Riley, January 13, 2010, William J. Clinton Presidential History Project, University of Virginia Miller Center, https://millercenter.org/the-presidency/presidential-oral-histories/r- james-woolsey-oral-history-director-central.

58. Gates, *From the Shadows*, 567.

59. Mark Landler, "Trump under Fire for Invoking Nazis in Criticism of U.S. Intelligence," *New York Times*, January 11, 2017, https://www.nytimes.com/2017/01/11/us/donald-trump-nazi-comparison.html.

60. Caitlin Oprysko, "Trump tells intel chiefs to 'go back to school' after they break with him," *Politico*, January 30, 2019, https://www.politico.com/story/2019/01/30/trump-national-security-1136433.

61. Zachary Cohen and Nicole Gaouette, "Trump Says Ratcliffe Will 'Rein In' U.S. Intelligence Agencies as Spy Chief," CNN, July 30, 2019, https://www.cnn.com/2019/07/30/politics/trump-ratcliffe-rein-in-us-intelligence-agencies/index.html.

62. Alison Durkee, "Rep. John Ratcliffe is already out as Trump's DNI pick," *Vanity Fair*, August 2, 2019, https://www.vanityfair.com/news/2019/08/john-ratcliffe-dni- nominee-withdraw-trump.

63. Shane Harris, "Senate Confirms John Ratcliffe as Next Director of National Intelligence in Sharply Divided Vote," *Washington Post*, May 21, 2020.

64. Julian E. Barnes and Mark Mazzetti, "For Spies Emerging from the Shadows, a War with Trump Carries Risks," *New York Times*, July 24, 2018, https://www.nytimes. com/2018/07/24/us/politics/trump-security-clearances.html. 다음도 참조하라. John Gentry, "An INS special forum: US intelligence officers' involvement in political activities in the Trump era," *Intelligence and National Security* 35, no. 1: 1-19.

65. Michael V. Hayden, "The End of Intelligence," *New York Times*, April 28, 2018, https://www.nytimes.com/2018/04/28/opinion/sunday/the-end-of-intelligence.html.

66. Amy Zegart, "Politicization of intelligence," in Gentry, "INS special forum."

67. John O. Brennan (@JohnBrennan), Twitter, October 2, 2019, 12:59 P.M., https://twitter.com/JohnBrennan/status/1179485989854744576.

68. Dylan Scott, "Former CIA director: Trump-Putin press conference 'nothing short of treasonous,'" *Vox*, July 16, 2018, https://www.vox.com/world/2018/7/16/17576804/trump-putin-meeting-john-brennan-tweet-treasonous.

69. Sophie Tatum, "Former CIA Chief to Trump on McCabe Firing: 'America Will Triumph Over You,'" CNN, March 17, 2018, https://www.cnn.com/2018/03/17/politics/john-brennandonald-trump-mccabe-firing/index.html; 2019년 1월부터 2019년 10월 10일까지 브레넌의 트윗에 대한 저자의 분석이다.

70. Interview by author, July 30, 2020.

71. Interview by author.

72. Interview by author.

73. Morell, *Great War of Our Time*, 3.

74. Clapper, *Facts and Fears*, 9-11.

75. Interview by author, July 21, 2020.

76. Robert Baer, *See No Evil: The True Story of a Ground Soldier in the CIA's War on Terrorism* (New York: Crown, 2002), 12-13.

77. 그럼에도 불구하고 인종 및 성별 다양성 문제는 여전히 심각하다. 다음을 참조하라. Central Intelligence Agency, "Director's Diversity in Leadership Study," June 30, 2015, https://www.cia.gov/static/d8681a6dc20446042a8c3020459ca1d4/Directors-Diversity-in-Leadership-Study-Overcoming-Barriers-to-Advancement.pdf (accessed December 15, 2020); Central Intelligence Agency, "Director's Advisory Group on Women in Leadership" (chaired by Madeleine K. Albright), March 2013, https://permanent.fdlp.gov/gpo38506/CIA-Women-In-Leadership-March2013.pdf (accessed April 16, 2021).

78. Interview by author, August 10, 2020.

79. Interview by author, July 30, 2020.

80. Josh Meyer, "McLaughlin Has Long Resume Up His Sleeve," *Los Angeles Times*, June 4, 2004, https://www.latimes.com/archives/la-xpm-2004-jun-04-na-mclaughlin4-story.html; Joel Brinkley, "Resignation from the C.I.A.: Man in the News; A Quiet Man Takes Charge—John Edward McLaughlin," *New York Times*, June 4, 2004, https://www.nytimes.com/2004/06/04/world/resignation-cia-man-quiet-man-takes-charge-john-edward-mclaughlin.html.

81. Interview by author, July 30, 2020.

82. Interview by author, August 19, 2020.

83. Interview by author, October 7, 2020; 모렐은 전 국방부 관리 존 햄레의 말을 인용하고 있다.

84. Interview by author, July 21, 2020.

85. Olson, *Fair Play*, 8-9.

86. Morell, *Great War of Our Time*, 167. 비밀은 가정에서는 스트레스를 유발하지만 사무실에서는 유대감을 형성하기도 한다. 모렐은 내게 "실제 가족이나 친구에게 업무에 대해 이야기할 수 없는 데서 오는 강한 가족 의식이 회사 전체에 퍼져 있습니다"라고 말했다. Interview by author, October 7, 2020.

87. Olson, *Fair Play*, 8.

88. Gina M. Bennett, *National Security Mom* (Deadwood, Ore.: Wyatt-MacKenzie, 2008), 15-16.

89. Interview by author, July 31, 2020.

90. Olson, *Fair Play*, 8.

91. Interview by author, August 19, 2020.

92. Interview by author, October 13, 2020.

93. Interview by author, August 26, 2020.

94. Interview by author, July 21, 2020.

95. Interview by author, August 17, 2020.

96. Interview by author, July 30, 2020.

97. Olson, *Fair Play*, 45.

98. Interview by author, October 7, 2020.

99. Panetta, *Worthy Fights*, 318-19.

100. Interview by author, July 21, 2020; 베넷은 전 상사의 말을 인용하고 있다.

101. Interview by author, August 19, 2020.

102. Interview by author, September 24, 2020.

103. Interview by author, August 26, 2020.

104. Michael Hayden, *Playing to the Edge: American Intelligence in the Age of Terror* (New York: Penguin, 2016), 218.

105. U.S. Senate Committee on Foreign Relations, "Tora Bora Revisited: How We Failed to Get Bin Laden and Why It Matters Today," 111th Cong., 1st sess., November 30, 2009, S. Prt. 111-35, https://www.govinfo.gov/content/pkg/CPRT-111SPRT53709/html/CPRT-111SPRT53709.htm.

106. Annie Lowrey, "How Osama Bin Laden escaped," *Foreign Policy*, December 11, 2009, https://foreignpolicy.com/2009/12/11/how-osama-bin-laden-escaped-2/; Senate Committee on Foreign Relations, "Tora Bora Revisited."

107. Gary Bernsten and Ralph Pezzullo, *Jawbreaker* (New York: Crown Publishers, 2005), 185-89; Tom Shroder, "The Long Hunt for Osama Bin Laden: Tom Shroder Answers Your Questions," *Washington Post*, June 30, 2011, https://live. washingtonpost.com/tom-shroder-hunt-for-osama-bin-laden.html.

108. Peter Finn, "Bin Laden Used Ruse to Flee," *Washington Post*, January 21, 2003, https://www.washingtonpost.com/archive/politics/2003/01/21/bin-laden-used-ruse-to-flee/028759f9-153f-48fd-a6fc-a6c3ed0b8c8e/; Shroder, "Long Hunt." 슈로더Shroder는 ≪워싱턴포스트≫ 기자들이 15년간 취재한 내용을 모아 『빈 라덴을 찾아서The Hunt for Bin Laden』라는 책을 출간했다.

109. Jane Mayer, "The search for Osama," *New Yorker*, July 28, 2003, https://www.newyorker.com/magazine/2003/08/04/the-search-for-osama.

110. 다나 프리스트Dana Priest와 앤 타이슨Ann Tyson은 2006년에 빈 라덴이 지난 5년 동안 23개의 오디오 및 비디오 테이프를 공개했다고 썼다: "Bin Laden Trail 'Stone Cold' U.S. Steps Up Efforts, But Good Intelligence on Ground Is Lacking," *Washington Post*, September 20, 2006, https://www.washingtonpost.com/archive/politics/2006/09/10/-in-laden-trail-stone-cold-span-classbankheadus-steps-up-efforts-but-good-intelligence-on-ground-is-lackingspan/f637c785-25ac-4646-99b4-e321864b86a9/; Mayer, "Search for Osama"; 다음도 참조하라. Morell, *Great War of Our Time*, 145; Douglas Jehl and David Johnston,

"In Video Message, Bin Laden Issues Warning to U.S.," *New York Times*, October 30, 2004, https://www.nytimes.com/2004/10/30/world/middleeast/in-video-message-bin-laden-issues-warning-to-us.html.

111. Greg Miller, "Bin Laden Tapes Raked for Inadvertent Leads," *Los Angeles Times*, December 28, 2004, https://www.latimes.com/archives/la-xpm-2004-dec-28-fg-verify28-story.html.

112. Dana Priest and William M. Arkin, *Top Secret America: The Rise of the New American Security State* (New York: Little, Brown, 2011), 71.

113. Peter Bergen, "Will We Ever Find Bin Laden? Don't Count on It," *Washington Post*, January 28, 2011, https://www.washingtonpost.com/wp-dyn/content/article/2011/01/28/AR2011012803001.html.

114. Peter Bergen, *The Longest War: The Enduring Conflict between America and Al Qaeda* (New York: Free Press, 2011), 345.

115. Priest and Tyson, "Bin Laden Trail."

116. Panetta, *Worthy Fights*, 290.

117. Mayer, "Search for Osama."

118. Mark Memmott, "What Panetta Told McCain about Bin Laden and 'Enhanced Interrogation,'" NPR, May 16, 2011, https://www.npr.org/sections/thetwo-way/2011/05/16/136366360/what-panetta-told-mccain-about-bin-laden-and-enhanced-interrogation.

119. Mayer, "Search for Osama."

120. Memmott, "What Panetta Told McCain."

121. U.S. Senate Select Committee on Intelligence, "Committee Study of the Central Intelligence Agency's Detention and Interrogation Program," 113th Cong., 2nd sess., December 9, 2014, S. Report 113-288, https://www.intelligence.senate.gov/sites/default/files/publications/CRPT-113srpt288.pdf, 541.

122. Bergen, "'Manhunt' to Capture Osama Bin Laden"; Mark Mazzetti, Helene Cooper, and Peter Baker, "Behind the Hunt for Bin Laden," *New York Times*, May 2, 2011, https://www.nytimes.com/2011/05/03/world/asia/03intel.html; Peter Bergen, *Manhunt: The Ten-Year Search for Bin Laden from 9/11 to Abbottabad* (New York: Broadway Books, 2013), 95-107; Morell, *Great War of Our Time*, 145-46.

123. Bowden, "Hunt for 'Geronimo'"; Mazzetti and Cooper, "Detective Work."

124. Woodward, "Death of Osama Bin Laden."

125. Schmidle, "Getting Bin Laden."

126. Marc Ambinder, "The little-known agency that helped kill Bin Laden," *Atlantic*, May 5, 2011, https://www.theatlantic.com/politics/archive/2011/05/the-little-known-agency-that-helped-kill-bin-laden/238454/.

127. Morell, *Great War of Our Time*, 151.

128. Greg Miller, "CIA Spied on Bin Laden from Safe House," *Washington Post*, May 6, 2011, https://www.washingtonpost.com/world/cia-spied-on-bin-laden-from-safe-house/2011/05/05/AFXbG31F_story.html.

129. Bergen, "'Manhunt' to Capture Osama Bin Laden."

130. Panetta and Bash, "Former head of the CIA"; Morell, *Great War of Our Time*, 152.

131. Mark Mazzetti, "Vaccination Ruse Used in Pursuit of Bin Laden," *New York Times*, July 11, 2011; 다음도 참조하라. M. Ilyas Khan, "Shakil Afridi: The Doctor Who Helped the CIA Find Bin Laden," BBC News, October 9, 2019, https://www.bbc.com/news/world-asia-49960979, 이 기사에서 2012년 미국 정부 관리들은 아프리디Afridi가 미국 정보 기관에서 일한 사실은 공개적으로 인정했지만 백신 프로그램에 관여한 사실은 인정하지 않았다고 지적한다.

132. Woodward, "Death of Osama Bin Laden."

133. Miller, "CIA Spied on Bin Laden."

134. Morell, *Great War of Our Time*, 145.

135. Peter Bergen, "The long hunt for Osama," *Atlantic*, October 2004, https://www.theatlantic.com/magazine/archive/2004/10/the-long-hunt-for-osama/303508/.

136. Panetta, *Worthy Fights*, 291.

137. Steve Coll, "Notes on the death of Osama Bin Laden," *New Yorker*, May 2, 2011, https://www.newyorker.com/news/news-desk/notes-on-the-death-of-osama-bin-laden.

138. Panetta and Bash, "Former head of the CIA."

139. Miller, "CIA Spied on Bin Laden."

140. Peter Bergen, "A Visit to Osama Bin Laden's Lair," CNN, May 3, 2012, https://www.cnn.com/2012/05/03/opinion/bergen-bin-laden-lair/index.html; Bergen, *Manhunt: The Ten-Year Search*, 12.

141. 분석관들의 가설에 대해서는 다음을 참조하라. Panetta and Bash, "Former head of the CIA"; Bergen, "Visit to Osama Bin Laden's Lair"; Joshua Keating, "Bin Laden apparently not on dialysis," *Foreign Policy*, May 4, 2011.

142. Bergen, *Manhunt: The Ten-Year Search*, 4.

143. Bergen, "Long hunt for Osama."

144. Panetta and Bash, "Former head of the CIA."

145. Panetta, *Worthy Fights*, 294.

146. Morell, *Great War of Our Time*, 163-64.

147. Morell, 159-60.

148. Woodward, "Death of Osama Bin Laden."

149. Morell, *Great War of Our Time*, 161.

150. Woodward, "Death of Osama Bin Laden"; Bowden, "Hunt for 'Geronimo.'"

151. Bowden, "Hunt for 'Geronimo.'"

152. Morell, *Great War of Our Time*, 161.

27, 2020.

154. National Security Act of 1947, Public Law 235, July 26, 1947, https://www.dni.gov/index.php/ic-legal-reference-book/national-security-act-of-1947.

155. Clapper, *Facts and Fears*, 151-54.

156. Panetta, *Worthy Fights*, 311.

157. Bergen, "'Manhunt' to Capture Osama Bin Laden."

158. Clapper, *Facts and Fears*, 152.

159. Morell, *Great War of Our Time*, 157. 빈 라덴을 잡기 위한 CIA의 비밀 작전에는 네이비실이 필요하지 않았다. CIA는 자체 준군사 역량을 보유하고 있었으며, 파네타는 CIA 주도의 지상 공습을 고려했다고 기록했다. 그러나 그와 다른 기관장들은 외국 깊숙한 곳에서 실행하는 복잡한 작전은 특수 작전 부대가 수행하는 것이 더 낫다고 믿었다. *Worthy Fights*, 299.

160. Schmidle, "Getting Bin Laden."

161. Eric Schmitt and Thom Shanker, *Counterstrike: The Untold Story of America's Secret Campaign against Al Qaeda* (New York: Times Books, 2011), 264.

162. Schmidle, "Getting Bin Laden."

163. Miller, "CIA Spied on Bin Laden."

164. Bergen, *Manhunt: The Ten-Year Search*, 227.

165. Schmidle, "Getting Bin Laden."

166. Schmitt and Shanker, *Counterstrike*, 265.

167. Mazzetti, Cooper, and Baker, "Behind the Hunt."

제5장 왜 분석은 그토록 어려운가

1. George Tenet with Bill Harlow, *At the Center of the Storm: My Years at the CIA* (New York: HarperCollins, 2007), 499.

2. David Halberstam, *The Coldest Winter: America and the Korean War* (Great Britain: Macmillan, 2008), 395, 398.

3. Joint Strategic Plans Committee, "Courses of Action in Korea," August 23, 1950, Folder CCS383.21 Korea (3-19-45), Record Group 218, "Joint Chiefs of Staff, Geographic File 1948-50," Modern Military Records, National Archives; Memorandum by the Central Intelligence Agency in *Foreign Relations of the United States, 1950, Korea*, Vol. 7, "Threat of Full-Scale Chinese Communist Intervention in Korea," October 12, 1950, 933. 그러나 10월 말 국무부 분석가들, 특히 중국 담당 국장 에드먼드 클럽Edmund O. Clubb은 중국의 대규모 개입 가능성이 있다고 주장했다. 다음을 참조하라. Eliot A. Cohen, "The Chinese intervention in Korea," *Studies in Intelligence* 32, no. 3 (Fall 1988, approved for release September 22, 1993): 56-57, https://www.cia.gov/readingroom/docs/1988-11-01.pdf; Alexander Ovodenko, "(Mis)interpteting threats: A case study of the

394 스파이, 거짓말, 그리고 알고리즘

Korean War," *Security Studies* 16, no. 2 (2007): 254-86.

4. U.S. Department of State, Office of the Historian, "Substance of Statements Made at Wake Island Conference on 15 October 1950," in *Foreign Relations of the United States, 1950, Korea*, Vol. 7, Executive Secretariat Files: Lot 59D-95 (Wake Island Conference, October 1950), https://history.state.gov/historicaldocuments/frus1 950v07/d680; Halberstam, *Coldest Winter*, 367.

5. David Halberstam, "MacArthur's grand delusion," *Vanity Fair*, October 2007 (printing an excerpt from Halberstam, *Coldest Winter*), https://www.vanityfair.com/news/ 2007/10/halberstam200710.

6. James Wright, "What we learned from the Korean War," *Atlantic*, July 23, 2013, https://www.theatlantic.com/international/archive/2013/07/what-we-learned-from-t he-korean-war/278016/.

7. Cohen, "Chinese intervention in Korea," 54-55.

8. "North Korea: How Many Political Prisoners Are Detained in Prison?" BBC News, May 10, 2018, https://www.bbc.com/news/world-asia-44069749.

9. Estimated GDP per capita from 2015 (most recent year offered) in *The CIA World Factbook*, https://www.cia.gov/the-world-factbook/countries/korea-north/#economy.

10. Eleanor Albert, "North Korea's Military Capabilities," December 2019, Council on Foreign Relations, https://www.cfr.org/backgrounder/north-koreas-military-capabilities.

11. 한국전쟁의 정보 실패가 정보의 수집 부족에서 비롯된 것이 아니라는 데는 광범위한 공감대가 형성되어 있다. 다음을 참조하라. Allen Whiting and Harvey de Weerd, *China Crosses the Yalu: The Decision to Enter the Korean War* (Palo Alto, Calif.: Stanford University Press, 1960); Ovodenko, "(Mis)interpreting threats," 254-86.

12. CIA 전시 문서에 따르면 분석관들은 맥아더의 극동사령부보다 중국의 역량을 더 잘 평가했지만, 소련이 다른 공산주의 국가들의 주요 외교 정책 결정을 통제하고 있으며 소련 지도자들이 미국과의 세계 전쟁 위험을 감수하지 않으려 한다고 믿으며 중국의 의도를 잘못 읽었다. Cohen, "Chinese intervention in Korea"; P. K. Rose, "Two Strategic Intelligence Mistakes in Korea, 1950," Defense Technical Information Center, https://apps.dtic. mil/dtic/tr/fulltext/u2/a529658.pdf; Woodrow J. Kuhns, *Assessing the Soviet Threat: The Early Cold War Years* (Washington, D.C.: Center for the Study of Intelligence, 1997); Ovodenko, "(Mis)interpreting threats," 254-86.

13. William Stueck, *Rethinking the Korean War: A New Diplomatic and Strategic History* (Princeton, N.J.: Princeton University Press, 2002), 113.

14. Elizabeth Mix, "Dewey Defeats Truman Election Headline Gaffe," History, November 1, 2018, (updated November 4, 2019), https://www.history.com/news/dewey- defeats-truman-election-headline-gaffe.

15. Nate Silver, "Why FiveThirtyEight Gave Trump a Better Chance Than Almost Anyone Else," FiveThirtyEight, November 11, 2016, https://fivethirtyeight.com/features/why-fivethirtyeight-gave-trump-a-better-chance-than-almost-anyone-else/.

16. "Baseball Stats and History," Baseball Reference, https://www.baseball-reference.com/.

17. 현재 핵무기를 보유한 국가는 미국, 영국, 프랑스, 러시아, 중국, 인도, 파키스탄, 북한 등 8개 국이다. 전문가들은 이스라엘이 핵무기를 보유하고 있다는 데 동의하지만, 이스라엘은 이를 선언한 적이 없다.

18. Choe Sang-Hun and Martin Fackler, "North Korea's Heir Apparent Remains a Mystery," *New York Times*, June 14, 2009, https://www.nytimes.com/2009/06/15/world/asia/15kim.html?ref=kimjongun.

19. "South Africa," Nuclear Threat Initiative, https://www.nti.org/learn/countries/south-africa/nuclear/.

20. 맥아더의 보좌관 로렌스 벙커Laurence Bunker 대령이 작성한 웨이크 아일랜드 회의의 비밀 해제된 메모에서 인용한 맥아더의 말은 다음 책에 등장한다. Stanley Weintraub, *MacArthur's War: Korea and the Undoing of an American Hero* (New York: Free Press, 2000), 191.

21. Weintraub, 197-198.

22. CIA는 일본에 있는 극동사령부 본부에 파견관을 두지 않았고 맥아더의 군대를 위한 정보 준비에도 참여하지 않았다. Bruce Riedel, "Catastrophe on the Yalu: America's Intelligence Failure in Korea," Brookings, September 13, 2017, https://www.brookings.edu/blog/order-from-chaos/2017/09/13/catastrophe-on-the-yalu-americas-intelligence-failure-in-korea/.

23. Amy Zegart, *Spying Blind: The CIA, the FBI, and the Origins of 9/11* (Princeton, N.J.: Princeton University Press, 2007).

24. Janet Reno, former attorney general of the United States, testimony before the National Commission on Terrorist Attacks Upon the United States (the 9/11 Commission), April 13, 2004, 6.

25. Interview by author, 2004, in *Spying Blind*, 114. 9·11 이전 CIA가 FBI와 정보를 공유하려는 의지에 대한 다른 견해를 보려면 다음을 참조하라. Tenet, *At the Center of the Storm*.

26. 다음도 참조하라. Daniel Kahneman, *Thinking, Fast and Slow* (New York: Farrar, Straus and Giroux, 2011), 241-42.

27. Philip E. Tetlock and Dan Gardner, *Superforecasting: The Art and Science of Prediction* (New York: Crown Publishing Group, 2015), 181.

28. Tetlock and Gardner, 13-14.

29. Interview by author, October 27, 2020.

30. 테틀록의 자체 연구에서는 정보관들이 직면하는 문제에 가까운 "10년 후 남아공의 국내 정치 지형은 어떤 모습일까요?"와 같은 질문보다는 시간 범위가 짧고 보다 확실한 답을 가진 "남아 공에서 아파르트헤이트가 비폭력적으로 종식될까요?"와 같은 질문을 던졌다.

31. 다음을 참조하라. James B. Bruce and Michael Bennett, "Foreign Denial and Deception: Analytical Imperatives," in *Analyzing Intelligence: Origins, Obstacles, and Innovations*, edited by Roger Z. George and James B. Bruce (Washington, D.C.: Georgetown University Press, 2008), 122-37.

32. "Chairman Khrushchev's Letter to President Kennedy, October 23, 1962," John F.

Kennedy Presidential Library and Museum, https://microsites.jfklibrary.org/ cmc/ oct23/doc6.html.

33. Weintraub, *MacArthur's War*, 197.

34. Kahneman, *Thinking, Fast and Slow*.

35. Amos Tversky and Daniel Kahneman, "Extensional versus Intuitive reasoning: The conjunction fallacy in probability judgement," *Psychological Review* 90, no. 4 (October 1983): 293-315.

36. "List of cognitive biases," Wikipedia, https://en.wikipedia.org/wiki/List_of_cognitive_ biases (accessed April 26, 2021).

37. Charles G. Lord, Lee Ross, and Mark R. Lepper, "Biased assimilation and attitude polarization: The effects of prior theories on subsequently considered evidence," *Journal of Personality and Social Psychology* 37, no. 11 (1979): 2098-109.

38. 다음에서 인용하였다. Druin Burch, *Taking the Medicine: A Short History of Medicine's Beautiful Idea, and Our Difficulty Swallowing It* (London: Vintage, 2010), 37.

39. Francis Bacon, *Novum Organon*, standard translation of James Spedding, Robert Leslie Ellis, and Douglas Denon Heath in *The Works*, Vol. 8 (Boston: Taggard and Thompson, 1863), 79, reprinted at https://archive.org/details/worksfrancisbaco08bacoiala/page/ 78/mode/2up?q=The+human+understanding (accessed April 17, 2021).

40. 로즈 맥더못Rose McDermott과 유리 바-조지프Uri Bar-Joseph는 윌러비를 "정보 과정을 독점하고, 자신의 논리에 따라 적을 추정하며, 맥아더가 틀릴 수 없다는 확고한 믿음과 높은 폐쇄성 증상을 보인 장교"라고 설명한다. McDermott and Bar-Joseph, "The Second Dyad," *Intelligence Success and Failure: The Human Factor* (New York: Oxford University Press, 2017), 59.

41. Halberstam, "McArthur's grand delusion."

42. National Intelligence Estimate 2002-16HC, "Iraq's Continuing Programs for Weapons of Mass Destruction," October 2002, redacted and declassified April 2004, https://fas. org/irp/cia/product/iraq-wmd-nie.pdf. 이 NIE에 대한 보다 자세한 내용은 다음을 참조하라. Commission on the Intelligence Capabilities of the United States Regarding Weapons of Mass Destruction (Silberman-Robb Commission), "Report to the President of the United States," March 31, 2005, https://fas.org/irp/offdocs/wmd_report.pdf.

43. Silberman-Robb Commission, "Report to the President," 2 (letter transmitting final report), report pages 8-9.

44. Central Intelligence Agency, "Iraq Survey Group Nuclear Report," September 30, 2004, https://www.govinfo.gov/app/details/GPO-DUELFERREPORT/context, chap. 4.

45. Iraq Survey Group Chemical Warfare Report, September 30, 2004, https://www. govinfo.gov/app/details/GPO-DUELFERREPORT/context, chap. 5.

46. Silberman-Robb Commission, "Report to the President," 80-110; Iraq Survey Group Biological Warfare Report, September 30, 2004.

47. Silberman-Robb Commission, "Report to the President," 87. 이라크 사찰단은 2003년 연

합군이 나포한 트레일러가 생물무기가 아닌 수소 보관에 사용된 것이 거의 확실하다고 결론지었다. 다음도 참조하라. U.S. Senate Select Committee on Intelligence, "Postwar Findings about Iraq's WMD Programs and Links to Terrorism and How They Compare with Prewar Assessments, together with Additional and Minority Views," 109th Cong., 2nd sess., September 8, 2006; Robert Jervis, "Reports, politics, and intelligence failures: The case of Iraq," *Journal of Strategic Studies* 29, no. 1 (2006): 3-52.

48. John O. Brennan, *Undaunted: My Fight Against America's Enemies, at Home and Abroad* (New York: Celadon Books, 2020), 128.

49. Silberman-Robb Commission, "Report to the President," 168-69.

50. Neil D. Weinstein, "Optimistic biases about personal risks," *Science* 246 (December 8, 1989): 1232-33; Manju Puri and David Robinson, "Optimism and Economic Choice," National Bureau of Economic Research, May 2005, https://www.nber.org/papers/w11361.pdf; Tali Sharot, *Optimism Bias* (New York: Vintage Books, 2012).

51. Albesh B. Patel, *Investing Unplugged: Secrets from the Inside* (New York: Springer, 2005); H. Kent Baker and John R. Nofsinger, "Psychological biases of investors," *Financial Services Review* 11 (2002): 97-116.

52. Joseph P. Simmons and Cade Massey, "Is optimism real?" *Journal of Experimental Psychology* 141, no. 4 (2012): 630-34.

53. Donald Granberg and Edward Brent, "When prophecy bends: The preference-expectation link in U.S. presidential elections, 1952-1980," *Journal of Personality and Social Psychology* 45 (1983): 477-81; Zlatan Krizan, Jeffrey C. Miller, and Omesh Johar, "Wishful thinking in the 2008 presidential election," *Psychological Science* 2, no. 1 (2010): 140-46; Samuel P. Hayes Jr., "The predictive ability of voters," *Journal of Social Psychology* 7 (1936): 183-91.

54. Daniel Kahneman and Jonathan Renshon, "Why hawks win," *Foreign Policy*, October 13, 2009, https://foreignpolicy.com/2009/10/13/why-hawks-win/.

55. Kahneman and Renshon.

56. "Casualties of World War I," Facing History and Ourselves, https://www.facinghistory.org/weimar-republic-fragility-democracy/politics/casualties-world-war-i-country-politics-world-war-i.

57. Cohen, "Chinese intervention in Korea," 56-58. CIA와 합동참모회의의 분석관들도 중국의 대규모 개입 가능성을 낮게 평가했다. 국무부는 예외적으로 중국의 대규모 개입 가능성이 있다고 결론을 내렸다.

58. Chris Whipple, *The Spymasters: How the CIA Directors Shape History and the Future* (New York: Scribner, 2020), 1.

59. Condoleezza Rice and Amy Zegart, *Political Risk* (Twelve: New York, 2018), 86-87.

60. Paul Slovic, Baruch Fischhoff, and Sarah Lichtenstein, "Facts versus Fears: Understanding Perceived Risk," in *Societal Risk Assessment*, edited by Richard C. Schwing and Walter A. Albers, Jr. (New York: Plenum Press, 1980), 181-211.

61. Mark Bowden, "The hunt for 'Geronimo,'" *Vanity Fair*, November 2012, http://www.vanityfair.com/news/politics/2012/11/inside-osama-bin-laden-assassination-plot; Bob Woodward, "Death of Osama bin Laden: Phone Call Pointed U.S. to Compound—and to 'the Pacer,'" *Washington Post*, May 6, 2011, https://www. washingtonpost.com/world/national-security/death-of-osama-bin-laden-phone-call-pointed-us-to-compound--and-to-the-pacer/2011/05/06/AFnSVaCG_story.html.

62. 다음도 참조하라. Cullen G. Nutt, "Proof of the bomb: The influence of previous failure on intelligence judgments of nuclear programs," *Security Studies* 28, no. 2 (2019): 321-59.

63. Kahneman and Renshon, "Why hawks win."

64. 오해와 외교 정책에 대한 더 자세한 내용은 다음을 참조하라. Robert Jervis, "Hypotheses on misperception," *World Politics* 20, no. 3 (April 1968): 454-79

65. Charles A. Duelfer and Stephen Benedict Dyson, "Chronic misperception and international conflict: The U.S.-Iraq experience," *International Security* 36, no. 1 (Summer 2011): 73-100.

66. Cohen, "Chinese intervention in Korea," 59.

67. 다음에서 인용하였다. John W. Spanier, *The Truman-MacArthur Controversy* (New York: W. W. Norton, 1965), 97.

68. 사회심리학 실험에서 나타난 미러 이미징의 근거에 대해서는 다음을 참조하라. Lee Ross, David Greene, and Pamela House, "The 'false consensus effect': An egocentric bias in social perception and attribution processes," *Journal of Experimental Social Psychology* 13 no. 3 (1977).

69. Frank Watanabe, "Fifteen axioms for intelligence analysis," *Studies in Intelligence* 1, no. 1 (1997): 7.

70. R. Jeffrey Smith, "CIA Missed Signs of India's Tests, U.S. Officials Say," *Washington Post*, May 13, 1998.

71. Central Intelligence Agency, "Jeremiah News Conference," June 2, 1998, https://nsarchive2.gwu.edu/NSAEBB/NSAEBB187/IN39.pdf (accessed January 7, 2021).

72. Mary "Polly" Nayak, former CIA South Asia issue manager, remarks at Dwight D. Eisenhower National Security Conference, September 25-26, 2003; James Risen, Steven Lee Myers, and Tim Weiner, "U.S. May Have Helped India Hide Its Nuclear Activity," *New York Times*, May 25, 1998, https://www.nytimes.com/1998/05/25/ world/us-may-have-helped-india-hide-its-nuclear-activity.html (accessed January 7, 2021).

73. 이 검토를 한 위원회는 위원장을 맡았던 퇴역 장군 데이비드 E. 제러마이어의 이름을 따서 제러마이어 위원회로 알려져 있다. Walter Pincus, "Spy Agencies Faulted for Missing Indian Tests," *Washington Post*, June 3, 1998.

74. Central Intelligence Agency, "Jeremiah News Conference."

75. Ovodenko, "(Mis)interpreting threats," 277.

76. Amy Zegart, "The Cuban missile crisis as intelligence failure," *Policy Review*, Hoover

Institution, October 2, 2012, https://www.hoover.org/research/cuban-missile-crisis-intelligence-failure (accessed September 20, 2020); U.S. Department of State, Office of the Historian, "SNIE 80-62: The Threat to U.S. Security Interests in the Caribbean Area," January 17, 1962, in *Foreign Relations of the United States, 1961-1963 [FRUS]*, Vol. 12: American Republics, https://history.state.gov/historicaldocuments/frus1961-63v12/d91 (accessed September 2, 2020); U.S. Department of State, Office of the Historian, "NIE 85-62: The Situation and Prospects in Cuba," March 21, 1962, in *FRUS*, Vol.10: Cuba, January 1961-September 1962, https://history.state.gov/historicaldocuments/frus1961-63v10/d315 (accessed September 2, 2020); U.S. Department of State, Office of the Historian, "NIE 85-2-62: The Situation and Prospects in Cuba," August 1, 1962, in *FRUS*, Vol. 10: Cuba, January 1961-September 1962, https://history.state.gov/historicaldocuments/frus1961-63v10/d363 (accessed September 2, 2020); U.S. Department of State, Office of the Historian, "SNIE 85-3-62: The Military Buildup in Cuba," September 19, 1962, in *FRUS*, Vol. 10: Cuba, January 1961-September 1962, https://history.state.gov/historicaldocuments/frus1961-63v10/d433 (accessed September 2, 2020).

77. Department of State, "NIE 85-62." 이러한 판단은 삼엄한 보안 아래 어둠 속에서 하역되는 군용 물자가 섬에 도착하는 양이 급격히 증가하고 있다는 정보 보고가 쏟아져 들어왔을 때도 변함없이 유지되었다. 1962년 9월 19일의 특별국가정보판단서는 소련이 쿠바에 공격용 핵무기를 배치하면 "미국의 위험한 반응"을 유발할 것이라는 점을 "거의 확실하게" 알고 있다고 지적하며 "소련의 정책은 근본적으로 변함이 없다"고 결론을 내렸다. 다음을 참조하라. "SNIE 85-3-62."

78. Graham Allison and Philip Zelikow, *Essence of Decision: Explaining the Cuban Missile Crisis*, 2nd ed. (New York: Longman Press, 1999); Jonathan Renshon, "Mirroring risk: The Cuban missile crisis estimation," *Intelligence and National Security* 24, no. 3 (June 2009): 315-38.

79. 알렉산드르 푸르센코Aleksandr Fursenko와 티모시 나프탈리Timothy Naftali는 이 위기에 관해 KGB와 GRU 문서에 광범위하게 접근할 수 있었던 최초의 두 학자였다. 그들은 흐루쇼프가 주로 스스로의 정보분석관으로 활동했으며, 심지어 케네디가 자신의 공언에 어떻게 반응할지에 대한 정보 평가를 요청했다는 증거가 없다는 사실을 발견했다. Fursenko and Naftali, "Soviet intelligence and the Cuban missile crisis," *Intelligence and National Security* 13, no. 3 (2008): 64-87.

80. Fursenko and Naftali; Renshon, "Mirroring risk"; James G. Blight and David A. Welch, eds., *Intelligence and the Cuban Missile Crisis* (London: Frank Cass, 1999); Allison and Zelikow, *Essence of Decision*.

81. Raymond L. Garthoff, "U.S. intelligence in the Cuban missile crisis," *Intelligence and National Security* 13, no. 3 (1998): 47.

82. 다음에서 인용하였다. Theodore Sorenson, *Kennedy* (New York: Harper & Row, 1965), 705.

83. Arthur Schlesinger, remarks at "On the Brink: The Cuban Missile Crisis," John F. Kennedy Library Forum, October 20, 2002, https://www.jfklibrary.org/events-and-awards/forums/past-forums/transcripts/on-the-brink-the-cuban-missile-crisis#:~:text=ARTHUR%20SCHLESINGER%2C%20JR.%3A%20Well,to%20blow%20up%20the%20world.

84. Rice and Zegart, *Political Risk*, 100-101.

85. Tetlock and Gardner, *Superforecasting*, 55-56.

86. Jack Davis, "Sherman Kent and the profession of intelligence analysis," *Sherman Kent Center for the Study of Intelligence* 1, no. 5 (November 2002): 55.

87. Tetlock and Gardner, *Superforecasting*, 56-57. 최근 연구에 따르면 정량적 확률 추정치가 정확도를 향상시키는 것으로 나타났다. 다음을 참조하라. Jeffrey A. Friedman, Joshua D. Baker, Barbara A. Mellers, Philip E. Tetlock, and Richard Zeckhauser, "The value of precision in probability assessment: Evidence from a large-scale geopolitical forecasting tournament," *International Studies Quarterly* 62, no. 2 (June 2018): 410-22.

88. Intelligence Community Directive 203 (ICD 203), "Analytic Standards," June 21, 2007, https://www.dni.gov/files/documents/ICD/ICD%20203%20Analytic%20Standards%20pdf-unclassified.pdf.

89. 집단의 의사 결정, 집단이 종종 개인보다 더 나은 성과를 내는 이유, 일부 집단이 다른 집단보다 더 정확한 이유에 대해 조사한 방대한 문헌이 있다. 유용한 검토 내용은 다음을 참조하라. Michael Horowitz, Brandon M. Stewart, Dustin Tingley, Michael Bishop, Laura Resnick Samotin, Margaret Roberts, Welton Chang, Barbara Mellers, and Philip Tetlock, "What makes foreign policy teams tick: Explaining variation in group performance at geopolitical forecasting," *Journal of Politics* 81, no. 4 (2019).

90. Irving Janis, *Groupthink: Psychological Studies of Policy Decisions and Fiascoes* (Boston: Houghton Mifflin, 1982), 12.

91. 다른 견해를 보려면 다음을 참조하라. Robert Jervis, "'Groupthink' Isn't the CIA's Problem," *Los Angeles Times*, July 11, 2004, https://www.latimes.com/archives/la-xpm-2004-jul-11-oe-jervis11-story.html.

92. "Key Judgments from October 2002 NIE: Iraq's Continuing Programs for Weapons of Mass Destruction," Federation of American Scientists, https://fas.org/irp/cia/product/iraq-wmd.html.

93. 다음을 참조하라. Silberman-Robb Commission, "Report to the President," 169; Iraq Survey Group Biological Warfare Report; Senate Select Committee on Intelligence, "Postwar Findings about Iraq's WMD Programs."

94. Michael Morell with Bill Harlow, *The Great War of Our Time: The CIA's Fight against Terrorism—From al Qa'ida to ISIS* (New York: Twelve, 2015), 89.

95. Jervis, "Reports, politics, and intelligence failures," 15-16.

96. Silberman-Robb Commission, "Report to the President," 155-156. 집단사고는 정보공동체를 넘어섰다. 케네스 M. 폴락Kenneth M. Pollack은 2002년 봄, 약 20명의 전직 유엔 이라크 무기 사찰단은 이라크 통치자 사담 후세인이 비밀리에 우라늄을 농축하고 있느냐는 질문을 받

앞다고 기록했다. 모두들 그렇다고 생각했다. Pollack, "Spies, lies, and weapons: What went wrong," *Atlantic*, Jan/Feb 2004.

97. 정보 기반 탈편향 전략의 비효율성에 대한 연구는 다음을 참조하라. Hal Arkes, "Costs and benefits of judgment errors: Implications for debiasing," *Psychological Bulletin* 110, no. 3 (1991): 486-98; M. L. Graber, "Metacognitive training to reduce diagnostic errors: Ready for prime time?" *Academic Medicine* 78, no. 8 (2003); Helen L. Neilens, Simon J. Handley, and Stephen E. Newstead, "Effects of training and instruction on analytic and belief-based reasoning processes," *Thinking & Reasoning* 15, no. 1 (2009): 37-68; Duane T. Wegener and Richard E. Petty, "The Flexible Correction Model: The Role of Na ve Theories of Bias in Bias Correction," in *Advances in Experimental Social Psychology*, edited by M. P. Zanna (Mahwah, N.J.: Erlbaum, 1997), 141-208; Welton Chang, Eva Chen, Barbara Mellers, and Philip Tetlock, "Developing expert political judgment: The impact of training and practice on judgmental accuracy in geopolitical forecasting tournaments," *Judgment and Decision Making* 11, no. 5 (September 2016): 509-26.

98. Rice and Zegart, *Political Risk*, 175-76; Pierre Wack, "Shooting the rapids," *Harvard Business Review*, November 1985; Peter Schwartz, *The Art of the Long View* (New York: Doubleday, 1991); Peter Schwartz, *Learnings from the Long View* (San Francisco: Global Business Network, 2011); Pierre Wack: "Scenarios: Uncharted waters ahead," *Harvard Business Review*, September 1985.

99. Darrell Rigby and Barbara Bilodeau, "Management Tools and Trends 2015," Bain & Company, June 10, 2015, https://www.bain.com/insights/management-tools-and-trends-2015/.

100. Schwartz, *Art of the Long View*, 9; Pierre Wack, "Scenarios: The gentle art of re-perceiving," Shell International Petroleum Company, 1985. 더 많은 내용은 다음을 참조하라. Rice and Zegart, *Political Risk*, 153-187.

101. Rice and Zegart, 179.

102. 다음에서 인용하였다. Micah Zenko, "Inside the CIA Red Cell," *Foreign Policy*, October 30, 2015.

103. Micah Zenko, *Red Team: How to Succeed by Thinking Like the Enemy* (New York: Basic Books, 2015); Rachel Martin and Ben Zimmer, "Who Is the Devil's Advocate," NPR, March 3, 2013.

104. 사업 환경 및 정보분석에서 사용하는 이러한 기법 및 기타 절차적 기법에 대한 더 자세한 내용은 다음을 참조하라. Rice and Zegart, *Political Risk*, 177-181. 절차 기반 접근방식의 효과에 대한 학술적 분석은 다음을 참조하라. Gideon Keren, "Cognitive aids and debasing methods: Can cognitive pills cure cognitive ills," *Advances in Psychology* 68 (1990): 523-52; Fei-Fei Cheng and Chin-Shan Wu, "Debiasing the framing effect: The effect of warning and involvement," *Computer Science* 49, no. 3 (June 2010): 328-34; Lee Ross, Mark R. Lepper, and Michael Hubbard, "Perseverance in self-perception and social

perception: Biased attributional processes in the debriefing paradigm," *Journal of Personality and Social Psychology* 32, no. 5 (1975): 880-92; Richard P. Larrick, James N. Morgan, and Richard E. Nisbett, "Teaching the use of cost-benefit reasoning in everyday life," *Psychological Science* 1, no. 6 (November 1990): 362-70; Stefan M. Herzog and Ralph Hertwig, "The wisdom of many in one mind: Improving individual judgements with dialectical bootstrapping," *Psychological Science* 20, no. 2 (2009): 231-37; Baruch Fischhoff and Maya Bar-Hillel, "Diagnosticity and the base-rate effect," *Memory & Cognition* 12, no. 4 (1984): 402-10.

105. 리처드 J. 호이어 주니어Richards J. Heuer Jr.는 1970년대부터 정보분석을 개선하기 위해 심리학의 통찰을 활용하려는 선구적인 노력을 기울였다. 시간이 지남에 따라 그의 접근 방식은 수정되어 구조화 분석기법(SAT)으로 이름이 바뀌었다. SAT는 여전히 정보분석관 교육에 널리 사용되고 있다. Heuer, *Psychology of Intelligence Analysis* (Center for the Study of Intelligence, Central Intelligence Agency, 1999); Richards J. Heuer and Randolph H. Pherson, *Structured Analytic Techniques for Intelligence Analysis* (Washington, D.C.: CQ Press, 2010); Central Intelligence Agency, *A Tradecraft Primer: Structured Analytic Techniques for Improving Intelligence Analysis* (March 2009).

106. Central Intelligence Agency, *Tradecraft Primer*.

107. SAT에 대한 비판은 다음을 참조하라. Welton Chang, Elissabeth Berdini, David R. Mandel, and Philip E. Tetlock, "Restructuring structured analytic techniques in intelligence," *Intelligence and National Security* 33, no. 3 (2018): 337-56.

108. Gerd Gigerenzer and Ulrich Hoffrage, "How to improve Bayesian reasoning without instruction: Frequency formats," *Psychological Review* 102, no. 4 (1995): 685.

109. Ward Casscells, Arno Schoenberger, and Thomas Grayboys, "Interpretation by physicians of clinical laboratory results," *New England Journal of Medicine* 299 (1978): 999-1000; David M. Eddy, "Probabilistic Reasoning in Clinical Medicine: Problems and Opportunities," in *Judgment Under Uncertainty: Heuristics and Biases*, edited by Dan Kahneman, Paul Slovic, and Amos Tversky (Cambridge, U.K.: Cambridge University Press, 1982), 249-67.

110. Gigerenzer and Hoffrage, "How to improve Bayesian reasoning," 684-704.

111. 이 섹션은 다음에서 가져온 것이다. Chang et al., "Developing expert political judgment."

112. 또 다른 계획은 정보고등연구계획국IARPA을 창설하는 것이었다. 국방부 산하 기관인 DARPA와 마찬가지로 IARPA는 기술 및 사회 과학의 최전선에서 활동하며 정보분석을 개선하기 위해 가장 "바깥에 있는" 아이디어를 활용한다.

113. National Research Council, *Intelligence Analysis for Tomorrow: Advances from the Behavioral and Social Sciences* (Washington, D.C.: National Academies Press, 2011).

114. Thomas Fingar, "Analysis in the U.S. Intelligence Community: Missions, Masters, and Methods," in *Intelligence Analysis: Behavioral and Social Scientific Foundations*, edited by Baruch Fischhoff and Cherie Chauvin, National Research Council of the National Academies (Washington, D.C.: National Academies Press, 2011), 3.

115. Tetlock and Gardner, *Superforecasting*, 4.

116. Tetlock and Gardner, 16.

117. Tetlock and Gardner, 18.

118. Tetlock and Gardner, 3.

119. Tetlock and Gardner, 18.

120. Jeff Desjardins, "How Much Data Is Generated Each Day?" World Economic Forum and Visual Capitalist, April 7, 2019 https://www.weforum.org/agenda/2019/04/how-much-data-is-generated-each-day-cf4bddf29f/ (accessed January 17, 2021).

121. Domo, "Data Never Sleeps 7.0," https://web-assets.domo.com/blog/wp-content/uploads/2019/07/data-never-sleeps-7-896kb.jpg (accessed January 17, 2021).

122. Sandra Erwin, "With Commercial Satellite Imagery, Computer Learns to Quickly Find Missile Sites in China," Space News, October 19, 2017.

123. Center for Strategic and International Studies (CSIS), "Maintaining the Intelligence Edge: Reimagining and Reinventing Intelligence through Innovation," A Report of the CSIS Technology and Intelligence Task Force, January 2021, https://www.csis.org/analysis/maintaining-intelligence-edge-reimagining-and-reinventing-intelligence-through-innovation (accessed January 17, 2021), 13-14.

124. CSIS, 13-14.

125. Pedro A. Ortega, Vishal Maini, and the Deepmind Safety Team, "Building Safe Artificial Intelligence: Specification, Robustness, and Assurance," Medium, September 27, 2018, https://medium.com/@deepmindsafetyresearch/building-safe-artificial-intelligence-52f5f75058f1.

126. U.S. Census Bureau, *Statistical Abstract of the United States: 2012* (Washington, D.C.: Government Printing Office, 2012), 506. 참고: 연간 기업 도산 추정치는 2000년부터 2007년까지의 도산 기업 수 평균이다. 이 추정치는 2008년 경제 위기 이전이기 때문에 보수적일 가능성이 높다.

127. National Security Commission on Artificial Intelligence, "Interim Report," July 2019. https://drive.google.com/file/d/153OrxnuGEjsUvlxWsFYauslwNeCEkvUb/view.

128. Interview by author, August 26, 2020.

129. Richard P. Feynman, "Cargo Cult Science," commencement address, California Institute of Technology, June 14, 1974, http://calteches.library.caltech.edu/51/2/CargoCult.htm.

제6장 방첩

1. "Robert M. Gates Oral History (Transcript)," July 23-24, 2000, University of Virginia Miller Center, https://millercenter.org/the-presidency/presidential-oral-histories/

robert-m-gates-deputy-director-central (accessed August 22, 2020), 전 CIA 부장 리처드 헬름스의 말(개인 대화)을 인용했다.

2.   Hanssen affidavit, U.S. District Court for the Eastern District of Virginia, 2001, 11-12, www.fbi.gov/file-repository/hanssen-affidavit.pdf/view (accessed August 22, 2020).

3.   Quote in Brooke A. Masters, "Hanssen Admits Spying, Avoids Death Penalty," *Washington Post*, July 7, 2001, https://www.washingtonpost.com/archive/politics/ 2001/07/07/hanssen-admits-spying-avoids-death-penalty/148284b5-6671-41aa-bcc 8-fd52a783f8ee/ (accessed August 20, 2020).

4.   Office of the Inspector General, "A Review of the FBI's Performance in Deterring, Detecting, and Investigating the Espionage Activities of Robert Philip Hanssen," August 14, 2013, https://fas.org/irp/agency/doj/oig/hanssen.html.

5.   Johanna McGeary, "The FBI spy it took 15 years to discover," *Time*, March 5, 2001, http://content.time.com/time/world/article/0,8599,2047748,00.html.

6.   James Olson, *To Catch a Spy: The Art of Counterintelligence* (Washington D.C.: Georgetown University Press, 2019), xiii; Masters, "Hanssen Admits Spying, Avoids Death Penalty"; Eric Lichtblau, "Report Details FBI's Security Failings and Missed Spy Signals," *Los Angeles Times*, April 5, 2002, https://www.latimes.com/archives/la-xpm-2002-apr-05-mn-36370-story.html (accessed August 22, 2020).

7.   Federal Bureau of Investigation, "Robert Hanssen," History, https://www.fbi.gov/ history/famous-cases/robert-hanssen (accessed August 23, 2020).

8.   Olson, *To Catch a Spy*, 23.

9.   Olson, xiii.

10. Central Intelligence Agency, "About CIA—Organization," https://www.cia.gov/ about/organization/#directorate-of-operations (accessed February 1, 2021).

11. Olson, *To Catch a Spy*, xi.

12. Olson, 100.

13. Peter Baker and Judi Rudoron, "Jonathan Pollard, American Who Spied for Israel, Released after 30 Years," *New York Times*, November 20, 2015, https://www.nytimes. com/2015/11/21/world/jonathan-pollard-released.html (accessed August 22, 2020).

14. Olson, *To Catch a Spy*, 168. CIA의 비밀 해제된 피해평가는 다음을 참조하라. Jeffrey Richelson, ed., "The Jonathan Pollard Spy Case: The CIA's 1987 Damage Assessment Declassified," National Security Archive, December 14, 2012 https://nsarchive2.gwu. edu/NSAEBB/NSAEBB407/.

15. Matthew S. Schwartz, "Jonathan Pollard, Who Sold Cold War Secrets to Israel, Completes Parole," NPR, November 21, 2020.

16. Ellen Nakashima, "Parole Ended for Jonathan Pollard, Who Spied for Israel, Freeing Him to Leave the United States," *Washington Post*, November 20, 2020.

17. J. J. Green, "The Fog of Espionage Part I," WTOP News, September 23, 2019, https:// wtop.com/j-j-green-national/2019/09/the-fog-of-espionage-part-1-an-existential-th

reat/ (accessed December 1, 2020).

18. Daniel R. Coats, "Statement for the Record: Worldwide Threat Assessment of the US Intelligence Community," Senate Select Committee on Intelligence, January 29, 2019, 13.

19. Olson, *To Catch a Spy*, 7-8.

20. Christopher Wray, FBI director, remarks at Hudson Institute video event "China's Attempt to Influence U.S. Institutions," Washington, D.C., July 7, 2020, https://www. fbi.gov/news/speeches/the-threat-posed-by-the-chinese-government-and-the-chine se-communist-party-to-the-economic-and-national-security-of-the-united-states (accessed December 1, 2020).

21. Christopher Wray, remarks at Hudson Institute; Colleen Shalby, "UCLA Professor Faces 219 Years in Prison for Conspiring to Send U.S. Missile Chips to China," *Los Angeles Times*, July 11, 2019, https://www.latimes.com/local/lanow/la-me- ucla-professor-military-china-20190711-story.html (accessed December 1, 2020).

22. Daniel R. Coats, "Statement for the Record: Worldwide Threat Assessment of the US Intelligence Community," Senate Select Committee on Intelligence, January 29, 2019, 12-13.

23. Office of the Director of National Intelligence, National Counterintelligence and Security Center, "National Counterintelligence Strategy of the United States of America 2016," https://www.dni.gov/files/NCSC/documents/Regulations/National_CI_Strategy_ 2016.pdf (accessed August 22, 2020), 5.

24. James Bamford, *The Shadow Factory: The Ultra-Secret NSA from 9/11 to the Eavesdropping on America* (New York: Anchor Books, 2008), 13.

25. Executive Order 13526, December 29, 2009, https://www.archives.gov/isoo/policy-documents/cnsi-eo.html#four (accessed April 28, 2020).

26. David Axe, "Coastie Cutter's risky secret room," *Wired*, November 14, 2008, https:// www.wired.com/2008/11/coastie-cutters-2/.

27. Andrew Rafferty, "What Is a SCIF and Who Uses It?" NBC News, April 7, 2017, https://www.nbcnews.com/politics/politics-news/what-scif-who-uses-it-n743991.

28. Rajini Vaidyanathan, "Barack Obama's Top Secret Tent," BBC, March 22, 2011, https://www.bbc.com/news/world-us-canada-12810675.

29. Bamford, *Shadow Factory*, 14.

30. Office of the Director of National Intelligence, National Counterintelligence and Security Center, "Fiscal Year 2017 Annual Report on Security Clearance Determinations," https://www.dni.gov/files/NCSC/documents/features/20180827-security-clearance-determinations.pdf, 4.

31. Lindy Kyzer, "Progress Is Finally Being Made on Security Clearance Backlog," Government Executive, April 23, 2019, https://www.govexec.com/management/2019/04/ progress-finally-being-made-security-clearance-backlog/156481/ (accessed August 22, 2020); Nicole Ogrysko, "As NBIB Shrinks the Security Clearance Backlog, Other

Personnel Vetting Agencies Feel the Pressure," Federal News Network, March 13, 2019, https://federalnewsnetwork.com/other-dod-agencies/2019/03/as-nbib-shrinks-the-security-clearance-backlog-other-personnel-vetting-agencies-feel-the-pressure/ (accessed August 22, 2020).

32. Mark Harris, "The lie generator: Inside the black mirror world of polygraph job screenings," *Wired*, December 1, 2018, https://www.wired.com/story/inside-poly graph-job-screening-black-mirror/ (accessed August 22, 2020).

33. U.S. Senate Select Committee on Intelligence, "An Assessment of the Aldrich H. Ames Espionage Case and Its Implications for U.S. Intelligence: Report," 1994, S. Rep. 84-046, 44-45.

34. Mark Zaid, "Failure of the Polygraph," *Washington Post*, April 16, 2002. https://www.washingtonpost.com/archive/opinions/2002/04/16/failure-of-the-polyg raph/07c406a5-0aa3-4e20-8dcc-89781162aaa8/?utm_term=.2fbaf95ac00b (accessed August 22, 2020).

35. National Research Council Committee to Review the Scientific Evidence on the Polygraph, Division of Behavioral and Social Sciences and Education, *The Polygraph and Lie Detection* (Washington, D.C.: National Academies Press, 2003), https://doi.org/10.17226/10420, 2.

36. National Research Council, 5-6.

37. National Research Council, 6.

38. Office of the Director of National Intelligence, "Intelligence Community Policy Guidance 704.6: Conduct of Polygraph Examinations for Personnel Security Vetting," February 4, 2015, https://www.odni.gov/files/documents/ICPG/ICPG% 20704.6.pdf; Central Intelligence Agency, "Applying to CIA: Introduction," https://www.cia.gov/careers/how-we-hire/hiring-process/application-process/ (accessed February 1, 2021).

39. Eric Schmitt, "Security Move Means 500 at FBI Face Lie Detector," *New York Times*, March 25, 2001.

40. 다음에서 인용하였다. "A conversation with former DCI William Colby: Spymaster during the 'year of the intelligence wars,'" conducted January 22, 1991, published by Loch Johnson, *Intelligence and National Security* 22, no. 2 (April 2007): 263.

41. Michael V. Hayden, *Playing to the Edge: American Intelligence in the Age of Terror* (New York: Penguin, 2016), 278.

42. Michael Sulick, *Spying in America: Espionage from the Revolutionary War to the Dawn of the Cold War* (Washington D.C.: Georgetown University Press, 2012), 8.

43. 미국이 소련 외무부에서 일하던 미국의 핵심 정보원 알렉산더 오고로드닉Alexander Ogorodnik과 소통하기 위해 사용했던 냉전 시대의 데드드랍 중 하나는 구겨진 담뱃갑에 메시지와 소형 카메라를 숨긴 것이었다. 이 담뱃갑을 모스크바의 특정 전봇대 아래에 두는 방식이었다. David E. Hoffman, *The Billion Dollar Spy: A True Story of Cold War Espionage and Betrayal* (New York: Anchor Books, 2016), 35.

44. Hanssen affidavit, U.S. District Court for the Eastern District of Virginia, 8.

45. Olson, *To Catch a Spy*, 47.

46. Emily Langer, "Tennent H. 'Pete' Bagley, Noted CIA Officer, Dies at 88," *Washington Post*, February 24, 2014, https://www.washingtonpost.com/national/tennent-h-pete-bagley-noted-cia-officer-dies-at-88/2014/02/24/b2880bf2-9d6c-11e3-a050-dc3322a94fa7_story.html (accessed December 1, 2020).

47. David Wise, *Spy: The Inside Story of How the FBI's Robert Hanssen Betrayed America* (New York: Random House, 2002), 219-30.

48. Wise, 225-28; Olson, *To Catch a Spy*, 24. 다음도 참조하라. Loch Johnson, "Deadly Interval," manuscript based on interviews 1992-2008 with intelligence officials (November 2008).

49. Scott Shane, "A Spy's Motivation: For Love of Another Country," *New York Times*, April 20, 2008; Henry A. Crumpton, *The Art of Intelligence: Lessons from a Life in the CIA's Clandestine Service* (New York: Penguin, 2012), 35.

50. Sulick, *Spying in America*, 7; John A. Nagy, *Dr. Benjamin Church, Spy: A Case of Espionage on the Eve of the American Revolution* (Yardley, Pa.: Westholme Publishing, 2013).

51. U.S. Department of Defense, Katherine Herbig, "The Expanding Spectrum of Espionage by Americans, 1947-2015," Defense Personnel and Security Research Center (PERSEREC), Office of People Analytics, 2017.

52. *United States v. Kevin Patrick Mallory*, affidavit, Case 1:17-cr-00154-TSE, U.S. District Court for the Eastern District of Virginia, June 21, 2017, http://assets.documentcloud.org/documents/4489860/Mallory-affadavit-in-support-of-criminal-complaint.pdf, 12.

53. S. J. Hamrick, *Deceiving the Deceivers: Kim Philby, Donald Maclean, and Guy Burgess* (New Haven, Conn.: Yale University Press, 2004).

54. Rachel Weiner and Shane Harris, "Former CIA Officer Jerry Lee Admits Conspiracy to Spy for China," *Washington Post*, May 1, 2019, https://www.washingtonpost.com/local/public-safety/former-cia-officer-jerry-lee-admits-conspiracy-to-spy-for-china/2019/05/01/aed1bddc-6b89-11e9-8f44-e8d8bb1df986_story.html?utm_term=.83b83f6a147e (accessed August 22, 2020).

55. Herbig, "Expanding Spectrum of Espionage."

56. Pete Earley, *Confessions of a Spy: The Real Story of Aldrich Ames* (New York: Berkley Books, 1997), 252.

57. Herbig, "Expanding Spectrum of Espionage," 45-49.

58. Herbig, 8-9, 29.

59. U.S. Senate Select Committee on Intelligence, "An Assessment of the Aldrich H. Ames Espionage Case and Its Implications for U.S. Intelligence," 103rd Cong., 2nd sess., November 1, 1994, S. Prt 103-90, https://www.intelligence.senate.gov/sites/default/files/publications/10390.pdf, 53; Tim Weiner, David Johnston, and Neil A. Lewis,

Betrayal: The Story of Aldrich Ames, an American Spy (New York: Random House, 1995), 98-99.

60. Weiner, Johnston, and Lewis, 39-40.

61. Senate Select Committee on Intelligence, "Assessment of the Aldrich H. Ames Espionage Case," 53.

62. Senate Select Committee on Intelligence, 59.

63. Elaine Shannon, "Death of the Perfect Spy," *Time*, June 24, 2001 http://content. time.com/time/magazine/article/0,9171,164863,00.html; Weiner and Harris, "Former CIA Officer Jerry Lee," 23.

64. Shannon, "Death of the Perfect Spy."

65. Senate Select Committee on Intelligence, "Assessment of the Aldrich H. Ames Espionage Case," 53.

66. Weiner, Johnston, and Lewis, *Betrayal*, 15-16.

67. Senate Select Committee on Intelligence, "Assessment of the Aldrich H. Ames Espionage Case," 24.

68. Weiner, Johnston, and Lewis, *Betrayal*, 130-31.

69. Senate Select Committee on Intelligence, "Assessment of the Aldrich H. Ames Espionage Case," 58-59.

70. Weiner, Johnston, and Lewis, *Betrayal*, 130.

71. Senate Select Committee on Intelligence, "Assessment of the Aldrich H. Ames Espionage Case," 53, 57, 59.

72. Weiner, Johnston, and Lewis, *Betrayal*, 133.

73. Senate Select Committee on Intelligence, "Assessment of the Aldrich H. Ames Espionage Case," 23-24.

74. Weiner, Johnston, and Lewis, *Betrayal*, 144-49, 279-80.

75. Weiner, Johnston, and Lewis, 42.

76. Senate Select Committee on Intelligence, "Assessment of the Aldrich H. Ames Espionage Case," 53, 59. 제임스 울시 CIA 부장도 동의했다. 에임스가 체포된 지 몇 달 후 울시 부장은 45분간 진행된 공개 연설에서 "CIA의 문화, 특히 방첩 분야에서 반드시 변화해야 할 요소들이 있습니다"라고 선언했다. 울시는 전례 없이 형제애를 직접 겨냥했다. "[에임스가 근무했던] 공작국이나 CIA의 다른 어떤 부서도 형제애로는 기능할 수 없습니다." Woolsey, "The Future Direction of Intelligence," speech at the Center for Strategic and International Studies, Washington, D.C., July 18, 1994.

77. Interview by author, October 13, 2020.

78. Bill Phillips email to author, September 11, 2019.

79. David Robarge, "Moles, defectors, and deceptions: James Angleton and CIA counter-intelligence," *Journal of Intelligence History* (Winter 2003): 26-27.

80. David Robarge, "James J. Angleton, Anatoliy Golitsyn, and the 'Monster Plot': Their

impact on CIA personnel and operations," *Studies in Intelligence* 55, no. 4 (December 2011), declassified and approved for release April 5, 2013.

81. Robarge, "Moles, defectors, and deceptions," 28-29; Robarge, "James J. Angleton," 40-41.

82. Robarge, "Moles, defectors, and deceptions," 34.

83. Anthony Cave Brown, *Treason in the Blood: H. St. John Philby, Kim Philby, and the Spy Case of the Century* (Boston: Houghton Mifflin, 1994), 551.

84. Robarge, "James J. Angleton," 42.

85. David Stout, "Yuri Nosenko, Soviet Spy Who Defected, Dies at 81," *New York Times*, August 27, 2008, https://www.nytimes.com/2008/08/28/us/28nosenko.html (accessed August 22, 2020).

86. Stout.

87. Robarge, "Moles, defectors, and deceptions," 39.

88. Robert M. Gates, *From the Shadows: The Ultimate Insider's Story of Five Presidents and How They Won the Cold War* (New York: Simon & Schuster, 1996), 34.

89. David Johnston, "CIA Dug for Moles but Buried the Loyal," *New York Times*, March 8, 1992, https://www.nytimes.com/1992/03/08/us/cia-dug-for-moles-but-buried- the-loyal.html (accessed August 22, 2020); Adam Bernstein, "CIA Officer Richard Kovich Obituary," *Washington Post*, February 27, 2006, https://www. washingtonpost.com/archive/local/2006/02/27/cia-officer-richard-kovich/d2869c00-e26b-432e-84d1-579 8cb20e467/ (accessed August 22, 2020); Michael R. Beschloss, "Fools or Traitors?" *New York Times*, March 15, 1992, https://www.nytimes.com/1992/03/15/books/fools-or-traitors.html (accessed August 22, 2020).

90. Johnston, "CIA Dug for Moles."

91. Gates, *From the Shadows*, 34.

92. David Robarge, "The James Angleton phenomenon: 'Cunning Passages, Contrived Corridors': Wandering in the Angletonian wilderness," *Studies in Intelligence* 53, no. 4, December 2009: 49-61, https://apps.dtic.mil/sti/pdfs/ADA514366.pdf (accessed February 1, 2021).

93. Interview by author, October 13, 2020.

94. U.S. House Permanent Select Committee on Intelligence, "Review of the Unauthorized Disclosures of Former National Security Agency Contractor Edward Snowden," 114th Cong., 2nd sess., December 23, 2016, H. Rep. 114-891, https://www.congress.gov/114/crpt/hrpt891/CRPT-114hrpt891.pdf, 14-16.

95. House Permanent Select Committee on Intelligence, 21, citing "Testimony of Mr. Scott Liard, Deputy Director for Counterintelligence, Defense Intelligence Agency, HPSCI Hearing (Jan. 27, 2014)," 7-8, https://fas.org/irp/congress/2016_rpt/hpsci-snowden.pdf.

96. House Permanent Select Committee on Intelligence, i.

97. David E. Sanger and Eric Schmitt, "Snowden Used Low-Cost Tool to Best N.S.A.," *New York Times*, February 8, 2014, https://www.nytimes.com/2014/02/09/us/ snowden-used-low-cost-tool-to-best-nsa.html (accessed August 22, 2020); Amy B. Zegart, "NSA Confronts a Problem of Its Own Making," *Atlantic*, June 29, 2017, https://www.theat lantic.com/international/archive/2017/06/nsa-wannacry-eternal-blue/532146/ (accessed August 22, 2020).

98. "Ex-CIA officer Kevin Mallory sentenced to 20 years for spying for China," *Guardian*, May 18, 2019, https://www.theguardian.com/us-news/2019/may/18/ ex-cia-officer-kevin-mallory-sentenced-to-20-years-for-spying-for-china (accessed August 22, 2020).

99. Scott Shane, "N.S.A. Contractor Arrested in Biggest Breach of U.S. Secrets Pleads Guilty," *New York Times*, March 28, 2019, https://www.nytimes.com/2019/03/28/ us/politics/hal-martin-nsa-guilty-plea.html (accessed August 22, 2020); Josh Gerstein, "Ex-NSA contractor accused of hoarding classified info to plead guilty," *Politico*, January 1, 2013, https://www.politico.com/story/2018/01/03/nsa-harold- martin-guilty-plea-322113 (accessed August 22, 2020). 마틴이 자신이 가져간 기밀 정보를 다른 사람에게 유출하려고 시도했는지 여부는 아직 알려지지 않았다.

100. Ellen Nakashima and Phillip Rucker, "U.S. Declares that North Korea Carried Out Massive WannaCry Cyber Attack," *Washington Post*, December 18, 2017, https://www. washingtonpost.com/world/national-security/us-set-to-declare-north-korea-carried-out-massive-wannacry-cyber-attack/2017/12/18/509deb1c-e446-11e7-a65d-1ac0fd 7f097e_story.html?utm_term=.9e258fd09db7 (accessed August 22, 2020); Zack Whittaker "Two years after WannaCry, a million computers at risk," *TechCrunch*, May 12, 2019, https://techcrunch.com/2019/05/12/wannacry-two- years-on/ (accessed August 22,2020).

101. Zegart, "NSA Confronts a Problem."

102. 다음에서 인용하였다. Shane Harris and Ellen Nakashima, "Spies Fear Former CIA Officer May Not Face Justice for Suspected Role in Exposure of Sources in China," *Washington Post*, January 17, 2018.

103. Tom Winter, Ken Dilanian, and Jonathan Dienst, "Alleged CIA China Turncoat Lee May Have Compromised U.S. Spies in Russia Too," NBC News, January 19, 2018, https:// www.nbcnews.com/news/china/cia-china-turncoat-lee-may-have-compromised-u-s -spies-n839316 (accessed August 22, 2020); Zack Dorfman, "Botched CIA communi cations system helped blow cover of Chinese agents," *Foreign Policy*, August 15, 2018, https://foreignpolicy.com/2018/08/15/botched-cia-communica tions-system-helped-blow-cover-chinese-agents-intelligence/ (accessed August 22, 2020); Mark Mazzetti, Adam Goldman, Michael S. Schmidt, and Matt Apuzzo, "Killing CIA Informants, China Crippled U.S. Spying Operations," *New York Times*, May 20, 2017, https://www. nytimes.com/2017/05/20/world/asia/china-cia-spies-espionage.html (accessed August 22, 2020).

104. David Ignatius, "The Saga of the Chinese Mole Reads like a Spy Thriller," *Washington Post*, May 8, 2019, https://www.washingtonpost.com/opinions/global-opinions/the-saga-of-the-chinese-mole-reads-like-a-spy-thriller/2019/05/08/3952392c-71da-11e 9-9f06-5fc2ee80027a_story.html?utm_term=.fd0997be1ce0 (August 22, 2020).

105. Winter, Dilanian, and Dienst, "Alleged CIA China Turncoat."

106. *United States of America v. Jerry Chun Shing Lee*, indictment, Criminal No. 1:15-cr-89 TSE, U.S. District Court for the Eastern District of Virginia, May 8, 2018, https://www. justice.gov/opa/press-release/file/1061631/download (accessed September 26, 2020).

107. Mathew Kahn, "Documents: Jerry Chun Shing Lee Plea Documents," Lawfare, May 8, 2018, https://www.lawfareblog.com/documents-jerry-chun-shing-lee-plea-documents (accessed August 22, 2020); Amy B. Zegart, "The specter of a Chinese mole in America," *Atlantic*, January 17, 2018, https://www.theatlantic.com/international/ archive/2018/01/jerry-chun-shing-lee-cia-mole-china/550658/ (accessed August 22, 2020).

108. 특히 이번 기소에서는 리Lee가 실제로 기밀 자료를 중국 측에 넘긴 혐의는 적용되지 않았다. 2020년 8월에는 또 다른 전직 CIA 요원 알렉산더 육칭 마Alexander Yuk Ching Ma가 중국 정부에 기밀 정보를 제공한 혐의로 체포되어 기소되었다. Julian E. Barnes, "Ex-CIA Officer Is Accused of Spying for China," *New York Times*, August 17, 2020, https://www. nytimes.com/2020/08/17/us/politics/china-spying-alexander-yuk-ching-ma.html (accessed September 21, 2020).

109. Dorfman, "Botched CIA communications system."

110. Dorfman; Mazzetti et al., "Killing CIA Informants."

111. Weiner and Harris, "Former CIA Officer Jerry Lee"; Zach Dorman and Jenna McLaughlin, "The CIA's Communications Suffered a Catastrophic Compromise. It Started in Iran," Yahoo! News, November 2, 2018, https://news.yahoo.com/cias-com munications-suffered-catastrophic-compromise-started-iran-090018710.html (accessed August 22, 2020).

제7장 비밀공작

1. Interview by author, October 7, 2020.

2. 안와르 알-아울라키에 대한 드론 공습 관련 출처는 다음과 같다.: Scott Shane, *Objective Troy: A Terrorist, a President, and the Rise of the Drone* (New York: Tim Duggan Books, 2015), 61, 82-107, 283, 290-91, 386; Mark Mazzetti, *The Way of the Knife: The CIA, a Secret Army, and a War at the Ends of the Earth* (New York: Penguin, 2013), 302, 309-10, 321; Leon E. Panetta with Jim Newton, *Worthy Fights: A Memoir of Leadership in War and Peace* (New York: Penguin, 2014), 386; "Behind the Scenes of the Air

Force's Anti-Terrorism Drone Program," CBS News, July 23, 2019, https://www. cbsnews.com/news/air-force-anti-terrorism-drone-program-behind-the-scenes/; "The US Air Force's Commuter Drone Warriors," BBC News, January 8, 2017, https:// www.bbc.com/news/magazine- 38506932; Scott Shane, "The Lessons of Anwar al-Awlaki," *New York Times*, August 27, 2015, https://www.nytimes.com/2015/08/30/ magazine/the-lessons-of-anwar- al-awlaki. html; Robert Chesney, "Who May Be Killed? Anwar Al-Awlaki as a Case Study in the International Legal Regulation of Lethal Force," in *Yearbook of International Humanitarian Law* 13, edited by M. N. Schmitt et al. (August 2010), 6-8, doi:10.1007/978-90-6704-811-8_1.

3. 드론 공습을 지켜보는 것이 어떤 것인지에 대한 묘사는 다음을 참조하라. Jane Mayer, "The predator war: What are the risks of the C.I.A.'s covert drone program?" *New Yorker*, October 19, 2009, https://www.newyorker.com/magazine/2009/10/26/ the-predator- war#ixzz2Be8WuX2V.

4. Mazzetti, *Way of the Knife*, 310; Shane, *Objective Troy*, 290-91.

5. Mazzetti, *Way of the Knife*, 321. "Behind the scenes of the Air Force's anti-terrorism drone program," CBS News, July 23, 2019, https://www.cbsnews.com/news/air-force- anti-terrorism-drone-program-behind-the-scenes/; "The US Air Force's commuter drone warriors," *BBC News*, January 8, 2017, https://www.bbc.com/news/magazine- 38506932

6. Lauren Goodstein, "American Muslims; Influential American Muslims Temper Their Tone," *New York Times*, October 19, 2001, https://www.nytimes.com/2001/10/19/us/ nation-challenged-american-muslims-influential-american-muslims-temper-their. html.

7. U.S. Senate Committee on Homeland Security and Governmental Affairs, "A Ticking Time Bomb: Counterterrorism Lessons from the U.S. Government's Failure to Prevent the Fort Hood Attack, A Special Report by Joseph I. Lieberman, Chairman and Susan M. Collins, Ranking Member," 112th Cong., 1st sess., February 3, 2011, 20-21.

8. Shane, *Objective Troy*, 107-8, 224; Panetta, *Worthy Fights*, 386; James R. Clapper, "Declaration in Support of Formal Claim of State Secrets Privilege," in United States District Court for the District of Columbia, *Nasser al-Aulaqi v. Barack Obama, Robert Gates, and Leon Panetta*, Civ. A. No. 10-cv-1469, September 24, 2010, https://fas.org/ sgp/jud/statesec/aulaqi-clapper-092510.pdf; Amy Zegart, "The Fort Hood Terrorist Attack: An Organizational Postmortem of Army and FBI Deficiencies," in *Insider Threats*, edited by Matthew Bunn and Scott Sagan (Ithaca, N.Y.: Cornell University Press, 2017), 42-73.

9. Clapper, "Declaration in Support," 8. 다음도 참조하라. Chesney, "Who May Be Killed?" 6-8.

10. 알-아울라키는 테러리즘의 "가상의 정신적 인가자", 즉 급진적 성향이 강화되는 사람에게 폭력적인 정치적 극단주의에 대한 종교적 정당성을 제공하는 사람으로 알려져 있었다. 과거에

정신적 인가자는 직접 만나서 영향력을 행사했다. 그러나 시간이 지나고 인터넷이 발달하면서 가상의 정신적 인가자가 원거리에서도 동일한 역할을 수행할 수 있게 되었다. 다음을 참조하라. Mitchell D. Silber and Arvin Bhatt, *Radicalization in the West: The Homegrown Threat*, New York Police Department, 2007; Mitchell D. Silber, director of intelligence analysis, New York City Police Department, Statement before the U.S. Senate Homeland Security and Governmental Affairs Committee, 111th Cong., 1st sess., November 19, 2009; Senate Committee on Homeland Security and Governmental Affairs, "Ticking Time Bomb," 20-21. 다음도 참조하라. Alexander Meleagrou-Hitchens, "Voice of terror," *Foreign Policy*, January 18, 2011, http://www.foreignpolicy.com/articles/2011/01/18/voice_of_terror (알-아울라키가 서구 청중에게는 지하드의 가장 중요한 영어 선전가가 되었다고 주장한다).

11. "Anwar al-Awlaki," Times Topics, *New York Times*, updated January 23, 2020, at http://topics.nytimes.com/topics/reference/timestopics/people/a/anwar_al_awlaki/index.html (accessed September 25, 2020); Tim Lister and Paul Cruickshank, "Anwar al-Awlaki: Al Qaeda's Rock Star No More," CNN, September 30, 2011 (accessed September 25, 2020) http://www.cnn.com/2011/09/30/world/meast/ analysis-anwar-al-awlaki/index.html; William H. Webster Commission, "The Federal Bureau of Investigation, Counterterrorism Intelligence, and the Events at Fort Hood, Texas, on November 5, 2009, Final Report," redacted version released July 19, 2012 (accessed September 25, 2020), https://www.hsdl.org/?view&did=717443, 33; "Make a Bomb in the Kitchen of Your Mom"은 ≪인스파이어Inspire≫의 2010년 여름호에 실렸다.

12. Clapper, "Declaration in Support," 7-9; Mark Hosenhall, "Secret Panel Can Put Americans on Kill List," Reuters, October 5, 2011, https://www.reuters.com/article/us-cia-killlist/secret-panel-can-put-americans-on-kill-list-idUSTRE79475C20111005; Chesney, "Who May Be Killed?" 9.

13. Scott Shane, "The enduring influence of Anwar al-Awlaki in the age of the Islamic State," *CTC Sentinel* 9, no. 7 (July 2016) https://www.ctc.usma.edu/the-enduring-influence-of-anwar-al-awlaki-in-the-age-of-the-islamic-state/; Mazzetti, *Way of the Knife*, 305; Nasser al-Awlaki, "The Drone That Killed My Grandson," *New York Times*, July 17, 2013, https://www.nytimes.com/2013/07/18/opinion/the-drone- that-killed-my-grandson.html.

14. Scott Shane, "U.S. Approves Targeted Killing of American Cleric," *New York Times*, April 6, 2010, https://www.nytimes.com/2010/04/07/world/middleeast/07yemen. html.

15. John O. Brennan, *Undaunted: My Fight against America's Enemies, at Home and Abroad* (New York: Celadon Books, 2020), 222; Dana Priest, "Inside the CIA's 'Kill List,'" PBS, September 6, 2011, https://www.pbs.org/wgbh/frontline/article/inside-the-cias-kill-list/; Shane, *Objective Troy*, 285-93. 미국 시민을 대상으로 한 드론 공습의 법적 정당성에 대한 개요는 다음을 참조하라. Chesney, "Who May be Killed?" 3-60.

16. Michael Hayden, cited in Mark M. Lowenthal, *Intelligence: From Secrets to Policy*, 7th

ed. (Thousand Oaks, Calif.: CQ Press, 2017), 271.

17. Shane, *Objective Troy*, 290.

18. Panetta, *Worthy Fights*, 385-86; Shane, "US Approves Targeted Killing"; Priest, "Inside the CIA's 'Kill List,'" 다음에서 인용하였다. Dana Priest and William Arkin, *Top Secret America: The Rise of the New American Security State* (New York: Little, Brown, 2011). 오바마 대통령의 드론 공습 승인에 대해서는 그가 국방대학교에서 언급한 다음 내용을 참조하라. his remarks at National Defense University, May 23, 2013, https://obamawhite house.archives.gov/the-press-office/2013/05/23/remarks-president-national-defense -university; https://www.washingtonpost.com/news/worldviews/wp/2015/04/23/the-u-s-keeps-killing-americans-in-drone-strikes-mostly-by-accident/.

19. Mazzetti, *Way of the Knife*, 302; Shane, *Objective Troy*, 51-52.

20. *Al-Aulaqi v. Obama*, 727 F. Supp.2d1 (D.D.C. 2010), Civil Action No. 10-1469, decided December 7, 2010. 아울라키는 2011년 9월에 사망했다. Shane, "Lessons of Anwar al-Awlaki."

21. Mark Mazzetti, Eric Schmitt, and Robert F. Worth, "Two-Year Manhunt Led to Killing of Awlaki in Yemen," *New York Times*, September 30, 2011, https://www. nytimes. com/2011/10/01/world/middleeast/anwar-al-awlaki-is-killed-in-yemen.html.

22. 2011년부터 2015년까지 미국에서 실시한 드론 공습에 관한 모든 여론조사에서 미국인의 지지는 평균 62%에 달했다. 다음의 설문을 참조하라. Amy Zegart, "The value of cheap fights: Drones and the future of coercion," *Journal of Strategic Studies* 43, no. 1 (February 2018): 6-46.

23. Panetta, *Worthy Fights*, 390.

24. U.S. Senate Select Committee to Study Governmental Operations with Respect to Intelligence Activities (Church Committee) 1975-1976, "Interim Report, Alleged Assassination Plots Involving Foreign Leaders," S. Rep. No. 94-465, "Staff Report, Covert Action in Chile, 1963-1973," "Final Report," S. Rep. No. 94-755 (Books 1-6); Greg Treverton, *Covert Action* (New York: Basic Books, 1987), 13; L. Britt Snider, *The Agency and the Hill: The CIA's Relationship with Congress, 1946-2004* (Washington, D.C.: Center for the Study of Intelligence, 2008), 299-300; R. Jeffrey Smith and David B. Ottaway, "Anti-Saddam Operation Cost CIA $100 Million," *Washington Post*, September 15, 1996, https://www.washingtonpost.com/wp-srv/ inatl/longterm/iraq/ stories/cia091596.htm; Tim Weiner, "Iraqi Offensive into Kurdish Zone Disrupts U.S. Plot to Oust Hussein," *New York Times*, https://www. nytimes.com/1996/09/07/ world/iraqi-offensive-into-kurdish-zone-disrupts-us-plot-to-oust-hussein.html. 현재 비밀 해제된 가장 많이 문서화된 비밀 작전 중 하나는 1954년 과테말라 정부 전복 작전이다. 2003년 5월, 국무부는 과테말라에서 일어난 이 사건을 다룬 『미국의 외교 관계, 1952-1954, 과테말라Foreign Relations of the United States, 1952-1954, Guatemala』의 부록을 발간했다: https://history.state.gov/historicaldocuments/frus1952-54Guat.

25. Church Committee, "Alleged Assassination Plots Involving Foreign Leaders," 1975 U.S.

Senate Report on CIA Covert Operations to Kill Fidel Castro, Ngo Dinh Diem, and Others, November 1975, https://www.intelligence.senate.gov/ sites/default/ files/ 94465.pdf, 71-85.

26. Gary C. Schroen, *First In: An Insider's Account of How the CIA Spearheaded the War on Terror in Afghanistan* (New York: Random House, 2005), 38.

27. 다음에서 인용하였다. Bob Woodward, *Bush at War* (New York: Simon & Schuster, 2002), 52.

28. Mazzetti, *Way of the Knife*, 12.

29. Loch K. Johnson, "Covert action and accountability," *International Studies Quarterly* 33, no. 1 (March 1989), 84.

30. National Security Act of 1947, Public Law 235, July 26, 1947, https://www.dni. gov/index.php/ic-legal-reference-book/national-security-act-of-1947.

31. The Intelligence Authorization Act of 1991 is Public Law 102-88, 102nd Cong., August 14, 1991, now 50 U.S.C. section 3093e (2018), https://www.congress.gov/bill/102nd-congress/house-bill/1455.

32. Treverton, *Covert Action*, 14-17.

33. Lowenthal, *Intelligence: From Secrets to Policy*, 252.

34. David Sanger, *The Perfect Weapon: War, Sabotage, and Fear in the Cyber Age* (New York: Crown, 2018), 7-36.

35. 비밀공작은 종종 비밀 활동secret or clandestine activities과 혼동되는 경우가 많다. 둘은 동일하지 않다. 예를 들어 미군은 언제 어디서 작전을 수행하는지 밝히지 않는 등 많은 일을 비밀리에 수행한다. 공작은 더 나아가 활동의 작전 세부 사항뿐만 아니라 미국 정부의 개입을 완전히 숨기려고 노력한다.

36. Title 50 of the U.S. Code states, "No covert action may be conducted which is intended to influence United States political processes, public opinion, policies, or media." 다음을 참조하라. 50 U.S.C. section 3093a (2018); U.S. Library of Congress Congressional Research Service, Michael E. DeVine, "Covert Action and Clandestine Activities of the Intelligence Community: Selected Definitions in Brief," R45175, June 14, 2019.

37. Lowenthal, *Intelligence: From Secrets to Policy*, 256; Kevin O'Brien, "The Quiet Option," in *Strategic Intelligence: Understanding the Hidden State of Government*, Vol. 3: Covert Action, edited by Loch K. Johnson (Westport, Conn.: Praeger Publishers, 2007), 33. 다음도 참조하라. Philip M. Taylor, *Munitions of the Mind: A History of Propaganda from the Ancient World to the Present Day*, 3rd ed. (Manchester, U.K.: Manchester University Press, 2003).

38. Church Committee, "Report 1976, History of the Central Intelligence Agency, Supplementary Detailed Staff Reports on Foreign and Military Intelligence," Book 4, April 23, 1976, 29.

39. 다음에서 인용하였다. David Shimer, *Rigged: America, Russia and One Hundred Years of Covert Electoral Interference* (New York: Knopf, 2020), 120.

40. Treverton, *Covert Action*, 13.

41. Amy Zegart, *Flawed by Design: The Evolution of the CIA, JCS, and NSC* (Palo Alto, Calif.: Stanford University Press, 1999), 188.

42. Christopher Andrew, *For the President's Eyes Only: Secret Intelligence and the American Presidency from Washington to Bush* (New York: Harper Perennial, 1996), 172; Bruce D. Berkowitz and Allan E. Goodman, *Best Truth: Intelligence in the Information Age* (New Haven, Conn.: Yale University Press, 2000), 127.

43. Shimer, *Rigged*, 40.

44. 다음 인용을 참조하라. CIA historian David Robarge in Shimer, *Rigged*, 44.

45. Shimer, 9, 109-115. For CIA covert action against Milosevic in the 1990s, 다음을 참조하라. James M. Scott and Jerel A. Rosati, "Such Other Functions and Duties," in *Strategic Intelligence: Understanding the Hidden State of Government*, Vol. 3: Covert Action, edited by Loch K. Johnson (Westport, Conn.: Praeger Publishers, 2007), 96.

46. Treverton, *Covert Action*, 13.

47. Smith and Ottaway, "Anti-Saddam Operation Cost CIA $100 Million"; Weiner, "Iraqi Offensive into Kurdish Zone."

48. O'Brien, "Quiet Option," 2-43.

49. 레이건 행정부는 니카라과 항구의 상업적 선적을 줄이기 위해 니카라과 항구에 기뢰 설치를 승인했다. Loch K. Johnson, *America's Secret Power: The CIA in a Democratic Society* (New York: Oxford University Press, 1989), 26; O'Brien, "Quiet Option," 42-43.

50. Treverton, *Covert Action*, 25-28.

51. 해당 국가는 아프가니스탄, 알바니아, 앙골라, 볼리비아, 중국, 쿠바, 도미니카공화국, 그리스, 과테말라, 아이티, 헝가리, 인도네시아, 이라크, 말레이시아, 니카라과, 북한, 오만, 폴란드, 태국, 터키, 베네수엘라, 베트남, 우크라이나 등이다. Johnson, "Covert action and account-ability," 86.

52. Jack Pfeiffer, *Official History of the Bay of Pigs Operation*, Central Intelligence Agency, https://www.cia.gov/readingroom/docs/C01254908.pdf (accessed January 31, 2021).

53. Joshua E. Keating, "Don't try to convince yourself that you're in control: Afghan lessons for arming the Syrian rebels from the CIA's Mujahideen point man," *Foreign Policy*, June 14, 2013, https://foreignpolicy.com/2013/06/14/dont-try-to-convince-yourself-that-youre-in-control/; Austin Carson, *Secret Wars: Covert Conflict in International Politics* (Princeton, N.J.: Princeton University Press, 2018), 238-82.

54. President's Special Review Board, "Tower Commission Report," February 26, 1987, https://archive.org/stream/TowerCommission/President%27s%20Special%20Review%20Board%20%28%22Tower%20Commission%22%29#page/n1/mode/2up.

55. Executive Order 11905 was signed by President Gerald Ford. 전문은 다음을 참조하라. https://fas.org/irp/offdocs/eo11905.htm.

56. Church Committee, "Alleged Assassination Plots Involving Foreign Leaders," 13-67.

57. Tim Weiner, *Legacy of Ashes: The History of the CIA* (New York: Anchor Books, 2008), 162-63; Church Committee, "Alleged Assassination Plots Involving Foreign Leaders,"

13-67; "The C.I.A and Lumumba," *New York Times*, August 2, 1981, https://www.nytimes.com/1981/08/02/magazine/the-cia-and-lumumba.html.

58. Lowenthal, *Intelligence: From Secrets to Policy*, 259. 용의자 인도에는 테러 용의자를 한 관할권에서 다른 관할권으로 초법적이고 비자발적이며 비밀리에 이동시키는 행위가 포함된다.

59. 드론 입문서로는 다음을 참조하라. Sarah E. Kreps, *Drones: What Everyone Needs to Know* (New York: Oxford University Press, 2016).

60. 사례를 보려면 다음을 참조하라. Greg Miller, "Why CIA Drone Strikes Have Plummeted," *Washington Post*, June 16, 2016, https://www.washingtonpost.com/world/national-security/cia-drone-strikes-plummet-as-white-house-shifts-authority-to-pentagon/2016/06/16/e0b28e90-335f-11e6-8ff7-7b6c1998b7a0_story.html; Priest, "Inside the CIA 'Kill List'"; Greg Miller, "U.S. Launches Secret Drone Campaign to Hunt Islamic State Leaders in Syria," *Washington Post*, September 1, 2015, https://www.washingtonpost.com/world/national-security/us-launches-secret-drone-campaign-to-hunt-islamic-state-leaders-in-syria/2015/09/01/723b3e04-5033-11e5-933e-7d06c647a395_story.html.

61. Micah Zenko, "Obama's Embrace of Drone Strikes Will Be a Lasting Legacy," *New York Times*, January 16, 2016, https://www.nytimes.com/roomfordebate/2016/01/12/reflecting-on-obamas-presidency/obamas-embrace-of-drone-strikes-will-be-a-lasting-legacy. 사상자 통계는 매우 다양하다. 사상자 추정치의 차이를 이해하는 방법에 대한 자세한 내용은 다음을 참조하라. "Civilians and Collateral Damage," Lawfare, https://www.lawfareblog.com/civilian-casualties-collateral-damage.

62. Zenko, "Obama's Embrace of Drone Strikes."

63. Nicholas Grossman, "Trump Cancels Drone Strike Civilian Casualty Report: Does It Matter?" War on the Rocks, April 2, 2019, https://warontherocks.com/2019/04/trump-cancels-drone-strike-civilian-casualty-report-does-it-matter/.

64. Bruce D. Berkowitz and Allan E. Goodman originally made this important point in "The logic of covert action," *National Interest*, March 1, 1998, https://nationalinterest.org/article/the-logic-of-covert-action-333.

65. 자유유럽방송과 자유방송은 배후가 CIA라는 것이 들통 났을 때도 노골적으로 방송 활동을 계속했다.

66. "The VOA Charter: Telling America's Story," Editorials, VOA, July 12, 2016, https://editorials.voa.gov/a/the-voa-charter-telling-americas-story/3414626.html.

67. Public Law 105-338, October 31, 1998, 112 Stat. 3179, https://www.congress.gov/105/plaws/publ338/PLAW-105publ338.pdf.

68. Andrew Glass, "U.S. planes bomb Libya, April 15, 1986," *Politico*, April 15, 2019, https://www.politico.com/story/2019/04/15/reagan-bomb-libya-april-15-1986-1272788.

69. *President Reagan's Address to the Nation on the Bombing on Libya, April 14, 1986*, Reagan Library, Youtube, https://www.youtube.com/watch?v=pjYMVSA6xM8.

70. Sanger, *Perfect Weapon*; Kim Zetter, *Countdown to Zero Day: Stuxnet and the Launch of the World's First Digital Weapon* (New York: Crown Publishers, 2014).

71. Greg Miller, "Under Obama, An Emerging Global Apparatus for Drone Killing," *Washington Post*, December 27, 2011, https://www.washingtonpost.com/national/national-security/under-obama-an-emerging-global-apparatus-for-drone-killing/2011/12/13/gIQANPdILP_story.html.

72. Statement by the Department of Defense, January 2, 2020, https://www.defense.gov/Newsroom/Releases/Release/Article/2049534/statement-by-the-department-of-defense/.

73. Remarks by President Trump on the Killing of Qasem Soleimani, Palm Beach, Florida, January 3, 2020, https://www.iranwatch.org/library/governments/united-states executive-branch/white-house/remarks-president-trump-killing-qasem-soleimani (accessed April 16, 2021).

74. Treverton, *Covert Action*, 14; Snider, *Agency and the Hill*, 27-99; President's Special Review Board, "Tower Commission Report."

75. 다음에서 인용하였다. Andrew, *For the President's Eyes Only*, 425-26.

76. Treverton, *Covert Action*, 14; Johnson, *America's Secret Power*, 103; Andrew, *For the President's Eyes Only*.

77. "Tie a Yellow Ribbon—The Iran Hostage Crisis as Seen from the Home Front," Association for Diplomatic Studies & Training, https://adst.org/2012/10/tie-a-yellow-ribbon-the-iran-hostage-crisis-as-seen-from-the-home-front/.

78. Stansfield Turner, *Secrecy and Democracy: The CIA in Transition* (Boston: Houghton Mifflin, 1985), 87.

79. Mark Bowen, "The Desert One debacle," *Atlantic*, May 2006, https://www.theatlantic.com/magazine/archive/2006/05/the-desert-one-debacle/304803/; Charlie A. Beckwith with Donald Knox, *Delta Force* (San Diego: Harcourt Brace Jovanovich, 1983). EAGLE CLAW 작전은 법적으로 CIA의 권한 하에 수행된 비밀공작 활동이 아니다.

80. President Jimmy Carter, State of the Union Address, January 23, 1980, https://www.jimmycarterlibrary.gov/assets/documents/speeches/su80jec.phtml.

81. U.S. Department of State, *Foreign Relations of the United States, 1977-1980*, Vol. 12, Afghanistan (Washington, D.C.: GPO, 2018), ix.

82. "Memorandum from the President's Assistant for National Security Affairs (Brzezinski) to Secretary of State Vance," January 2, 1980, *Foreign Relations of the United States, 1977-1980, Vol. 12, Afghanistan*, 351.

83. 레이건 대통령은 이러한 노력을 극적으로 확대했다. 다음을 참조하라. Tim Weiner, "History to Trump: CIA Was Aiding Afghan Rebels before the Soviets Invaded in '79," *Washington Post*, January 7, 2019, https://www.washingtonpost.com/outlook/2019/01/07/history-trump-cia-was-arming-afghan-rebels-before-soviets-invaded/.

84. Keating, "Don't try to convince yourself."

85. Eric Rosenbach and Aki J. Peritz, "Covert action: Memo in report 'Confrontation or Collaboration? Congress and the Intelligence Community,'" Belfer Center for Science and International Affairs, Harvard Kennedy School, July 2009, https://www.belfercenter.org/publication/covert-action.

86. Weiner, *Legacy of Ashes*, 357; Andrew, *For the President's Eyes Only*, 455.

87. Turner, *Secrecy and Democracy*, 87.

88. Bill Adair and Angie Drobnic Holan, "Several ratings rank Obama lower," Politifact, September 26, 2008, https://www.politifact.com/factchecks/2008/sep/26/john-mccain/several-ratings-rank-obama-lower/.

89. Amy Zegart, "Legend of a democracy promoter," *National Interest*, September 16, 2008, https://nationalinterest.org/article/the-legend-of-a-democracy-promoter-2839.

90. "Obama's Speech on Drone Policy," *New York Times*, May 23, 2013, https://www.nytimes.com/2013/05/24/us/politics/transcript-of-obamas-speech-on-drone-policy.html.

91. Zenko, "Obama's Embrace of Drone Strikes." 젠코Zenko는 3개 비정부기구의 평균 추정치를 바탕으로 조지 W. 부시 대통령이 예멘, 파키스탄, 소말리아에서 약 50건의 드론 공습을 승인하여 296명의 테러리스트와 195명의 민간인을 살해한 반면, 오바마 대통령은 506건의 공습을 승인하여 3040명의 테러리스트와 391명의 민간인을 살해했다고 밝혔다.

92. 학자들은 또한 노골적인 교전이 국제법으로 금지되는 경우 대통령이 비밀공작을 선택한다는 사실을 발견했다. 다음을 참조하라. Michael Poznansky, *In the Shadow of International Law: Secrecy and Regime Change in the Postwar World* (New York: Oxford University Press, 2020).

93. Church Committee, "Final Report, Foreign and Military Intelligence," Book 1, 564, https://www.intelligence.senate.gov/sites/default/files/94755_I.pdf.

94. Berkowitz and Goodman, "Logic of covert action."

95. 자세한 내용은 다음을 참조하라. Antonio J. Mendez, "A classic case of deception: CIA goes Hollywood," *Studies in Intelligence* (Winter 1999/2000), https://www.cia.gov/static/48176093196e51d95219f3e3e762f038/Classic-Case-of-Deception.pdf (accessed January 30, 2021).

96. Andrew, *For the President's Eyes Only*, 450.

97. Carson, *Secret Wars*, 1-2.

98. Carson, 1-2, 241, 264, 268-70; Treverton, *Covert Action*, 27.

99. Gregory F. Treverton, "Forward to the Past?" in *Strategic Intelligence: Understanding the Hidden State of Government*, Vol. 3: Covert Action, edited by Loch K. Johnson (Westport, Conn.: Praeger Publishers, 2007), 8; Carson, *Secret Wars*, 264-70; Steve Coll, *Ghost Wars: The Secret History of the CIA, Afghanistan, and Bin Laden, from the Soviet Invasion to September 10, 2001* (New York: Penguin, 2005), 128-30.

100. Berkowitz and Goodman, "The logic of covert action." 실제로 많은 비밀공작이 알려져 있다. 한 연구에 따르면 미국은 냉전 기간 동안 64건의 정권 교체 비밀 작전을 수행했으며, 이 중

70% 이상에서 미국은 당시 대상 국가의 국내 정치에 간섭했다는 공개적인 비난을 받았다. Lindsey A. O'Rourke, *Covert Regime Change* (Ithaca, N.Y.: Cornell University Press, 2018), 11. 그레고리 트레버튼Gregory Treverton 국가정보위원회 위원장은 1980년대 중반에 진행되었던 약 40건의 비밀공작 중 적어도 절반이 언론에 보도된 적이 있다고 추산했다. Treverton, "Forward to the Past?" 7.

101. Robert M. Gates, *Duty: Memoirs of a Secretary at War* (New York: Knopf, 2014), 540-42.

102. Interview by author, July 28, 2020.

103. Matthew Aid with William Burr and Thomas Blanton, "Project Azorian: The CIA's Declassified History of the Glomar Explorer," National Security Archive, https://nsarchive2.gwu.edu/nukevault/ebb305/index.htm; David H. Sharp, *The CIA's Greatest Covert Operation* (Lawrence, Kan.: University Press of Kansas, 2012).

104. 다음에서 인용하였다. Theodore Sorensen, *Kennedy* (New York: Harper & Row, 1965), 309.

105. 윌리엄 케이시 CIA 부장은 1984년 3월 8일 상원 정보위원회에서 2시간 넘게 CIA의 니카라과 활동에 대해 브리핑했지만 기뢰 작전에 대해서는 단 한 문장으로 끝냈다. 역사학자 크리스토퍼 앤드류Christopher Andrew에 따르면, "위원회는 《월스트리트 저널》이 CIA의 개입 사실을 밝혀낼 때까지 CIA가 항구에 기뢰를 설치했다는 사실을 깨닫지 못했다"고 한다. 다음을 참조하라. Andrew, *For the President's Eyes Only*, 478. 배리 골드워터 정보위원회 위원장은 케이시 부장에게 보낸 분노에 찬 편지에서 자신은 기뢰 설치 작전에 대해 전혀 알지 못했다고 썼다. "Text of Goldwater's Letter to Head of C.I.A.," *New York Times*, April 11, 1984, https://www.nytimes.com/1984/04/11/world/text-of-goldwater-s-letter-to-the-head-of-cia.html. 《뉴욕타임스》에서 삭제한 "열받은" 비속어에 대해서는 다음을 참조하라. Andrew, 478.

106. Malcolm Byrne, ed., "The Iran-Contra Affair 30 Years Later: A Milestone in Post-Truth Politics," National Security Archive, November 25, 2016, https:// nsarchive.gwu. du/briefing-book/iran/2016-11-25/iran-contra-affair-30-years-later-milestone-post -truth-politics.

107. Lydia Saad, "Gallup Vault: Reaction to Iran-Contra 30 Years Ago," Gallup, November 25, 2016, https://news.gallup.com/vault/198164/gallup-vault-reaction- iran-contra-years-ago.aspx (accessed December 16, 2020).

108. 다음에서 인용하였다. Chris Whipple, *The Spymasters: How the CIA Directors Shape History and the Future* (New York: Scribner, 2020), 131.

109. Lawrence E. Walsh, "Summary of Prosecutions," Final Report of the Independent Counsel for Iran/Contra Matters, August 4, 1993, Washington, D.C., https://fas.org/irp/offdocs/walsh/summpros.htm.

110. CIA는 쿠데타 개입을 공개적으로 인정했다. 다음을 참조하라. National Security Archive Electronic Briefing Book No. 435, National Security Archive, August 19, 2013, https://nsarchive2.gwu.edu/NSAEBB/NSAEBB435/ (accessed September 25, 2020).

111. Keating, "Don't try to convince yourself."

112. 참석자로는 대니얼 패트릭 모이니핸 상원의원(민주당-뉴욕), 윌리엄 콜비 전 CIA 부장, 모튼 핼퍼린 전 국방부 관리, 조지 볼George Ball 전 국무부 차관보, 레스 겔브Les Gelb ≪뉴욕타임스≫ 국가안보 전문 기자, 여러 CIA 요원들이 포함되었다. 다음을 참조하라. "Should the U.S. fight secret wars?" *Harper's*, September 1984.

113. George Kennan, "Morality and foreign policy," *Foreign Affairs* 64, no. 2 (Winter 1985): 214, https://www.law.upenn.edu/live/files/5139-kennanmoralityandforeignpolicy foreignaffairswinter.

114. Kennan, 214.

115. Halperin, in "Should the U.S. fight secret wars?" 37.

116. Gelb, in "Should the U.S. fight secret wars?" 38.

117. Ray Cline, in "Should the U.S. fight secret wars?" 44.

118. Elida Moreno, "Panama's Noriega: CIA Spy Turned Drug-Running Dictator," Reuters, May 30, 2017, https://www.reuters.com/article/us-panama-noriega-obituary/panamas-noriega-cia-spy-turned-drug-running-dictator-idUSKBN18Q0NW.

119. Ronald H. Cole, "OPERATION JUST CAUSE: The Planning and Execution of Joint Operations in Panama, February 1988-January 1990," Joint History Office, Office of the Chairman of the Joint Chiefs of Staff, November 1995, https://www.jcs.mil/Portals/36/Documents/History/Monographs/Just_Cause.pdf, 5-6.

120. Randal C. Archibold, "Manuel Noriega, Dictator Ousted by U.S. in Panama, Dies at 83," *New York Times*, May 30, 2017, https://www.nytimes.com/ 2017/05/30/ world/americas/manuel-antonio-noriega-dead-panama.html; Moreno, "Panama's Noriega"; Colin Dwyer, "Former Panamanian Dictator Manuel Noriega Dies at 83," NPR, May 30, 2017, https://www.npr.org/sections/thetwo-way/2017/05/30/ 530666952/former-panamanian-dictator-manuel-noriega-dies-at-83.

121. Agence France-Presse, "Manuel Noriega Flown Home to Panama to Face Punishment," December 11, 2011, https://www.pri.org/stories/2011-12-11/manuel-noriega-flown-home-panama-face-punishment; Jon Lee Anderson, "Manuel Noriega, a thug of a different era," *New Yorker*, June 2, 2017, https://www. newyorker.com/news/daily-comment/manuel-noriega-a-thug-of-a-different-era.

122. Archibold, "Manuel Noriega, Dictator Ousted."

123. Snider, *Agency and the Hill*, 299-300.

124. Cole, "OPERATION JUST CAUSE," 27; Moreno, "Panama's Noriega."

125. Snider, *Agency and the Hill*, 299-300; Loch K. Johnson, "A conversation with former DCI William E. Colby: Spymaster during the 'Year of the Intelligence Wars,'" *Intelligence and National Security* 22, no. 2 (April 2007): 250-69, https://www.tandfonline.com/doi/full/10.1080/02684520701303865?scroll=top&needAccess=true. 암살 금지 행정명령은 다음을 참조하라. Elizabeth B. Bazan, "Assassination Ban and EO 12333: A Brief Summary," Congressional Research Service Report for Congress,

RS21037, January 4, 2002.

126. Johnson, "A conversation with former DCI William E. Colby."

127. Panetta, *Worthy Fights*, 276.

128. Shannon Schwaller, "Operation Just Cause: The Invasion of Panama, December 1989," U.S. Army, November 17, 2008, https://www.army.mil/article/14302/operation_just_cause_the_invasion_of_panama_december_1989.

129. Andrew, *For the President's Eyes Only*, 515.

130. 1992년 노리에가는 유죄 판결을 받고 40년 형을 선고받았다. 그는 결국 프랑스로 송환되어 복역한 후 파나마 교도소로 송환되어 복역하다 2017년 사망했다. Archibold, "Manuel Noriega, Dictator Ousted."

131. Cole, "OPERATION JUST CAUSE," 65-66.

132. Johnson, "A conversation with former DCI William E. Colby."

133. Michael Hayden, *Playing to the Edge: American Intelligence in the Age of Terror* (New York: Penguin, 2016), 374.

134. 이 말은 1170년 12월 29일 헨리 2세와 토머스 베케트Thomas Becket 캔터베리 대주교가 나눈 대화에서 유래한 것이다. 왕은 "이 난폭한 사제를 제거해 줄 사람은 없느냐?"라고 외쳤다. 다음날 대주교는 왕의 전갈을 가지고 있다고 주장하는 네 명의 기사에게 암살당했다. 정확한 문구는 역사가들 사이에서 논쟁의 여지가 있지만, 왕은 자신이 화가 나서 뱉은 말 때문에 기사들이 베케트를 쫓아갔다는 것은 인정했다. Wilfred Lewis Warren, *Henry II* (Berkeley: University of California Press, 1973), 112.

135. 1975-1976년 처치 위원회 조사는 비밀공작의 초창기에 대한 가장 광범위한 내용을 제공한다. 전체 보고서 모음은 다음에서 확인할 수 있다. https://www.intelligence.senate.gov/resources/intelligence-related-commissions. 다음도 참조하라. Zegart, *Flawed by Design*, 197; Jack Goldsmith, *Power and Constraint: The Accountable Presidency after 9/11* (New York: W. W. Norton, 2012), 84-86; Loch K. Johnson, *A Season of Inquiry Revisited: The Church Committee Confronts America's Spy Agencies* (Lawrence, Kan.: University Press of Kansas, 2015).

136. Church Committee, "Alleged Assassination Plots Involving Foreign Leaders," 109, 278-79.

137. Church Committee. 다음도 참조하라. Snider, *Agency and the Hill*, 255-311.

138. Church Committee, "Alleged Assassination Plots Involving Foreign Leaders," 10-12; Shimer, *Rigged*, 51.

139. 초기 의회 감독에 대한 보다 너그러운 관점은 다음을 참조하라. David Barrett, *The CIA and Congress: The Untold Story from Truman to Kennedy* (Lawrence, Kan.: University Press of Kansas, 2005).

140. Zegart, *Flawed by Design*, 193.

141. 다음에서 인용하였다. Johnson, *Season of Inquiry Revisited*, 2.

142. Loch K. Johnson, ed., *Strategic Intelligence: Understanding the Hidden State of Government*, Vol. 3: Covert Action (Westport, Conn.: Praeger Publishers, 2007), xiii;

Bazan, "Assassination Ban and E.O. 12333."

143. 2016년 8월, 오바마 행정부는 전쟁 지역 밖에서 테러 용의자를 살해하기 위한 규칙과 절차를 자세히 설명하는 18페이지 분량의 메모를 발표했다. 다음을 참조하라. Charlie Savage, "U.S. Releases Rules for Airstrike Killing of Terror Suspects," *New York Times*, August 6, 2016. The document, known as the drone strike playbook, is *Procedures for Approving Direct Action against Terrorist Targets Located outside the United States and Areas of Active Hostilities*, May 22, 2013, declassified August 2016.

144. 50 U.S.C. section 3093a (2018).

145. Lowenthal, *Intelligence: From Secrets to Policy*, 253.

146. 이 위원들은 일반적으로 "8인방", 즉 하원 및 상원 정보위원회의 위원장 및 부위원장, 하원 및 상원의 다수당 및 소수당 지도자다. 이 경우 대통령은 보다 제한된 통지를 정당화하는 서면 진술서를 작성해야 한다. 50 U.S.C. section 3093c (2018).

147. Sen. John D. Rockefeller, IV, Hearing about Congressional Oversight of Intelligence Activities, U.S. Senate Select Committee on Intelligence, 110th Cong., 1st sess., Nov. 13, 2007, 4.

148. National Commission on Terrorist Attacks Upon the United States, *The 9/11 Commission Report, Authorized Version* (New York: W. W. Norton, 2004), 133.

149. National Commission on Terrorist Attacks Upon the United States, "9/11 Commission Staff Statement Number Seven: Intelligence Policy," March 24, 2004, 8-9, https://govinfo.library.unt.edu/911/staff_statements/staff_statement_7.pdf; National Commission on Terrorist Attacks Upon the United States, *9/11 Commission Report*, 131-133.

150. 50 U.S.C. section 3093c (2018).

151. 즉, 의회는 신규 또는 확장된 프로그램에 대한 통보를 받기 전이나 통보를 받는 시점에는 비밀공작 자금을 승인하지 않는다. 대신에 CIA는 결정문이 작성되고 전달되면 즉시 비상 자금 또는 재편성된 자금으로 지출을 시작할 수 있으며, 의회는 해당 프로그램에 대한 지출에 영향을 미치려면 다음 예산 주기가 끝날 때까지 기다려야 한다. 의회가 비밀공작을 종료시키기 위해 예산권을 사용하려 했던 가장 잘 알려진 사례는 아마도 볼랜드 수정안Boland Amendments일 것이다. 1980년대에 통과된 이 수정안은 CIA가 산디니스타 정권을 전복하려는 니카라과 콘트라에 대해 진행 중이던 준군사 작전 및 기타 지원을 차단했다. 레이건 행정부의 일부 인사들은 이란에 무기를 판매하여 얻은 자금을 콘트라에 지원하면서 이 법을 우회했고, 이 사건은 이란-콘트라 스캔들로 알려졌다.

152. Lowenthal, *Intelligence: From Secrets to Policy*, 254.

153. Douglas Jehl and David E. Sanger, "Plan Called for Covert Aid in Iraq Vote," *New York Times*, July 17, 2005, https://www.nytimes.com/2005/07/17/politics/plan-called-for-covert-aid-in-iraq-vote.html.

154. 클린턴 행정부와 조지 W. 부시 행정부에서 승인 절차가 어떻게 진행되었는지에 대한 자세한 내용은 다음을 참조하라. Michael Morell with Bill Harlow, *The Great War of Our Time: The CIA's Fight against Terrorism—From al Qa'ida to ISIS* (New York: Twelve, 2015),

23-24.

155. Scott Shane and Sheryl Gay Stolberg, "A Brilliant Career with a Meteoric Rise and an Abrupt Fall," *New York Times*, November 10, 2012.

156. Schroen, *First In*.

157. George Tenet with Bill Harlow, *At the Center of the Storm: My Years at the CIA* (New York: HarperCollins, 2007), 187.

158. U.S. Senate Committee on Foreign Relations, "Tora Bora Revisited: How We Failed to Get Bin Laden and Why It Matters Today," 111th Cong., 1st sess., November 30, 2009, S. Prt. 111-35, https://www.govinfo.gov/content/pkg/CPRT-111SPRT53709/ html/ CPRT-111SPRT53709.htm; Tenet, *At the Center of the Storm*, 187, 225-26.

159. Robert Chesney, "A Revived CIA Drone Strike Program? Comments on the New Policy," Lawfare, March 14, 2017; Robert Chesney, "Shift to JSOC on Drone Strikes Does Not Mean the CIA Has Been Sidelined," Lawfare, June 16, 2016; Miller, "Why CIA Drone Strikes have Plummeted."

160. Jennifer Kibbe, "Covert Action and the Pentagon," in *Strategic Intelligence: Under standing the Hidden State of Government*, Vol. 3: Covert Action, edited by Loch K. Johnson (Westport, Conn.: Praeger Publishers, 2007), 131-35.

161. 엄밀히 말하면 CIA의 안와르 알-아울라키 표적 사살은 비밀 작전이었다. 하지만 현실적으로 비밀은 별로 없었다. 오바마 대통령은 몇 시간 만에 CIA나 드론에 대한 언급 없이 아울라키의 사망을 발표했다. Office of the White House Press Secretary, "Remarks by the President at the 'Change of Office' Chairman of the Joint Chiefs of Staff Ceremony," September 30, 2011, https://obamawhitehouse.archives.gov/the-press-office/2011/09/30/ remarks-president-change-office-chairman-joint-chiefs-staff-ceremony. 하지만 ≪뉴욕타임스≫는 같은 날 작전에 대한 자세한 내용을 공개했다. Mazzetti, Schmitt, and Worth, "Two-Year Manhunt."

162. Samuel P. Huntington, *The Soldier and the State* (Cambridge, Mass.: Harvard University Press, 1957).

163. Interview by author, October 7, 2020.

제8장 의회 감독

이 장의 일부 내용은 다음과 같이 출판되었다. Amy B. Zegart, *Eyes on Spies: Congress and the United States Intelligence Community* (Stanford, Calif.: Hoover Institution Press, 2011).

1. 다음에서 인용하였다. Loch K. Johnson, *A Season of Inquiry* (Lawrence, Kan.: University Press of Kansas, 1985), 263. 본래 다음에서 인용하였다. David M. Alpern, "America's secret warriors," *Newsweek*, October 10, 1983, 38.

2. U.S. Senate Select Committee on Intelligence hearing, November 13, 2007, 25.

3. John O. Brennan, *Undaunted: My Fight against America's Enemies, at Home and Abroad* (New York: Celadon Books, 2020), 318.

4. Dianne Feinstein, "Statement on the Intel Committee's CIA Detention, Interrogation Report," March 11, 2014, https://www.feinstein.senate.gov/public/index.cfm/2014/3/feinstein-statement-on-intelligence-committee-s-cia-detention-interrogation-report.

5. Feinstein.

6. Connie Bruck, "The inside war," *New Yorker*, June 22, 2015.

7. David B. Buckley, Office of Inspector General, Central Intelligence Agency, "Report of Investigation: Agency Access to the SSCI Shared Drive on RDINet," July 18, 2014, approved for release January 14, 2015, https://fas.org/irp/eprint/ig-access.pdf, i, iii, iv, 6. CIA는 에반 베이Evan Bayh 전 상원의원이 위원장을 맡은 특별 책임 위원회를 구성하여 CIA 직원에 대한 징계를 하지 말 것을 권고했다. 위원회는 5명의 CIA 직원이 모두 의회와 CIA 간의 "극비 공유 컴퓨터 네트워크의 잠재적 보안 위반을 조사하는 데 관련된 복잡하고 전례 없는 상황에서 합리적으로" 행동했다고 판단했다. 위원회는 또한 상원 정보위원회와 CIA가 이러한 잠재적 침해를 어떻게 처리할 것인지 명확하게 합의하지 못했다고 밝혔다. "Statement by Senator Evan Bayh Regarding the Findings of the Agency Accountability Board," Central Intelligence Agency, posted January 14, 2015, https://www.cia.gov/news-information/press-releases-statements/2015-press-releases-statements/statements-on-agency-accountability-board-findings.html (accessed September 21, 2020).

8. Bruck, "Inside war."

9. Bruck.

10. Feinstein, "Statement."

11. Greg Miller, "CIA Director John Brennan Apologizes for Search of Senate Committee's Computers," *Washington Post*, July 31, 2014, https://www.washington post.com/world/national-security/cia-director-john-brennan-apologizes-for-search-of-senate-computers/2014/07/31/28004b18-18c6-11e4-9349-84d4a85be981_story.html.

12. "Report of the Senate Select Committee on Intelligence Committee Study of the Central Intelligence Agency's Detention and Interrogation Program" [hereafter "Senate Detention and Interrogation Program Report"], 113th Cong., 2nd sess., December 9, 2014, S. Report 113-288, https://www.intelligence.senate.gov/sites/default/files/publications/CRPT-113srpt288.pdf, xxi, xxv, 9-10. 비밀 해제된 요약본은 500페이지에 불과하며, 보고서 전문은 여전히 비밀이다.

13. 여기에는 실수로 테러의 소용돌이에 휩쓸린 사람들의 사례도 포함된다. "Senate Detention and Interrogation Program Report," 15-16.

14. Michael Hayden, *Playing to the Edge: American Intelligence in the Age of Terror* (New York: Penguin, 2016), 223. 향상된 심문 기법에 대한 묘사는 다음을 참조하라. Central Intelligence Agency Office of the Inspector General, "Special Review: Counterterrorism

Detention and Interrogation Activities"(September 2001-October 2003), Report No. 2003-7123-IG, May 7, 2004, redacted and declassified August 24, 2009, https:// nsarchive2.gwu.edu/torture_archive/comparison.htm, 15.

15. "Senate Detention and Interrogation Report," xii-xiii, xxv, 9-10, 40-46, 85-92, 115, 268, 412. 많은 사람들이 이러한 방법을 고문으로 간주했다. 다음을 참조하라. Leon Panetta with Jim Newton, *Worthy Fights: A Memoir of Leadership in War and Peace* (New York: Penguin, 2014), 193; Sen. John McCain, "SSCI Study of the CIA's R&I Program," remarks in the Senate, *Congressional Record*, daily edition, vol. 160, no. 149 (December 9, 2014), S6411; Barack Obama, "Press Conference by the President," The White House, August 1, 2014, https://obamawhitehouse.archives. gov/the-press-office/2014/08/01/press-conference-president (accessed September 16, 2020).

16. 비밀 시설의 어느 전문에는 "오늘 첫 번째 세션은 … 참석한 모든 직원에게 깊은 영향을 미쳤습니다"라고 기록되어 있다. "Senate Detention and Interrogation Report," 44.

17. "Senate Detention and Interrogation Report," iv. 전체 보고서는 6700페이지에 3만 5000개의 각주가 포함되어 있어 위원회 역사상 가장 길고 많은 자료가 사용된 보고서로 기록되었다. Feinstein, "Statement."

18. U.S. Senate Select Committee on Intelligence, "Committee Study of the CIA's Detention and Interrogation Program: Minority Views of Vice Chairman Chambliss joined by Senators Burr, Risch, Coats, Rubio, and Coburn," June 20, 2014, revised for redaction on December 5, 2014, https://fas.org/irp/congress/2014_rpt/ssci-rdi-min.pdf.

19. Comments on the Senate Select Committee on Intelligence's Study of the Central Intelligence Agency's Former Detention and Interrogation Program, approved for release December 8, 2014, Tab C, 2, https://fas.org/irp/congress/2014_rpt/ cia-ssci.pdf. 다음도 참조하라. CIA, "Fact Sheet Regarding the SSCI Study on the Former Detention and Interrogation Program," December 9, 2014.

20. 사례를 보려면 다음을 참조하라. "Ex-CIA Directors: Interrogations Saved Lives," *Wall Street Journal*, January 16, 2015, https://www.wsj.com/articles/ex-cia-directors-interrogations-saved-lives-1421427169; Michael Morell with Bill Harlow, *The Great War of Our Time: The CIA's Fight against Terrorism—From al Qa'ida to ISIS* (New York: Twelve, 2015), 277.

21. George Tenet, "Statement on the Release of the SSCI Report on CIA Rendition, Detention and Interrogation," December 9, 2014, https://www.ciasavedlives.com/ statements.html.

22. 위원회의 조사는 당초 14대 1의 표결로 승인되었다. 최종 보고서는 민주당 의원 8명 전원과 공화당 의원 1명이 찬성표를 던져 9대 6으로 당파를 초월해 승인되었다. 다음을 참조하라. Morell, *Great War of Our Time*, 262; Office of Senator Susan Collins, "Sen. Collins' Views on Senate Intelligence Committee Report on CIA Interrogation Program," December 9, 2014, https://www.collins.senate.gov/newsroom/sen-collins-views-senate-intelligence-committee-report-cia-interrogation-program.

23. Senate Select Committee on Intelligence, "Minority Views."

24. Central Intelligence Agency Office of the Inspector General, "Special Review," 16-22; George W. Bush, *Decision Points* (New York: Crown, 2010), 168-71; George W. Tenet with Bill Harlow, *At the Center of the Storm: My Years at the CIA* (New York: HarperCollins, 2007), 241-42; Morell, *Great War of Our Time*, 269-70. 여러 연구에 따르면 구금 및 심문 프로그램이 초기에 제대로 운영되지 않았으며 일부 요원들이 승인되지 않은 방법을 사용했다는 사실이 밝혀졌고 CIA도 이에 동의했다. 이러한 과도한 구금과 심문은 2002년 11월 굴 라만Gul Rahman의 사망으로 이어졌다. 다음을 참조하라. Comments on the Senate Select Committee on Intelligence's Study, 3-7.

25. Bush, *Decision Points*, 168-71; Central Intelligence Agency Office of the Inspector General, "Special Review," 16-24; Comments on the Senate Select Committee on Intelligence's Study, 15-16; "Ex-CIA Directors: Interrogations Saved Lives." CIA의 독립 감찰관은 2004년 보고서에서 "2002년 가을 CIA가 의회 정보감독위원회 지도부에 브리핑을 했다"고 기록했으며 이러한 브리핑은 계속 이어졌다. "Special Review," 23-24. 2009년 낸시 펠로시 하원의장이 워터보딩 사용에 대한 브리핑을 받은 적이 없다고 주장하자, 레온 파네타 CIA 부장은 2002년부터 의원들에게 구금 및 심문 프로그램에 대해 실제로는 33차례 브리핑을 했다는 메모를 공개했다. 논란에 대해서는 다음을 참조하라. David Welna, "CIA: Pelosi Knew of Interrogation in '02," *All Things Considered*, NPR, May 8, 2009, https://www.npr.org/templates/story/story.php?storyId=103951579. CIA의 브리핑 목록은 다음을 참조하라. https://fas.org/irp/congress/2009_cr/eit-briefings.pdf. 의회 브리핑의 범위에 대한 추가 출처는 다음을 참조하라. "Ex-CIA Directors," 35-38.

26. Bush, *Decision Points*, 171; Morell, *Great War of Our Time*, 269; Central Intelligence Agency Office of the Inspector General, "Special Review," 23-24.

27. Jose A. Rodriguez Jr., "Today's CIA Critics Once Urged the Agency to Do Anything to Fight al-Qaeda," *Washington Post*, December 5, 2014, https://www.washingtonpost.com/opinions/todays-cia-critics-once-urged-the-agency-to-do-anything-to-fight-al-qaeda/2014/12/05/ac418da2-7bda-11e4-84d4-7c896b90abdc_story.html. 의회 지도자들이 더 공격적인 CIA 심문을 옹호하다가 비판으로 돌아서는 과정에 대한 더 많은 내용은 다음을 참조하라. Bush, *Decision Points*, 171.

28. Comments on the Senate Select Committee on Intelligence's Study. 다음도 참조하라. CIA, "Fact Sheet Regarding the SSCI Study"; "Detainee Reporting Pivotal to the War Against Al-Qa'ida, June 3, 2005," approved for release October 28, 2014, https://www.ciasavedlives.com/effectiveness.html; Bush, *Decision Points*, 168-71.

29. 사법부와 행정부도 법원, 법무부, 기관 변호사 및 감찰관과 같은 기타 직책을 통해 정보 감독에 참여한다.

30. James Madison, "Federalist 51: The Structure of the Government Must Furnish the Proper Checks and Balances between the Different Departments," February 8, 1788, https://avalon.law.yale.edu/18th_century/fed51.asp (accessed June 22, 2021).

31. Arthur M. Schlesinger Jr. and Roger Bruns, eds. *Congress Investigates: A Documented*

History, 1792-1794, Vol. 1 (New York: Chelsea House, 1975), xix.

32. Jennifer Stisa Granick and Christopher Jon Sprigman, "The Criminal N.S.A.," *New York Times*, June 27, 2013, https://www.nytimes.com/2013/06/28/opinion/the- criminal-nsa.html.

33. Michael Morell, *Intelligence Matters*, Special Edition Episode on Congressional Oversight, with Sen. Saxby Chambliss, Sen. Bill Nelson, Rep. Jane Harman, and Rep. Mike Rogers, March 29, 2019.

34. 업무량에 대한 이해를 돕자면, 12개월 동안 CIA 관리들은 1140건의 질문서에 답변하고 254건의 다른 의회 질의와 서한에 응답했으며 29건의 의회 의무 보고서를 작성했다(Hayden, *Playing to the Edge*, 229). 즉 읽히지 않을 가능성이 높은 보고서를 작성하는 데 엄청난 시간을 할애한 것이다. 우리는 이라크에 대한 국가정보판단서를 전쟁 개시 여부 표결 전에 읽어본 의원들은 소수에 불과하다는 사실을 알고 있다. Dana Priest, "Congressional Oversight of Intelligence Criticized," *Washington Post*, April 27, 2004, https://www.washington post.com/archive/politics/2004/04/27/congressional-oversight-of-intelligence-criticized/a306890e-4684-4ed4-99a0-c8ae7f47feb7/.

35. Zegart, *Eyes on Spies*, 31.

36. Christopher Andrew, *For the President's Eyes Only: Secret Intelligence and the American Presidency from Washington to Bush* (New York: Harper Perennial, 1996), 11; Edward F. Sayle, "The historical underpinnings of the U.S. Intelligence Community," *International Journal of Intelligence and CounterIntelligence* 1, no. 1 (1986): 9.

37. James S. Van Wagenen, "A review of congressional oversight," *Studies in Intelligence*, no. 1 (1997), https://apps.dtic.mil/sti/pdfs/ADA524502.pdf.

38. James D. Richardson, ed., *A Compilation of the Messages and Papers of the Presidents, 1789-1897*, 20 vols. (Washington, D.C.: GPO, 1897), 4:431-36.

39. Oversight was described by one observer as "benign neglect." Van Wagenen, "Review of congressional oversight," 98.

40. Frank J. Smist Jr., *Congress Oversees the United States Intelligence Community, 1947-1994*, 2nd ed. (Knoxville: University of Tennessee Press, 1994); CIA Draft Study, Vol. 1, 38, cited in L. Britt Snider, *The Agency and the Hill: The CIA's Relationship with Congress, 1946-2004* (Washington, D.C.: Center for the Study of Intelligence, 2008), 8.

41. Snider, 18. 민감한 사안은 CIA 부장과 개별 위원회 위원장 간의 일대일 세션에서 처리되었지만 이 역시 빈번하지 않고 비공식적이었다.

42. *Congressional Record*, daily edition, vol. 102, part 5 (April 9, 1956), 5924.

43. 다음에서 인용하였다. Loch K. Johnson, *A Season of Inquiry Revisited: The Church Committee Confronts America's Spy Agencies* (Lawrence, Kan.: University Press of Kansas, 2015), 3.

44. Johnson, 3.

45. Snider interview of Pforzheimer, January 11, 1988, printed in *Agency and the Hill*, 9-10.

46. 다음에서 인용하였다. Johnson, *Season of Inquiry Revisited*, 4.

47. 우리는 이제 백악관이 CIA에 FBI의 워터게이트 수사를 방해해 달라고 요청했지만 리처드 헬름스 CIA 부장이 거절했다는 사실을 알고 있다. Snider, *Agency and the Hill*, 29.

48. Seymour M. Hersh, "C.I.A. Chief Tells House of $8-Million Campaign against Allende in 70-73," *New York Times*, September 8, 1974, https://www.nytimes.com/1974/09/08/archives/cia-chief-tells-house-of-8million-campaign-against-allende-in-7073.html.

49. Seymour M. Hersh, "Huge C.I.A. Operation Reported in U.S. against Antiwar Forces, Other Dissidents in Nixon Years," *New York Times*, December 22, 1974, https://www.nytimes.com/1974/12/22/archives/huge-cia-operation-reported-in-u-s-against-antiwar-forces-other.html.

50. 이 문건을 분석한 내용은 다음을 참조하라. Amy Zegart, *New York Times Room for Debate*, June 26, 2007, https://washington.blogs.nytimes.com/2007/06/26/hunt-requests-a-lockpicker/.

51. Mark Mazzetti and Tim Weiner, "Files on Illegal Spying Show C.I.A. Skeletons from Cold War," *New York Times*, June 27, 2007, https://www.nytimes.com/2007/06/27/washington/27cia.html?_r=1&adxnnl=1&oref=slogin&adxnnlx=1182972009-ar6ADyP9/dnr/FI%2B6HYzuA.

52. Zegart, *New York Times Room for Debate*. "가족의 보석"은 다음에서 찾아볼 수 있다. https://www.cia.gov/readingroom/document/0001451843, 107.

53. U.S. Senate Select Committee to Study Governmental Operations with Respect to Intelligence Activities (Church Committee), "Intelligence Activities and the Rights of Americans, Book 2, Final Report," 94th Cong., 2nd sess., April 26, 1976, Report No. 94-755, 6. On legality issues, 다음을 참조하라. 137-63.

54. U.S. Senate Select Committee to Study Governmental Operations with Respect to Intelligence Activities (Church Committee), "Intelligence Activities and the Rights of Americans, Book 2, Final Report," 94th Cong., 2nd sess., April 26, 1976, Report No. 94-755; Church Committee, "Intelligence Activities and the Rights of Americans" and "Supplementary Detailed Staff Reports on Intelligence Activities and the Rights of Americans, Book 3, Final Report," April 23, 1976. 의회는 CIA가 4개의 우편물 개봉 프로그램을 운영하여 270만 통 이상의 편지를 촬영하고 그중 20만 통 이상을 개봉한 사실을 밝혀냈다. FBI도 우편물 개봉 프로그램을 운영했다. "Supplementary Detailed Staff Reports," 565-71. 의회는 NSA의 전보 감청 프로그램인 암호명 SHAMROCK이 "아마도 미국인들에게 영향을 미친 가장 큰 정부 감청 프로그램일 것"이라고 판단했다. 이 프로그램은 1945년부터 1975년까지 운영되었으며 마지막 2-3년 동안 매달 약 15만 건의 전보를 감청한 것으로 추정된다. "Supplementary Detailed Staff Reports," 765.

55. Church Committee, "Supplementary Detailed Staff Reports," 3, 355-71; "Intelligence Activities and the Rights of Americans," 289.

56. National Security Act of 1947, sections 501-503, Public Law 235, July 26, 1947, https://www.dni.gov/index.php/ic-legal-reference-book/national-security-act-of-1947.

57. Interview by author, August 17, 2020.

58. Amy Zegart, *Spying Blind: The CIA, the FBI, and the Origins of 9/11* (Princeton, N.J.: Princeton University Press, 2007); U.S. Senate Select Committee on Intelligence and House Permanent Select Committee on Intelligence, "Joint Inquiry into Intelligence Community Activities before and after the Terrorist Attacks of September 11, 2001," 107th Cong., 2nd sess., December 2002, S. Rept. No. 107-351 / H. Rept. No. 107-792; National Commission on Terrorist Attacks Upon the United States, *The 9/11 Commission Report, Authorized Version* (New York: W. W. Norton, 2004).

59. National Commission on Terrorist Attacks Upon the United States, *9/11 Commission Report*, 420, 105.

60. Zegart, *Spying Blind*, 1-15, 61-100, 120-155.

61. 테넷의 메모를 다음에서 인용하였다. Senate Select Committee on Intelligence and House Permanent Select Committee on Intelligence, "Joint Inquiry," 231; 다음을 참조하라. Zegart, *Spying Blind*, 3-4, 80-88.

62. Zegart, 4, 83.

63. National Commission on Terrorist Attacks Upon the United States, *9/11 Commission Report*, 106.

64. Joel Aberbach, *Keeping a Watchful Eye: The Politics of Congressional Oversight* (Washington, D.C.: Brookings Institute, 1990).

65. Mathew D. McCubbins and Thomas Schwartz, "Congressional oversight overlooked: Police patrol vs. Fire alarm," *American Journal of Political Science* 28 (February 1984): 165-79; Mathew D. McCubbins, Roger G. Noll, and Barry R. Weingast, "Administrative procedures as instruments of political control," *Journal of Law, Economics, and Organization* 3 (1987): 243-77. Others find a hybrid approach. See, for example, Mathew D. McCubbins, "The legislative design of regulatory structure," *American Journal of Political Science* 29, no. 4 (1985): 721-48; Kathleen Bawn, "Political control versus Expertise: Congressional choices about administrative procedures," *American Political Science Review* 89, no. 1 (1994): 62-73.

66. Zegart, *Eyes on Spies*, 55-57. 다음도 참조하라. Aberbach, *Keeping a Watchful Eye*.

67. McCubbins, "Legislative design of regulatory structure," 728.

68. Terry M. Moe, "The Politics of Bureaucratic Structure," in *Can the Government Govern?* edited by J. E. Chubb and P. E. Peterson (Washington, D.C.: Brookings Institution Press, 1989).

69. 경제학자들은 이러한 상황을 "주인-대리인" 문제라고 부른다. 당사자 중 한 명인 주인이 대리인에게 권한을 위임하지만, 종종 주인과 대리인의 이해관계가 상반되는 경우가 많다. 특히 주인이 대리인을 관찰할 수 없는 상황에서는 업무를 태만할 가능성이 높다.

70. 다음에서 인용하였다. U.S. Senate Select Committee on Intelligence, Hearing on Congressional Oversight of Intelligence Activities (hereafter SSCI Hearing), 110th Cong., 1st sess., November 13, 2007.

71. 다음에서 인용하였다. SSCI Hearing.

72. Zegart, *Eyes on Spies*, 75-76.

73. 다음을 참조하라. Hon. Tim Roemer, testimony, SSCI Hearing.

74. SSCI Hearing.

75. Interview by author, August 12, 2020.

76. SSCI Hearing.

77. Morell, *Intelligence Matters*; Hayden, *Playing to the Edge*, 391.

78. Interview by author, August 19, 2009.

79. Jose A. Rodriguez Jr. with Bill Harlow, *Hard Measures: How Aggressive CIA Actions after 9/11 Saved American Lives* (New York: Threshold Editions, 2012), 193-94.

80. Morell, *Great War of Our Time*, 259.

81. Rodriguez, *Hard Measures*, 183-217; Morell, *Great War of Our Time*, 259; Hayden, *Playing to the Edge*, 240.

82. Rodriguez, *Hard Measures*, 193, 259-61. 로드리게스는 테이프가 CIA 요원들의 신원을 밝혀 목숨을 위태롭게 할 것을 우려했다. 랭글리에서는 로드리게스를 영웅으로 여겼다. Hayden, *Playing to the Edge*, 240.

83. Hayden, 118.

84. James R. Clapper with Trey Brown, *Facts and Fears: Hard Truths from a Life in Intelligence* (New York: Penguin, 2018), 237.

85. Clapper, 207.

86. '스텔라윈드'라는 이름은 다음에서 명명되었다. Hayden, *Playing to the Edge*, 64.

87. Robert Chesney, "Telephone Metadata: Is the Contact-Chaining Program Unsalvageable?" Lawfare, March 6, 2019.

88. Hayden, *Playing to the Edge*, 64-91.

89. Bush, *Decision Points*, 162-64; Senate Select Committee on Intelligence and House Permanent Select Committee on Intelligence, "Joint Inquiry," 36.

90. Interview by author, August 26, 2020.

91. USA FREEDOM Act of 2015, https://www.congress.gov/bill/114th-congress/ house-bill/2048.

92. U.S. Library of Congress Congressional Research Service, John W. Rollins and Edward C. Liu, "NSA Surveillance Leaks: Background and Issues for Congress," R43134, September 4, 2013, https://fas.org/sgp/crs/intel/R43134.pdf; Clapper, *Facts and Fears*, 198, 207-10, 251.

93. Loch K. Johnson, "A conversation with James R. Clapper, Jr., the Director of National Intelligence," *Intelligence and National Security* 30, no. 1 (2015): 15.

94. Office of Sen. Ron Wyden, "Wyden Statement on Director Clapper's Resignation," November 17, 2016, https://www.wyden.senate.gov/news/press-releases/-wyden-statement-on-director-clappers-resignation.

95. Clapper, *Facts and Fears*, 207-10, 251; Hayden, *Playing to the Edge*, 77.

96. Clapper, *Facts and Fears*, 243, 251.

97. Author's YouGov National Poll, October 5-7, 2013. 자세한 내용은 제2장을 참조하라.

98. Hayden, *Playing to the Edge*, 80.

99. Interview by author, August 17, 2020. 클래퍼 부장은 나중에 인터뷰에서 IC가 그 프로그램과 그것의 필요성, 안전장치에 대해 더 투명하게 공개했더라면 "사람들은 FBI가 미국인 수백만 명의 지문 파일을 보관하고 있다는 사실에 대해 불안해하는 것보다 … 더 불안해하지 않았을 것"이라고 말했다. Loch K. Johnson, "Conversation with James R. Clapper, Jr.," 16.

100. David Mayhew, *Congress: The Electoral Connection* (New Haven, Conn.: Yale University Press, 1974), 16.

101. 여론조사에 따르면 유권자들은 외교정책보다 국내 문제에 더 많은 관심을 갖고 있다. 다음을 참조하라. Zegart, *Eyes on Spies*, 72-73; Halimah Abdullah and Joe Van Kanel, "Economy Tops Voter Concerns in Exit Polls, CNN, November 6, 2012, https://www.cnn.com/2012/11/06/politics/exit-polls/index.html; "Election 2016 Exit Polls," CNN, November 23, 2016, https://www.cnn.com/election/2016/results/exit-polls/ national/ house. 하원 정보위원회는 1996년 보고서에서 "정보는 사실상 다른 모든 정부 기능과 달리 일반 대중 사이에 자연스러운 지지자가 없다. 정보가 대부분의 시민에게 미치는 직접적인 영향은 거의 느껴지지 않거나 보이지 않으며, 산업 기반이 너무 드물어 많은 지역에서 큰 지지층을 형성할 수 없다"고 결론지었다. U.S. House Permanent Select Committee on Intelligence, *IC21: The Intelligence Community in the 21st Century* (Washington, D.C.: GPO, 1996), section 10.

102. Interview by author, August 20, 2009.

103. 2017년 미국 농무부 보고서에 따르면, 농업 보조금의 상당 부분이 가구 소득 15만 달러 이상인 농가에 지원된다고 한다. 이는 미국 가구 소득 중간값보다 거의 3배나 높은 수치다. Tamar Haspel, "Why Do Taxpayers Subsidize Rich Farmers?" *Washington Post*, March 15, 2018, https://www.washingtonpost.com/lifestyle/food/why-do- taxpayers-subsidize-rich-farmers/2018/03/15/50e89906-27b6-11e8-b79d-f3d931db7f68_story.html. 농업 보조금의 역사에 대한 더 많은 내용은 다음을 참조하라. Congressional Budget Office, "Options to Reduce the Budgetary Costs of the Federal Crop Insurance Program," December 2017, https://www.cbo.gov/system/files/115th-congress-2017-2018/reports/53375-federalcropinsuranceprogram.pdf; Chris Edwards, "Reforming Federal Farm Policies," CATO Institute, April 12, 2018, https://www.cato.org/publications/tax-budget-bulletin/reforming-federal-farm-policies.

104. Interview by author, August 19, 2009.

105. For example, 사례는 다음을 참조하라. Hayden, *Playing to the Edge*, 232-42.

106. Cofer Black, "Out of the shadows," *Men's Journal*, November 20, 2013, https://www.mensjournal.com/features/cofer-black-out-of-the-shadows-20131120/.

107. Interview by author, March 14, 2009.

108. Morell, *Intelligence Matters*.

109. Interview by author, August 20, 2019.

110. *Meet the Press*, NBC, February 12, 2006, http://www.nbcnews.com/id/11272634/ns/meet_the_press/t/transcript-february/#.X2JaPnZKhTZ.

111. Edward Wyatt, "Publisher Names 9/11 Charities," *New York Times*, July 21, 2005, https://www.nytimes.com/2005/07/21/books/publisher-names-911-charities.html

112. Zegart, *Spying Blind*, 179.

113. SSCI Hearing, 25.

114. 크리스 카니Chris Carney(민주당-펜실베이니아)는 국방부 정보분석관 출신이며 마이크 로저스 Mike Rogers(공화당-미시간)는 6년간 FBI 요원으로 근무했다. Zegart, *Eyes on Spies*, 88.

115. Congressman Peter Welch, "Welch Launches Congressional Dairy Farmers Caucus," press release, July 29, 2009, https://welch.house.gov/media-center/press-releases/welch-launches-congressional-dairy-farmers-caucus.

116. 2004년, 상원은 임기 제한을 폐지하는 '결의안 445'를 통과시켰다: https://www.congress.gov/bill/108th-congress/senate-resolution/445#:~:text=S.-,Res.,108th%20Congress%20(2003%2D2004).

117. Michael E. DeVine, "Congressional Oversight of Intelligence: Background and Selected Options for Further Reform," Congressional Research Service, December 4, 2018, https://fas.org/sgp/crs/intel/R45421.pdf.

118. 예를 들어 하원에서는 예산위원회와 윤리위원회에만 임기 제한이 있으며, 이 위원회는 법안 을 처리하지 않는다.

119. Zegart, *Eyes on Spies*, 93-94. 정보위원회는 일부 의원들에게는 매력적이다. 대권을 꿈꾸는 의원들은 종종 정보위원회에 참여하고 싶어 한다. 그렇지 않은 일부 의원들에게는, 어느 직원 의 말처럼 "그냥 멋있잖아요." (Interview by author, April 28, 2011).

120. 정보위원회의 장기 근속자는 대부분 위원장과 (장기 근속이 허용된) 고위직과 위원회를 들락 날락하면서 수년간의 불연속적인 근무 경력을 쌓은 의원들이다. Karen L. Haas, Clerk of the House of Representatives, "Rules of the House of Representatives," 116th Cong., January 11, 2019, https://naturalresources.house.gov/imo/media/doc/116-House-Rules-Clerk.pdf (accessed September 21, 2020), 14.

121. Analysis by author.

122. Sharon Bradford Franklin, "Fulfilling the Promise of the USA Freedom Act: Time to Truly End Bulk Collection of Americans' Calling Records," Just Security, March 28, 2019, https://www.justsecurity.org/63399/fulfilling-the-promise-of-the-usa-freedom-act-time-to-truly-end-bulk-collection-of-americans-calling-records/.

123. Department of Homeland Security Press Office, "Joint Statement from the Department of Homeland Security and Office of the Director of National Intelligence on Election Security,"October 7, 2016, https://www. dhs.gov/news/2016/10/07/joint-statement-department-homeland-security-and-office-director-national.

124. Interview by author, August 19, 2009.

125. SSCI Hearing.

126. Statement by Sen. Kit Bond, SSCI Hearing; Zegart, *Eyes on Spies*, 107-9.

127. Sen. John McCain, *Congressional Record*, October 7, 2004, S21334.

128. Interview by author, August 20, 2009.

129. 중요한 예외는 2011년부터 2014년까지였는데, 이 시기는 마이크 로저스(공화당-미시간) HPSCI 위원장과 고위직인 더치 루퍼스버거Dutch Ruppersberger(민주당-캘리포니아) 위원이 이 례적으로 초당파적으로 활동한 시기였다. 이 기간 동안 위원회는 5개의 수권법안, 정부와 테 크 기업 간의 정보 공유를 강화하는 획기적인 사이버 안보 법안, NSA의 전화 메타데이터 프로 그램을 종료하는 초당파적 법안을 통과시켰다. 다음을 참조하라. David Ignatius, "The House Intelligence Committee: A Rare Example of Bipartisanship," *Washington Post*, March 2, 2012, https://www.washingtonpost.com/opinions/the-house-intelligence-committee-a-rare-example-of-bipartisanship/2012/03/01/gIQAMf1anR_story.html; John Fritze, "Ruppersberger Nearing End of 12-Year Run on House Intel Committee," *Baltimore Sun*, November 26, 2014, https://www.google.com/search?q=ruppersberger+rogers+bipartisan+best&sxsrf=ALeKk02awWc7vASdOuVbEEOxGqLztTLM6A:1600720489909&ei=aQ5pX_-IN4jz-gS665fYDw&start=0&sa=N&ved=2ahUKEwi_4b3BjPvrAhWIuZ4KHbr1Bfs4ChDy0wN6BAgMEC0&biw=1397&bih=701.

130. Morell, *Intelligence Matters*.

131. Interview by author, August 12, 2020.

132. Saxby Chambliss, Lawfare podcast, March 23, 2019.

133. Gregory Krieg, "Bernie Sanders: GOP Senator James Inhofe Is a Friend," CNN, March 13, 2016, https://www.cnn.com/2016/03/13/politics/bernie-sanders-james-inhofe-friends/index.html.

134. 사례를 보려면 로페어Lawfare 팟캐스트에서 챔블리스를 참조하라. 또 다른 핵심 차이점은 부 의장의 역할이다. 하원에서는 항상 다수당이 청문회를 진행한다. 위원장이 청문회를 진행할 수 없는 경우 다수당의 차순위 위원이 그 역할을 대신한다. 그러나 상원 정보위원회에서는 소 수당에서 부위원장이 선출되어 위원장의 부재 시 사회를 본다. Zegart, *Eyes on Spies*, 24.

135. Berkman Center for Internet & Society, Harvard University, "Don't Panic: Making Progress on the "Going Dark" Debate," February 1, 2016, https://cyber.harvard.edu/pubrelease/dont-panic/Dont_Panic_Making_Progress_on_Going_Dark_Debate.pdf.

136. 이것을 취약점 형평성 절차Vulnerabilities Equities Process라고 한다. 다음을 참조하라. White House, "Fact Sheet: Vulnerabilities Equities Process," November 2017, https://www.hsdl.org/?abstract&did=805727 (accessed April 25, 2021). 핵심 이슈에 대한 역사와 토론은 다음을 참조하라. Ari Schwartz and Rob Knake, "Government's Role in Vulnerability Disclosure: Creating a Permanent and Accountable Vulnerability Equities Process," June 2016, https://www.belfercenter.org/sites/default/files/legacy/files/vulnerability-disclosure-web-final3.pdf; Sven Herpig and Ari Schwartz, "The Future of Vulnerabilities Equities Processes Around the World," Lawfare, January 4, 2019, https://www.lawfareblog.com/future-vulnerabilities-equities-processes-around-world.

137. Nicole Perlroth, Jeff Larson, and Scott Shane, "N.S.A. Able to Foil Basic Safeguards of

Privacy on Web," *New York Times*, September 5, 2013, https://www.nytimes. com/ 2013/09/06/us/nsa-foils-much-internet-encryption.html.

138. Kevin Poulsen, "Apple's iPhone encryption is a godsend, even if cops hate it," *Wired*, October 8, 2014, https://www.wired.com/2014/10/golden-key/.

139. Berkman Center for Internet & Society, "Don't Panic."

140. Kim Zetter, "Apple's FBI battle is complicated. Here's what's really going on," *Wired*, February 18, 2016, https://www.wired.com/2016/02/apples-fbi-battle-is-compli cated-heres-whats-really-going-on/.

141. Devlin Barrett, "FBI Paid More Than $1 Million to Hack San Bernardino iPhone," *Wall Street Journal*, April 21, 2016, https://www.wsj.com/articles/comey-fbi-paid- more-than-1-million-to-hack-san-bernardino-iphone-1461266641; "Source: Israeli Firm Helped FBI Hack San Bernardino Terrorist's iPhone," *NBC Nightly News*, March 29, 2016, https://www.nbcnews.com/video/source-israeli-firm-helped-fbi- hack-san-bernardino-terrorist-s-iphone-654582339974.

142. Roger Cheng, "Apple, FBI, Face Off before Congress over iPhone Encryption," CNET, March 1, 2016, https://www.cnet.com/news/apple-fbi-face-off-before-congress-over-iphone-encryption-san-bernardino-terrorist/; Lily Hay Newman, "The Apple-FBI fight is different from the last one," *Wired*, January 16, 2020, https://www.wired. com/story/apple-fbi-iphone-encryption-pensacola/.

143. Christopher Mims, "The Day When Computers Can Break All Encryption Is Coming," *Wall Street Journal*, June 4, 2019, https://www.wsj.com/articles/the-race-to-save-encryption-11559646737.

144. Amy Zegart and Kevin Childs, "The divide between Silicon Valley and Washington is a national-security threat," *Atlantic*, December 13, 2018, https://www.theatlantic.com/ ideas/archive/2018/12/growing-gulf-between-silicon-valley-and-washington/577963/.

145. 마틴 하인리히Martin Heinrich, 데이비드 퍼듀David Perdue, 그리고 스티브 데인즈Steve Daines다.

146. 청문회는 2018년 4월 10일에 열렸다. 속기록은 다음을 참조하라. https://www.washington post.com/news/the-switch/wp/2018/04/10/transcript-of-mark-zuckerbergs-senate-h earing/.

147. Zegart and Childs, "Divide between Silicon Valley and Washington.

제9장 정부만 정보활동을 하는 시대는 지났다

저자는 이 장의 기반이 된 프로젝트를 지원해 준 미국예술과학아카데미에 감사드린다.

1. Interview by author, July 4, 2020.

2. Jon Gambrell, "Analysts: Fire at Iran Nuke Site Hit New Centrifuge Facility," ABC News, July 2, 2020, https://abcnews.go.com/International/wireStory/incident-damages-con

struction-iran-nuclear-site-71570921.

3. David Albright and Andrea Stricker, "Previously Identified: Iran's New Centrifuge Assembly Workshop," Institute for Science and International Security, June 6, 2018, https://isis-online.org/isis-reports/detail/previously-identified-irans-new-centrifuge-assembly-workshop/8; David Albright, Sarah Burkhard, and Frank Pabian, "Mysterious Fire and Explosion in the New Natanz Advanced Centrifuge Assembly Facility," Institute for Science and International Security, July 3, 2020.

4. Gambrell, "Analysts: Fire at Iran Nuke Site"; David E. Sanger, William J. Broad, Ronen Bergman, and Farnaz Fassihi, "Mysterious Explosion and Fire Damage Iranian Nuclear Enrichment Facility," *New York Times*, July 2, 2020, https://www.nytimes.com/2020/07/02/us/politics/iran-explosion-nuclear-centrifuges.html?action=click&module=Top%20Stories&pgtype=Homepage (accessed September 26, 2020). 창고의 진짜 목적은 그다지 비밀도 아니었다. 2019년 이란 언론은 '이란 원심분리기 조립 센터'라는 건물 이름이 적힌 사진을 보도했다. 다음을 참조하라. Albright, Burkhard, and Pabian, "Mysterious Fire and Explosion."

5. Sanger et al., "Mysterious Explosion and Fire Damage." 원인이 무엇이든, 전문가들은 이번 화재로 인해 이란의 우라늄 농축에 상당한 차질이 빚어졌을 것으로 본다. Albright, Burkhard, and Pabian, "Mysterious Fire and Explosion."

6. Gambrell, "Analysts: Fire at Iran Nuke Site."

7. Michael Adler, "Iran and the IAEA," *The Iran Primer*, United States Institutes of Peace, October 11, 2010, https://iranprimer.usip.org/resource/iran-and-iaea (accessed September 26, 2020).

8. International Atomic Energy Agency, "IAEA and Iran: Chronology of Key Events," September 2020, https://www.iaea.org/newscenter/focus/iran/chronology- of-key-events (accessed September 26, 2020).

9. U.S. Department of State, "Joint Comprehensive Plan of Action," posted January 20, 2009, to January 20, 2017, https://2009-2017.state.gov/e/eb/tfs/spi/iran/jcpoa//index.htm; Arms Control Association, "The Joint Comprehensive Plan of Action (JCPOA) at a Glance," https://www.armscontrol.org/factsheets/JCPOA-at-a-glance (accessed September 26, 2020). 2018년, 트럼프 행정부는 일방적으로 핵 합의에서 탈퇴했다.

10. Sanger et al., "Mysterious Explosion and Fire Damage"; Guilbert Gates, "How a Secret Cyberwar Program Worked," *New York Times*, June 1, 2012, https://archive.nytimes.com/www.nytimes.com/interactive/2012/06/01/world/middleeast/how-a-secret-cyberwar-program-worked.html?ref=middleeast; David E. Sanger, *The Perfect Weapon: War, Sabotage, and Fear in the Cyber Age* (New York: Crown, 2018), 9, 41.

11. 자세한 내용은 다음을 참조하라. Kim Zetter, *Countdown to Zero Day: Stuxnet and the Launch of the World's First Digital Weapon* (New York: Crown Publishers, 2014); Sanger, *Perfect Weapon*.

12. Sanger et al., "Mysterious Explosion and Fire Damage."

13. 다음을 참조하라. July 2, 2020, Tweets by @fabhinz and @ThegoodISIS; Gambrell, "Analysts: Fire at Iran Nuke Site"; and Sanger et al., "Mysterious Explosion and Fire Damage."

14. Gambrell, "Analysts: Fire at Iran Nuke Site." 이 기사는 오전 8시에 처음 게재되었으며, 당일 오후에 업데이트되었다.

15. Sanger et al., "Mysterious Explosion and Fire Damage."

16. "Iran Warns Israel, U.S. after Fire at Nuclear Site, Amid Reports Bomb Caused Blaze," *Times of Israel*, July 2, 2020, https://www.timesofisrael.com/iran-issues-warning-to-israel-us-after-mystery-fire-at-nuclear-enrichment-site/ (accessed September 26, 2020).

17. R. Jeffrey Smith, "CIA Missed Signs of India's Tests, U.S. Officials Say," *Washington Post*, May 13, 1998, https://www.washingtonpost.com/archive/politics/1998/05/13/cia-missed-signs-of-indias-tests-us-officials-say/0967b27b-8f47-45ca-ae7a-f5d684e3d23f/ (accessed September 26, 2020).

18. Frank V. Pabian, "Commercial Satellite Imagery as an Evolving Open-Source Verification Technology," Joint Research Centre, European Commission, 2015, 34. 다음도 참조하라. Oleg A. Bukharin, "From the Russian perspective: The Cold War atomic intelligence game, 1945-1970," *Studies in Intelligence* 48, no. 2 (2004), https://www.cia.gov/static/826e930085a20f893b891b25417c0a1f/Cold-War-Atomic-Intel.pdf.

19. James H. Hansen, "Learning from the past: Soviet deception in the Cuban missile crisis," *Studies in Intelligence* 46, no. 1 (2002), https://www.cia.gov/resources/csi/studies-in-intelligence/volume-46-no-1/soviet-deception-in-the-cuban-missile-crisis/, 34-35.

20. George J. Tenet, "DCI Remarks on Iraq's WMD Programs," February 5, 2004, http://web.archive.org/web/20201111195134/https://www.cia.gov/news-information/speeches-testimony/2004/tenet_georgetownspeech_02052004.html (accessed April 25, 2021).

21. William Tobey, "Cooperation in the Libya WMD disarmament case," *Studies in Intelligence* 61, no. 4, December 2017, https://www.cia.gov/static/c134fac60c8d3634a28629e6082d19eb/Cooperation-in-Libya-WMD.pdf.

22. Office of the Director of National Intelligence, "Iran: Nuclear Intentions and Capabilities," National Intelligence Estimate, November 2007, https://www.dni.gov/files/documents/Newsroom/Reports%20and%20Pubs/20071203_release.pdf.

23. Gregory F. Treverton, "Support to Policymakers: The 2007 NIE on Iran's Nuclear Intentions and Capabilities," Center for the Study of Intelligence, Central Intelligence Agency, May 2013, Appendix A, 19, https://psu.pb.unizin.org/app/uploads/sites/65/2018/01/support-to-policymakers-2007-nie.pdf (accessed April 25, 2021).

24. Greg Simmons, "Bush Administration Credibility Suffers after Iran NIE Report," Fox News, December 7, 2007.

25. George W. Bush, *Decision Points* (New York: Crown, 2010), 418.

26. Treverton, "Support to Policymakers," vi.

27. 핵 확산에 대한 학문적 연구의 한계에 대한 훌륭한 토론은 다음을 참조하라. Alexander H. Montgomery and Scott D. Sagan, "The perils of predicting proliferation," *Journal of Conflict Resolution* 53, no. 2 (April 2009): 302-28.

28. Eliot A. Cohen, "Why we should stop studying the Cuban missile crisis," *National Interest* no. 2 (Winter 1985-1986): 3-13.

29. Alexander H. Montgomery and Adam Mount, "Misestimation: Explaining U.S. failures to predict nuclear weapons programs," *Intelligence and National Security* 29, no. 3 (2014): Appendix 357-86, http://people.reed.edu/~ahm/Projects/ProlifIntel/Prolif IntelAppendix.pdf.

30. Montgomery and Mount.

31. Montgomery and Mount, 371.

32. Central Intelligence Agency, "The Chances of an Imminent Communist Chinese Nuclear Explosion," Special National Intelligence Estimate (SNIE)13-4-64, August 26, 1964, https://fas.org/irp/cia/product/frus_30_043.htm.

33. Cullen G. Nutt, "Proof of the bomb: The influence of previous failure on intelligence judgments of nuclear programs," *Security Studies* 28, no. 2 (2019): 321-59.

34. Together these and other tools have been called "public technical means." Christopher Stubbs and Sidney Drell, "Public domain treaty compliance verification in the digital age," *IEEE Technology and Society Magazine*, Winter 2013.

35. Central Intelligence Agency, "CORONA: America's First Imaging Satellite Program," CIA Museum, November 21, 2012, https://www.cia.gov/legacy/museum/exhibit/corona-americas-first-imaging-satellite-program/.

36. 다음에서 인용하였다. Philip Taubman, *Secret Empire: Eisenhower, the CIA, and the Hidden Story of America's Space Espionage* (New York: Simon & Schuster, 2003), 35.

37. Bukharin, "From the Russian perspective."

38. Peter A. Gorin, "ZENIT: Corona's Soviet Counterpart," in *CORONA between the Sun and the Earth*, edited by Robert A. MacDonald (Bethesda, Md.: American Society for Photogrammetry and Remote Sensing, 1997), excerpts republished by the Central Intelligence Agency, April 29, 2013, https://web.archive.org/web/20201017111249/ https://www.cia.gov/library/publications/intelligence-history/corona-between-the-s un-and-the-earth/introduction.html (accessed April 25, 2021); Peter A. Gorin, "Zenit: The Soviet Response to CORONA," in *Eye in the Sky: The Story of the CORONA Spy Satellites*, edited by Dwayne A. Day, John M. Logsdon, and Brian Latell (Washington, D.C.: Smithsonian Institution Press, 1998), 157-72.

39. Allison Puccioni, "Commercial lift-off," *IHS Jane's Intelligence Review*, December 2015, 53.

40. China more recently has joined that elite group. 다음을 참조하라. Amy Zegart and Michael Morell, "Spies, lies, and algorithms," *Foreign Affairs* 98, no. 3 (May/June 2019).

41. Pabian, "Commercial Satellite Imagery," 6, 10, 11. Satellite launch dates and resolution data from Satellite Imagine Corporation, https://www.satimagingcorp. com/satellite-sensors/. Philip Bump, "Here's Why the Resolution of Satellite Images Never Seems to Improve," *Washington Post*, April 21, 2017, https://www.washingtonpost.com/news/politics/wp/2017/04/21/heres-why-the-resolution-of-satellite-images-never-seems-to-improve/. 상업용 위성 영상의 해상도는 기술과 법률 양쪽의 문제다. 미국 정보공동체에서 운영하는 위성은 훨씬 더 선명한 해상도를 제공하지만 정확한 사양은 기밀로 분류되어 있다. 상업 위성 운영자는 특정 해상도의 사진을 판매하려면 허가를 받아야 한다.

42. Pabian, "Commercial Satellite Imagery," 16; Allison Puccioni, "Penetrating vision," *IHS Jane's Intelligence Review*, May 2016; Wisconsin Project on Nuclear Arms Control, "More Eyes on More Data: Prospects for Restricting Iran's Missile Program Using Open Sources," February 13, 2019. 지구 표면의 50%는 항상 구름으로 덮여 있기 때문에 전자광학 영상은 본질적으로 한계가 있다. Puccioni, "Penetrating vision," 54.

43. Puccioni, 57. 대부분의 비정부기구는 맑은 날씨에만 영상을 캡처할 수 있는 기본적이고 저렴한 전자광학 영상에 의존하고 있다. 하지만 일부 비정부기구는 SAR 및 기타 고급 기능을 사용하기 시작했다. U.S. Geospatial Intelligence Foundation, "2019 State and Future of GEOINT Report," https://trajectorymagazine.com/wp-content/uploads/2019/01/2019-SaFoG-Extended-Final.pdf, 8.

44. Daniel R. Coats, "Statement for the Record: Worldwide Threat Assessment of the U.S. Intelligence Community," Senate Select Committee on Intelligence, January 29, 2019, 17.

45. Maxime Puteaux and Alexandre Najar, "Are Smallsats Entering the Maturity Stage?" Space News, August 6, 2019, https://spacenews.com/analysis-are-smallsats-entering-the-maturity-stage/.

46. 다음을 참조하라. Allison Puccioni and Neil Ashdown, "Raising standards," *IHS Jane's Intelligence Review*, December 2019, 8.

47. Pabian, "Commercial Satellite Imagery," 14.

48. 상업 위성 영상을 제공하는 planet.com을 참조: https://www.planet.com/products/monitoring/.

49. Caleb Henry, "BlackSky Launching Two Satellites on June Starlink Mission," Space News, June 5, 2020, https://spacenews.com/blacksky-launching-two-satellites-on-june-starlink-mission/. 다음도 참조하라. BlackSky's website, https://www.blacksky.com/.

50. Pabian, "Commercial Satellite Imagery."

51. Niall McCarthy, "Giant chart: Global Internet usage by the numbers," *Forbes*, August 27, 2014, https://www.forbes.com/sites/niallmccarthy/2014/08/27/giant-chart-global-internet-usage-by-the-numbers/#1cb1938a7f7b.

52. Zegart and Morell, "Spies, lies, and algorithms."

53. Wisconsin Project on Nuclear Arms Control, "More Eyes on More Data: Prospects for Restricting Iran's Missile Program Using Open Sources," February 13, 2019.

54. 북한의 면적은 12만km²다. 고정식 발사대는 기계로 찾을 수 있다. 이동식 발사대는 찾기가 더

어렵고 여전히 사람의 기술이 필요하다. Sandra Erwin, "With Commercial Satellite Imagery, Computer Learns to Quickly Find Missile Sites in China," Space News, October 19, 2017.

55. Jeffrey Lewis, "Applying New Tools to Nonproliferation: A Nuclear Detective Story," Nuclear Threat Initiative, May 2, 2016, chap. 4.

56. "Exoplanet Explorers Discover Five-Planet System," Electronic Specifier, January 12, 2018, https://www.electronicspecifier.com/industries/aerospace-defence/exopla net-explorers-discover-five-planet-system.

57. Philip J. Marshall et al., "SPACE WARPS—I. crowdsourcing the discovery of gravitational lenses," *Monthly Notices of the Royal Astronomical Society*, January 11, 2016, https://academic.oup.com/mnras/article/455/2/1171/1103277; Adam Hadhazy, "Crowdsourcing the Universe: How Citizen Scientists Are Driving Discovery (Kavli Roundtable)," January 15, 2016, https://www.space.com/31626-crowdsourced-astronomy-finding-faint-galaxies-in-deep-space.html.

58. Melissa Hanham, Jeffrey Lewis, Catherine Dill, Grace Liu, Joseph Rodgers, Octave Lepinard, Brendan Knapp, Olivia Hallam, and Ben McIntosh, "Geo4Nonpro 2.0," CNS Occasional Paper #38, October 2018, Middlebury Institute of International Studies at Monterey, 19-20.

59. Allison Puccioni and Melissa Hanham, "OSINT transparency raises ethical questions," *IHS Jane's Intelligence Review*, February 12, 2018, 5.

60. Allison Puccioni and Neil Ashdown, "Raising standards," *IHS Jane's Intelligence Review*, December 2019; Ben Loehrke, Laura Rockwood, Melissa Hanham, and Luisa Kenausis, "The Gray Spectrum: Ethical Decision Making with Geospatial and Open Source Analysis," workshop sponsored by The Stanley Center for Peace and Security and the Open Nuclear Network, Readout & Recommendations, July 2019.

61. Interview by author, July 2, 2020.

62. Author interviews and emails with several open-source nuclear analysts, June-July 2020; Zegart and Morell, "Spies, lies, and algorithms," 91.

63. Puccioni and Ashdown, "Raising standards," 8; Allison Puccioni, "Steady gaze," *IHS Jane's Intelligence Review*, December 2017, 56-57. 이러한 역량 격차는 좁혀질 것으로 예상된다. 다음을 참조하라. Zegart and Morell, "Spies, lies, and algorithms."

64. 2019년 미국 정보기관은 상업용 영상에 3억 달러를 지출했으며, 전문가들은 향후 몇 년 동안 관련 지출이 증가할 것으로 예상한다. Sandra Erwin, "Analysts: NRO's Commercial Imagery Purchases Could Reach $400 Million by 2023," Space News, June 29, 2020, https://spacenews.com/analysts-nros-commercial-imagery-purchases-could-reach-400-million-by-2023/; Sandra Erwin, "Satellite Imagery Startups to Challenge Maxar for Big Government Contracts," Space News, June 6, 2019, https://spacenews.com/satellite-imagery-startups-to-challenge-maxar-for-big-government-contracts/.

65. Puccioni and Ashdown, "Raising standards," 7.

66. Zachary Dorfman, "True detectives," *Middlebury Magazine*, May 3, 2018.

67. Pabian, "Commercial Satellite Imagery," 31-32; Lewis, "Applying New Tools to Non proliferation," chap. 3.

68. Jeffrey Lewis, "That secret Iranian 'nuclear facility' you just found? Not so much," *Foreign Policy*, March 3, 2015; Lewis, "Applying New Tools to Nonproliferation." 루이스 연구팀은 몇 가지 중요한 연구를 발표했다. 그중 하나는 2016년 북한의 잠수함 발사 탄도미사일 시험이 실패했으며, 김정은이 조작된 동영상에 근거하여 성공을 주장했다는 것을 입증하는 데 중요한 역할을 했다. James Pearson, "North Korea Faked Missile Test Footage: U.S. Experts," January 11, 2016, https://www.reuters.com/article/us-northkorea-missile-analysis-idUSKCN0UQ0CC20160112; Anna Fitfield, "With Technology, These Researchers Are Figuring Out North Korea's Nuclear Secrets," *Washington Post*, November 21, 2017. 다음도 참조하라. Ellen Nakashima and Joby Warrick. "U.S. Spy Agencies: North Korea Is Working on New Missiles," *Washington Post*, July 30, 2018.

69. Pabian, "Commercial Satellite Imagery," 38.

70. Frank Pabian and Siegfried S. Hecker, "Contemplating a third nuclear test in North Korea," *Bulletin of the Atomic Scientists*, August 6, 2012, https://thebulletin.org/2012/08/contemplating-a-third-nuclear-test-in-north-korea/.

71. Frank Pabian, Joseph S. Bermudez Jr., and Jack Liu, "The Punggye-ri Nuclear Test Site Destroyed: A Good Start but New Questions Raised about Irreversibility," 38 North, May 31, 2018, https://www.38north.org/2018/05/punggye053118/.

72. Niko Milonopoulos, Siegfried S. Hecker, and Robert Carlin, "North Korea from 30,000 Feet," *Bulletin of the Atomic Scientists*, January 6, 2012, https://thebulletin.org/2012/01/north-korea-from-30000-feet/.

73. Geospatial Intelligence Foundation, "2019 State and Future of GEOINT," 9. 비밀이 아닌 좋은 기술정보는 비밀 해제 요청을 할 필요가 없기 때문에 정책결정자들이 국제적인 논쟁에 증거를 더 빨리 제시할 수 있게 해준다는 장점도 있다. Cortney Weinbaum, John V. Parachini, Richard S. Girven, Michael H. Decker, and Richard C. Baffa, "Perspectives and Opportunities in Intelligence for U.S. Leaders," RAND Corporation, 2018.

74. Center for Strategic & International Studies, "CSIS Korea Chair Announces Research Partnership with National Geospatial-Intelligence Agency (NGA)," May 22, 2018, https://www.csis.org/news/csis-korea-chair-announces-research-partnership-national-geospatial-intelligence-agency-nga.

75. Pabian, "Commercial Satellite Imagery," 25, 27. 또한 영상 기술마다 다른 종류의 전문 교육과 경험이 필요하다. 전자광학 영상을 해석하는 것은 합성개구레이다(SAR) 위성이 촬영한 영상을 해석하는 것과는 다르다. Puccioni, "Penetrating vision," 56.

76. David Albright, Frank Pabian, and Andrea Stricker, "The Fordow Enrichment Plant, aka Al Ghadir: Iran's Nuclear Archive Reveals Site Originally Purposed to Produce Weapon-Grade Uranium for 1-2 Nuclear Weapons per Year," Institute for Science and International Security, March 13, 2009, http://isis-online.org/isis-reports/detail/the-

fordow-enrichment-plant-aka-al-ghadir/.

77. Pabian, "Commercial Satellite Imagery," 25.

78. David B. Sandalow, "Remote Sensing and Foreign Policy," paper delivered at Symposium on Viewing the Earth: The Role of Satellite Earth Observations and Global Monitoring in International Affairs, George Washington University, Washington, D.C., June 6, 2000. 다음에서 인용하였다. Pabian, "Commercial Satellite Imagery," 29, and in Laurie J. Schmidt, "New Tools for Diplomacy," NASA, 2019, https://earthdata. nasa.gov/learn/sensing-our-planet/new-tools-for-diplomacy.

79. Jeffrey Lewis, "Collected Thoughts on Phil Karber," Arms Control Wonk, December 7, 2011, https://www.armscontrolwonk.com/archive/204799/collected-thoughts-on-phil-karber/.

80. William Wan, "Georgetown Students Shed Light on China's Tunnel System for Nuclear Weapons," *Washington Post*, November 29, 2011, https://www.washingtonpost.com/world/national-security/georgetown-students-shed-light-on-chinas-tunnel-system-for-nuclear-weapons/2011/11/16/gIQA6AmKAO_story.html.

81. Hui Zhang, "The Defensive Nature of China's Underground Great Wall," *Bulletin of the Atomic Scientists*, January 16, 2012, https://thebulletin.org/2012/01/the-defensive-nature-of-chinas-underground-great-wall/.

82. Lewis, "Collected Thoughts on Phil Karber."

83. Zhang, "Defensive Nature of China's Underground Great Wall."

84. Sandalow, "Remote Sensing and Foreign Policy."

85. Zegart and Morell, "Spies, lies, and algorithms."

86. Mike Isaac, "Facebook Finds New Disinformation Campaigns and Braces for 20 Torrent," *New York Times*, October 21, 2019, https://www.nytimes.com/2019/10/21/technology/facebook-disinformation-russia-iran.html.

87. Jessica Brandt and Torrey Taussig, "The Kremlin's Disinformation Playbook Goes to Beijing," Brookings, https://www.brookings.edu/blog/order-from-chaos/2020/05/19/the-kremlins-disinformation-playbook-goes-to-beijing/ (accessed September 26, 2020); Mark Scott, Laura Kayali, and Laurens Cerulus, "Brussels Accuses China of Peddling Disinformation," *Politico*, June 10, 2020, https://www.politico.com/news/2020/06/10/brussels-accuses-china-of-peddling-disinformation-311303 (accessed September 26, 2020).

88. Gwynne Roberts, "Was This Saddam's Bomb?" *Sunday Times*, February 25, 2001.

89. 이라크의 실패한 핵 개발 계획은 다음을 참조하라. Målfrid Braut-Hegghammer, *Unclear Physics: Why Iraq and Libya Failed to Build Nuclear Weapons* (Ithaca, N.Y.: Cornell University Press, 2016); Charles Duelfer, "Comprehensive Report of the Special Advisor to the DCI on Iraq's WMD," September 30, 2004, https://www.govinfo. gov/app/details/GPO-DUELFERREPORT/context; Joseph Cirincione, Jessica T. Mathews, George Perkovich, with Alexis Orton, "WMD in Iraq: Evidence and Implications,"

Carnegie Endowment for International Peace, January 2004, https://carnegieendow
ment.org/files/Iraq3FullText.pdf.

90. Frank V. Pabian unclassified email to author, October 17, 2019; Frank V. Pabian, "Com
mercial Satellite Imagery: Another Tool in the Nonproliferation Verification and
Monitoring Tool-Kit," in *Nuclear Safeguards, Security, and Nonproliferation*, edited by
James Doyle (Burlington, Mass.: Elsevier, 2008), 247, http://www.elsevier.com/books/
nuclear-safeguards-security-and-nonproliferation/doyle/978-0-7506-8673-0#descrip
tion; Larry O'Hanlon, "Seismic sleuths," *Nature* 411 (June 14, 2001): 734-36, https://
www.nature.com/articles/35081281.pdf.

91. Gwynne Roberts, "Saddam's Bomb," BBC News, March 2, 2001, http://news.bbc.co.
uk/2/hi/programmes/correspondent/1191203.stm. 이라크의 실패한 핵 개발 계획은 다음
을 참조하라. Braut-Hegghammer, *Unclear Physics*; Duelfer, "Comprehensive Report of
the Special Advisor"; Cirincione et al., "WMD in Iraq."

92. 이로 인해 소련이 미국의 비밀 작전을 지원한 파키스탄과 이집트에 대해 보복하기도 더 어려
워졌다.

93. Bruce D. Berkowitz and Allan E. Goodman, "The Logic of Covert Action," *National
Interest*, March 1, 1998. 다음도 참조하라. Austin Carson, *Secret Wars: Covert Conflict in
International Politics* (Princeton, N.J.: Princeton University Press, 2018); Lindsey A.
O'Rourke, *Covert Regime Change* (Ithaca, N.Y.: Cornell University Press, 2018).

94. Wisconsin Project on Nuclear Arms Control, "More Eyes on More Data," 3.

95. Joseph Bermudez, Victor Cha, and Lisa Collins, "Undeclared North Korea: The Sino-ri
Missile Operating Base and Strategic Force Facilities," CSIS, January 21, 2019,
https://beyondparallel.csis.org/undeclared-north-korea-the-sino-ri-missile-
operating-base-and-strategic-force-facilities/.

96. Interview by author with two nonproliferation experts, October 2019.

97. Lena H. Sun, "Report Identifies Another Secret North Korea Missile Site, One of 20,"
Washington Post, January 21, 2019, https://www.washingtonpost.com/politics/report-
identifies-another-secret-north-korea-missile-site-one-of-20/2019/01/21/4066aeec-
1db0-11e9-9145-3f74070bbdb9_story.html; David E. Sanger and William J. Broad, "In
North Korea, Missile Bases Suggest a Great Deception," *New York Times*, November
12, 2018, https://www.nytimes.com/2018/11/12/us/politics/ north-korea-missile-
bases.html; Courtney Kube and Carol E. Lee, "Report Finds Another Undisclosed North
Korea Missile Site, Says There Are 19 More," NBC News, January 21, 2019, https://
www.nbcnews.com/news/north-korea/report-finds-another-undisclosed-
north-korea-missile-site-says-there-n958801.

98. Interview by author, October 2019.

99. Pabian, "Commercial Satellite Imagery," 35.

100. Puccioni and Ashdown, "Raising standards," 9.

101. Anna Fifield, "With Technology, These Researchers Are Figuring Out North Korea's

Nuclear Secrets," *Washington Post*, November 21, 2017.

102. 이 관점에 대한 더 많은 내용은 다음을 참조하라. Wisconsin Project on Nuclear Arms Control, "More Eyes on More Data."

103. Puccioni and Ashdown, "Raising standards," 8.

104. Puccioni and Ashdown, "Raising standards"; Loehrke et al., "Gray Spectrum.

제10장 사이버 위협 해독하기

1. Susan M. Gordon, keynote address, GEOINT 2018 Symposium, April 24, 2018, https://trajectorymagazine.com/building-to-scale-and-creating-anew/ (accessed September 24, 2020).

2. Claire Allbright, "A Russian Facebook Page Organized a Protest in Texas. A Different Russian Page Launched the Counterprotest," *Texas Tribune*, November 1, 2017, https://www.texastribune.org/2017/11/01/russian-facebook-page-organized-protest-texas-different-russian-page-l/.

3. U.S. Senate Select Committee on Intelligence, Hearing on Social Media Influence in the 2016 United States Elections, 115th Cong., 1st sess., November 1, 2017; U.S. Senate Select Committee on Intelligence, "Russian Active Measures Campaigns and Interference in the 2016 Election," Vol. 2: Russia's Use of Social Media with Additional Views, 116th Cong., 1st sess., October 2019, https://www.intelligence.senate.gov/sites/default/files/documents/Report_Volume2.pdf, 47.

4. Senate Select Committee on Intelligence, Hearing on Social Media Influence.

5. 설명은 다음에 표시된 사진을 기반으로 한다. Senate Select Committee on Intelligence, Hearing on Social Media Influence, https://www.intelligence.senate.gov/sites/default/files/documents/Exhibits%20used%20by%20Chairman%20Burr%20during%20the%202020 17-11-01%20hearing.pdf.

6. Allbright, "Russian Facebook Page Organized."

7. Senate Select Committee on Intelligence, "Russian Active Measures Campaigns," 46-47.

8. Senate Select Committee on Intelligence, Hearing on Social Media Influence; Senate Select Committee on Intelligence, "Russian Active Measures Campaigns"; Robert S. Mueller III, "Report on the Investigation into Russian Interference in the 2016 Presidential Election," Vol. 1, March 2019, https://www.justice.gov/storage/report.pdf.

9. Senate Select Committee on Intelligence, "Russian Active Measures Campaigns," 22-62; *United States v. Internet Research Agency et al.*, indictment, Case 1:18-cr-00032-DLF (D.D.C. Feb. 16, 2018); Adrian Chen, "The Agency," *New York Times*, June 2, 2015, https://www.nytimes.com/2015/06/07/magazine/the-agency.html. 24시간 교대로 근무하는 수백 명의 트롤과 관련 다음을 참조하라. Neil MacFarquhar, "Inside the Russian Troll

Factory: Zombies and a Breakneck Pace," *New York Times*, February 18, 2018, https://www.nytimes.com/2018/02/18/world/europe/russia-troll-factory.html.

10. 학계와 대중 담론에서 '영향력 작전influence operations', '정보전쟁information warfare', '적극적 조치active measures', '기만정보disinformation', '기만deception' 등의 용어는 모두 같은 의미로 사용되는 경우가 많다. 핵심 개념은 속이기 위해 의도적으로 거짓 정보를 퍼뜨리는 것이다. Senate Select Committee on Intelligence, "Russian Active Measures Campaigns," 11. 이 장에서는 국경을 넘나드는 속임수에 초점을 맞추고 있다. 하지만 미국 국내 선거 운동에서 반쪽짜리 진실과 노골적인 거짓말을 하는 것은 오랜 역사를 가지고 있으며, 친트럼프 폭도들이 2021년 1월 6일 의회가 2020년 대선 결과를 인준하지 못하도록 의사당을 포위 공격하는 데 중요한 역할을 했다는 점에서 주목할 필요가 있다. 다음을 참조하라. Jill Lepore, *These Truths: A History of the United States* (New York: W. W. Norton, 2018).

11. Senate Select Committee on Intelligence, "Russian Active Measures Campaigns," 46.

12. Mueller, "Report on the Investigation into Russian Interference," 4; *United States v. Internet Research Agency*, indictment, 12-13; Senate Select Committee on Intelligence, "Russian Active Measures Campaigns," 5, 29-32.

13. Senate Select Committee on Intelligence, Hearing on Social Media Influence.

14. Senate Select Committee on Intelligence, Hearing on Social Media Influence.

15. Senate Select Committee on Intelligence, Hearing on Social Media Influence. 다음도 참조하라. Intelligence Community Assessment, "Assessing Russian Activities and Intentions in Recent US Elections," January 2017; Senate Select Committee on Intelligence, "Russian Active Measures Campaigns"; MacFarquhar, "Inside the Russian Troll Factory."

16. Senate Select Committee on Intelligence, "Russian Active Measures Campaigns," 45-48.

17. Colin Stretch, testimony before U.S. Senate Select Committee on Intelligence, Hearing on Social Media Influence, https://www.intelligence.senate.gov/sites/ default/files/documents/os-cstretch-110117.pdf.

18. Intelligence Community Assessment, "Assessing Russian Activities and Intentions"; Senate Select Committee on Intelligence, "Russian Active Measures Campaigns and Interference in the 2016 Election," Vol. 4: Review of the Intelligence Community Assessment, 116th Cong., 1st sess., https://www.intelligence.senate.gov/sites/ default/files/documents/Report_Volume4.pdf. 트위터는 러시아인들이 관리하는 계정 3800개 이상과 러시아 봇으로 의심되는 계정 5만 개 이상을 발견했다. 이 계정들은 2016년 대선 마지막 10주 동안 선거 관련 210만 개의 트윗을 자동 생성하고 4억 5470만 번의 노출 수를 기록했다. "Update on Twitter's Review of the 2016 US Election," blog post, Twitter, January 19, 2018, https://blog.twitter.com/official/en_us/topics/company/ 2018/ 2016-election-update.html; Gerrit De Vynck and Selina Wang, "Russian bots retweeted Trump's Twitter 470,000 times," *Bloomberg*, January 26, 2018, https://www. bloomberg.com/news/articles/2018-01-26/twitter-says-russian-linked-bots-retweeted-trump-470-000-times.

19. Kent Walker, testimony before U.S. Senate Select Committee on Intelligence, Hearing on Social Media Influence, https://www.intelligence.senate.gov/sites/ default/files/ documents/os-kwalker-110117.pdf.

20. 구글은 러시아 요원으로 의심되는 사람이 분열적인 사회 이슈에 대한 유튜브 동영상을 1000 개 이상 업로드한 사실을 발견했다. Martin Matishak, "What we know about Russia's election hacking," *Politico*, July 18, 2018, https://www. politico.com/story/ 2018/ 07/18/russia-election-hacking-trump-putin-698087.

21. Stretch testimony. 다음도 참조하라. Mueller, "Report on the Investigation into Russian Interference," 26.

22. Intelligence Community Assessment, "Assessing Russian Activities and Intentions"; U.S. Senate Select Committee on Intelligence, "Russian Active Measures Campaigns and Interference in the 2016 U.S. Election," Vol. 1: Russian Efforts against Election Infrastructure with Additional Views, 116th Cong., 1st sess., https://www.intelligence.senate. gov/sites/default/files/documents/Report_Volume1.pdf; Senate Select Committee on Intelligence, Hearing on Social Media Influence, vol. 2; Senate Select Committee on Intelligence, Hearing on Social Media Influence vol. 4: Review of the Intelligence Community Assessment.

23. 러시아는 애리조나와 일리노이주의 유권자 등록 데이터베이스에 침투하는 데 성공했으며 다른 10여 개 주에서 선거 기간시설에 침투를 시도했다. 현재까지 러시아의 활동으로 인해 선거 결과가 달라졌다는 증거는 없다. U.S. Senate Select Committee on Intelligence, Hearing on Russian Interference in the 2016 U.S. Elections, 115th Cong., 1st sess., June 21, 2017 (see in particular statement by Sen. Mark Warner and testimony by Sam Liles, acting director, cyber division, Office of Intelligence and Analysis, Department of Homeland Security), https://www.intelligence.senate.gov/sites/ default/files/hearings/ Russian%20Interference%20in%20the%202016%20U.S.%20Elections%20S.%20Hrg.%201 15-92.pdf); Intelligence Community Assessment, "Assessing Russian Activities and Intentions"; Nicole Perlroth, Michael Wines, and Matthew Rosenberg, "Russian Election Hacking Efforts, Wider Than Previously Known, Draw Little Scrutiny, New York Times, September 1, 2017 https://www.nytimes.com/2017/09/01/us/politics/russia-election-hacking.html.

24. Intelligence Community Assessment, "Assessing Russian Activities and Intentions." 다음도 참조하라. Senate Select Committee on Intelligence, "Russian Active Measures Campaigns," Vols. 1-5; Senate Select Committee on Intelligence, Hearing on Social Media Influence; Mueller, "Report on the Investigation into Russian Interference."

25. 다음에서 인용하였다. David Shimer, *Rigged: America, Russia and One Hundred Years of Covert Electoral Interference* (New York: Knopf, 2020), 162.

26. 오바마에게 전달된 경고는 다음을 참조하라. Amy Zegart and Michael Morell, "Spies, lies, and algorithms," *Foreign Affairs* (May/June 2019); James Clapper with Trey Brown, *Facts and Fears* (New York: Penguin, 2018), 349-50; Susan Rice, *Tough Love* (New York: Simon

and Schuster, 2019), 441-42. 대선을 한 달 앞두고 국토안보장관 제 존슨과 DNI 제임스 클래퍼는 이례적으로 발표한 공개 성명에서 최근 민주당 전국위원회와 클린턴 캠프를 겨냥한 해킹과 도난당한 정보 유출이 "러시아의 최고위 관리"에 의해 승인되었으며 "미국 선거 과정을 방해하려는 의도"가 있다고 지적했다. Joint Statement from the Department of Homeland Security and Office of the Director of National Intelligence on Election Security, October 7, 2016, https://www.dhs.gov/news/2016/10/07/joint-statement-department-homeland-security-and-office-director-national.

27. Zegart and Morell, "Spies, lies, and algorithms."

28. Joint Statement on Election Security.

29. Zegart and Morell, "Spies, lies, and algorithms," 86.

30. Clapper, *Facts and Fears*, 303; Zegart and Morell, "Spies, lies, and algorithms," 87.

31. 2018년 상원 정보위원회는 자체 조사를 통해 "소셜미디어 매체를 조작하여 불화를 조장하고 2016년 대선과 미국 사회에 개입하려는 시도가 (2017년 말 미국 정보기관이 발견한 것보다) 훨씬 더 광범위했다는 사실이 드러났다"는 결론을 내렸다. U.S. Senate Select Committee on Intelligence, "The Intelligence Community Assessment," July 3, 2018, https://www.justsecurity.org/wp-content/uploads/2018/07/SSCI-ICA-ASSESSMENT_FINALJULY3.pdf, 3-4; Zegart and Morell, "Spies, lies, and algorithms."

32. William A. Owens, Kenneth W. Dam, and Herbert S. Lin, eds., *Technology, Policy, Law, and Ethics Regarding U.S. Acquisition and Use of Cyberattack Capabilities* (Washington, D.C.: National Academies Press, 2009), 1.

33. "Services, value added (% of GDP)," The World Bank, https://data.worldbank.org/indicator/NV.SRV.TOTL.ZS.

34. Kai-Fu Lee, interview with Scott Pelley, *60 Minutes*, CBS, January 13, 2019, https://www.cbsnews.com/news/60-minutes-ai-facial-and-emotional-recognition-how-one-man-is-advancing-artificial-intelligence/.

35. Interview by author, August 26, 2020.

36. "The world's most valuable resource is no longer oil, but data," *Economist*, May 6, 2017, https://www.economist.com/leaders/2017/05/06/the-worlds-most-valuable-resource-is-no-longer-oil-but-data.

37. Mark Seal, "An exclusive look at Sony's hacking saga," *Vanity Fair*, February 4, 2015, https://www.vanityfair.com/hollywood/2015/02/sony-hacking-seth-rogen-evan-goldberg.

38. Seal; Richard Stengel, "The untold story of the Sony hack: How North Korea's battle with Seth Rogen and George Clooney foreshadowed Russian election meddling in 2016," *Vanity Fair*, October 6, 2019, https://www.vanityfair.com/news/2019/10/the-untold-story-of-the-sony-hack.

39. Cecilia King, Drew Harwell, and Brian Fung, "North Korean Web Goes Dark Days after Obama Pledges Response to Sony Hack," *Washington Post*, December 22, 2014, https://www.washingtonpost.com/business/economy/north-korean-web-goes-dark-

days-after-obama-pledges-response-to-sony-hack/2014/12/22/b76fa0a0-8a1d-11e4 -9e8d-0c687bc18da4_story.html.

40. Rebecca Hersher, "North Korea Accidentally Reveals It Only Has 28 Websites," NPR, September 21, 2016, https://www.npr.org/sections/thetwo-way/2016/09/21/4949 02997/north-korea-accidentally-reveals-it-only-has-28-websites.

41. Rick Newman, "Here's How Lousy Life Is in North Korea," *U.S. News*, April 12, 2013, http://www.usnews.com/news/blogs/rick-newman/2013/04/12/heres-how-lousy-life -is-in-north-korea; Anna Fifield, "North Korean Drought Is Hobbling the Power Supply, and the Economy with It," *Washington Post*, June 21, 2015, https://www. washingtonpost.com/world/asia_pacific/north-korean-drought-is-hobbling-the-pow er-supply-and-the-economy-with-it/2015/06/21/65e51c02-14ff-11e5-8457-4b431bf 7ed4c_story.html; Kevin Stahler, "North Korea's Cell Phone Growth in Context," Peterson Institute for International Economics, September 30, 2014, https://www. piie.com/blogs/north-korea-witness-transformation/new-research-cell-phone-use-n orth-korea.

42. John D. Negroponte, testimony before U.S. House Permanent Select Committee on Intelligence, "Annual Threat Assessment of the Director of National Intelligence," 110th Cong., 1st sess., January 18, 2007, https://www.dni.gov/files/documents/News room/Testimonies/20070118_testimony.pdf.

43. Dennis C. Blair, testimony before U.S. House Permanent Select Committee on Intelligence, Annual Threat Assessment Hearing, 111th Cong., 1st sess., February 25, 2009, https://fas.org/irp/congress/2009_hr/hpsci-threat.pdf.

44. James R. Clapper, testimony before U.S. House Permanent Select Committee on Intelligence, "Worldwide Threat Assessment," 112th Cong., 2nd sess., February 2, 2012, https://www.dni.gov/files/documents/Newsroom/Testimonies/20120202_ HPSCI%20WWTA%20-%20Oral%20Remarks%20as%20delivered.pdf.

45. James R. Clapper, "Statement for the Record: Worldwide Threat Assessment of the US Intelligence Community," Senate Committee on Armed Services, 113th Cong., 1st sess., April 18, 2013, https://www.dni.gov/files/documents/Intelligence% 20 Reports/UN CLASS_2013%20ATA%20SFR%20FINAL%20for%20SASC%2018%20Apr%202013.pdf.

46. Leon Panetta, remarks to the Business Executives for National Security, New York City, October 11, 2012, https://www.hsdl.org/?view&did=724128 (accessed April 25, 2021).

47. Elisabeth Bumiller and Thom Shanker, "Panetta Warns of Dire Threat of Cyberattack on U.S.," *New York Times*, October 11, 2012, https://www.nytimes. com/2012/10/ 12/world/panetta-warns-of-dire-threat-of-cyberattack.html.

48. 중요한 것은 카터가 이 연설에서 최근 국방부의 비기밀 네트워크를 사이버 침입한 사건의 배후가 러시아라고 공개적으로 밝혔다는 점이다. Defense Secretary Ashton Carter, "Remarks by Secretary Carter at the Drell Lecture Cemex Auditorium, Stanford Graduate School of Business, Stanford California," April 23, 2015, https://www.defense.gov/Newsroom/

Transcripts/Transcript/Article/607043/remarks-by-secretary-carter-at-the-drell-lectu re-cemex-auditorium-stanford-grad/ (accessed January 12, 2021).

49. U.S. Department of Defense, *Cyber Strategy*, April 2015, 5.

50. 2015년 4월 국방장관의 수석 사이버 보좌관 에릭 로젠바흐의 의회 증언에 따르면, "중대한 사 이버 공격"은 미국에 대한 "가장 심각한 상위 2%" 사이버 공격을 의미한다. U.S. Senate Committee on Armed Services, Subcommittee on Emerging Threats and Capabilities, Hearing on Military Cyber Program and Posture Review of the Defense Authorization Request for FY2016 and the Future Years Defense Program, 114th Cong., 1st sess., April 14, 2015.

51. Department of Defense, *Cyber Strategy*, 5.

52. 예를 들어, 가장 초기에 알려진 사이버 작전 중 하나인 1999년 세르비아 폭격 작전에서 어느 국방부 부대는 세르비아의 방공 시스템을 해킹하여 미국 비행기가 실제와 다른 방향에서 날아 오는 것처럼 보이게 만들었다. Michèle Flournoy and Michael Sulmeyer, "Battlefield Internet," *Foreign Affairs*, September/October 2018, https://www.foreignaffairs.com/ articles/world/2018-08-14/battlefield-internet.

53. U.S. Cyber Command, *Achieve and Maintain Cyberspace Superiority: Command Vision for US Cyber Command* (March 23, 2018), 3; Department of Defense, *Summary of the 2018 National Defense Strategy of the United States of America*, https://dod.defense. gov/Portals/1/Documents/pubs/2018-National-Defense-Strategy-Summary.pdf.

54. Herbert Lin, "Thoughts on threat assessment in cyberspace," *I/S: A Journal of Law and Policy for the Information Society* 8, no. 2 (2012): 348-49.

55. 새로운 기술 시대의 억지력에 대한 더 많은 내용은 다음을 참조하라. Amy Zegart, "Cheap fights, credible threats," *Journal of Strategic Studies* 43, no. 1 (February 2018): 6-46.

56. Flournoy and Sulmeyer, "Battlefield Internet."

57. Paul M. Nakasone and Michael Sulmeyer, "How to compete in cyberspace," *Foreign Affairs*, August 25, 2020, https://www.foreignaffairs.com/articles/united-states/ 2020- 08-25/cybersecurity.

58. Cyber Command, *Achieve and Maintain Cyberspace*; Nakasone and Sulmeyer, "How to compete in cyberspace."

59. CSIS/McAfee, "Economic Impact of Cybercrime: No Slowing Down," February 2018, https://www.mcafee.com/enterprise/en-us/assets/reports/restricted/rp-economic-im pact-cybercrime.pdf.

60. Rebecca Hersher, "Meet Mafiaboy, the 'Bratty Kid'Who Took Down the Internet," NPR, February 7, 2015, http://www.npr.org/sections/alltechconsidered/2015/02/07/384567 322/meet-mafiaboy-the-bratty-kid-who-took-down-the-internet; Robert McMillan, "Mafiaboy grows up: A hacker seeks redemption," *Computer World*, October 13, 2008, http://www.computerworld.com/article/2533517/mafiaboy-grows-up--a-hacker- seeks-redemption.html.

61. Kate Conger and Nathaniel Popper, "Florida Teenager Is Charged as 'Mastermind' of

Twitter Hack," *New York Times*, July 31, 2020, https://www.nytimes.com/2020/07/31/technology/twitter-hack-arrest.html.

62. Cyberspace Solarium Commission, "Final Report," March 2020, https://drive. google. com/file/d/1ryMCIL_dZ30QyjFqFkkf10MxIXJGT4yv/view (accessed September 24, 2020).

63. Cyber Operations Tracker, database, Council on Foreign Relations, https://www. cfr. org/cyber-operations/.

64. Daniel R. Coats, "Statement for the Record: Worldwide Threat Assessment of the US Intelligence Community," Senate Select Committee on Intelligence, January 29, 2019.

65. CSIS/McAfee, "Economic Impact of Cybercrime."

66. Michelle Nichols, "North Korea Took $2 Billion in Cyberattacks to Fund Weapons Program: UN Report," Reuters, August 5, 2019, https://www.reuters.com/article/us-northkorea-cyber-un/north-korea-took-2-billion-in-cyberattacks-to-fund-weapons-program-u-n-report-idUSKCN1UV1ZX.

67. White House, "National Cyber Strategy of the United States of America," September 2018, https://trumpwhitehouse.archives.gov/wp-content/uploads/2018/09/National-Cyber-Strategy.pdf, 2.

68. *United States v. Su Bin*, plea agreement, No. SA CR 14-131 (C.D. Cal. Mar. 22, 2016), https://www.justice.gov/opa/file/834936/download.

69. Keith Alexander, testimony before U.S. Senate Armed Services Committee, "Future of Warfare," 114th Cong., 1st sess., November 3, 2015, https://www.armed-services. senate.gov/imo/media/doc/Alexander_11-03-15.pdf. 크리스토퍼 레이Christopher Wray FBI 국장은 2020년에도 비슷한 경고를 발표했다. Wray, remarks, "China's Attempt to Influence U.S. Elections," Hudson Institute, Washington, D.C., July 7, 2020, https:// www.fbi.gov/news/speeches/the-threat-posed-y-the-chinese-government-and-the-chinese-communist-party-to-the-economic-and-national-security-of-the-united-states.

70. U.S. Department of Justice, press release, "U.S. Charges Five Chinese Military Hackers for Cyber Espionage Against U.S. Corporations and a Labor Organization for Commercial Advantage," May 19, 2014, https://www.justice.gov/opa/pr/us- charges-five-chinese-military-hackers-cyber-espionage-against-us-corporations-and-labor.

71. White House, Office of the Press Secretary, "Fact Sheet: President Xi Jinping's State Visit to the United States," September 25, 2015, https://obamawhitehouse.archives. gov/the-press-office/2015/09/25/fact-sheet-president-xi-jinpings-state-visit-united-states.

72. Ellen Nakashima, "Powerful NSA Hacking Tools Have Been Revealed Online," *Washington Post*, August 16, 2016, https://www.washingtonpost.com/world/national-security/powerful-nsa-hacking-tools-have-been-revealed-online/2016/08/16/bce4f9 74-63c7-11e6-96c0-37533479f3f5_story.html; Scott Shane, Matthew Rosenberg, and Andrew Lehren, "WikiLeaks Releases Trove of Alleged C.I.A. Hacking Documents," *New York Times*, March 7, 2017, https://www.nytimes.com/ 2017/03/07/world/europe/

wikileaks-cia-hacking.html. 2008년 사이버 공격으로 국방부의 기밀 및 비기밀 네트워크가 손상되었고 미국 사이버사령부가 창설되었다. Nakasone and Sulmeyer, "How to compete in cyberspace"; William J. Lynn III, "Defending a new domain: The Pentagon's cyber-strategy," *Foreign Affairs*, September/October 2010, https://www.foreignaffairs.com/articles/united-states/2010-09-01/defending-new-domain.

73. Chris Inglis, "Illuminating a New Domain," in *Bytes, Bombs and Spies*, edited by Herb Lin and Amy Zegart (Washington, D.C.: Brookings Institution Press, 2019).

74. Damian Paletta, "Former CIA Chief Says Government Data Breach Could Help China Recruit Spies," *Wall Street Journal*, June 15, 2015, https://www.wsj.com/articles/former-cia-chief-says-government-data-breach-could-help-china-recruit-spies-1434416996.

75. Nakasone and Sulmeyer, "How to compete in cyberspace."

76. Rosenbach testimony.

77. 중국 정부에 대한 귀속 문제는 다음을 참조하라. U.S. Department of Justice, "Attorney General William P. Barr Announces Indictment of Four Members of China's Military for Hacking into Equifax," February 10, 2020, https://www.justice.gov/opa/speech/attorney-general-william-p-barr-announces-indictment-four-members-china-s-military; Garrett M. Graff, "China's hacking spree will have a decades-long fallout," *Wired*, February 11, 2020, https://www.wired.com/story/china-equifax- anthem-marriott-opm-hacks-data/; Cyberspace Solarium Commission, "Final Report," 10.

78. Graff, "China's hacking spree."

79. Paletta, "Former CIA Chief."

80. Damian Paletta, "U.S. Intelligence Chief James Clapper Suggests China Behind OPM Breach," *Wall Street Journal*, June 25, 2015, https://www.wsj.com/articles/SB10007111583511843695404581069863170899504.

81. David E. Sanger and Nicole Perlroth, "FireEye, a Top Cybersecurity Firm, Says It Was Hacked by a Nation-State," *New York Times*, December 8, 2020, https://www.nytimes.com/2020/12/08/technology/fireeye-hacked-russians.html (accessed January 12, 2021); William Turton and Kartikay Mehrotra, "FireEye discovered SolarWinds breach while probing own hack," *Bloomberg*, December 14, 2020, https://www.bloomberg.com/news/articles/2020-12-15/fireeye-stumbled-across-solarwinds-breach-while-probing-own-hack (accessed January 12, 2021).

82. Dustin Volz and Robert McMillan, "SolarWinds Hack Breached Justice Department System," *Wall Street Journal*, January 6, 2021, https://www.wsj.com/articles/ solarwinds-hack-breached-justice-department-systems-11609958761 (accessed January 12, 2021); Amy Zegart, "Everybody spies in cyberspace. The U.S. must plan accord-ingly," *Atlantic*, December 30, 2020, https://www.theatlantic.com/ideas/ archive/2020/12/everybody-spies-cyberspace-us-must-plan-accordingly/617522/.

83. "Joint Statement by the Federal Bureau of Investigation (FBI), the Cybersecurity and

Infrastructure Security Agency (CISA), the Office of the Director of National Intelligence (ODNI), and the National Security Agency (NSA)," January 5, 2021, https://www.cisa.gov/news/2021/01/05/joint-statement-federal-bureau-investigation-fbi-cybersecurity-and-infrastructure (accessed January 12, 2021).

84. Zegart, "Everybody spies in cyberspace."

85. Emily Tamkin, "10 years after the landmark attack on Estonia, is the world better prepared for cyber threats?" *Foreign Policy*, April 27, 2017, https://foreignpolicy.com/2017/04/27/10-years-after-the-landmark-attack-on-estonia-is-the-world-better-prepared-for-cyber-threats/.

86. Laurens Cerulus, "How Ukraine became a test bed for cyberweaponry," *Politico*, February 14, 2019, https://www.politico.eu/article/ukraine-cyber-war-frontline-russia-malware-attacks/.

87. Andy Greenberg, "New clues show how Russia's grid hackers aimed for physical destruction," *Wired*, September 12, 2019, https://www.wired.com/story/russia-ukraine-cyberattack-power-grid-blackout-destruction/; Cyberspace Solarium Commission, "Final Report," 18.

88. Cerulus, "How Ukraine became a test bed for cyberweaponry;" Andy Greenberg, "The untold story of NotPetya, the most devastating cyberattack in history," Wired, August 22, 2018, https://www.wired.com/story/notpetya-cyberattack-ukraine- russia-code-crashed-the-world/.

89. "into the wild"는 다음을 참조하라. David Sanger, *The Perfect Weapon: War, Sabotage, and Fear in the Cyber Age* (New York: Crown, 2018), 22. "watershed"는 다음을 참조하라. Paul D. Shinkman, "Former CIA Director: Cyber Attack Game- Changers Comparable to Hiroshima," *U.S. News*, February 20, 2013, https://www.usnews.com/news/articles/2013/02/20/former-cia-director-cyber-attack-game-changers-comparable-to-hiroshima.

90. David Sanger, "Obama Order Sped Up Wave of Cyberattacks against Iran," *New York Times*, June 1, 2012, https://www.nytimes.com/2012/06/01/world/middleeast/obama-ordered-wave-of-cyberattacks-against-iran.html; Sanger, *Perfect Weapon*. 마이클 헤이든 전 CIA 부장은 회고록에서 "누군가 사이버 무기로 원심분리기를 파괴했다"는 사실만 인정했다. Hayden, *Playing to the Edge: American Intelligence in the Age of Terror* (New York: Penguin, 2016), 307.

91. George W. Bush, *Decision Points* (New York: Broadway Books, 2010), 415-20; Hayden, *Playing to the Edge*, 290-309.

92. Sanger, "Obama Order Sped Up"; "Iran to Push for 50,000 Centrifuges," NTI, April 18, 2007, https://www.nti.org/gsn/article/iran-to-push-for-50000-centrifuges/.

93. Bush, *Decision Points*, 415-20; Robert Gates, *Duty: Memoirs of a Secretary at War* (New York: Crown, 2014), 189-92; Sanger, "Obama Order Sped Up."

94. Gates, *Duty*, 190-92. 다음도 참조하라. Sanger, "Obama Order Sped Up"; Sanger, *Perfect*

Weapon, 21.

95. Sanger, "Obama Order Sped Up."

96. Carey Nachenberg, remarks, "A Forensic Discussion of Stuxnet," Center for International Security and Cooperation, Stanford University, April 23, 2012.

97. Sanger, "Obama Order Sped Up."

98. David Kushner, "The Real Story of Stuxnet," IEEE Spectrum, February 26, 2013, https://spectrum.ieee.org/telecom/security/the-real-story-of-stuxnet.

99. Sanger, *Perfect Weapon*, 21.

100. Nachenberg remarks; Ellen Nakashima and Joby Warrick, "Stuxnet Was Work of US and Israeli Experts, Officials Say," *Washington Post*, June 2, 2012, https://www.washingtonpost.com/world/national-security/stuxnet-was-work-of-us-and-israeli-experts-officials-say/2012/06/01/gJQAlnEy6U_story.html.

101. Nakashima and Warrick; Sanger, "Obama Order Sped Up"; Hayden, *Playing to the Edge*, 151.

102. Shinkman, "Former CIA Director."

103. Panetta remarks.

104. Cyberspace Solarium Commission, "Final Report," 12.

105. Stengel, "Untold story of the Sony hack."

106. Amy Zegart, "The tools of espionage are going mainstream," *Atlantic*, November 27, 2017, https://www.theatlantic.com/international/archive/2017/11/deception-russia-election-meddling-technology-national-security/546644/.

107. Senate Select Committee on Intelligence, "Russian Active Measures Campaigns," Vol.2, 12.

108. Christopher M. Andrew and Vasili Mitrokhin, *The Sword and the Shield: The Mitrokhin Archive & the Secret History of the KGB* (New York: Basic Books, 1985), 244-45.

109. Senate Select Committee on Intelligence, "Russian Active Measures Campaigns," Vol. 2, 15-20.

110. Senate Select Committee on Intelligence, "Russian Active Measures Campaign," Vol. 2.

111. RT는 정보공동체 평가서Intelligence Community Assessment 중 "러시아의 활동과 의도 평가Assessing Russian Activities and Intentions"에 러시아의 "주요 국제 선전 매체"라고 묘사되어 있다(13).

112. Christopher Paul and Miriam Matthews, "The Russian 'Firehose of Falsehood' Propaganda Model," RAND Perspective, 2016, https://www.rand.org/pubs/perspectives/PE198.html, 2.

113. Analysis of YouTube news subscribers by author. 2019년 2월 18일 기준 RT의 구독자 수는 330만 명, Fox News의 구독자 수는 250만 명, CBS News의 구독자 수는 120만 명, NBC News의 구독자 수는 110만 명이다. CNN과 ABC 뉴스의 구독자 수는 각각 600만 명과 530만 명으로 RT보다 많다. RAND 보고서에 따르면 러시아는 표적 사회 깊숙한 곳까지 도달하는 "기만정보 사슬"을 만들었으며, 이 사슬은 네 가지 주요 연결 고리로 구성되어 있다: ① 크렘린

궁의 리더십, ② RT와 같은 기관 및 대리자, ③ 소셜미디어 플랫폼, 가짜 및 진짜 계정, 봇, 미국 뉴스 미디어, 의도적이든 의도적이지 않든 메시지를 증폭시키는 비제휴 웹사이트와 같은 증폭 채널, ④ 콘텐츠를 리트윗, 게시, 또는 홍보하여 러시아가 만들어낸 이야기를 확산시키는 소비자들이다. Elizabeth Bodine-Baron, Todd C. Helmus, Andrew Radin, and Elina Treyger, "Countering Russian Social Media Influence," RAND, 2018, https://www.rand.org/pubs/research_reports/RR2740.html.

114. Paul and Matthews, "Russian 'Firehose of Falsehood.'"

115. Stephanie Bodoni, "China, Russia are spreading virus misinformation, EU says," *Bloomberg*, June 10, 2020, https://www.bloomberg.com/news/articles/2020-06-10/eu-points-finger-at-china-russia-for-covid-19-disinformation. 다음도 참조하라. "EEAS Special Report Update: Short Assessment of Narratives and Disinformation Around the COVID-19 Pandemic," EUvsDiSiNFO, May 20, 2020, https://euvsdisinfo. eu/eeas-special-report-update-short-assessment-of-narratives-and-disinformation-around-the-covid19-pandemic-updated-23-april-18-may/; Kathy Gilsinian, "How China is planning to win back the world," *Atlantic*, May 28, 2020, https://www.theatlantic.com/politics/archive/2020/05/china-disinformation-propaganda-united-states-xi-jinping/612085/.

116. "Statement by NCSC Director William Evanina: 100 Days Until Election 2020," press release, Office of the Director of National Intelligence, July 24, 2020, https://www.dni.gov/index.php/newsroom/press-releases/item/2135-statement-by-ncsc-director-william-evanina-100-days-until-election-2020; "Statement by NCSC Director William Evanina: Election Threat Update for the American Public," press release, Office of the Director of National Intelligence, August 7, 2020, https://www.dni.gov/index.php/newsroom/press-releases/item/2139-statement-by-ncsc-director-william-evanina-election-threat-update-for-the-american-public; Robert Draper, "Unwanted Truths: Inside Trump's Battles with U.S. Intelligence Agencies," *New York Times*, August 8, 2020, https://www.nytimes.com/2020/08/08/magazine/us-russia-intelligence.html?.

117. Adam Entous and Ronan Farrow, "Private Mossad for hire," *New Yorker*, February 11, 2019, https://www.newyorker.com/magazine/2019/02/18/private-mossad-for-hire.

118. Mark Mazzetti, Ronen Bergman, David D. Kirkpatrick, and Maggie Haberman, "Rick Gates Sought Online Manipulation Plans from Israeli Intelligence Firm for Trump Campaign," *New York Times*, October 8, 2018, https://www.nytimes.com/2018/10/08/us/politics/rick-gates-psy-group-trump.html.

119. 다음에서 인용하였다. Entous and Farrow, "Private Mossad for hire."

120. David Bauder and Calvin Woodward, "Expert: Acosta Video Distributed by White House Was Doctored," Associated Press, November 8, 2018, https://apnews.com/c575bd1cc3b1456cb3057ef670c7fe2a; Drew Harwell, "White House Shares Doctored Video to Support Punishment of Journalist Jim Acosta," *Washington Post*, November 8, 2018, https://www.washingtonpost.com/technology/2018/11/08/white-house-shares-

doctored-video-support-punishment-journalist-jim-acosta/.

121. Drew Harwell, "Fake Pelosi Videos, Slowed to Make Her Appear Drunk, Spread across Social Media," *Washington Post*, May 24, 2019, https://www. washington post.com/ technology/2019/05/23/faked-pelosi-videos-slowed-make-her-appear-drunk-spread -across-social-media/.

122. Cade Metz, "A Fake Zuckerberg Video Challenges Facebook's Rules," *New York Times*, June 11, 2019, https://www.nytimes.com/2019/06/11/technology/fake- zuckerberg-video-facebook.html.

123. Tero Karras, Timo Aila, Samuli Laine, and Jaako Lehtinen, "Progressive Growing of GANS for Improved Quality, Stability, and Variation," conference paper at ICLR 2018, https://research.nvidia.com/sites/default/files/pubs/2017-10_Progressive-Growing-of/karras2018iclr-paper.pdf.

124. Catherine Stupp, "Fraudsters Used AI to Mimic CEO's Voice in Unusual Cybercrime Case," *Wall Street Journal*, August 30, 2019, https://www.wsj.com/articles/fraudsters-use-ai-to-mimic-ceos-voice-in-unusual-cybercrime-case-11567157402.

125. Kaylee Fagan, "A Viral Video That Appeared to Show Obama Calling Trump a 'Dips —'Shows a Disturbing New Trend Called 'Deepfakes,'" *Business Insider*, April 17, 2018, https://www.businessinsider.com/obama-deepfake-video-insulting-trump- 2018-4; Supasorn Suwajanakorn, Steven M. Seitz, and Ira Kemelmacher- Shlizerman, "Synthesizing Obama: Learning Lip Sync from Audio," *ACM Transactions on Graphics* 36, no.4 (July 2017), http://grail.cs.washington.edu/projects/AudioToObama/siggraph 17_obama.pdf; Drew Harwell, "Top AI Researchers Race to Detect 'Deepfake'Videos: 'We Are Outgunned,'" *Washington Post*, June 12, 2019, https://www.washington post.com/technology/2019/06/12/top-ai-researchers- race-detect-deepfake-videos-we-are-outgunned/.

126. Martin Giles, "The GANfather: The man who's given machines the gift of imagination," *MIT Technology Review*, February 21, 2018, https://www.technology review.com/s/610253/the-ganfather-the-man-whos-given-machines-the-gift-of-imagination/.

127. Harwell, "Top AI Researchers Race."

128. "FaceIt," Github, March 6, 2018, https://github.com/goberoi/faceit; Zegart and Morell, "Spies, lies, and algorithms."

129. U.S. Senate Select Committee on Intelligence, Hearing to Consider Worldwide Threats, 116th Cong., 1st sess., January 29, 2019, https://www.intelligence. senate.gov/ hearings/open-hearing-worldwide-threats; U.S. House Permanent Select Committee on Intelligence, Hearing: National Security Challenges of Artificial Intelligence, Manipulated Media and Deepfakes, 116th Cong., 1st sess., June 13, 2019.

130. Adam Schiff, remarks, House Permanent Select Committee on Intelligence, Hearing: National Security Challenges of Artificial Intelligence, Manipulated Media and Deepfakes, 116th Cong., 1st sess., June 13, 2019.

131. Sanger, *Perfect Weapon*; Kim Zetter, *Countdown to Zero Day: Stuxnet and the Launch of the World's First Digital Weapon* (New York: Crown, 2015). 시만텍Symantec의 사이버 보안 전문가들은 스턱스넷 바이러스의 한 버전이 2005년에 배포되었지만 2010년이 되어서야 공개적으로 발견되었다고 보고 있다. Jim Finkle, "Researchers Say Stuxnet Was Deployed against Iran in 2007," Reuters, February 26, 2013, https://www.reuters.com/article/us-cyberwar-stuxnet/researchers-say-stuxnet- was-deployed-against-iran-in-2007-idUSBRE91P0PP20130226.

132. Sanger, *Perfect Weapon*, 268-85.

133. David Sanger and William Broad, "Trump Inherits a Secret Cyberwar against North Korean Missiles," *New York Times*, March 4, 2017, https://www.nytimes.com/2017/03/04/world/asia/north-korea-missile-program-sabotage.html.

134. Robert McMillan, "Hackers Lurked in SolarWinds Email System for at Least 9 Months, CEO Says," *Wall Street Journal*, February 2, 2021.

135. Herbert Lin, "The existential threat from cyber-enabled info warfare," *Bulletin of Atomic Scientists* 74, no. 4 (July 2019).

136. John Markoff, "Chip Error Continuing to Dog Officials at Intel," *New York Times*, December 6, 1994, https://www.nytimes.com/1994/12/06/business/chip-error-continuing-to-dog-officials-at-intel.html.

137. David Manners, "How much will the flaws cost Intel," *Electronics Weekly*, January 8, 2018, https://www.electronicsweekly.com/blogs/mannerisms/shenanigans/much-will-flaws-cost-intel-2018-01/; Desire Athow, "Pentium, FDIV: The Processor Bug that Shook the World," TechRadar, October 30, 2014, https://www.techradar.com/news/computing-components/processors/pentium-fdiv-the-processor-bug-that-shook-the-world-1270773.

138. Interview by author, September 13, 2020.

139. Inglis, "Illuminating a New Domain," 25.

140. Inglis.

141. "The IoT Rundown for 2020: Stats, Risks, and Solutions," Security Today, January 13, 2020, https://securitytoday.com/Articles/2020/01/13/The-IoT-Rundown-for-2020.aspx?Page=2.

142. 해커들은 가정용 네트워킹 라우터, 텔레비전, 적어도 한 대의 냉장고 등 10만 대 이상의 소비자 기기에 침입하여 세계적으로 75만 건 이상의 악성 이메일을 보냈다. 다음을 참조하라. "Your Fridge Is Full of SPAM: Proof of an IoT-Driven Attack," blog post, ProofPoint, January 16, 2014, https://www.proofpoint.com/us/threat-insight/post/Your-Fridge-is-Full-of-SPAM.

143. Andy Greenberg, "Hackers remotely kill a Jeep on the highway—with me in it," *Wired*, July 21, 2015, http://www.wired.com/2015/07/hackers-remotely-kill-jeep-highway/.

144. 미라이MIRAI 봇넷이라고 불리는 2016년 10월의 공격은 최초의 IoT 기반 대규모 사이버 공격이었다.

145. Saleh Solton, Prateek Mittal, and H. Vincent Poor, "BlackIoT: IoT Botnet of High Wattage Devices Can Disrupt the Power Grid," presented at USINEX Security Symposium, August 2018, https://www.princeton.edu/~pmittal/publications/ blackiot-usenix18.pdf.

146. 이러한 소프트웨어의 약점은 원래 공급업체가 알지 못했던 것이기 때문에 제로데이 취약점이라고 한다.

147. U.S. Cyber Command, *Achieve and Maintain Cyberspace*, 4.

148. Inglis, "Illuminating a New Domain," 24.

149. Robert M. Gates, remarks, United States Military Academy, West Point, New York, February 25, 2011. 비슷한 언급을 한 다른 군 지도자들은 다음을 참조하라. Micha Zenko, "100% right 0% of the time," *Foreign Policy*, October 16, 2012, https://foreignpolicy.com/2012/10/16/100-right-0-of-the-time/.

150. Amy Zegart, *Spying Blind: The CIA, the FBI, and the Origins of 9/11* (Princeton, N.J.: Princeton University Press, 2007), 97.

151. Inglis, "Illuminating a New Domain," 24.

152. Lin, "Thoughts on threat assessment in cyberspace," 344.

153. Ellen Nakashima, "Dismantling of Saudi-CIA Web site illustrates need for clearer cyberwar policies," *Washington Post*, March 19, 2010, https://www.washingtonpost.com/wp-dyn/content/article/2010/03/18/AR2010031805464_pf.html.

154. Rajesh De, remarks at Georgetown University Law School, February 27, 2013, https://www.nsa.gov/news-features/speeches-testimonies/Article/1620139/remarks-of-rajesh-de-general-counsel-national-security-agency-georgetown-law-sc/.

155. Hayden, *Playing to the Edge*, 147.

156. Flournoy and Sulmeyer, "Battlefield Internet."

157. Hayden, *Playing to the Edge*, 147.

158. Senate Select Committee on Intelligence, "Russian Active Measures Campaigns," Vol. 2, 73, 78.

159. "Former Top DNI Official Sue Gordon Discusses Circumstances of Her Departure from ODNI—Transcript," interview by Michael Morell, *Intelligence Matters*, CBS, February 14, 2020, https://www.cbsnews.com/news/former-top-dni-official-sue-gordon-discusses-circumstances-of-her-departure-from-odni-transcript/.

160. Gordon interview by Morell.

161. U.S. Senate Committees on the Judiciary and Commerce, Science, and Transportation, "Facebook, Social Media Privacy, and the Use and Abuse of Data," 115th Cong., 2nd sess., April 10, 2018, https://www. washingtonpost.com/news/the-switch/wp/2018/04/10/transcript-of-mark-zuckerbergs-senate-hearing/.

162. Amy Zegart and Kevin Childs, "The divide between Silicon Valley and Washington is a national-security threat," *Atlantic*, December 13, 2018; Sheera Frenkel et al., "Delay, Deny and Deflect: How Facebook's Leaders Fought through Crisis," *New York Times*,

November 14, 2018, https://www.nytimes.com/2018/11/14/ technology/facebook-data-russia-election-racism.html.

163. Liam Tung, "Google: Here's Why We're Pulling Out of Pentagon's $10bn JEDI Cloud Race," ZDNet, October 9, 2018, https://www.zdnet.com/article/google-heres-why-were-pulling-out-of-pentagons-10bn-jedi-cloud-race/; Kate Conger, David E. Sanger, and Scott Shane, "Microsoft Wins Pentagon's $10 Billion JEDI Contract, Thwarting Amazon," *New York Times*, October 25, 2019, https://www.nytimes. com/2019/10/25/technology/dod-jedi- contract.html.

164. Google Employees Against Dragonfly, "We Are Google Employees. Google Must Drop Dragonfly," Medium, November 27, 2018, https://medium.com/@googlersagainst dragonfly/we-are-google-employees-google-must-drop-dragonfly-4c8a30c5e5eb; Letter from Marco Rubio et al. to Google CEO Sundar Pichai, August 3, 2018, https://www.rubio.senate.gov/public/_cache/files/9b139bf6-d0c1-4969-aaf2-4a4 aede8ed35/397FE4632728A13B6EEABDB5956550AC.8-3-18-letter-to-mr.-pichai-re-censorship-in-china.pdf; Olivia Solon, "Google's 'Project Dragon fly' Censored Search Engine Triggers Protests," NBC News, January 18, 2019, https://www. nbcnews.com/tech/tech-news/google-s-project-dragonfly-censored-search-engine-triggers-protests-n960121; Jeb Su, "Confirmed: Google terminated Project Dragonfly, its censored Chinese search engine," *Forbes*, July 19, 2019, https://www.forbes.com/ sites/jeanbaptiste/2019/07/19/confirmed-google-terminated-project-dragonfly-its-censored-chinese-search-engine/#6454c4567e84.

165. U.S. Senate Committee on the Judiciary, Subcommittee on the Constitution, Hearing on Google and Censorship, 116th Cong., 1st sess., July 16, 2019.

166. Zegart and Childs, "Divide between Silicon Valley and Washington."

167. Zegart and Childs

추천 문헌

Aberbach, Joel. 1990. *Keeping a Watchful Eye: The Politics of Congressional Oversight*. Washington,D.C.: Brookings Institution Press.

Alexander, Keith. 2015. Testimony before the Senate Armed Services Committee, "Future of Warfare." 114th Cong., 1st sess., November 3.

Allen, Michael. 2013. *Blinking Red: Crisis and Compromise in American Intelligence after 9/11*. Dulles, Va.: Potomac Books.

Allison, Graham and Philip Zelikow. 1999. *Essence of Decision: Explaining the Cuban Missile Crisis*, 2nd edition. New York: Longman Press.

Andrew, Christopher. 1996. *For the President's Eyes Only: Secret Intelligence and the American Presidency from Washington to Bush*. New York: Harper Perennial.

_____. 2018. *The Secret World: A History of Intelligence*. New Haven, Conn.: Yale University Press.

Andrew, Christopher M. and Vasili Mitrokhin. 1985. *The Sword and the Shield: The Mitrokhin Archive & the Secret History of the KGB*. New York: Basic Books.

Baer, Robert. 2002. *See No Evil: The True Story of a Ground Soldier in the CIA's War on Terrorism*. New York: Crown.

Bakos, Nada. 2019. *The Targeter*. New York: Little, Brown.

Bamford, James. 1982. *The Puzzle Palace*. New York: Penguin.

_____. 2001. *Body of Secrets: Anatomy of the Ultra-Secret National Security Agency*. New York: Doubleday.

_____. 2008. *The Shadow Factory: The Ultra-Secret NSA from 9/11 to the Eavesdropping on America*. New York: Anchor Books.

Barrett, David M. 2005. *The CIA and Congress: The Untold Story from Truman to Kennedy*. Lawrence, Kan.: University Press of Kansas.

Bennett, Gina. 2008. *National Security Mom*. Deadwood, Ore.: Wyatt-MacKenzie.

Bergen, Peter. 2011. *The Longest War: The Enduring Conflict between America and Al Qaeda*. New York: Free Press.

_____. 2013. *Manhunt: The Ten-Year Search for Bin Laden from 9/11 to Abbottabad*. New York: Broadway Books.

Berkowitz, Bruce D. and Allan E. Goodman. 2000. *Best Truth: Intelligence in the Information Age*. New Haven, Conn.: Yale University Press.

Bernsten, Gary and Ralph Pezzullo. 2005. *Jawbreaker*. New York: Crown Publishers.

Blair, Dennis C. 2009. Testimony before the House Permanent Select Committee on Intelligence, "Annual Threat Assessment," 111th Cong., 1st sess., February 25.

_____. 2010. Testimony before the Senate Select Committee on Intelligence, "Annual Threat Assessment of the US Intelligence Community," 111th Cong., 2nd sess., February 2.

Blight, James G. and David A. Welch, eds. 1999. *Intelligence and the Cuban Missile Crisis*. London: Frank Cass.

Blum, Howard. 2014. *Dark Invasion: 1915: Germany's Secret War and the Hunt for the First Terrorist Cell in America*. New York: Harper.

Braut-Hegghammer, Malfrid. 2016. *Unclear Physics: Why Iraq and Libya Failed to Build Nuclear Weapons*. Ithaca, N.Y.: Cornell University Press.

Brennan, John O. 2020. *Undaunted: My Fight against America's Enemies, at Home and Abroad*. New York: Celadon Books.

Brown, Anthony Cave. 1994. *Treason in the Blood: H. St. John Philby, Kim Philby, and the Spy Case of the Century*. Boston: Houghton Mifflin.

Bush, George W. 2010. *Decision Points*. New York: Crown.

Carson, Austin. 2018. *Secret Wars: Covert Conflict in International Politics*. Princeton, N.J.: Princeton University Press.

Center for Strategic and International Studies (CSIS). 2021. "Maintaining the Intelligence Edge: Reimagining and Reinventing Intelligence through Innovation." January 17.

Central Intelligence Agency. 2004. "Comprehensive Report of the Special Advisor to the DCI on Iraq's WMD" (also known as the "Duelfer Report," and the "Iraq Survey Group Nuclear Report"), September 30.

Central Intelligence Agency, Office of the Inspector General. 2004. "Special Review: Counterterrorism Detention and Interrogation Activities (September 2001–October 2003)." May 7.

Central Intelligence Agency, Office of the Inspector General. 2013. "Report of Investigation: Potential Ethics Violations Involving Film Producers." September 16.

Chauhan, Sharad. 2004. *Inside CIA: Lessons in Intelligence*. New Delhi: APH Publishing.

Chesney, Robert. 2010. "Who May Be Killed? Anwar Al-Awlaki as a Case Study in the International LegalRegulation of Lethal Force." *Yearbook of International Humanitarian Law* 13(August 15).

Clapper, James. 2010. "Declaration in Support of Formal Claim of State Secrets Privilege." In United States District Court for the District of Columbia, *Nasser al-Aulaqi v. Barack Obama, Robert Gates, and Leon Panetta*. Civ. A. No. 10-cv- 1469. September 24.

_____. 2011. Testimony before the Senate Committee on Armed Services, "Worldwide Threat Assessment of the US Intelligence Community," 112th Cong., 1st sess., March 10.

_____. 2012. Testimony before the House Permanent Select Committee on Intelligence, "Worldwide Threat Assessment," 112th Cong., 2nd sess., February 2.

_____. 2013. Testimony before the Senate Committee on Armed Services, "Worldwide Threat Assessment of the US Intelligence Community," 113th Cong., 1st sess., April 18.

_____. 2014. Testimony before Senate Armed Services Committee, "Current and Future World Threats to the National Security of the United States," 113th Cong., 2nd sess., February 11.

_____. 2015. Testimony before Senate Armed Services Committee, "Worldwide Threat Assessment of the US Intelligence Community," 114th Cong., 1st sess., February 26.

_____. 2016. Testimony before Senate Select Committee on Intelligence, "Worldwide Threat Assessment of the US Intelligence Community," 114th Cong., 2nd sess., February 9.

Clapper, James R. with Trey Brown. 2018. *Facts and Fears: Hard Truths from a Life in Intelligence*. New York: Penguin.

Coats, Daniel R. 2017. Testimony before Senate Select Committee on Intelligence, "Worldwide Threat Assessment of the US Intelligence Community," 115th Cong., 1st sess., May 11.

_____. 2018. Testimony before Senate Select Committee on Intelligence, "Worldwide Threat Assessment of the US Intelligence Community," 115th Cong., 2nd sess., February 13.

_____. 2019. Testimony before Senate Select Committee on Intelligence, "Worldwide Threat Assessment of the US Intelligence Community," 116th Cong., 1st sess., January 29.

Cohen, Eliot A. 1988. "The Chinese intervention in Korea, 1950." *Studies in Intelligence* 32, no. 3.

Colby, William. 1984. "Should the U.S. fight secret wars?" *Harper's Magazine*. September.

Cole, Ronald H. "OPERATION JUST CAUSE: The Planning and Execution of Joint Operations in Panama, February 1988–January 1990," Joint History Office, Office of the Chairman of the Joint Chiefs of Staff, November 1995.

Commission on Protecting and Reducing Government Secrecy (Moynihan Commission). 1997. "Report of the Commission on Protecting and Reducing Government Secrecy," 103rd Cong. March 3. Washington, D.C.: GPO.

Commission on the Intelligence Capabilities of the United States Regarding Weapons of Mass Destruction (Silberman-Robb Commission). 2005. "Report to the President of the United States." Washington, D.C.: GPO.

Commission to Review the Department of Defense Security Policy and Practices. 1985. "Keeping the Nation's Secrets: A Report to the Secretary of Defense." November 19.

Crumpton, Henry. 2012. *The Art of Intelligence: Lessons from a Life in the CIA's Clandestine Service*. New York: Penguin.

Cyberspace Solarium Commission. 2020. "Cyberspace Solarium Commission Report."

Daigler, Kenneth A. 2014. *Spies, Patriots, and Traitors: American Intelligence in the Revolutionary War*. Washington, D.C.: Georgetown University Press.

Department of Justice, Office of the Inspector General. 2002. "A Review of the Federal Bureau of Investigation's Counterterrorism Program: Threat Assessment, Strategic Planning, and Resource Management." Audit Report 02-38. Executive summary declassified and redacted September.

_____. 2003. "A Review of the FBI's Performance in Deterring, Detecting, and Investigating the Espionage Activities of Robert Philip Hanssen." August 14.

Devine, Jack. 2021. *Spymaster's Prism: The Fight against Russian Aggression*. Dulles, Va.: Potomac Books.

Duelfer, Charles and Central Intelligence Agency. 2004. "Comprehensive Report of the Special Advisor to the DCI on Iraq's WMD." September 30.

Earley, Pete. 1997. *Confessions of a Spy: The Real Story of Aldrich Ames*. New York: Berkley Books.

Executive Order 11905. 1976. February 18.

Executive Order 13526. 2009. 75 Fed. Reg. 705. December 29.

Federal Bureau of Investigation. 1998. "Keeping Tomorrow Safe: Draft FBI Strategic Plan, 1998-2003," unclassified version. May 8.

Fischhoff, Baruch and Cherie Chauvin, eds., National Research Council of the National Academies. 2011. *Intelligence Analysis: Behavioral and Social Scientific Foundations*. Washington, D.C.: National Academies Press.

Fishel, Edwin C. 1996. *The Secret War for the Union: The Untold Story of Military Intelligence in the Civil War*. New York: Houghton Mifflin Harcourt.

Flournoy, Michele and Michael Sulmeyer. 2018. "Battlefield Internet." *Foreign Affairs*. September/ October.

Garthoff, Raymond L. 1998. "U.S. Intelligence in the Cuban missile crisis." *Intelligence and National Security* 13, no. 3.

Gates, Robert M. 1996. *From the Shadows: The Ultimate Insider's Story of Five Presidents and How They Won the Cold War*. New York: Simon & Schuster.

_____. 2014. *Duty: Memoirs of a Secretary at War*. New York: Knopf.

Gofman, Michael and Zhao Jin. 2020. "Artificial Intelligence, Human Capital, and Innovation." University of Rochester.

Goldsmith, Jack. 2012. *Power and Constraint: The Accountable Presidency after 9/11*. New York: W. W. Norton.

Gorin, Peter A. 1998. "Zenit: The Soviet Response to CORONA." In *Eye in the Sky: The Story of the CORONA Spy Satellites*, edited by Dwayne A. Day, John M. Logsdon, and Brian Latell. Washington, D.C.: Smithsonian Institution Press.

Halberstam, David. 2008. *The Coldest Winter: America and the Korean War*. Great Britain: Macmillan.

Hamrick, S. J. 2004. *Deceiving the Deceivers: Kim Philby, Donald Maclean, and Guy Burgess*. New Haven, Conn.: Yale University Press.

Hayden, Michael V. 2016. *Playing to the Edge: American Intelligence in the Age of Terror*. New York: Penguin.

Heuer, Richards J. and Randolph H. Pherson. 2010. *Structured Analytic Techniques for Intelligence Analysis*. Washington, D.C.: CQ Press.

Hoffman, David E. 2016. *The Billion Dollar Spy: A True Story of Cold War Espionage and Betrayal*. New York: Anchor Books.

Huntington, Samuel P. 1957. *The Soldier and the State*. Cambridge, Mass.: Harvard University Press.

Inglis, Chris. 2019. "Illuminating a New Domain." In *Bytes, Bombs, and Spies*, edited by Herbert Lin and Amy Zegart. Washington, D.C.: Brookings Institution Press.

Intelligence Authorization Act of 1991. Public Law 102-88. 102nd Cong., August 14.

Intelligence Community Assessment. 2017. "Assessing Russian Activities and Intentions in Recent US Elections." January.

Intelligence Science Board. 2006. "Educing Information: Interrogation: Science and Art Foundations for the Future, Phase I Report." Washington, D.C.: National Defense Intelligence College. Isaacson, Walter. 2008. *Benjamin Franklin: An American Life*. Simon & Schuster.

Janis, Irving. 1982. *Groupthink: Psychological Studies of Policy Decisions and Fiascoes*. Boston: Houghton Mifflin.

Jervis, Robert. 1976. *Perception and Misperception in International Politics*. Princeton, N.J.: Princeton University Press.

Johnson, Loch K. 1989. *America's Secret Power: The CIA in a Democratic Society*. New York: Oxford University Press.

_____. 2015. *A Season of Inquiry Revisited: The Church Committee Confronts America's Spy Agencies*. Lawrence, Kan.: University Press of Kansas.

Joint Security Commission. 1994. "Redefining Security: A Report to the Secretary of Defense and the Director of Central Intelligence." February 28.

Kahn, David. 1996. *The Codebreakers: The Comprehensive History of Secret Communication from Ancient Times to the Internet*. New York: Scribner.

Kahneman, Daniel. 2011. *Thinking, Fast and Slow*. New York: Farrar, Straus and Giroux.

Kennedy, David M. 2014. "Thinking Historically about Grand Strategy." In *Grand Strategy: Ideas and Challenges in a Complex World*. Stanford, Calif.: Hoover Institution.

Kent, Sherman. 1964. "A crucial estimate relived." Declassified and Approved for Release July 10, 2013.

Kessler, Ronald. 2003. *The Bureau: The Secret History of the FBI*. New York: St. Martin's. Ketchum, Richard M. 2004. *Victory at Yorktown: The Campaign that Won the Revolution*. New York: Henry Holt and Company.

Knott, Stephen F. 1996. *Secret and Sanctioned: Covert Operations and the American Presidency*. Oxford, U.K.: Oxford University Press.

Kreps, Sarah E. 2016. *Drones: What Everyone Needs to Know*. New York: Oxford University Press.

Kuhns, Woodrow J. 1997. *Assessing the Soviet Threat: The Early Cold War Years*. Washington, D.C.: Center for the Study of Intelligence.

Leary, William M., ed. 1984. *The Central Intelligence Agency: History and Documents*. Tuscaloosa: University of Alabama Press.

Lepore, Jill. 2018. *These Truths: A History of the United States*. New York: W. W. Norton.

Lin, Herbert and Amy Zegart, eds. 2019. *Bytes, Bombs, and Spies*. Washington, D.C.: Brookings Institution Press.

Lord, Charles G., Lee Ross and Mark R. Lepper. 1979. "Biased assimilation and attitude polarization: The effects of prior theories on subsequently considered evidence." *Journal of Personality and Social Psychology* 37, no. 11.

Lowenthal, Mark M. 2017. *Intelligence: From Secrets to Policy*. 7th edition. Thousand Oaks, Calif.: CQ Press.

Lynn, William J. III. 2010. "Defending a new domain: The Pentagon's cyberstrategy." *Foreign Affairs*. September/October.

Mattis, Jim and Kori N. Schake, eds. 2016. *Warriors & Citizens: American Views of Our Military*. Stanford, Calif.: Hoover Institution Press.

Mayhew, David. 1974. *Congress: The Electoral Connection*. 2nd edition. New Haven, Conn.: Yale University Press.

Mazzetti, Mark. 2013. *The Way of the Knife: The CIA, a Secret Army, and a War at the Ends of the Earth*. New York: Penguin.

McConnell, Michael. 2008. Testimony before the Senate Select Committee on Intelligence, "Worldwide Threat Assessment," 110th Cong., 2nd sess., February 5.

McDermott, Rose and Uri Bar-Joseph. 2017. *Intelligence Success and Failure: The Human Factor*. New York: Oxford University Press.

McKinsey Global Institute. 2020. "The Bio Revolution."

Millman, Chad. 2006. *The Detonators: The Secret Plot to Destroy America and an Epic Hunt for Justice*. New York: Little, Brown.

Morell, Michael with Bill Harlow. 2015. *The Great War of Our Time: The CIA's Fight against Terrorism—From al Qa'ida to ISIS*. New York: Twelve.

Mueller, Robert S. 2019. "Report on the Investigation Into Russian Interference in the 2016 Presidential Election." Vol. 1. March.

Muskie, Edmund S., John Tower and Brent Scowcroft. 1997. "Report of the President's Special Review Board."

Nagy, John A. 2013. *Dr. Benjamin Church, Spy: A Case of Espionage on the Eve of the American Revolution*. Yardley, Pa.: Westholme Publishing.

_____. 2016. *George Washington's Secret Spy War: The Making of America's First Spymaster*. New York: St. Martin's Press.

Nakasone, Paul M. and Michael Sulmeyer. 2020. "How to compete in cyberspace." *Foreign Affairs*, August 25.

Nasser al-Aulaqi v. Barack Obama, Robert Gates, and Leon Panetta. 2010. Civ. A. No. 10-cv-1469. District Court for the District of Columbia. September 24.

National Academies of Sciences, Engineering, and Medicine. 2018. *Biodefense in the Age of Synthetic Biology*. Washington D.C.: National Academies Press.

National Commission on Terrorist Attacks Upon the United States. 2004. "9/11 Commission Staff Statement Number Seven: Intelligence Policy." March 24.

_____. 2004. *The 9/11 Commission Report, Authorized Version*. New York: W. W. Norton.

National Counterintelligence and Security Center, Office of the Director of National Intelligence. 2017. "Fiscal Year 2017 Annual Report on Security Clearance Determinations."

National Intelligence Estimate 2002-16HC. 2002. "Iraq's Continuing Programs for Weapons of Mass Destruction." Washington, D.C.: National Intelligence Council. Redacted and declassified April 2004.

National Research Council. 2011. *Intelligence Analysis for Tomorrow: Advances from the Behavioral and Social Sciences*. Washington, D.C.: National Academies Press.

National Research Council Committee to Review the Scientific Evidence on the Polygraph, Division of Behavioral and Social Sciences and Education. 2003. *The Polygraph and Lie Detection*. Washington, D.C.: National Academies Press.

National Security Commission on Artificial Intelligence. 2019. "Interim Report." July.

_____. 2019. "Interim Report." November.

_____. 2020. "First Quarter Recommendations." March.

_____. 2020. "Interim Report and Third Quarter Recommendations." ctober.

Negroponte, John D. 2007. Testimony before the House Permanent Select Committee on Intelligence, "Annual Threat Assessment of the Director of the National Intelligence," 110th Cong., 1st sess., January 18.

Office of the Director of National Intelligence. 2010. "Implementation Plan of Executive Order 13526." Washington, D.C.: ODNI. December 31.

_____. 2015. "Intelligence Community Policy Guidance 704.6: Conduct of Polygraph Examinations for Personnel Security Vetting," February 4.

_____. 2015. *Principles of Transparency for the Intelligence Community*.

_____. 2020. *ODNI FOIA Handbook*. Washington, D.C.: ODNI.

Office of the Director of National Intelligence, National Counterintelligence and Security Center. 2016. "National Counterintelligence Strategy of the United States of America." Washington, D.C.

Olson, James M. 2006. *Fair Play: The Moral Dilemmas of Spying*. Dulles, Va.: Potomac Books.

_____. 2019. *To Catch a Spy: The Art of Counterintelligence*. Washington, D.C.: Georgetown University Press.

O'Rourke, Lindsey A. 2018. *Covert Regime Change*. Ithaca, N.Y.: Cornell University Press.

Owens, William A., Kenneth W. Dam and Herbert S. Lin., eds. 2009. *Technology, Policy, Law, and Ethics Regarding U.S. Acquisition and Use of Cyberattack Capabilities*. Washington, D.C.: National Academies Press.

Pabian, Frank. 2015. "Commercial Satellite Imagery as an Evolving Open-Source Verification Technology," Joint Research Centre, European Commission.

Panetta, Leon E. and Jeremy Bash. 2016. "The former head of the CIA on managing the hunt for Bin Laden." *Harvard Business Review*. May 2.

Panetta, Leon with Jim Newton. 2014. *Worthy Fights: A Memoir of Leadership in War and Peace*. New York: Penguin.

Pappas, Aris. 2004. "Ryszard Kuklinski: A Case Officer's View." Seminar on Intelligence, Command, and Control. Incidental Paper. Center for Information Policy Research, Harvard University. April 29.

Paul, Christopher and Miriam Matthews. 2016. "The Russian 'Firehose of Falsehood' Propaganda Model." RAND Perspective. People's

Republic of China. 2017. State Council Notice, "A Next Generation Artificial Intelligence Plan." Translated by Graham Webster, Rogier Creemers, Paul Triolo, and Elsa Kania. August 1.

Philbrick, Nathaniel. 2018. *In the Hurricane's Eye: The Genius of George Washington and the Victory at Yorktown*. New York: Penguin.

Phillippi v. CIA. 1976. 546 F.2d 1009, 1013 (D.C. Cir.).

Poznansky, Michael. 2020. *In the Shadow of International Law*. New York: Oxford University Press.

President's Review Group on Intelligence and Communications Technologies. 2013. "Liberty and Security in a Changing World: Report and Recommendations of the President's Review Group on Intelligence and Communications Technologies." December 12.

Priest, Dana and William M. Arkin. 2011. *Top Secret America: The Rise of the New American Security State*. New York: Little, Brown.

Puccioni, Allison. 2015. "Commercial lift-off." *IHS Jane's Intelligence Review*.

_____. 2016. "Penetrating vision." *IHS Jane's Intelligence Review*.

_____. 2017. "Steady gaze." *IHS Jane's Intelligence Review*.

Puccioni, Allison and Neil Ashdown. 2019. "Raising standards." *IHS Jane's Intelligence Review*.

Raines, Rebecca Robbins. 2011. *Getting the Message Through: A Branch History of the U.S. Army Signal Corp. Army Historical Series*. Washington, D.C.: Center of Military History, United States Army.

Ranelagh, John. 1986. *The Agency: The Rise and Decline of the CIA*. New York: Simon & Schuster.

Rice, Condoleezza and Amy B. Zegart. 2018. *Political Risk*. New York: Twelve.

Richelson, Jeffrey T. 1995. *A Century of Spies: Intelligence in the Twentieth Century*. New York: Oxford University Press.

Rogers, Michael. 2015. Testimony before the Senate Select Committee on Intelligence, "National Security Agency Activities and its Ability to Meet its Diverse Mission Requirements," 114th Cong., 1st sess., September 24.

Rohde, David. 2020. *In Deep: The FBI, the CIA, and the Truth about America's "Deep State."* New York: W. W. Norton.

Rosenbach, Eric. 2015. Testimony before Senate Committee on Armed Services, Hearing on Military Cyber Program and Posture Review of the Defense Authorization Request for FY2016 and the Future Years Defense Programs, 114th Cong., 1st sess., April 14.

Sanger, David. 2018. *The Perfect Weapon: War, Sabotage, and Fear in the Cyber Age*. New York: Crown.

Sayle, Edward F. 1986. "The historical underpinnings of the US Intelligence Community." *International Journal of Intelligence and Counter Intelligence* 1, no. 1: 1–27.

Schaeper, Thomas J. 2011. *Edward Bancroft: Scientist, Author, Spy*. New Haven, Conn.: Yale University Press.

Schiff, Adam. 2019. Remarks, House Permanent Select Committee on Intelligence. Hearing on National Security Challenges of Artificial Intelligence, Manipulated Media, and Deepfakes. 116th Cong., 1st sess., June 13.

Schlesinger, Arthur M. Jr. and Roger Bruns. 1975. *Congress Investigates: A Documented History, 1792–1794*. Vol. 1. New York: Chelsea House.

Schmitt, Eric and Thom Shanker. 2011. *Counterstrike: The Untold Story of America's Secret Campaign against Al Qaeda*. New York: Times Books.

Schroen, Gary C. 2005. *First In: An Insider's Account of How the CIA Spearheaded the War on Terror in Afghanistan*. New York: Random House.

Schwartz, Peter. 1991. *The Art of the Long View*. New York: Doubleday.

_____. 2011. *Learnings from the Long View*. San Francisco: Global Business Network.

Scowcroft, Brent. 2002. Testimony, Joint Inquiry of the House Permanent Select Committee on Intelligence and Senate Select Committee on Intelligence, 107th Cong., 2nd sess., September 19.

Shane, Scott. 2015. *Objective Troy: A Terrorist, a President, and the Rise of the Drone*. New York: Tim Duggan Books.

Sharot, Tali. 2012. *Optimism Bias*. New York: Vintage Books.

Sharp, David H. 2012. *The CIA's Greatest Covert Operation*. Lawrence, Kan.: University Press of Kansas.

Shimer, David. 2020. *Rigged: America, Russia, and One Hundred Years of Covert Electoral Interference*. New York: Knopf.

Silber, Mitchell D. and Arvin Bhatt. 2007. *Radicalization in the West: The Homegrown Threat*. New York Police Department.

Smist, Frank J. Jr. 1994. *Congress Oversees the United States Intelligence Community, 1947–1994*. 2nd edition. Knoxville: University of Tennessee Press.

Snider, L. Britt. 2008. *The Agency and the Hill: The CIA's Relationship with Congress, 1946–004*. Washington, D.C.: Center for the Study of Intelligence.

Sorensen, Theodore. 1965. *Kennedy*. New York: Harper & Row.

Spanier, John W. 1965. *The Truman-MacArthur Controversy*. New York: W. W. Norton.

Stimson, Henry L. and McGeorge Bundy. 1947. *On Active Service in Peace and War*. New York: Harper & Brothers.

Stretch, Colin. 2017. Testimony before U.S. Senate Select Committee on Intelligence, Hearing on Social Media Influence, 115th Cong., 1st sess., November 1.

Stueck, William. 2002. *Rethinking the Korean War: A New Diplomatic and Strategic History*. Princeton, N.J.: Princeton University Press.

Sulick, Michael. 2012. *Spying in America: Espionage from the Revolutionary War to the Dawn of the Cold War*. Washington, D.C.: Georgetown University Press.

Taubman, Philip. 2003. *Secret Empire: Eisenhower, the CIA, and the Hidden Story of America's Space Espionage*. New York: Simon & Schuster.

Taylor, Philip M. 2003. *Munitions of the Mind: A History of Propaganda from the Ancient World to the Present Day*. 3rd edition. Manchester, U.K.: Manchester University Press.

Tenet, George with Bill Harlow. 2007. *At the Center of the Storm: My Years at the CIA*. New York: HarperCollins.

Tetlock, Philip E. and Dan Gardner. 2015. *Superforecasting: The Art and Science of Prediction*. New York: Crown Publishing Group.

Thompson, E. R. 1991. *Secret New England: Spies of the American Revolution*. New England Chapter, Association of Former Intelligence Officers.

Treverton, Greg. 1987. *Covert Action: The Limits of Intervention in the Postwar World*. New York: Basic Books.

Troy, Thomas F. 1981. *Donovan and the CIA: A History of the Establishment of the Central Intelligence Agency*. Frederick, Md.: University Publications of America.

Turner, Stansfield. 1985. *Secrecy and Democracy: The CIA in Transition*. Boston: Houghton Mifflin.

Tversky, Amos and Daniel Kahneman. 1983. "Extensional versus Intuitive reasoning: The conjunction fallacy in probability judgement." *Psychological Review* 90, no.4 (October).

Tzu, Sun. 2003. *The Art of War*. Translated by Lionel Giles. New York: Barnes & Noble.

United States v. Internet Research Agency et al. 2018. Case 1:18-cr-00032-DLF(D.D.C. Feb. 16,2018).

United States v. Jerry Chun Shing Lee. 2018. Criminal No. 1:15-cr-89-TSE. U.S. District Court for the Eastern District of Virginia. May 8.

United States v. Kevin Patrick Mallory. 2017. Affidavit. Case 1:17-cr-00154-TSE. U.S. District Court for the Eastern District of Virginia. June 21.

United States v. Su Bin. 2016. Plea agreement. No. SA CR 14-131 (C.D. Cal. Mar. 22, 2016).

USA Freedom Act. 2014. H.R.3361. 113th Cong., 2nd sess.

USA Freedom Act. 2015. Public Law 114-23. June 2.

U.S. Cyber Command. 2018. *Achieve and Maintain Cyberspace Superiority: Command Vision for US Cyber Command.* March 23.

U.S. Department of Defense. 2015. *Cyber Strategy.* April.

_____. 2018. *Summary of the 2018 National Defense Strategy of the United States of America.*

U.S. Department of Defense, Katherine L. Herbig. 2017. "The Expanding Spectrum of Espionage by Americans, 1947–2015." Defense Personnel and Security Research Center (PERSEREC), Office of People Analytics.

U.S. Department of Homeland Security and Office of the Director of National Intelligence. 2016. Joint Statement on Election Security. October 7.

U.S. Department of State. 2009–2017. "Joint Comprehensive Plan of Action."

U.S. Geospatial Intelligence Foundation. "2019 State and Future of GEOINT Report."

U.S. Government Accountability Office. 2019. "Intelligence Community: Actions Needed to Improve Planning and Oversight of the Centers for Academic Excellence Program"(GAO-19-529).

U.S. House of Representatives Committee on Government Reform. 2004. Hearing before the Subcommittee on National Security, Emerging Threats, and International Relations. 108th Cong., 2nd sess., August 24. Serial No. 108-263.

U.S. House of Representatives Committee on the Judiciary. 2007. "Torture and the Cruel, Inhuman and Degrading Treatment of Detainees: The Effectiveness and Consequences of 'Enhanced' Interrogation." Hearing before the Subcommittee on the Constitution, Civil Rights, and Civil Liberties. 110th Cong., 1st sess., November 8. Serial No. 110-94.

_____. 2008. "Department of Justice to Guantanamo Bay: Administration Lawyers and Administration Interrogation Rules(Part I)." Hearing before the Subcommittee on the Constitution, Civil Rights, and Civil Liberties of the House Judiciary Committee. 110th Cong., 2nd sess., May 6. Serial No. 110-97.

U.S. House of Representatives Permanent Select Committee on Intelligence. 2016. "Review of the Unauthorized Disclosures of Former National Security Agency Contractor Edward Snowden." 114th Cong., 2nd sess., December 23. H. Rpt. 114-891.

_____. 2019. Hearing on National Security Challenges of Artificial Intelligence, Manipulated Media and Deepfakes. 116th Cong., 1st sess., June 13.

U.S. Library of Congress Congressional Research Service, Michael R. DeVine. 2019. "Covert Action and Clandestine Activities of the Intelligence Community: Selected Definitions in Brief." RL45175.

U.S. Library of Congress Congressional Research Service, John W. Rollins and Edward C. Liu. 2013. "NSA Surveillance Leaks: Background and Issues for Congress." R43134.

U.S. Senate. 1946. "Report of the Joint Committee on the Investigation of the Pearl Harbor Attack." 79th Cong., 2nd sess., July 20. Document 244. Washington, D.C.: GPO.

_____. 2004. "A resolution to eliminate certain restrictions on service of a Senator on the Senate Select Committee on Intelligence." 108th Cong., 2nd sess., October 1. S. Res. 445.

_____. 2012. Letter from Senators Dianne Feinstein, Carl Levin, and John McCain to Acting CIA Director Michael Morell. December 19.

U.S. Senate Committee on Armed Services. 2008. "Inquiry into the Treatment of Detainees in U.S. Custody: Report." 110th Cong., 2nd sess., November 20.

U.S. Senate Committee on Foreign Relations. 2007. Extraordinary Rendition, Extraterritorial Detention and Treatment of Detainees Hearing. 110th Cong., 1st sess., July 26.

_____. 2009. "Tora Bora Revisited: How We Failed to Get Bin Laden and Why It Matters Today." 111th Cong., 1st sess., November 30. S. Prt. 111-35.

U.S. Senate Committee on Homeland Security and Governmental Affairs. 2009. *The Fort Hood Attack: A Preliminary Assessment*. 111th Cong., 1st sess., November 19.

U.S. Senate Committee on Homeland Security and Governmental Affairs. 2011. "A Ticking Time Bomb: Counterterrorism Lessons from the U.S. Government's Failure to Prevent the Fort Hood Attack, A Special Report by Joseph I. Lieberman, Chairman and Susan M. Collins, Ranking Member." 112th Cong., 1st sess., February 3.

U.S. Senate Committee on the Judiciary. 2005. Confirmation Hearing on the Nomination of Alberto R. Gonzales to be Attorney General of the United States. 109th Cong., 1st sess., January 6. Serial No. J-109.

U.S. Senate Committee on the Judiciary, Subcommittee on the Constitution. 2019. Hearing on Google and Censorship. 116th Cong., 1st sess., July 16.

U.S. Senate Committees on the Judiciary and Commerce, Science, and Transportation. 2018. "Facebook, Social Media Privacy, and the Use and Abuse of Data." 115th Cong., 2nd sess., April 10.

U.S. Senate Select Committee on Intelligence. 1994. "An Assessment of the Aldrich H. Ames Espionage Case and Its Implications for U.S. Intelligence: Report." 103rd Cong., 2nd sess. S. Rep. 84-046.

_____. 2006. "Postwar Findings about Iraq's WMD Programs and Links to Terrorism and How They Compare with Prewar Assessments, together with Additional and Minority Views." 109th Cong., 2nd sess.

_____. 2007. Hearing on the Congressional Oversight of Intelligence Activities. 110th Cong., 1st sess., November 13. S. Hrg. 110-794.

_____. 2009. Hearing on the Nomination of Leon Panetta to be Director of Central Intelligence Agency. 111th Cong., 1st sess., February 5.

_____. 2014. "Committee Study of the Central Intelligence Agency's Detention and Interrogation Program." 113th Cong., 2nd sess., December 9.

_____. 2014. "Committee Study of the Central Intelligence Agency's Detention and Interrogation Program: Minority Views of Vice Chairman Chambliss joined by Senators Burr, Risch, Coats, Rubio, and Coburn." 113th Cong., 2nd sess., December 5.

_____. 2014. Hearing on National Security Threats. 113th Cong., 1st sess., January 29.

_____. 2017. Hearing on Social Media Influence in the 2016 United States Elections. 115th. Cong., 1st sess., November 1.

_____. 2018. "The Intelligence Community Assessment: Assessing Russian Activities and Intentions in Recent U.S. Elections, Summary of Initial Findings." July 3.

_____. 2019. Hearing on Global Threats and National Security. 116th Cong., 1st sess., January 29.

_____. 2019. "Report on the Investigation into Russian Interference in the 2016 Presidential Election," Vol. 2. March.

_____. 2019. "Russian Active Measures Campaigns and Interference in the 2016 Election," Vol.2: Russia's Use of Social Media with Additional Views. 116th Cong., 1st sess., October.

_____. 2021. Hearing on Worldwide Threats, 117th Cong., 1st sess., April 24.

U.S. Senate Select Committee on Intelligence and House Permanent Select Committee on Intelligence. 2002. "Joint Inquiry into Intelligence Community Activities before and after the Terrorist Attacks of September 11, 2001." 107th Cong., 2nd sess. S. Rep. 107-351 / H. Rep. 107-792.

U.S. Senate Select Committee to Study Governmental Operations with Respect to Intelligence Activities. 1975. "Alleged Assassination Plots Involving Foreign Leaders." 94th Cong., 1st sess., November 20. Rep. 94-465.

_____. 1975. "Covert Action in Chile 1963–965." 94th Cong., 1st sess.

_____. 1975–1976. 1976. "Final Report." 94th Cong., 2nd sess., April 26. S. Rept. 940-775, Serial 13133-3-3.

_____. 1976. "Supplementary Detailed Staff Reports on Foreign and Military Intelligence." 94th Cong., 2nd sess., April 23.

Walker, Kent. 2017. Testimony before Senate Select Committee on Intelligence. Hearing on Social Media Influence. 115th Cong., 1st sess., November 1.

Walsh, Lawrence E. and Federation of American Scientists. 1993. "Summary of Prosecutions, Final Report of the Independent Counsel for Iran/Contra Matters." August 4.

Webster(William H.) Commission. 2012. "The Federal Bureau of Investigation, Counterterrorism Intelligence, and the Events at Fort Hood, Texas, on November 5, 2009, Final Report," redacted version released July 19, 2012.

Weiner, Tim. 2008. *Legacy of Ashes: The History of the CIA.* New York: Anchor Books.

_____. 2012. *Enemies: A History of the FBI.* New York: Random House.

Weiner, Tim, David Johnston and Neil A. Lewis. 1995. *Betrayal: The Story of Aldrich Ames, an American Spy.* New York: Random House.

Weintraub, Stanley. 2000. *MacArthur's War: Korea and the Undoing of an American Hero.* New York: Free Press.

Whipple, Chris. 2020. *The Spymasters: How the CIA Directors Shape History and the Future.* New York: Scribner.

White House. 2018. "National Cyber Strategy of the United States of America." September.

Whiting, Allen and Harvey de Weerd. 1960. *China Crosses the Yalu: The Decision to Enter the Korean War.* Palo Alto, Calif.: Stanford University Press.

Wise, David. 2002. *Spy: The Inside Story of How the FBI's Robert Hanssen Betrayed America.* New York: Random House.

Wohlstetter, Roberta. 1962. *Pearl Harbor: Warning and Decision.* Palo Alto, Calif.: Stanford Uni-versity Press.

Woods, David L. 1965. *A History of Tactical Communication Techniques.* Orlando, Fla.: Martin-Marietta Corp.

Woodward, Bob. 2002. *Bush at War.* New York: Simon & Schuster.

Wright, Lawrence. 2016. *The Terror Years: From Al-Qaeda to the Islamic State.* New York: Penguin.

Zegart, Amy B. 1999. *Flawed by Design: The Evolution of the CIA, JCS, and NSC.* Palo Alto, Calif.: Stanford University Press.

_____. 2007. *Spying Blind: The CIA, the FBI, and the Origins of 9/11.* Prince ton, N.J.: Prince ton University Press.

_____. 2011. *Eyes on Spies: Congress and the United States Intelligence Community.* Stan-ford, Calif.: Hoover Institution Press.

_____. 2018. "Cheap fights, credible threats." *Journal of Strategic Studies* 43, no. 1 (Febru-ary): 6–46.

_____. 2020. "Intelligence i sn't just for government anymore." *Foreign Affairs*, November 2.

Zegart, Amy B. and Kevin Childs. 2018. "The divide between Silicon Valley and Washington is a national-security threat." *Atlantic*, December 13.

Zegart, Amy B. and Michael Morell. 2019. "Spies, lies, and algorithms." *Foreign Affairs* 98, no. 3(May/June).

Zelizer, Julian E. 2010. *Arsenal of Democracy.* New York: Basic Books.

Zenko, Micah. 2015. Red Team: *How to Succeed by Thinking Like the Enemy.* New York: Basic Books.

Zetter, Kim. 2014. Countdown to Zero Day: *Stuxnet and the Launch of the World's First Digital Weapon.* New York: Crown Publishers.

찾아보기

지은이 에이미 제가트 Amy B. Zegart

정치학자로서 미국 정보공동체와 국가안보 정책 분야 최고 전문가이다. 클린턴 행정부 NSC 직원, 부시 대통령 선거 본부 외교 정책 고문 등을 역임하였고, 미국 정부에 정보, 국토안보, 사이버 보안 문제 관련 자문을 제공하였다. 현재 스탠퍼드 대학교 정치학 교수, 프리먼 스포글리 국제학 연구소 선임연구원, 후버 연구소 선임연구원 등으로 재임 중이다. 저서로는 『스파이, 거짓말, 그리고 알고리즘』(2022)을 비롯하여 『설계상의 결함Flawed by Design』(1999), 『스파잉 블라인드 Spying Blind』(2007), 『스파이를 보는 눈Eyes on Spies』(2011), 『정치가 던지는 위험Political Risk』(2018, 콘돌리자 라이스 공저) 등이 있다.

옮긴이 유인수

여러 대학에서 경영학, 심리학, 법학, 컴퓨터공학 등 다양한 분야를 공부하다가 결국 국가정보학이 적성에 맞는다는 사실을 발견하였다. 현재 명지대학교 대학원 방산안보학과에서 국가안보와 방위산업을 위한 국가정보기구의 역할을 연구하고 있다.

한울아카데미 2512
스파이, 거짓말, 그리고 알고리즘: 미국 정보기구의 역사와 미래

지은이 **에이미 제가트** | 옮긴이 **유인수** | 펴낸이 **김종수** | 펴낸곳 **한울엠플러스(주)** | 편집 **조수임**

초판 1쇄 인쇄 **2024년 2월 28일** | 초판 1쇄 발행 **2024년 3월 20일**

주소 **10881 경기도 파주시 광인사길 153 한울시소빌딩 3층** | 전화 **031-955-0655** | 팩스 **031-955-0656**
홈페이지 **www.hanulmplus.kr** | 등록번호 **제406-2015-000143호**

Printed in Korea.
ISBN   978-89-460-7512-2 93940(양장)
          978-89-460-8302-8 93940(무선)
* 책값은 겉표지에 표시되어 있습니다.
* 무선 제본 책을 교재로 사용하시려면 본사로 연락해 주시기 바랍니다.